Michael Prinz / Ulrike Richter-Vapaatalo (Hg.)
Idiome, Konstruktionen, „verblümte rede"

BEITRÄGE ZUR GESCHICHTE
DER GERMANISTIK

Herausgegeben von
Jens Haustein und Uwe Meves

Band 3

Michael Prinz / Ulrike Richter-Vapaatalo (Hg.)

Idiome, Konstruktionen, „verblümte rede"

Beiträge zur Geschichte der germanistischen Phraseologieforschung

S. Hirzel Verlag Stuttgart 2012

Unterstützt von / Supported by

Alexander von Humboldt
Stiftung / Foundation

Umschlagabbildung: Phrasaler Lexikoneintrag für die Wendung *(glauben) [jmdn tritt ein Pferd]* aus dem Beitrag von Manfred Sailer, „Phraseologie und Syntax", S. 254.

Bibliografische Information der Deutschen Nationalbibliothek:
Die Deutsche Nationalbibliothek verzeichnet diese Publikation in der Deutschen Nationalbibliografie; detaillierte bibliografische Daten sind im Internet über <http://dnb.d-nb.de> abrufbar.

ISBN 978-3-7776-2144-9

Jede Verwertung des Werkes außerhalb der Grenzen des Urheberrechtsgesetzes ist unzulässig und strafbar. Dies gilt insbesondere für Übersetzung, Nachdruck, Mikroverfilmung oder vergleichbare Verfahren sowie für die Speicherung in Datenverarbeitungsanlagen.
© S. Hirzel Verlag, Stuttgart 2012
Gedruckt auf säurefreiem, alterungsbeständigem Papier.
Druck: Laupp & Göbel GmbH, Nehren
Printed in Germany

Jarmo Korhonen

INHALTSVERZEICHNIS

Vorwort 11
Tabula Gratulatoria 15

I. FRÜHE ZUGÄNGE ZUR PHRASEOLOGIE

Tuomo Fonsén
Zwei Sprichwörterreden bei Schottelius 19

Marion Hahn
Im Lustgarten der Sprichwörter.
Johann Georg Seybolds Beitrag zur
Parömiographie im 17. Jahrhundert 33

Wolfgang Mieder
„Diesz ist der Grund dieser räthselhaften Sprichwörter".
Über „Deutsche Sprichwörter mit Erläuterungen" (1790)
von Johann Christian Siebenkees 51

Diana Stantcheva
„beiwörter, ausdrücke, redensarten sollen nun der reihe nach folgen."
Zur Benennung von phraseologischen Phänomenen im
„Deutschen Wörterbuch" von Jacob Grimm und Wilhelm Grimm 71

II. THEORETISCHE UND INSTITUTIONELLE FUNDIERUNG

Heinz-Helmut Lüger
Feste Wortverbindungen in der Semantik Michel Bréals 85

Kari Keinästö
„Die Freude des Findens und die Mühen des Suchens".
Beiträge von Hugo Suolahti und Emil Öhmann
zur historischen deutschen Phraseologie 99

Anja Seiffert
„Mein Leipzig lob ich mir ..."
Leipzig und die Phraseologie 115

Hannele Kohvakka
Finnland als phraseologischer „Hotspot".
Das Erbe Mikael Agricolas im 21. Jahrhundert 137

Dietrich Hartmann
Der Westfälische Arbeitskreis Phraseologie/Parömiologie 1991–2002.
Forum der Phraseologieforschung aus wissenschaftsgeschichtlicher
und wissenschaftssoziologischer Sicht 151

Antje Heine
Empirische Methoden der Phraseologieforschung
im Wandel der Zeit 165

Elisabeth Piirainen
Phraseologie und Kleinsprachen Europas 187

III. PHRASEOLOGIE IM DIALOG

Ilpo Tapani Piirainen
Rechtschreibung in Phraseologismen. Vom Frühneuhochdeutschen
zur Amtlichen Regelung des Jahres 2006 207

Stephan Stein
Phraseologie und Wortbildung des Deutschen.
Ein Vergleich von Äpfeln mit Birnen? 225

Manfred Sailer
Phraseologie und Syntax (Head-Driven Phrase Structure Grammar) 241

Jouni Rostila
Phraseologie und Konstruktionsgrammatik.
Konstruktionsansätze zu präpositionalen Funktionsverbgefügen 263

Andrea Bachmann-Stein
Phraseme aus textstilistischer Perspektive.
Eine kritische Forschungsbilanz 283

Annikki Liimatainen
Übersetzung von Phraseologismen.
Die Forschungsgeschichte bis zur Jahrtausendwende 297

Annely Rothkegel
Phraseologie und Fachkommunikation 315

IV. FALLSTUDIEN

Dmitrij Dobrovol'skij
Phrasem-Konstruktionen in Parallelcorpora 327

Peter Kühn
Phraseologische Textkonstruktion.
Beobachtungen zur Vernetzung von Phraseologismen im Text 341

Stefan Ettinger
Phraseologische Faux Amis des Sprachenpaares Französisch-Deutsch
unter phraseografischen und translatorischen Gesichtspunkten 357

Albrecht Greule, Sandra Reimann, Kateřina Šichová
„Jetzt hast du den Salat!"
Phraseologie und Werbung im Dialog 375

Lothar Bluhm
„Auf verlorenem Posten".
Ein Blick in die Geschichte eines Idioms, einer Rede,
einer Metapher und eines literarischen Topos 401

VORWORT

Das philologische Interesse an festen Wortverbindungen erwachte lange vor der Entstehung einer linguistischen Teildisziplin Phraseologie. Bereits die frühneuzeitliche Sprichwortlexikographie trug in erheblichem Umfang einschlägiges Material zusammen. Im 19. Jahrhundert bekam das Phänomen im Kontext einer sich professionalisierenden Wörterbucharbeit zusätzliche Relevanz, und im 20. Jahrhundert erhielt die Phraseologie schließlich ein stabileres theoretisches Fundament und eine wissenschaftliche Heimat – seit den 70er Jahren auch innerhalb der Germanistik.

Der vorliegende Band, zu Ehren von Jarmo Korhonens 65. Geburtstag zusammengestellt, beleuchtet deshalb sowohl die frühe Vorgeschichte als auch die eigentliche Disziplingeschichte der germanistischen Phraseologieforschung in einem weitgespannten Bogen vom 17. Jahrhundert bis zur Gegenwart. Die Publikation steht damit in einer Traditionslinie, die vier Dezennien durchzieht: Erste germanistische Abrisse der Phraseologieforschung erschienen in den frühen 70er Jahren (z. B. Burger 1973, Kap. 4); mit dem vielbeachteten Referat sowjetischer Forschungsergebnisse bei Häusermann (1977) und den umfang- und materialreichen synoptischen Darstellungen von Pilz und Thun aus dem Jahr 1978 war für die frühe Phase bereits eine beachtliche wissenschaftsgeschichtliche Dokumentationstiefe erreicht. In der Folge wurden weitere Literaturberichte (z. B. Daniels 1976–1985) und konzise Forschungsüberblicke[1] im Rahmen allgemeiner Darstellungen oder in Aufsatzform vorgelegt, oft zu speziellen phraseologischen oder parömiologischen Fragestellungen. Trotz dieser (z. T. an entlegener Stelle publizierten) Einzelbeiträge stellt eine umfassende Dokumentation der Entwicklungslinien ziemlich genau 100 Jahre nach dem Erscheinen von Ballys „Traité" und vier Jahrzehnte nach Černyševas „Frazeologija" ein Desiderat dar. Hinzu kommt, dass auch die fachinterne Erinnerungspraxis dem Wandel unterliegt. War die forschungsgeschichtliche Reflexion in den 70er Jahren noch wesentlich einer disziplinären Selbstvergewisserung und Rechtfertigung verpflichtet, erscheint die Phraseologie heute als ein im Kanon der germanistischen Forschungsfelder gut etabliertes und an zahlreichen Instituten im In- und Ausland fest verankertes Fach. Gleichwohl ist das forschungsgeschichtliche Räsonnement über die sich wandelnde Perspektivierung fester Wortverbindungen (als Idiome, Konstruktionen oder eine Erscheinung „verblümter rede"[2]) heute mehr als eine museale Pflichtübung

---

1 Vgl. etwa Gréciano (1983), Mieder (1984, vgl. auch die Bibliographie von 2009), Rechtsiegel (1990), Fleischer (1997, Kap. 1.2 und 6), Korhonen (1998), Rothkegel (2001), Burger (2004 u. 2005) und Balsliemke (2005). Beiträge mit forschungsgeschichtlicher Ausrichtung enthält auch der 2007 erschienene HSK-Band „Phraseologie", hervorzuheben ist etwa die Überblicksdarstellung von Kühn.

2 DWB s. v. *stolle, hafen*.

oder eine didaktische Handreichung für den wissenschaftlichen Nachwuchs. Der Blick zurück schärft das Bewusstsein für das bereits Erreichte, hilft bei der Orientierung und weist damit Wege für die weitere Forschung. Die vorliegende Festschrift für Jarmo Korhonen, der die Entwicklung der Disziplin seit langer Zeit selbst maßgeblich mit prägt, soll dazu einen kleinen Beitrag leisten.

Das forschungsgeschichtliche Tableau wird hier in einem mehrschrittigen Zugriff erschlossen, der die chronologische (Teile I und II) und disziplinäre Dimension (Teil III) des Themas explizit abbildet, implizit aber auch die Bezüge zwischen den verschiedenen Philologien mit erfasst. Fallstudien (Teil IV), die an die interdisziplinären Beiträge im dritten Teil thematisch anknüpfen, ergänzen das wissenschaftshistorische Bild und verweisen auf fruchtbare Fragestellungen für die Zukunft des Faches.

Die Darstellung kann dabei in allen Teilen nur exemplarisch, nicht exhaustiv sein. Der Konsolidierung der Phraseologie als einer eigenständigen Disziplin wird durch eine Betrachtung von ausgewählten Forschungsstandorten und Institutionen Rechnung getragen. Zentrale Etappen der Entwicklung werden so am konkreten Beispiel phraseologischer „Hotspots" (Leipzig, Finnland, Westfälischer Arbeitskreis etc.) dokumentiert. Thematisiert wird zudem die Methodengeschichte und die schrittweise thematische Auffächerung eines Faches, das sich längst nicht mehr – anders als noch die frühe Forschung – vorrangig durch ein entweder systemlinguistisches oder philologisch-historisches Interesse auszeichnet (vgl. die exemplarischen Untersuchungen zu M. Bréal bzw. H. Suolahti und E. Öhmann im vorliegenden Band). Wenngleich der Fokus auf der Phraseologie im engeren Sinne liegt, kommen auch parömiologische Fragestellungen zur Sprache, etwa die Behandlung von Sprichwörtern bei J. G. Schottel, J. G. Seybold, J. Ch. Siebenkees und im Kontext der älteren Germanistik.

Mit der Darstellung des dialogischen Verhältnisses der Phraseologie zu ausgewählten Tangentialdisziplinen rückt die wechselseitige Verflechtung ins Blickfeld. Folgende Bereiche erfahren dabei eine eigenständige Behandlung: Orthographie, Wortbildung, Syntax (HPSG, KxG), Textstilistik, Translatologie und Fachsprachenlinguistik. Die Polysemie von *Phraseologie* verlangt eine Berücksichtigung verschiedener Untersuchungsperspektiven, die sich je nach Thema als unterschiedlich ergiebig erweisen: Wie hat die Phraseologieforschung die Disziplin X beeinflusst? Welche Rolle spielen Phraseologismen in der Disziplin X? Wie hat die Disziplin X die Phraseologieforschung beeinflusst? Welche Rolle spielt der Gegenstandsbereich von X in der Phraseologieforschung? Die abschließenden Fallstudien führen vor, unter welchen Fragestellungen und Zielen die Umsetzung des interdisziplinären Dialogs erfolgen kann.

Die Beiträge in diesem Band wurden aus Anlass von Jarmo Korhonens 65. Geburtstag geschrieben. Geehrt wird damit nicht nur der Mitbegründer und derzeitige Präsident der „Europäischen Gesellschaft für Phraseologie" (EUROPHRAS), ein weithin anerkannter Phraseologe von internationalem Rang und Renommee, dem das Fach viel zu verdanken hat. Geehrt wird vor allem auch die Person hinter den zahlreichen akademischen Meriten und den imposanten wissenschaftlichen

Leistungen, die von Ulrich Breuer und Irma Hyvärinen in der vor fünf Jahren erschienenen ersten Festschrift eingehend und sehr treffend gewürdigt worden sind.

Die Darbringung einer Festschrift ist eine kollegiale Anerkennung herausragender wissenschaftlicher Leistung, wobei die Weggefährten und Schüler dem Jubilar damit auch indirekt ihr wohlmeinendes Placet geben, mit gutem Gewissen und vollem Recht endlich etwas kürzer treten zu dürfen. Wer Jarmo Korhonen nur ein wenig kennt, seine Zielstrebigkeit, seinen Fleiß und die ungebrochene wissenschaftliche Neugier, konnte sich vor fünf Jahren bereits sicher sein, dass er von diesem Recht durchaus keinen Gebrauch machen würde. Erfreulicherweise verstand er den kollegialen Zuspruch vielmehr als weiteren Ansporn und zusätzliche Verpflichtung. Besonders augenfällig wurde dies im Jahr 2008, als der Jubilar im Frühjahr „Saksa-suomi suursanakirja", das auf Jahrzehnte maßgebliche Großwörterbuch Deutsch-Finnisch (mit etwa 105.000 Lemmata) vorlegte, um kurz darauf mehr als 200 Teilnehmerinnen und Teilnehmer bei der von ihm ausgerichteten Helsinkier EUROPHRAS-Konferenz zu begrüßen.

Allein schon das Wörterbuch als Ergebnis jahrelanger kraft- und zeitraubender Feinarbeit ist eine eindrucksvolle Leistung, die bleiben wird, ein wissenschaftliches Verdienst, das den besonderen Rang Jarmo Korhonens innerhalb der finnischen Germanistik erneut unterstreicht. Es ist nicht mehr als ein Zufall, dass genau 170 Jahre zuvor Karl Reimer und Salomon Hirzel den Brüdern Grimm den folgenreichen Vorschlag unterbreitet hatten, „ihre unfreiwillige Muße durch die Abfassung eines neuen großen Wörterbuchs [...] auszufüllen" (Lexer 1890, 21). Angesichts der verlorenen Muße und des nicht nur ausgefüllten, sondern übervollen Pensums werden die Beschwernisse der Arbeit am Großwörterbuch auch dem Jubilar – ähnlich wie Jacob Grimm – über die Jahre so manchen Stoßseufzer abgerungen haben. Wer könnte es ihm also verdenken, dass er mit Abschluss dieser kräftezehrenden Großprojekte den Entschluss fasste, nach EUROPHRAS 2008 keine weitere Tagung mehr zu veranstalten. Doch nur wenige Monate später bat ihn ein junger Stipendiat der Humboldt-Stiftung (einer von insgesamt vier, die das Privileg hatten, von ihm für einen Forschungsaufenthalt nach Helsinki eingeladen zu werden), eine gemeinsame Tagung zur Wissenschaftssprache durchführen zu dürfen. Jarmo Korhonen seufzte milde und fügte sich. Er hat diesen Entschluss hoffentlich nicht bereut; der Dank der Teilnehmerinnen und Teilnehmer des Helsinkier Humboldt-Kollegs von 2010 ist ihm jedenfalls gewiss.

Die Herausgeber und Beiträger widmen diese Festschrift ihrem geschätzten Lehrer, Kollegen und Freund Jarmo Korhonen mit den besten Wünschen zum 65. Geburtstag. Sie ist eine Anerkennung für seine großen wissenschaftlichen Verdienste, in Anbetracht derer man sich (um ein neues geflügeltes Wort zu benutzen) nur fragen kann: „Mistä tämä hullu kansa saa kaiken energiansa?" – Es muss wohl wirklich am Roggenbrot liegen.

Zum Erscheinen dieser Publikation haben zahlreiche Personen beigetragen. Unser erster Dank gilt den Autorinnen und Autoren, die sich auf das vorgeschlagene Konzept eingelassen und ihre Beiträge zur Verfügung gestellt haben. Für ihre großzügige finanzielle Hilfe, ohne die der Band nicht in der vorliegenden Form hätte erscheinen können, sind wir der Alexander von Humboldt-Stiftung, der Emil-Öhmann-Stiftung und der Aue-Stiftung zu großem Dank verpflichtet. Zudem möchten wir dem S. Hirzel Verlag, namentlich Frau Susanne Henkel und Herrn Harald Schmitt, für die angenehme Zusammenarbeit und den Reihenherausgebern, Prof. Dr. Jens Haustein und Prof. Dr. Uwe Meves, für die Aufnahme der Festschrift in die „Beiträge zur Geschichte der Germanistik" danken. Ein ganz besonders herzlicher Dank geht an Peter Hilger für seinen unermüdlichen Einsatz bei der Redaktion dieses Bandes.

Michael Prinz und Ulrike Richter-Vapaatalo

LITERATUR

Burger, Harald (1973): Idiomatik des Deutschen. Tübingen.
Burger, Harald (2004): Phraseologie – Kräuter und Rüben? Traditionen und Perspektiven der Forschung. In: Kathrin Steyer (Hg.): Wortverbindungen – mehr oder weniger fest. Berlin/New York, 19–40.
Burger, Harald (2005): 30 Jahre germanistische Phraseologieforschung. In: Hermes 35, 17–43.
Daniels, Karlheinz (1976–1985): Neue Aspekte zum Thema Phraseologie in der gegenwärtigen Sprachforschung. In: Muttersprache 86, 257–293; 89, 71–96; 93, 142–170; 95, 49–68, 151ff.
DWB = Grimm, Jacob/Grimm, Wilhelm (1854–1971): Deutsches Wörterbuch. In 32 Bänden sowie Quellenverzeichnis. Fotomechanischer Nachdruck der Erstausgabe. München.
Fleischer, Wolfgang (1997): Phraseologie der deutschen Gegenwartssprache. 2., durchges. und erg. Aufl. Tübingen.
Gréciano, Gertrud (1983): Forschungen zur Phraseologie. In: Zeitschrift für germanistische Linguistik 11, 214–243.
Häusermann, Jürg (1977): Phraseologie. Hauptprobleme der deutschen Phraseologie auf der Basis sowjetischer Forschungsergebnisse. Tübingen.
Korhonen, Jarmo (1998): Zur Entwicklung der intra- und interlingualen kontrastiven Phraseologie unter besonderer Berücksichtigung der deutschen Sprache. Vaasa/Mainz.
Kühn, Peter (2007): Phraseologie des Deutschen. Zur Forschungsgeschichte. In: Harald Burger u. a. (Hg.): Phraseologie. Ein internationales Handbuch der zeitgenössischen Forschung. Berlin/New York, 619–643.
Lexer, Matthias von (1890): Zur Geschichte der neuhochdeutschen Lexikographie. Festrede zur Feier des 308. Stiftungstages der Königl. Julius-Maximilians-Universität. Würzburg.
Mieder, Wolfgang (1984): Geschichte und Probleme der neuhochdeutschen Sprichwörterlexikographie. In: Herbert Ernst Wiegand (Hg.): Studien zur neuhochdeutschen Lexikographie V. Hildesheim, 307–358.
Mieder, Wolfgang (2009): International Bibliography of Paremiology and Phraseology. 2 Bde. Berlin/New York.
Pilz, Klaus Dieter (1978): Phraseologie. Versuch einer interdisziplinären Abgrenzung, Begriffsbestimmung und Systematisierung unter besonderer Berücksichtigung der deutschen Gegenwartssprache. Göppingen.
Rechtsiegel, Eugenie (1990): Zur germanistischen Phraseologieforschung in der DDR 1970–1985. In: Andrzej Kątny (Hg.): Deutsche Sprache im Kontrast und im Kontakt. Rzeszów, 49–64.
Rothkegel, Annely (2001): Zu neuen Ufern – eine Reise durch die Phraseologie(forschung). In: Annelies Häcki Buhofer/Harald Burger/Laurent Gautier (Hg.): Phraseologiae Amor. Aspekte europäischer Phraseologie. Baltmannsweiler, 211–220.
Thun, Harald (1978): Probleme der Phraseologie. Tübingen.

TABULA GRATULATORIA

Alexander Alexiev, Sofia
Ulrich Ammon, Duisburg-Essen
Torben Arboe, Aarhus
Ritva und Nils Århammar, Bräist/Bredstedt
John Ole Askedal, Oslo
Irmhild Barz, Leipzig
Hana Bergerová, Ústí nad Labem
Nils Bernstein, Mexiko-Stadt
Lothar Bluhm, Koblenz-Landau
Joachim Böger, Jyväskylä
Ulrich und Margot Breuer, Mainz
Harald Burger, Egg bei Zürich
Peter Colliander, Kopenhagen
Cora Dietl, Gießen
Dmitrij Dobrovol'skij, Moskau
Elke Donalies, Mannheim
Ludwig M. Eichinger, Mannheim
Wolfgang Eismann, Graz
Stephan Elspaß, Augsburg
Hans-Werner Eroms, Passau
Stefan Ettinger, Augsburg/Diedorf
Xesús Ferro Ruibal, Santiago de Compostela
Natalia Filatkina, Trier
Ulla Fix, Leipzig/Großbothen
Csaba Földes, Veszprém
Tuomo Fonsén, Turku
Roland Freihoff, Tampere
Helmut Glück, Bamberg
Nadia Gondolph, Bensheim
Gertrud Gréciano, Strasbourg
Albrecht Greule, Regensburg
Peter Grzybek, Graz
Annelies Häcki Buhofer, Zug
Marion Hahn, Augsburg
Christopher Hall, Joensuu
Juhani Härmä, Helsinki
Dietrich Hartmann, Bochum
Jürg Häusermann, Tübingen
Eva Havu, Helsinki

Jouni Heikkinen, Helsinki
Antje Heine, Leipzig
Irmeli Helin, Turku
Mervi Helkkula, Helsinki
Satu Helomaa, Kauniainen
Helmut Henne, Braunschweig
Peter Hilger, Helsinki
Franz Hundsnurscher, Münster
Irma Hyvärinen, Helsinki
Anna Idström, Helsinki
Leena Immonen, Kouvola
Nina Janich, Darmstadt
Ahti Jäntti und Ursula Lehmus-Jäntti, Helsinki
Leena Kahlas-Tarkka, Helsinki
Kari Keinästö und Annmari Sahlstein, Turku
Tamás Kispál, Szeged
Wolf Peter Klein, Würzburg
Ane Kleine-Engel, Luxemburg/Trier
Gabriele Knappe, Bamberg
Lothar Knobloch, Oulu
Hannele Kohvakka, Helsinki
Leena Kolehmainen, Leppävirta
Peter Kühn, Trier
Pekka Kujamäki, Joensuu
Nadiya Kulyk, Kiew
Stefan Kuzay, Kurtila
Mari Lehtinen, Helsinki
Dzintra Lele-Rozentale, Ventspils
Hartmut Lenk, Helsinki/Berlin
Annikki Liimatainen, Tampere
Jouko Lindstedt, Lahti
Angelika Linke, Zürich
Heinrich Löffler, Romanshorn
Leena Löfstedt, Los Angeles
Brigitte Lüger-Ludewig und Heinz-Helmut Lüger, Bad Bergzabern
Matti Luukkainen, Helsinki
Nicole Mackus, Leipzig
Minna Maijala, Turku
Anne Männikkö, Littoinen
Sonia Marx, Padua
Carmen Mellado Blanco, Santiago de Compostela
Outi Merisalo, Jyväskylä
Udo Miebs, Tampere
Wolfgang Mieder, Vermont
Ilga Migla, Tukums

Jens Erik Mogensen, Kopenhagen
Arto Mustajoki, Helsinki
Gunter Narr, Tübingen
Eva Neuland, Wuppertal
Minna Nevala, Helsinki
Terttu Nevalainen, Helsinki
Christian Niedling, Espoo
Rogier Nieuweboer, Helsinki
Henrik Nikula, Turku
Raija Nylund, Turku
Stefanie Ochel, Reading
Seppo Olkkonen, Porvoo
Jan-Ola Östman, Sibbo
Kirsi Pakkanen-Kilpiä, Muurame
Christine Palm Meister, Uppsala
Anita Pavić Pintarić, Zadar
Božinka Petronijević, Beograd
Elisabeth und Ilpo T. Piirainen, Steinfurt
Rosa Piñel, Madrid
Pasi Pirttisaari, Helsinki
Willi Plöger, Espoo
Michael Prinz, Leipzig
Satumaija Püschel, Turku
Sixta Quassdorf, Basel
Mia Raitaniemi, Turku
Sandra Reimann, Regensburg
Ewald Reuter, Lempäälä
Ulrike Richter-Vapaatalo, Helsinki
Arja Rinnekangas, Helsinki
Matti Rissanen, Vantaa
Jouni Rostila, Tampere
Annely Rothkegel, Chemnitz
Annette Sabban, Hildesheim
Manfred Sailer, Göttingen
Olli Salminen, Tampere
Renja Salminen, Helsinki
Begoña Sanromán Vilas, Helsinki
Ingrid Schellbach-Kopra, München
Jürgen Schiewe, Greifswald
Maria-Luisa Schilling, Madrid
Petra Schirrmann, Helsinki
Hans Ulrich Schmid, Leipzig
Christopher Schmidt und Dagmar Neuendorff, Åbo
Caren Schröder, Espoo
Matthias Schulz, Bamberg

Johannes Schwitalla, Freiburg i. Br.
Anja Seiffert, Leipzig
Sebastian Seyferth, Weimar
Kateřina Šichová, Regensburg
Arto und Kirsti Siitonen, Turku
Mariann Skog-Södersved, Korsholm
Heikki Solin, Helsinki
Maikki Soro-Ruhanen, Ylöjärvi
Sven Staffeldt, Würzburg
Diana Stantcheva, Blagoevgrad
Stephan Stein, Trier, und Andrea Bachmann-Stein, Bayreuth
Christa Stocker, Winterthur
Dessislava Stoeva-Holm, Uppsala
Monika Sułkowska, Katowice
Elina Suomela-Härmä, Helsinki
Michael Szurawitzki, Göttingen
Liisa Tiittula, Helsinki
Heli Tissari, Helsinki
Olli und Saga Välikangas, Helsinki
Inkeri Vehmas-Lehto, Kouvola
Marjo Vesalainen, Helsinki
Doris Wagner, Turku
Hans Wellmann, Augsburg
Martin Wichmann, Helsinki
Peter Wiesinger, Wien
Jan Wirrer, Spenge
Norbert Richard Wolf, Veitshöchheim
Barbara und Gerd Wotjak, Leipzig

Aue-Stiftung, Helsinki
Deutsche Bibliothek, Helsinki
Deutsche Schule Helsinki
Deutsche Sprache, Universität Turku
Deutsche Sprache und Kultur, Universität Jyväskylä
Deutsche Sprache und Literatur, Universität Vaasa
Gesellschaft für Germanistische Sprachgeschichte e. V.
Goethe-Institut Finnland
Institut für moderne und klassische Sprachen, Universität Jyväskylä
Nykykielten laitos, Helsingin yliopisto
Neuphilologischer Verein, Helsinki

ZWEI SPRICHWÖRTERREDEN BEI SCHOTTELIUS

Tuomo Fonsén (Turku)

1. EINLEITUNG

In dem spielfreudigen Zeitalter des Barock waren bekanntermaßen vielerlei sprachliche Spiele beliebt, darunter auch solche, die von den Sprichwörtern Gebrauch machten (vgl. Hundt 2000, 349ff., der unter „Phraseologismen" Sprichwörter, Sentenzen und Redensarten mit einbezieht). Eine besondere Art des Sprichwörterspiels bestand in der von vielen Autoren geübten Kunst, ganze Texte aus lauter Sprichwörtern zusammenzustellen. Es mangelt zwar noch, soweit mir ersichtlich, an einer Gesamtdarstellung zu den Sprichwörtertexten[1] aus dem Barock oder noch älteren Zeiten, aber einzeln haben sie in der Forschung verschiedentlich Beachtung gefunden.

Schon die Schriftsteller des ausgehenden Mittelalters und der Reformation nutzten gerne die Möglichkeit, verschiedene Sprichwörter in großer Zahl miteinander zu verketten. Als frühes Beispiel für den Gebrauch kunstvoll gestalteter Sprichwörtertexte sei der „Ackermann aus Böhmen" des Johannes von Tepl erwähnt, ein um das Jahr 1400 entstandenes fingiertes Streitgespräch zwischen dem Tod und einem Bauern, das viele Sprichwörteranhäufungen enthält (vgl. Mieder 1992, 113ff.). Als weiteres, fast zwei Jahrhunderte späteres Beispiel mag die im Jahre 1587 von dem Frankfurter Verleger Johann Spies veröffentlichte „Historia von D. Johann Fausten" genannt werden, in welcher der Teufel den in die Hölle verdammten Faust mit einer sprichwortreichen Strafrede zurechtweist (vgl. Mieder 1997, 147f.). Ferner zeigt sich dieselbe Vorliebe für den gereihten Gebrauch der Sprichwörter z. B. bei Sebastian Brant und Hans Sachs, und darüber hinaus in der Barockzeit bei Autoren wie Andreas Gryphius, Johann Michael Moscherosch und Christian Weise (s. Mieders parömiologisch-phraseologische Bibliographie von 2009 für weiterführende Literatur).

Die auffälligsten Beispiele für Sprichwörtertexte stammen jedoch von dem Nürnberger Barockliteraten Georg Philipp Harsdörffer (1607–1658). In seiner berühmten Sprachspielsammlung „FrauenzimmerGesprechspiele", die er anonym in den Jahren 1644–1649 drucken ließ, stellt er anhand zweier Briefentwürfe und

---

1   Das Wort „Sprichwörtertext" wird in dem vorliegenden Aufsatz verwendet, um auf einen ganz oder weitgehend aus Sprichwörtern bestehenden Text (bzw. Textabschnitt) zu verweisen. Ein solcher Text kann zu unterschiedlichen Textsorten (wie Rede, Brief, Drama; s. u.) gehören.

eines Lustspiels demonstrativ um der Kunst selbst willen vor, wie ganze Texte aus deutschen Sprichwörtern und sprichwörtlichen Redensarten entstehen können (Bd. 1, S. 197ff. bzw. Bd. 2, S. 325ff.). Das Lustspiel, mit „Schauspiel der Teutschen Sprichwörter" betitelt, hat eine anonyme französische Vorlage, die Harsdörffer recht frei ins Deutsche übertrug (vgl. Mieder 1974). Die beiden Briefe, bei denen es sich um gegenseitige, mit Witz geschriebene Schmähbriefe eines Liebespaars handelt, sind von den 1621 erschienenen „Cartas del caballero de la Tenaza" des spanischen Schriftstellers Francisco de Quevedo y Villegas inspiriert (vgl. Mieder 1975). Was den eigentlichen Zweck dieser Sprichwörtertexte angeht, so wollte Harsdörffer mit ihnen vor Augen führen, dass die deutsche Sprache in ihrem Vorrat an Sprichwörtern und sprichwörtlichen Redensarten den alten und neuen Kultursprachen in nichts nachsteht.

2. DIE SPRICHWÖRTERTEXTE VON SCHOTTELIUS

Während Harsdörffers Sprichwörtertexte der bisherigen Barockforschung wohl bekannt sind (zuletzt von Hundt 2000, 376ff. untersucht), sind diejenigen von Schottelius ohne Beachtung geblieben, abgesehen von einer kurzen Vorstellung bei Fonsén (2006, 172f.). Bei ihnen handelt es sich um zwei Sprichwörterreden, die der Wolfenbütteler Jurist und Sprachgelehrte Justus Georg Schottelius od. Schottel (1612–1676), der „Vater der deutschen Grammatik" (so die Gedenktafel am Wolfenbütteler Stadtmarkt), in seinem 1673 anonym erschienenen „Horrendum Bellum Grammaticale Teutonum antiquissimorum" (94 S. 4°) drucken ließ. Sie zählen wohl zu den letzten Sprichwörtertexten des Barock, da die aufkeimende Aufklärung eine Abwendung von jeder Art Sprachspielerei mit sich brachte.[2] Es ist höchst wahrscheinlich, dass Schottelius sich durch Harsdörffers Beispiel zur Anfertigung der beiden Sprichwörterreden anregen ließ, denn die Harsdörffer'schen Sprichwörtertexte waren ihm nachweislich bekannt: Er weist auf sie in seinem 1663 erschienenen Hauptwerk „Ausführliche Arbeit von der Teutschen HaubtSprache" hin, und zwar im dritten Traktat des fünften Buches, der von Sprichwörtern und sprichwörtlichen Redensarten handelt und ein exemplarisch angelegtes Sprichwörterverzeichnis enthält.[3] Darüber hinaus erwähnt er

---

[2] Besonders ablehnend stand Johann Christoph Adelung allen Sprachkünsteleien gegenüber. Man vergleiche sein „Magazin für die Deutsche Sprache", in dem er Folgendes über „unächte Hülfsmittel der Lebhaftigkeit" bemerkt: „Hier werden alle diejenigen Figuren, welche der verderbte Geschmack ersonnen hat, nebst den Gründen ihrer Verwerflichkeit, abgehandelt, die Onomatopöie, die Zweydeutigkeit, der Gedankenstrich, das Wortspiel, die Sprichwörter, das Anagramm u. s. f." (Leipzig 1784, zweyten Bandes zweytes Stück, S. 95).

[3] „Gantze Briefe / ja gantze Aufzüge / darin lauter Sprichwörter enthalten / sind in des Seel. Herrn Harsdörfers Gesprächspielen befindlich" (Schottelius 1663, 1111). Am Ende des Sprichwörtertraktats der „Ausführlichen Arbeit" findet sich sogar ein Abdruck der beiden Harsdörffer'schen Sprichwörterbriefe (S. 1146f.). Zu dem Sprichwörterverzeichnis der „Ausführlichen Arbeit" vgl. Seiler (1922, 137), Pilz (1978, 86ff.) und Mieder (1984, 320f.). Zu

sie auch in seiner 1669 gedruckten „Ethica", einem Lehrwerk der Sittenlehre, in dem er die kunstvoll in der Rede gebrauchten Sprichwörter u. a. mit der „Specerey im Essen / und Gold und Perlen auf einem schönem Kleide" (S. 375) vergleicht.[4]

Zu dem „Horrendum Bellum Grammaticale Teutonum antiquissimorum" (‚dem schrecklichen Sprachkrieg der uralten Deutschen') von Schottelius sei so viel gesagt: Das Werk steht in der Tradition der „bella grammaticalia" oder fiktionalen Sprachkriege, die auf die Erfindung eines italienischen Humanisten namens Andrea Guarna, genannt Salernitanus, zurückgehen[5] und als pädagogisches Hilfsmittel beim Lateinunterricht rundum in Europa noch im 17. Jahrhundert in Gebrauch waren (s. genauer Bolte 1908). Die Handlung der Sprachkriege spielt sich in einem allegorischen Reich der Grammatik ab, in dem die Wörter aller Wortarten unter dem König der Nomina und dem König der Verba in Ruhe und Wohlstand leben, bis einmal wegen eines Rangstreites zwischen den beiden Königen ein verhängnisvoller Krieg ausbricht, der zu Tod und Versehrung vieler Bürger des Sprachreichs, d. h. zur Entstehung der grammatischen Anomalien, führt. In Deutschland wurde die Idee des Sprachkrieges, losgelöst von schulischen Bedürfnissen, in der Zeit des barocken Kulturpatriotismus auch auf die deutsche Muttersprache angewandt, und zwar von den beiden Freunden Harsdörffer und Schottelius. Harsdörffer veröffentlichte seine verhältnismäßig kurze Fassung im Jahre 1645 in den bereits erwähnten „FrauenzimmerGesprechspielen" (Bd. 5, S. 75ff.). Darauf folgte viele Jahre später die Schottel'sche Fassung, die alle vorangegangenen Sprachkriege an Gehalt und Tiefe bei weitem übertrifft und überhaupt den eigenständigsten Vertreter dieser Gattung darstellt. Während der Sprachkrieg bei Harsdörffer lediglich als eines seiner kurzweilig-belehrenden Sprachspiele gedacht ist, geht Schottelius in seinem der Fruchtbringenden Gesellschaft gewidmeten „Horrendum Bellum Grammaticale" durchaus ernsthaft grammatischen und ethischen Fragen nach und ermahnt nachdrücklich zur deutschen Einigkeit in jener Zeit der politischen Zersplitterung. Dies schlägt sich auch in den beiden Sprichwörterreden nieder.

Die beiden Reden stehen an einer für die Handlung des „Horrendum Bellum Grammaticale" kritischen Stelle. Als in dem mächtigen Reich der deutschen Sprache die Feindseligkeiten zwischen dem Nomenkönig „Kunst" und dem Verbkönig „Lob" auszubrechen drohen, kommen aus dem Fürstentum der Sprichwörter zwei Gesandte namens „Vor wigs dan wags" und „Geschichts man sichts" mit ihrem Gefolge im königlichen Hoflager der Nomina an, um mit ihren Worten vor dem Krieg zu warnen; wiewohl ohne Erfolg, wie es sich bald danach herausstellt. Der

---

seinen Vorlagen vgl. Schafferus (1932). Nach Seilers Angabe (1922, 137) finden sich darin 1230 Sprichwörter und 560 sprichwörtliche Redensarten.

4 „Gantze Briefe / ja gantze Comedien sind bey Herr Harsdorfer und anderen befindlich / aus lauter teutschen Sprichwörtern und sprichwörtlichen Redarten" (Schottelius 1669, 376).

5 „Grammaticale bellum nominis et verbi regum de principalitate orationis inter se contendentium" (Cremona 1511).

Abschnitt mit den beiden Sprichwörterreden lautet wie folgt („Horrendum Bellum Grammaticale" S. 59f. bzw. S. 105f. in der Neuausgabe von Kittler und Rieger):

> „Nach den Complementen nun und Wortgepränge fing der erste Gesandte also an: Durch guten Raht möchte man doch dem Kriege ein Loch machen. Wan kein Noht zukriegen / were auch keine Hofnung zusiegen. Auch were aller Raht böse / der nur auf Krieg ziele: Dan KriegsRecht were RauberRecht. Krieg fehlte / und alle Kriegsfehler weren doch unheilsam. Das Haus brente bald an / were aber schwer zulöschen: Krieg were bald gemacht / aber langsam geendet. Die Würfel fielen oft anderst / als man gedenkt. Unglükk wohnete allezeit: Glükk aber selten im Kriege. Wan Krieg flammet / so macht der Teufel hundert Klafter die Hölle weiter: Und were doch kein Teufel so bös / daß er solte wider einen anderen Teufel kriegen. Der Krieg were Gottes Besem / damit Land und Leute würden ausgefegt. Krieg were ein lauter gewagtes Spiel / und solte man nimmermehr des Landes höchste Wolfahrt auf die Spitze eines Degens stellen. **Teutsche Einigkeit ist der Ekstein Teutscher Wolfahrt.** Sein **Fürst** hette befohlen / dieses also vorzubringen / und zuschliessen mit seinem / des **redenden Gesandten** eigenen Nahmen: **Vor wigs dan wags.**
>
> Der andere **Abgesandte** vollführte den Vortrag mit diesen Worten: Landfried were Landfreud. Fried nehre / Unfried verzehre. Auch ungerechter Fried were besser / dan gerechter Krieg. Wer nicht lust zu leidlichem Frieden habe / habe nimmer Glükk. Fried bringe Reichthum und Wolstand; Der Friede were doch wolfeil / wan man ihn schon durch Geld mit Malteren erkauffen solte: Auch jeder Baur / der zwo Kühe hette / solte die eine um Frieden dahin geben. Ein Stükke Brodt und Trunk Wasser were besser im Friede / als hülle und fülle im Unfriede. Wo Friede / da wohne GOtt / wo Krieg / da wohne der Teufel. Ist im Lande der Friedens-Tempel zugeschlossen / so schleust man im Lande Thor und Thür auf zum Untergange. **Friede unter den Teutschen / ist der Grund Teutsches Wolwesens.** Sein **Fürst** hätte ihm gleichfals befohlen / dieses also vorzutragen / und seinen eigenen **Nahmen** dabei zuwiederhohlen / **geschichts man sichts.**"

Wie wir sehen, werden hier Sprichwörter dicht aneinander gereiht. Dabei kommt Schottelius ohne jeden Zusatz metasprachlicher Textelemente (wie Einleitungsformeln des Typs *es heißt* oder *man sagt*) aus, sieht man ab von den sparsam hinzugefügten Konnektoren am Anfang einiger Sätze (d. h. den Konjunktionen *und* und *denn* sowie dem Adverb *auch*). Der durchgängige Gebrauch des Konjunktivs als Verbmodus folgt daraus, dass die Reden referierend in der „oratio obliqua" wiedergegeben werden. Was die Zielsetzung dieser beiden Reden betrifft, so sollen sie offensichtlich der Meinungsbildung dienen. Darum weisen sie eine deutliche Zugehörigkeit zu dem „genus deliberativum" der aristotelischen Rhetoriklehre auf, d. h. sie fallen in die rhetorische Gattung der zukunftsbezogenen politischen Entscheidungsrede (im Unterschied zum „genus iudiciale" oder der vergangenheitsbezogenen Gerichtsrede). Zu den Aufgaben der Sprichwörter im Allgemeinen erwähnt Schottelius in der „Ausführlichen Arbeit" u. a., dass ein Sprichwort „oft als ein Warnungsfinger für Unglükk und Gefahr / so zuvermeiden / wenn man dem Sprichwortlichen Inhalt glaubet und folget" sei (S. 1110), was in diesen Ermahnungsreden exemplarisch zu sehen ist. Bemerkenswert ist zudem, dass die beiden Reden mit einem nicht-sprichwörtlichen, durch Fettdruck hervorgehobenen Schlusssatz enden, nämlich „Teutsche Einigkeit ist der Ekstein Teutscher Wolfahrt" und „Friede unter den Teutschen / ist der Grund Teutsches Wolwesens". Sie stellen gleichsam eine Zusammenfassung der beiden Reden dar und konkretisieren sie, indem sie die Sprichwörter, die an sich immer kontextfrei sind, mit dem gegebenen Anlass explizit in Verbindung bringen.

3. QUELLE DER SPRICHWÖRTER

Man merkt, dass es thematisch in der ersteren Rede um Krieg und in der letzteren Rede um Frieden geht. Diese Erkenntnis ermöglicht die Suche nach der Quelle, aus der Schottelius beim Abfassen der beiden Sprichwörterreden schöpfte. Sie findet sich in einer nach thematischen Stichwörtern geordneten barocken Sprichwörtersammlung, nämlich dem „Florilegium Politicum" oder „Politischen Blumengarten" des speyerischen Stadtschreibers Christoph Lehmann (1568–1638). Die erste Auflage dieser beliebtesten Sprichwörtersammlung jener Zeit erschien im Jahre 1630 in Frankfurt, worauf posthume Neuauflagen und Ergänzungen folgten (vgl. Seiler 1922, 135ff. und Mieder 1984, 319f.).[6] Darin ist enthalten eine beträchtliche Auswahl an Sprichwörtern, Sinnsprüchen, Anekdoten und dergleichen mehr.[7] Auch Schottelius schätzte die Lehmann'sche Sammlung hoch, wie dem vierten Traktat des fünften Buches der „Ausführlichen Arbeit", der die deutsche Literaturgeschichte schildert, zu entnehmen ist (S. 1186):

> „Dessen *Florilegium Politicum,* davon der erste Theil 1640. und der andere Theil Anno 1641. herauskommen / helt in sich nach menge auserlesene / lustige / politischen Sententzien / Lehren / Regulen und Sprichwörter / &c. Hohen und Niederen in reden / rahten und schreiben zugebrauchen: Und ist nicht zuleugnen / daß dieser Mann um das Teutsche Wesen und die Teutsche Sprache sich wolverdient gemacht."

Was den Aufbau des „Florilegium Politicum" betrifft, so sind die Einträge thematisch unter 286 verschiedene Titel (d. h. Stichwörter) geordnet, die einander alphabetisch folgen. Unter den einzelnen Titeln sind die Einträge ohne besondere Ordnung aufgelistet, doch fortlaufend durchnummeriert worden. Als Titel sind also auch „Krieg" und „Fried" vorhanden.

4. DIE SPRICHWÖRTER IM EINZELNEN

Im Folgenden werden die von Schottelius für die beiden Reden ausgewählten Sprichwörter im Einzelnen erläutert. Dabei wird folgendermaßen vorgegangen: Erstens werden die Sprichwörter aus der jeweiligen Rede der Reihe nach wiedergegeben. Zweitens folgt das entsprechende Sprichwort aus Lehmanns „Florilegium Politicum" nach der Auflage von 1642, und zwar mit Angabe seiner laufen-

---

6 Dem Verf. des vorliegenden Aufsatzes stand die Frankfurter Ausgabe von 1642 zur Verfügung. Für ihre kollegiale Hilfe bei der Beschaffung notwendiger Kopien aus diesem Werk ist der Verf. Frau Tiina Savolainen (Georg-August-Universität Göttingen) zu großem Dank verpflichtet.
7 Nach Seilers Angabe (1922, 137) beläuft sich die Anzahl der Einträge auf 22.922.

den Nummer. Drittens wird, falls möglich, auf die Zitierstelle in Karl Friedrich Wilhelm Wanders Sprichwörterlexikon hingewiesen, und zwar mit Angabe des Stichwortes und der laufenden Nummer des Zitats. Zum Schluss wird das Sprichwort gegebenenfalls kurz kommentiert.

4.1. Die Sprichwörter der ersteren Rede

Das Stichwort für die erstere Sprichwörterrede ist also der Krieg. Diese Rede enthält 13 verschiedene Sprichwörter (im Folgenden mit Ia–XIIIa nummeriert). Bei Lehmann (Aufl. 1642) enthält der Titel „Krieg" 165 durchnummerierte Einträge auf 14 Seiten (S. 468ff.).

(Ia.) Durch guten Raht möchte man doch dem Kriege ein Loch machen.

Lehmann (159): „Der mit gutem Rath dem Krieg in Loch macht / der thut besser als der es mit Gewalt hinaußführet". Bei Wander s. v. „Krieg" (198) wird ohne Quellenangabe ein Sprichwort zitiert, das weitgehend identisch mit dem Lehmann'schen Eintrag ist.

In Adelungs Wörterbuch wird die zugrunde liegende Redensart folgendermaßen erklärt: „Dem Prozesse, dem Kriege ein Loch machen, ihm einen Ausgang verschaffen. Der Krieg, die Sache bekommt ein Loch, eine Veränderung, welche ihre Endschaft nach sich ziehet" (Bd. 2, Sp. 2085). Man vergleiche ferner Grimms Wörterbuch: „häufig wird bei *loch* zugleich an verletzung oder zerstörung eines gegenstandes gedacht [...]. eine grosze reihe von sprichwörtern und redensarten lehnen an diese bedeutung an. es heiszt *ein loch bohren* in eine sache, die man zerstören oder auch nur stören will" (Bd. 6, Sp. 1097).

(IIa.) Wan kein Noht zukriegen / were auch keine Hofnung zusiegen.

Lehmann (154): „Wie einer gute Sachen hat zu kriegen / so hat er auch Glück zu siegen". Bei Wander s. v. „Sache" (280) aus Lehmann zitiert.

Man sieht, dass Schottelius die Sprichwörter nicht wortgetreu übernimmt, sondern sie mehr oder weniger paraphrasierend wiedergibt (die Variabilität ist überhaupt ein wesentliches Merkmal der mündlichen Überlieferung, vgl. Bausinger 1968, 44f.). Hier wird der Reim *kriegen – siegen* beibehalten, aber der Satz wird in eine negierte Form umgewandelt, um anzudeuten, dass ein ohne Grund angefangener Krieg einen schlechten Ausgang nehmen werde.

(IIIa.) Auch were aller Raht böse / der nur auf Krieg ziele.

Lehmann (147): „Das ist ein böser rath / der auff Krieg gerichtet ist". Fehlt anscheinend bei Wander.

Der redende Sprichwörtergesandte spielt hier wohl auf zwei königliche Unterkanzler namens „Kunstnükker" und „Lobtükker" an, die mit ihren heuchlerischen Ratschlägen Zwietracht zwischen den beiden Königen gesät haben. Der „Kunstnükker" sorgt aber dafür, dass der König die Reden kaum verfolgen kann und dass die Gesandtschaft der Sprichwörter rasch abgefertigt wird. Im Übrigen mag das von Schottelius beschriebene Misstrauen zwischen den beiden Königen als Anspielung auf den Wolfenbütteler Hof auszudeuten sein, weil dort seit 1666 die Brüder Rudolf August und Anton Ulrich zusammen regierten, die sich in steten Streitereien befanden (vgl. Fonsén 2006, 222ff.). Beide waren auch Mitglieder der Fruchtbringenden Gesellschaft und gehörten damit zu den Widmungsträgern des „Horrendum Bellum Grammaticale".

(IVa.) Dan KriegsRecht were RauberRecht.

Lehmann (136): „Beym krieg ist alles Vnrecht erlaubt / Krigsrecht / ist Rauberrecht". Bei Wander s. v. „Kriegsrecht" (1) aus Lehmann ohne den ersten Satz zitiert; dieser wird jedoch s. v. „Krieg" (9) als eigenes Sprichwort angeführt.

Das Sprichwort erinnert an die in der Kriegszeit übliche Plünderung der Güter durch die Heere, wie sie auch das deutsche Sprachreich erfahren wird: „weil nirgends kein Geld / weniger einiger Anstalt dazu / noch verhanden / als plünderten sie [scil. die ausländischen Hilfstruppen] alles aus / was noch übrig war / zogen mit reicher Teutscher Beute davon / nachdem sie so viel tausend WörterSeelen nidergehauen" (S. 81 bzw. S. 138 in der Neuausgabe).

(Va.) Krieg fehlte / und alle Kriegsfehler weren doch unheilsam.

Lehmann (143): „Kriegsfehler seind Vnheylsam". Bei Wander s. v. „Kriegsfehler" (1) aus Lehmann zitiert.

Was in diesem Sprichwort prophezeit wurde, wird nach dem Ende des Sprachkrieges schmerzlich empfunden: „auch werden viele mit Wurtzel und Stiel ausgerissene WörterKräuter nimmer wieder aufwachsen / dan was erstorben / lebt nicht mehr / was versohret / grünet nicht mehr" (S. 83f. bzw. S. 141 in der Neuausgabe). Gleich auf dem Titelblatt des „Horrendum Bellum Grammaticale" führt Schottelius als Kriegsfolgen „die / in unser Teutschen MutterSprache verhandene Mundarten / Unarten / Wortmängel" an.

(VIa.) Das Haus brente bald an / were aber schwer zulöschen.

Lehmann (112): „Ein Hauß ist bald angestecket / aber langsam gelescht". Bei Wander ein ähnliches Sprichwort s. v. „Feuer" (71), zitiert aus Georg Henischs „Teütscher Sprach und Weißheit" von 1616: „Es ist leicht, ein fewr anzünden, schwer aber dasselb zu löschen".

(VIIa.) Krieg were bald gemacht / aber langsam geendet.

Lehmann (110): „Krieg ist bald gemacht / aber langsamb geendet". Bei Wander s. v. „Krieg" (121) aus Lehmann zitiert.

Das Sprichwort wiederholt denselben Gedanken wie das vorige. Bei Lehmann findet sich an derselben Stelle (111) noch ein weiteres Sprichwort gleichen Inhalts, nämlich: „Harnisch kan man nicht so bald auß / als anziehen".

(VIIIa.) Die Würfel fielen oft anderst / als man gedenkt.

Lehmann (55): „Krieg führen ist wie ein Würffelspiel / da gemeiniglich der Wurff anderst fällt / als man wündscht". Bei Wander s. v. „Krieg" (115) aus Lehmann zitiert.

Hier hat Schottelius den einleitenden Satz mit dem expliziten Vergleich des Krieges mit einem Würfelspiel ausgelassen, wodurch der Ausdruck weniger sentenzhaft und dafür sprichwortähnlicher wird. Die Auslassung ist damit gerechtfertigt, dass der Bezug auf den Krieg schon aus dem Zusammenhang gegeben ist.

(IXa.) Unglükk wohnete allezeit: Glükk aber selten im Kriege.

Lehmann (115): „Das Glück ist niemahls vnbeständiger / als im Krieg". Bei Wander s. v. „Glück" (121) aus Lehmann zitiert.

Das von Schottelius benutzte Sprichwort hat keine genaue Entsprechung bei Lehmann, aber womöglich handelt es sich um eine Paraphrase dieses Lehmann'schen Sprichwortes.

(Xa.) Wan Krieg flammet / so macht der Teufel hundert Klafter die Hölle weiter.

Lehmann (54): „Wann Krieg anfängt / so muß der Teuffel die Höll vmb hundert tausent Klaffter weiter machen". Bei Wander s. v. „Krieg" (196) in mehreren Quellen, darunter Lehmann, belegt; bekannt auch in anderen Sprachen.

Das Sprichwort findet sich bei Schottelius auch in dem Sprichwörterverzeichnis der *Ausführlichen Arbeit*: „Wird Krieg / so machet der Teuffel die Hölle weiter" (S. 1119).

(XIa.) Und were doch kein Teufel so bös / daß er solte wider einen anderen Teufel kriegen.

Lehmann (30): „Ein Teuffel kriegt nicht wieder den ander. Aber Christen / davor sich doch die Teuffel hüten". Bei Wander s. v. „Teufel" (555) in mehreren Quellen, darunter Lehmann, belegt; zitiert ohne den Nachsatz.

Der Nachsatz bei Lehmann ist ohne Zweifel durch den gerade vor sich gehenden Dreißigjährigen Krieg veranlasst, in dem die Christen wider Christen streiten. In gleicher Weise sind es im „Horrendum Bellum Grammaticale" die deutschen Wörter, die gegeneinander Krieg führen. An einer Stelle warnt „das alte / graue / wolberedte Sprichwort / **Zeit hat Ehre**" den König „Lob" mit folgenden Worten: „man gebe doch der späten Nachkommenheit dißmal kein Exempel / daß **Teutsche** nur müssen **durch Teutsche** überwunden sein / *quod robur Germaniæ non nisi per robur germanicum sit frangendum*" (S. 68 bzw. S. 119 in der Neuausgabe). Derselbe Gedanke begegnet auch bei Lehmann unter dem Titel „Krieg" (79): „Die Teutschen sind noch niemals von andern *Nationen*, sondern nur von Teutschen vberwunden worden".

(XIIa.) Der Krieg were Gottes Besem / damit Land und Leute würden ausgefegt.

Lehmann (4): „Krieg ist Gottes Besem damit er Land vnd Leut außfegt". Bei Wander s. v. „Krieg" (125) in mehreren Quellen, darunter Lehmann, belegt.

(XIIIa.) Krieg were ein lauter gewagtes Spiel / und solte man nimmermehr des Landes höchste Wolfahrt auf die Spitze eines Degens stellen.

Lehmann (17): „Es ist ein gewagtes Spiel / daß man eines Landts wolfahrt auff die Spitz eines Rappiers stellet". Bei Wander s. v. „Spiel" (64) aus Lehmann zitiert.

Man vergleiche Adelungs Wörterbuch: „Etwas auf die Spitze stellen, auch figürlich, eine Sache in den höchsten Grad der Gefahr oder des mißlichen Erfolges setzen, weil ein Körper, der auf der Spitze stehet, keinen Augenblick vor dem Fallen sicher ist" (Bd. 4, Sp. 215).

4.2. Die Sprichwörter der letzteren Rede

Es folgen nun die Sprichwörter der letzteren Rede, für die das Stichwort also der Frieden ist. Diese Rede enthält 10 verschiedene Sprichwörter (im Folgenden mit Ib–Xb nummeriert). Bei Lehmann (Aufl. 1642) enthält der Titel „Fried" 66 durchnummerierte Einträge auf fünf Seiten (S. 236ff.) samt einer *„Additio"* oder Nachtrag mit zwölf durchnummerierten Einträgen (S. 240f.).

(Ib.) Landfried were Landfreud.

Lehmann (23): „Haußfried / ist Haußfrewd". Fehlt anscheinend bei Wander.

Wie wir sehen, hat Schottelius dieses ursprünglich auf häusliche Verhältnisse bezogene Sprichwort umgedeutet. Was die Wörter *Friede* und *Freude* angeht, so kommen sie laut Grimms Wörterbuch oft gemeinsam vor, denn „*friede* alliteriert mit *freude* und beide wörter sind sich innerlich verwandt" (Bd. 4, Sp. 183).

(IIb.) Fried nehre / Unfried verzehre.

Lehmann (20): „Fried nehrt / Vnfried verzehrt". Bei Wander s. v. „Friede" (56) in mehreren Quellen, darunter Lehmann, belegt; auch in anderen Sprachen in verschiedenen Variationen mit und ohne Reim bekannt.

Das Sprichwort taucht bei Lehmann wieder in leicht veränderter Form in dem Nachtrag zum Titel „Fried" (4) auf: „Der fried ernehret / der vnfried verzehrt".

(IIIb.) Auch ungerechter Fried were besser / dan gerechter Krieg.

Lehmann (1): „Es ist besser vnrechter Friedt / denn gerechter Krieg". Bei Wander s. v. „Friede" (39) aus Lehmann zitiert.

Eine gegensätzliche Meinung äußert später der machiavellistisch handelnde „Kunstnükker" in seiner Gegenrede: Es „muß durch **SchwerdtsKraft** die Entscheidung erhalten sein / das Stärkste muß nunmehr das Beste bleiben" (S. 60 bzw. S. 107 in der Neuausgabe).

(IVb.) Wer nicht lust zu leidlichem Frieden habe / habe nimmer Glükk.

Lehmann (59): „Wer nit Lust zum leidtlichen frieden hat / der hat auch kein Glück". Bei Wander s. v. „Friede" (140) aus Lehmann zitiert.

(Vb.) Fried bringe Reichthum und Wolstand.

In dieser Form weder bei Lehmann noch Wander vorhanden. Mit denselben Worten fängt jedoch der folgende, einen Zyklus bildende Spruch (52) bei Lehmann an: „Friedt bringt Reichthumb / Reichthumb macht Vbermuth / Vbermuth bringt Krieg / Krieg macht Armuth / Armuth macht Demuth / Demuth macht Fried".

> (VIb.) Der Friede were doch wolfeil / wan man ihn schon durch Geld mit Malteren erkauffen solte.

Lehmann (29): „Fried vmb Gelt mit Maltern gemessen / ist wolfeyl". Bei Wander s. v. „Friede" (68) aus Lehmann zitiert.

Malter (aus dem Verb *mahlen*) ist ein altes Hohlmaß für Getreide.

> (VIIb.) Auch jeder Baur / der zwo Kühe hette / solte die eine um Frieden dahin geben.

Lehmann (21): „Wer zwo Küh hat / soll eine drumb geben / daß er im Frieden mög bleiben". Bei Wander s. v. „Kuh" (451) bei Petri und Lehmann belegt.

In pragmatischer Hinsicht unterscheidet Bausinger (1968, 98) ansatzweise zweierlei Sprichwörter, nämlich als Kommentar („was geschieht") und als Vorschrift („was geschehen soll") ausgedrückte. Der Autor geht davon aus, dass die erstere Kategorie üblicher sei (ebd.). Diese Annahme wird zwar durch die hier vorhandenen Sprichwörter bestätigt, doch fällt zumindest dieses Sprichwort deutlich in die letztere Kategorie.

> (VIIIb.) Ein Stükke Brodt und Trunk Wasser were besser im Friede / als hülle und fülle im Unfriede.

Es scheint, dass Schottelius am Ende dieser Sprichwörterrede zu dem als Fortsetzung erschienenen zweiten Teil des Lehmann'schen „Florilegium Politicum" griff, denn in der bisher benutzten Sammlung, die gleichsam den ersten Teil bildet, sind die drei letzten Sprichwörter nicht vorhanden. In jenem zweiten Teil findet man den Titel „Fried vnd was jhm anhangt", der 19 durchnummerierte Einträge enthält (S. 79f.).[8] Unter ihnen ist das folgende Sprichwort verzeichnet (16): „Es ist ein stück Brod vnd trunck wasser im Fried besser / als alles die Fülle im Vnfrieden". Fehlt anscheinend bei Wander.

Das Sprichwort geht allem Anschein nach auf die Sprüche Salomos zurück: „Es ist besser ein Gericht kraut mit liebe / Denn ein gemester Ochse mit Haß" (15: 17) oder „Es ist ein trocken bissen / dar an man sich genügen lesst / besser / Denn ein Haus vol Geschlachts mit hadder" (17: 1) (zitiert nach Luthers Wittenberger Bibelausgabe von 1545).

> (IXb.) Wo Friede / da wohne GOtt / wo Krieg / da wohne der Teufel.

Lehmann (2. Teil, 12): „Wo Fried ist / da ist Gott / wo Krieg ist / da ist der Teuffel". Bei Wander s. v. „Friede" (14) bei Petri und Henisch belegt.

> (Xb.) Ist im Lande der Friedens-Tempel zugeschlossen / so schleust man im Lande Thor und Thür auf zum Untergange.

---

8 Dem Verf. des vorliegenden Beitrags stand die Frankfurter Ausgabe von 1641 zur Verfügung.

Lehmann (2. Teil, 2): „In welcher Statt deß Friedens Tempel zugeschlossen / darinnen ist die Gemein dem täglichen Vntergang vnterworffen". Fehlt anscheinend bei Wander.

Der Friedenstempel oder „Templum pacis" war ein vom Kaiser Vespasian errichteter Prachtbau im alten Rom, in dem aus Jerusalem gebrachte Kriegsbeutestücke sowie griechische Kunstschätze ausgestellt waren, aber das Türaufschließen spielt wohl auf den römischen Janustempel an, dessen Türen in der Kriegszeit offen gehalten wurden und erst nach einem Sieg der Römer wieder geschlossen werden durften. Die von Schottelius verwendete alliterierende Zwillingsformel *Tor und Tür*, sonst auch *Tür und Tor*, ist bei Wander s. v. „Thür" (*200) aufgezeichnet worden, und zwar in der Redensart „Thür und Thor öffnen".

5. ZUSAMMENFASSUNG

In diesem Aufsatz wurden zwei durchgängig aus Sprichwörtern bestehende Reden aus der 1673 erschienenen Grammatikallegorie „Horrendum Bellum Grammaticale Teutonum antiquissimorum" des Justus Georg Schottelius untersucht. Die beiden Reden, bei denen es sich um politische Entscheidungsreden des „genus deliberativum" handelt, enthalten insgesamt 23 verschiedene Sprichwörter. Die Reden verhalten sich komplementär zueinander, denn die erstere Rede rät vom Krieg ab, während die letztere Rede zum Frieden ermahnt. Es konnte nachgewiesen werden, dass Schottelius sich bei der Zusammenstellung der beiden Reden so gut wie ausschließlich der Sprichwörtersammlung „Florilegium Politicum" oder „Politischer Blumengarten" Christoph Lehmanns bediente, in der viele Sprichwörter zu den Themen Krieg und Frieden vorhanden sind. Dies legt wiederum ein beredtes Zeugnis von der zeitgenössischen Beliebtheit der erstmals 1630 erschienenen Lehmann'schen Sammlung ab, die, wie Seiler (1922, 137) bemerkt, überhaupt die reichhaltigste Sprichwörtersammlung vor Karl Friedrich Wilhelm Wanders großem Werk darstellt. Auch viele weitere Sprichwörtersammler waren Schottelius mindestens dem Namen nach bekannt,[9] aber in seiner Schreibpraxis scheint er auf Grund des hier Bewiesenen Lehmann bevorzugt zu haben.

Die Lehmann'sche Sammlung hat Schottelius einen schnellen Zugriff auf reichliches, bereits thematisch geordnetes Sprichwortmaterial ermöglicht. Aus der großen Menge der Sprichwörter hat er solche ausgewählt, die sich als einander stützende Argumente zur Förderung der deutschen Einigkeit anführen lassen und dadurch mit der Universalaufgabe des „Horrendum Bellum Grammaticale" aufs Engste in Verbindung stehen. So bilden die beiden Reden einen organischen Teil

---

9 „Es haben von Teutschen Sprichwörteren was aufgezeignet und geschrieben / Sebastian Frank / *Henricus Bebelius, Eucharius Eyring, Iohannes Agricola, Iohannes Olorinus Variscus, Dr. Iohan* Fischart / *Ianus Gruterus, Henricus Laurentius Spigelius* [i. e. Hendrik Laurenszoon Spieghel], *D. Henischius in Thesauro, Lehmannus, Harsdorferus, D. ZinkGraf, Ioh. Leonhardus VVeidnerus* und vieleicht [sic] andere mehr" (Schottelius 1663, 1111).

des Sprachkriegsberichts, anstatt lediglich als Beispiele artifizieller Kombinierungskunst dazustehen. Harsdörffer hatte mit seinen Sprichwörtertexten in den „FrauenzimmerGesprechspielen" den Weg gebahnt, und Schottelius zeigte im „Horrendum Bellum Grammaticale", dass dieser Typ des Sprachspiels sogar bei der Vermittlung ernsthafter Inhalte anwendbar ist.

Was grammatische Angelegenheiten angeht, so werden im „Horrendum Bellum Grammaticale" die Vorzüge der deutschen Muttersprache auf vielfältigste Weise verherrlicht. Zwar liegt dabei der Schwerpunkt auf der deutschen Wortbildungslehre, deren Darstellung schlechthin als die grammatische Hauptleistung von Schottelius gilt, doch führen eben die beiden Sprichwörterreden weit über den Bereich der Stammwörter, Präfixe und Suffixe hinaus, und zwar bis hin zum Bereich der Rhetorik. Sicher ist auch, dass Schottelius, wie Harsdörffer vor ihm, darauf zielt, mit den Sprichwörtertexten einen Beweis für den Reichtum der deutschen Sprichwörter zu geben. Dass die eher zum volkstümlichen Sprachgut gehörenden Sprichwörter mit einbezogen sind, ist eine Besonderheit des Schottel'schen „Horrendum Bellum Grammaticale", denn sonst beschränken sich die Werke dieser humanistisch-gelehrten Gattung nur auf die Wortartendarstellung. Zum Schluss sei bemerkt, dass das „Horrendum Bellum Grammaticale" in Bezug auf parömiologisch-phraseologische Fragen noch keineswegs ausgeschöpft ist, denn weit mehr Sprichwörter und sprichwörtliche Redensarten kommen sowohl als gesonderte Beispiele als auch im laufenden Text vor.

6. LITERATUR

6.1. Quellenliteratur

Adelung, Johann Christoph (1811): Grammatisch-kritisches Wörterbuch der Hochdeutschen Mundart, mit beständiger Vergleichung der übrigen Mundarten, besonders aber der Oberdeutschen. Mit D. W. Soltau's Beyträgen, revidirt und berichtiget von Franz Xaver Schönberger. 4 Bde. Wien, verlegt bey B. Ph. Bauer.

Harsdörffer, Georg Philipp (anon.) (1644–1649): FrauenzimmerGesprechspiele. 8 Bde. Nürnberg / Gedruckt und verlegt bey Wolffgang Endtern. Facsimile hg. von Irmgard Böttcher (1968–1969). Tübingen.

Lehmann, Christoph (1641): Ander Theil Florilegii Politici Aucti. Das ist: Ernewerten Politischen Blumen-Gartens / Continuatio. Franckfurt. In Verlegung bey Johann Theobald Schönwetter.

Lehmann, Christoph (1642): Florilegium Politicum Auctum. Das ist: Ernewerter Politischer Blumengarten. [Kupfertitel: Florilegii Politici Erster Theil. 1643(!)]. Franckfurt / Bey Antoni Hummen / In Verlegung Johann Godtfriedt Schönwettern.

Schottelius, Justus Georg (1663): Ausführliche Arbeit von der Teutschen HaubtSprache = Opus de lingua Germanica. Braunschweig / Gedrukt und verlegt durch Christoff Friederich Zilligern. Facsimile mit Nachwort hg. von Wolfgang Hecht. 1. Aufl. 1967, 2. Aufl. 1995. 2 Bde. Tübingen.

Schottelius, Justus Georg (1669): Ethica. Die Sittenkunst oder Wollebenskunst / in Teutscher Sprache vernemlich beschrieben in dreyen Bücheren. Wolfenbüttel / Gedruckt bey Paul Weiß. Facsimile mit Nachwort und Verzeichnis der deutschen Begriffe hg. von Jörg Jochen Berns (1980). Bern/München.

Schottelius, Justus Georg (anon.) (1673): Horrendum Bellum Grammaticale Teutonum antiquissimorum. Getrukt zu Braunschweig. Neuausg. u. d. T. Der schreckliche Sprachkrieg. Mit Vor- und Nachwort, Sacherklärungen, Wortindex und Zeittafel hg. von Friedrich Kittler und Stefan Rieger (1991). Leipzig.

6.2. Forschungsliteratur

Bausinger, Hermann (1968): Formen der „Volkspoesie". Berlin.
Bolte, Johannes (1908): Andrea Guarnas Bellum Grammaticale und seine Nachahmungen. Berlin.
Fonsén, Tuomo (2006): *Kunstlöbliche Sprachverfassung unter den Teutschen*. Studien zum *Horrendum Bellum Grammaticale* des Justus Georg Schottelius (1673). Frankfurt a. M. u. a.
Grimm, Jacob und Wilhelm (1854–1971): Deutsches Wörterbuch. 16 Bde. Leipzig.
Hundt, Markus (2000): „Spracharbeit" im 17. Jahrhundert. Studien zu Georg Philipp Harsdörffer, Justus Georg Schottelius und Christian Gueintz. Berlin/New York.
Mieder, Wolfgang (1974): *Das Schauspiel Teutscher Sprichwörter* oder Georg Philipp Harsdörffers Einstellung zum Sprichwort. In: Daphnis 3, 178–195.
Mieder, Wolfgang (1975): Zwei Sprichwörterbriefe von Georg Philipp Harsdörffer. In: Sprachspiegel 31(3), 67–71.
Mieder, Wolfgang (1984): Geschichte und Probleme der neuhochdeutschen Sprichwörterlexikographie. In: Herbert Ernst Wiegand (Hg.): Studien zur neuhochdeutschen Lexikographie V. Hildesheim/Zürich/New York, 307–358.
Mieder, Wolfgang (1992): Sprichwort – Wahrwort!? Studien zur Geschichte, Bedeutung und Funktion deutscher Sprichwörter. Frankfurt a. M. u. a.
Mieder, Wolfgang (1997): (Un)sinnige Phrasendrescherei. Sprichwörtliche Prosatexte als sprachsoziologische Zeichen. In: Rolf Wilhelm Brednich/Heinz Schmitt (Hg.): Symbole. Zur Bedeutung der Zeichen in der Kultur. 30. Deutscher Volkskundekongreß in Karlsruhe vom 25. bis 29. September 1995. Münster u. a., 145–162.
Mieder, Wolfgang (2009): International Bibliography of Paremiology and Phraseology. 2 Bde. Berlin/New York.
Pilz, Klaus Dieter (1978): Phraseologie. Versuch einer interdisziplinären Abgrenzung, Begriffsbestimmung und Systematisierung unter besonderer Berücksichtigung der deutschen Gegenwartssprache. 2 Bde. Göppingen.
Schafferus, Ella (1932): Die Sprichwörtersammlung bei Schottelius. In: Korrespondenzblatt des Vereins für niederdeutsche Sprachforschung 45, 53–57.
Seiler, Friedrich (1922): Deutsche Sprichwörterkunde. München.
Wander, Karl Friedrich Wilhelm (1867–1880): Deutsches Sprichwörter-Lexikon. Ein Hausschatz für das deutsche Volk. 5 Bde. Leipzig.

IM LUSTGARTEN DER SPRICHWÖRTER

Johann Georg Seybolds Beitrag zur Parömiographie im 17. Jahrhundert

Marion Hahn (Augsburg)

1. EINLEITUNG

Die lexikographische Produktion im 17. Jahrhundert, die neben den von den Sprachgesellschaften geförderten allgemeinen Wörterbüchern eine Reihe von Spezialwörterbüchern hervorbringt, ist auch im Hinblick auf die Parömiographie reichhaltig (Überblicksdarstellungen bei Mieder 1989 und Kühn/Püschel 1990). In dieser Epoche erscheinen einerseits die materialintensiven Sammlungen von Friedrich Petri (1604/05) und Christoph Lehmann (1630), die mit jeweils mehr als 21.000 bzw. fast 23.000 verzeichneten Sprichwörtern die Sammlungen des 16. Jahrhunderts von Johann Agricola (1534), Sebastian Franck (1541) und Christian Egenolff (1548) um ein Mehrfaches übertreffen und auch in lexikographischer Hinsicht einen Fortschritt darstellen. Andererseits werden zahlreiche kleinere Sammlungen veröffentlicht (vgl. die Bibliographie von Nopitsch 1833), die von der Forschung weit weniger beachtet wurden.

Unter ihnen sind auch die Sprichwörterbücher von Johann Georg Seybold (1617–1686), der als Lehrer an der städtischen Lateinschule, dem späteren Gymnasium, in Schwäbisch-Hall[1] tätig war. Als Schulbuchautor publizierte er eine große Anzahl didaktischer Schriften. Zu den bekannteren gehört sein für den Schulgebrauch bestimmter „Antibarbarus latinus" und eine lateinische Grammatik in deutscher Sprache, die nach Fränkel (1892, 82) als Novum angesehen werden muss und andere Autoren zu ähnlichen Grammatiken anregte. Wie fast alle seine Schriften liegen auch Seybolds Sprichwörterbücher jeweils in mehreren Auflagen vor. Sie wurden bis ins 18. Jahrhundert hinein publiziert und teilweise neu bearbeitet.

Karl Friedrich Wilhelm Wander (1836, 197) nennt in seinem 5-bändigen Sprichwörterlexikon die lexikographischen Quellen, denen er die Sprichwörter für seine Sammlung entnommen hat. Darunter findet sich das Seybold'sche Wörterbuch „Selectiora adagia", aus dem Wander viele Sprichwörter in seinen Artikeln zitiert und sie häufig (wenn auch nicht systematisch) mit Seybolds Namen kenntlich macht.

---

[1] Auf dem Titelblatt der „Selectiora adagia" ist Seybolds Profession folgendermaßen angegeben: „Studio Johannis Georgii Seyboldi, Hala Suevi, ibidemque Praeceptoris Classici".

Dessen Sprichwörtersammlung verdiene „die Aufmerksamkeit eines jeden Freundes alter Spruchweisheit und die vollste Rücksicht des Parömiographen, Litteratur- und Culturhistorikers" lobt Ludwig Fränkel (1892, 82) später in der „Allgemeinen Deutschen Biographie". In neuerer Zeit finden sich an mehreren Stellen bibliographische Angaben (z. B. bei Jones 2000), Erwähnungen im Zusammenhang mit lexikographiegeschichtlichen Darstellungen (z. B. Kühn/Püschel 1990; Müller 2005) oder unter dem Aspekt der Bebilderung (Hupka 1989), ausführlicher dann bei Hahn (2010) und Müller (2010).

In diesem Beitrag werden drei Wörterbücher Seybolds vorgestellt, die für die historische Parömiographie von Interesse sind. Zwei der Wörterbücher sind ausschließlich den „Proverbia", wie Seybold sie nennt, gewidmet, das dritte enthält einen Sprichwörterteil. Sie werden chronologisch nach dem Jahr ihrer jeweiligen Erstausgabe im Hinblick auf ihre Struktur, ihre Zielsetzungen, ihre Adressaten sowie ihre Gemeinsamkeiten und Unterschiede betrachtet.

Im Folgenden verwende ich die Bezeichnung „Sprichwort" als Oberbegriff für sämtliches in den Sprichwörtersammlungen verzeichnete phraseologische Material. Den Ausdruck „Phraseologismus", den ich hin und wieder gebrauche, um den Text nicht zu „sprichwort"lastig zu gestalten, verstehe ich hier als Synonym zu „Sprichwort", er umfasst also syntaktisch abgeschlossene Einheiten ebenso wie konventionalisierte verbale und nominale Syntagmen u. Ä., die in den Wörterbüchern vorkommen.

2. SELECTIORA ADAGIA

Die „Selectiora adagia" (im Folgenden nur „Adagia" genannt) ist die erste und zugleich die auflagenstärkste unter Seybolds parömiographischen Arbeiten. Die Sprichwörtersammlung ist unter dem Titel „Selectiora adagia latino-germanica" in zahlreichen Auflagen bei Moritz Endter in Nürnberg erschienen. Nopitsch (1833, 223) nennt in seiner Bibliographie eine Ausgabe mit dem Erscheinungsjahr 1665 als die früheste, die Lehrerbibliothek des Gymnasiums bei St. Michael in Schwäbisch Hall, an dem Seybold tätig war, gibt an, dass in ihrem Bestand jedoch eine Ausgabe der „Selectiora adagia" von 1648 vorhanden ist (dieser Hinweis unter http://www.vifabbi.de/fabian?Gymnasiums_Bei_St._Michael; 19.06.2011). Die letzte nachgewiesene Ausgabe ist 1723 in Nürnberg bei Endter Erben erschienen, also fast vierzig Jahre nach Seybolds Tod. Zeitlich dazwischen liegen gesicherte, d. h. in Bibliotheken nachgewiesene, teilweise digitalisierte Ausgaben von 1669, 1674, 1677, 1683, 1689, 1698, 1700, ca. 1710 (bei Endter & Engelbrecht) und 1711.

Mit den „Adagia"[2] nimmt Seybold im Titel Bezug auf das einflussreiche und immer wieder aufgelegte Werk seines Vorgängers im 16. Jahrhundert, Erasmus

---

2   Eine frühe Sammlung Seybolds mit dem Titel „Fasciculus adagiorum Latino-Germanicorum" ist 1654 in Ulm erschienen (Nopitsch 1833, 221; Fränkel 1892, 82; Moll 1958, Nr. 1132). So wie Fränkel formuliert, wäre der Inhalt dieser Sammlung identisch mit den „Adagia". Aller-

von Rotterdam, dessen Sprichwörtersammlung 1500 als „Adagia" erstmals erschienen war und zunächst 800 griechische und lateinische Belege umfasste, die später auf über 4.000 Einträge erweitert wurden (Mieder 1999, 10).

Auf acht Seiten (S. 3–10) wendet sich Seybold in einem lateinischen Vorwort an den Leser. Ihm folgt auf ca. 380 Seiten (S. 11–392) die Sammlung der „Proverbia latino-germanica e variis auctoribus collecta et in alphabeti seriem digesta" und ein unpaginierter, 109 Seiten umfassender Anhang „Register der vornehmsten Teutschen Sprichwörter", in dem die Phraseologismen unter gesperrt gedruckten Hauptstichwörtern alphabetisch mit der Angabe ihrer Seitenzahl angeführt werden. Den richtigen Gebrauch des Registers erläutert Seybold in einer vorangestellten 1-seitigen „Erinnerung an den günstigen Leser".

Die Sammlung ist, wie der Titel bereits ankündigt, lateinisch-deutsch organisiert und nach den Anfangsbuchstaben der lateinischen Phraseologismen in alphabetische Reihenfolge gebracht. Dabei wird auch nach dem 2., 3. usw. Buchstaben alphabetisiert, d. h. auf das Lemma *Fortuna* folgt *Frangenti*, dann *Frangit*, *Fratrum* usw. Innerhalb der Gruppe der Sprichwörter, die mit *Fortuna* beginnen, wird jeweils nach dem darauffolgenden Wort weiter alphabetisch geordnet: *Fortuna quem*, *Fortuna reddit*, *Fortuna vitrea*, *Fortuna volubilis* (siehe die Beispielseite unten). Diese Durchalphabetisierung war nicht selbstverständlich für die frühe Parömiographie (vgl. Mieder 1984, 309) und zeugt von fortgeschrittenem lexikographischem Bewusstsein. Lateinisches Sprichwort und deutsche Entsprechung sind in unterschiedlichen Schriftarten gedruckt (Antiqua bzw. Fraktur) und daher leicht überschaubar und gut zu lesen. Die jeweils folgenden Zeilen eines Eintrags sind eingerückt, sodass sich optisch ein relativ regelmäßiger Artikelaufbau ergibt. Lateinische Sprichwörter werden außerdem häufig kursiv gesetzt, v. a., wenn die literarische Quelle angegeben ist:

Mobile mutatur semper cum Principe vulgur. (Claud. 7. Paneg. 6.)
Wie der Regent ist / also sind auch die Unterthanen.

Hier von einem durchgängigen Kennzeichnungsprinzip zu sprechen, ist aber nicht möglich. Es kommen eine Reihe von Sprichwörtern vor, die mit einer Quellenangabe versehen sind und trotzdem nicht in Kursivschrift erscheinen. Dennoch lässt sich m. E. eine andere Motivation für die Kursivsetzung nicht erkennen.

dings ist Fränkels Angabe hier nicht unbedingt zuverlässig. Nach ihm wären auch die „Adagia" und das „Viridarium" identisch, was, wie nachfolgend beschrieben, nicht zutrifft.

> **LATINO-GERMANICA.** 137
>
> *Grata superveniet, quæ non sperabitur, hora.*
> Horat. lib. 1. Ep. 2. v. 14.
> Es wird schon einmal ein glückseliges Stündlein kommen / daran man nicht gedenckt.
> Gratia citò senescit, Danck veraltet bald
> Gratia gratiam parit, Ein gut Wort findet eine gute Statt. Danck gebieret Danck.
> *Gratia, quæ tarda est, ingrata est : Gratia namque,*
> *Quæ fieri properat, gratia grata magis.*
> Auson.
> Vel:
> *Gratia, officio, quod mora tardat, abest.*
> Was man in die lange Kisten schiebt / ist nicht angenehm. Wer bald hilfft / der hilfft doppelt.
> Gratiora sunt, quæ pluris emuntur,
> Was theuer ist / schmeckt am besten.
> *Gratior est pulchro veniens e corpore virtus.*
> Virg. 5. Æn. 68.
> Tugend und schöne Gestalt stehen wol beysammen.
> Gratissimus nummus, Baar Geld ist Losung.
>   Gra-

Abb. 1: Beispielseite aus J. G. Seybold: „Selectiora Adagia Latino-Germanica"[3]

Jedem lateinischen Sprichwort wird mindestens ein deutsches Äquivalent zugeordnet:

> *Absentem laedit, qui cum ebrio litigat.*
> *Der mit einem Trunckenen hadert, der zancket mit einem Abwesenden.*

Häufig sind es auch zwei, selten drei deutsche Entsprechungen, die durch die Konnektoren *Vel* bzw. *Oder* verbunden sind:

> *Accipe quam primum, brevis est occasio lucri.*
> *Ein klein Gewinnlein und offt / thut wohl.*
> *Vel: Greiff zu / ehe dir die Händ gebunden werden.*

Die zweite Entsprechung kann hier auch als Bedeutungserklärung gelesen werden:

> *A fronte praecipitium, a tergo lupi.*
> *Er sitzt wie eine Laus zwischen zween Daumen. Er weiß nicht wo hinaus.*

---

3 Die Beispielseite ist einer digitalisierten Version entnommen. Die vollständige Ansicht steht unter http:\\books.google.com zur Verfügung.

Die 2.500 lateinischen Sprichwörter und Sentenzen werden in wortgetreuen Übersetzungen oder als Lehnübertragungen (*Ne puero gladium – Was soll einem Kind ein spitzig Messer?*) wiedergegeben, wie auch als sehr freie Entsprechungen, die teilweise derb-volkstümlichen Charakter tragen (*Fortuna fovet ignavos. – Der faulsten Sau gehört der grösseste Dreck.*)

Die Phraseologismen sind unkommentiert aneinandergereiht, es gibt keine Bedeutungserklärungen. Bei den verzeichneten Einheiten handelt es sich nicht nur um Sprichwörter im eigentlichen Sinn, sondern auch um Sentenzen, verbale Phraseologismen, adjektivische Syntagmen, konventionalisierte, undurchsichtige Komposita u. Ä. mehr. Seybold selbst wählt die lateinische Bezeichnung *Proverbia* als jeweilige Seitenüberschrift im Wörterbuch. Folgende Beispiele geben einen Eindruck von den vorkommenden unterschiedlichen phraseologischen Einheiten, wobei der phraseologische Charakter in der deutschen Entsprechung nicht unbedingt erhalten ist:

> *Nocte pluit tota redeunt spectacula mane, Es regnet nicht immerzu / sondern die Sonn lässt sich unterweilen wieder sehen.*
> *Leonibus vulpere jungere, Ungleiche Gattung zusammen jochen.*
> *Nocet empta dolore voluptat, Süß getruncken / sauer bezahlt.*
> *Ab equo ad asinum, Vom Pferd auf den Esel.*
> *Lethale mulsum, Ein Judas-Kuß.*
> *Chamæleonte mutabilior, Ein wanckelmütiger Mensch.*
> *Littore loquacior, Sehr geschwätzig.*
> *Velis equisque, Gar schnell.*

Die lateinischen Phraseologismen werden manchmal mit einer Quellenangabe versehen, meist werden Stellen aus der antiken klassischen Literatur u. a. von Horaz, Ovid, Plautus und Vergil gewählt. Die Stellenangaben sind in abgekürzter Form zitiert, dem Usus der Zeit gemäß werden die Abkürzungen nicht aufgelöst, der Autor konnte davon ausgehen, dass die entsprechenden literarischen Werke dem Leser bekannt waren.

Quellen für die deutschen Sprichwörter werden nicht angegeben, sie weisen aber sowohl in Lexik wie in Grammatik deutlich eine süddeutsche Prägung auf:

> *Die Krähe läst ihr Hupffen nicht.*
> *Wenn die Leut gesund sind / so ligen die Ärtzte kranck.*
> *Wer viel schwätzt / der läugt auch viel.*
> *Es hat Händ und Füß / was der Mann redt.*
> *Du hast auch von dem Wild gessen.*

Ein Äquivalent wird sogar geographisch den deutschen bzw. süddeutschen Gegebenheiten angepasst:

> *Mari aquam addere.*
> *Wasser in Rhein (Kocher) tragen.*[4]

---

4 Korhonen (1998, 574) weist auf die Austauschbarkeit von Substantiv und Verb in dieser Variante hin: „Wasser in Rheyn Schütten oder in see tragen". Sie ist im Wörterbuch von Josua Maaler (1561) verzeichnet.

Andere werden in religiös-christlicher Richtung verändert:

Fata viam invenient.
GOtt wirds schon machen.

3. VIRIDARIUM SELECTISSIMIS PARŒMIARUM & SENTENTIARUM

Eine mit 930 Seiten noch wesentlich umfangreichere parömiographische Sammlung erschien nach Fränkel (1822, 82) im Jahr 1667 in Nürnberg als „Viridarium Selectissimarum Parœmiarum" und nochmals 1677 unter dem leicht abgewandelten Titel „Viridarium Selectissimis Parœmiarum & Sententiarum".[5]

Wie in den „Adagia" ist die Sammlung nach den lateinischen Sprichwörtern durchalphabetisiert. Jedem lateinischen Phraseologismus folgt auch hier ein deutsches Äquivalent. Die graphische Anordnung entspricht genau derjenigen in den „Adagia": lateinische Sprichwörter in Antiqua, manche davon in Antiqua kursiv, wenn eine Quellenangabe dabei ist (aber auch hier nicht systematisch), die deutschen in Frakturschrift. Allerdings finden sich noch weit öfter als in den „Adagia" zwei, drei oder sogar mehr Entsprechungen, die durch die Konnektoren *Item* bzw. *Oder* verbunden sind. Auffällig ist dabei die hohe Anzahl der mehrzeiligen, mit einem Endreim versehenen Äquivalente:

Es hat die Geldbegierd dermassen zugenommen/
Daß sie zu dieser Zeit nicht wol kan höher kommen.
(als Entsprechung zu Ovid:
Tempore crevit amor, qui nunc est summus habendi;
Vix ultra, quo jam progrediatur, habet.)

Nicht selten fügt Seybold dem reimlosen älteren deutschen Äquivalent eine gereimte Alternative bei:

Tempori pari. Tempori serviendum.
Man muß sich in die Zeit schicken.
Oder:
Man muß auch lernen/wie man wol
Sich in die Zeiten schicken soll.

Ebenso:

Herum nemo bene gerit, nisi qui servierit bene,
wer nie Knecht gewesen ist/der kan auch kein guter Herr sein.
Wer nie gedienet als ein Knecht/
Ist auch zur Herrschafft nicht gerecht.

Das Stilmittel des Parallelismus, durch das sich lateinische Sentenzen häufig auszeichnen, wird in den deutschen Entsprechungen ausnahmslos durch Endreime nachempfunden:

---

5   Sämtliche Zitate und die Beispielseite sind der digitalisierten Ausgabe von 1677 der SUB Göttingen entnommen. Ich danke der Bibliothek und insbesondere Herrn Martin Liebetruth für die Bereitstellung des Materials und die Genehmigung zum Abdruck.

Cæterasi vis noscere, te ipsum noscere discas:
Cæterasi vis vincere, te ipsum vincere discas:
Noscere se ipsum, vincere se ipsum, maxima virtus.
Eh du willst andre Sachen wissen/
Dich selbst zu kennen sey beflissen:
Eh du willt [sic!] anders überringen/
Dich selbst bemühe zu bezwingen:
Kein grösser Tugend ist bekannt/
Denn der sich kennt und überwand.

Nur selten werden den Sprichwörtern Bedeutungserläuterungen nachgestellt. Wenn das der Fall ist, werden sie durch den lat. Ausdruck *i. e.* eingeleitet. Die wenigen gefundenen Beispiele lassen darauf schließen, dass Seybold immer dann eine Bedeutungserläuterung anfügt, wenn der Grad der Idiomatisierung relativ hoch und deshalb die Verständlichkeit des Sprichworts nicht gewährleistet ist:

Ein Sau legt sich nach der Schwemme wieder in Koth/i.e. Er will sich nicht bessern.

204 PROVERBIA

Es kan ein Stündlein kommn herbey/
Das uns als Leids ergötzet frey.
　　　Vel:
Die angenehme Zeit kommt offt/
Wann man nicht hat darauf gehofft.
　　　Item:
Es wird noch alles werder gut/
Viel besser / als man hoffen thut.
Gratia citò senescit, Danck veraltet bald.
Gratia gratiam parit, Ein gut Wort findet eine gute Statt. Danck gebühret Danck. Eine Wolthat bringt die ander.
Gratia levior plumâ, Der Danck ist schlecht bey der Welt.
Gratia ne quicquam poterit malè sarta coire.
　　　Horat.
Ubel verwahrte (geheilte) Schäden brechen leichtlich wieder auf.
Gratia, qua tarda est, ingrata est; Gratia namque
Quæ fieri properat, gratia grata magis.
　　　Auson.
　　　Vel:
Gratiaque officio, quod mora tardat, abest.
Wer bald hilfft/ der hilfft doppelt.
　　　Oder:
Viel angenehmer ist/ was eilend wird gegeben/
Als wann man einen lang der Hoffnung lässt geleben.
Gratiosa sunt, quæ pluris emuntur. Was theur ist/ schmeckt am besten.
　　　　　　　　　　　　Grati-

Abb. 2: Beispielseite aus J. G. Seybold: „Viridarium Selectissimis Parœmiarum & Sententiarum"

Wie die „Adagia" enthält auch das „Viridarium" nicht ausschließlich Sprichwörter im engen Sinn.

Nach Seybolds Terminologie handelt es sich um „auserlesene Sprüchwörter" und „schöne und denckwürdige Sitten- und Lehrsprüche", so seine Bezeichnungen im Titel, die insofern richtig sind, als sie den größten Teil des aufgenommenen Materials damit abdecken. Im lateinischen Vorwort (*Praefatio ad Lectorem*) präzisiert Seybold seine Vorstellungen und macht deutlich, dass ihm die Heterogenität des Materials bewusst ist. Er trifft eine interessante Unterscheidung zwischen „Proverbium" einerseits und „Sententia" andererseits. Eine Sententia sei beispielsweise *Pascitur in vivis livor, post fata quiescit*, ein Proverbium dagegen *In porto navigare* („Proverbium vero est hoc, non tamen Sententia"), das im Wörterbuchteil mit *Sicher und ohne alle Gefahr sein* wiedergegeben ist. Eine Sententia und gleichzeitig ein Proverbium sei dagegen *Ne puero gladium*. Seybold scheint also terminologisch zu unterscheiden zwischen einer Sentenz (einem Denk-/Sinnspruch als einer überlieferten syntaktisch abgeschlossenen Einheit mit literarischem Hintergrund, hier Ovid) einerseits und einem Sprichwort bzw. einem verbalen Phraseologismus andererseits. Das letztgenannte Beispiel ist ein semantisch vollständiger Satz, bei dem aber das Verb elliptisch ist, auf ihn träfen beide Charakterisierungen zu („Sententia vero et simul Proverbium"). Es wäre lohnend – wofür hier der Platz fehlt – Seybolds theoretische Ausführungen im „Viridarium" genauer zu untersuchen. In den „Adagia" gibt es keine derartigen Überlegungen.

Im „gedoppelte[n] und sehr nutzliche[n]" Register (so im Titel) werden zunächst zu den lateinischen, alphabetisierten Lemmata die Seitenzahlen angegeben, unter denen sie aufgefunden werden können. Im Anschluss werden unter den deutschen Verweislemmata sämtliche deutsche Sprichwörter, die dieses Stichwort enthalten, in vollständiger Länge angeführt, einschließlich der Seitenzahl. Das Register ist sorgfältig ausgearbeitet und häufig nicht nur nach einem, sondern nach mehreren Verweislemmata organisiert. Das Sprichwort *Alles hat seine Zeit* ist beispielsweise sowohl unter dem Verweislemma *alles*, als auch unter dem Verweislemma *Zeit* zu finden.

4. TEUTSCH-LATEINISCHES WÖRTERBÜCHLEIN

1683 erschien in Nürnberg in erster Ausgabe Seybolds zweisprachiges Schulwörterbuch mit dem Titel „Teutsch=Lateinisches WörterBüchlein. Zum Nutz und Ergötzung der Schul=Jugend zusammengetragen/Und mit 6000. darzu dienlichen Bildern Gezieret"[6]. Es wurde bis 1733 mehrmals, auch anonym, aufgelegt, zuletzt

---

6 Benutzt habe ich die folgenden zwei Ausgaben: als Original die Ausgabe von 1713, verlegt bei Johann Zieger in Nürnberg und als Microfiche in der Ausgabe von 1722, die bei Johann

1770 in einer mehrsprachigen Bearbeitung[7]. Das onomasiologisch geordnete Wörterbuch enthält in 39 Sachgruppen („Hauptstücken") ca. fünfeinhalbtausend Bildminiaturen in Holzschnitttechnik und kann als das erste Bildwörterbuch des Deutschen gelten.

Die ca. 340 Seiten umfassende Ausgabe von 1722 enthält außer dem illustrierten Teil, der 190 Seiten einnimmt, eine 60-seitige Einführung in die lateinische Grammatik („Rudimenta Grammaticae"). Daran schließt sich eine Sammlung lateinischer Sprichwörter mit ihren deutschen Äquivalenten auf weiteren 41 Seiten an („Farrago Sententiarum") und ein alphabetisches Verzeichnis der deutschen Stichwörter auf 47 Seiten („Blatweiser aller in diesem Wercklein vorfallender Wörter").

Zunächst zu dem eigentlichen parömiographischen Teil des „Wörterbüchleins": In ihm finden sich 603 alphabetisch sortierte und nummerierte Sprichwörter, die lateinisch-deutsch organisiert sind. Jedem lateinischen Sprichwort wird ein funktionales deutsches Äquivalent nachgestellt, wobei lateinisches Ausgangssprichwort und deutsche Entsprechung in unterschiedlichen Schriftarten gedruckt sind und damit recht benutzerfreundlich erscheinen. Es zeigt sich auch im „Wörterbüchlein", dass die zielsprachlichen Entsprechungen entweder Wort-für-Wort-Übersetzungen mit semantischer Äquivalenz und „weitgehend übereinstimmender lexikalischer Besetzung und syntaktischer Struktur" sind, es sich demnach um „totale Äquivalenz" (Koller 2007, 605) handelt. Oder es ist eine „partielle Äquivalenz" vorhanden mit „geringfügigen Unterschieden in der lexikalischen Besetzung und/oder der syntaktischen Struktur und/oder konnotativen Unterschieden" (ebd.). In beiden Fällen liegt den Sprichwörtern in Ausgangs- und Zielsprache ein gleiches oder ähnliches Bild zugrunde:

Plenus venter non studet libenter.
Voller Bauch studiret nicht gern.

Proprie laus sordet.
Eigen Lob stinckt.

Oder es handelt sich um freie Entsprechungen mit vager semantischer Anlehnung, ohne lexikalische und syntaktische Übereinstimmung:

Qui tacet, consentire videtur.
Keine Antwort / ist auch eine Antwort.

Qui non est hodie, cras minus aptus erit.
Was Hännslein nicht lernt / lernt Hanns nimmermehr.

Friedrich Rüger in Nürnberg verlegt wurde. Ein Nachdruck der Ausgabe Nürnberg 1695 ist erschienen bei Kessinger Publ., Whitefish 2009.
7   Nach Hupka (1989, 89) wurde die mehrsprachige Fassung von Gabriel Nicolaus Raspe 1770 unter dem Titel „Versuch eines Elementarbuches für Kinder durch Abbildung der merkwürdigsten Dinge und derselben deutschen, lateinischen, französischen und italienischen Benennungen" herausgegeben.

Im Hinblick auf die Parömiographie interessiert nicht nur die oben genannte Sammlung der Proverbia mitsamt dem Register im Anhang, sondern auch der bebilderte Teil des Wörterbuchs, denn Seybold platziert am Ende jeder Seite unterhalb der Illustrationen, die dreispaltig angeordnet sind, jeweils einen Sinnspruch bzw. ein Sprichwort. Wie in der „Farrago Sententiarum" sind sie lateinisch-deutsch angeordnet, im Gegensatz zum deutsch-lateinisch organisierten Vokabular, das den Illustrationen beigegeben ist.

Wie auch die Beispielseite zeigt, korrelieren die Sprichwörter im illustrierten Teil inhaltlich mit dem Wortschatz, der auf der jeweiligen Seite verzeichnet ist. Beispielsweise ist im Kapitel „De Verbis" unter die Stichwörter *Schlafen, Schläfferig seyn, Bey oder neben einem schlaffen, Ausschlafen, Uber etwas einschlaffen* usw. die lateinische Zeile *In utramvis aurem dormire* mit dem deutschen Äquivalent *Sicher und ohne Sorgen schlaffen* gesetzt. In Kapitel 7 „Von Pflantzen und Kräutern" wird der bildhafte Teil mit den Bezeichnungen *Kraut, Kräutermann, Alraun, Attich, Apostemkraut, Anis, Artischocke, Aloe, Alant, Angelick, Augentrost, Baldrian* usw. mit folgenden Zeilen abgeschlossen:

> *In herbis, verbis & lapidibus magna est virtus.*
> *In Kräutern / Worten und Steinen steckt grosse Krafft.*

Barba facit virum. Der Bart macht den Mann heißt es auf Seite 35 mit Illustrationen zu Teilen des Gesichts wie *Nase, Mund, Backen, Kin* und eben *Bart* und *Knebelbart*.

Philosophischer sind dagegen die zum Kapitel 12 „Vom Menschen" passenden Zeilen:

> *Homo homini Deus. Ein Mensch ist des andern GOtt.*
> *Homo homini Diabolus. Ein Mensch ist des andern Teuffel.*

Abb. 3: Beispielseite aus J. G. Seybold: „Teutsch-Lateinisches Wörterbüchlein"

Als Warnung oder Feststellung mag der verbale Phraseologismus *Cristas atcollere. Hochmüthig seyn* fungieren, der die Illustration von Kleidungsstücken und Accessoires der gehobenen Schicht wie *Hut, Federbusch, Haube, Schleyer, Wammes, Schöslein am Wammes, Kragen oder Überschlag, Überschlag mit Spitzen, Eicheln am Kragen, leder Koller* usw. abschließt (S. 42).

Der enge inhaltliche Bezug bezieht sich mitunter nur auf das lateinische Sprichwort, während in der freien deutschen Entsprechung dieser Bezug nicht gegeben ist: Im 5. Kapitel „De piscibus" (S. 11) korreliert die lateinische Zeile *Piscator ictus sapit* mit den Abbildungen und Bezeichnungen von Fischen auf dieser Seite, die deutsche Entsprechung *Mit Schaden wird man klug* steht beziehungslos daneben. Ebenso verhält es sich mit *Ex ovo prodiit. Dieser Mensch könnte schöner nicht seyn* (S. 11), das nur als lateinischer Text zu den Abbildungen bzw. Ausdrücken „Ey", „Vogelnest" und „Ausbrüten" Sinn macht.

Man kann sich gut vorstellen, dass Beispiele wie die genannten Teil des didaktischen Konzepts waren, um auf diese überraschende Weise die Aufmerksamkeit der Schüler im Fremdsprachenunterricht auf Gemeinsamkeiten und Unterschiede der beiden Sprachen zu lenken.

Was auf den ersten Blick also wie ein Konglomerat zufällig zusammengestellter didaktischer Texte – zweisprachiges Wörterbuch, Bildwörterbuch, Grammatik, Sprichwörterbuch – wirkt, erweist sich bei näherer Betrachtung als ein Lehrwerk, dessen einzelne Teile nicht isoliert nebeneinander stehen, sondern geschickt miteinander verflochten sind.[8]

5. DIE SPRICHWÖRTERBÜCHER IM VERGLEICH

5.1. Die „Adagia" und das „Wörterbüchlein"

Für einen Vergleich der Sprichwörtersammlungen ziehe ich die Artikel unter dem Buchstaben „E" heran. Die „Adagia" sind insgesamt und grob gerechnet viermal so umfangreich wie der parömiographische Anhang zu Seybolds „Wörterbüchlein". Die Zahlenverhältnisse in dem kleinen gewählten Korpus betragen dagegen 76 Sprichwörter im Bildwörterbuch und 172 in den „Adagia". Wenn man nun erwartet, dass sich die im „Wörterbüchlein" aufgenommenen Sprichwörter vollständig oder wenigstens zum größten Teil in den „Adagia" wiederfinden, wird man überrascht. Tatsächlich gibt es lediglich eine Übereinstimmung in 38 Fällen und diese bezieht sich nur auf das lateinische Sprichwort. Völlige Kongruenz zwischen den Sammlungen in Hinsicht auf lateinischen Phraseologismus und deutsches Äquivalent gibt es in lediglich 6 Fällen.

Die entsprechenden deutschen Äquivalente sind dagegen variabel. Teils sind es nur geringfügige Unterschiede in orthographischer oder syntaktischer Hinsicht, in Kürze bzw. Länge der Sprichwörter und der Reihenfolge der Komponenten. Teilweise zeigen sich auch lexikalische Abweichungen.

---

8 War das Buch schon unter dem Aspekt der Bildhaftigkeit bis in die jüngste Zeit relativ unbeachtet, so waren es erst recht die darin enthaltenen Sprichwörter und Sentenzen. Lediglich Reinfried (1992, 48) erwähnt kurz die Sprichwörter. Vorgestellt wird das Buch bei Hahn (2010) und zuletzt bei Müller (2010), der den Untersuchungsschwerpunkt auf die Funktion als Bildwörterbuch nach Sachgruppen legt.

Beispiele für geringfügige orthographische, lexikalische und/oder syntaktische Varianten:

	„Wörterbüchlein"	„Adagia"
E cantu cognoscitur avis.	Den Vogel kennt man am Gesang.	Aus dem Gesang erkennt man den Vogel.
Ebrietas est metropolis omnium vitiorum.	Trunckenheit bringet nichts guts mit sich.	Trunckenheit schafft nichts guts.
Endymionis somnum dormite.	Ein Siebenschläffer seyn.	Du bist ein Sieben-Schläffer.
Et neglecta solent incendia sumere vires.	Aus einem kleinen Funcken wird oft ein unlöschliches Feuer.	Aus einem kleinen Füncklein wird offt ein grosses Feuer.
Ex eodem ore calidum & frigidum efflare.	Kaltes und Warmes aus einem Munde blasen.	Aus einem Mund Kaltes und Warmes blasen.

Dass es nicht nur eine Nennform gibt, sondern die Sprichwörter eine hohe Variabilität aufweisen, war zu erwarten, trotzdem überrascht es, dass Seybold eine Reihe von lateinischen Phraseologismen mit völlig unterschiedlichen deutschen Entsprechungen versieht:

	„Wörterbüchlein"	„Adagia"
Ebur atramento candefacere.	Die natürliche Gestalt eines Dinges ändern.	Sich mit Dreck waschen. Mit Kohlen weiß machen.
Et mihi sunt vires, & mea tela nocent.	Mein Bock hat auch Hörner.	Mein Degen schneidet auch. Ich wil meine Händ auch nicht in Sack schieben.
Eundem calceum omni pedi inducere.	Eine Arzney für alles Anliegen brauchen.	Alle Schuh über einen Leist spannen. Mit einer Salben alle Wunden schmieren.
Extremum occubat scabies.	Hintennach geht Klotzmann.	Der Letzte hat die Streich.

Welche Schlüsse lassen sich daraus ziehen? Handelt es sich bei den orthographischen und syntaktischen Varianten um Modifikationen, die Seybold bewusst vornimmt? Hat er schriftlich fixiert, was er – auf unterschiedliche Weise, in Varianten – im mündlichen Sprachgebrauch, „vom Volksmund" gesammelt hat? Oder sind, was wahrscheinlich ist, die Varianten verschiedenen schriftlichen Quellen entnommen? Vor allem die letztgenannten Beispiele, die keine übereinstimmenden Komponenten aufweisen, deuten darauf hin.

5.2. Die „Adagia" und das „Viridarium"

Für einen Vergleich der „Adagia" mit dem „Viridarium" benutze ich wiederum das Korpus der unter „E" verzeichneten Sprichwörter. Ein Zahlenvergleich ergibt, dass den 172 lateinischen Phraseologismen in den „Adagia" 233 im „Viridarium" gegenüberstehen. Zweierlei ist auffallend: Die deutschen Äquivalente in den „Adagia" finden sich fast unverändert im „Viridarium" wieder. Es gibt lediglich geringfügige Abweichungen in der Orthographie bzw. Morphologie wie z. B.: *Mucken/Mücken, Hertzens Wunsch/Hertzen Wunsch, zieret/ziert*. Der entscheidende Unterschied besteht aber darin, dass im „Viridarium" jedem Ausgangssprichwort meist mehrere Entsprechungen gegenüberstehen und die im Vergleich zu den „Adagia" neu dazugekommenen häufig in (mehr oder weniger geglückter) Reimform vorliegen:

	„Adagia"	„Viridarium"
Eadem fidelia duos dealbare parietes.	Zwo Töchter mit einem Heyrath-Gut aussteuren.	Zwo Töchter mit einem Heyrath-Gut aussteuren. Mit einer Mühe zweyerley Arbeit verichten. Zween Hasen mit einem Sprung fangen. Zween Brey in einer Pfannen kochen.
Ebrietas est metropolis omnium vitiorum.	Trunckenheit schafft nichts guts.	Trunckenheit schafft nichts guts. Die mit dem Trunck sich überfüllen / Sind wie unsinnig / doch mit Willen.
Elephantum ex musca facit.	Er macht aus einer Mucken einen Elephanten.	Er macht aus einer Mücken einen Elephanten. Vel: Eine kleine Sach kann er hoch aufmutzen.
Equus me portat, alit Rex.	Es geht mir nach meines Hertzens Wunsch / ich könnt es besser nicht haben.	Es geht mir nach meines Hertzen Wunsch / ich könnt es besser nicht haben. Vel: Mich speiset der König / mich träget ein Pferd / Ich habe / was meine Gedancken begehrt.
Est aliquid prodire tenus, si non datur ultra.	Man soll thun / soviel man kan.	Man soll thun soviel man kan. Wer nicht kan lauffen übers Ziel / erlangt ers nur / so ists doch viel.
Et bene apud memores veteris stat gratia facti.	Danckbarkeit zieret mächtig wol.	Danckbarkeit ziert mächtig wol. Niemand dienet um Dancken / es füllt den Seckel nicht. Man dient nicht um gute Wort / sie lohnen nicht.

Hat Seybold hier weitere Quellen herangezogen? Oder hat er selbst in dem einen oder anderen Fall einen Reim formuliert? Interessant wäre es auch, der Frage nachzugehen, ob Seybold Sprichwörter aufnimmt, die sonst nirgends verzeichnet sind. Fragen nach den Vorbildern und Quellen der Seyboldschen Sprichwörter sind jedoch ein anderes Thema. Wander jedenfalls hat aus den „Adagia" zahlreiche Sprichwörter übernommen, andererseits bleiben viele Sprichwörter auch unberücksichtigt. Stichproben ergeben, dass Wander z. B. die folgenden Seyboldschen Sprichwörter nicht übernommen hat:

> *Er hat hinten auch Augen.* (bei Wander nur in der Variante: *Er hat hinter sich auch Augen*)
> *Alte Freund sind die besten.*
> *Der Menschen Lust ist ihr Himmelreich.*
> *Lustig wird's einmal seyn, wenn man an das ausgestandene Unglück dencken wird.*
> *Es fleugt ein Gans über Meer / und kommt ein Gagag wieder.*

6. ZUSAMMENFASSUNG

Allen drei Sprichwörtersammlungen Seybolds ist gemeinsam, dass es sich um kontrastive Gegenüberstellungen von lateinischen und deutschen Sprichwörtern handelt, wobei die Ausgangssprache Latein, die Zielsprache Deutsch ist. Während das „Wörterbüchlein" aber für den Sprachunterricht und damit für die Schüler als Zielgruppe konzipiert ist und die „Adagia" sich ebenfalls an die Jugend richten, ist das „Viridarium" für ein breiteres Publikum gedacht: „so nicht nur für die Scholaren und Studiosos, sondern auch für Geistliche und Weltliche, ja für jedermänniglich / er sey gelehrt oder ungelehrt / in Reden und Schrifften / überaus dienlich" (Titel).

Seybolds „Teutsch-lateinisches Wörterbüchlein" steht in der Tradition des Comenianischen „Orbis pictus", dennoch muss es in verschiedener Hinsicht als ein eigenständiges, sogar innovatives lexikographisches und didaktisches Werk gesehen werden. Indem er Illustrationen, zu vermittelndes Vokabular und Phraseologisches aufeinander bezieht, geht Seybold neue Wege der didaktischen Vermittlung.

Die „Adagia" Seybolds sind dagegen eine Kompilationsarbeit, eine Zusammenstellung vorwiegend von Sprichwörtern und Sentenzen, die unter lexikographischen Gesichtspunkten einen deutlichen Fortschritt gegenüber den frühen Sammlungen darstellen. Die Sprichwörter werden nicht mehr ungeordnet zusammengehäuft, sondern in eine streng alphabetische Ordnung gebracht. Das relativ sorgfältig ausgearbeitete Register gewährleistet die Auffindbarkeit der Sprichwörter. Vom Umfang her werden die „Adagia", wie anfangs erwähnt, weit übertroffen von den zeitgenössischen Sammlungen von Petri und Lehmann, dennoch erschienen sie in mehreren Auflagen bis zum Beginn des 18. Jahrhunderts, sie haben sich also ganz offensichtlich einer gewissen Beliebtheit erfreuen können.

Alle drei Werke Seybolds werden ihrem Titel gerecht: Das „teutsch-lateinische Wörterbüchlein" kann der Schüler tatsächlich „zum Nutz und zum Vergnügen" lesen, es ist als zweisprachiges Lehrbuch, Bild- und auch Sprichwörterbuch seinem didaktischen Anspruch und seiner Zielgruppe – den Schülern – ideal angepasst.

Die „Adagia" sind eine Sammlung vorwiegend von Sprichwörtern, unkommentiert und unbelastet durch zusätzliche moralisch-didaktische Texte, die wie bei den Parömiographen des 16. Jahrhunderts zu „Minipredigten" (Mieder 1992, 40) werden. Das handliche kleine Format des Buchs (ca. 13 x 8 cm) lässt es trotz seines Umfangs fast als Taschenbuch erscheinen. Seine Beliebtheit (und seine häufige Verwendung im Sprachunterricht?) zeigt sich durch die Tatsache, dass es immer wieder neu aufgelegt wurde, ähnlich wie auch Seybolds Bildwörterbuch.

Das „Viridarium" ist im Vergleich dazu tatsächlich als „Lustgarten" anzusehen, in dem der Leser ausgiebig spazieren kann: Ein einladender Eingang (das Frontispiz) und gepflegte Wege (graphisch sorgfältig voneinander abgesetzte und in eine alphabetische Ordnung gebrachte lateinische und deutsche Einträge), die, wenn man ihnen folgt, immer wieder neue und überraschende Ausblicke bieten (Verse, Apophtegmata, Sentenzen, Sprichwörtliches, verbale und adjektivische Phraseologismen, Komposita u. Ä.). Das „Viridarium" ist eine Luxusausgabe der „Adagia", umfangreicher, prächtiger, aber mit Sicherheit auch entsprechend teurer und deshalb nicht für den Massenabsatz geeignet. Es erschien auch nur in zwei Auflagen.

7. LITERATUR

7.1. Sekundärliteratur

Burger, Harald (2003): Phraseologie. Eine Einführung am Beispiel des Deutschen. 2. Aufl. Berlin.
Fränkel, Ludwig (1892): Johann Georg Seybold. In: Allgemeine Deutsche Biographie. Hg. v. d. Historischen Kommission bei der Bayerischen Akademie der Wissenschaften, Bd. 34. o. O., 80–83.
Hahn, Marion (2010): (Sprach-)Bilder ‚zum Nutz und Ergötzung der Schul-Jugend'. Pädagogische Lexikographie im 17./18. Jh. In: Leena Kolehmainen/Hartmut E. H. Lenk/Annikki Liimatainen (Hg.): Infinite kontrastive Hypothesen. Beiträge des Festsymposiums zum 60. Geburtstag von Irma Hyvärinen. Frankfurt a. M. u. a., 127–139.
Hupka, Werner (1989): Wort und Bild. Die Illustrationen in Wörterbüchern und Enzyklopädien. Tübingen.
Jones, William Jervis (2000): German Lexicography in the European Context. A Descriptic Bibliography of Printed Dictionaries and Word Lists Containing German Language (1600–1700). Berlin/New York.
Koller, Werner (2007): Probleme der Übersetzung von Phrasemen. In: Harald Burger u. a. (Hg.): Phraseologie. Ein internationales Handbuch der zeitgenössischen Forschung. 1. Halbbd. Berlin/New York, 605–613.
Korhonen, Jarmo (1998): Zur lexikographischen Erfassung von Phrasemen und Sprichwörtern in Josua Maalers Wörterbuch (1561). In: Peter Ernst/Franz Patocka (Hg.): Deutsche Sprache in Raum und Zeit. Festschrift für Peter Wiesinger zum 60. Geburtstag. Wien, 569–584.
Kühn, Peter/Püschel, Ulrich (1990): Die deutsche Lexikographie vom 17. Jahrhundert bis zu den Brüdern Grimm ausschließlich. In: Franz Josef Hausmann u. a. (Hg.): Wörterbücher. Dictionaries. Dictionnaires. Ein internationales Handbuch zur Lexikographie. Berlin/New York. Zweiter Teilbd., 2049–2077.
Mieder, Wolfgang (1984): Geschichte und Probleme der neuhochdeutschen Sprichwörterlexikographie. In: Herbert Ernst Wiegand (Hg.): Studien zur neuhochdeutschen Lexikographie. Hildesheim/Zürich, 307–358.
Mieder, Wolfgang (1992): Sprichwort – Wahrwort? Studien zur Geschichte, Bedeutung und Funktion deutscher Sprichwörter. Frankfurt a. M. u. a.
Mieder, Wolfgang (1999): Sprichwörter, Redensarten – Parömiologie. Heidelberg.

Mieder, Wolfgang (1989): Das Sprichwörterbuch. In: Franz Josef Hausmann u. a. (Hg.): Wörterbücher. Dictionaries. Dictionnaires. Ein internationales Handbuch zur Lexikographie. Berlin/New York. Erster Teilbd., 1033–1044.
Moll, Otto E. (1958): Sprichwörterbibliographie. Frankfurt a. M.
Müller, Peter O. (2005): Deutsche Sachgruppenlexikographie des 17. Jahrhunderts. In: Fredric F. M. Dolezal u. a. (Hg.): Lexicographica 21. Internationales Jahrbuch für Lexikographie. Tübingen, 20–34.
Müller, Peter O. (2010): Pictura & Nomenclatura. Zur Wissensvermittlung in Wort und Bild in der Sachgruppenlexikographie des 17. Jahrhunderts. In: Zeitschrift für Germanistische Linguistik 38, 370–387.
Nopitsch, Christian Conrad (1833): Literatur der Sprichwörter. Ein Handbuch für Literarhistoriker, Bibliographen und Bibliothekare. 2. Ausg. Nürnberg. Nachdruck Leipzig 1974.
Reinfried, Marcus (1992): Das Bild im Fremdsprachenunterricht. Eine Geschichte der visuellen Medien am Beispiel des Französischunterrichts. Tübingen.

7.2. Wörterbücher

Agricola, Johann (1529): Drey hundert Gemeyner Sprichwörter der wir Deutschen uns gebrauchen und doch nicht wissen woher sie kommen. Hagenau.
Egenolff, Christian (1548): Sprichwörter / Schöne / Weise Klugreden. Frankfurt. Nachdruck Darmstadt 1972.
Franck, Sebastian (1541): Sprichwörter / Schöne / Weise / Herrliche Clugreden / und Hoffsprüch. Frankfurt a. M.
Lehmann, Christoph (1630): Florilegium Politicum oder politischer Blumengarten, darin auserlesene politische Sentenz, Lehren, Regulä und Sprichwörter aus Jurisconsultis, Politicis, Historicis, Philosophis, Poeten und eigener Erfahrung unter 286 Titulen zu sonderem Nutzen und Lust Hohen und Nidern im Reden, rathen und schreiben, das Gut zu brauchen, und das Böss zu meiden in locos communes zusammengetragen. Frankfurt.
Petri, Friedrich (1604/1605): Der Teutschen Weissheit Das ist: Außerlesen kurtze sinnreiche lehrhaffte und sittige Sprüche und Sprichwörter in schönen Reimen oder schlecht ohn Reim. Hamburg. (Nachdruck hg. u. eingel. von Wolfgang Mieder. Bern 1983.)
Seybold, Johann Georg (1713): Teutsch=Lateinisches WörterBüchlein. Zum Nutz und Ergötzung der Schul=Jugend zusammengetragen/Und mit 6000. darzu dienlichen Bildern Gezieret. Deme noch über das eine kurtz=gefaßte Lateinische Sprach=Ubung Und ziemliche Anzahl Auserlesener Sprüche beygefüget. Dictionariolum Germanico-Latinum. In usum & delectationem Scholasticæ Juventutis concinnatum, & aliquot millibus huic rei inservientibus iconibus illustratum. Cui in super accesit Epitome Grammatices Latinae selectarum sententiarum farraginæ. Nürnberg.
Seybold, Johann Georg (1677): Viridarium Selectissimis Parœmiarum & Sententiarum Latino-Germanicarum flosculis amœnissimum, ex optimis quibusque tam vetustissimis quam recentissimis Auctoribus ita adornatum, ut non modo Scholaribus & Studiosis; verum etiam Theologis, Politicis imo quibuscunque aliis, sive literatis sive illiteratis in Sermonibus & Scriptis permagno usui esse possit. Lust-Garten von auserlesenen Sprüchwörtern / auch schönen und denckwürdigen Sitten- und Lehrsprüchen / aus den besten sowol alten als neuen Auctoribus bestehend: So nicht nur für die Scholaren und Studiosos, sondern auch für Geistliche und Weltliche / ja für jedermänniglich / er sey gelehrt oder ungelehrt / in Reden und Schrifften / überaus dienlich / also zugerichtet und eröffnet von Johann Georg Seybold / Gymnasii Halensis Collega. Mit einem gedoppelten und sehr nutzlichem Register geziert. Nürnberg / In Verlegung Wolffgang Moritz Endter / und Johann Andreæ Endters Sel. Erben. Http://gdz.sub.uni-goettingen.de/dms/load/img/?PPN=PPN523477791.

Seybold, Johann Georg (1683): Selectiora adagia latino-germanica In gratiam et usum scholasticæ juventutis olim privatim collecta, & in Alphabeti seriem concinnata; Nunc Superiorum auctoritate & jussu publice typis demandata; Studio Johannis Georgii Seyboldi, Hala Suevi, ibidemque Præceptoris Classici. Norimbergæ, Sumptibus Wolfgangi Mauritii Endteri. Http://books.google.com/books/about/Selectiora_adagia_Latino_Germanica_in_gr.html?id=wIQpAAAAYAAJ.

Wander, Karl Friedrich Wilhelm (1836): Das Sprichwort, betrachtet nach Form u[nd] Wesen, für Schule u[nd] Leben, als Einleitung zu einem großen volksthümlichen Sprichwörterschatz. Hg. u. eingel. von Wolfgang Mieder. Bern u. a. 1983. Nachdruck.

„DIESZ IST DER GRUND DIESER RÄTHSELHAFTEN SPRICHWÖRTER"

Über „Deutsche Sprichwörter mit Erläuterungen" (1790) von Johann Christian Siebenkees

Wolfgang Mieder (Vermont)

Es ist immer wieder zu beobachten, dass Sprichwortforscher sowie Sprach-, Kultur- und Literaturwissenschaftler mit wenigen Ausnahmen meist nur zu gewissen parömiographischen Standardwerken greifen. Für historische Untersuchungen sind das im Prinzip die fünf Sammlungen von Johannes Agricola, „Sybenhundert und fünfftzig Teütscher Sprichwörter" (1534), Sebastian Franck, „Sprichwörter / Schöne / Weise / Herrliche Clugreden / vnnd Hoffsprüch" (1541), Christian Egenolff, „Sprichwörter / Schöne / Weise Klugreden" (1548ff.), Friedrich Petri, „Der Teutschen Weißheit" (1604/05) und Christoph Lehmann, „Florilegium Politicum" (1630ff.). Hinzu kommt noch Karl Friedrich Wilhelm Wanders fünfbändiges „Deutsches Sprichwörter-Lexikon" (1867–1880), das bis heute als die kompletteste und wissenschaftlich fundierteste Massensammlung gilt. Dennoch liegen mehrere leider zu wenig beachtete und eher kleine Sammlungen des späten 18. Jahrhunderts vor, deren Herausgeber gerade keine Vollständigkeit anstrebten, sondern im Geiste des Zeitalters meistens weniger als fünfhundert Sprichwörter mit moralischen oder volksaufklärerischen Kommentaren zusammenstellten. So stellen Sammlungen wie Joachim Christian Blums zweibändiges „Deutsches Sprichwörterbuch" (1780–1782), Johann Jacob Heinrich Bückings „Versuch einer medicinischen und physikalischen Erklärung deutscher Sprichwörter und sprichwörtlicher Redensarten" (1797) und Andreas Schellhorns „Teutsche Sprichwörter, sprichwörtliche Redensarten und Denksprüche" (1797) unter Beweis, dass von einem Desinteresse an Sprichwörtern zur Zeit der Aufklärung, des Sturm und Drang sowie der Klassik und Romantik absolut nicht die Rede sein kann (Röhrich/Mieder 1977, 49–50; Mieder 1984, 321–325; Mieder 1992, 40; Müller/Kunkel-Razum 2007, 941). Mit vollem Recht hatte Friedrich Seiler in seiner bewährten „Deutschen Sprichwörterkunde" bereits 1922 festgestellt:

> „Die Aufklärung mit ihrer Richtung auf praktische Lebensklugheit, Moral und durch Vernunft geschaffene Glückseligkeit der einzelnen stellte bekanntlich die Dichtung am höchsten, deren Zweck moralische Belehrung ist. Es ist daher kein Wunder, daß sie auch das Sprichwort als ein wertvolles Mittel, Tugend und Vernunft im Volke zu verbreiten, schätzte und pflegte. Daher sind im 18. Jahrhundert eine ganze Reihe von Sprichwörtersammlungen erschienen, zum Teil mit ‚moralischen Anmerkungen'" (Seiler 1922, 138).

Das ist völlig richtig, doch kommt selbstverständlich hinzu, dass Sprichwörter im 18. Jahrhundert in der mündlichen Volkssprache ohne Unterbrechung weiterlebten. Das hat damals bereits Gotthold Ephraim Lessing festgestellt, der nicht nur zahlreiche Sprichwörter und Redensarten in seine Lustspiele und selbst in sein Toleranzdrama „Nathan der Weise" (1779) integrierte (Racette 1997; Friedrich-Hermann 2000), sondern diese Volksweisheiten aus den Sammlungen von Franck und Lehmann exzerpierte, englische Sprichwörter ins Deutsche übersetzte und sich intensiv mit sprichwörtlichem Sprachgut für seine „Vorarbeiten für ein deutsches Wörterbuch" beschäftigte (Lessing 1900, XV, 462–483; Bebermeyer 1979). Diese positive Einstellung gegenüber der Volkssprache ist auch in Johann Christoph Gottscheds „Grundlegung einer deutschen Sprachkunst" (1748, 5. Aufl. 1762) zu erkennen, die eine beachtliche Sammlung von 346 sprichwörtlichen Redensarten und 625 Sprichwörtern enthält, und zwar mit der aufschlussreichen Bemerkung:

> „Wer sich nun dieser [Sprichwörter] und unzähliger solcher Redensarten recht bedienen kann, der ist allerst in der Sprache stark: wiewohl allemal eine gute Wahl dazu gehöret, sie am rechten Orte zu brauchen" (Gottsched 1762, 538; Mieder 1982).

Der Aufklärer Karl Julius Weber zeigt sich in seiner kurzen Anmerkung über „Sprichwörter" sogar als früher Parömiologe:

> „Sprichwörter sind für das Volk die Axiome der gesunden Vernunft und geprüfter Erfahrung, ihre Kürze und Kraft und Wahrheit empfehlen sie noch heute. In jeder Gegend und in jedem Dorfe fast könnten wir Sprüche von Männern finden, die sich durch ihre Klugheit einen Namen machten – die Zeit verlöscht ihre Namen, aber ihre Sprüche bleiben und verwandeln sich in Sprichwörter. Sprichwörter repräsentieren den gesunden Menschenverstand mehr als tausend Bücher, und ihre Anwendung auf die Gegenstände des Lebens und die Vorfälle des Tages macht den Witz des gemeinen Mannes, der den Nagel auf den Kopf trifft, während hundert Folianten und Quartanten nichts treffen als ein pedantisches System" (Weber 1966, 346–347).

Diese Wertschätzung der volkssprachlichen Sprichwörter lässt sich ebenfalls in den Werken von Georg Christoph Lichtenberg (Mieder 1999), Johann Jakob Heinse (Mieder/Nolte 2006), Wolfgang Amadeus Mozart (Mieder 2006), Goethe (Pfeffer 1948), Schiller (MacLean 1952; Mieder 2009a) und anderen mehr finden, wo es zuweilen zu regelrechten Anhäufungen von Ausdrücken, Redensarten und Sprichwörtern kommt. So bringt zum Beispiel Heinse in seinen Werken seitenlange Aufzählungen von Redensarten, und Goethes „Faust" oder Schillers „Wilhelm Tell" enthalten nicht nur Sentenzen und geflügelte Worte sondern vor allem auch traditionelle Sprichwörter (Mieder/Bryan 1996; Mieder 2009b).

Die Sprichwörtersammlung, die zu dieser Zeit ausschlaggebend war, ist Joachim Christian Blums bereits erwähntes „Deutsches Sprichwörterbuch" (1780–1782), das in zwei Bänden auf 470 Seiten 766 Sprichwörter verzeichnet, die zum größten Teil populärphilosophisch bzw. erzieherisch und moralisch kommentiert werden, wobei sich die Sammlung als sprach- und kulturgeschichtlicher Spiegel des Zeitalters entpuppt. Wenn dies nun aber in der Tat **die** Sprichwörtersammlung des 18. Jahrhunderts ist, so ist zu fragen, warum es in den nächsten Jahren zu mehreren weiteren Sammlungen kam. Im Falle von Andreas Schellhorns Sammlung „Teutsche Sprichwörter, sprichwörtliche Redensarten und Denksprüche" (1797) geht es darum, neben Sprichwörtern auch sprichwörtliche Redensarten einzuschließen, was die Sammlung auf 1.435 Texte mit nur wenigen und sehr kurzen Erklärungen anschwellen lässt. Demgegenüber enthält Johann Jacob Heinrich Bückings im gleichen Jahr erschienener „Versuch einer medicinischen und physikalischen Erklärung deutscher Sprichwörter und sprichwörtlicher Redensarten" (1797) auf 578 Seiten lediglich 380 Texte, deren Erklärungen von einem Paragraphen bis zu mehreren Seiten anschwellen können und sich zuweilen als recht forcierte naturwissenschaftliche Auslegungen der metaphorischen Volksausdrücke erweisen. Dazwischen aber brachte Johann Christian Siebenkees seine auf 135 Seiten lediglich 300 Sprichwörter enthaltende Sammlung „Deutsche Sprichwörter mit Erläuterungen" (1790) in Nürnberg heraus, und um dieses kleine aber gewichtige Buch soll es im Folgenden gehen. Was hat Siebenkees zu diesem Büchlein veranlasst, was ist sein Sinn und Zweck, und welche Bedeutung hat es für die historische Parömiographie?

Wer ist zuerst einmal dieser Sprichwortsammler, dessen Name interessanterweise weder auf dem Titelblatt noch sonstwo in dem Buch erscheint? Johann Christian Siebenkees wurde am 20. August 1753 in dem Nürnberger Vorort Wöhrd als Sohn des Kaufmanns und Salzhändlers Christian Stephan Siebenkees und seiner Ehefrau Magdalena geb. Meizgert geboren. Als wissbegieriger Schüler besuchte er das Egidiengymnasium, wo er sich den älteren Sprachen und den griechischen und römischen Klassikern widmete. Durch Privatunterricht eignete er sich auch Kenntnisse des Englischen, Französischen und Italienischen an, so dass er 1770 gut vorbereitet auf die Universität Altdorf zog. Im Jahre 1773 wechselte er an die Universität Göttingen über, um dort bis 1776 sein Studium der Jurisprudenz fortzusetzen. Im März 1777 begann Siebenkees als außerordentlicher Professor der Rechte seine Vorlesungen an der Universität Altdorf, wo er zu einem ungemein gebildeten und beliebten Professor wurde, der sich durch seine vielen Schriften als höchst produktiver Wissenschaftler auszeichnete. Nicht nur wurde er ordentlicher Professor des Natur- und Völkerrechts, sondern auch Professor des Staats- und Lebensrechts und 1795 erhielt er die erste ordentliche Professur des Kirchenrechts. Seit 1805 hielt er auch historische Vorlesungen und war mehrmals Dekan sowie Rektor der Altdorfer Universität. Als diese jedoch aufgelöst wurde, erhielt er 1810 eine ordentliche Professur für Literaturgeschichte an der Universität Landshut, wo er zusätzlich zum Universitätsbibliothekar ernannt wurde. Nach fünfzigjähriger Lehrtätigkeit trat er im November 1826 als Geheimer Hofrat und Ritter des Ludwigordens in den Ruhestand und zog nach Nürnberg, wo einige seiner Kinder wohnten. Er hatte am 16. November 1779 Susanna Maria Mörl geheiratet, doch ließ sich diese 1793 von ihm scheiden, nachdem die Familie auf sieben Kinder angewachsen war. Der emeritierte Gelehrte verbrachte seinen Lebensabend als Mieter im Nürnberger Gasthof „Zum Schwarzen Kreuz", wo er am 22. November 1841 gestorben ist. Während sein Grab auf dem Johannisfriedhof nicht mehr erhalten ist, gibt es ihm zu Ehren seit 1884 eine nach ihm benannte

Straße (Müller 1790; Will 1808; Döring 1843; Eisenhart 1892; Rieger 1952, 1–55; Leiser 1978).

Zweifelsohne hat Johann Christian Siebenkees in seinen fast neunzig Lebensjahren ungemein viel erlebt und geleistet. Er war einer der großen Gelehrten seines Zeitalters und hat die Aufklärung, Klassik und Romantik als Rechts- und Literaturprofessor mitgestaltet. Wolfgang Leiser beschreibt diesen universellen Menschen folgendermaßen:

> „Der von den Göttingern ausgebildete Mann war Jurist und Historiker aus Beruf und Leidenschaft. Er hat in diesen Fächern Bedeutendes geleistet. [...] Ein menschenfreundlicher, durchaus praktisch eingestellter [...] historisch interessierter Geist sammelt Zeugnisse der Vergangenheit und ordnet sie zum Nutzen der Gegenwart. [...] Die Größten seiner Zeit hat er von Angesicht gekannt, ist in Nürnberg Goethe, wie Schelling und Hegel begegnet, war in Landshut Kollege von Feuerbach und Savigny" (Leiser 1978, 190).

Dass Siebenkees ein begabter Sammelgeist war, geht eigentlich aus all seinen vielen Schriften hervor, die sich nicht so sehr durch philosophische oder theoretische Gedanken auszeichnen, sondern durch detaillierte historische Fakten, die nach den Quellen und der Überlieferung von Rechtsvorstellungen und historischen Begebenheiten forschen. Die Titel einiger seiner bedeutendsten Werke geben das zu erkennen: „Abhandlung von Stipendien, den Rechten und der Geschichte derselben" (1787), „Kleine Chronik der Reichsstadt Nürnberg" (1790), „Abhandlung vom letzten Willen, nach gemeinen und Nürnbergischen Rechten" (1791), „Nachrichten von den Nürnbergischen Armenschulen und Schulstiftungen" (1793), „Vom Wandern der Handwerksgesellen. Eine Abhandlung aus der Gewerbpolizey und dem Handwerksrechte" (1800) und „Ideen zu einer dem neuen deutschen Nationalcharakter angemessenen Menschenbildung nebst einer kurzen Kritik der neuern Haupt-Erziehungsmethoden" (1818). Das zuletzt genannte Buch lässt das pädagogische Interesse von Siebenkees erkennen, das wiederholt hervortritt, wie etwa in den beiden mehrmals aufgelegten Büchern „Gemeinnütziges Rechenbuch zum Unterricht in Stadt- und Land-Schulen und zum Privatgebrauch" (1793; 4. verm. Aufl. 1817) und „Über das Hauptgesetz der Teutschen Rechtschreibung, und über Sprachfehler Baierischer Schriftsteller" (1808; 2. Aufl. 1831). Solche Publikationen hätte man nicht unbedingt von diesem Rechtsgelehrten und Historiker erwartet, aber Siebenkees war halt auch der aufgeklärte Volkserzieher, der als Pädagoge am Bildungsniveau der allgemeinen Bevölkerung mitwirken wollte.

Das zeigt ebenfalls seine ungeheure Tätigkeit als zuverlässiger und engagierter Herausgeber etlicher Zeitschriften und Sammelbände. Zu erwähnen sind hier besonders die zusammen mit Julius Friedrich Malblanc herausgegebenen sechs Bände „Allgemeine juristische Bibliothek" (1781–1786), „Juristisches Magazin", 2 Bde. (1782–1783), „Beyträge zum teutschen Recht", 6 Bde. (1786–1790) und „Materialien zur Nürnbergischen Geschichte", 4 Bde. (1792–1795). Diese Bände enthalten zahlreiche von Siebenkees verfasste rechtsgeschichtliche und historische Aufsätze, wobei die Stadtgeschichte Nürnbergs eine besondere Stellung einnimmt. Es kommen aber noch schier unzählige Zeitschriftenbeiträge zu sprach- und literaturwissenschaftlichen sowie mathematisch-naturwissenschaftlichen Themen hinzu. Im „Allgemeinen Literarischen Anzeiger" etwa stehen Beiträge von

Siebenkees wie „Vorschläge zu einer zweckmäßigen Bearbeitung der Französichen Grammatik für Teutsche" (1797), „Beitrag zur Litteratur der Schriften, die vom Aberglauben handeln" (1799) und „Über Lessings Beiträge zu einem deutschen Glossar" (1799). Und in der in Nürnberg erscheinenden Zeitschrift „Der Verkünder" stehen Aufsätze wie „Recept für pädagogische Schriftsteller" (1797), „Beytrag zur Sprachkunst" (1797), „Über einige Verdeutschungen ausländischer Wörter" (1798) und „Von einigen Provinzialsprachfehlern des Oberdeutschen" (1798).

Offensichtlich hatte Siebenkees Interesse an der Sprache, und so führten ihn seine sprach- und kulturgeschichtlichen Studien mehr oder weniger natürlich dazu, dass der so gebildete Rechtsgelehrte auf die Idee kam, während der folgenden Jahre an einer kommentierten Sprichwörtersammlung zu arbeiten. Wie zu erwarten, hat der so eifrige Professor seiner Sammlung eine bedeutende vierzehnseitige „Vorrede" (2[a]–8[b]) vorausgeschickt, die Aufschluss über den Sinn und Zweck der Sammlung gibt und aufzeigt, dass sich Siebenkees gut in die parömiographische Materie eingearbeitet hat. Was daraus allerdings nicht hervorgeht ist, warum er seine Sammlung „Deutsche Sprichwörter mit Erläuterungen" (Nürnberg: Verlag der Bauer- und Mann'schen Buchhandlung, 1790) ohne Nennung seines Namens erscheinen ließ. Auf dem Titelblatt steht lediglich noch das Motto „Prüfet alles, und das Gute behaltet", das darauf hinweist, dass es bei diesen Sprichwörtern um den Weizen und nicht die Spreu der zahllosen Volksweisheiten gehen soll. Diese guten Sprichwörter aber können als moralische Grundlage für ein Leben voller Vernunft und Menschlichkeit dienen, ganz im Sinne des ausgehenden 18. Jahrhunderts (Mieg 1782; Mieder 2003, 2563–2564). Interessanterweise geben einige Bibliographien den Titel in der altdeutschen Schreibweise „Teutsche Sprichwörter mit Erläuterungen" an und zitieren zusätzlich den Untertitel „Ein Buch, das Lehrer in Bürger- und Landschulen mit Nutzen gebrauchen können". Das beginnt mit der weiterhin wertvollen Bibliographie zur „Literatur der Sprichwörter" (1833) von Christian Conrad Nopitsch, der Siebenkees gekannt hat und folgerichtig erklärend hinzufügen kann:

> „Der Herausgeber Herr Hofr. D[r]. und Prof. J.C. Siebenkees in Landshut, damals in Altdorf, versah diese auserlesene Sammlung von Sprichwörtern größtenteils mit neuen und bessern Erklärungen und fügte am Ende derselben ein alphabetisches Register an" (Nopitsch 1833, 74; vgl. Will 1808, 224; Döring 1847, 1118–1119; Wander 1836, 200–201; Gratet-Duplessis 1847, 352; Bernstein 1900, II, 271–272; Moll 1958, 270).

Es ist anzunehmen, dass der zuverlässige Bibliograph Nopitsch tatsächlich eine Ausgabe der Sammlung mit dem Untertitel vor sich hatte, doch ist es mir trotz erheblicher Bemühung nicht gelungen, eine solche ausfindig zu machen. Dennoch deutet der Untertitel an, dass Professor Siebenkees immer auch die Erziehung im Sinne hatte, so dass seine Sprichwörtersammlung selbstverständlich dem Sprach-, Kultur- und Moralunterricht an Schulen dienen konnte.

Doch was sagt Siebenkees nun selbst über seine recht kleine und lediglich 300 Sprichwörter registrierende Sammlung? Die Veranlassung zu seinem Buch steht gleich am Anfang seiner Vorrede:

„Denn Sammlungen von Deutschen Sprichwörtern mit und ohne Erläuterungen sind so viele, daß derjenige, der Lust und Gelegenheit hätte, sie alle von Bebelius und Agricola an bis auf Blum und Beyer zu sammeln, eine kleine Bibliothek bekommen würde. Unterdessen schien es mir doch keine überflüssige Bemühung zu seyn, dieselben aufs neue zu bearbeiten, nachdem ich beynahe alles, was hierher gehört, durchgelesen und gefunden habe, daß noch kein Sammler den ganzen Vorrath erschöpft hat, noch weniger aber eine neue Erläuterung derselben überflüssig ist" (2[a]).

Später kommt er auf diese Unzulänglichkeiten früherer Sammlungen zurück:

„Aus den Erläuterungen der älteren Sammlungen ist oft wenig Trost zu schöpfen, und man wird aus einer Vergleichung meines Commentars mit solchen, welche Agricola, Fran[c]k, oder der Verf. [Christian Egenolff] der Egenolphischen Sammlung erläutert haben, bald bemerken, wie wenig von jener Vorarbeit brauchbar war, und daß die ältern Schriftsteller manches Sprichwort ganz falsch verstanden haben" (6[a]–[b]).

Das ist zwar etwas überspitzt ausgedrückt, aber Siebenkees stellt unter Beweis, dass er sich als Wissenschaftler mit der historischen Parömiographie auseinandergesetzt hat. Nicht nur nennt er die bereits angeführten großen Sammlungen von Agricola, Franck, Egenolff und Blum, sondern er erwähnt zusätzlich aus der Frühgeschichte Heinrich Bebels „Proverbia Germanica collecta atque in Latinum traducta" (1508) und interessanterweise die eher unbedeutende Zusammenstellung „Über den nützlichen Gebrauch der Sprichwörer in Predigten" (1789), die Johann Rudolph Gottlieb Beyer im ersten Band des von ihm herausgegebenen „Allgemeinen Magazins für Prediger nach den Bedürfnissen der Zeit" gerade zu dem Zeitpunkt, als Siebenkees seine Sammlung abschloss, veröffentlicht hatte. Beyers nur dreizehn Seiten umfassende Schrift enthält lediglich 28 Sprichwörter, wovon jedoch immerhin 9 (32.1 %) als folgende Nummern auch bei Siebenkees erscheinen: Nr. 7 „Ein jeder für sich, Gott für uns alle", Nr. 26 „Gedanken sind zollfrey", Nr. 28 „Schweigen und Denken kann niemand kränken", Nr. 56 „Jugend hat nicht Tugend", Nr. 97 „Vorgethan und nachbedacht, hat manchen in groß Leid gebracht", Nr. 99 „Wem nicht zu rathen ist, dem ist nicht zu helfen", Nr. 143 „Gott begegnet manchem, wer ihn nur grüßen könnte", Nr. 160 „Es ist nicht alles Gold, was glänzt" und Nr. 289 „Einmahl ist keinmahl". Nicht nur zeigt Siebenkees mit dieser Erwähnung, dass er bibliographisch auf dem Laufenden ist, sondern er lässt gleichzeitig erkennen, dass ihm die Religion mit ihren Moralgesetzen trotz seiner Gelehrtheit am Herzen liegt:

„Man schließe nicht aus den biblischen Stellen, welche ich zuweilen angeführt habe, daß ich ein Geistlicher sey, ob ich gleich den für glücklich achte, der an dem Chorrocke alles Verdienst, was darin liege, zu nützen weiß. Heut zu Tag darf ja doch auch ein Laye die Bibel lesen und gebrauchen. Für einen großen Theil meiner Leser, welchen, wie ich hoffe, dieses Buch noch ehrwürdig ist, glaubte ich diese Parallelstellen und Beweise manchmahl nicht ohne Nutzen gewählt zu haben" (8[a]–[b]).

Noch wichtiger aber als die Religion ist ihm das schulische Erziehungswesen, was bereits aus seinen schon erwähnten Lehrbüchern zum Rechen- und Sprachunterricht ersichtlich ist. Der Nützlichkeitswert all seiner Arbeiten kommt hier erneut zum Vorschein, denn als gelehrter Professor geht es ihm ganz seinem Zeitalter entsprechend um Bildung oder besser Volkserziehung:

"Sprichwörter sind jederzeit eines der bequemsten Mittel gewesen, Junge und Alte aus dem großen Haufen der Menschen zu unterrichten. Mehrere neue Pädagogen haben Sprichwörter für ein gutes Vehikel des Unterrichts angesehen. Vielleicht findet man dieses Büchlein zu dieser Absicht auch nicht unbrauchbar, und [so] kann es wenigstens für Lehrer dienen, welche den manchmal versteckten Sinn und die richtige Anwendung eines Sprichworts frühzeitig ihren Schülern bekannt machen wollen. Die Sprichwörter selbst können den Schreibschülern als Vorschriften gegeben, und, wenn sie sich dieselben den Worten nach bekannt gemacht haben, vom Lehrer mit Hülfe des Commentars erläutert werden" (7[b]–8[a]).

In der Tat können Sprichwörter als pädagogisches Mittel den Schülern „Weltkenntniß und Sittenlehre" (8[a]) auf praktische und eingängige Weise beibringen.

So erweist sich Johann Christian Siebenkees also als Volkspädagoge, wie ja auch der große Parömiograph Karl Friedrich Wilhelm Wander von Beruf Lehrer war und viele pädagogische Werke verfasst hat, darunter die erste deutsche Sprichwörterkunde „Das Sprichwort, betrachtet nach Form u. Wesen, für Schule u. Leben, als Einleitung zu einem großen volksthümlichen Sprichwörterschatz" (1836). Gut vier Jahrzehnte später wurde aus dieser „Einleitung" dann Wanders bewährtes „Deutsches Sprichwörter-Lexikon" (1867–1880), das selbstverständlich die Texte aus der geschätzten Sammlung von Siebenkees übernahm. Wander anerkannte Siebenkees nicht nur als „modernen" Parömiographen, sondern er zitiert ihn in seiner Sprichwörterkunde zusätzlich als kenntnisreichen Parömiologen (Wander 1836, 7, 40, 113). In der Tat ist Siebenkees keineswegs nur Sammler und Erläuterer, sondern er setzt sich in seiner Vorrede theoretisch mit Sprichwörtern auseinander. Sein Definitionsversuch zusammen mit der Beschreibung von Form, Sprache und (Un)Sinn der Sprichwörter hat nichts an Gültigkeit verloren:

„Das Sprichwort ist ein kurzer im gemeinen Leben oft gebräuchlicher Satz, der eine durch Empfindung oder Erfahrung erkannte allgemeine Wahrheit ausdrückt. Sprichwörter sind fast immer kurz, stark und kraftvoll ausgedrückt, oder auch in Reime eingekleidet: welches macht, daß man sie leicht behält, und dem Gedächtniß tief einprägt. Vermög ihrer Kürze sagen sie mit wenigen Worten viel. Eben diese Eigenschaften, nebst durch Nachdenken ihren Sinn und Anwendung zu finden, hat sie empfohlen und beliebt gemacht. In manchen Sprichwörtern steckt ächter Witz; in manchen ein falscher; in manchen gar keiner, sondern sie sind ganz plan ausgedrückt. In manchen ist falscher Witz und ein blosses Wortspiel" (2[a]–[b]).

Siebenkees als Parömiologe weiß auch, dass die Grenze zwischen Sentenzen und Sprichwörtern nur schwer zu ziehen ist:

„Die Sentenz sagt bloß, was geschehen soll, das Sprichwort oft nur das, was geschieht. Die Sentenzen können länger seyn, als Sprichwörter. Die Sentenz ist mit eigentlichen Worten ausgedrückt; das Sprichwort meist uneigentlich [metaphorisch] und enthält oft etwas Witziges, Unerwartetes oder Verstecktes. Nicht alle Sentenzen sind Sprichwörter, und nicht alle Sprichwörter sind Sentenzen; sondern es gibt Sprichwörter, die ganz das Gegenteil von Sittensprüchen sind; so wie manche Sittensprüche wegen ihres sinnreichen Inhalts zu Sprichwörtern geworden sind" (2[b]–3[a]).

Auch wenn Siebenkees erwähnt, dass man aus Sprichwörtern „den Charakter und die Denkungsart einer Nation kennen[lernt]", so stimmt er doch mit Justus Georg Schottel überein, der in seiner „Ausführlichen Arbeit Von der Teutschen Haupt-Sprache" (1663) bereits auf die Entlehnungs- und Übersetzungsprozesse von

Sprichwörtern aus anderen Sprachen hingewiesen hatte, die nicht unbedingt als Zeichen eines „Volkscharakters" interpretiert werden sollten (Schottel 1663, 1111; Mieder 1982). Überhaupt stellt Siebenkees völlig richtig fest, dass gewisse Sprichwörter so allgemeine Beobachtungen und Erfahrungen ausdrücken, dass sie statt einer „nationalen" eher eine „international" zu beobachtende Weisheit zum Ausdruck bringen: „Manche Wahrheiten, die in Sprichwörtern enthalten sind, sind von der Art, daß mehrere Nationen darauf verfallen und sie als Regeln aufstellen konnten und mußten" (3[b]). Natürlich gibt es laut Siebenkees wiederum auch Provinzialsprichwörter, die nur eine sehr begrenzte Verbreitung gefunden haben, und was den Inhalt all dieser zahlreichen Sprichwörter betrifft, so lassen sich diese in „juristische, ökonomische, historische Sprichwörter" (4[a]) einteilen, wobei es selbstverständlich viele zusätzliche Gruppierungsmöglichkeiten gibt. Einige weitere Ausführungen schließen sich an, wo Siebenkees erklärt, dass seine Sammlung die zahlreichen sprichwörtlichen Redensarten ausschließt, da diese zwar sprach- und kulturhistorisch interessant sowie erklärungsbedürftig sind, aber eben keine allgemeinen Wahrheiten enthalten (vgl. 4[b]–5[a]).

Ihm geht es in seiner kommentierten Sammlung schlicht und recht darum,

> „den Sinn und die Bedeutung jedes Sprichworts anzugeben, wenn derselbe nicht sogleich in die Augen leuchtet; die Wahrheit, Richtigkeit und Allgemeinheit desselben zu untersuchen und auszufinden; und wo es nöthig ist, die richtige Anwendung desselben zu zeigen, den erlaubten Gebrauch zu bestimmen, und vor dem Mißbrauch zu warnen, da sie, wie alle Sachen, neben dem guten und rechten Gebrauch auch mancher falschen Anwendung unterworfen sind" (5[a]–[b]).

Vor allem ist Siebenkees sich bewusst, dass Sprichwörter eben keine Universalweisheiten sind und dass ihr rhetorischer Wert von dem Gebrauchskontext abhängt:

> „Manche Sprichwörter sind zu allgemein, zu schwankend und unbestimmt ausgedrückt, als dass sie ohne weitere Berichtigung angewendet werden könnten. Sie sind oft nur großentheils und nicht in allen Fällen wahr, und werden gleichwohl von dem großen Haufen als Grundsätze gebraucht, worauf derselbe seine Schlüsse bauet, und wornach er handelt" (6[a]).

Nicht alle Sprichwörter müssen erklärt werden, und Siebenkees' Sammlung enthält zahlreiche kommentarlos aneinandergereihte Sprichwörter, die jedoch durch einen Sinnzusammenhang verbunden sind und als Gruppe kommentiert werden. Wo es aber zu Erklärungen spezifischer Sprichwörter kommt, geht Siebenkees folgendermaßen vor:

> „Ich habe mich bemüht meine Erläuterungen mit der möglichsten Deutlichkeit abzufassen, ohne deswegen die Kürze zu vernachlässigen. [...] Meine Erläuterungen sollen keine Predigten, keine ausführlichen Abhandlungen seyn, ob gleich der Inhalt manches Sprichworts so fruchtbar ist, dass er eine weitläuftigere Ausführung verdient" (7[a]).

Das heißt also, dass das Sprichwort „In der Kürze liegt die Würze" als „modus operandi" für sein für die allgemeine Bevölkerung gedachtes „Unterrichtswerk" gilt.

Aus parömiographischer Sicht ergibt sich nun folgerichtig die Frage, welche Auswahl- und Anordnungsprinzipien Siebenkees in seiner kompakten Sammlung befolgt? Auch dazu nimmt er in aller Kürze in seiner so prägnanten Vorrede Stellung. Hier gibt er sozusagen nebenbei zu erkennen, dass er anscheinend eine größere Sammlung an Sprichwörtern zusammengestellt hatte, woraus er nun eine gewisse Blütenlese darbietet:

> „Ich habe dießmahl nur diejenigen Sprichwörter aus meiner Sammlung ausgehoben, welche von allgemeiner Wichtigkeit und Gebrauch sind und zum Theil in den bisherigen Sammlungen nicht stehen, oder nicht erklärt sind, oder einer bessern und weitern Erklärung bedürftig zu seyn schienen" (4[b]).

Meine Überprüfung hat ergeben, dass Siebenkees 18 der 300 Sprichwörter (6%) zum ersten Mal in einer Sammlung verzeichnet, denn sie erscheinen in Wanders *Lexikon* lediglich mit Siebenkees als Quellenangabe. Ich zitiere sie hier zusammen mit der Nummer aus Siebenkees und Verweis auf Wander mit Band-, Spalten- und Nummernangabe:

3. Man soll nichts Neues auf- und nichts Altes abbringen. (Wa,I,54,12)
11. Zuviel zerreißt den Sack. (Wa,I,49,6)
17. Ein kleiner Profit und oft, ist besser, als ein großer und selten. (Wa,III,1411,3)
18. Zu wenig und zu viel, ist aller Narren Ziel, (oder: Ist beydes neben dem Ziel.) (Wa,V,662,3)
25. Man kann niemand in das Herz sehen. (Wa,II,610,217)
57. Man muß die Jugend vertoben lassen. (Wa,II,1047,128)
63. Wer sich nicht mit Worten ziehen läßt, an dem helfen auch keine Schläge. (Wa,V,425,654)
121. Wie man grüßet, so wird auch gedanket. (Wa,II,162,16)
131. Der gute Wille muß zuletzt betteln gehen. (Wa,V,237,22)
136. Wer ungeheissen dazu geht, geht ungedankt davon. (Wa,I,564,[1])
139. Die Katzen kauft man in Säcken. (Wa,II,1186,404)
181. Jede Sache hat zwey Seiten. (Wa,III,1794,155)
193. Wer sachte geht, kommt auch weit. (Wa,III,1807,4)
204. Man muß sich nach seinem Beutel richten. (Wa,I,364,60)
256. Arme Leute behalten ihre Hüner, reiche Leute ihre Töchter nicht lange. (Wa,III,1618,156)
262. Es währet alles nur eine Weile. (Wa,IV,1746,1)
263. Man redet selten von einer Sache, es ist etwas daran. (Wa,III,1556,78)
279. Thu ichs nicht, so thuts ein anderer. (Wa,IV,1189,*598)

Freilich muss gesagt werden, dass es sich bei den Sprichwörtern „Man muß die Jugend vertoben lassen", „Die Katzen kauft man in Säcken", „Jede Sache hat zwey Seiten" und „Man redet selten von einer Sache, es ist etwas daran" lediglich um Varianten von „Die Jugend muss sich austoben" (Wa,II,1043,47), „Man muss die Katzen nicht im Sacke kaufen" (Wa,II,1184,368), „Jedes Ding hat zwei Seiten" (Wa,I,639,903) und „Man redet nit allweg von einem Ding, es sei denn etwas Wahres daran" (Wa,III,1556,77) handelt, wobei Wander allerdings für die letzte Variante keinen historischen Beleg liefert. Siebenkees weiß sehr gut Bescheid über solche Variantenbildungen. So listet er die beiden Sprichwörter Nr. 129 „Es wird nichts so klein gesponnen, Es kommt endlich an die Sonnen" und Nr. 130 „Kein Faden wird so klar gesponnen, Er kommt doch endlich an die Sonnen" hintereinander auf und bringt dann eine gemeinsame Erklärung (S. 62–63). Ähnlich geht er mit folgenden Variantenpaaren vor:

> 187. Viele Hände machen leichte Arbeit (Bürde.)
> 188. Viel[e] Hände machen bald Feyerabend.
>
> 235. Mit großen Herren ist nicht gut Kirschen essen.
> 236. Mit großen Herren ist nicht gut scherzen.
>
> 253. Es fliegt eine Gans übers Meer,
>   Und kommt ein Gagak wieder her.
> 254. Es flog eine Gans hin über den Rhein,
>   Und kam ein Gikgak wieder heim.

Wie man sieht, fügt Siebenkees zuweilen an einzelnen Sprichwörtern Variantenbildungen in Klammern hinzu. Das geschieht zum Beispiel auch in dem folgenden Beleg, wo der Jurist die Gelegenheit ergreift, sein Rechtswissen zusammen mit einer Kritik an der Gesellschaft hervorzubringen:

> 273. Ein magerer Vergleich ist besser, als ein fetter Proceß (ein fettes Urtheil.)
>   Die Ursache dieses Sprichworts ist, weil der Ausgang eines Processes ungewiß, und wenn man auch gewinnt, doch mit Kosten und Verdruß verbunden ist. Dieses Sprichwort wird da doppelt wichtig, wo die Justizverwaltung langsam und schlecht ist: und man kann es als Zeichen sehr unvollkommener Gesetze, einer schlimmen Gerechtigkeitspflege und als eine Folge der häufigen Justizmorde ansehen, wenn fast alle Processe durch Vergleiche geendigt werden. Schlechte Justiz ist aber der Charakter eines höchst verdorbenen Staats, einer bürgerlichen Verfassung, welche nicht einmahl die erste Forderung erfüllt, die man an der Staatsverbindung mit Recht machen kann, die Sicherung und Erhaltung dessen, was Unser ist. (S. 119, eigentlich S. 116)

Um aber auf meine Quellenüberprüfung zurückzukommen, so ist es doch erstaunlich, dass 47 (15,7 %) der von Siebenkees registrierten Sprichwörter in Wanders „Lexikon" als parömiographischer Erstbeleg zu erkennen sind, da alle anderen Belege aus später erschienenen Sammlungen stammen. Somit hat Siebenkees mit seiner Zusammenstellung wirklich eine beachtliche Leistung für die historische Sprichwörterforschung vollbracht. Zählt man die bereits erwähnten 18 nur bei Siebenkees verzeichneten Belege noch dazu, so enthält Siebenkees' Sammlung sage und schreibe 65 (21,7 %) Sprichwörter zum ersten Mal! Das ist ein gutes Fünftel seiner Kompilation und ein überzeugender Beweis dafür, dass es Siebenkees gelungen ist, etwas Neues zu bringen (zuweilen selbstverständlich lediglich Varianten) und eben nicht nur von älteren Sammlungen abzuschreiben, wie das Parömiographen bis heute immer wieder getan haben. Doch hier nun die Liste dieser Frühbelege, wovon viele erst wieder in Wilhelm Körtes „Die Sprichwörter und sprichwörtlichen Redensarten der Deutschen" (1837), Josua Eiseleins „Die Sprichwörter und Sinnreden des deutschen Volkes in alter und neuer Zeit" (1840) und Karl Simrocks „Die deutschen Sprichwörter" (1846ff.) auftauchen, bis sie dann alle mit weiteren Quellenangaben in Wanders „Lexikon" registriert werden. Zu betonen wäre allerdings noch, dass all dies nicht bedeutet, dass diese Sprichwörter nicht schon etliche Jahrzehnte oder gar schon länger vor 1790 im mündlichen oder schriftlichen Umlauf waren:

16. Uebernommen ist nicht gewonnen. (Wa,IV,1397,1)
27. Ums Denken kann man einen nicht henken. (Wa,I,573,70)
35. Etwas rechts leidet nichts schlechts. (Wa,III,1544,4)
37. Wenn man einen nicht kennen kann,
    so schau man seine Gesellschaft an. (Wa,II,1241,36)
62. Die beste Zucht ist, die sich der Mensch selbst thut. (Wa,V,610,6)
73. Die Lust baut das Land. (Wa,III,287,11)
75. Wer seine Hand (mit oder ohne Vernunft) einmahl an den Pflug gelegt, solle sie nicht wieder davon abziehen. (Wa,II,312,460)
78. Besser bewahrt, als beklagt. (Wa,I,328,69)
90. Um Pabst zu werden, darf man nur wollen. (Wa,III,1178,49)
100. Den Geschickten hält man wehrt,
     den Ungeschickten niemand begehrt. (Wa,I,1595,2)
105. Fragen steht frey. (Wa,I,1095,37)
109. Wer fragt, der lernt. (Wa,I,1097,93)
110. Durch Fragen wird man klug. (Wa,I,1094,14)
112. Wer weit fragt, geht weit irre. (Wa,I,1098,120)
116. Wiedervergolten ist auch nicht verboten. (Wa,V,227,[1])
130. Kein Faden wird so klar gesponnen,
     Er kommt doch endlich an die Sonnen. (Wa,I,913,9)
134. Der erste Verdruß (Zorn) ist besser, als der letzte. (Wa,IV,1540,3)
150. Es ist selten ein Schaden, es ist auch ein Nutzen dabey. (Wa,IV,45,75)
151. Wer weiß, wozu es gut ist. (Wa,V,315,*701)
153. Wenn mich jemand einmahl betrügt, so verzeih es ihm Gott, betrügt er mich zum zweytenmahl, so vergebe es mir Gott. (Wa,I,346,33)
155. Grobe Säcke muß man nicht mit Seide zunähen. (Wa,III,1811,71)
157. Wer ein Unglück hat, muß auch das Gespötte haben. (Wa,IV,1457,450)
161. Man hält manchen für fett, er ist nur geschwollen. (Wa,I,990,7)
163. Der soll noch geboren werden, der es allen recht macht. (Wa,I,1384,8)
171. Wer sich gut bettet, schläft gut. (Wa,I,355,5)
175. Zusagen (Versprechen) macht Schuld. (Wa,IV,1592,46)
176. Versprechen will ein Halten haben. (Wa,IV,1593,60)
185. Bete, als hülfe kein Arbeiten: und arbeite, als hülfe kein Beten. (Wa,I,340,9)
186. Nach gethaner Arbeit ist gut feyern (ruhen.) (Wa,I,118,108)
195. Eilen, Uebereilen thut kein Gut. (Wa,IV,1391,4)
201. Richt vor dein Huß, darnach guck druß. (Wa,III,1669,19)
209. Viele Bächlein machen auch einen Fluß. (Wa,I,214,4)
218. Selber essen macht fett. (Wa,I,894,125)
219. Besser zehen Neider, als ein Mitleider. (Wa,III,992,1)
222. Ein Dienst ist des andern wehrt. (Wa,I,601,22)
230. Hüner, die viel gatzen, legen wenig Eyer. (Wa,II,802,103)
234. Wenn der Schreiber nichts nutz ist, gibt er der Feder die Schuld. (Wa,IV,338,17)
244. Wer will haben gut Gemach,
     Der bleib unter seinem Dach. (Wa,I,1541,10)
246. Wer hinauf steigen will, muß unten anfangen. (Wa,II,660,[1])
250. Ein Quintchen Mutterwitz ist besser, als ein Centner Schulwitz. (Wa,III,820,2)
251. Die Welt macht Leute. (Wa,V,167,263)
259. Den schönen Tag muß man auf den Abend loben. (Wa,IV,994,85)
267. Grad aus gibt die besten Renner. (Wa,I,1560,4)

268. Geradezu ist der nächste Weg. (Wa,I,1561,7)
272. Wenn man stöbern will, muß man oben anfangen. (Wa,IV,868,[1])
286. Genug ist über einen Sack voll. (Wa,I,1553,29)
291. Einmahl des Jahrs ist nicht oft. (Wa,I,791,7)

Von Interesse ist überdies noch, welchen Einfluss die bedeutendste Sammlung des 18. Jahrhunderts, eben Joachim Christian Blums zweibändiges „Deutsches Sprichwörterbuch" (1780–1782) mit seinen gut 750 Sprichwörtererklärungen auf Siebenkees hatte, der in der Vorrede mit ehrlicher Wissenschaftlichkeit Folgendes aussagt: „Dieses Sprichwörterbuch habe ich inzwischen doch am meisten benutzen können, und ich würde, wenn es vollständig wäre, meine Arbeit beynahe für überflüssig gehalten haben. Man wird aber kaum hundert der hier erläuterten Sprichwörter in jenem Buche finden" (7[a]). Auch diese Aussage hält einer Stichprobe stand, denn ich konnte nur 77 Überschneidungen feststellen. Das heißt also, dass lediglich 25,7 Prozent der von Siebenkees verzeichneten Sprichwörter sich bei Blum finden lassen. Damit aber ist Siebenkees' Sammlung eine beachtliche Ergänzung zu Blums Standardwerk des 18. Jahrhunderts. Es ist wohl nicht nötig, dass diese 77 Texte hier abgedruckt werden, und so gebe ich im Folgenden lediglich die Nummern der Sprichwörter aus Siebenkees mit den in Klammern gesetzten entsprechenden Nummern aus Blum an: 7 (95), 8 (573), 9 (583), 10 (567), 11 (568), 14 (722), 15 (720), 19 (564), 33 (476), 34 (475), 36 (640), 38 (105), 39 (474), 42 (643), 47 (367), 48 (366), 50 (98, 124 und 131), 51 (128), 52 (505), 53 (138), 55 (136), 59 (265), 60 (266), 61 (267), 68 (30), 69 (655), 70 (654), 80 (355), 83 (405), 92 (464), 93 (463), 94 (310), 103 (324), 126 (115), 128 (116), 142 (668), 144 (46), 145 (543), 146 (47), 147 (424), 162 (342), 187 (344), 188 (307), 189 (670), 190 (152), 191 (671), 202 (302), 205 (309), 208 (325), 213 (414), 216 (416), 220 (541), 221 (542), 225 (536), 226 (534), 228 (535), 229 (110), 235 (638), 236 (639), 240 (153), 241 (154), 242 (24), 249 (240), 252 (500), 253 und 254 (491), 255 (498), 256 (188), 261 (161), 264 (443), 265 (430), 269 (198), 275 (454), 281 (52), 296 (466), 297 (467 und 468), 298 (556). Aus dieser Liste geht hervor, dass sich Siebenkees immerhin neunmal in der Zusammenstellung von Varianten eines Sprichwortes an Blum gehalten hat. So hat Blum zum Beispiel:

567. Zu viel ist ungesund.
568. Zu viel zerreißt den Sack.
Zweyte Folge der Unmäßigkeit! – die Gesundheit, das Edelste irdischer Güter, läuft Gefahr, durch Überladungen aller Art verloren zu gehen. Bedenke das, ihr Schwelger. Erwägt die Grösse des Opfers! Sind die flüchtigen Freuden der Tafel auf irgend eine Weise mit dem Verluste des Kostbarsten, was ihr besitzet, zu vergleichen? – O! ihr versteht euch auf die feinere Wollust überall nicht. Ihr solltet mäßig geniessen, um desto inniger und länger geniessen zu können! (Bd. 2, S. 151)

Bei Siebenkees treten beide Sprichwörter in der gleichen Reihenfolge auf, doch fügt er gleich noch vier weitere Sprichwörter der Übertreibung hinzu und erklärt dann alle zusammen:

10. Allzuviel ist ungesund.
11. Zuviel zerreißt den Sack.

12. Allzuscharf macht schartig.
13. Man muß den Bogen (die Saiten) nicht zu hoch spannen.
14. Wenn man die Sehnen an der Armbrust zu hart spannt, so reißt sie gern.
15. Viel Säcke sind des Esels Tod.
    Lauter Sprichwörter, welche einerley sagen, alle die Uebertreibung widerrathen, und durch verschiedene Metaphern ausgedrückt sind. Zu viel Essen, Trinken, Schlafen, Wachen, ist für die Gesundheit nachtheilig und bringt dem Körper Schaden. Wenn man einen Sack zu voll pfropft, so reißt er, und wird vielleicht ganz unbrauchbar zu unserer Absicht. Wenn ein Messer zu scharf und zu dünne geschliffen wird, so bricht es leicht aus, und bekommt bald Scharten. Die Sehne des Bogens, die Saite eines musicalischen Instruments, welche höher und stärker gespannt wird, als ihre Natur es verträgt, reißt. Wer sein Vieh überladet, und ihm über seine Kräfte Arbeiten aufbürdet, richtet es zu Grund. Man hat also allemahl Schaden davon, wenn man eine Sache übertreibt. Will man lange genießen, so muß man mäßig genießen. Die Obrigkeit, welche ihre Unterthanen nicht an den Bettelstab bringen, oder zum Aufruhr reizen will, muß sie nicht mit Auflagen übersetzen. Wer für seine Arbeit, für seine verkäuflichen Sachen zu viel verlangt, scheucht Käufer, und diejenigen, die sich sonst seiner bedienen würden, ab. Daher hat man noch ein anders Sprichwort:
16. Uebernommen ist nicht gewonnen; oder
17. Ein kleiner Profit und oft, ist besser, als ein großer und selten.
    Wer seinen Käufern zu viel anfordert, vertreibt sich die Kunden und vermindert sein Gewerbe und seinen Absatz; gewinnt also im Ganzen nicht so viel, als derjenige, welcher sich mit einem kleinen Gewinn befriedigt, und denselben desto häufiger zieht. (8–9)

Dieses Beispiel zeigt vielerlei auf, nämlich, dass Siebenkees zuweilen zwei aufeinander folgende Sprichwörter direkt aus Blum übernimmt, und dass er sich hier und da etwas auf dessen Erklärung bezieht. Doch fügt er sogleich einige weitere Texte hinzu und erklärt sprachlich und parömiologisch, dass Sprichwörter mit unterschiedlichen Metaphern dennoch dieselbe Bedeutung haben können. Dann erklärt er die Sprachbilder, indem er sie auf realistische Beispiele überträgt. Schließlich geht er dann am Ende seiner Auslegung zu zwei weiteren Sprichwörtern über, so dass seine Sammlung immer wieder zu übergreifenden Sprichwörtergruppen führt, die sie zu einem zusammenhängenden Lesegenuss werden lässt. Blums Erklärungen stehen demgegenüber normalerweise für sich allein und enthalten oft moralisch-erzieherische Argumente, während Siebenkees doch wissenschaftlicher und kritischer mit den Texten selbst umgeht und sie zuweilen auf die sozialpolitischen Zustände seines Zeitalters bezieht.

Doch all dies führt weiter zu der Frage, was denn eigentlich das Anordnungsprinzip dieser Sammlung ist? Blum hat seine Sammlung nach Themen- bzw. Sachgruppen eingeteilt, wobei beide Bände am Anfang ein Verzeichnis ihrer Sprichwörter in der Reihenfolge ihres Auftretens enthalten. Das alles macht es dennoch schwierig, das eine oder andere Sprichwort aufzufinden. Siebenkees' Sammlung mit seinen nur 300 Texten brauchte nicht unbedingt in Sektionen eingeteilt zu werden, aber es ist gut, dass der Parömiograph am Ende ein alphabetisches Register aller Sprichwörter (S. 125–135) hinzugefügt hat. Somit sind einzelne Texte relativ leicht zu finden, aber es sei gestanden, dass es mir nicht gelungen ist, in der Anordnung der Sammlung irgendeine Systematik zu entdecken. Auch in der Vorrede sagt Siebenkees nichts dazu. Seine Sammlung ist ein informationsreiches, gelehrtes und unterhaltsames „Lesebuch", das, wie bereits gesagt, zuweilen Sprichwörter und Erklärungen zu kleinen Gruppen zusammenfügt. Im Prinzip aber gibt das dem Chaos der Sammlung nur eine Ahnung eines Aufbausystems.

Umso wertvoller und interessanter sind jedoch die von Siebenkees beigefügten Erläuterungen, die von nur einigen Zeilen bis auf mehrere Seiten anschwellen können, wobei viele Sprichwörter keine individuellen Erklärungen bekommen, sondern in Gruppen von sinnverwandten Sprichwörtern diskutiert und auf das Leben allgemein oder auf gewisse kulturelle, soziale oder politische Zeiterscheinungen bezogen werden. Vor allem aber handelt es sich um Menschlich-Allzumenschliches, wobei Siebenkees oft zeigt, dass Sprichwörter positiv sowie negativ ausgelegt werden können (vgl. etwa Nr. 47–48, 71, 86–88, 189–191, 260). Die Bedeutung hängt jeweils von dem Kontext ab, in dem das betreffende Sprichwort auftritt, wie zum Beispiel hier:

> 80. Wenn man unter den Wölfen ist, muß man mit heulen.
> Ein Sprichwort, das man zur Entschuldigung mancher Thorheit, mancher leichtsinnigen Handlung, auch wohl sogar wirklicher Laster, die man in Gesellschaft anderer begangen, zu gebrauchen pflegt. In gleichgültigen Dingen mag das Sprichwort gelten: dann [sic] da ist es besser mitmachen, als ein Narr allein seyn, wenn das Mitmachen unschuldig ist, und die zum geselligen Leben nöthige Theilnehmung es verlangt. Bey wirklich schlechten, strafbaren Handlungen muß man sich aber nicht auf diese Ausrede berufen: man kann sich damit weder vor dem Richter rechtfertigen, noch in seinem eigenen Gewissen, wenn dasselbe aufwacht, beruhigen. (S. 45–46)

Es kann nicht überraschen, dass Siebenkees als Rechtsgelehrter in seinen Erläuterungen wiederholt Beispiele aus dem Recht anführt (vgl. etwa Nr. 43–45, 166, 181, 210, 211, 273). Natürlich gehören zu solchen Rechtsvorstellungen auch Moralgesetze, worauf Siebenkees in fast allen Erläuterungen anspielt. Es geht ihm immer wieder um vernünftige und anständige Verhaltensweisen, wobei er zuweilen energisch gegen die falsche und verwerfliche Auslegung von Sprichwörtern argumentiert. Das geschieht zum Beispiel in folgender Gruppe von sinnverwandten Sprichwörtern, wo Recht und Moral leicht in Konflikt geraten können:

> 138. Was die Augen sehen, glaubt das Herz.
> 139. Die Katzen kauft man in Säcken.
> 140. Uebersehen ist auch verspielt.
> 141. Wer die Augen nicht aufthut, muß den Beutel aufthun.
> Der Augenschein ist das beste Mittel, sich von der Beschaffenheit und Richtigkeit einer Sache Ueberzeugung zu verschaffen. Wenn ich jemanden Geld auszuzahlen habe, und er will sichs nicht vorzählen lassen, so kann ich ihm sagen: Was die Augen sehen, glaubt das Herz. Für Fehler, die in die Augen fallen, steht kein Verkäufer. Wenn also der andere mich nicht vorsetzlich betrügt, und in Irrthum verleitet, sondern ich bloß durch mein Versehen, meine Uebereilung, Unachtsamkeit zu Schaden komme, so kann ich mich an niemand halten. Wenn ich weiß, daß die Sache mich angeht, und doch nicht aufmerksam bin, so muß ich alle Schuld des erlittenen Schadens mir selbst geben. Inzwischen rechtfertigen diese Sprichwörter nicht das unedle Verfahren desjenigen, welcher die Schwäche und Uebereilung eines andern mißbraucht, um ihn zu vervortheilen. Sie sind freylich juristisch betrachtet wahr, und der Richter spricht nach denselben. Aber deswegen sind sie nicht sogleich lobenswürdige Grundsätze des sittlichen Betra-

gens, oder Maximen der richtigsten Handelsmoral, sondern gelten weder vor dem Richterstuhl Gottes, noch unsers Gewissens, noch in den Augen edeldenkender Menschen. (S. 66–67)

Es ist natürlich auch anzunehmen, dass Johann Christian Siebenkees die religionsphilosophische Schrift „Die Erziehung des Menschengeschlechts" (1780) von Gotthold Ephraim Lessing kannte. Darin geht es bekanntlich um die Entwicklung der menschlichen Vernunft, die gleichzeitig eine positive moralische Entwicklung der Menschheit mit sich bringt. Seine Erläuterungen zu den Sprichwörtern Nr. 62 „Die beste Zucht ist, die sich der Mensch selbst thut" und Nr. 63 „Wer sich nicht mit Worten ziehen läßt, an dem helfen auch keine Schläge" beziehen sich zwar recht vordergründig auf die Kindererziehung seitens ihrer Eltern, doch in einer weiteren Sprichwortauslegung kommt Siebenkees auch auf die Entwicklung des Verstands zu sprechen:

71. Witz (Verstand) kommt nicht vor den Jahren.
Der Verstand zeigt sich bey einem Menschen früher, als bey dem andern, da die natürlichen Gaben so sehr verschieden sind, und die Gelegenheit den Verstand zu entwickeln nicht immer gleich ist. Ordentlicher Weise aber geht es nach gewissen Stufen. Hieraus folgt also die Regel für Erzieher, daß sie von ihren Schülern nicht mehr fordern, als ihre Jahre mit sich bringen, und nicht verzweifeln, wenn die Geistesgaben derselben sich nicht schnell entwickeln. Man findet dieß Sprichwort vornämlich richtig in Ansehung der Anwendung des Verstandes auf Fälle, wozu Erfahrung gehört. – Gemißbraucht wird dieses Sprichwort, wenn man damit Jugendfehler, die in Bosheit oder einem hohen Grad der Unüberlegtheit ihren Grund haben, vertheidigen will. (S. 40)

Spricht Siebenkees hier von der Entwicklung der Vernunft bzw. des Verstands während der Jugend, so fügt er sogleich ein zweites Sprichwort an, das in der Tat aufzeigt, dass Erfahrung und Lebenskenntnis, die dem Verstand zu Nutze kommen, dennoch im Alter nicht unbedingt vor Irrtümern schützen:

72. Alter hilft für Torheit nicht. (Und Jugend schadet der Weisheit nicht.)
Die Erfahrung und Kenntniß des Weltlaufs, welche der Alte haben kann, sollten denselben freylich vor thörichten Handlungen bewahren: allein entweder hat oft jemand jene Mittel nicht benützt, oder nicht auf sich angewendet, und ist doch in Thorheiten verfallen. Alsdann ist es richtig, daß das Alter an und für sich nicht vor Thorheit schützt, sondern nur die erlangte Erfahrung. Die Jahre an sich machen nicht weise, noch klug, sondern der natürlich gute Verstand nebst der Gelegenheit, sich Erfahrungen zu sammeln. Weisheit ist überhaupt an kein Alter gebunden. Leidenschaften, die einmahl eine gewisse Stärke erreicht haben, sind im Alter noch weniger zu bändigen, als in der Jugend. (S. 40–41)

Was aus diesen beiden Erklärungen hervorgeht ist, dass Siebenkees trotz seiner großen Gelehrtheit und seiner mehrfachen Professuren nicht unbedingt ein philosophischer Geist ist. Dafür ist er viel zu sehr Pädagoge und Pragmatiker, der mit seinen „Deutschen Sprichwörtern mit Erläuterungen" allgemeinverständlich und belehrend mitwirken wollte an der vernünftigen Erziehung seiner Mitmenschen. Kulturgeschichtlich und populärphilosophisch dreht es sich in dieser Sprichwörtersammlung also um eine Art Volkserziehungsbuch.

Immer wieder bietet seine Sammlung Sprichwörter zusammen mit Varianten, die heute nicht mehr geläufig sind. Ein aufschlussreiches Beispiel ist, dass Siebenkees sich nicht damit zufriedengibt, das in vielen Sprachen geläufige Sprichwort Nr. 160 „Es ist nicht alles Gold, was glänzt" zu erklären, ohne noch rasch eine Regionalvariante hinzuzufügen: „In Schwaben sagt man: [Nr.] 161. Man hält manchen für fett, er ist nur geschwollen". Hinzu kommen viele veraltete Sprichwörter, wie etwa: Nr. 42 „Nimmer Geld, nimmer Gesell", Nr. 73 „Die Lust baut das Land", Nr. 90 „Um Pabst zu werden, darf man nur wollen", Nr. 178 „Versprechen ist edelmännisch, halten ist bäurisch", Nr. 211 „Der Sparer will einen Verthuer (Zehrer) haben", Nr. 212 „Es läßt sich wohl ein Kaisersgut verzehren", Nr. 215 „Gute Tage wollen starke Beine haben" und Nr. 286 „Genug ist über einen Sack voll". Das bedeutet allerdings nicht, dass die Sammlung nicht einige der heute noch bekanntesten Sprichwörter mit zuweilen kaum notwendigen Erklärungen enthält, also Texte wie Nr. 26. „Gedanken sind zollfrey", Nr. 43 „Noth kennt kein Gebot", Nr. 55 „Der Apfel fällt nicht weit vom Stamm", Nr. 68 „Kinder und Narren reden die Wahrheit", Nr. 79 „Eigen Lob stinkt", Nr. 113 „Das Werk lobt den Meister", Nr. 135 „Borgen macht Sorgen", Nr. 172 „Ehrlich währt am längsten", Nr. 210 „Wie gewonnen, so zerronnen", Nr. 232 „Kleider machen Leute", Nr. 258 „Morgenstund hat Gold im Mund" und Nr. 300 „Wer zuletzt lacht, lacht am besten". Doch im Ganzen kann der Schlusssatz dieser letzten und knappen Sprichworterklärung für den Inhalt der gesamten Sammlung stehen, denn es geht darin um „räthselhafte Sprichwörter", die anscheinend bereits im 18. Jahrhundert und umso mehr heute unverständlich sind und die uns Johann Christian Siebenkees entschlüsselt hat:

> 256. Arme Leute behalten ihre Hüner, reiche Leute ihre Töchter nicht lange.
> 257. Reicher Leute Kinder und armer Leute Kälber werden bald reif.
> Die Kinder reicher Leute finden bald Gelegenheit zum Heyrathen, weil man ihren Reichthum sucht. Arme Leute verkaufen ihre Hüner und Kälber bald, weil sie Geld brauchen. Dieß ist der Grund dieser räthselhaften Sprichwörter. (S. 109)

Ein kleines Rätsel bleibt allerdings immer noch, warum Johann Christian Siebenkees seine Autorschaft verheimlicht hat. Dabei hat er sich doch eine gewisse Hoffnung auf Erfolg und Anerkennung seiner Sammlung gemacht und an weitere Sprichwortprojekte gedacht. Schließlich beendet er seine beachtliche Vorrede folgendermaßen:

> „Sollte dieser erste Versuch den Beyfall der Leser nicht ganz verfehlen, und einigermaßen zweckmäßig gefunden werden, so werde ich künftig noch mehrere und insonderheit die historischen und ökonomischen Sprichwörter, und die sprichwörtlichen Redensarten sammeln, erläutern, und dabey Gelegenheit bekommen, manches nicht allgemein Bekannte beyzubringen. Auch kann ich eine ziemlich vollständige Literatur derjenigen Schriften, in welchen Deutsche Sprichwörter erläutert oder gesammelt sind, mittheilen, dergleichen meines Wissens noch nicht vorhanden ist" (S. 8[b]).

Offensichtlich ist es nicht zum Druck einer Bibliographie seitens Siebenkees gekommen, doch hat der mit ihm bekannte Christian Conrad Nopitsch eine solche „Literatur der Sprichwörter" im Jahre 1822 (2. Aufl. 1833) vorgelegt. Leider hat

Siebenkees auch keine zweite kommentierte Sprichwörtersammlung herausgebracht, die dann gewiss sprichwörtliche Redensarten enthalten hätte. All dies ist durchaus verständlich, wenn man bedenkt, wie beschäftigt dieser Gelehrte mit seinen Lehrveranstaltungen und seinen vielen anderen Büchern und den von ihm herausgegebenen Sammelbänden und Zeitschriften war. Dennoch ist er der Parömiographie und Parömiologie in etwa treu geblieben. So ist zum Beispiel im dritten Band der von ihm herausgegebenen „Materialien zur Nürnbergischen Geschichte" überliefert, dass während

> „der von dem Nürnbergischen Pegnesischen Blumenorden [einer Sprachgesellschaft] am 15 und 16 Jul. 1794 begangenen einhundert und funftzigjährigen Jubelfeyer [...] Herr Dr. und Prof. Siebenkees zu Altdorf eine Abhandlung vor[las], von dem Nutzen und Werth der Teutschen juristischen Sprichwörter" (Siebenkees 1792–1795, 257 und 260–261; vgl. Rieger 1952, 35).

Das Manuskript dieses Vortrags muss leider als verschollen angesehen werden, doch sicherlich hätte der so bewanderte Rechtsgelehrte sich darin auf Johann Friederich Eisenharts „Grundsätze der deutschen Rechte in Sprüchwörtern mit Anmerkungen erläutert" (1759) bezogen. Wie ernst es diesem Rechtsprofessor gerade um auf alten Rechtsvorstellungen beruhende Sprichwörter und Redensarten war, wird aus seiner nur einen Paragraphen umfassenden Glosse „Erläuterung eines Sprichworts" in der Nürnbergischen Zeitschrift „Der Verkündiger" vom 29. März 1799 ersichtlich, worin es um regional bedingte Varianten der Redensart (nicht Sprichwort!) „Hunde nach Bautzen tragen (führen)" geht:

> „Im Mittelalter war das Hundetragen und Hundeführen eine bekannte schimpfliche Strafe, welche man bey gewissen Verbrechen gebrauchte. Natürlich mußte ein gewisser Ort bestimmt seyn, der den *terminum ad quem* ausmachte, wohin der Hund geführt oder getragen wurde. Hieraus werden sich die in gewissen Gegenden gebräuchlichen Sprichwörter erklären lassen. So sagt man in Nürnberg: er muß Hunde führen bis Buschendorf. Am Rhein ist das Sprichwort: er muß Hunde führen bis nach Enkenbach; und in dieser Gegend soll das Hundetragen von Kaiserslautern bis nach Enkenbach geschehen seyn (s. Moriz vom Ursprung der freyen Reichsstädte S. 158). Im [sic] Ulm hat man, wo ich nicht irre, das Sprichwort: Er muß Hunde führen bis Leipheim. – Vielleicht war immer der Ort, bis wohin die Hunde mußten geführt oder getragen werden, der Gränzort eines Gaues, oder eines andern Distriktes. Mehrere Beobachtungen hierüber aus verschiedenen Teutschen Gegenden würden dieß ins Licht setzen können." (Siebenkees 1799a, Sp. 198)

Nun gut, inzwischen liegt Lutz Röhrichs „Das große Lexikon der sprichwörtlichen Redensarten", 3 Bde. (1991–1992) vor, worin all dies mit weiteren Literaturangaben in etwas erweiterter Form nachzulesen ist. Dennoch sind gerade diese Art von Sprachglossen Siebenkees' von kulturhistorischem Wert, da sie heute kaum noch gängige Sprichwörter und Redensarten „ins Licht setzen". Im „Verkündiger" sind 1799 und 1800 noch drei etwas längere Glossen zu historischen Sprichwörtern von Siebenkees erschienen, die hier nicht vollständig abgedruckt werden können (Siebenkees 1799b; 1800a; 1800b).

Um die Jahrhundertwende herum muss Johann Christian Siebenkees seine parömiographische Arbeit zur Seite gelegt haben, weil die Zeit wegen vieler anderer Verpflichtungen nicht ausreichte, um weitere Publikationen zum Sprichwort vorzulegen. Anscheinend aber hat er dennoch sein Interesse an Sprichwörtern nicht verloren. Das geht aus Christian Conrad Noptischs knappem Vorwort in seiner Bibliographie zur „Literatur der Sprichwörter" (1833) hervor:

> „Auch theilte mir der uneigennützige Gelehrte Dr. v. Siebenkees seine eigenen Collectaneen gefälligst mit und bemerkte zugleich, welche Ausgaben von Sprichwörter-Sammlungen die Landshuter Universitäts-Bibliothek damals besaß, und weil diese Bibliothek seit dieser Mittheilung in den Besitz von noch mehreren Ausgaben von Sprichwörter-Sammlungen gelangte, so machte mich derselbe noch mit diesem Zuwachs bekannt" (Nopitsch 1833, iv–v).

Nopitsch war nicht nur Zeitgenosse von Siebenkees, sondern er stammte ebenfalls aus der Nürnberger Gegend und hatte an der Universität Altdorf Theologie studiert. Als evangelischer Pfarrer, Nürnberger Lokalhistoriker und Lexikograph mit besonderem Interesse an Sprichwörtern stand er offensichtlich mit Professor Siebenkees in Verbindung.

Uneigennützige Hilfe zu leisten, das scheint überhaupt die Lebensauffassung dieses Pädagogen, Professors und Gelehrten gewesen zu sein, der aber bei all seiner Vielseitigkeit und seinem großen Fleiß einsehen musste, dass er nicht alle seine Interessen mit gleichem Engagement erfüllen konnte. Mit Stolz aber konnte er zurückschauen auf seine so bewährte Sammlung „Deutsche Sprichwörter mit Erläuterungen", die ein wichtiges Glied in der Geschichte der deutschen Parömiographie ausmacht und wegen ihrer sprach-, kultur- und rechtsgeschichtlichen Schätze auch heute noch bzw. wieder Anerkennung, Lob und Beachtung verdient.

LITERATURVERZEICHNIS[1]

Bebermeyer, Renate (1979): Lehnsprichwörter als Mittel zur Sprachbereicherung bei Lessing. In: Sprachspiegel 35, 99–103.
Bernstein, Ignaz (1900): Catalogue des livres parémiologiques. 2 Bde. Varsovie. Nachdruck hg. von Wolfgang Mieder. Hildesheim 2003.
Beyer, Johann Rudolph Gottlieb (1789): Über den nützlichen Gebrauch der Sprichwörter in Predigten. In: Allgemeines Magazin für Prediger nach den Bedürfnissen unserer Zeit. Hg. von J. R. G. Beyer. Bd. 1, 3. Stück. Leipzig, 94–106.
Blum, Joachim Christian (1780–1782): Deutsches Sprichwörterbuch. 2 Bde. Leipzig. Nachdruck in einem Band hg. von Wolfgang Mieder. Hildesheim 1990.
Bücking, Johann Jacob Heinrich (1797): Versuch einer medicinischen und physikalischen Erklärung deutscher Sprichwörter und sprichwörtlicher Redensarten. Stendal. Nachdruck Leipzig 1976.
Döring, Heinrich (1843): Johann Christian Siebenkees. In: Neuer Nekrolog der Deutschen. Neunzehnter Jahrgang, 1841. Bd. 19, II. Weimar, 1117–1119.
Eisenhart, [?] (1892): Johann Christian Siebenkees. In: Allgemeine Deutsche Biographie. Bd. 34. Leipzig, 175–176.
Eisenhart, Johann Friederich (1759): Grundsätze der deutschen Rechte in Sprüchwörtern mit Anmerkungen erläutert. Helmstädt.

---

[1] An dieser Stelle möchte ich Christian Grandl (Würzburg) für seine große Hilfe bei der Beschaffung etlicher mir in den Vereinigten Staaten nicht zugänglichen Schriften danken.

Friedrich-Herrmann, Thomas (2000): „Kein Mensch muß müssen!" Sprichwörter und Redensarten in Gotthold Ephraim Lessings *Nathan der Weise*. In: Wolfgang Mieder (Hg.): Sprichwörter bringen es an den Tag. Parömiologische Studien zu Lessing, Brecht, Zuckmayer, Kaschnitz, Kaléko und Eschke. Burlington/Vermont, 5–36.

Gottsched, Johann Christoph (1762): Vollständigere und Neuerläuterte Deutsche Sprachkunst. 5 Aufl. Leipzig. Nachdruck hg. von Monika Rössing-Hager. Hildesheim 1970, 538–558.

Gratet-Duplessis, Pierre-Alexandre (1847): Bibliographie parémiologique. Paris. Nachdruck Nieuwkoop 1969.

Leiser, Wolfgang (1978): Johann Christian Siebenkees. In: Fränkische Lebensbilder 8, 181–191.

Lessing, Gotthold Ephraim (1900): Sämtliche Werke. Hg. von Karl Lachmann. 3. Aufl. 15 Bde. Leipzig.

MacLean, James Beattie (1952): Use of the Proverb in Schiller's Dramas. Diss. University of Washington.

Mieder, Wolfgang (1982): Die Einstellung der Grammatiker Schottelius und Gottsched zum Sprichwort. In: Sprachspiegel 28, 70–75.

Mieder, Wolfgang (1984): Geschichte und Probleme der neuhochdeutschen Sprichwörterlexikographie. In: Herbert Ernst Wiegand (Hg.): Studien zur neuhochdeutschen Lexikographie. Bd. 5. Hildesheim, 307–358.

Mieder, Wolfgang (1992): Das Sprichwörterbuch. Ein Überblick zur Parömiographie. In: Wolfgang Mieder: Sprichwort – Wahrwort!? Studien zur Geschichte, Bedeutung und Funktion deutscher Sprichwörter. Frankfurt a. M., 37–57.

Mieder, Wolfgang (1999): „Regeln-Krieg, Sprüchwörter-Krieg". Zu den sprichwörtlichen Aphorismen von Georg Christoph Lichtenberg. In: Wolfgang Mieder: Sprichwörtliche Aphorismen. Von Georg Christoph Lichtenberg bis Elazar Benyoëtz. Wien, 16–52.

Mieder, Wolfgang (2003): Grundzüge einer Geschichte des Sprichworts und der Redensart. In: Sprachgeschichte. Werner Besch u. a. (Hg.): Ein Handbuch zur Geschichte der deutschen Sprache und ihrer Erforschung. Bd. 3. Berlin, 2559–2569.

Mieder, Wolfgang (2006): ‚Nun sitze ich wie der Haaß im Pfeffer'. Sprichwörtliches in den Briefen von Wolfgang Amadeus Mozart. In: Wolfgang Mieder: „Andere Zeiten, andere Lehren". Sprichwörter zwischen Tradition und Innovation. Baltmannsweiler, 95–134.

Mieder, Wolfgang (2009a): „Geben Sie Zitatenfreiheit!" Friedrich Schillers gestutzte Worte in Literatur, Medien und Karikaturen. Wien.

Mieder, Wolfgang (2009b): International Bibliography of Paremiology and Phraseology. 2 Bde. Berlin.

Mieder, Wolfgang /Bryan, George B. (1996): Proverbs in World Literature. A Bibliography. New York.

Mieder, Wolfgang/Nolte, Andreas (2006): „Ich habe den Kopf so voll". Wilhelm Heinse als sprichwortreicher Literat im 18. Jahrhundert. Bern.

Mieg, Johann Friedrich (1782): Ueber die Volksweisheit in Sprüchwörtern. In: J. F. Mieg: Ueber das Studium der Sprache, besonders der Muttersprache. Frankfurt a. M., 162–203.

Moll, Otto (1958): Sprichwörterbibliographie. Frankfurt a. M.

Müller, Johann Georg Heinrich (1790): Schattenrisse der ietztlebenden Altdorfischen Professoren nebst einer kurzen Nachricht von ihren Leben und Schriften. Altdorf.

Müller, Peter O./Kunkel-Razum, Kathrin (2007): Phraseographie des Deutschen. In: Harald Burger u. a. (Hg.): Phraseologie. Ein internationals Handbuch der zeitgenössischen Forschung. Bd. 2. Berlin, 939–949.

Nopitsch, Christian Conrad (1833): Literatur der Sprichwörter. 2. Aufl. Nürnberg. Nachdruck Leipzig 1974.

Pfeffer, J. Alan (1948): The Proverb in Goethe. New York.

Racette, Dorothee (1997): „Wie das Färberpferd um die Rolle". Sprichwörtliches in G. E. Lessings Komödien. In: Proverbium 14, 303–346.

Rieger, Walter (1952): Johann Christian Siebenkees, Professor der Rechte zu Altdorf. Sein Leben und sein Werk. Diss. Erlangen (Maschinenschrift).
Röhrich, Lutz/Mieder, Wolfgang (1977): Sprichwort. Stuttgart.
Schellhorn, Andreas (1797): Teutsche Sprichwörter, sprichwörtliche Redensarten und Denksprüche. Nürnberg. Nachdruck hg. von Wolfgang Mieder. Hildesheim 2008.
Schottel, Justus Georg (1663): Ausführliche Arbeit Von der Teutschen Haubt-Sprache. Braunschweig. Nachdruck hg. von Wolfgang Hecht. Tübingen 1967.
Seiler, Friedrich (1922): Deutsche Sprichwörterkunde. München. Nachdruck München 1967.
Siebenkees, Johann Christian (1790): Deutsche Sprichwörter mit Erläuterungen. [Angeblich auch erschienen mit dem Titel: Teutsche Sprichwörter mit Erläuterungen. Ein Buch, das Lehrer in Bürger- und Landschulen mit Nutzen gebrauchen können.] Nürnberg.
Siebenkees, Johann Christian (1792–1795): Materialien zur Nürnbergischen Geschichte. Hg. von Johann Christian Siebenkees. 4 Bde. Nürnberg.
Siebenkees, Johann Christian (1799a): Erläuterung eines Sprichworts [Er muß Hunde führen bis Buschendorf]. In: Der Verkündiger, 25. Stück, Nürnberg am 29. März, Sp. 198.
Siebenkees, Johann Christian (1799b): Erläuterung einiger historischen Sprichwörter. In: Der Verkündiger, 79. Stück, Nürnberg, am 4. October, Sp. 636–637.
Siebenkees, Johann Christian (1800a): Ursprung und Erklärung einiger Sprüchwörter. In: Der Verkündiger, 61. Stück, Nürnberg, am 29. July, Sp. 483–484.
Siebenkees, Johann Christian (1800b): Einige Bemerkungen über das Sprichwort: Fische fangen etc. [Fische fangen, Vogelstellen, verdirbt manchen Schulgesellen]. In: Der Verkündiger, 62. Stück, Nürnberg, am 1. August, Sp. 491–492.
Wander, Karl Friedrich Wilhelm (1836): Das Sprichwort, betrachtet nach Form u. Wesen. für Schule u. Leben, als Einleitung zu einem großen volksthümlichen Sprichwörterschatz. Hirschberg. Nachdruck hg. von Wolfgang Mieder. Bern 1983.
Wander Karl Friedrich Wilhelm (1867–1880): Deutsches Sprichwörter-Lexikon. 5 Bde. Leipzig. Nachdruck Darmstadt 1964.
Weber, Karl Julius (1966): Demokritos, der lachende Philosoph. München.
Will, Georg Andreas (1808): Nürnbergisches Gelehrten-Lexicon oder Beschreibung aller Nürnbergischen Gelehrten beyderley Geschlechts. Ergänzt und fortgesetzt von Christian Conrad Nopitsch. Bd. 8. Altdorf, 222–228.

„BEIWÖRTER, AUSDRÜCKE, REDENSARTEN SOLLEN NUN DER REIHE NACH FOLGEN."

Zur Benennung von phraseologischen Phänomenen im „Deutschen Wörterbuch" von Jacob Grimm und Wilhelm Grimm

Diana Stantcheva (Blagoevgrad)

1. EINLEITUNG

Die Phraseologie etablierte sich als selbstständige linguistische Disziplin mit eigener Terminologie in der 2. Hälfte des 20. Jahrhunderts.[1] Das 1854 von den Brüdern Grimm begründete und 1971 mit dem Erscheinen des Quellenverzeichnisses abgeschlossene „Deutsche Wörterbuch" entstand in der „vorwissenschaftlichen" Phase der Phraseologieforschung. Das „Deutsche Wörterbuch" ist darüber hinaus ein historisches Bedeutungswörterbuch und kein phraseologisches Nachschlagewerk, d. h., es ist nicht auf Phraseologismen spezialisiert. Jacob Grimm und Wilhelm Grimm waren jedoch zeit ihres Lebens an „sprichwörter[n], auffallende[n] redensarten, gleichnisse[n], wortzusammensetzungen" (Grimm 1815, 594) interessiert, und dieses Interesse fand seinen Niederschlag in ihrem gesamten Werk. Dies trifft insbesondere auf das „Deutsche Wörterbuch" zu, das neben Karl Friedrich Wilhelm Wanders „Deutschem Sprichwörter-Lexikon" (1867–1880) als „die größte deutschsprachige Sprichwörtersammlung" gilt (Mieder 1986, 113). Unter den einzelnen Lemmata verzeichnet das „Deutsche Wörterbuch" viele phraseologische Einheiten als konkrete Realisierungen des jeweiligen Wortes und illustriert sie als beleggestütztes Wörterbuch durch authentische Belege. Aufgrund seiner historischen Orientierung stellt das „Deutsche Wörterbuch" häufig die Entwicklungsgeschichte der phraseologischen Einheiten vom ersten überlieferten Beleg bis zum Zeitpunkt der Bearbeitung des jeweiligen Wörterbuchartikels meistens mit Quellen- und Stellenangabe dar. Auch zahlreiche phraseographische Werke dienten als Quellen für die Einträge im Grimmschen Wörterbuch und haben somit die Auswahl und die Benennung der phraseologischen Phänomene darin beeinflusst.[2] All das lässt dieses Wörterbuch zu einer „ungemein reichhaltige[n]

---

1 Mit den Arbeiten von Vinogradov in den 40er Jahren (1946ff.) hat sich die Phraseologie in der sowjetischen Sprachwissenschaft zur selbstständigen Disziplin entwickelt. Die erste umfassende Darstellung der Phraseologie der deutschen Sprache wurde 1970 von Černyševa vorgelegt (vgl. Fleischer 1997, 4f.).
2 Die Suche im Quellenverzeichnis der CD-ROM-Ausgabe des „Deutschen Wörterbuchs" (2004) liefert z. B. 93 Titel mit dem Stichwort *sprichwörter/*sprüchwörter, 62 Titel mit

Schatzkammer" (Mieder 1986, 113) der Phraseologie des Deutschen werden und macht es unwahrscheinlich ergiebig für unterschiedliche phraseologische Untersuchungen.[3]

Nach Wiegand (1981, 149ff.) gehört das „Deutsche Wörterbuch" von Jacob Grimm und Wilhelm Grimm zur unsystematisch-deskriptiven Phase in der Geschichte der lexikographischen Angaben zum Stil.[4] In einem Aufsatz über die pragmatischen Angaben (stilistischen/diastratischen, diaevaluativen/diakonnativen, diachronischen, diatopischen und diatechnischen Markierungen) im Grimmschen Wörterbuch kommt Ludwig (2004, 17) zu der Schlussfolgerung, dass „im ‚Deutschen Wörterbuch' von Jacob Grimm und Wilhelm Grimm durchaus nicht mit pragmatischen Markierungen gespart worden ist, es gab nur keine verbindliche systematische Markierungspraxis nach einem vorgeschriebenen Schema wie in den Wörterbüchern der deutschen Gegenwartssprache." Somit bestätigt Ludwig (ebd.) Wiegands Beobachtungen, dass „der Grimm tatsächlich zu einer ‚unsystematisch-deskriptiven Phase' in der Geschichte der lexikographischen Angaben zum Stil" gehört.

Die Kennzeichnungspraxis phraseologischer Phänomene im „Deutschen Wörterbuch" ist bislang nicht untersucht worden. Dabei ist die Kennzeichnung phraseologischer Einheiten ein wichtiger Aspekt ihrer Darstellung in Wörterbüchern, „die neben phraseologischem auch nichtphraseologisches Sprachgut verzeichnen" (Korhonen 1990, 197)[5]. Sie weist zum einen auf den „phraseologische[n] [...] Status einer Wortgruppe" (Korhonen 1998, 570) in Abgrenzung von anderen sprachlichen Erscheinungen (wie z. B. freien Wortverbindungen) hin, ähnlich wie Adverbien durch den Marker *Adv.*, Adjektive durch *Adj.* oder Verben durch *V.* im Wörterverzeichnis signalisiert werden. Die Kenntlichmachung von Phraseologismen ist zum anderen ein wichtiges strukturelles Mittel zum Identifizieren und Auffinden phraseologischer Einheiten insbesondere in Wörterbuchartikeln gedruckter sowie historischer Nachschlagewerke.

Wie werden die unterschiedlichen phraseologischen Erscheinungsformen im „Deutschen Wörterbuch" benannt, erklärt, kenntlich gemacht in einer Zeit vor der

---

dem Stichwort *redensarten*, 55 Titel mit dem Stichwort **sprüche*. Darunter befinden sich die phraseologischen Wörterbücher von Johann Agricola, Sebastian Franck, Wilhelm Körte, Josua Eiselein, Karl Simrock, Eduard Graf/Mathias Dietherr, Karl Friedrich Wilhelm Wander, Herman Schrader, S. Hetzel, Wilhelm Borchardt/Gustav Wustmann/Georg Schoppe, Georg Büchmann usw. (vgl. das Quellenverzeichnis des „Deutschen Wörterbuchs"). Der Asteriskus in der Suchanfrage steht für kein oder beliebig viele Zeichen, d. h., die Suche nach **sprichwörter* liefert z. B. Titel, in denen die Form *sprichwörter* auch als Zweitglied fungiert, d. h. neben Sprichwörtern auch Rechtssprichwörter.

3 In diesem Zusammenhang spricht sich Dräger (2009) für die Verwendung des „Deutschen Wörterbuchs" als Sprachkorpus zur Gewinnung größerer phraseologiebezogener Datenmengen aus.

4 Unter der Bezeichnung „Angaben zum Stil" fasst Wiegand (1981) Angaben zur Stilschicht und Gebrauchsangaben in neuhochdeutschen Wörterbüchern zusammen.

5 In einer Reihe von Arbeiten untersucht Korhonen die Kennzeichnung phraseologischer Einheiten in verschiedenen deutschen, finnischen und zweisprachigen deutsch-finnischen Wörterbüchern (vgl. z. B. Korhonen 1990; 1995; 1998; 2000).

Entstehung der sprachwissenschaftlichen Disziplin Phraseologie und ihrer Terminologie und in einer, um Wiegands und Ludwigs Beobachtungen aufzugreifen, unsystematisch-deskriptiven Phase in der Entwicklung der neuhochdeutschen Wörterbücher? Der vorliegende Beitrag geht diesen Fragen nach und untersucht die im „Deutschen Wörterbuch" für die Bezeichnung und Erklärung phraseologischer Einheiten angewandten lexikographischen Mittel. Die Benennungspraxis in den von den Brüdern Grimm erarbeiteten Bänden wird dabei mit der in den späteren Bänden des „Deutschen Wörterbuchs" im Hinblick auf Unterschiede bzw. Veränderungen verglichen.

An der ersten Auflage des „Deutschen Wörterbuchs" wurde etwa 123 Jahre gearbeitet, und viele Lexikographen mit verschiedenen Bearbeitungsstilen haben daran gewirkt. Die Buchstabenstrecken sind darüber hinaus nicht kontinuierlich erschienen. In dieser langen Bearbeitungszeit lassen sich drei Erscheinungsphasen ausmachen – die Ära Grimm, die Zeit nach den Brüdern Grimm und die Geschichte des Wörterbuchs als „Ehrenpflicht der Akademie"[6]. In der Ära Grimm von 1854 bis zum Tod von Jacob Grimm 1863 entstand die Buchstabenstrecke *a-frucht*. Davon arbeitete Jacob Grimm die Buchstaben *A*, *B*, *C*, *E* und *F* bis zum Lemma FRUCHT aus. Wilhelm Grimm schloss das *D* ab. In der Zeitspanne 1863–1907 wurden die Buchstabenstrecken *frucht-getreibs* und *h-sprechen* bearbeitet. Die Wörterbuchteile *getreide-gymnastik* und *sprecher-zypressenzweig* wurden von 1908 bis 1960 fertiggestellt. Um diese Besonderheiten des „Deutschen Wörterbuchs" zu berücksichtigen, wird bei der vorliegenden Untersuchung methodisch folgendermaßen verfahren:

Als Basis der empirischen Analyse der Kennzeichnungspraxis phraseologischer Erscheinungen im Grimmschen Wörterbuch dienen die ins Wörterverzeichnis aufgenommenen Phraseologismen. In einem ersten Arbeitsschritt wurden folgende Kontrollwörter ausgewählt, die als Komponenten phraseologischer Einheiten fungieren: *Apfel, Arm, arm, Ast, Auge, Bank, Bär, Bart, Bein, Beweis, Blut, brechen, Brief, Demut, der, Dieb, Ding, Dorn, Eid, ein, Ende, der/das Erbe, Faden, Federlesen, Fersengeld, Finger, Fug, Fuß, Garten, Gericht, Gesetz, gewinnen, Glaube, Glück, Glut, Gnade, Gott, Gut, Hab(e), Hals, hängen, Haus, Jahr, jung, kommen, Kopf, kurz, lang, Leben, leben, Leib, Lücke, Meineid, Mord, Nase, nehmen, offen, Ohr, Pferd, Pflicht, Rad, Recht, Richter, rot, Sache, schenken, Schlange, Schuld, schuldig, Schwan, schwören, Siegel, Spießrute, Stab, stehen, Stein, Strafe, strafen, Stuhl, Sturm, der Teil, Tisch, Traum, Treue, Trost, Übung, unrecht, Unrecht, urteilen, Vogel, voll, Weile, Wirkung, Wunde, Wunder, Wurf, würgen, Würgen, zeigen, Zunge, Zwiebel*. Bei diesem Vorgang wurde die breite alphabetische Streuung und der hohe Bekanntheitsgrad der Wörter berücksichtigt. In einem zweiten Arbeitsschritt wurden dann die entsprechenden Wörterbuchartikel nach phraseologischen Einheiten und deren Kennzeichnung geprüft. In einem dritten Arbeitsschritt wurde mit Hilfe der CD-ROM-Ausgabe des „Deutschen Wörterbuchs" (2004) nach dem Vorkommen der mit den Kontrollwörtern ermit-

---

6 Zu dieser Dreiteilung der Geschichte des „Deutschen Wörterbuchs" vgl. die Internet-Darstellung der Neubearbeitung, http://dwb.bbaw.de/dwb/dwbgesch.html (13.6.2011).

telten Marker im gesamten Wörterverzeichnis gesucht, um die Kennzeichnungspraxis der phraseologischen Einheiten in den einzelnen Bearbeitungsphasen der ersten Auflage genauer untersuchen zu können.

2. ZUR KENNZEICHNUNG PHRASEOLOGISCHER EINHEITEN IN DER ERSTEN AUFLAGE DES „DEUTSCHEN WÖRTERBUCHS"

Das Studium der Kennzeichnung phraseologischer Einheiten im Wörterverzeichnis der ersten Auflage des „Deutschen Wörterbuchs" ergab Folgendes:

1) Nicht alle ins Wörterbuch aufgenommenen phraseologischen Einheiten sind als solche gekennzeichnet. Im gesamten Wörterverzeichnis sind gekennzeichnete neben nicht gekennzeichneten Phraseologismen anzutreffen. Als phraseologische Einheiten nicht ausgewiesen sind z. B. die folgenden Wörterbucheinträge, die hier stellvertretend als Beispiele für die an vielen Stellen fehlende Kennzeichnung in allen drei Erscheinungsphasen des „Deutschen Wörterbuchs" angegeben werden. Dass es sich hierbei nicht um freie, sondern um phraseologische Wortverbindungen handelt, wird aus den beiliegenden Bedeutungserläuterungen ersichtlich:[7]

> „4) [...] nach blut dürsten, *rache wollen*" (unter BLUT n.)
> „16. das ist mein ding nicht *das ist nicht meine sache, nicht mein geschmack, wie man auch sagt* das sind meine bohnen nicht." (unter DING n.)
> „10) der vogel ist ausgeflogen *(oder plural), man trifft jemanden nicht, wo man ihn erwartet*" (unter VOGEL m.)
> „6) [...] b) [...] saures leben, *daher einem das leben sauer machen, ihm mühe genug ins leben bringen*" (unter LEBEN n.)

2) Eine Art indirekte Kennzeichnung phraseologischer Phänomene kommt durch die Angabe eines phraseographischen Werks als Quelle hinter der phraseologischen Einheit zustande. Beispiele für eine solche indirekte Kennzeichnung findet man im gesamten Wörterverzeichnis:

> „2) [...] ein etwas mit lug und trug überreden, ein nasen treen oder eim ding ein ströin bart flechten. **FRANK** *sprichw.*" (unter BART m.)
> „6) [...] ε) [...] wer für andre lebt, hat am besten für sich gelebt. **SIMROCK** *sprichw.*" (unter LEBEN v.)
> „A. [...] I. [...] was die schöffen urtheilen, soll der richter richten **GRAF-DIETHERR** *rechtssprichw.*" (unter URTHEILEN v.)
> „4) sturm im glase wasser *siehe* **BÜCHMANN** *geflügelte worte*" (unter STURM m.)

Das letzte angegebene Beispiel zeigt ein typographisches Mittel zur indirekten Kennzeichnung der Phraseologismen im „Deutschen Wörterbuch": den Sperrdruck der Nennform (vgl. auch die folgenden Beispiele). Diese besondere Kenn-

---

7 Hervorhebungen durch Fettdruck im gesamten Beitrag von mir; D. S.; sonstige Hervorhebungen (Kursivierung, Versalien etc.) nach Vorlage.

zeichnungsart wird allerdings bei phraseologischen Einheiten nicht konsequent eingesetzt und ist auch nicht ausschließlich Phraseologismen vorbehalten.

> "von der bank aufstehen, *bedeutete sie nicht länger halten können, bankrot werden*" (unter BANK f.)
>
> "Man sagt den bären fangen, stechen: in voller weis (*in der trunkenheit*) wollen sie alle den beren fangen und binden helfen (*kühne that verrichten*)." (unter BÄR m.)

Als weiteres indirektes Kennzeichnungsmittel von phraseologischen Einheiten dienen in einigen Wörterbuchartikeln auch Ausdrücke, wie *man sagt, heiszt (es), nennt man*. Zur Illustration mögen die folgenden Beispiele dienen:

> "***man sagt***, das steht wie armer leute korn, *nicht üppig, dünn*" (unter ARM)
>
> "*das alte gericht wurde durch* vier bänke *gebildet, daher* ***heiszt es****:* binnen den bänken, den vier bänken, vor die vier bänke kommen, *vor der gerichtsbank erscheinen*" (unter BANK f.)
>
> "en roden könig ***nennt man*** *die monatliche reinigung der weiber*" (unter ROT adj.)

3) Wenn phraseologische Erscheinungen in den Wörterbuchartikeln des „Deutschen Wörterbuchs" explizit gekennzeichnet werden, geschieht dies durch eine übermäßig große Anzahl unterschiedlicher Marker, die in der Regel kursiv gesetzt sind und geringe bis keine Textverdichtung[8] aufweisen. Die folgende Auflistung soll die Vielfalt der Marker im „Deutschen Wörterbuch" illustrieren, ohne Anspruch auf die Vollständigkeit der erfassten Marker zu erheben:

- *redensart(en), redensartlich, redensartliches, sprichwörtliche redensart(en), sprüchwörtliche redensart, verblümte redensart, idiomatische redensart*
- *redewendung, redewendungen, sprichwörtliche redewendung(en), sprüchwörtliche redewendung(en), feste redewendung(en)*
- *verbindung(en), feste verbindungen, formelhafte verbindungen, stehende verbindungen*
- *wendungen, formelhafte wendungen, bildliche wendungen, feste wendungen, redensartliche wendungen, sprichwörtliche wendung(en)*
- *ausdruck, ausdrücke, bildliche ausdrücke, ausdrucksweise(n)*
- *formel, feste formel(n), formelhaft, formelhafter/-n/-m gebrauch*
- *paarformel(n), reimformel(n), zwillingsformel(n), eidesformel(n), beteuerungsformel/beteuerungsformel, beschwörungsformel, briefformel, schwurformel, höflichkeitsformel, beichtformel*
- *spruch, sprüche*
- *fügung, fügungen*
- *figürlich*, uneigentlich*, verblaszt*/verblasst*, bildlich*, bildhaft*, übertragen*[9], phraseologisch*, idiomatisch**
- *sprichwort/sprichwörter, sprüchwort/sprüchwörter, sprichwörtlich/sprüchwörtlich, sprichwörtliches, rechtssprichwort/rechtssprichwörter*

---

8 Abgekürzte Formen, wie z. B. *bildl., übertr., sprichw., sprw.*, kommen als Marker im gesamten Wörterverzeichnis seltener vor.

9 „Übertragen" wird allerdings nicht immer im phraseologischen Sinne in den kursiven Abschnitten des Wörterverzeichnisses gebraucht, sondern auch im Sinne von ‚übersetzen', ‚übernehmen' etc.

– *gleichnis(se), sentenzen, geflügeltes wort, wetterregel(n), bauernregel(n), wahlspruch*
– *in verbalen verbindungen/fügungen/wendungen, in präpositionalen verbindungen/fügungen/wendungen, in attributiven verbindungen/fügungen/wendungen*

Unter den aufgezählten Markern sind solche zu finden, die in der heutigen Terminologie der Phraseologie sowohl als Oberbegriffe für den gesamten phraseologischen Bestand stehen, als auch solche, die einzelne phraseologische Subklassen bezeichnen. Im „Deutschen Wörterbuch" sind sie jedoch undifferenziert gebraucht. Manche von ihnen, wie z. B. *bildhaft, idiomatisch, phraseologisch, redensartlich, sprüchwörtlich, formelhaft, paarformel, zwillingsformel, betheuerungsformel/beteuerungsformel, briefformel, rechtssprichwort*, fehlen darüber hinaus als Lemmata im Wörterverzeichnis, was ihre Interpretation im Sinne der phraseologischen Terminologie zusätzlich erschwert.

Von den als Markern benutzten Termini sind z. B. die folgenden mit einer phraseologischen Bedeutung lemmatisiert: SPRICHWORT n., SPRUCH m., REDENSART f., SPRICHWÖRTLICH adj., BILDLICH adj., FÜGUNG f., FIGÜRLICH, WENDUNG f., GLEICHNIS n., BILDLICHKEIT f. Aus terminologischer Sicht besonders interessant erscheint davon das Lemma SPRICHWORT n. (Bd. 17/1919). Es wird als ein polysemes Wort mit zwei Bedeutungspunkten mit jeweils 9 und 7 Unterbedeutungen dargestellt. Anhand der im Wörterbuchartikel angegebenen Bedeutungserläuterungen kann „Sprichwort" als Oberbegriff für verschiedene phraseologische Phänomene aufgefasst werden, wie z. B. „festgeprägte Wendungen", „Redensarten", „Wendungen in fester Prägung", „formelhafte Wendungen", „Sprichwörter", „geflügelte Worte", „Wahlsprüche", „Gleichnisse". Der Begriff „sprichwörtliche Redensart" wird nicht unter REDENSART f. verzeichnet, sondern lediglich unter SPRICHWÖRTLICH adj. und darin vom Sprichwort abgegrenzt. Als Kriterium für diese Unterscheidung wird die „*gröszere stetigkeit der form*" des Sprichwortes genannt, wobei damit durch den Verweis auf Adelung eher der satzwertige Charakter des Sprichwortes und weniger die Festigkeit bzw. die Unwandelbarkeit des Komponentenbestandes des Sprichwortes gemeint sein dürfte.[10]

Einige Begriffe werden zwar als Marker für phraseologische Erscheinungen im Wörterverzeichnis verwendet, weisen aber als Lemmata eine eindeutig nicht phraseologische Bedeutung auf, wie z. B. REDEWENDUNG f., FORMEL f., AUSDRUCK m. oder VERBLASSEN v.

Andere Termini sind mit einer phraseologischen Bedeutung lemmatisiert, werden jedoch als Marker für phraseologische Phänomene im Wörterverzeichnis

---

10 In der Bedeutungserläuterung zum Begriff „sprichwörtliche Redensart" geht Adelung in seinem „Grammatisch-kritischen Wörterbuch der Hochdeutschen Mundart, mit beständiger Vergleichung der übrigen Mundarten, besonders aber der Oberdeutschen" (1793–1801, Bd. 4, Sp. 237) auf den Unterschied zwischen „Sprichwort" und „sprichwörtlicher Redensart" ein, nämlich, dass die „sprichwörtliche Redensart" im Vergleich zum „Sprichwort" kein vollständiger Satz sein kann.

nicht benutzt, wie z. B. GASSENWÖRTLEIN n., SPRICHWÖRTCHEN n., BIEDERMANNSWÖRTCHEN n., SPRICHWÖRTISCH adj. etc.

Weitere Begriffe zur Bezeichnung phraseologischer Erscheinungen, wie z. B. „Phrasem", „Kollokation", „Parömie"[11], „Parömiologie", „Phraseologismus", „Routineformel", „Slogan", „Mehrwortlexem", „Phraseolexem", „Idiomatik", „Idiom" sind im „Deutschen Wörterbuch" weder als Lemmata noch als Marker zu finden.

Durch die Suchmodalitäten der CD-ROM-Ausgabe des „Deutschen Wörterbuchs" lassen sich frequente Marker für phraseologische Einheiten im gesamten Wörterverzeichnis ermitteln. Die folgenden Trefferzahlen sind als relative Zahlen zu verstehen. Sie zeigen die Anzahl der Wörterbuchartikel an, in denen der jeweilige Begriff in den kursiven Abschnitten (d. i. Bedeutungserläuterung, Marker/metasprachliche Kommentare, Quellen etc.) vorkommt. In manchen Wörterbuchartikeln ist der untersuchte Begriff auch mehrmals vorhanden. Bei mehreren Suchanfragen zu einem Marker, wie z. B. „redensart"/„redensarten" für *redensart/redensarten*, kann ein Wörterbuchartikel mehrere dieser unterschiedlichen Formen enthalten und dadurch mehrmals gezählt werden:

– *sprichwort/sprüchwort* (Sg./Pl./Genitivformen[12]/Dativformen[13]/abgekürzte Formen[14]) (etwa 8.502 Wörterbuchartikel = WA, Suchanfragen „spr[iü]chwort" 971 WA, „spr[iü]chwörter" 555 WA, „spr[iü]chwörtern" 207 WA, „spr[iü]chworts" 30 WA, „spr[iü]chworte*" 80 WA, „spr" 3.177 WA, „spr[iü]chw" 3.379 WA, „sprw" 103 WA)[15]

– *bildlich*[16] (etwa 6.813 Wörterbuchartikel, Suchanfrage „bildlich")

– *redensart/redensarten* (etwa 2.624 Wörterbuchartikel, Suchanfragen „redensart" und „redensarten")

– *sprichwörtlich* (etwa 1.840 Wörterbuchartikel, Suchanfrage „sprichwörtlich")

Die Suchmodalitäten der CD-ROM-Ausgabe erlauben es auch, Aussagen über die Kennzeichnungspraxis in den einzelnen Bearbeitungsphasen des Wörterbuchs zu machen: So sind z. B. die Begriffe *sprichwörtliches, sprichwörtliche redensart(en), sprichwörtliche wendung(en), redensartlich, redensartliches, bildhaft, redewendung(en), feste formel(n), formelhafter/-n/-m gebrauch, rechtssprichwort/rechtssprichwörter* als Marker von Jacob Grimm und *sprichwörtliche wendung(en), figürlich, redensartlich, redensartliches, redewendung(en), sprichwörtliches, sprüchwort/sprüchwörter, rechtssprichwort/rechtssprichwörter, bildhaft, feste formel(n), formelhafter/-n/-m gebrauch* von Wilhelm Grimm nicht verwen-

---

11 Verzeichnet lediglich als Titel eines Nachschlagewerkes: BREMSER *mediz. paroemien*.
12 *sprichworts/sprüchworts* und *sprichwortes/sprüchwortes*.
13 *sprichworte, sprichwörtern, sprüchwörtern*. Die Form *sprüchworte* lieferte keine Treffer in den kursiven Abschnitten.
14 *spr., sprichw., sprüchw., sprw.*
15 Die generalisierende Suchanfrage „spr[iü]chw[oö]rt*" wurde hier nicht benutzt, weil sie auch Treffer für die Formen *sprichwörtlich, sprichwörtliches, sprichwörtersammlungen* etc. liefert.
16 „Bildlich" wird allerdings nicht nur in Bezug auf feste Wortverbindungen in den kursiven Abschnitten des Wörterverzeichnisses gebraucht, sondern auch in Bezug auf einzelne Wörter oder auf freie Wortverbindungen.

det worden. Das Attribut „idiomatisch" ist lediglich zweimal in den Markern *idiomatische redensart* (unter SEIN v., Bd. 16/1905) und *idiomatische redewendungen* (unter SPRECHWEISE f., Bd. 17/1960) belegt. *Phraseologisch**[17] ist nur in der 3. Bearbeitungsphase des Wörterbuchs (Bände 21/1935, 22/1952, 23/1936, 24/1936, 29/1960, 30/1960) als Marker vorhanden.

Frequente Marker in der von den Brüdern Grimm selbst bearbeiteten Buchstabenstrecke *a-frucht* sind:
– *sprichwort/sprichwörter* (Sg./Pl./Genitivformen/Dativformen/abgekürzte Formen) (etwa 792[18] Wörterbuchartikel = WA, Suchanfragen „sprichwort" 84 WA, „sprichwörter" 88 WA, „sprichwörtern" 5 WA, „sprichworts" 0 WA, „sprichworte*" 0 WA, „spr" 419 WA, „sprichw" 196 WA, „sprw" 0 WA)
– *redensart/redensarten* (etwa 276 Wörterbuchartikel, Suchanfragen „redensart" und „redensarten")

4) Eine weitere Besonderheit der Kennzeichnungspraxis phraseologischer Phänomene im „Deutschen Wörterbuch" ist die Anhäufung von Markern in kettenartigen metasprachlichen Kommentaren, durch die ganze Gruppen von phraseologischen Einheiten ohne Differenzierung eingeleitet werden. Einige Beispiele für solche kettenartigen Kommentare aus allen drei Bearbeitungsphasen des Wörterbuchs:

„*Redensarten und sprüche*" (unter APFEL m.)
„*sprüche und sprichwörter*" (unter DEMUT f.)
„*in redensarten und bildlicher verwendung*" (unter GARTEN m.)
„*Sprichwörter und sprichwörtliche redensarten*" (unter FUSZ m.)
„*Andere formeln, sprichwörter und redensarten*" (unter HAUS n.)
„*in mancherlei sprichwörtlichen und formelhaften wendungen*" (unter LANG adj.)
„*figürliche gebrauchsweisen und redensarten*" (unter SCHWAN m.)
„*fast ganz abgeblaszter, gefühlsleerer, in formeln erstarrter, phraseologischer gebrauch*" (unter TROST m.)
„*beiwörter*[19], *ausdrücke, redensarten sollen nun der reihe nach folgen.*" (unter FINGER m.)
„*sprichwörtlich und phraseologisch*" (unter ÜBUNG f.)
„*häufiger in festen bindungen und geprägten formeln*" (unter WUNDER n.)
„*bildlicher, sprichwörtlicher, redensartlicher gebrauch*" (unter ZWIEBEL m. und f.)

Diese Anhäufung der Marker ist als Indiz zu werten, dass die einzelnen Begriffe für den Lexikographen unterschiedliche sprachliche Phänomene bezeichnen. Da die Begriffe aber nicht ausdifferenziert sind, bleibt es für den Wörterbuchbenutzer unklar, worin z. B. der Unterschied zwischen „*festen bindungen*" und „*geprägten formeln*" unter WUNDER n. bestehen soll oder zwischen „*redensarten*" und

---

17 Durch den Asteriskus in der Suchanfrage findet man alle morphologischen Varianten des Adjektivs „phraseologisch".
18 Auch diese Trefferzahlen sind als relative Zahlen zu verstehen.
19 „Beiwort" ist als Lemma mit zwei Bedeutungen (‚Sprichwort' und ‚Adjektiv') ins Wörterverzeichnis aufgenommen. Als Marker haben *beiwort* und im Plural *beiwörter/beiworte* die Funktion eines adjektivischen Kollokators im heutigen Verständnis dieses Begriffs, oft auch von Attributen begleitet: *feste beiwörter, stehendes beiwort/stehende beiworte/beiwörter, gewöhnliche beiwörter, ständige beiworte* etc.

„*bildlicher verwendung*" unter GARTEN m. Unklar bleibt auch, welche von den verzeichneten phraseologischen Einheiten als welche zu bestimmen sind.

5) Ein anderes charakteristisches Merkmal der Kennzeichnungspraxis phraseologischer Erscheinungen im „Deutschen Wörterbuch" ist, dass die benutzten Marker für phraseologische Einheiten oft auch strukturelle Funktionen im Wörterbuchartikel übernehmen, auch wenn sie keine feste mikrostrukturelle Position aufweisen. Die Kennzeichnung durch Marker kann im Einleitungsteil eines Wörterbuchartikels erfolgen (siehe unten Beispiel a), als Überschrift mit einem eigenen Bedeutungspunkt bzw. -unterpunkt fungieren (siehe unten Beispiele b), als Überschrift mit Einzug ohne einen eigenen Bedeutungspunkt bzw. -unterpunkt eingesetzt sein (siehe unten Beispiel c) oder vor bzw. nach einer phraseologischen Einheit stehen (siehe unten Beispiel d und Beispiel e):

(a) „DING, n. [...] der plur. lautet gewöhnlich dinge, *doch bei gewissen bedeutungen (unter 9) auch* dinger. zuweilen zeigt sich noch, wie im mhd., der gen. pl. dingen: so bei MURNER Luther. narr 1777 [...] *und in den* **oberdeutschen adverb. redensarten**, *von welchen unter 17 die rede sein wird.*" (unter DING n.)
(b) „**4)** *figürliche gebrauchsweisen und redensarten.*" (unter SCHWAN m.)
„*z) ihr völliges verblasztsein zeigt besonders die sehr häufige verbindung mit* **gehen**: 'stehendes fuszes hingehen, *im gemeinen leben, den augenblick, auf der stelle*'" (unter STEHEND adj.)
(c) „*sprüche und sprichwörter*. *bei* HENISCH 675, hohe leut, tiefe demut. je gröszer heiliger, je tiefer demut." (unter DEMUT f.)
(d) „*redensartlich*: wie feuer (*d. h. 'sehr stark'*) glänzen" (unter GLÄNZEN v.)
(e) „womit kann ich Ihnen dienen? *ist eine höflichkeitsformel.*" (unter DIENEN v.)

6) Im Wörterverzeichnis des „Deutschen Wörterbuchs" werden auch spezifische Merkmale benannt, die das Wesen phraseologischer Phänomene charakterisieren und sie von anderen sprachlichen Erscheinungen (wie z. B. freien Wortverbindungen) abgrenzen. So werden z. B. Termini wie „Festigkeit" und „Verblassung" als konstitutive Merkmale phraseologischer Einheiten verwendet (vgl. die folgenden Beispiele), auch wenn FESTIGKEIT f. und VERBLASSUNG f. als Lemmata im Wörterverzeichnis ausschließlich in einer nicht phraseologischen Bedeutung erläutert sind:

„2) *an diese verwendung schlieszen sich seit mhd. zeit* **zahlreiche fälle bildlichen gebrauchs, weithin redensartliche festigkeit erreichend**.
a) (um) den (ersten) wurf spielen, werfen *und verwandte fügungen*" (unter WURF m.)
„II 2) c) a) 2} *im engeren rahmen des begriffs* erwerb halten sich verbindungen wie nahrung, unterhalt, brot gewinnen, *in denen auch die sinnliche grundbedeutung des objectes* **der verblassung zur abstraction** *nicht entgegenwirkt.* **bei dem formelhaften gepräge, dem diese verbindungen zustreben**, *ist die anziehungskraft, die sie auf das possessivpronomen ausüben, bemerkenswert.*" (unter GEWINNEN v.)

Der Begriff „Formelhaftigkeit" wird ebenfalls zur Erklärung phraseologischer Phänomene im „Deutschen Wörterbuch" benutzt, ist aber als Lemma darin nicht verzeichnet:

„2) wie (als) im traum sein, etwas tun *oder* erleben *von vorgängen und zuständen als ausdruck des entrücktseins aus der gegenwärtigen wirklichkeit. gelegentlich mit neigung zur formelhaftigkeit.*" (unter TRAUM m.)

„Bildlichkeit" weist als Lemma eine phraseologische Bedeutung auf und wird auch zur Erklärung phraseologischer Erscheinungen im Wörterverzeichnis herangezogen: „*in anderer bildlichkeit, und mit anlehnung an eine bekannte fabel,* eine schlange im busen ziehen, wärmen" (unter SCHLANGE f.).

In einigen Wörterbuchartikeln des „Deutschen Wörterbuchs" findet man auch detaillierte Beschreibungen phraseologischer Einheiten. So enthält z. B. der Artikel TROST m. folgende ausführliche Informationen über Ursprung, Bedeutung und typische Verwendung des Phraseologismus „nicht bei troste sein" – Angaben, die in einer bis heute nicht existierenden Grammatik zur deutschen Phraseologie stehen könnten.[20] Aus terminologischer Sicht interessant ist dabei insbesondere die einleitende Überschrift des Bedeutungspunktes und der Hinweis auf den idiomatischen Charakter der Wendung (vgl. die hervorgehobenen Stellen):

„**IV. fast ganz abgeblaszter, gefühlsleerer, in formeln erstarrter, phraseologischer gebrauch.** […] 3) **ein ganz selbständig gewordener, jetzt fast für sich bestehender gebrauch des wortes** liegt in der wendung nicht bei troste sein *vor, die nicht über die mitte des 18. jh. zurückreicht, und* **deren entstehung aus den anderen bedeutungen von trost nicht klar wird, da sie 'nicht bei sinnen, besinnung, verstand sein' oder geradezu 'verrückt sein' bedeutet***, wennschon sie meist nur im spasz oder bei verstellung angewandt wird; daher wird sie auch fast immer durch adverbia wie* wohl, recht, ganz *gemildert. sie tritt bezeichnenderweise nur in der negativen form auf oder im (negative antwort erwartenden) fragesatz;* […] *die wendung gehört vor allem der umgangssprache an und ist daraus erst in die schriftsprache übergegangen. die ältesten lexikalischen belege stehen bei* RICHEY *idiot. Hamb.* 315 […]"

Solche phraseologischen Informationen finden sich verstreut über den Gesamtinhalt des Wörterverzeichnisses und zuweilen an unerwarteten Stellen versteckt. Aus Platzgründen soll hier lediglich noch auf eine solche Stelle hingewiesen werden. Im Wörterbuchartikel zu DER, DIE, DAS schreibt Wilhelm Grimm Folgendes über ein sehr produktives phraseologisches Strukturmuster im Deutschen und erläutert dabei neben der grammatischen Regel zur Bildung des Musters auch den Unterschied zwischen freien und phraseologischen Wortverbindungen (vgl. die hervorgehobene Stelle):

„*13. Werden zwei oder mehrere nebeneinander stehende substantiva durch eine conjunction verbunden, so kann der artikel vorangehen aber auch wegbleiben. in jenem fall wird das besondere das in den appellativen liegt, bezeichnet, in diesem gestattet die durch die substantiva angezeigte vielheit den artikel auszulassen. man kann sagen* die stadt brennt im östlichen theil, die straszen und die plätze sind mit menschen angefüllt, *aber auch* straszen und plätze. *hier zeigt sich kein merklicher unterschied,* **aber häufig entsteht, wenn der artikel wegfällt, eine formelhafte, bildliche oder sprichwörtliche redensart.** *sagt man* **das kraut und die rüben unter einander hacken,** *so kann das nicht uneigentlich genommen werden, dagegen*

---

[20] Angaben zur Grammatik von 817 deutschen Idiomen bietet die Idiomdatenbank des Projekts *Kollokationen im Wörterbuch* (http://kollokationen.bbaw.de/htm/idb_de.html; 23.7.2011) und zu deutschen Sprichwörtern die Datenbank des internationalen Projekts *SprichWort* (http://www.sprichwort-plattform.org/sp/Sprichwort; 23.7.2011).

kraut und rüben *kann auch bildlich heiszen* '*das verschiedenartige, nicht zusammengehörige in der betrachtung, in dem gespräch unter einander werfen*'."

7) Aufgrund der spezifischen Entstehungsgeschichte der ersten Auflage des „Deutschen Wörterbuchs" hat die Forderung der Metalexikographie und der Phraseologie nach einheitlichen Angaben bei Mehrfachlemmatisierung von Phraseologismen in diesem Wörterbuch kaum Bestand. Dennoch soll die unterschiedliche Kennzeichnung der phraseologischen Einheiten unter den einzelnen Komponenten an dieser Stelle nicht unerwähnt bleiben: Der Phraseologismus „sturm im glase wasser" ist z. B. unter STURM m. (Bd. 20/1942) durch den Verweis „siehe BÜCHMANN *geflügelte worte*" indirekt als „geflügeltes Wort" ausgewiesen. Unter der Komponente WASSER n. (Bd. 27/1922) ist der gleiche Phraseologismus dagegen als „*redensart*" bezeichnet und unter GLAS n. (Bd. 7/1949) ist er nicht verzeichnet. Die Variante „sturm im wasserglase" ist unter WASSERGLAS n. (Bd. 27/1922) als „*neuere redensart*" gekennzeichnet.

3. FAZIT

Im vorliegenden Beitrag wurde ein kurzer Überblick über die Kennzeichnungspraxis phraseologischer Erscheinungen im „Deutschen Wörterbuch" von Jacob Grimm und Wilhelm Grimm gegeben. In der „vorwissenschaftlichen" Phase der Phraseologieforschung entstanden, verzeichnet das „Deutsche Wörterbuch" nicht nur viele phraseologische Einheiten, sondern enthält auch eine Fülle von verschiedenen Informationen zu diesem Bereich der deutschen Sprache. Das Wörterbuch der Brüder Grimm dokumentiert auch die existierende Benennungsvielfalt für phraseologische Phänomene in der Sprachwissenschaft vor der Entstehung der linguistischen Disziplin Phraseologie und ihrer Terminologie, eine Benennungsvielfalt, die übrigens in einem kleineren Maße bis heute in der Phraseologieforschung und in der Phraseographie andauert. Ähnlich wie die Wörterbücher der Vorgänger Adelung und Campe und des Zeitgenossen und Konkurrenten Sanders[21] verfügt das „Deutsche Wörterbuch" der Brüder Grimm auch über kein einheitliches Kennzeichnungssystem von Phraseologismen, was das Identifizieren bzw. das Auffinden phraseologischer Einheiten in den Wörterbuchartikeln erschwert. Der Hauptgrund dafür ist, dass es dem lexikographischen Vorhaben in allen drei Bearbeitungsphasen offensichtlich an einer Konzeption darüber fehlte, wie phraseologische Einheiten im Wörterbuch zu behandeln sind. Ob und wie Phraseologismen im Grimmschen Wörterbuch aufgenommen, benannt, erklärt und kenntlich gemacht wurden, lag einzig und allein in der Entscheidung des bearbeitenden Lexikographen und hing von seinem persönlichen „phraseologischen

---

21 Zur Kennzeichnungspraxis von Phraseologismen in Adelungs „Grammatisch-kritischem Wörterbuch der Hochdeutschen Mundart" (1793–1801), in Campes „Wörterbuch der Deutschen Sprache" (1807-1811) und in Sanders' „Wörterbuch der Deutschen Sprache. Mit Belegen von Luther bis auf die Gegenwart" (1860–1865) siehe Stantcheva (2002; 2003).

Bewusstsein"[22] ab. Diese Feststellung bezieht sich sowohl auf die erstaunlich große Vielfalt der benutzten Marker als auch auf die Tatsache, dass im Wörterverzeichnis gekennzeichnete Phraseologismen neben nicht gekennzeichneten oder indirekt gekennzeichneten anzutreffen sind und dass ganze Gruppen von phraseologischen Einheiten ohne Differenzierung einem kettenartigen metasprachlichen Kommentar folgen. Die lange Bearbeitungszeit, die vielen Lexikographen mit verschiedenen Bearbeitungsstilen und das nicht kontinuierliche Erscheinen der Buchstabenstrecken wirkte sich zusätzlich auf die Konsistenz der Benennungspraxis der phraseologischen Einheiten im „Deutschen Wörterbuch" aus.

4. LITERATUR

4.1. Wörterbücher

Adelung, Johann Christoph (1793–1801): Grammatisch-kritisches Wörterbuch der Hochdeutschen Mundart, mit beständiger Vergleichung der übrigen Mundarten, besonders aber der Oberdeutschen. In vier Theilen. Zweyte vermehrte und verbesserte Ausgabe. Leipzig. (2. Nachdruck dieser Ausgabe 1990. Mit einer Einführung und Bibliographie von Helmut Henne. Hildesheim/Zürich/New York).

Grimm, Jacob/Grimm, Wilhelm (1984 [1854–1971]): Deutsches Wörterbuch. In 32 Bänden sowie Quellenverzeichnis. Fotomechanischer Nachdruck der Erstausgabe 1854–1971. München.

Grimm, Jacob/Grimm, Wilhelm (2004): Deutsches Wörterbuch. 2 CD-ROMs. Der digitale Grimm. 2. Aufl. Frankfurt a. M.

4.2. Sekundärliteratur

Burger, Harald (2010): Phraseologie: Eine Einführung am Beispiel des Deutschen. 4., neu bearb. Aufl. Berlin.

Burger, Harald/Buhofer, Annelies/Sialm, Ambros (1982): Handbuch der Phraseologie. Berlin/New York.

Burger, Harald u. a. (2007): Phraseologie. Objektbereich, Terminologie und Forschungsschwerpunkte. In: Harald Burger u. a. (Hg.): Phraseologie. Ein internationales Handbuch zeitgenössischer Forschung. Bd. 1. 2007. Berlin/New York, 1–10.

Dräger, Marcel (2009): Auf der Suche nach historischen Phrasemen – oder: Wörterbücher als Korpora. In: Linguistik online 39/3. Http://www.linguistik-online.de/39_09/draeger.html (23.7.2011).

Fleischer, Wolfgang (1997): Phraseologie der deutschen Gegenwartssprache. 2., durchges. und erg. Aufl. Tübingen.

Grimm, Jacob (1815): Circular, die sammlung der volkspoesie betreffend. In: Jacob Grimm: Kleinere Schriften, Bd. 7. Reprografischer Nachdruck der Ausgabe Berlin 1884. Hildesheim, 1966, 593–595.

Korhonen, Jarmo (1990): Zur (Un-)Verständlichkeit der lexikographischen Darstellung von Phraseologismen. In: Tamás Magay/Judit Zigány (Hg.): BudaLex'88 Proceedings. Papers from

---

22 Zum Ausdruck „phraseologisches Bewusstsein" vgl. Linke (1982, 373). Dort wird er im Sinne vom Bewusstsein der Wörterbuchautoren für phraseologische Erscheinungen gebraucht.

the 3rd International EURALEX Congress, Budapest, 4 – 9 September 1988. Budapest, 197–206.
Korhonen, Jarmo (1995): Idiome als Lexikoneinheiten. Eine Auswahl von Beschreibungsproblemen. In: Jarmo Korhonen: Studien zur Phraseologie des Deutschen und des Finnischen. Bochum, 13–42.
Korhonen, Jarmo (1998): Zur lexikographischen Erfassung von Phrasemen und Sprichwörtern in Josua Maalers Wörterbuch (1561). In: Peter Ernst/Franz Patocka (Hg.): Deutsche Sprache in Raum und Zeit. Festschrift für Peter Wiesinger zum 60. Geburtstag. Wien, 569–584.
Korhonen, Jarmo (2000): Idiome und Sprichwörter in der deutsch-finnischen Lexikografie. In: Ulrich Heid u. a. (Hg.): Proceedings of the Ninth EURALEX International Congress, EURALEX 2000, Stuttgart, Germany, August 8th–12th, 2000. Stuttgart, 569–578.
Linke, Angelika (1982): Das „phraseologische Bewußtsein" der Wörterbuchautoren. In: Harald Burger/Annelies Buhofer/Ambros Sialm (Hg.): Handbuch der Phraseologie. Berlin/New York, 373–377.
Ludwig, Klaus-Dieter (2004): Pragmatische Angaben im Grimmschen Wörterbuch. In: Das Deutsche Wörterbuch als Modell eines Großwörterbuchs und seine Bedeutung für die historische Lexikographie des Deutschen. Kolloquium zum Erscheinen des ersten Bandes des Deutschen Wörterbuchs. Berlin 08.07.2004. Http://150-grimm.bbaw.de/links/ludwig.pdf (23.7.2011).
Mieder, Wolfgang (1986): „Findet, so werdet ihr suchen!" Die Brüder Grimm und das Sprichwort. Bern/Frankfurt a. M./New York.
Mieder, Wolfgang (1995): Deutsche Redensarten, Sprichwörter und Zitate: Studien zu ihrer Herkunft, Überlieferung und Verwendung. Wien.
Pilz, Klaus Dieter (1978): Phraseologie. Versuch einer interdisziplinären Abgrenzung, Begriffsbestimmung und Systematisierung unter besonderer Berücksichtigung der deutschen Gegenwartssprache. 2 Bde. Göppingen.
Pilz, Klaus Dieter (1981): Phraseologie. Redensartenforschung. Stuttgart.
Stantcheva, Diana (2002): Tradition und/oder Dynamik in der Kennzeichnung von Phraseologismen im allgemeinen einsprachigen Wörterbuch des Deutschen. In: Undine Kramer (Hg.): Archaismen – Archaisierungsprozesse – Sprachdynamik. K.-D. Ludwig zum 65. Geburtstag. Frankfurt a. M. u. a., 263–296.
Stantcheva, Diana (2003): Phraseologismen in deutschen Wörterbüchern. Ein Beitrag zur Geschichte der lexikographischen Behandlung von Phraseologismen im allgemeinen einsprachigen Wörterbuch von Adelung bis zur Gegenwart. Hamburg.
Wiegand, Herbert Ernst (1981): Pragmatische Informationen in neuhochdeutschen Wörterbüchern. Ein Beitrag zur praktischen Lexikologie. In: Herbert Ernst Wiegand (Hg.): Studien zur neuhochdeutschen Lexikographie I. Hildesheim/Zürich/New York, 139–271.

FESTE WORTVERBINDUNGEN IN DER SEMANTIK MICHEL BRÉALS

Heinz-Helmut Lüger (Koblenz-Landau)

> „Le langage a été, avant tout et par-dessus tout, un nécessaire instrument de communication entre les hommes." (Bréal 1904, 334)

1. ZWISCHEN DIACHRONIE UND SYNCHRONIE?

Die Rolle Michel Bréals als einer der Wegbereiter der modernen Sprachwissenschaft wird von vielen unterschätzt oder nicht wahrgenommen. Manche Linguisten sehen in ihm lediglich einen Sprachhistoriker, der im Gefolge von Franz Bopp und Albrecht Weber zwar viel für die Propagierung und Weiterentwicklung der historisch-vergleichenden Grammatik getan habe, gerade auch außerhalb des deutschen Sprachraums, dem aber letztlich eine konsequente Hinwendung zur synchronen Sprachbeschreibung nicht bescheinigt werden könne. Dieser Einschätzung stehen verschiedene Fakten entgegen.

Zwar hat Bréal nie aufgehört, sprachgeschichtliche Daten in seine Argumentation einzubeziehen, doch gehen seine sprachtheoretischen und semantischen Studien eindeutig über eine rein diachrone Perspektive hinaus. Dies kommt sowohl in früheren Arbeiten wie „La forme et la fonction des mots" (1866) oder „Les idées latentes du langage" (1868) als auch in seinem Hauptwerk „Essai de sémantique" (1897) zum Ausdruck. Für positivistische Tendenzen in der komparativen Sprachwissenschaft war Bréal nie empfänglich, und die Analyse der Einzelsprache ist ihm wichtiger als der Vergleich und die Typologie von Sprachen; wesentlich erscheinen Erklärungen des Sprachwandels unter Einbeziehung kommunikativer Bedürfnisse und gesellschaftlicher Veränderungen. Damit rücken Fragen nach den Gesetzmäßigkeiten eines solchen Sprachwandels und den Konsequenzen für den Sprachgebrauch in den Mittelpunkt. Für Geeraerts gehört Bréal insofern auch bereits zu den prästrukturalistischen Autoren (1989, 201). Das Interesse an der Form tritt also zurück zugunsten der Analyse von Funktion und Bedeutung sprachlicher Einheiten. Mit anderen Worten: Der Blick geht verstärkt in

Richtung Semantik, dies allerdings ohne eine Vernachlässigung historischer Rahmenbedingungen:

> „Semantik ist bei Bréal in der Tat grundsätzlich historisch aufzufassen, als Vergleich von zeitlich auseinanderliegenden Sprachzuständen. [...] Ziel der historischen Semantik Bréals ist es, Varietät, Historizität und Zufälligkeit der sprachlichen Phänomene auf Regelhaftigkeiten zurückzuführen." (Schmehl 2006, 81)

Somit etabliert sich gleichsam zwangsläufig eine synchrone, bedeutungsorientierte Vorgehensweise – trotz der Schwierigkeit, sich gegenüber der Phonetik mit ihren vermeintlich strengeren Methoden-Standards behaupten zu können. Der Austausch zwischen Sprecher und Hörer, das Verstehen und das Zu-Verstehen-Geben, Phänomene der Polysemie und Synonymie, der Multifunktionalität sprachlicher Äußerungen, all das gehört nunmehr aus der Sicht Bréals zu den Aufgaben eines Sprachwissenschaftlers, womit er sich zum Teil beträchtlich von den Auffassungen seiner Zeitgenossen entfernt.[1] Diese Schwerpunktverlagerung hat nicht zuletzt auch Konsequenzen für die Betrachtung fester Wortverbindungen.

> „Chaque langue, outre les mots, possède un certain nombre de locutions toutes faites qui sont comme les pièces blanches du langage, à côté de la menue monnaie." (Bréal 1872, 54)

2. VON BRÉAL ZU BALLY?

2.1. Grade der Festigkeit

In der Phraseologie gilt gemeinhin **Charles Bally** als ein wichtiger Begründer der Disziplin.[2] Dies hat auch insofern seine Berechtigung, als in der Tat Bally den Begriff „phraséologie", bzw. „phraséologique" für sprachliche Ausdrücke einführt, die man als „vorgeprägt", „usuell" oder „fest" bezeichnen kann. Obgleich Klassifikatorisches nicht im Mittelpunkt seines „Traité de stylistique française" steht, unterscheidet Bally folgende Grade der Vorgeformtheit (1909, 66ff.):
– freie Wortverbindungen: „groupements passagers", „associations libres et occasionnelles"

---

1   Für viele gilt Bréal daher als wichtiger Neuerer, als der eigentliche Begründer der Semantik; vgl. Aarsleff (1982), Nerlich (1992, 131ff.), De Palo (2001, 47ff.), Fabbri (2001), Lüger (2007). Eine deutliche Gegenposition findet sich indes bei Coseriu, der Bréal praktisch jede innovative Rolle abspricht: „Bréal no ha provocado ninguna revolución en la lingüística" (2000, 41).
2   Diese Position wird u. a. vertreten bei Pilz (1981, 36), Burger u. a. (1982, 1), González Rey (2002, 22). Zu einer anderen Einschätzung gelangen dagegen Thun (1978, 77ff., 98ff.), Bárdosi (2011).

(Bsp.: *ein Buch kaufen, ein schönes Geschenk*),
- usuelle Wortverbindungen: „séries usuelles", „séries phraséologiques"
(Bsp.: *eingefleischter Junggeselle, die Flucht ergreifen*),
- feste Wortverbindungen: „unités indissolubles", „unités phraséologiques"
(Bsp.: *roter Faden, jmdn. ins Bockshorn jagen*).[3]

Während für die erste Gruppe von Ausdrücken praktisch keinerlei Beschränkung der Kombinierbarkeit besteht, zeichnen sich die beiden anderen Gruppen dadurch aus, daß die jeweiligen Ausdruckskomponenten nicht mehr beliebig austauschbar sind: Beispiele wie *eingefleischter Junggeselle* oder *die Flucht ergreifen* könnte man als Kollokationen betrachten, gleichsam als „bevorzugte Kombinationen", bei denen das Vorkommen der Bestandteile usuell oder typisch ist, deren Verbindung aber nicht als verfestigt gelten kann. Im Unterschied dazu gehören zur dritten Gruppe Ausdrücke, die einen höheren Grad an Festigkeit aufweisen; vor allem jedoch verlieren die Komponenten ihre ursprüngliche Bedeutung zugunsten einer anderen ganzheitlichen Bedeutung – vergleichbar der Entstehung einer neuen chemischen Verbindung.[4]

Zwei Dinge sind es wohl, die die Beobachtungen Ballys für die Phraseologie so bedeutsam machen: zum einen der terminologische Vorstoß mit der Einführung des Begriffs der „**unité phraséologique**", einschließlich der Abgrenzung von anderen Ausdrucksgruppen, zum andern die klare Unterscheidung zwischen phraseologischer und nichtphraseologischer Bedeutung, wobei noch hinzuzufügen wäre, daß Bally dem Einsatz fester Wortverbindungen immer auch eine zusätzliche stilistische Funktion, eine besondere „evokative Potenz" zuschreibt. Dies festzustellen, heißt jedoch nicht, andere wichtige Vorarbeiten aus dem Auge zu verlieren oder ihre Bedeutung von vornherein als gering einzustufen. Eine solche Gefahr scheint besonders im Fall von Michel Bréal gegeben zu sein, wenigstens wenn man den meisten einschlägigen Arbeiten folgt.

2.2. Formeln, Wendungen, Sprichwörter

Die Frage, ab wann ein Wissenschaftler als Begründer einer Disziplin oder nur als Vorläufer gelten kann, braucht hier nicht erschöpfend behandelt zu werden. Fest steht jedoch, daß Bréal schon zu einem recht frühen Zeitpunkt und nicht erst in seinem Spätwerk „Essai de sémantique" Mehrwortverbindungen zum Gegenstand seiner Untersuchungen macht. So finden sich bereits in seiner pädagogisch inspirierten Schrift „Quelques mots sur l'instruction publique en France" (1872) aufschlußreiche Hinweise. Ganz gezielt wählt Bréal festgeprägte Wendungen, die

---

3   Die bei Bally angeführten französischen Belege wurden durch deutsche ersetzt.
4   So heißt es zu den „unités phraséologiques" bei Bally (1909, 74f.): „On dit qu'un groupe forme une unité lorsque les mots qui le composent perdent toute signification et que l'ensemble seul a une; il faut en outre que cette signification soit nouvelle et n'équivale pas simplement à la somme des significations des éléments (ce qui du reste serait absurde). On peut comparer ce changement à celui qui résulte d'une combinaison chimique."

„locutions toutes faites", um an diesem Beispiel eine Zugangsmöglichkeit zu den interessanten Phänomenen einer Sprache zu demonstrieren (vgl. auch das Motto zu diesem Kapitel). Ausgangspunkt dabei ist zunächst die Frage nach dem Ursprung solcher Wortverbindungen: „D'où proviennent ces locutions ?" (1872, 54). Die folgende Übersicht (Abb. 1) skizziert, welche Ausdruckseinheiten, die man als phraseologisch bezeichnen könnte, in den Arbeiten Bréals überhaupt zur Sprache kommen.[5]

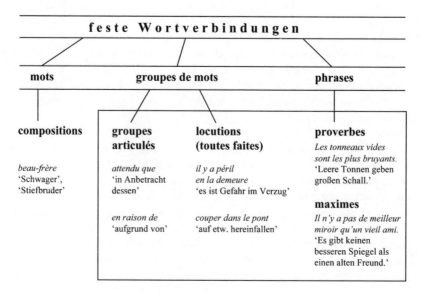

Abb. 1: Phraseologische Ausdruckseinheiten bei Bréal

Anders als Bally hat Bréal keinen ernsthaften Klassifikationversuch phraseologischer Ausdrücke unternommen; Abgrenzungen und klare Definitionen der verwendeten Begriffe sucht man daher vergebens, auch fehlt ein allgemeiner theoretischer Rahmen. Gleichwohl ist festzuhalten, daß es Bréal in seiner Semantik nicht allein um Wörter, um einfache lexikalische Einheiten geht; es werden von vornherein auch Wortgruppen und Sätze in den Blick genommen.[6] Es sind vor allem zwei Ausdruckstypen, die ausführlicher vorgestellt werden: die „groupes articulés" und die „locutions".

Unter „**groupes articulés**" werden Wortverbindungen wie
– *attendu que* ‚in Anbetracht dessen',

---

5   Bréal verzichtet in seinen Schriften generell auf schematische oder visuelle Darstellungen; mit den im Folgenden wiedergegebenen Schaubildern soll versucht werden, einige begriffliche Unterscheidungen zu veranschaulichen.
6   So kann man im *Essai de sémantique* (1904, 293) nachlesen: „Une langue ne se compose pas uniquement de mots: elle se compose de groupes de mots et de phrases." Und an späterer Stelle heißt es noch: „une langue n'est point un assemblage de mots [...], elle renferme des groupes déjà assemblés et pour ainsi dire articulés." (1904, 297)

- *eu égard à* ‚mit Rücksicht auf', ‚im Hinblick auf',
- *pourvu que* ‚vorausgesetzt, daß',
- *en raison de* ‚aufgrund von'

zusammengefaßt (Bréal 1904, 172ff.), die man aus heutiger Sicht am ehesten als präpositionale oder konjunktionale Phraseologismen bezeichnen könnte. Es handle sich um feste, unveränderliche, als ganze wahrgenommene Formeln – die jeweilige Wortverbindung wird als „groupe indissoluble" (1904, 174) betrachtet –, die der Muttersprachler in der Alltagskommunikation routinemäßig und ohne weiteren Aufwand verwende. Des Formelcharakters werde man sich häufig erst über den Vergleich mit einer Fremdsprache bewußt. Was die Ausdruckskomponenten betrifft, bestehen die *groupes articulés* aus wenigstens einem autosemantischen Lexem (*attendu, égard, pourvu, raison*) und einem oder mehreren synsemantischen Elementen (*que, à, en, de*), ihre Kombination ist fest. Es ist Definitionssache, ob man hier, da jeweils nur ein Autosemantikon vorliegt, noch von voller Polylexikalität sprechen will oder nicht. (Eine Sonderrolle nimmt diesbezüglich der Ausdruck *eu égard à* mit seinem Partizip von *avoir* ein.)

Einen phraseologischen Kernbereich betreffen Bréals Ausführungen zu den „**locutions**", den Redewendungen (oder Phraseolexemen); leider schließen diese nicht, wie eine gewisse Systematik es geboten hätte, direkt an die Darstellung der „groupes articulés" an, sondern sind über verschiedene Kapitel verteilt. „Locutions" gelten ebenfalls als vorgeprägt („toutes faites") und fixiert. Zu ihnen rechnet Bréal (1872, 55; 1904, 294ff.) Ausdrucksformen wie

- *à tort ou à droit* ‚bedingungslos',
- *à bis ou à blanc* ‚freiwillig oder gezwungen', ‚so oder so',
- *rhume de cerveau* ‚Schnupfen, Nasenkatarrh',
- *faire un pied de nez à qn* ‚jmdn. verspotten' (vgl. dt. *jmdm. eine lange Nase machen*),
- *couper dans le pont* ‚auf etw. hereinfallen',
- *il y a péril en la demeure* ‚es ist Gefahr im Verzug'.

Zur Diskussion stehen hier adverbiale Konstruktionen, nominale und verbale Phraseologismen sowie festgeprägte Sätze. Ausdrücke dieser Art ließen sich, wie Bréal ausführt, nur begrenzt verändern, Erweiterungen durch zusätzliche Adjektive oder Anpassungen des Artikels seien vielfach ausgeschlossen – die Rede ist also von morphosyntaktischen Restriktionen, denen phraseologische Ausdrücke typischerweise unterliegen. Hinzu kommen sog. Archaismen, die Beibehaltung ansonsten nicht mehr gebräuchlicher grammatischer Strukturen oder von Wörtern, die wendungsextern nur noch selten (oder gar nicht mehr) vorkommen:

> „Des vocables se sont conservés en certaines associations, lesquels ont depuis longtemps cessé d'être employés pour eux-mêmes, et que nous avons peine à reconnaître, quand on nous les présente hors de cette place unique qui leur est restée." (1904, 294)[7]

---

[7] „In bestimmten Wortverbindungen haben sich Wörter gehalten, die als solche seit langem nicht mehr gebräuchlich sind und die wir nur mit Mühe wiedererkennen, wenn man sie uns außerhalb der Stelle, wo sie noch vorkommen, präsentiert."

Im Falle von *couper dans le pont* etwa wäre ein direktes Objekt erwartbar, bei *il y a péril en la demeure* steht *péril* (‚Gefahr') ohne Artikel und das Lexem *demeure* ist in der Bedeutung ‚Verzögerung, Verspätung' nicht mehr üblich (es wird heute vor allem im Sinne von ‚Wohnung, Wohnsitz' verwendet). Die Ausdrücke sind somit charakteristische Belege des „Hineinragens der Diachronie in die Synchronie" (Thun 1978, 80).[8]

Noch wichtiger aber erscheint ein anderes Merkmal, das die Semantik von „locutions" betrifft: Wie schon bei den „groupes articulés" haben wir es mit einer „globalisierten" Bedeutung zu tun; das heißt, aus der Bedeutung der Ausdrucksbestandteile ergibt sich nicht automatisch, was die betreffende Wortverbindung insgesamt besagt – die Bedeutung solcher Phraseologismen wird als eine ganzheitliche wahrgenommen. Was darunter konkret zu verstehen ist, hat Bréal zunächst ausführlich anhand von Wort-Zusammensetzungen („noms composés", „compositions") dargelegt.

Zentraler Ausgangspunkt ist der Gedanke, daß ein Kompositum zwar aus mindestens zwei Teilen bestehe, ihm aber grundsätzlich eine **Gesamtbedeutung** zukomme. Mit den Worten Bréals:

> „Il faut (c'est la condition primordiale) que, malgré la présence de deux termes, le composé fasse sur l'esprit l'impression d'une idée simple. [...] Aussitôt que l'esprit réunit en une seule idée deux notions jusque-là séparées, toutes sortes de réductions ou de pétrifications du premier terme deviennent possibles." (1904, 161f.)[9]

An einfachen Beispielen wie *beau-frère* ‚Schwager', ‚Stiefbruder' oder *belle-fille* ‚Schwiegertochter', ‚Stieftochter' zeige sich, daß die Kenntnis der Lexeme *beau / belle*, *frère*, *fille* nicht ausreiche, um den genannten Komposita eine entsprechende Bedeutung zuzuordnen: Zum einen sei die ursprüngliche, wörtliche Bedeutung der determinierenden Komponente (also *beau/belle* ‚schön') suspendiert, zum andern ergebe sich ein sinnvolles Verständnis nur dann, wenn die Wort-Zusammensetzung als ganze gesehen und mit wenigstens einer Gesamtbedeutung verknüpft werde. Dies gelte folglich auch in Fällen, wo mehr als nur eine Bedeutungszuschreibung in Betracht komme (1904, 161). In welchem Maße gerade das Bestimmungswort in Determinativkomposita semantisch veränderbar ist, veranschaulicht Bréal des weiteren an Beispielen wie *steinhart*, *steinreich*, *steinalt* und *stock-finster*, *stock-blind*, *stock-fest* (1904, 169); es liege auf der Hand, daß hier

---

8 Solche Ungleichzeitigkeiten im Zusammenhang mit vorgeprägten Ausdrücken hat Bréal verschiedentlich kommentiert: „Ici encore, nous constatons la fidélité des locutions, lesquelles continuent leur existence sans se soucier du courant général." (1904, 303) An anderer Stelle heißt es bildreich: „Comme les pièces d'un engrenage, que nous sommes si habitués à voir s'adapter l'une dans l'autre que nous ne songeons pas à nous les figurer séparées, le langage présente des mots que l'usage a réunis depuis si longtemps qu'ils n'existent plus pour notre intelligence à l'état isolé." (1904, 172) Vgl. hierzu ebenfalls die Anmerkungen bei De Palo (2001, 98f.), Bárdosi (2011).

9 „Notwendig ist – und das wäre eine entscheidende Vorbedingung –, daß trotz des Vorliegens zweier Komponenten das Kompositum im Bewußtsein den Eindruck einer einzigen Vorstellung erzeugt. [...] Sobald im Bewußtsein zwei bis dahin getrennte Begriffe zusammengefügt werden, ist jede Form der Reduktion oder der Verfestigung des ersten Teils möglich."

Stein bzw. *Stock* nicht mehr in der ursprünglichen Bedeutung relevant sei, sondern nun gleichsam als Intensivierungselement fungiere (*stockfinster* ‚extrem dunkel' usw.).[10]

Die Parallele zur Semantik von „locutions" ist offenkundig. Man könnte die an den Komposita-Beispielen diskutierte Art der Bedeutungskonstitution sogar als einen Prozeß der Teilidiomatisierung betrachten: Durch die Verschmelzung zu komplexen Wortgefügen verändert sich die Bedeutung der einzelnen Komponenten, ein Ausdrucksverständnis allein aufgrund der ursprünglichen lexikalischen Bedeutung ist nicht mehr oder nur noch bedingt möglich; ‚teilidiomatisch' ist die Veränderung insofern, als sie nicht die gesamte Wortverbindung betrifft. Für Bréal wird nun gerade dieser **Idiomatisierungseffekt** grundlegend, auch wenn seine Terminologie noch eine andere ist:

> „Mais dans la réalité, dès que le mot est entré en une formule devenue usuelle, nous ne percevons plus que la formule." (1904, 294)[11]

Das Gemeinte läßt sich leicht an den Beispielen Bréals verdeutlichen. Die Bedeutung der Wendung *couper dans le pont* ‚auf etw. hereinfallen' etwa kann nicht mehr kompositionell abgeleitet werden:

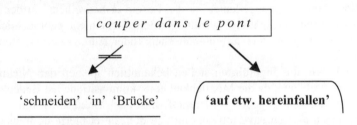

Abb. 2a: Idiomatische Wortverbindung

Der genannte Ausdruck ist – ähnlich wie *faire un pied de nez à qn* ‚jmdn. verspotten' – vollidiomatisiert bzw. aus synchronischer Perspektive gänzlich unmotiviert. Wer dem Zusammenhang zwischen phraseologischer und literaler Bedeutung nachspüren will, benötigt eine sprachhistorische Auskunft. Wie Bréal (1872, 55) selbst berichtet, stamme die Wendung ursprünglich aus der Welt des Kartenspielens. Um den Gegner zu täuschen, werde eine Karte leicht geknickt; die obere Hälfte des Kartenpäckchens fungiere so wie eine Brücke, das Abheben erfolge dann leicht an dieser Stelle, wodurch die Verteilung der Karten von vornherein

---

10 Vgl. vertiefend Pérez-Vigaray/Batista Rodríguez (2000, 792ff.). Das Konzept der ganzheitlichen Bedeutung hat Bréal in einer früheren Arbeit auch am Wortbildungsmuster der Derivation illustriert; verwiesen sei auf die eingehende Analyse von Ableitungen wie *pomme* + *-ier* > *pommier* ‚Apfelbaum'; *figue* + *-ier* > *figuier* ‚Feigenbaum'; *amande* + *-ier* > *amandier* ‚Mandelbaum' usw. (1868, 10f.).

11 „Aber in der Wirklichkeit nehmen wir nur noch die Formel wahr, sobald das Wort in eine usuell gewordene Formel eingegangen ist." Bréal präzisiert weiter: „Aussitôt qu'un mot est entré dans une locution, son sens propre et individuel est oblitéré pour nous." (1904, 296)

manipuliert sei. Verallgemeinert und von der skizzierten Ausgangssituation abstrahierend, ist *couper dans le pont* somit gebräuchlich in Fällen, wo jemand eine Betrugsabsicht nicht erkennt und auf das Täuschungsmanöver hereinfällt. Etwas anders gelagert ist das folgende Beispiel:

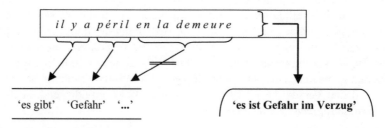

Abb. 2b: Teilidiomatische Wortverbindung

Auch hier führt ein wörtliches Verständnis nicht zum Ziel; nur ist es nicht der gesamte Ausdruck, der sich dem verschließt, sondern, wie in Abb. 2b schematisch dargestellt, lediglich eine Komponente der Wortverbindung *il y a péril en la demeure*. Wie oben schon angedeutet, ist das Lexem *demeure* heute in der Bedeutung ‚Verzögerung, Verspätung' wendungsextern nicht mehr gebräuchlich. Von daher könnte man von einer teilidiomatischen (oder teilmotivierten) Bedeutung sprechen.

Beispiele wie die angeführten stellen bekanntlich speziell den Nichtmuttersprachler vor Probleme, da die Möglichkeit einer kompositionellen Bedeutungserschließung nicht mehr gegeben ist. Hierauf weist auch Bréal selbst hin, indem er Redewendungen als „épreuve toujours un peu délicate et pierre de touche où se reconnaît l'étranger imparfaitement instruit" ansieht (1904, 220).[12] Diese Beobachtung gilt, obgleich eingeschränkt, ebenfalls für Wortverbindungen, die nicht idiomatisiert, wohl aber festgeprägt oder bildhaft motiviert sind: *parler dans sa barbe* ‚unverständlich vor sich hin sprechen', *avoir le bras long* ‚großen Einfluß haben', *jeter l'argent par la fenêtre* ‚das Geld zum Fenster hinauswerfen'. Da die verbalen Komponenten jeweils wörtlich zu verstehen sind, dürfte im Zusammenhang mit der Bildhaftigkeit die Bedeutungszuordnung relativ unproblematisch bleiben.[13]

Nimmt man Wortverbindungen des Typs *grièvement blessé* ‚schwer verletzt' oder *porter plainte* ‚Anzeige erstatten' hinzu, wäre man bereits bei einem peripheren Bereich der Phraseologie, den **Kollokationen**. Auch hierzu gibt Bréal wieder

---

12 „Redewendungen werden also als ein immer etwas heikler Test, als Prüfstein betrachtet, wo ein unzureichend instruierter Ausländer Farbe bekennen muß". Vgl. auch Bréal (1904, 296): „Ces sortes d'incohérences frappent habituellement les étrangers plus que nous, surtout s'ils ont appris la langue non par l'usage, mais par des méthodes scientifiques."
13 Anders läge der Fall jedoch bei sog. phraseologischen Falschen Freunden wie *suer sang et eau* ‚sich gewaltig anstrengen' vs. *Blut und Wasser schwitzen*; vgl. ausführlich Klein (1972), Ettinger (1994).

verschiedene Beispiele an, und zwar in einem bereits 1876 erschienenen Aufsatz, den er 1877 in die „Mélanges de mythologie et de linguistique" aufnimmt. Wortkombinationen wie *chien + japper* („Hund' + ‚kläffen'), *chat + miauler* („Katze' + ‚miauen'), *grenouille + coasser* („Frosch' + ‚quaken') usw. (1877/2005, 221) weisen nicht den gleichen Festigkeitsgrad auf wie Redewendungen, aber die Wahlmöglichkeiten sind sehr wohl eingeschränkt. Mit den Termini Hausmanns: Eine „Basis", wie etwa *chien* wird bevorzugt mit dem „Kollokator" *japper* verbunden, wenn es darum geht, das Kläffen eines Hundes anzusprechen (Hausmann 1997). Während dem Muttersprachler solche Einschränkungen normalerweise gar nicht bewußt werden, können sich hieraus für den Fremdsprachenlerner durchaus diverse Fehlerquellen ergeben; von daher hat sich die Phraseologie auch dieses Phänomens angenommen.

Bislang noch nicht eingehender besprochen wurden **satzwertige Phraseologismen** wie Sprichwörter, Gemeinplätze oder Maximen. Da Bréal keine systematische Klassifikation phraseologischer Ausdrücke anstrebt, werden sie nur eher beiläufig erwähnt, und eine interne Differenzierung gibt es nicht. Vor allem zwei Aspekte scheinen von Interesse zu sein. Zu nennen wären zunächst der häufige Gebrauch sprachlicher Kurzformen (*Tel père, tel fils* ‚Wie der Vater, so der Sohn') und das Vorkommen nicht mehr gebräuchlicher Strukturen (z. B. der Verbform *fault* in *Quand argent fault, tout fault* ‚Wenn das Geld fehlt, fehlt alles'). Die Frequenz von Archaismen stellt Bréal auch hier besonders heraus:

> „En tout pays, les proverbes se maintiennent longtemps sous leur forme archaïque, conservent longtemps les anciens mots et les anciens tours." (1904, 350)[14]

Genauere Beschreibungen der sprachlichen Form unterbleiben, ebensowenig wird der Frage nachgegangen, ob satzwertige Mehrwortverbindungen nicht auch unterschiedliche Idiomatizitätsgrade aufweisen können.

Der zweite Aspekt betrifft die pädagogische Nutzbarkeit solcher Ausdrücke. Sprichwörter und Maximen seien in dieser Hinsicht eine wahre Fundgrube, leider würde das in der Schule nicht ausreichend gewürdigt.[15] Nach Meinung Bréals eignen sie sich hervorragend als Ausgangspunkt für Fragen der Sprachreflexion. Bestimmte Maximen können, richtig ausgewählt und überzeugend vermittelt, sogar als Richtschnur für das künftige Leben gelten. Andererseits gebe es immer wieder Ausdrücke, die sich in ihrer Aussage widersprechen (vgl. *Der Apfel fällt nicht weit vom Stamm* vs. *Der Vater ein Sparer, der Sohn ein Vergeuder*), Bréal unterscheidet daher zwischen „maximes honnêtes" und „dictons égoïstes" (1872, 56). Hier wäre dann eine kritische Analyse angesagt, die zeige, auf welcher Seite die moralische Überlegenheit und der Maßstab richtigen Verhaltens zu finden seien – ein Gedanke übrigens, der nach wie vor eine gewisse Aktualität besitzt (vgl. Daniels 1989).

---

14 „In allen Ländern halten sich Sprichwörter lange Zeit in ihrer althergebrachten Form, sie bewahren lange Zeit die alten Wörter und die alten Wendungen."
15 „Une mine abondante pourra être fournie par les proverbes, trop dédaignés de l'école." (1877/2005, 220)

2.3. Pragmalinguistische Aspekte

Manche Passagen des „Essai de sémantique" lesen sich so, als seien die Überlegungen zur Semantik und zur Bedeutung phraseologischer Einheiten in eine umfassende Konzeption sprachlicher Kommunikation eingebettet. Es gibt Textstellen, wo die gewählten Formulierungen in der Tat an sprechakt- oder handlungstheoretische Arbeiten erinnern. So wird mehrfach betont, daß Sprache in erster Linie ein Kommunikationsmittel sei und der Verständigung zwischen den Menschen diene (1904, 334). Sprechen ziele grundsätzlich auf die Ausführung bestimmter Aktivitäten ab; dabei gehe es eben nicht allein um die neutrale Wiedergabe eines Sachverhalts, sondern gleichermaßen um den Ausdruck eines Wunsches, das Erteilen eines Befehls, das Signalisieren eines Befindens oder um das Abgeben einer Bewertung. Und der Zweck solcher Handlungen beschränke sich eben nicht auf den reinen Informationstransfer, angestrebt werde außerdem, Gefühle auszulösen, zu überzeugen, zu gefallen, Zustimmung zu erhalten – all das mutet wie eine Vorwegnahme der Unterscheidung illokutiver und perlokutiver Akte an.[16]

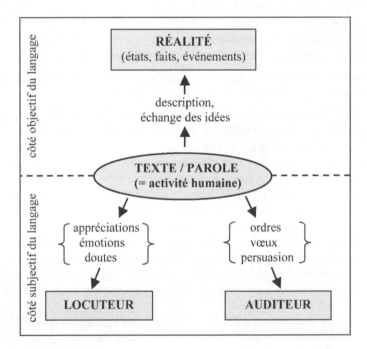

Abb. 3: Sprachliche Zeichen und Kommunikation

16 Wörtlich heißt es bei Bréal u. a.: „La parole n'a pas été faite pour la description, pour le récit, pour les considérations désintéressées. Exprimer un désir, intimer un ordre, marquer une prise de possession sur les personnes ou sur les choses – ces emplois du langage ont été les premiers." (1904, 243) Oder: „Mais le langage ne s'adresse pas seulement à la raison: il veut émouvoir, il veut persuader, il veut plaire." (1904, 288)

Wie man sieht, gibt es für Bréal die strenge „langue-parole"-Dichotomie nicht, der Sprachgebrauch wird gesehen als menschliche Tätigkeit, geleitet von Intentionen und zu erreichenden Zielen, die gewählten Ausdrücke sind, einmal eingebunden in konkrete Situationen, mehr-seitig interpretierbar, und entscheidend sei letzlich die Abstimmung zwischen Sprecher und Hörer (1904, 107). Die im einzelnen genannten Komponenten lassen sich modellhaft wie in Abb. 3 zusammenfassen. Zunächst sei beim Sprachgebrauch zu unterscheiden zwischen Elementen, die sich auf einen Sachverhalt, auf die außersprachliche Realität beziehen (= „côté objectif du langage"), und Äußerungskomponenten, die einen Bezug zum Sprecher bzw. zum Hörer signalisieren (= „côté subjectif du langage") (1904, 234f.). Was das „élément subjectif" betrifft, führt Bréal eine ganze Reihe von Kategorien an, die so etwas wie eine Sprechereinstellung zum propositionalen Gehalt markieren können: Modus, Tempus, Konjunktionen, Konjunktionaladverbien, Modalpartikeln, Präsätze, Wortwiederholungen; auch Mimik und Gestik werden in diesem Rahmen genannt (1904, 235ff.). Bezüge zum Bühlerschen Organon-Modell drängen sich hier geradezu auf, und es ist wohl kein Zufall, daß Bréal in der „Sprachtheorie" von 1934 zu den „umsichtigen Denkern" gerechnet wird (1982, 322). Die vielfältigen pragmalinguistischen Überlegungen haben in neueren Arbeiten – und damit in einer Phase der Wiederentdeckung – durchaus ihren Niederschlag und ihre Würdigung gefunden.[17]

Was folgt hieraus für die Betrachtung fester Wortverbindungen? Im Kapitel über das „élément subjectif du langage" ist von solchen Ausdrucksformen unverständlicherweise nicht die Rede. Kurze Hinweise finden sich in einem der Schlußkapitel, wo Bréal einige situationsspezifische Wendungen aufzählt; man könnte von „Routineformeln" sprechen: Höflichkeitsformeln („formules de politesse"), militärische Befehle („commandements militaires"), Segenswünsche („bénédictions"), Flüche („jurons") (1904, 319). Allerdings geht es in dem Zusammenhang nur um ausdrucksseitige Veränderungen, nicht um funktionelle Aspekte. Eine Anwendung der pragmalinguistischen Kategorien auf phraseologisches Sprachgut erfolgt leider nicht, der Gebrauch vorgeprägter Ausdrücke, etwa zur Signalisierung nebenbei geäußerter Einstellungen, wird an keiner Stelle näher untersucht. Letzteres hängt sicherlich auch damit zusammen, daß es noch nicht üblich ist, Texte als Materialgrundlage für die linguistische Argumentation zu verwenden; allenfalls Satzfolgen werden gelegentlich als Belege herangezogen.

Dies mag auch als generelle Beobachtung bezüglich der Vorgehensweise Bréals gelten: Es fehlt nicht an innovativen Ansätzen, an neuen Perspektiven und an weiterführenden Ideen. Doch werden viele der anregenden Vorschläge nicht mit letzter Konsequenz verfolgt oder nicht zu Ende gedacht. Für den Bereich der Phraseologie heißt das: Die wegweisenden Ideen Bréals können ihre Wirkung nur zum Teil entfalten – oder ihr Potential wird gar nicht erst wahrgenommen.

---

17 Nerlich (1992, 163ff.; 2007, 165ff.), Schmehl (2006, 485ff.), Lüger (2007, 132ff.). Bestätigend auch der Kommentar bei De Palo (2001, 175): „Il linguaggio è infatti permeato da un insieme di elementi che sono il risultato dell'attività del soggetto parlante."

3. AUSBLICK

In den voraufgehenden Kapiteln ging es lediglich um einen kleinen Ausschnitt aus den vielfältigen wissenschaftlichen Aktivitäten (und unbestreitbaren Pionierleistungen) Bréals. Biographische Details blieben ebenso ausgespart wie Informationen zum wissenschaftshistorischen Kontext.[18] Hier stand ausschließlich die Frage zur Diskussion, inwieweit Michel Bréal Vorarbeiten zur Phraseologie geliefert hat.

Es wurde bereits betont, daß Bréal kein kohärentes Kapitel zur Analyse fester Wortverbindungen vorgelegt hat; seine Ausführungen sind über verschiedene Schriften verteilt und nicht immer leicht zugänglich. Von daher kann nicht überraschen, wenn der Leser weder eine geschlossene Terminologie noch eine systematische Klassifikation vorfindet. Dennoch ist zu würdigen, daß Bréal bereits viele weiterführende Überlegungen zur Phraseologie formuliert und eine Reihe von Einsichten vorwegnimmt, die erst Jahrzehnte später in der linguistischen Diskussion eine Rolle spielen. Hervorzuheben wären: die Abkehr von einer rein sprachhistorischen Sprachanalyse, die Überwindung der etymologischen Perspektive, die Grundlegung und die Erprobung einer semantischen Betrachtungsweise, einschließlich der Beschäftigung mit komplexen Wortverbindungen, Ansätze, den wortsemantischen Rahmen zu erweitern und eine Satzsemantik anzuvisieren, die Unterscheidung wendungsinterner und wendungsexterner Lesarten, die Betonung ganzheitlicher Bedeutungskonstitution. Und ganz besondere Aufmerksamkeit verdient natürlich das Bemühen Bréals, auch pragmalinguistische, handlungsorientierte Aspekte, wie man aus heutiger Sicht sagen würde, zu integrieren. Da eine Anwendung auf Texte, auf reale Kommunikationsbeispiele noch nicht zur Diskussion stand, blieb die Tragweite der Konzepte lange Zeit unerkannt.

Daß speziell diese innovativen Ideen ohne größere Resonanz blieben (und dies trotz der zahlreichen Neuauflagen und Übersetzungen des „Essai de sémantique"), mag man bedauern. Die Gründe dafür dürften einmal in der Entwicklung der Sprachwissenschaft allgemein liegen, in dem Bemühen, nach der langen, sprachhistorisch dominierten Periode im Gefolge des Saussureschen „Cours de linguistique générale" eine synchronische Linguistik zu begründen. Erst damit konnte es zur Ausbildung einer Semantik als Disziplin, einschließlich der Phraseologie, kommen. Vereinfacht ausgedrückt: Ziele und Methoden einer semantisch oder gar kommunikativ orientierten Sprachbetrachtung paßten nicht in das derzeit herrschende Wissenschaftsparadigma. Zum andern dürfte aber auch die Darstellungsweise Bréals selbst mitverantwortlich sein für gewisse Rezeptionsdefizite. Das Fehlen griffig formulierter Thesen und die nicht immer leicht nachvollziehbare Begrifflichkeit des Autors haben die Aufnahme und Weiterführung

---

18 Verschiedene Ansatzpunkte bieten: Schmehl (2006), Volz (2007), Giessen/Lüger (2008); zu Vorläufern in der Semantik und in der Phraseologie vgl. Bárdosi (1990), Nerlich (2007). Wietere bibliographische Angaben finden sich unter: http://www.michel-bréal-gesellschaft.de.

seiner Ideen sicher nicht begünstigt.[19] Von daher wird schließlich auch plausibel, daß viele der vorausschauenden und geradezu modernen Ansätze erst mit großer Verzögerung zur Kenntnis genommen wurden und diese, international gesehen, nur eine vergleichsweise begrenzte Wirkung erzielen konnten. Der große Durchbruch blieb ihnen, im Unterschied zu den Postulaten Ferdinand de Saussures, verwehrt.

4. LITERATURVERZEICHNIS

Aarsleff, Hans (1982): Bréal, „la sémantique", and Saussure. In: International Journal of Slavic Linguistics and Poetics 25/26, 23–39.
Bally, Charles (1909): Traité de stylistique française, Bd. 1. Paris.
Bárdosi, Vilmos (1990): Contribution à l'histoire de la phraséologie française des origines jusqu'à Michel Bréal. In: Acta Universitatis Szegedinensis de Attila József nominatae – Acta Romanica 14, 61–132.
Bárdosi, Vilmos (2011): Michel Bréal et Charles Bally, deux précurseurs de la phraséologie moderne. In: Heinz-Helmut Lüger/Hans W. Giessen/Bernard Weigel (Hg.): Entre France et Allemagne. Michel Bréal – un intellectuel engagé. Limoges (im Druck).
Bréal, Michel (1866): De la forme et de la fonction des mots. In: Revue des cours littéraires de la France et de l'étranger 4, 90–96.
Bréal, Michel (1868): Les idées latentes du langage. Paris.
Bréal, Michel (1872): Quelques mots sur l'instruction publique en France. Paris.
Bréal, Michel (1877): Mélanges de mythologie et de linguistique. Neuausgabe 2005. Limoges.
Bréal, Michel (^{3}1904): Essai de sémantique (science des significations). Paris. 1. Aufl. 1897. (Nachdruck der 3. Aufl. 1982).
Bühler, Karl (1934/1982): Sprachtheorie. Die Darstellungsfunktion der Sprache. Jena/Stuttgart.
Burger, Harald/Buhofer, Annelies/Sialm, Ambros (1982): Handbuch der Phraseologie. Berlin/New York.
Coseriu, Eugenio (2000): Bréal. Su lingüistica y su semántica. In: Martínez Hernández (Hg.) (2000), Bd.1, 21–43.
Daniels, Karlheinz (1989): Das Sprichwort als Erziehungsmittel – historische Aspekte. In: Gertrud Gréciano (Hg.): Europhras 88. Phraséologie contrastive. Strasbourg, 65–73.
De Palo, Marina (2001): La conquista del senso. La semantica tra Bréal e Saussure. Roma.
Ettinger, Stefan (1994): Phraseologische faux amis des Sprachenpaares Französisch-Deutsch. In: Barbara Sandig (Hg.): Europhras 92. Tendenzen der Phraseologieforschung. Bochum, 109–136.
Fabbri, Paolo (2001): Dal futuro al passato. La lezione di Bréal. In: Versus 88/89, 149–161.
Geeraerts, Dirk (1989): Wat er in een woord zit. Facetten van de lexicale semantiek. Leuven.
Giessen, Hans W./Lüger, Heinz-Helmut (2008): Ein Grenzgänger der ersten Stunde. Michel Bréal. Von Marathon zum Pnyx. In: Dokumente 64, 59–62.
Giessen, Hans W./Lüger, Heinz-Helmut/Volz, Günther (Hg.) (2007): Michel Bréal – Grenzüberschreitende Signaturen. Landau.
González Rey, Isabel (2002): La phraséologie du français. Toulouse.

---

19 Dies gilt mutatis mutandis für die meisten von Bréal behandelten Themengebiete; er hat weitgehend darauf verzichtet, in Abgrenzung von anderen Positionen engagiert vorgetragene Theorien zu entwerfen, sei es zur Phraseologie, zur Semantik, zur Sprache oder zur Kommunikation allgemein. In diesem Punkt wäre also Coseriu (2000, 35) durchaus zuzustimmen: „Bréal no expone de manera ordenada su concepción del lenguaje y de las lenguas."

Hausmann, Franz Josef (1997): Tout est idiomatique dans les langues. In: Michel Martins-Baltar (Hg.): La locution entre langue et usages. Fontenay, 277–290.

Klein, Hans-Wilhelm (1972): Scheinentsprechungen bei französischen und deutschen Idiomatismen. In: Der fremdsprachliche Unterricht 23, 44–51.

Lüger, Heinz-Helmut (2007): Michel Bréal – ein bedeutender Sprachwissenschaftler? In: Hans W. Giessen/Heinz-Helmut Lüger/Günther Volz (Hg.) (2007), 117–141.

Martínez Hernández, Marcos u. a. (Hg.) (2000): Cien años de investigación semántica. De Michel Bréal a la actualidad, 2 Bde. Madrid.

Nerlich, Brigitte (1992): Semantic theories in Europe, 1830–1930. Amsterdam.

Nerlich, Brigitte (2007): Zu einer „menschlichen" Semantik bei Bréal. In: Hans W. Giessen/Heinz-Helmut Lüger/Günther Volz (Hg.) (2007), 143–169.

Pérez Vigaray, Juan Manuel/Batista Rodríguez, José Juan (2000): Modernidad de Bréal. Su tratamiento de la formación de palabras y su aplicación al concepto de campo sémantico. In: Martínez Hernández (Hg.) (2000), Bd.1, 789–800.

Pilz, Klaus-Dieter (1981): Phraseologie. Redensartenforschung. Stuttgart.

Schmehl, Annette (2006): Bedeutungswandel. Michel Bréal und Dietrich Busse. Düsseldorf/ Nantes.

Thun, Harald (1978): Probleme der Phraseologie. Untersuchungen zur wiederholten Rede mit Beispielen aus dem Französischen, Italienischen, Spanischen und Rumänischen. Tübingen.

Volz, Günther (2007): Michel Bréal – ein Weltbürger aus Landau. In: Hans W. Giessen/Heinz-Helmut Lüger/Günther Volz (Hg.) (2007), 15–41.

„DIE FREUDE DES FINDENS UND DIE MÜHEN DES SUCHENS"

Beiträge von Hugo Suolahti und Emil Öhmann zur historischen deutschen Phraseologie

Kari Keinästö (Turku)

1. EINLEITENDES

Zur Geschichte der germanistischen Phraseologieforschung hat der Jubilar bereits öfters Stellung genommen (z. B. Korhonen 1995b, 135–169; Korhonen 1998; Korhonen 2004, 361–364; Korhonen 2005, 109–114; Korhonen 2007). Ergänzend dazu folgen nun einige Bemerkungen, in welcher Art und Weise sich die zwei Altmeister der germanischen Philologie in Finnland – Hugo Suolahti (bis 1906 Palander; 1874–1944) und Emil Öhmann (1894–1984) – konzeptionellen und methodischen Fragen der historischen deutschen Phraseologie und Idiomatik angenähert haben. Beide Professoren waren langjährige frühe Inhaber des germanistischen Lehrstuhls von unserem Jubilar: Suolahti von 1911 bis 1941 und Öhmann von 1944 bis 1963 (vgl. Keinästö 2010 und Korhonen 1995a, 10ff.).

Die folgenden Streifzüge durch ausgewählte Publikationen der zwei finnischen Germanisten gehen zwei forschungsgeschichtlichen Routen nach. Das phraseologisch-idiomatisch mehr oder weniger explizit hervortretende, primär sprachhistorische Lexikmaterial lässt sich einerseits auf seine metasprachlich einschlägige Begrifflichkeit, Terminologie und deren Explikationen, andererseits auf seine objektsprachlichen Exemplifikationen hin erkunden. Aufgrund ihrer textual-argumentativen Verflochtenheit werden die beiden Perspektiven hier nicht systematisch isoliert und getrennt kommentiert, sondern direkt an dem jeweiligen Publikationstext teils referierend, teils zitierend verfolgt. Angeregt durch markante Belegverweise werden gelegentlich auch zusätzliche einschlägige Textbeispiele aus vor allem mittelhochdeutschen Primärquellen herangezogen, um wenigstens ansatzweise weitere phraseologische Verwendungskontexte zu veranschaulichen.

2. ZU DEN FORSCHUNGSPROFILEN VON SUOLAHTI UND ÖHMANN

An dem Forschungsœuvre von Hugo Suolahti interessieren uns hier vor allem seine zukunftsträchtigen und schulbildenden historischen Wortforschungen über den französischen Einfluss auf die deutsche Sprache im 12. (1902/1963) und 13.

Jahrhundert (1910; 1929/1933). Suolahti (1910, IV) umreißt seine Forschungsposition im Einklang mit zeitgenössischen Tendenzen wie folgt:

„Das letzte Jahrzehnt hat einen besonderen Aufschwung der deutschen Wortforschung mit sich gebracht und damit auch eine immer deutlichere Einsicht davon, dass die Worte nicht allein als Material grammatikalischer Untersuchungen Wert haben, sondern um ihrer selbst willen geschichtlich zu verfolgen sind. So stellt sich auch die Untersuchung der französischen Entlehnungen im Mittelhochdeutschen dem modernen Wortforscher vor allem als eine wortgeschichtliche Aufgabe mit chronologischen und geographischen Problemen dar […] Die heutige Wortgeschichte ist ganz besonders eng mit der Kulturgeschichte verknüpft und auch in dieser Hinsicht dürfte eine eingehende wortgeschichtliche Untersuchung des französischen Einflusses noch manches Interessante zu Tage fördern."

Für die folgende phraseologische Rückschau wird nur Suolahti (1929/1933) genauer unter die Lupe genommen.

Auch für Öhmann stellte das damals zentrale germanistische Forschungsparadigma die romanisch-deutschen Lehnbeziehungen bis zum Ausgang des Mittelalters in den Vordergrund, insbesondere (s. Öhmann 1918) wurden die dialektale Herkunft der Lehnwörter im Französischen, die mittelniederländische Vermittlung, der literarische oder nichtliterarische Charakter sowie die geographische Verbreitung der französischen Wörter im Deutschen genauer besprochen. Seine Forschungsaufgabe drückt Öhmann (1918, 20) wie folgt aus:

„Während meiner ganzen arbeit habe ich versucht, das prinzip zu befolgen, dass ich in fällen, wo eine tatsache sich auf mehrere weisen erklären liess, ohne dass plausible gründe eine gewisse hypothese wahrscheinlich machten, mich nicht auf sterile erwägungen und unsichere hypothesen einliess, sondern die tatsachen ihre sprache sprechen liess."

Später hat Öhmann auch andere romanische Sprachen in seine Wortforschungen einbezogen, wobei weitere vertiefende historische Entlehnungsperspektiven – nicht zuletzt in Anlehnung an Werner Betz – Berücksichtigung finden. Das Maurer'sche Handbuch „Deutsche Wortgeschichte" fasst durch Öhmanns Beitrag (1959/1974) diesbezügliche Gesamtergebnisse zusammen. Vgl. Keinästö (2010, 310f.).

Die deutsch-finnischen Lehnbeziehungen waren auch bei Öhmann Gegenstand erfolgreicher Recherchen. Beachtenswert ist insbesondere Öhmanns Aufsatzreihe „Kleine Beiträge zum deutschen Wörterbuch" in der Helsinkier Fachzeitschrift „Neuphilologische Mitteilungen" (von 1930 bis 1976; vgl. Korhonen 1995a, 15f., 31–38; Keinästö 2010, 311). Zu den älteren germanisch-finnischen Lehnbeziehungen s. Öhmann (1924/1925).

Folgende Publikationen von Emil Öhmann wurden für die vorliegende Durchsicht in puncto Phraseologie und Idiomatik genauer berücksichtigt: Öhmann (1925; 1947/1960/1964; 1951; 1953; 1959/1974; 1960; 1966; 1969).

Gute Vergleichsmöglichkeiten zu Suolahtis und Öhmanns phraseologischen Konzeptionen und deren empirischer Aufarbeitung bieten mehrere Forschungsbeiträge von Schülern und Schülerinnen von Suolahti und Öhmann. Aus Raumgründen kann auf eine genauere Kommentierung dieser Arbeiten hier leider nicht eingegangen werden. Vgl. z. B. Katara (1942; 1966), Rosenqvist (1932; 1943), Tilvis (1957), Wis (1955) und Erämetsä (1955).

3. PHRASEOLOGISCHE RECHERCHEN UND ERKENNTNISSE BEI SUOLAHTI

Über Bezeichnungstraditionen für verschiedenartige phraseologische und idiomatische Phänomene, Kategorien und Funktionen liegen gute forschungsgeschichtliche Erkenntnisse vor, dies vor allem im Bereich der herkömmlichen lexikographischen Erfassung des phraseologisch geprägten Wortschatzes. Siehe dazu allgemein u. a. Pilz (1978), Fleischer (1997, 2ff.), Stantcheva (2002; 2003), Burger u. a. (2007), Kühn (2007) und Burger (2010, 58).

Bei Suolahti (1929/1933) zeichnet sich für seine phraseologischen Forschungsansätze und Erkenntnisse das folgende Bild ab. Der phraseologische Begriff und Terminus „Redensart" erscheint erwartungsgemäß bei Suolahti am häufigsten. So verhält es sich etwa bei der Auflistung französischer Einzellexeme als interner Teile von Phraseologismen in mittelhochdeutschen Texten. Suolahti stellt sein Textmaterial nach den herkömmlichen mittelhochdeutschen Literaturgattungen vor und fängt mit der höfischen Epik an. Sein erstes phraseospezifisches Beispiel (Suolahti 1929, 10) stammt aus dem Lanzelet Ulrichs von Zatzikhoven: „*bar* (in der Redensart *a la bar loufen*) ‚Schranke'" (V. 282; vgl. Kragl 2006, 1, 16 mit Anm.). Meistens sind hier ganze, in mittelhochdeutschen Texten eingebettete französische Originalsyntagmen gemeint, für die mehrere metasprachliche Bezeichnungen herangezogen werden: „kürzere französische Floskeln" (Suolahti 1929, 14f.) etwa im Parzival Wolframs von Eschenbach, vgl. z. B. V. 351, 7–8:

swer byen sey venûz dâ sprach,
gramerzîs er wider jach.
„Wenn einer sagte: ‚Bien venu',
gab er zur Antwort: ‚Grand merci'." (Nellmann/Kühn 1994, 1, 582f.)
„Wenn ihm jemand ein Willkommen zurief,
so gab er einen Dankesgruß zurück." (Lachmann/Spiewok 1981, 597)

Weitere Beispiele bei Suolahti (1929, 14) für Parzival sind u. a. *bêâs sir* ‚lieber Herr' (vgl. V. 76, 11); *sarjande ad piet* ‚Fußknechte' (vgl. V. 386, 12). Abgesehen von dem letzten Beispiel dienen sie hier der „Ausschmückung der Rede". Wolfram und Gottfried haben eine „starke Vorliebe für das französische Element in der Sprache", allerdings sei nach Suolahti (1929, 14) die „Anwendung dieses fremden Apparates [...] sehr verschieden": Wolframs Sprachusus charakterisiert Suolahti (1929, 14) als „inhaltlicher" und „konkreter", den von Gottfried dagegen als „formell" und „äußerlich". Bei Gottfried trete demzufolge „das französische Sprachelement als ein stilistisches Element" mehr hervor. Suolahti (1929, 14f.) zählt zu solchen „Redensarten" etwa in Gottfrieds Tristan „bei Eigennamen übliche Epitheta" (z. B. *Urgân li vilûs*, vgl. V. 15922; Krohn 1980: „der zottige Urgan"), „durch franz. Worte umschriebene Begriffe" (z. B. *lêal amûr*, vgl. V. 1362; Krohn 1980: „die aufrichtige Liebe"), „kürzere Phrasen" (z. B. *dêu sal*, vgl. V. 2681; Krohn 1980: „Gott sei mit dir"), „ganze französische Sätze, welche den redenden Personen in den Mund gelegt werden und manchmal auch durch den Reim verbunden sind", vgl. V. 19409f.:

Isôt ma drûe, Isôt m'amîe,
en vûs ma mort, en vûs ma vîe
„Isolde, meine Geliebte, meine Freundin,
in Euch mein Tod, in Euch mein Leben" (Krohn 1980)

Nach Wolfram und Gottfried stellt Suolahti (1929, 18–29) im Bereich der höfischen Epik einige weitere sporadische phraseologische Einzelbeispiele für Heinrich von dem Türlin, Ulrich von Türheim, Ulrich von dem Türlin (z. B. „die Redensart *bên sê venûz* [...] zuweilen in Verbindung mit den Anredeworten *dûze frêre, dûze dam*; im Ausruf auch *dûze pere, dûze bêâ filje*") sowie für den sog. Jüngeren Titurel vor. Auch die Stadtchronik durch den Kölner Gottfried Hagen wird kurz erwähnt. Ein „Stempel der höfischen Epitheta" wird weiterhin auch in der zeitgenössischen „lyrischen Poesie" ersichtlich.

Erst nach dieser auf Einzellexeme konzentrierten „Durchmusterung" der wichtigsten Literaturgattungen und ihrer Textvertreter evaluiert Suolahti (1929, 34) den allgemeineren Stellenwert der sprachlichen Einwirkung des Französischen auf das Deutsche im Mittelalter mit der folgenden, nach wie vor geltenden Überlegung:

„Schwieriger ist es, den Spuren nachzugehen, welche das Französische in der deutschen Phraseologie und auf dem Gebiete der Syntax hinterlassen hat. Bevor [sich] etwas Zusammenfassendes hierüber sagen lässt, müssen Detailuntersuchungen vorliegen, in denen die altfranzösische Literatur herangezogen und genau verglichen ist."

Als Beispiel nennt Suolahti allerdings hier (1929, 34f.) nur die „häufige Anwendung von *mîn her* und *mîn frou* als Titel vor Namen, dem frz. *monseigneur* und *madame* entsprechend". Referenzsemantisch listet Suolahti hier „Namen der Ritter und Edeldamen", „die griechischen Götternamen" und „die Namen der biblischen Personen" auf; auch *mîn frou Katze* (bei Herrand von Wildonie) sowie *mîn frou welt* (in der Legende von Johannes dem Täufer) nennt Suolahti als Beispiele für derartige Epitheta.

Suolahti (1929, 35ff.) bespricht im Weiteren die gewichtige kulturelle und sprachliche Vermittlerrolle des Niederländischen und des Niederrheinisch-Niederdeutschen für die mittelhochdeutsche Sprache. Phraseologische Lexikphänomena werden aber dabei nicht mehr direkt vorgestellt. Im Zusammenhang der *vlæmischen hövescheit* weist Suolahti (1929, 35) nur generell auf ihre phraseologische Wirkung hin, „dass man anfing, neben den französischen Modeworten niederländische Floskeln und niederdeutsche Wortformen in die Rede zu mischen". Der Sprachgebrauch „der breiten Schichten des Volkes" bringt uns bei Suolahti (1929, 39) noch zu Predigtbeispielen Bertholds von Regensburg. Die Doppelformel „ein *kumpanie* und ein *gesinde*" etwa ist phraseologisch interpretierbar: Aufgrund der Verbindung habe man „den Eindruck, dass er [= Berthold] aus Rücksicht auf einen Teil seiner Zuhörer das deutsche Synonymon hinzufügt". Auch Epitheta vom Typ *mîn frouwe sant Maria* sind nach Suolahti (1929, 39) bei Berthold zu beachten.

Auf die sporadischen phraseospezifischen Kennzeichnungen in dem eigentlichen „Gesamtverzeichnis der französischen Worte, welche in den mittelhochdeutschen Denkmälern des 13. Jahrhunderts belegt sind" kann hier nicht genauer eingegangen werden. Dem Glossar (Suolahti 1929, 43–310) ist allerdings auf Anhieb zu entnehmen, dass hier fast ausschließlich die Bezeichnungen „Redensart" und „Floskel" sowie gelegentlich auch „Ausdruck" erscheinen, s. z. B. die Wortartikel s. v. *a, ad, amûr, bar, bêâ(s), ben, de,* oder *dulz(e)*. Dieser lexikographische Beschreibungsstand bestätigt den Eindruck, der auch durch die oben kommentierte „Allgemeine Übersicht" (Suolahti 1929, 5–42) vor dem Wortglossar zu gewinnen war.

4. PHRASEOLOGISCHE RECHERCHEN UND ERKENNTNISSE BEI ÖHMANN

Öhmann erörtert phraseologische Phänomene in mehreren seiner Publikationen. Die wichtigsten Kommentare kommen in Öhmann (1951), Öhmann (1953) sowie zusammenfassend in Öhmann (1959/1974) zur Sprache.

Im Folgenden zuerst einige Kostproben aus Öhmann (1951). Die „mittelhochdeutsche Lehnprägung nach altfranzösischem Vorbild" lässt „sowohl sprach- als auch kulturgeschichtlich wichtige" (Öhmann 1951, 3) Fragen hervortreten, die auch phraseologische und idiomatische Aspekte beinhalten. Öhmann bespricht gelegentlich (1951, 21, 27) strukturelle Eigenschaften bei Phraseologismen, v. a. auf zwei Sprachen aufbauende „hybride" Strukturen der „Lehnwendungen", dies sowohl bei mittelniederländischen als auch mittelhochdeutschen „Ausdrücken", die in „Nachahmung französischer Ausdrücke entstanden sind".

Was die altfranzösisch-mittelniederländischen Lehnkontakte betrifft, unterscheidet Öhmann (1951, 27) einerseits „Wendungen, die mit dem gewöhnlichen mittelniederländischen Sprachgebrauch im Einklang stehen, d. h. die vom Standpunkt des Mittelniederländischen nichts Auffälliges haben", und andererseits „idiomatische, speziell altfranzösische Redensarten. Die Hauptsache von unserem Standpunkt aus ist, dass sie durch französischen Einfluss im Mittelniederländischen Eingang fanden". Zu Öhmanns (1951, 27f.) Wörterbuchbeispielen gehören hier etwa *de siegie lichten* ‚die Belagerung aufheben' vs. *lever le siege* und *ter goeder ure(n)* vs. *a la bone heure*. Öhmann (1951, 35) problematisiert weiterhin die schwierige Transferenzeinstufung, d. h. ob so eine „wortgetreue Übersetzung" „eher als ein Fremdkörper bzw. sogar als eine Entgleisung empfunden wurde, oder ob diese Wendung jedenfalls beschränkte Geltung, etwa in der höfischen Sprache hatte".

Die mittelhochdeutsche Lehnprägung bespricht Öhmann (1951, 38) in drei Unterkapiteln: 1. „Lehnübersetzung", 2. „Lehnsyntax, Lehnwendung und Stilistisches" sowie 3. „Lehnbedeutung". Probleme klassifikatorischer Zuweisungen und Überschneidungen zwischen den drei Teilbereichen sind ihm dabei ohne Weiteres bewusst.

Aus dem ersten Unterkapitel „Lehnübersetzung" (Öhmann 1951, 39–62) seien hier nur einige textbezogene Beispiele unterschiedlicher phraseologischer Natur angeführt. Das afrz. *faire chevalerie* ‚ritterliche Taten ausrichten' schlägt sich im mhd. *ritterschaft tuon* nieder, vgl. z. B. Parzival V. 344, 1–2:

> *Er ist Poydiconjunzes suon*
> *und will ouch rîterschaft tuon*
> „Er ist der Sohn des Poydiconjunz,
> und er will hier auch Rittertaten tun" (Lachmann/Knecht 1998)
> „Er ist der Sohn Boidiconience,
> auch er sucht hier den Ritterkampf" (Nellmann/Kühn 1994)

Auch *genâde* als „Interjektion mit vorgesetztem Possessivpronomen" hat als „Dankesformel" ein altfranzösisches „Vorbild". Dieser „charakteristischen Wendung der mhd. höfischen Literatur" begegnet man etwa in Parzival (V. 362, 6) oder in Lanzelet (V. 3920):

> ‚*uwer gnâde*', *sprach der degen*
> „Der Degen sprach: ‚Ich danke euch'" (Kragl 2006)

Für das Verb *danken* entstehen dann alternativ auch Kollokationen wie *genâde sagen*, so z. B. in Erec V. 5629f., vgl. Friedrich (2006, 162):

> *Êrecke sageten si dô genâde sô manecvalt*
> „Bei Erec bedankten sie sich immer wieder" (Mertens 2008)

Hier wie auch sonst wo kommt Öhmann darauf zu sprechen, wie man eine „Wortgruppe" wie das fachsprachlich-terminologische *kriechisch fiur* (vgl. afrz. *feu gregeois* – ‚Griechisches Feuer') phraseologisch einzuschätzen hat. Er schlussfolgert: Sie „ist nur formell eine Lehnwendung, inhaltlich ist sie einer Zusammensetzung gleichzustellen". Ähnliche Probleme verursacht auch der „Ausdruck" afrz. *jeu d'amour*, mndl. *minnen spel* und mhd. *minnespel*. Die „Zusammensetzung" sei als eine „Lehnübersetzung", die „Wortgruppe" als eine „Lehnwendung" zu „beurteilen". Vgl. hier außerdem die Rolle des lat. *ludus amoris*.

Das für unser Thema ergiebige zweite Unterkapitel „Lehnsyntax, Lehnwendung und Stilistisches" (Öhmann 1951, 63–94) enthält recht viele lehnphraseologische Überlegungen strukturanalytischer Art (s. v. a. Öhmann 1951, 63). Den Bereichen Syntax und Wendung sei nach Öhmann gemeinsam, dass sie „Ausdrücke umfassen, die aus zwei- oder mehrgliedrigen Wortgruppen bestehen". „Fälle von Lehnsyntax" seien nach Öhmann „der aufnehmenden Sprache fremd oder doch weniger geläufig", während bei „Lehnwendungen" „das Novum nur in der Zusammenfügung gewisser Wörter zu einer Wortgruppe nach fremdem Muster besteh[t]". Nach wie vor bleibe die „Grenze zwischen Lehnwendung und Lehnübersetzung oft fließend", als Kriterien gelten formelle und inhaltliche Aspekte, vgl. oben. Das stilistische Element sieht Öhmann als etwas Übergreifendes auf der Skala von Lehnwendungen, Wortgruppen und Einzelwörtern.

Recht ausführlich bespricht Öhmann (1951, 67f.) aufgrund kontaktsprachlicher Vergleiche zwischen Französisch, Niederländisch und Deutsch die mittelhochdeutsche Eigenart der zweigliedrigen, aus der Antwortpartikel und dem Personalpronomen bestehenden, verblosen Erwiderungsformeln, z. B. *ja ich – nein ich*. Es sei hier hinzugefügt, dass ich diese Konstruktion und ihren text- und übersetzungsgeschichtlichen Status in dem mittelhochdeutschen Prosa-Lancelot genauer inventarisiert und evaluiert habe. Ein Beispiel aus dem Prosa-Lancelot wäre etwa (zit. nach Keinästö 1998, 215):

> *‚Sint ir gelert?' sprach myn herre Gawan. ‚Ja ich, herre, ob got wil.'*
> „‚Habt Ihr studiert?' fragte Gawan. ‚Ja, Herr, mit Gottes Hilfe.'"

Wichtige Beobachtungen Öhmanns gelten der Rolle der Lehnwendungen für den Bedeutungsstatus und die Bedeutungsentwicklung ihrer phraseointernen Lexikkomponenten. Vier Aspekte sind hier aufgrund von Öhmanns Darlegungen (1951, 72ff.) zu berücksichtigen.

1. „Am leichtesten zu erkennen sind diejenigen Lehnwendungen, die einen fremden Bestandteil noch als Fremdwort beibehalten": *fianze geben/tuon* (< afrz. *doner/faire fiance*), *süeze amîe* (< *douce amie* ‚liebe / teure Freundin'), *sunder vael(e)*, *âne vaele* (< afrz. *senz faille*). Ein Textbeispiel finden wir etwa in Wolframs Willehalm, V. 105, 1:

> *Er gap des fianze,*
> *daz diu jamers lanze*
> *sin herze immer twunge* […]
> „Er gab sein Ehrenwort,
> daß der Pfeil des Schmerzes
> so lange in seinem Herzen brennen solle […]" (Schröder/Kartschoke 1989)

2. In der „vollständig eingedeutschten" Lehnprägung, Beispiel wäre *ritterschaft tuon*, finden wir in *ritterschaft* eine direkte Lehnübersetzung des frz. *chevalerie*. Auch Kollokationen wie *sicherheit nehmen* (< afrz. *prendre fiance*) und *ein spil teilen* (vgl. afrz. *partir un jeu*) rechnet Öhmann (1951, 74f.) zu diesem Variantentyp.

3. Es sind gerade die Lehnwendungen selbst, z. B. *sicherheit geben*, die „die erste Etappe der Bedeutungsbeeinflussung eines Wortes durch ein fremdes Wort darstellen", vgl. *sicherheit* < frz. *fiance*.

4. Es kann weiterhin um „Fügungen" gehen, die „nichts Auffallendes, von dem gewöhnlichen Habitus der entlehnenden Sprache grammatisch oder stilistisch Abweichendes an sich haben". Das „fremde Vorbild" habe „in der Hauptsache nur die Zusammenfügung der Glieder zu einer Wortgruppe veranlasst". So wie Suolahti (vgl. oben) bespricht auch Öhmann (1951, 75ff.) hier die „durch die entsprechende altfranzösische Fügung hervorgerufene" „Höflichkeitsformel *mîn her, mîn vrou* vor Eigennamen und Titeln". In diesem Zusammenhang sei auf eine sowohl textphilologisch als auch linguistisch bedeutsame Studie über die Rolle dieser phraseologischen Titelverwendung im Altfranzösischen und im Mittelhochdeutschen von Wis (1994) verwiesen. Ihr phraseoanalytisches Fazit – nicht zuletzt in Auseinandersetzung mit Suolahti und Öhmann – lautet:

> „Die Bezeichnung ‚Anredeform' ist hier mit Vorbehalt zu nehmen. Natürlich finden wir *mîn her/mîn vrou* auch in der Anrede, dabei muß jedoch immer je nach dem Kontext mit zwei Möglichkeiten gerechnet werden: Es kann sich nämlich um eine freie oder auch um eine feste Wortverbindung, einen Titel, handeln. Im ersteren Fall ist die ursprüngliche Bedeutung der beiden Bestandteile der Fügung noch deutlich wahrnehmbar, im letzteren hingegen hat das

Possessivpronomen seinen Eigenwert völlig eingebüßt. [...] Nur in den erzählenden Textpartien findet man eindeutige Belege für die festen Wortverbindungen, die bestimmten Mitgliedern der ständischen Hierarchie als Titel vorbehalten waren." (Wis 1994, 161f.)

Hier sei auch auf den mittelhochdeutschen Prosa-Lancelot verwiesen, wiewohl dort diese häufige Titelformel für deren neuhochdeutsche Übersetzung Schwierigkeiten bereitet, s. Steinhoff (1995, 2, 865 zu ebd., 1, 346, 34). Des Weiteren diskutiert Öhmann (1951, 77ff.) die „Umschreibung" vom Typ *mîn lîp* statt des entsprechenden Personalpronomens *ich* souverän aufgrund seiner altfranzösisch-mittelniederländisch-mittelhochdeutschen Sprachvergleichung. Dieser Gebrauch in der mittelhochdeutschen und mittelniederländischen höfischen Literatur wurde nach Öhmann trotz älterer einheimischer Ansätze (vgl. Jacob Grimms Auffassung „es mag aber eine viel ältere, echtdeutsche redensart sein") „zumindest durch französisches Vorbild stark gefördert". Ähnlich verhalten sich kollokative „Wendungen" vom Typ mhd. *danc wizzen* (< afrz. *savoir gre*) (Öhmann 1951, 80f.). Ein substantivisch-onymischer Phraseologismus altfranzösischer/mittellateinischer Herkunft (*von*) *über mer* bzw. (*von*) *übermer, daz lant über mer* (< afrz. *d'outre mer*) kommt auch zur Sprache (Öhmann 1951, 80).

Einige „prinzipielle Gesichtspunkte" zieht Öhmann (1951, 81ff.) anhand der „Klischées" und „Formeln" heran, die er auch durch Aspekte der „Bilder und Vergleiche" analytisch weiter vertieft. Zu den teilweise wegen einer „Konkurrenz" der romanischen mit den lateinischen Entsprechungen lehnsprachlich nicht leicht zu beurteilenden „Wendungen" zählt Öhmann v. a. in mittelhochdeutschen Minnetexten anzutreffende Ausdrücke wie *des herzen ougen, fröuden rîch* (vgl. z. B. Der Burggraf von Rietenburg; Kasten/Kuhn 1995, 64), *an fröuden blôz* (vgl. z. B. Heinrich von Morungen; Kasten/Kuhn 1995, 274) und *rehte minne* (vgl. afrz. *leal amor*, und dies auch als „französische Floskel in deutschem Kontext", s. Tristan V. 1360; Krohn 1980: *dâ beide, dâ lêal amûr – wo beide waren, war aufrichtige Liebe*, vgl. auch oben).

Anschließend kommt Öhmann (1951, 84ff.) zu Fragen der zwischensprachlichen „stilistischen Beeinflußung". Sprachphilologisch feinfühlig unterscheidet Öhmann hier einerseits allgemeinere „abstrakte Prinzipien", die vom Altfranzösischen her auch im Mittelhochdeutschen „Eingang finden", andererseits stilistisch abgestimmte „konkrete Ausdrücke" des Altfranzösischen, die im Mittelhochdeutschen „nachgeahmt und zu demselben stilistischen Zweck verwendet werden". Einerseits geht es etwa um die Verwendung der „zweigliedrigen Formel" (Öhmann 1951, 84f.) v. a. bei Gottfried von Straßburg, der dies „mit künstlerischer Virtuosität zu einem wesentlichen Ausdruck seiner Formensprache" gemacht hat, andererseits um Einzelkonstruktionen wie die mit den „Epitheta" *rîch* oder *wunderlîch* bzw. *merveillos* (Öhmann 1951, 92f.).

Altfranzösisch-mittelhochdeutsche Bedeutungsentlehnungen sieht Öhmann (1951, 95–115) in einer „besonderen Stilart bzw. Gebrauchssphäre" einwirken; so eine „neue Bedeutungsnüance" komme nach Öhmann (1951, 95) in „bestimmten Verbindungen bzw. in einem bestimmten Kontext" zum Vorschein. Beispiele im Mittelhochdeutschen seien etwa „verschiedene Verbindungen" mit dem Adjektiv *süeze* bzw. „fremde Floskeln" mit afrz. *dûz(e)*. Auch hier argumentiert Öhmann

(1951, 96f.) mit Frequenzdifferenzen in verschiedenen Literaturgattungen und bei ihren Hauptvertetern. Ähnliche Lexikerscheinungen im Mittelniederländischen untermauern derartige Bedeutungsentlehnungen einschließlich „parodistischer Nachahmung niederländischen Sprachgebrauchs" im Mittelhochdeutschen etwa in „Helmbrecht", vgl. Helmbrechts Anrede, V. 717:

> *Er sprach: ‚vil liebe soete kindekîn*
> *got lât iuch immer saelic sîn.'*
> „Er sagte: ‚Vil liebe soete kindekîn,
> Gott gebe euch Glück und Segen.'" (Brackert u. a. 1972)
> „Er antwortete: ‚Leiwe seute Kinderkens,
> Gott late ju ümmer glücklich sin!'" (Tschirch 1974)

Aber auch althochdeutsche Eigenentwicklungen eventuell mit lateinischem Hintergrund (vgl. mittellat. *dulcis*) erschweren hier die „Beurteilung des französischen Einflusses", so dass Öhmann (1951, 98) zu dem Schluss kommt: „Oft stehen wir einem geradezu unentwirrbaren Zusammenwirken der verschiedenen Faktoren gegenüber". Das Gebrauchsprofil etwa des Wortes *süeze* wird nicht zuletzt durch seine Rolle als Komponente in „Lehnwendungen" mit deren „romanischem Vorbild" verstärkt. Weitere kollokativ-lexikalische Feinheiten mit phraseologischer Prägung bespricht Öhmann (1951, 101f.) anhand solcher Wörter wie des Verbs *bejagen* (z. B. *âventiure*, *êre*, *lop* oder *prîs bejagen*) und insbesondere des Adjektivs *edel* (*edele sêle*, *daz edele herze*) in seiner für das Atfranzösische und Mittelhochdeutsche gemeinsamen Bedeutung „in höfischem Sinne von edler Gesinnung", vgl. Gottfrieds Prolog in Tristan, V. 47, und Krohn (1980, 3, 16ff.). Zu mittelhochdeutschen *Herz*-Phraseologismen vgl. auch Keinästö (2004).

Als Fazit beurteilt Öhmann (1951, 120f.) die mittelhochdeutsche Entlehnungsdynamik so, dass „das Altfranzösische im Wesentlichen nur die Wortbildung, Phraseologie, Stilistik und die Wortbedeutung im Mittelhochdeutschen beeinflusst hat. Ein tieferer syntaktischer Einfluss ist nicht festzustellen, höchstens die Mitwirkung an bereits im Fluss befindlicher Entwicklung". Allem Anschein nach „[sind] einige neue Typen von Wendungen, die sich gelegentlich wohl auch mit der Syntax berühren, in Gebrauch gekommen". Aber letztendlich gilt für Öhmann (1951, 121) die Einsicht: „In den innersten Kern der Sprache ist der französische Einfluss somit nicht gedrungen, und noch viel weniger hat er den Bau des Mittelhochdeutschen irgendwie revolutioniert".

Öhmann (1953) stellt eine wortgeschichtliche „Nachlese" für weitere französisch-niederländische Lehnbeziehungen im Bereich der Lexik vor. Die phraseologische Begrifflichkeit und Terminologie ist schon aus früheren Studien Öhmanns bekannt, etwa die Termini „(zweiteiliger) Ausdruck", „Konstruktion", „Wendung" und „Formel". Exemplifiziert wird Phraseologisches hier etwa durch mndl. *bi (der) herten* (< afrz. *par coeur*, vgl. engl. *by heart*), mndl. *wel te harnassche* (< afrz. [*estre*] *bien a harneis*) und die „verstärkte Negation" *te poente nit*.

In Öhmann (1959/1974) fasst Emil Öhmann seine mediävistischen romanisch-deutschen Wortstudien souverän zusammen. Vieles von dem schon oben für den phraseologischen Bereich Dargestellten kommt erneut komprimiert zur Sprache (Öhmann 1974, 332f.), aber auch einige Modifikationen und Ergänzungen.

Erweitert wird der Überblick der romanisch-deutschen Lehnbeziehungen durch die italienischen Einflussaspekte (Öhmann 1974, 361ff.); angeregt hier sicher auch v. a. durch die Studien von Wis (1955). Zu den „Ausdrücken" mit einem lateinisch-italienischen Hintergrund (Öhmann 1974, 372f.) gehört etwa *büecher halten* (< ital. *tenere i libri*); Wortgruppen bzw. Wortbildungen sind hier durch „Lehnübersetzungen" wie *vestes land* (< ital. *terra ferma*; vgl. dt. *Festland*) und *hohes meer* (< ital. *alto mare*; vgl. dt. *die hohe See*) vertreten.

In den mehr als zwanzig „Kleinen Beiträgen zum deutschen Wörterbuch" Öhmanns aus den Jahren 1930 bis 1976 kommen gelegentlich auch Phraseologismen zur Sprache: etwa die auf „lateinisches Vorbild zurückzuführende Lehnprägung der Kirchensprache bzw. der Sprache der Administration" *ein Amt bekleiden* (1960, 145f.), das mittelhochdeutsche „Wortpaar" *cass und vân* als eine „urkundensprachliche Formel" „zur Bezeichnung der Ungültigkeit" (1969, 1ff.), die „internationalen Wendungen" der „Sprache des Handels", u. a. *ein Risiko laufen, ein Risiko decken, eine Gefahr laufen, in Gefahr laufen* mit lateinischen, italienischen, französischen und englischen Wortäquivalenzen (1966, 2ff.). Die neuhochdeutsche Wendung *in* (bzw. *im*) *Schach halten* und die mittelhochdeutschen Wendungen *schach sagen* bzw. *schach sprechen* und *schach und mat sagen* bzw. *schach und mat sprechen* „enthalten nicht nur das französische Fremdwort *schach*, sondern sie sind den entsprechenden altfranzösischen genau nachgebildet: afrz. *dire eschec* sowie *dire eschec et mat*." Dazu kommt noch, dass hier „mit der Möglichkeit mittelniederländischer Vermittlung zu rechnen [ist]" (siehe Öhmann 1966, 10; vgl. Friedrich 2006 s. v. *schach*). „Höflichkeitsfloskeln haben seit jeher die Neigung gehabt, sich schnell über die Sprachgrenzen zu verbreiten", formuliert Öhmann (1966, 11f.). Als vermittelnde Domänen solcher „Lehnprägungen" nennt Öhmann (1966, 11f.) „persönliche Kontakte, die Korrespondenz bes. der staatlichen Gewalten, der Diplomatie, des Handels und die schöne Literatur". Vgl. etwa nhd. *von dem Wunsch beseelt* (< frz. *animé du désir*), nhd. *die Güte haben, etwas zu tun* (< frz. *avoir la bonté de faire quelque chose*). Zum Abschluss wirft Öhmann (1966, 12f.) „aus der Vogelperspektive einen Blick auf die Chronologie der deutschen Lehnprägung" und kann „einige Fluktuationen in ihrer durch die ganze deutsche Sprachentwicklung sich hinziehenden Geschichte beobachten". Diese „grobe Schematisierung" zieht außer dem Lateinischen, dem Französischen und dem Italienischen jetzt auch den englischen bzw. anglo-amerikanischen Einfluss heran, der „in der neuesten Zeit sogar eine deutlich zunehmende Tendenz [zeigt]." Auch die wichtigsten „Lebensgebiete" werden hier (Öhmann 1966, 13f.) „summarisch angedeutet". Nach einem Hinweis auf „weitgehend parallele" Entwicklungen bei Lehn- und Fremdwörtern, die durch „kulturelle Einflüsse bedingt" sind, hebt Öhmann „das geistige Klima der aufnehmenden Sprache" mit ihren „verschiedenen Epochen", die „wechselnde Toleranz dem fremden Wortgut gegenüber" hervor. Öhmann (1966, 13) schätzt die „mannigfachen Ursachen, die über das Weiterleben der entstandenen Lehnprägungen entscheiden", wie folgt ein: „sie beruhen nicht nur auf dem inneren Wert dieser Schöpfungen; ihr Schicksal wird oft durch die unberechenbar launische Einstellung der Sprachgemeinschaft bestimmt."

Hier sei noch auf Öhmann (1925, 238f.) hingewiesen, wo Öhmann die niederdeutsche Herkunft des finnischen Lexems *himphamppu* ‚Quatsch, Blödsinn' kommentiert, und dies auch anhand des „bes. häufig[en]" „Ausdruck[s] *syöttää himphamppua jollekin* ‚jemandem Quatsch vorreden'". Die Substantivkomponente des Idioms sei „eine späte Entlehnung der fi. Seeleute aus dem Ndd." (vgl. auch Keinästö 2010, 311f. und Bentlin 2008, 63f.).

In seiner finnischsprachigen Einführung „Sprache und Kultur" in die „Grundfragen der Sprachwissenschaft" schneidet Öhmann (1947/1960/1964, 179) an einer Stelle auch ein phraseologisches Thema an. Für die stilistisch-syntaktische zwischensprachliche Beeinflussung führt Öhmann als Beispiel die französische Kollokation *tirer une conclusion* an mit deren direkten Lehnübersetzungen im Deutschen *einen Schluss ziehen*, im Schwedischen *draga en slutsats* und im Finnischen *vetää johtopäätös* (sprachpflegerisch besser: *tehdä* [‚machen/tun'] *johtopäätös*). Öhmanns finnische phraseologische Bezeichnung hier heißt *sananparsi* ‚Wortgewand', in Anlehnung an damalige terminologische Konventionen in der Fennistik (vgl. Hyvärinen 2007, 737).

5. ZUM SCHLUSS

Die oben angeführten Textbeobachtungen zu phraseologisch und idiomatisch unterschiedlich zu bewertenden Themen in ausgewählten Schriften der zwei Altmeister der finnischen Germanistik Hugo Suolahti und Emil Öhmann haben primär einen inventatorisch-deskriptiven Charakter, indem sie die meta- und objektsprachlichen Textelemente in dem Untersuchungsmaterial Revue passieren lassen. Zwischen Suolahti und Öhmann lassen sich durchaus einige systematische Unterschiede entdecken: Während bei Suolahti der phraseologische Ertrag relativ gering war, wird er bei Öhmann deutlich reicher; Öhmanns Terminologie und Begrifflichkeit ist vielseitiger und vor allem seine gelegentlich deutlich mehr auf dem Strukturanalytischen basierten Überlegungen zeigen im Vergleich zu Suolahti neuartige Argumentationslinien, die nicht zuletzt durch ein Streben nach einer sprachphilologisch-mediävistischen Ganzheitlichkeit gekennzeichnet sind. Aber erwartungsgemäß bleiben die Kontributionen beider Forscher zeitgenössischen Theorie- und Methodikkonventionen in der deutschen und finnischen Sprachgermanistik verpflichtet. Es ist noch ein langer theoretisch-methodischer Weg zu den heutigen Konzeptionen und Beschreibungsansätzen, wie dies jetzt z. B. in dem neuen „Phraseologischen Wörterbuch des Mittelhochdeutschen" von Jesko Friedrich (2006) ersichtlich wird, vgl. Korhonen (2006), Keinästö (2008) und Friedrich (2007). Das meiste phraseologische Sprachmaterial, das oben für Suolahti und Öhmann angesprochen wurde, siedelt sich ja in dem nicht-idiomatischen Bereich der Phraseologie an, d. h. die eigentlichen Idiome und ihr Sprachusus können hier metasprachlich kaum zum Vorschein kommen. Dies erklärt sich sicher teilweise daraus, dass die oben kommentierten Untersuchungen eben auf die historische einzelwortzentrierte romanisch-niederländisch-deutsche Kontaktsprachlichkeit fokussiert sind, in der die Idiomatizität in ihrer Eigenart als sprachliches Entlehnungsphänomen in mancher Hinsicht theoretisch-methodisch schwieriger zu handhaben ist. Wie kompliziert in seinem Evidenzgrad so ein phraseohistorischer Forschungsansatz sein kann, lässt sich sehr anschaulich an den Prosa-Lancelot-Studien von Tilvis (1957) beobachten, konkret etwa am Beispiel der angeblichen altfranzösisch-mittelniederländisch-mittelhochdeutschen verbidiomatischen Interferenzkette *aller a chambre – ter cameren gaen – zu der kamern gan* ‚zum Abtritt gehen'; vgl. dazu die Detaildiskussion in Tilvis (1957, 62ff.), Steinhoff (1995, 2, 945) und Rothstein (2007, 139f.).

Eines liegt aber auf der Hand: Die wortgeschichtlichen Forschungskontributionen Suolahtis und Öhmanns sowie ihrer Schülerinnen und Schüler bieten sich nach wie vor als wertvolle Materialsammlungen für sprach- und kulturhistorische Nachforschungen und Überarbeitungen an. Für sowohl gegenwärtige als auch zukünftige lexikographische und grammatikographische Forschungsvorhaben der internationalen Germanistik laden diese forschungsgeschichtlichen und sprachhistorischen Schätze zu einer systematischen kritischen Durchsicht und Neubewertung ein. Gerade dank der völlig neuartigen digitalen Recherchemethoden erscheint eine solche Forschungschance als vielversprechend und als arbeitsökonomisch realistisch in die Praxis umsetzbar.

Die folgende, aus reifer philologischer Erfahrung gewonnene methodische Erkenntnis Emil Öhmanns (1951, 4) hat bis heute auch für unseren Themenbereich der historischen deutschen Phraseologie und Idiomatik kaum an wissenschaftsstrategischer Aktualität verloren, man muss sie nur zeitgemäßen Herausforderungen innovativ anzupassen wagen: „Die Freude des Findens auf diesem Felde bleibt gewiss auch weiterhin demjenigen beschieden, der die Mühen des Suchens nicht scheut".

6. LITERATUR

6.1. Primärliteratur

Öhmann, Emil (1918): Studien über die französischen worte im deutschen im 12. und 13. Jahrhundert. Helsinki.

Öhmann, Emil (1924/1925): Zu den finnisch-germanischen Lehnbeziehungen I–II. In: Neuphilologische Mitteilungen 25, 1–3; 26, 237–239.

Öhmann, Emil (1947/1960/1964): Kieli ja kulttuuri. Kielitieteen peruskysymyksiä. Helsinki. 2. Aufl. Helsinki 1960. 3. Aufl. Helsinki 1964.

Öhmann, Emil (1951): Die mittelhochdeutsche Lehnprägung nach altfranzösischem Vorbild. Helsinki.

Öhmann, Emil (1953): Niederländische Lehnprägungen nach französischem Vorbild. In: Neuphilologische Mitteilungen 54, 144–149.

Öhmann, Emil (1960): Kleine Beiträge zum deutschen Wörterbuch VIII. In: Neuphilologische Mitteilungen 61, 145–152.

Öhmann, Emil (1966): Kleine Beiträge zum deutschen Wörterbuch XIV. In: Neuphilologische Mitteilungen 67, 1–14.

Öhmann, Emil (1969): Kleine Beiträge zum deutschen Wörterbuch XVI. In: Neuphilologische Mitteilungen 70, 1–9

Öhmann, Emil (1959/1974): Der romanische Einfluß auf das Deutsche bis zum Ausgang des Mittelalters. In: Friedrich Maurer/Friedrich Stroh (Hg.): Deutsche Wortgeschichte I. 2., neubearb. Aufl. Berlin: 269–327; Friedrich Maurer/Heinz Rupp (Hg.). 3., neubearb. Aufl. Berlin/New York, 323–396.
[Suolahti-]Palander, Hugo (1902/1963): Der französische Einfluss auf die deutsche Sprache im zwölften Jahrhundert. In: Mémoires de la Société Néophilologique de Helsinki 3, 75–204. 2. Aufl. 1963.
Suolahti, Hugo (1910): Der französische Einfluß auf die deutsche Sprache im dreizehnten Jahrhundert. Helsinki.
Suolahti, Hugo (1929/1933): Der französische Einfluß auf die deutsche Sprache im dreizehnten Jahrhundert. I-II. In: Mémoires de la Société Néo-Philologique de Helsingfors 8, 1–310. Mémoires de la Société Néo-Philologique de Helsingfors 10, 1-485.

6.2. Sekundärliteratur (Textausgaben und Forschungsbeiträge)

Bentlin, Mikko (2008): Niederdeutsch-finnische Sprachkontakte. Der lexikalische Einfluß des Niederdeutschen auf die finnische Sprache während des Mittelalters und der frühen Neuzeit. Helsinki.
Brackert, Helmut u. a. (1972): Wernher der Gartenaere. Helmbrecht. Mittelhochdeutscher Text und Übertragung. Frankfurt a. M.
Burger, Harald (2010): Phraseologie. Eine Einführung am Beispiel des Deutschen. 4., neu bearb. Aufl. Berlin.
Burger, Harald u. a. (Hg.) (2007): Phraseologie. Ein internationales Handbuch der zeitgenössischen Forschung. 2 Halbbde. Berlin/New York.
Burger, Harald u. a. (2007): Einführung. In: Harald Burger u. a. (Hg.) (2007), 1–10.
Erämetsä, Erik (1955): Englische Lehnprägungen in der deutschen Empfindsamkeit des 18. Jahrhunderts. Helsinki.
Fleischer, Wolfgang (1997): Phraseologie der deutschen Gegenwartssprache. 2., durchges. und erg. Aufl. Tübingen.
Friedrich, Jesko (2006): Phraseologisches Wörterbuch des Mittelhochdeutschen. Redensarten, Sprichwörter und andere feste Wortverbindungen in Texten von 1050–1350. Tübingen.
Friedrich, Jesko (2007): Historische Phraseologie des Deutschen. In: Harald Burger u. a. (Hg.) (2007), 1092–1106.
Hyvärinen, Irma (2007): Phraseologie des Finnischen. In: Harald Burger u. a. (Hg.) (2007), 737–752.
Kasten, Ingrid/Kuhn, Margherita (1995): Deutsche Lyrik des frühen und hohen Mittelalters. Frankfurt a. M.
Katara, Pekka (1942): Das französische Lehngut in den mittelniederdeutschen Denkmälern des 13. Jahrhunderts. In: Annales Academiae Scientiarum Fennicae B 50. Helsinki, 525–591.
Katara, Pekka (1966): Das französische Lehngut in mittelniederdeutschen Denkmälern von 1300 bis 1600. Helsinki.
Keinästö, Kari (1998): Die Antwortpartikeln *Ja* und *Neyn* im mittelhochdeutschen Prosa-Lancelot. Historische Syntax und Textgeschichte. In: John Ole Askedal (Hg.): Historische germanische und deutsche Syntax. Akten des internationalen Symposiums anläßlich des 100. Geburtstages von Ingerid Dal […]. Frankfurt a. M., 207–229.
Keinästö, Kari (2004): „*... er macht yn allen groß hercze*". Über einige *Herz*-Phraseologismen im deutschen Prosa-Lancelot. In: Irma Hyvärinen/Petri Kallio/Jarmo Korhonen (Hg.): Etymologien, Entlehnungen und Entwicklungen. Festschrift für Jorma Koivulehto zum 70. Geburtstag. Helsinki, 149–161.
Keinästö, Kari (2008): Rezension zu Friedrich (2006). In: Neuphilologische Mitteilungen 109, 115–118.

Keinästö, Kari (2010): *...ûf der wortheide...* Hugo Suolahti und Emil Öhmann – zwei Altmeister der finnischen Germanistik. In: Neuphilologische Mitteilungen 111, 307–320.
Korhonen, Jarmo (1995a): Emil Öhmann und sein Beitrag zur finnischen Germanistik. In: Der Ginkgo-Baum 13, 10–38.
Korhonen, Jarmo (1995b): Studien zur Phraseologie des Deutschen und des Finnischen I. Bochum.
Korhonen, Jarmo (1998): Zur lexikographischen Erfassung von Phrasemen und Sprichwörtern in Josua Maalers Wörterbuch (1561). In: Peter Ernst/Franz Patocka (Hg.): Deutsche Sprache in Raum und Zeit. Festschrift für Peter Wiesinger zum 60. Geburtstag. Wien, 569–584.
Korhonen, Jarmo (2004): Duden 11. Nutzungserfahrungen aus der DaF-Perspektive. In: Steyer, Kathrin (Hg.): Wortverbindungen – mehr oder weniger fest. Berlin/New York, 360–393.
Korhonen, Jarmo (2005): Phraseologismen im GWDS. In: Herbert Ernst Wiegand (Hg.): Untersuchungen zur kommerziellen Lexikographie der deutschen Gegenwartssprache II. Duden. Das große Wörterbuch der deutschen Sprache in zehn Bänden. Tübingen, 59–79.
Korhonen, Jarmo (2006): Rezension zu Friedrich (2006). In: Germanistik 47, 587.
Korhonen, Jarmo (2007): Phraseographie des Finnischen. In: Harald Burger u. a. (Hg.) (2007), 1007–1017.
Kragl, Florian (2006): Ulrich von Zatzikhoven, Lanzelet. Bd. 1: Text und Übersetzung; Bd. 2: Forschungsbericht und Kommentar. Berlin/New York.
Krohn, Rüdiger (1980): Gottfried von Straßburg, Tristan. 3 Bde. Stuttgart.
Kühn, Peter (2007): Phraseologie des Deutschen: Zur Forschungsgeschichte. In: Burger u. a. (Hg.) (2007), 619–643.
Lachmann, Karl/Knecht, Peter (1998): Wolfram von Eschenbach. Parzival. Studienausgabe. Berlin/New York.
Lachmann, Karl/Spiewok, Wolfgang (1981): Wolfram von Eschenbach. Parzival. 2 Bde. Stuttgart.
Mertens, Volker (2008): Hartmann von Aue, Erec. Mittelhochdeutsch / Neuhochdeutsch. Stuttgart.
Nellmann, Eberhard/Kühn, Dieter (1994): Wolfram von Eschenbach, Parzival. 2 Bde. Frankfurt a. M.
Pilz, Klaus Dieter (1978): Phraseologie. Versuch einer interdisziplinären Abgrenzung, Begriffsbestimmung und Systematisierung unter besonderer Berücksichtigung der deutschen Gegenwartssprache. 2 Bde. Göppingen.
Pilz, Klaus Dieter (1981): Phraseologie. Redensartenforschung. Stuttgart.
Rosenqvist, Arvid (1932): Der französische Einfluß auf die mittelhochdeutsche Sprache in der ersten Hälfte des XIV. Jahrhunderts. Helsinki.
Rosenqvist, Arvid (1943): Der französische Einfluß auf die mittelhochdeutsche Sprache in der 2. Hälfte des XIV. Jahrhunderts. Helsinki.
Rothstein, Katja (2007): Der mittelhochdeutsche Prosa-*Lancelot*. Eine entstehungs- und überlieferungsgeschichtliche Untersuchung unter besonderer Berücksichtigung der Handschrift Ms. allem. 8017–8020. Frankfurt a. M.
Schröder, Werner/Kartschoke, Dieter (1989): Wolfram von Eschenbach. Willehalm. Berlin/New York.
Stantcheva, Diana (2002): Tradition und/oder Dynamik in der Kennzeichnung von Phraseologismen im allgemeinen einsprachigen Wörterbuch des Deutschen. In: Undine Kramer (Hg.): Archaismen – Archaisierungsprozesse – Sprachdynamik. Klaus-Dieter Ludwig zum 65. Geburtstag. Frankfurt a. M. u. a., 263–296.
Stantcheva, Diana (2003): Phraseologismen in deutschen Wörterbüchern. Ein Beitrag zur Geschichte der lexikographischen Behandlung von Phraseologismen im allgemeinen einsprachigen Wörterbuch von Adelung bis zur Gegenwart. Hamburg.
Steinhoff, Hans-Hugo (1995): Lancelot und Ginover I–II. Prosalancelot I–II. […]. Frankfurt a. M.
Tilvis, Pentti (1957): Prosa-Lancelot-Studien I–II. Helsinki.
Tschirch, Fritz (1974): Wernher der Gärtner. Helmbrecht. Mittelhochdeutsch und Neuhochdeutsch. Stuttgart.

Wis, Marjatta (1955): Ricerche sopra gli italianismi nella lingua tedesca dalla metà del secolo XIV alla fine del secolo XVI. Helsinki.

Wis, Marjatta (1994): *Mîn her, mîn vrou* gegenüber *monsieur, madame*. Zur Verwendung des französischen Titels im Mittelhochdeutschen. In: Neuphilologische Mitteilungen 95, 147–165.

„MEIN LEIPZIG LOB ICH MIR ..."

Leipzig und die Phraseologie

Anja Seiffert (Leipzig)

1. VORBEMERKUNGEN

„Mein Leipzig lob ich mir ..." – bei diesem Ausdruck, den Johann Wolfgang von Goethe im ersten Teil der Tragödie „Faust" in der Szene „Auerbachs Keller" einem der Studenten in den Mund legt, handelt es sich zweifelsohne um ein geflügeltes Wort. Sein Status als Phraseologismus freilich ist bis heute umstritten[1]. Folgt man der Phraseologismendefinition Burgers (2010), dann taucht Leipzig als onymische Komponente in einer ganzen Reihe von Phraseologismen auf – nicht nur als geflügeltes Wort, sondern auch in onymischen Phraseologismen wie *Leipziger Lerche* oder *Leipziger Allerlei,* ferner in nichtidiomatischen Phraseologismen, sogenannten Kollokationen, wie *Leipziger Freiheit, (Neue) Leipziger Schule* oder *Leipziger Modell*.

Das Thema „Leipzig und die Phraseologie" böte von daher wohl auch unter dem Aspekt „Leipzig und seine Phraseologismen" einen lohnenden Forschungsgegenstand. Gleichwohl soll dieser Aspekt des Themas im Folgenden nicht weiter verfolgt werden. Der vorliegende Beitrag untersucht vielmehr die Herausbildung und Entwicklung der Leipziger Phraseologieforschung. Dabei geht es – um den oben genannten Phraseologismus noch einmal zu bemühen – um die Frage, ob und inwieweit man innerhalb der Phraseologie von einer *Leipziger Schule* sprechen kann und welchen Stellenwert die Leipziger Phraseologieforschung aus heutiger Sicht inne hat. Man mag einwenden, dass es an wissenschaftsgeschichtlichen Darstellungen zur Phraseologie in der germanistischen Forschung keineswegs mangelt (vgl. v. a. Pilz 1979; Daniels 1976–1985). Sieht man allerdings von Wolfgang Fleischers Nachtrag zur Forschungsentwicklung seit Beginn der Achtzigerjahre in der zweiten Auflage seiner „Phraseologie der deutschen Gegenwartssprache" (1997) ab, so stammen die meisten dieser wissenschaftsgeschichtlichen Darstellungen aus den 1970er- und 1980er-Jahren. Insofern ist es durchaus sinnvoll, heute – fünfzig Jahre nach Erscheinen der ersten theoretischen Untersuchungen zur Phraseologie des Deutschen – den Beitrag der Leipziger Phraseologen um Wolfgang Fleischer, Ulla Fix, Irmhild Barz oder Barbara Wotjak, um nur einige

---

1 Während etwa Fleischer (1997, 14f., 76f.) das geflügelte Wort ebenso wie das Sprichwort nicht zu den Phraseologismen zählt, rechnet Burger (2010, 48) geflügelte Worte wie das oben genannte ganz selbstverständlich zu den Phraseologismen.

von ihnen zu nennen, im Rückblick und vom gegenwärtigen Standpunkt aus noch einmal zu würdigen.

2. PHRASEOLOGIEFORSCHUNG IN LEIPZIG

2.1. (Sprich-)Wörter und Wendungen: Die Anfänge der Leipziger Phraseologieforschung

Die Phraseologie ist eine vergleichsweise junge Teildisziplin der Linguistik. Als ihr Begründer gilt der Schweizer Linguist Charles Bally, dessen „Traité de stylistique française" (1909) in der deutschsprachigen Forschung jedoch lange Zeit unberücksichtigt geblieben ist (Pilz 1978, 166ff; Fleischer 1997a, 4f.).

Am Beginn der germanistischen Phraseologieforschung stehen in erster Linie Sammlung und Herausgabe sowie historisch-etymologische und/oder kulturgeschichtliche Erläuterung von Sprichwörtern und Redensarten.[2] Wichtige Sammlungen sprichwörtlicher Redensarten entstehen gegen Ende des 19. Jahrhunderts. Dabei spielt Leipzig als Verlagsort eine bedeutende Rolle (vgl. u. a. Wander 1867–1880; Borchardt 1888; Richter 1889). Bis in die Achtzigerjahre des 20. Jahrhunderts erscheinen in Leipzig neben Reprints älterer Sammlungen (vgl. u. a. Bücking 1797; Reinsberg-Düringsfeld 1864; Winkler 1927) moderne Sammlungen sprichwörtlicher Redensarten sowie Sprichwörter- und Zitatenlexika: Görner (1979), Böttcher u. a. (1981), Eichelberger (1981), Beyer/Beyer (1984). Für die Ausarbeitung einer wissenschaftlich fundierten Phraseologie hat die ältere Sprichwörterlexikographie kaum Impulse liefern können. Erst im Zusammenhang mit der Erarbeitung moderner idiomatischer Wörterbücher – für Leipzig ist hier vor allem Görner (1979) zu nennen – sowie mit der Aufnahme von Phraseologismen in Allgemeinwörterbücher rücken phraseologische Probleme stärker ins Zentrum der Aufmerksamkeit.

Den eigentlichen Beginn der germanistischen Phraseologieforschung markieren in den Sechzigerjahren des 20. Jahrhunderts „[d]ie ersten eingehenderen theoretischen Untersuchungen, in denen das Problem der Phraseologie in deutscher Sprache – und in bezug auf die deutsche Sprache – ausdrücklich thematisiert wird" (Fleischer 1997a, 17; vgl. auch Rechtsiegel 1990, 49f.; Palm 1997, 110). Diese phraseologischen Untersuchungen der Sechzigerjahre entstehen zunächst aus der lexikografischen Praxis heraus im Zusammenhang mit der Arbeit an Wörterbüchern, wie dem Wörterbuch der deutschen Gegenwartssprache (vgl. Klappenbach 1961; 1968). Aus Leipziger Sicht ist vor allem Erhard Agricolas „Einführung in die Probleme der Redewendungen" von Interesse, die er seinem in

---

[2] Noch zu Beginn der Siebzigerjahre des 20. Jahrhunderts gilt die grundlegende theoretische Erforschung und linguistische Beschreibung der Phraseologismen des Deutschen als Desiderat (vgl. Fleischer 1968, 170f.; Černyševa 1970, 8f.)

Leipzig erschienenen Wörterbuch „Wörter und Wendungen" (1962) voranstellt.[3] Agricolas Ziel ist die Klassifikation der Wortverbindungen („Wendungen") nach semantischen Kriterien, er spricht von einer „Bedeutungsvereinigung" der Bedeutungen der Einzelwörter „zu einer neuen, besonderen Gesamtbedeutung" (Agricola 1962, XXIV). Dabei unterscheidet er zunächst freie, lose und feste Wortverbindungen. Mit den losen Wortverbindungen erfasst Agricola nichtidiomatische feste Wendungen, und zwar Termini (*absoluter Nullpunkt*), onymische Wortgruppen (*Dreißigjähriger Krieg*), Vergleiche (*schwarz wie die Nacht*) und Wortverbindungen mit metaphorischer Bedeutung einer Komponente (*ein bunter Abend*). Die festen Wortverbindungen klassifiziert er nach dem Grad der Bedeutungsverschmelzung in einfache phraseologische Verbindungen (auch: „erweiterte Umschreibung des Zeitwortes"; 1962, XXVII) wie *in Erwägung ziehen* oder *Abschied nehmen* (gemeint sind in erster Linie Funktionsverbgefüge), ferner in phraseologische Einheiten wie *Öl ins Feuer gießen* und in starre phraseologische Verbindungen wie *etwas auf dem Kerbholz haben*. Sogenannte Zwillingsformeln (*Hab und Gut*) und die „jenseits der formalen oberen Grenze der Redewendungen" liegenden Sprichwörter und Sentenzen werden gesondert herausgehoben. Man mag durchaus kritisch einwenden, dass die vorgeschlagene Klassifikation nicht differenziert genug ist (vgl. Fleischer 1997a, 112) und dass verschiedenartige Klassifikationskriterien Anwendung finden (Fix 1974, 228ff.). Bemerkenswert ist jedoch der Versuch, die phraseologischen Einheiten des Deutschen in ihrer ganzen Vielfalt abzubilden. Selbst die aus heutiger Sicht eher zum Randbereich des phraseologischen Bestandes zählenden „speziellen Klassen" (Burger 2010, 44ff.) wie onymische Phraseologismen, phraseologische Termini oder komparative Phraseologismen werden mit Hilfe der Zwischengruppe der losen Wortverbindungen erfasst. In dieser Hinsicht geht der Beitrag Agricolas über die frühen Arbeiten Vinogradovs, des Wegbereiters der sowjetischen Phraseologie, hinaus. Bei der Klassifikation der festen Wortverbindungen dagegen lehnt sich Agricola – ohne es explizit zu erwähnen – sowohl inhaltlich als auch terminologisch an Vinogradovs Modell an (vgl. Vinogradov 1947). Für die phraseologischen Untersuchungen der Sechzigerjahre ist die Orientierung an sowjetischen Forschungsergebnissen und deren Anwendung auf das Deutsche kennzeichnend. Es ist das Verdienst nicht zuletzt der Leipziger Phraseologen, die wegweisenden Arbeiten der sowjetischen Phraseologieforschung für die germanistische Forschung nutzbar gemacht zu haben.

2.2. Zur sowjetischen Phraseologieforschung: ein Exkurs

In der Sowjetunion entwickelt sich die Phraseologie als linguistische Disziplin in den Dreißiger- und Vierzigerjahren des 20. Jahrhunderts. Zu den zentralen The-

---

[3] Agricola, einst Schüler von Theodor Frings in Leipzig, mag – was seine wissenschaftlichen Wurzeln betrifft – durchaus als Leipziger Germanist gelten, auch wenn er später vor allem an der Akademie der Wissenschaften der DDR in Berlin wirkte.

men der sowjetischen Phraseologieforschung gehören die Erarbeitung einer Typologie der Klassifikation von Phraseologismen und die Eruierung phraseologischer Merkmale. Wesentlichen Einfluss auf die Entwicklung einer wissenschaftlichen Theorie der Phraseologie hat Charles Ballys „Traité de stylistique française" (1909). Während Bally in West- und Mitteleuropa kaum wahrgenommen wird, setzt sich die sowjetische Phraseologieforschung intensiv mit seiner Arbeit auseinander (vgl. Fleischer 1997a, 5). Wahrscheinlich – so Pilz (1979, 443) – ist dies vor allem das Verdienst Viktor V. Vinogradovs, dessen Überlegungen zu den „Grundtypen phraseologischer Einheiten in der russischen Sprache" (Vinogradov 1947) auf den Grundlagen Ballys aufbauen (vgl. Klappenbach 1968, 221). Vinogradovs Arbeit „etabliert die Phraseologie als linguistische Disziplin und ist der erste geschlossene Versuch [...] eine Theorie des Wortgruppenlexems aufzustellen" (Fix 1971, 5). Insofern gilt sie als Wendepunkt in der bis dahin fast ausschließlich lexikografisch orientierten Phraseologieforschung. Vinogradov klassifiziert die Phraseologismen in drei Typen: phraseologische Zusammenbildungen oder Idiome (*an jmdm. einen Narren gefressen haben*), phraseologische Einheiten (*große Augen machen*) und phraseologische Verbindungen (*zum Ausdruck bringen*). Seine – aus heutiger Sicht freilich überholte – Einteilung wurde in den 1960er-Jahren von Klappenbach (1961 und 1968) sowie von Agricola (1962) auf das Deutsche angewendet.

Aleksandr V. Kunin (1955) erweitert die drei Kategorien Vinogradovs um zwei weitere fixierte Zwischenklassen sowie mehrere Subklassen der drei Hauptkategorien. Seine Überlegungen führen zu einer weiten Phraseologismendefinition, die auch das Sprichwort einbezieht (Kunin 1964).

Zu den Kritikern Vinogradovs gehört Natalja N. Amosova (1963), deren „kontextologische Methode" der Klassifikation von Phraseologismen vor allem das Merkmal der Gebundenheit, des „unveränderlichen Kontextes" betont. Wie Kunin bezieht sich auch Amosova auf die Phraseologie der englischen Sprache.

Angesichts der immensen Bedeutung, die die sowjetische Phraseologieforschung in den Sechziger- und Siebzigerjahren international hat, ist es kaum verwunderlich, dass auch die erste umfassende Monographie zur Phraseologie des Deutschen von einer russischen Germanistin stammt. Irina I. Černyševa kritisiert 1970 das vollständige „phraseologische Vakuum" in der linguistischen Beschreibung des Deutschen (Kühn 2007, 621). Sie entwickelt – in Anlehnung an die sowjetischen Forschungsergebnisse – Begriffsbestimmung und Klassifikation phraseologischer Einheiten sowie Ziele und Fragestellungen einer Phraseologie des Deutschen. Dabei unterscheidet Černyševa phraseologische Einheiten und nichtphraseologische feste Wortverbindungen (z. B. Eigennamen wie *Schwarzes Meer*). Zum Gegenstand der Phraseologie zählt sie auch Sprichwörter und sprichwörtliche Redensarten (Černyševa 1970, 191ff.). Vor allem aber macht Černyševa schon 1970 deutlich, dass sich der Gegenstand der Phraseologie keineswegs in terminologischen Bestimmungen und in der Klassifikation phraseologischer Einheiten erschöpft. Als weitere Aufgabenbereiche phraseologischer Forschung nennt sie unter anderem die Untersuchung paradigmatischer Beziehungen, insbesondere die Untersuchung der Synonymie phraseologischer Einheiten, ferner die Beschreibung der lexikalischen Bedeutung, insbesondere der Polysemie phraseologischer Einheiten, oder die Untersuchung allgemeiner Entwicklungsgesetzmäßigkeiten des phraseologischen Systems (vgl. dazu Fleischer 1997a, 19).

Auf weitere Vertreter der sowjetischen Schule kann hier nicht näher eingegangen werden. Für das Thema des Beitrags ist es jedoch wichtig zu betonen, dass es – vor dem Hintergrund der besonderen weltpolitischen Situation der Sechziger- und frühen Siebzigerjahre nahezu selbstverständlich – vor allem Linguisten aus der DDR, darunter auch Leipziger Linguisten wie Ulla Fix und Wolfgang Fleischer, waren, die die Ergebnisse der sowjetischen Phraseologieforschung für die germanistische Forschung aufbereitet haben[4]. Erst gegen Ende der Siebziger- bzw. Anfang der Achtzigerjahre werden die Ergebnisse der sowjetischen Forschung durch Häusermann (1977), Jaksche/Sialm/Burger (1981) und Burger/Buhofer/Sialm (1982) auch in der Bundesrepublik einem breiteren Leserkreis zugänglich gemacht. Noch 1979 stützt sich Klaus Dieter Pilz in seiner umfangreichen forschungsgeschichtlichen Darstellung nicht auf die russischsprachigen Originaltexte, sondern auf deren Auswertung und Diskussion in den Arbeiten von Ulla Fix, Thea Schippan oder Ruth Klappenbach.

2.3. Gegenstandsbestimmung, Klassifizierung und terminologische Vielfalt: Die Herausbildung der Leipziger Phraseologieforschung

Mit Beginn der Siebzigerjahre des 20. Jahrhunderts ist auch im deutschsprachigen Raum – angeregt durch die sowjetische Phraseologieforschung – eine Intensivierung phraseologischer Forschung zu beobachten. Diese frühe Phase der Herausbildung einer germanistischen Phraseologieforschung ist in erster Linie sprachstrukturell ausgerichtet. Zwei Themen bestimmen die deutsche und mithin auch die Leipziger Phraseologieforschung der Siebziger- und frühen Achtzigerjahre: die Gegenstandsbestimmung und -abgrenzung sowie die Klassifizierung phraseologischer Einheiten. Negative Begleiterscheinung der „lebhafte[n] Auseinandersetzung über einen eher engen oder weiten Objektbereich der Phraseologie" sei – so Kühn (2004, 621) – die äußerst uneinheitliche Terminologie, die nicht zuletzt aber auch daher rührt, dass die Phraseologie in den Siebzigerjahren noch in den Kinderschuhen steckt (vgl. Pilz 1979, 8; Fleischer 1982, 8). Dies zeigt sich auch in Hinblick auf die Leipziger Phraseologieforschung. Schon ein Vergleich der Titel der einzelnen Beiträge offenbart die terminologische Vielfalt: So sprechen Agricola (1962), Rjazanova (1976) und Schröder (1981) von „festen Wortverbindungen", Scheludko (1968) von „feststehenden Wendungen", Fix (1971) von „Wortgruppenlexemen"[5], Mitschri (1979) von „idiomatischen Wortverbindun-

---

[4] So diskutiert etwa Fix ausführlich die Arbeiten von Amosova und Kunin (1971, 3, 6–9, 12–17, 25), Fleischer setzt sich intensiv mit Černyševa auseinander (1982, 14f., 24f., 119–122, 170–172 u. a.).

[5] Innerhalb der Wortgruppenlexeme differenziert Fix dann in Wortgruppenlexem$_1$ (auch: „Phraseologismus"; Übereinstimmung der Bedeutung beim Vergleich mit dem freien Satz)

gen", Fleischer (1976) von „phraseologischen Wendungen". Eine Vereinheitlichung in der Terminologie lässt sich erst zu Beginn der Achtzigerjahre beobachten: Mit Fleischer (1982) setzt sich innerhalb der Leipziger Phraseologieforschung der Terminus „Phraseologismus" durch (vgl. u. a. Kunkel 1986; Steffens 1986; Sternkopf 1992a; Poethe 1997).

Die Reihe der Leipziger Monographien zur deutschen Phraseologie eröffnet Ulla Fix. Ihre Dissertation (1971) widmet sich den beiden zentralen Themen der Siebzigerjahre, der Gegenstandsbestimmung und Klassifikation. Terminologisch knüpft Fix mit dem Begriff des Wortgruppenlexems an Wissemann (1961) an. Dabei beschränkt sie sich auf idiomatische Wortgruppenlexeme, die „nicht Satz und nicht Wort" sind (1971, 44), und vertritt insofern einen engen Phraseologismusbegriff. Wie zuvor schon Agricola (1962), so schließt auch Fix Sprichwörter und Sentenzen, darüber hinaus jedoch auch nichtidiomatische feste Wendungen aus. Neu ist, dass Fix bei der Bestimmung der Wortgruppenlexeme konsequent deren Funktion im Satz untersucht, indem sie die Wortgruppenlexeme zum Satz ergänzt und mit „freien Sätzen" vergleicht. Hinsichtlich der Klassifikation der Wortgruppenlexeme orientiert sich Fix in erster Linie am Verb. Entsprechend der Übereinstimmung oder Nichtübereinstimmung der Verbbedeutung beim Vergleich mit dem freien Satz unterscheidet sie zwei Typen von Wortgruppenlexemen: Wortgruppenlexem$_1$ und Wortgruppenlexem$_2$. Aus heutiger Sicht wird man die unbedingte Orientierung auf das Verb eher kritisch betrachten, da auf diese Weise der Unterschied zwischen Phraseologismen wie *einen Streit vom Zaune brechen* und *Kohldampf schieben* (beide Wortgruppenlexem$_2$) nicht erfasst wird (vgl. Fleischer 1997a, 120). In Hinblick auf Entstehungsort und -zeit der Dissertation lässt sich freilich die Orientierung auf das Verb vor dem Hintergrund der in den 1960er-Jahren entwickelten Valenztheorie Gerhard Helbigs (vgl. Helbig/Schenkel 1969) durchaus erklären. Gerade hierin, in der Darstellung des Verhältnisses der Valenz des Phraseologismus zur Valenz des Verbs in freier Verwendung, zeigt sich eine spezifische Tradition der Leipziger Phraseologieforschung. Fix bezieht sich in ihrer Unterscheidung von Konstruktionsmodellen noch ausschließlich auf die innere, konstruktionsinterne Valenz. Gegen Ende der Siebzigerjahre wird innerhalb der Leipziger Phraseologie – in Anlehnung an die sowjetische Phraseologie (u. a. Stepanowa 1967; Avaliani 1979) – die Unterscheidung von interner und externer Valenz auf die Phraseologismen angewendet (vgl. Sabitova 1976; Eckert 1976; Fleischer 1982; Sternkopf 1992b; Wotjak 1992a; vgl. dazu den Abschnitt 2. 5. 2.).

Nicht unerwähnt bleiben dürfen schließlich die zahlreichen Leipziger Dissertationen zur Phraseologie des Deutschen, die seit Beginn der Siebzigerjahre erschienen sind (vgl. auch Fleischer 1997a, 22). Diese Dissertationen deutscher und ausländischer Doktoranden arbeiten zum einen die Ergebnisse der sowjetischen Forschung für das Deutsche auf. Zum anderen widmen sie sich unterschiedlichen theoretischen Einzelfragen wie morphosyntaktischen Besonderheiten von Phra-

---

und Wortgruppenlexem$_2$ (auch: „Idiom"; Nichtübereinstimmung der Bedeutung beim Vergleich mit dem freien Satz).

seologismen (Scheludko 1968; Fix 1971; Sabitowa 1976; Mitschri 1979), phraseologisch gebundenen lexikalischen Einheiten (Dobrovol'skij 1978), ferner dem Problem der Antonymie (Gontscharova 1981), der textsortenspezifischen Verwendung von Phraseologismen (Rjazanova 1976; Shumanijasow 1978; Kunkel 1986) oder lexikografischen Aspekten ihrer Beschreibung (Steffens 1986). In den genannten Arbeiten deutet sich bereits die Ausweitung des Objektbereiches und mithin die neue Themenvielfalt der Phraseologie der Achtziger- und Neunzigerjahre an.

2.4. Zentrum und Peripherie: Die Konsolidierung der Leipziger Phraseologieforschung

Nahezu zeitgleich mit dem „Handbuch der Phraseologie" (Burger/Buhufer/Sialm 1982) erscheint in Leipzig 1982 Wolfgang Fleischers „Phraseologie der deutschen Gegenwartssprache". Beide Veröffentlichungen gelten bis heute als Meilensteine der phraseologischen Forschung. Mit ihnen wird eine Konsolidierung der kontroversen Diskussion der Siebzigerjahre erreicht. Dabei gilt Fleischers Monographie als „die erste selbständige und in sich geschlossene Theorie der Phraseologie des Deutschen" (Rechtsiegel 1990, 55). Zum einen dokumentiert Fleischer, indem er die unterschiedlichen Kriterien der Klassifikation von Phraseologismen zusammenträgt, den Facettenreichtum der bisherigen phraseologischen Forschung[6]. Zum anderen gibt seine Darstellung wichtige Impulse für die Entwicklung der Phraseologie. Viele der Fragestellungen der Achtziger- und Neunzigerjahre sind hier bereits angesprochen (vgl. v. a. Fleischer 1982, 202ff.).

Im Unterschied zu den Klassifikationsversuchen der Siebzigerjahre, die sich oft strikt auf ein einzelnes klassenbildendes Kriterium beschränken, verzichtet Fleischer ebenso wie Burger/Buhofer/Sialm (1982) auf eine solche disjunkte Klassifikation der Phraseologismen, die sich als wenig effektiv erwiesen hat (Fleischer 1982, 128). Er klassifiziert vor allem nach semantischen Kriterien in nichtidiomatische, teilidiomatische, vollidiomatische Phraseologismen, nach pragmatischen Kriterien in nominative und kommunikative[7] Phraseologismen sowie nach morphologisch-syntaktischen Kriterien in substantivische, adjektivische, verbale Phraseologismen. Solche „Mischklassifikationen" (Burger/Buhofer/Sialm 1982, 30), die schon die ältere sowjetische Phraseologieforschung bevorzugte (vgl. Černyševa 1975), werden bis heute in der Phraseologie mit Erfolg angewandt (Burger 2010, 52).

---

6 Die zweite Auflage enthält darüber hinaus einen Anhang zur Forschungsentwicklung seit Beginn der Achtzigerjahre (Fleischer 1997a, 230–266).
7 Zu den kommunikativen Phraseologismen, den sogenannten kommunikativen Formeln, zählen etwa Höflichkeits- und Kontaktformeln (*Wie geht's?*; *Guten Tag!*), Schelt- und Fluchformeln (*Verflixt und zugenäht!*), Kommentarformeln (*Wer's glaubt, wird selig!*) oder Stimulierungsformeln (*Na, dann wollen wir mal!*) (vgl. Fleischer 1982, 135).

Die Phraseologismendefinition der 1970er-Jahre wird durch Fleischer entscheidend weiterentwickelt. Bei der Abgrenzung der Phraseologismen von freien Wortverbindungen stützt er sich auf drei Kriterien: 1. Idiomatizität, 2. Stabilität sowie 3. Lexikalisierung und Reproduzierbarkeit (Fleischer 1982, 35). Unter Idiomatizität versteht Fleischer das Fehlen eines Zusammenhanges zwischen der Bedeutung des Phraseologismus und der Bedeutung seiner lexikalischen Bestandteile (vgl. Fleischer 1982, 35). Er unterscheidet verschiedene Grade der Idiomatizität: Vollidiomatizität (*Kohldampf schieben*) und Teilidiomatizität (*einen Streit vom Zaune brechen*) (1982, 36 und 38). Im Unterschied zu Fix (1971) orientiert er sich dabei nicht mehr nur am Vergleich der wendungsinternen und -externen Verbbedeutung. In der Entscheidung darüber, welcher Idiomatizitätsgrad vorliegt, stützt sich Fleischer vielmehr auf den Vergleich der wendungsinternen und -externen Bedeutung aller autosemantischen Komponenten. In *einen Streit vom Zaune brechen* wird das Substantiv *Streit* in seiner wendungsexternen Bedeutung gebraucht (Fleischer 1982, 36), insofern ist der Grad der Idiomatizität hier geringer als bei vollidiomatischen Phraseologismen (*bei jmdm. einen Stein im Brett haben*), in denen keine der Komponenten in ihrer wörtlichen Bedeutung in die Gesamtbedeutung eingeht.

Besonders hervorzuheben ist der Umstand, dass Fleischer das aus der Prager Schule des Strukturalismus bekannte Modell von Zentrum und Peripherie auf die Definition des Phraseologismus anwendet. Zum Zentrum des phraseologischen Bestandes gehören danach die vollidiomatischen oder teilidiomatischen Phraseolexeme, diejenigen Phraseologismen also, die sämtliche der oben genannten Merkmale – Idiomatizität, Stabilität sowie Lexikalisierung und Reproduzierbarkeit – erfüllen. Fehlt eines der Merkmale, dann rückt die betreffende Wortverbindung aus dem Zentrum in Richtung Peripherie. Zur phraseologischen Peripherie gehören demnach die nichtidiomatischen Nominationsstereotype (*Freud und Leid, Wind und Wetter*), insbesondere onymische Phraseologismen (*Nördliches Eismeer*) oder phraseologische Termini (*mildernde Umstände*) sowie ein Teil der kommunikativen Formeln (*Herzlichen Glückwunsch!*) (Fleischer 1982, 63ff.). In jüngster Zeit werden solche prototypischen Beschreibungsmodelle, die statt einer strikten Abgrenzung der einzelnen Kategorien voneinander eher einem graduellen Ordnungsprinzip den Vorrang geben, häufiger favorisiert (vgl. v. a. Lindqvist 1996). Gerade hierin zeigt sich die erstaunliche Modernität der Fleischer'schen Definition.

Aus heutiger Sicht bleibt vielleicht die Ausgrenzung der Sprichwörter und Sentenzen kritisch anzumerken, zumal Fleischer selbst betont, dass Phraseologismen Strukturen bis hin zum Satz aufweisen (vgl. Rechtsiegel 1990, 55). Anders als Burger/Buhofer/Sialm (1982) geht Fleischer auch nicht auf psycholinguistische oder soziolinguistische Aspekte der Phraseologie ein (Daniels 1984, 54f.). Das Hauptaugenmerk der Leipziger Phraseologieforschung liegt auch in den Achtzigerjahren eher im Bereich der Systemlinguistik, wobei Fleischer und andere Leipziger Phraseologen durch die Einbeziehung textlinguistischer, pragmalinguistischer oder stilistischer Fragestellungen von einer bloß grammatischen Betrachtung weit entfernt sind.

2.5. Phraseologie und ... : Perspektivenerweiterung phraseologischer Forschungsansätze

2.5.1. Phraseologie und Wortbildung

In den 1980er-Jahren tritt die Phraseologie verstärkt in Kontakt zu ihren Nachbardisziplinen, was zu einer Perspektivenerweiterung der phraseologischen Forschungsansätze führt. Dies gilt auch für die Leipziger Phraseologieforschung. Besonders hervorzuheben ist dabei der Bereich Phraseologie und Wortbildung (vgl. u. a. Fleischer 1982; 1987; 1992; 1996; 1997b)[8]. Sucht man nach einem Alleinstellungsmerkmal der Leipziger Phraseologieforschung, dann findet man es möglicherweise in der Verbindung dieser beiden linguistischen Disziplinen. Wolfgang Fleischer gelingt es, „weit über vorliegende Ergebnisse hinaus seine eigenen Ansätze im Bereich der Wortbildungsforschung für die Phraseologie fruchtbar zu machen" (Daniels 1984, 54). Er überträgt den Modellbegriff der Wortbildung auf die Phraseologie, betont dabei aber, dass Modelle innerhalb der Phraseologie in erster Linie Modelle der Analyse, nicht Modelle der Synthese sind (Fleischer 1982, 197). Fleischer betrachtet Phraseologismen und Wortbildungen unter dem übergeordneten Aspekt der Nomination. Er versteht Phraseologismen ebenso wie Wortbildungskonstruktionen als Nominationseinheiten, deren Aufgabe freilich weniger in der Schließung von Benennungslücken als vielmehr in der Bildung expressiver Konkurrenzformen zu sehen ist. Für Fleischer ist Phraseologisierung ein wichtiger Aspekt der Wortschatzerweiterung, weshalb er Variabilität von Phraseologismen nicht als Abweichung, sondern als eine typische Verwendungsweise definiert (1982, 217; vgl. auch Barz 1992, 29). Sofern sich die phraseologische Variation nicht auf syntaktische und morphologische Veränderung einzelner Komponenten beschränkt, sondern etwa durch Austausch lexikalischer Elemente in den Komponentenbestand eingreift *(in der Klemme/Patsche/ Tinte sitz*en), spricht Fleischer von phraseologischer Derivation (1982, 193ff.).

Neben Wolfgang Fleischer widmet sich Irmhild Barz Mitte der Achtzigerjahre nominationstheoretischen Fragen der Phraseologie (Barz 1985, 1986), wobei auch sie Erkenntnisse der Wortbildungsforschung auf die Phraseologie anwendet. Sie empfiehlt ausdrücklich, dass phraseologische Untersuchungen

> „als Vergleich zwischen Phraseologismen und Wortbildungskonstruktionen vorgenommen werden, denn sowohl Wortbildung als auch Phraseologisierung führen zur Bildung neuer Benennungseinheiten aus gegebenen sprachlichen Mitteln, zur Bildung komplexer Benennungen" (Barz 1986, 321).

Dabei kann Barz zeigen, dass – ähnlich wie in der Wortbildung – Modellhaftigkeit und textfreie Verstehbarkeit eines Phraseologismus die Bildung und Speicherung von Varianten fördern; gerade zu Phraseologismen mit mehreren usuellen Varianten treten weitere Bildungen hinzu: *jmdm. auf die Nerven/auf den Geist/auf*

---

[8] Einen Überblick über die Beziehung zwischen Phraseologie und Wortbildung gibt Barz (2007).

den Wecker/auf den Senkel/auf den Docht/auf den Keks/auf die Ketten/auf den Kranz gehen (Barz 1985, 133; vgl. auch Heinemann 1989). Als grundlegende Verfahren der Phraseologisierung nennt Barz Neuprägung[9] und Modifikation. Zur Modifikation gehören vor allem lexikalische Substitution (*sich mit Händen und Füßen **an etwas klammern***; nach: *sich mit Händen und Füßen gegen etwas wehren*), Expansion (*ein **handfestes** Exempel statuieren*; nach: *ein Exempel statuieren*) und Reduktion (***die faule Haut** finanzieren*; nach *auf der faulen Haut liegen*).[10] Als eine Sonderform der Reduktion bestimmt Barz die dephraseologische Derivation, die Bildung von Wortbildungskonstruktionen auf der Basis eines Phraseologismus: *sich wichtig tun → Wichtigtuer* (vgl. auch Fleischer 1982, 189). Für das Russische hat der Leipziger Slawist Rainer Eckert bereits in den Siebzigerjahren auf das Phänomen der dephraseologischen Wortbildung hingewiesen: russ. *perelivat' iz pustogo v porošnee* (‚leeres Stroh dreschen') – *pustoporošnij* (‚eitel, nutzlos') (Eckert 1974; 1978, 227).

Mit der Untersuchung der nominativen Funktionen von Phraseologismen ist das Thema Phraseologie und Wortbildung keineswegs erschöpft. Ein weiterer Aspekt soll hier aus Platzgründen aber nur noch angedeutet werden: Marianne Schröder (1981) vergleicht Motivation in Wortbildung und Phraseologie und stellt fest, dass „die Frage nach dem Verhältnis zwischen wendungsinterner und wendungsexterner Bedeutung in der Phraseologie in erster Linie auf die Nichtübereinstimmung gerichtet ist". Idiomatizität sei typisch für feste Wortverbindungen. Dagegen ist in der Wortbildung dieselbe Frage „eher auf die Übereinstimmung gerichtet". Der Großteil der Wortbildungsprodukte ist in diesem Sinne motiviert (Schröder 1981, 456).

2.5.2. Phraseologie und Syntax

Neben dem Verhältnis von Phraseologie und Wortbildung interessiert die Leipziger Phraseologieforschung seit den 1970er-Jahren das Verhältnis von Phraseologie und Syntax. Schon 1971 macht Ulla Fix darauf aufmerksam, dass Phraseologismen nur im Satz verwendet werden können. Die gerade für das Deutsche wichtigen, schon 1963 in einem wegweisenden Aufsatz von Peter von Polenz[11] beschriebenen Funktionsverbgefüge behandeln unter anderem Gerhard Helbig (1979; 2007) und Wolfgang Fleischer (1983), in den 1990er-Jahren Barbara

---

9   Neuprägung: Bildung von Phraseologismen aus freien Wortgruppen (*alt aussehen*) oder aus Wörtern, die im freien Gebrauch inkompatibel sind (*Bauklötze staunen*) (Barz 1985, 123).
10 Ähnlich gliedert auch Fleischer (1982, 209ff.) die phraseologische Variation in variierte Phraseologismen (auch: phraseologische Synonyme bzw. Antonyme; *böhmische/spanische/arabische Dörfer; mit dem/gegen den Strom schwimmen*), phraseologische Variation als Erweiterung (*unter die statistisch-philosophische Lupe nehmen*) und phraseologische Variation als Reduktion (*der Brustton, den die Sprache anzustreben scheint*; nach *der Brustton der Überzeugung*).
11 Mit Blick auf seine wissenschaftlichen Wurzeln – Studium und Promotion in Leipzig – mag Peter von Polenz selbst ein wenig als Leipziger Germanist gelten.

Wotjak (1992), Gerd Wotjak (1994), zuletzt Antje Heine (2006; 2008). Schließlich gilt das besondere Interesse der Leipziger Phraseologieforschung der Untersuchung der Valenz und Distribution von Phraseologismen. Aus der Sicht des Valenzbegriffs ist davon auszugehen, dass verbonominale Phraseologismen in der Lage sind, aus ihrer semantischen Struktur heraus Leerstellen im Satz zu eröffnen und für diese Leerstellen bestimmte Ergänzungen zu fordern (vgl. Wotjak 1992a, 161). Erste Überlegungen zur Beschreibung der Valenz und Distribution von Phraseologismen finden sich bei Fix (1971; 1974; 1976), Sabitova (1976), Eckert (1976) und Fleischer (1982). Dabei werden Untersuchungen zur Valenz vonseiten der Phraseologieforschung lange Zeit ausgeklammert (Hessky 1988, 139). Die Vielzahl der Leipziger Arbeiten zur Valenz und Distribution der Phraseologismen stellt ganz sicher auch eine Reminiszenz an die Valenztheorie Gerhard Helbigs dar (vgl. Helbig/Schenkel 1969). Darüber hinaus ist die Intensivierung valenztheoretischer Untersuchungen zur Phraseologie in den 1970er- und 1980er-Jahren sowohl ein Reflex auf das zunehmende Interesse an einer maschinellen Verarbeitung natürlicher Sprachen als auch eine Reaktion auf eine kaum zufriedenstellende lexikografische Praxis (vgl. Korhonen 1988).

Verbale Phraseologismen eröffnen aus ihrer phraseologischen Struktur heraus Leerstellen, die besetzt werden müssen oder können (obligatorische und fakultative Aktanten[12]) (vgl. Wotjak 1992a, 161). Zu unterscheiden ist dabei zwischen wendungsinterner und wendungsexterner Valenz. Als wendungsinterne Valenz gelten diejenigen vom Verb des Phraseologismus geforderten Ergänzungen, die fester Bestandteil des Phraseologismus sind. Als wendungsexterne Valenz werden die Ergänzungen verstanden, die der Phraseologismus im Satz eröffnet. Sie können durch unterschiedliches lexikalisches Material ausgefüllt werden (vgl. Wotjak 1992a, 55, 326ff.). Fleischer macht darauf aufmerksam, dass bei Vorhandensein eines nichtphraseologischen Homonyms die wendungsinterne Valenz in der phraseologischen wie auch in der nichtphraseologischen Konstruktion übereinstimmen muss. Phraseologismen, deren wendungsinterne Valenz nicht mit der Valenz des im Phraseologismus enthaltenen Verbs in freier Verwendung übereinstimmt, haben keine nichtphraseologischen Homonyme und sind daher nicht ambig, vgl. *jmd. hat an jmdm. einen Narren gefressen* (vgl. Fleischer 1982, 164).

Barbara Wotjak (1992) entwickelt ein Modell zur Mehrebenendarstellung verbaler Phraseologismen, indem sie die Ergebnisse der Valenztheorie Helbigs auf die Phraseologie anwendet. Auf der syntaktischen Ebene der Valenzbeschreibung charakterisiert sie die Argumentvariablen in Hinblick auf ihre Satzgliedfunktion und in kategorialer Hinsicht. Für den Phraseologismus *jmdm. etwas in die Hände spielen* gibt Wotjak das syntaktische Satzbaumodell wie folgt an: PL [Vf-pS] – Sn

---

12 Sternkopf (1992, 222) behauptet, dass fakultative Aktanten in phraseologischen Einheiten nicht existieren. Mit Blick auf Phraseologismen wie *(bei jmdm) auf Granit beißen; jmdm (mit etwas) in den Ohren liegen, (bei jmdm.) ins Fettnäpfchen treten* scheint dies jedoch fragwürdig (vgl. Keil 1997, 58).

– Sd – Sa.[13] Darüber hinaus macht Wotjak Angaben zu den semantischen Kasus und zum semantischen Satzmodell (Satzrahmen), wobei sie den wendungsinternen Valenzen keine semantischen Kasus zuweist. Die Angabe der Satzmodelle erweist sich durchaus als Vorteil. In Wörterbüchern dagegen erscheint der Eintrag eines Phraseologismus bis heute zumeist in der Nennform (*jmdm. etwas in die Hände spielen*). Jochen Sternkopf (1992) kritisiert an dieser traditionellen Kodifizierung der Nennform, dass bei Phraseologismen mit wendungsexternem Subjekt mit dem Subjekt eine wesentliche Gebrauchsbedingung „im Wörterbuch gleichsam ‚weggezaubert'" wird (1992, 223), vgl. *jmdm. etwas in die Hände spielen* vs. *jmd. spielt jmdm. etwas in die Hände*. Aus Sicht der Lexikografen ließe sich freilich einwenden, dass bei Verwendung der Satzmodelle das Verb des Phraseologismus im Wörterbuch nicht im Infinitiv verzeichnet ist, was insbesondere bei den trennbaren Verben problematisch sein könnte (Keil 1997, 65). Aus der Sicht der DaF-Forschung erweist sich jedoch der fehlende Aktant – gerade für den Nichtmuttersprachler – als notwendige Bedingung für den richtigen Sprachgebrauch (Sternkopf 1992, 222; Dobrovol'skij 1993, 56).

Es würde den Rahmen des Beitrages sprengen, wollte man ausführlicher auf die Leipziger Arbeiten zur Valenz in der Phraseologie eingehen. Mit Blick auf die oben erwähnten Beiträge von Wotjak und Sternkopf sollte jedoch ein Wesenszug der Leipziger Phraseologieforschung deutlich geworden sein: die enge Verbindung von theoretischer und angewandter Linguistik, die sich organisatorisch in der intensiven Zusammenarbeit mit dem Fachbereich Deutsch als Fremdsprache am Leipziger Herder-Institut und – seit den 1990er-Jahren – im engen Kontakt nicht zuletzt mit der finnischen Germanistik widerspiegelt.

2.5.3. Phraseologie und Stilistik

In den späten Siebziger-, vor allem aber in den Achtzigerjahren haben die Probleme der Phraseologie unter stilistischem Aspekt zunehmend Beachtung gefunden. Unter dem stilistischen Aspekt der Phraseologie subsumiert Fleischer (1979, 21) die kommunikativ-pragmatische Funktion von Phraseologismen, ihre textlinguistischen und funktionalstilistischen Potenzen. Die enge Verbindung von Phraseologie und Stilistik beruht in erster Linie auf der „stilistischen Markiertheit" von Phraseologismen (Fleischer 1982, 224). Die Expressivitätssteigerung gilt als eine ihrer Hauptfunktionen, wobei vor allem den konnotativen Qualitäten von Phraseologismen eine besondere Bedeutung zukommt (Fleischer 1982, 202). Konnotationen sind zusätzliche Bedeutungselemente, die entweder die emotionale Einstellung des Sprechers zum bezeichneten Gegenstand oder Sachverhalt verdeutlichen oder die Einordnung des jeweiligen sprachlichen Zeichens in ein Normensystem der sozialen Verwendungsweise sprachlicher Mittel kennzeichnen

---

13 Zu lesen: Phraseolexem [Verbform – Präpositionalphrase] – Substantivgruppe im Nominativ – Substantivgruppe im Dativ – Substantivgruppe im Akkusativ (vgl. auch Helbig/Schenkel 1991, 50ff.).

(Fleischer 1982, 202). Konnotationen spiegeln sich in der Zugehörigkeit eines Phraseologismus zu einer bestimmten Stilschicht und – daraus folgend – in typischen Verwendungsbeschränkungen wider: *ins Gras beißen* (umgangssprachlich); *sein Leben lassen* (gehoben). Auf diese Weise sind Phraseologismen auch Indikatoren des sozialen Verhältnisses zwischen den Kommunikationspartnern: *Quatsch keine Opern!* vs. *Fassen Sie sich bitte kurz!*

Die Expressivität eines Phraseologismus kann mit seinem häufigen Gebrauch verblassen. Andererseits besitzen Phraseologismen aber aufgrund ihrer ausgeprägten illokutiven Funktion und aufgrund ihrer Idiomatizität ein „kommunikatives Potential" (Fleischer 1980; 100), das den Sprecher zu okkasioneller Variation geradezu herausfordert (Greciano 1983, 238). Dies belegen nicht zuletzt die Leipziger Arbeiten zur Jugendsprachforschung (Heinemann 1983, 1989). Durch (okkasionelle) Variation erfolgt in der Regel eine Expressivitätssteigerung: *ich glaub', mein Schwein pfeift – ich glaub', mein Sparschwein quiekt – ich glaub', mein Hamster bohnert; etwas geht jmdm. auf den Docht/den Keks/die Ketten/aufs Schwein* (Heinemann 1989, 29f.).

Die besonderen Eigenschaften von Phraseologismen, ihre Expressivität und die Möglichkeiten der Expressivitätssteigerung bestimmen zugleich ihre textbildenden Potenzen und schaffen auch für die Textgestaltung eigene Möglichkeiten. Zu diesen besonderen, die textbildenden Potenzen bestimmenden Eigenschaften der Phraseologismen gehört ferner ihre „syntaktische Struktur als Wortgruppe und daraus sich ergebende potentielle Teilbarkeit" (Fleischer 1982, 216). So besteht die Möglichkeit der Wiederaufnahme einer Komponente des Phraseologismus außerhalb der phraseologischen Konstruktion, was eine typische Möglichkeit expressivitätssteigernder Textkonstruktion darstellt (Fleischer 1982, 218f.) und zugleich entscheidend zur Textkonstitution beiträgt: „*Bedurfte es doch nur einer flüchtigen* **Geruchsprobe***, um von der Schule endgültig* **die Nase voll zu haben***. Haben Sie einmal an den schlechtaussehenden, halbzerfressenen Schwämmchen und Läppchen ...* **geschnuppert***...*" (G. Grass: Die Blechtrommel. 1959, 101; vgl. Fleischer 1982, 219).

Besondere Beachtung innerhalb der Leipziger Phraseologieforschung gilt jedoch der funktionalstilistisch differenzierten Verwendung von Phraseologismen. Erneut zeigt sich hier eine spezifische Tradition der Leipziger Germanistik. Vor allem Wolfgang Fleischer vermag die von ihm und Georg Michel entwickelte Funktionalstilistik für die Phraseologie fruchtbar zu machen (vgl. Fleischer/ Michel 1975). In der stilistischen Markiertheit sieht Fleischer zunächst einen wesentlichen Grund dafür, dass

> „nicht alle Phraseologismen in den verschiedenen funktionalen Stiltypen und Kommunikationsbereichen (Alltagsverkehr, Publizistik und Presse, Wissenschaft, künstlerische Kommunikation) in gleicher Weise und Häufigkeit gebraucht werden" (1982, 224f.).

Etliche Einzeluntersuchungen widmen sich dem funktionalstilistisch differenzierten Gebrauch von Phraseologismen. So untersuchen Galina Rjazanova (1976) und Atabai Shumanijasow (1978) Phraseologismen in Pressetexten. Ingrid Wiese (1988) geht der Konkurrenz der Benennungsarten in der Fachsprache nach und stellt fest, dass gerade im Fachwortschatz die Konkurrenz von Wortbildung und Phraseologismus besonders stark ausgeprägt ist (Wiese 1988, 28): *ökologisches System – Ökosystem, Bundesgesetz über individuelle Förderung der Ausbildung – Bundesausbildungsförderungsgesetz.*

Schließlich kann Hannelore Poethe (1995) am Beispiel kommunikationsspezifischer Phraseologismen wie *reden wie ein Buch* zeigen, dass in Phraseologismen Alltagskonzepte über verbale Kommunikation versprachlicht sind. Über die Analyse und Beschreibung kommunikationsspezifischer Phraseologismen sind damit Einblicke in das kollektive Wissen einer Sprachgemeinschaft möglich (Poethe 1995, 188). Insofern verbindet Poethe hier textlinguistische und stilistische Fragen mit kognitiven Aspekten der Bedeutung von Phraseologismen.

2.5.4. Phraseologie und ...: Weitere Forschungsansätze

Auch die Leipziger Phraseologieforschung steht unter dem Einfluss allgemeiner Entwicklungen innerhalb der Germanistik: Pragmatik und Textlinguistik, kontrastive Linguistik, kognitive Linguistik und Kultursemiotik sind nur einige der Aspekte, mit denen sich die Leipziger Phraseologie seit den 1980er- und 1990er-Jahren beschäftigt.

Der kognitive Ansatz fragt nach den mentalen Repräsentationen von Phraseologismen und ihrer kognitiven Verarbeitung sowie nach (weltweiten) kultursemiotischen Zusammenhängen: Phraseologismen werden in unterschiedlichen Sprachen erfasst und mit anderen semiotischen Systemen verglichen (vgl. Dobrovol'skij/Piirainen 1996). Einige frühe Arbeiten zur kulturvergleichenden Methode stammen aus der Leipziger Slawistik (Eckert/Günther 1992, 149ff.) und aus der Leipziger Anglistik (Gläser 1986, 166ff.).

Dem Verstehen idiomatischer Phraseologismen in der Fremdsprache Deutsch widmet sich Erla Hallsteinsdóttir (2001). In ihrer Dissertation beschreibt sie, wie DaF-Lerner unbekannte idiomatische Phraseologismen verstehen und welche Strategien sie dabei einsetzen.

Interlinguale Beziehungen der Phraseologie erforschen unter anderem Eckert (1979) und Gläser (1986). Die Phraseologie der slawischen Sprachen unter kontrastiver Heranziehung des Deutschen untersucht bis 1984 eine von Eckert geleitete Forschungsgruppe am Zentralinstitut für Sprachwissenschaft in Berlin (Untersuchungen 1982, 1984). Barbara Wotjak liefert 1992 eine Problemskizze zur kontrastiven Phraseologie (Wotjak 1992b). Gegenstand ihrer Untersuchungen ist das Sprachenpaar Deutsch-Spanisch (Wotjak 1987). Gerade im Zusammenhang mit dem kontrastiven Ansatz muss schließlich erneut auf die enge und fruchtbringende Zusammenarbeit der Leipziger Germanistik mit der Auslandsgermanistik hingewiesen werden. Sie ist organisatorisch belegt in der Einführung der bilateralen Germanistikkommissionen DDR-Polen in Warschau 1977 (Fleischer/Große 1979) und DDR-UdSSR 1980 in Moskau (Černyševa/Fleischer 1981). Beide gelten als frühe Vorläufer der heute alle zwei Jahre stattfindenden EUROPHRAS-Tagungen.

Zu den Desiderata der Phraseologieforschung zählt die historische Phraseologie. Unter den vorhandenen Arbeiten sind gleichwohl einige Leipziger: Eckert (1991) äußert sich grundsätzlich zum Gegenstand der historischen Phraseologie, zu ihren Quellen und Methoden. Volker Hertel (1996) untersucht Formeln („Rituale") in mittelalterlichen und frühneuzeitlichen Rechtsquellen.

Im Zusammenhang mit Formeln und formelhaften Texten wird auch die Frage eines engen oder weiten Phraseologismusbegriffs nach wie vor diskutiert. Dabei geht es nun vor allem um die Beziehung zwischen Phraseologismen und Texten. Die Phraseologie wird um die textlinguistische Dimension ergänzt (vgl. Fleischer 1997a, 258) und neben den Phraseologismen im engeren Sinne werden auch Spruchtextsorten wie Sprichwort, Slogan, Losung oder Graffito als „vorgeformte Konstruktionen" (Fleischer 2001, 110) in die Betrachtung einbezogen. Mit Blick auf die Demonstrationen des Herbstes 1989 in der DDR verwundert es nicht, dass sich gerade die Leipziger Phraseologie seit den 1990er-Jahren intensiv mit politischen Spruchtextsorten wie Slogan, Losung, Demo-Spruch oder Protestparole auseinandersetzt (Fix 1990; 1994; 1996; 2001; 2007). Anhand zahlreicher Demo-Sprüche[14] der Leipziger Montagsdemonstrationen weist Fix nach, dass sprachspielerische und intertextuelle Elemente den Spruchtexten den „Charakter von Wiedergebrauchsrede" geben (Fix 2007, 466), was sie in die Nähe der Phraseologismen rückt.

3. AUSBLICK

Ich möchte abschließend die eingangs gestellte Frage wieder aufgreifen – die Frage nämlich, ob es innerhalb der Phraseologie so etwas wie eine Leipziger Schule gibt. Unter einer solchen Schule versteht man gemeinhin eine bestimmte Richtung oder Meinung in der Wissenschaft oder in der Kunst, die besonders von einer (zentralen) Persönlichkeit bestimmt wird.[15]

In jüngster Zeit wird der Begriff „Leipziger Schule" vor allem in der bildenden Kunst verwendet. Er bezeichnet hier eine Strömung der modernen Malerei, die eng verbunden ist mit der Leipziger Hochschule für Grafik und Buchkunst. Die Künstler der sogenannten „(Neuen) Leipziger Schule" wie Neo Rauch, Tilo Baumgärtel, Rosa Loy oder Hans Aichinger lehnen die Zugehörigkeit zu einer „Leipziger Schule" zumeist ab und auch die Kunstwissenschaft vermeidet den Begriff aufgrund seiner Vagheit und Unschärfe, vor allem aber aufgrund der fehlenden inhaltlichen Übereinstimmungen der Werke.

---

14 Fix (2007, 466) definiert Demo-Sprüche als Spruchtexte, die „in totalitären Systemen halblegal oder illegal verfasst und verbreitet werden" und „in denen die Herrschaftsunterworfenen ihre Forderungen bzw. ihren Widerspruch äußern".

15 Als *Leipziger Schule* bezeichnet man etwa in der Soziologie den Kreis der Gelehrten um den Kulturphilosophen und Soziologen Hans Freyer. In der Psychologie spricht man von einer *Leipziger Schule* der Völkerpsychologie um Wilhelm Wundt. Und auch die Indogermanistik kennt den Begriff der *Leipziger Schule* für die junggrammatische Schule um Karl Brugmann und August Leskien.

Auch für die Leipziger Phraseologie, deren Anfänge nunmehr fast fünfzig Jahre zurück liegen, lassen sich nur zum Teil inhaltliche Gemeinsamkeiten finden, die es rechtfertigen würden, von einer Leipziger Schule der Phraseologie zu sprechen. Freilich gäbe es mit Wolfgang Fleischer eine zentrale Persönlichkeit, durch die eine wissenschaftliche Schule zumeist bestimmt ist. Dennoch ist das Themenspektrum der Leipziger Arbeiten zur Phraseologie so breit, dass man – wie in der modernen Malerei – kaum von einer einheitlichen Richtung sprechen kann. Vielmehr spiegelt sich innerhalb der Leipziger Phraseologie en miniature die Geschichte der deutschen Phraseologieforschung. Dies hat der vorliegende Beitrag zu zeigen versucht.

Andererseits fungiert aber der Begriff der Leipziger Phraseologie – auch hierin der „(Neuen) Leipziger Schule" in der Malerei nicht unähnlich – durchaus als Markenzeichen. Dies wird nicht zuletzt daran deutlich, dass der Phraseologie in Leipzig innerhalb des vorliegenden Bandes ein eigener Beitrag gewidmet ist. Was die Leipziger Phraseologie über die Stadt- und Landesgrenzen hinaus zu einem feststehenden Begriff gemacht hat, ist demnach nicht die inhaltliche Übereinstimmung, die bestimmte, einheitliche Richtung oder Meinung, sondern die Vielzahl der wissenschaftlichen Impulse, die von ihr ausgingen, von den Anfängen der Phraseologieforschung bis in die jüngste Vergangenheit. So gesehen – und damit kehre ich zum Ausgangspunkt meiner Darstellung zurück – lässt sich doch mit Fug und Recht behaupten: „Mein Leipzig lob ich mir ...". Es ist, wo nicht ein Klein-Paris, so doch ein wichtiger Teil der Geschichte der deutschen Phraseologieforschung.

4. LITERATUR

Agricola, Erhard (1962): Einführung in die Probleme der Redewendungen. In: Erhard Agricola: Wörter und Wendungen. Leipzig, XIII–XXXII.

Amosova, Natalja N. (1963): Osnovy anglijskoj frazeologii. Leningrad.

Avaliani, Julia. J. (1979): O frazoobrazovatel'nych potencijach slova (vnutrennjaja i vnešnjaja valentnost' frazeologičeskich edinic). In: Slovoobrazovanie i frazoobrazovanie. Tezisy dokladov naučnoj konferencii. Moskva, 126–127.

Bally, Charles (1909): Traité de stylistique française. Heidelberg.

Barz, Irmhild (1985): Primäre und sekundäre Phraseologisierung. In: Linguistische Studien. Reihe A. Bd. 123. Berlin, 119–140.

Barz, Irmhild (1986): Probleme der phraseologischen Modifikation. In: Deutsch als Fremdsprache 23, 321–326.

Barz, Irmhild (1992): Phraseologische Varianten: Begriff und Probleme. In: Csaba Földes (Hg.): Deutsche Phraseologie in Sprachsystem und Sprachverwendung. Wien, 25–48.

Barz, Irmhild (2007): Die Phraseologie als Quelle lexikalischer Neuerungen. In: Hans-Ulrich Schmid (Hg.): Beiträge zur synchronen und diachronen Sprachwissenschaft. Abhandlungen der Sächsischen Akademie der Wissenschaften zu Leipzig, Philologisch-historische Klasse, Bd. 80, H. 4. Stuttgart/Leipzig, 7–20.

Barz, Irmhild (2007): Wortbildung und Phraseologie. In: Harald Burger u. a. (Hg.): Phraseologie. Ein internationales Handbuch der zeitgenössischen Forschung. Berlin/New York, 27–36.

Beyer Horst/Beyer Annelies (1984): Sprichwörterlexikon. Sprichwörter und sprichwörtliche Ausdrücke aus deutschen Sammlungen vom 16. Jahrhundert bis zur Gegenwart. Leipzig.

Borchardt, Wilhelm (1888): Die sprichwörtlichen Redensarten im deutschen Volksmund nach Sinn und Ursprung erläutert. Ein Beitrag zur Kenntnis deutscher Sprache und Sitte. Leipzig.
Böttcher, Kurt u. a. (1981): Geflügelte Worte. Zitate, Sentenzen und Begriffe in ihrem geschichtlichen Zusammenhang. Leipzig.
Bücking, Johann Jakob Heinrich (1797): Versuch einer medicinischen und physikalischen Erklärung deutscher Sprichwörter und sprichwörtlicher Redensarten. Stendal. Fotomechanischer Neudruck Leipzig 1976.
Burger, Harald (2010): Phraseologie. Eine Einführung am Beispiel des Deutschen. 4. Aufl. Berlin.
Burger, Harald/Buhofer, Annelies/Sialm, Ambros (1982): Handbuch der Phraseologie. Berlin/New York.
Černyševa, Irina I. (1970): Frazeologija sovremennogo nemeckogo jazyka. Moskva.
Černyševa, Irina I. (1975): Phraseologie. In: Marija D. Stepanova/Irina I. Černyševa (Hg.): Lexikologie der deutschen Gegenwartssprache. Moskau, 198–261.
Černyševa, Irina I./Fleischer, Wolfgang (Hg.) (1981): Untersuchungen zur deutschen Phraseologie. Wissenschaftliche Zeitschrift der Karl-Marx-Universität Leipzig. Gesellschafts- und sprachwissenschaftliche Reihe, H. 5, 1981.
Daniels, Karlheinz (1976–1985): Neue Aspekte zum Thema Phraseologie in der gegenwärtigen Sprachforschung. In: Muttersprache 86 (1976), 257–289; 89 (1979), 71–96; 93 (1983), 142–170; 95 (1984/1985), 49–68 und 151–173.
Dobrovol'skij, Dimitrij (1978): Phraseologisch gebundene lexikalische Elemente der deutschen Gegenwartssprache. Ein Beitrag zur Theorie der Phraseologie und zur Beschreibung des phraseologischen Bestandes. Dissertation. Leipzig.
Dobrovol'skij, Dimitrij (1993): Datenbank deutscher Idiome. Aufbauprinzipien und Einsatzmöglichkeiten. In: Csaba Földes (Hg.): Germanistik und Deutschlehrerausbildung. Festschrift zum hundertsten Jahrestag der Gründung des Lehrstuhls für deutsche Sprache und Literatur an der Pädagogischen Hochschule Szeged. Wien, 51–67.
Dobrovol'skij, Dimitrij/Piirainen, Elisabeth (1997): Symbole in Sprache und Kultur. Studien aus kultursemiotischer Perspektive. Bochum.
Eckert, Rainer (1974): Zum Verhältnis von Phraseologie und Wortbildung. In: Linguistische Arbeitsberichte 9, 19–29.
Eckert, Rainer (1976): Aktuelle Probleme der Phraseologieforschung. In: Aktuelle Probleme der Phraseologie. Materialien der Wissenschaftlichen Konferenz des Wissenschaftsgebietes Ostslawistische Sprachwissenschaft der Sektion Theoretische und Angewandte Sprachwissenschaft. Leipzig, 7–26.
Eckert, Rainer (1978): Phraseologie. In: Ludwig Wilske (Hg.): Die russische Sprache der Gegenwart. Bd. 4. Leipzig, 203–228.
Eckert, Rainer (1979): Aspekte der konfrontativen Phraseologie. In: Wolfgang Fleischer/Rudolf Große (Hg.) (1979), 74–80.
Eckert, Rainer (1991): Studien zur historischen Phraseologie in den slawischen Sprachen (unter Berücksichtigung des Baltischen). München.
Eckert, Rainer/Günther, Kurt (1992): Die Phraseologie der russischen Sprache. Leipzig u. a.
Eichelberger, Ursula (1981): Zitatenlexikon. Leipzig.
Fix, Ulla (1971): Das Verhältnis von Syntax und Semantik im Wortgruppenlexem. Versuch einer objektivierten Klassifizierung und Definition des Wortgruppenlexems. Dissertation. Leipzig.
Fix, Ulla (1974–1976): Zum Verhältnis von Syntax und Semantik im Wortgruppenlexem. In: Beiträge zur Geschichte der deutschen Sprache und Literatur 95, 214–318 und 97, 7–78.
Fix, Ulla (1990): Der Wandel der Muster – der Wandel im Umgang mit den Mustern. Kommunikationskultur im institutionellen Sprachgebrauch der DDR am Beispiel von Losungen. In: Deutsche Sprache 4, 332–347.
Fix, Ulla (1994): Die Beherrschung der Kommunikation durch die Formel. Politisch gebrauchte rituelle Formeln im offiziellen Sprachgebrauch der ‚Vorwende'-Zeit in der DDR. Strukturen

und Funktionen. In: Barbara Sandig (Hg.): Europhras 92. Tendenzen der Phraseologieforschung. Bochum, 139–153.

Fix, Ulla (1996): Rituelle Kommunikation im öffentlichen Sprachgebrauch der DDR. In: Gotthard Lerchner (Hg.): Sprachgebrauch im Wandel. Frankfurt a. M., 11–63.

Fix, Ulla (2001): Die Gattung „moralisierender Spruch". Zur Form und Funktion von gereimten moralischen Appellen. In: Der Deutschunterricht 53, 68–75.

Fix, Ulla (2007): Der Spruch – Slogans und andere Spruchtextsorten. In: Harald Burger u. a. (Hg.): Phraseologie. Ein internationales Handbuch der zeitgenössischen Forschung. Berlin/New York, 459–468.

Fleischer, Wolfgang (1968): Über Entwicklung und Aufgaben der Lexikologie der deutschen Sprache. In: Wissenschaftliche Zeitschrift der Karl-Marx-Universität Leipzig. Gesellschafts- und sprachwissenschaftliche Reihe 17, 167–171.

Fleischer, Wolfgang (1976): Eigennamen in phraseologischen Wendungen. In: Namenkundliche Informationen 28, 1–6.

Fleischer, Wolfgang (1979): Stilistische Aspekte der Phraseologie der deutschen Sprache der Gegenwart. In: Linguistische Studien. Reihe A. Bd. 56. Berlin, 20–41.

Fleischer, Wolfgang (1980): Verbale und nominale Phraseologismen unter kommunikativem Aspekt. In: Linguistische Studien. Reihe A. Bd. 72. Berlin, 91–103.

Fleischer, Wolfgang (1981): Zur Charakterisierung von Phraseologismen als sprachlichen Benennungen. In: Wissenschaftliche Zeitschrift der Karl-Marx-Universität Leipzig. Gesellschafts- und sprachwissenschaftliche Reihe 30, 430–436.

Fleischer, Wolfgang (1982): Phraseologie der deutschen Gegenwartssprache. Leipzig.

Fleischer, Wolfgang (1983): Phraseologie. In: Wolfgang Fleischer u. a. (Hg.): Kleine Enzyklopädie Deutsche Sprache. Leipzig, 307–322.

Fleischer, Wolfgang (1987): Phraseologisierung und Wortbildung in der deutschen Gegenwartssprache. In: Energeia. Hg. v. Arbeitskreis für deutsche Grammatik. Tokyo, 1–15.

Fleischer, Wolfgang (1992): Konvergenz und Divergenz von Wortbildung und Phraseologisierung. In: Jarmo Korhonen (Hg.): Phraseologie und Wortbildung. Aspekte der Lexikonerweiterung. Tübingen, 53–65.

Fleischer, Wolfgang (1996): Zum Verhältnis von Wortbildung und Phraseologie im Deutschen. In: Jarmo Korhonen (Hg.): Studien zur Phraseologie des Deutschen und des Finnischen II. Bochum, 333–343.

Fleischer, Wolfgang (1997a): Phraseologie der deutschen Gegenwartssprache. 2. Aufl. Tübingen.

Fleischer, Wolfgang (1997b): Das Zusammenwirken von Wortbildung und Phraseologisierung in der Entwicklung des Wortschatzes. In: Rainer Wimmer/Franz-Josef Berens (Hg.): Wortbildung und Phraseologie. Tübingen, 9–24.

Fleischer, Wolfgang (2001): Phraseologie. In: Wolfgang Fleischer/Gerhard Helbig/Gotthard Lerchner (Hg.): Kleine Enzyklopädie Deutsche Sprache. Frankfurt a. M., 108–144.

Fleischer, Wolfgang/Große, Rudolf (Hg.) (1979): Beiträge zur Phraseologie und Lexikologie der deutschen Gegenwartssprache. Linguistische Studien. Reihe A. Bd. 56. Berlin.

Fleischer, Wolfgang/Michel, Georg (1975): Stilistik der deutschen Gegenwartssprache. Leipzig.

Gläser, Rosemarie (1984): Phraseologie der englischen Sprache. Leipzig. 2. Aufl. 1990.

Gontscharowa, Nelli (1981): Untersuchungen zur phraseologischen Antonymie in der deutschen Gegenwartssprache. Dissertation. Leipzig.

Görner, Herbert (1979): Redensarten. Kleine Idiomatik der deutschen Sprache. Leipzig.

Greciano, Gertrud (1983): Forschungen zur Phraseologie. In: Zeitschrift für germanistische Linguistik 11, 232–243.

Hallsteinsdóttir, Erla (2001): Das Verstehen idiomatischer Phraseologismen in der Fremdsprache Deutsch. Hamburg.

Häusermann, Jürg (1977): Phraseologie. Hauptprobleme der deutschen Phraseologie auf der Basis sowjetischer Forschungsergebnisse. Tübingen.

Heine, Antje (2006): Funktionsverbgefüge in System, Text und korpusbasierter (Lerner-)Lexikografie. Frankfurt am Main u. a.
Heine, Antje (2006): Ansätze zur Darstellung nicht- und schwach idiomatischer verbonominaler Wortverbindungen in der zweisprachigen (Lerner-)Lexikographie Deutsch-Finnisch (Beschreibung eines Forschungsvorhabens). In: Linguistik online 27, 2/2006.
Heine, Antje (2008): Funktionsverbgefüge richtig verstehen und verwenden. Ein korpusbasierter Leitfaden unter Angabe der finnischen Äquivalente. Frankfurt a. M. u. a.
Heinemann, Margot (1983): Zur Signalfunktion der Jugendsprache. In: Linguistische Studien. Reihe A. Bd. 105. Berlin, 122–138.
Heinemann, Margot (1989): Kleines Wörterbuch der Jugendsprache. Wörter – Wendungen – Texte. Leipzig.
Heinemann, Wolfgang (1981): Phraseologismen mit neg-Konstituenten und NEG-Phraseologismen in der deutschen Sprache der Gegenwart. In: Wissenschaftliche Zeitschrift der Karl-Marx-Universität Leipzig. Gesellschafts- und sprachwissenschaftliche Reihe 30, 470–477.
Helbig, Gerhard (1979): Probleme der Beschreibung von Funktionsverbgefügen im Deutschen. In: Deutsch als Fremdsprache 16, 273–285.
Helbig, Gerhard (2007): Phraseologismen und Konnektoren im Spannungsfeld zwischen Lexikon und Grammatik. In: Hans-Ulrich Schmid (Hg.): Beiträge zur synchronen und diachronen Sprachwissenschaft. Abhandlungen der Sächsischen Akademie der Wissenschaften zu Leipzig, Philologisch-historische Klasse, Bd. 80, H. 4. Stuttgart/Leipzig, 32 – 38.
Helbig, Gerhard/Schenkel, Wolfgang (1969): Wörterbuch zur Valenz und Distribution deutscher Verben. Leipzig.
Helbig, Gerhard/Schenkel, Wolfgang (1991): Wörterbuch zur Valenz und Distribution deutscher Verben. 8. Aufl. Tübingen.
Hertel, Volker: (1996): Rituale in mittelalterlichen und neuzeitlichen Rechtsquellen. In: Volker Hertel u. a. (Hg.): Sprache und Kommunikation im Kulturkontext. Beiträge zum Ehrenkolloquium aus Anlass des 60. Geburtstages von Gotthard Lerchner. Frankfurt a. M. u. a., 337–357.
Hessky, Regina (1988): Verbale Phraseologismen: valenzkonform oder nicht? In: Pavica Mrazović/Wolfgang Teubert (Hg.): Valenzen im Kontrast. Ulrich Engel zum 60. Geburtstag. Heidelberg, 139–149.
Jaksche, Harald/Sialm, Ambros/Burger, Harald (Hg.) (1981): Reader zur sowjetischen Phraseologie. Berlin/New York.
Klappenbach, Ruth (1961): Feste Verbindungen in der deutschen Gegenwartssprache. In: Beiträge zur Geschichte der deutschen Sprache und Literatur 82. Sonderband: Elisabeth Karg-Gasterstädt zum 75. Geburtstag am 9. Februar 1961 gewidmet. Halle, 443–457.
Klappenbach, Ruth (1968): Probleme der Phraseologie. In: Wissenschaftliche Zeitschrift der Karl-Marx-Universität Leipzig. Gesellschafts- und sprachwissenschaftliche Reihe 17, 221–227.
Korhonen. Jarmo (1988): Valenz und kontrastive Phraseologie. Am Beispiel deutscher und finnischer Verbidiome. In: Pavica Mrazović/Wolfgang Teubert (Hg.): Valenzen im Kontrast. Ulrich Engel zum 60. Geburtstag. – Heidelberg, 200–217.
Kühn, Peter (2007): Phraseologie des Deutschen. Zur Forschungsgeschichte. In: Harald Burger u. a. (Hg.): Phraseologie. Ein internationales Handbuch der zeitgenössischen Forschung. Berlin/New York, 619–643.
Kunin, Aleksandr V. (1955): Anglo-russkij frazeologičeskij slovar. Moskva.
Kunin, Aleksandr V. (1964): Osnovnye ponjatija anglijskoj frazeologii kak lingvističeskoj discipliny i sozdanie anglo-russkogo slovarja. – Moskva.
Kunkel, Kathrin (1986): Untersuchungen zur funktional differenzierten Verwendung von Phraseologismen in ausgewählten Texten der deutschen Gegenwartssprache. Dissertation. – Leipzig.
Lenz, Barbara (1993): Probleme der Kategorisierung deutscher Partizipien. In: Zeitschrift für Sprachwissenschaft 12, 39–76.

Lindqvist, Christer (1996): Gradualität als Organisationsprinzip der Lexik und ihre Verschriftung. In: Edda Weigand/Franz Hundsnurscher (eds.): Lexical Structures and Language Use. Proceedings of the International Conference on Lexicology and Lexical Semantics. Münster, September 13–15, 1994. Volume I. Plenary Lectures and Session Papers. Tübingen, 243–253.

Mitschri, Elena (1979): Idiomatische attributive Wortverbindungen mit substantivischem Kern in der deutschen Gegenwartssprache. Dissertation. Leipzig.

Palm, Christine (1997): Phraseologie. Eine Einführung. 2. Aufl. Tübingen.

Pilz, Klaus Dieter (1979): Phraseologie. Versuch einer interdisziplinären Abgrenzung, Begriffsbestimmung und Systematisierung unter besonderer Berücksichtigung der deutschen Gegenwartssprache. Göppingen:.

Poethe, Hannelore (1997): In Phraseologismen geronnene Alltagserfahrungen mit Sprache und Kommunikation. In: Irmhild Barz/Marianne Schröder (Hg.): Nominationsforschung im Deutschen. Festschrift für Wolfgang Fleischer zum 75. Geburtstag. Frankfurt a. M. u. a, 177–190.

Polenz, Peter von (1963): Funktionsverben im heutigen Deutsch. Sprache in der rationalisierten Welt. Beiheft 5 zur Zeitschrift Wirkendes Wort. Düsseldorf.

Rechtsiegel, Eugenie (1990): Zur germanistischen Phraseologieforschung in der DDR 1970–1985. In: Andrzej Katny (Hg.): Deutsche Sprache im Kontrast und im Kontakt. Rzeszow, 49–64.

Reinsberg-Düringsfeld, Otto Freiherr von (1864): Das Wetter im Sprichwort. Leipzig. Fotomechanischer Neudruck. Leipzig 1978.

Rjazanowa, Galina (1976): Zum Gebrauch fester Wortverbindungen in der Presse der DDR. Sprachstatistische und linguistische Untersuchungen. Dissertation. Leipzig.

Richter, Albert (1889): Deutsche Redensarten. Sprachlich und kulturgeschichtlich erläutert. Leipzig.

Sabitova, Mariaš (1976): Untersuchungen zur Struktur und Semantik phraseologischer Lexemverbindungen in der deutschen Gegenwartssprache. Dissertation. Leipzig.

Scheludko, Nina (1968): Zur semantischen Entwicklung der feststehenden verbalen Wendungen unter besonderer Berücksichtigung der Wendungen des Typs zugrunde gehen. Dissertation. Leipzig.

Schippan, Thea (1972): Einführung in die Semasiologie. Leipzig, 122–131.

Schröder, Marianne (1981): Zur Rolle des Motivationsbegriffes für Wortbildungskonstruktionen und feste Wortverbindungen. In: Wissenschaftliche Zeitschrift der Karl-Marx-Universität Leipzig. Gesellschafts- und sprachwissenschaftliche Reihe 30, H. 5, 453–458.

Shumanijasow, Atabai (1978): Umgangssprachliche Wörter und Wendungen in der Presse der DDR. Dissertation. Leipzig.

Steffens, Doris (1986): Untersuchung zur Phraseologie der deutschen Gegenwartssprache unter lexikographischem Aspekt. Bedeutungsbeschreibung von Phraseologismen mit der Basiskomponente Hand, Herz und Auge im einsprachigen synchronischen Bedeutungswörterbuch. Dissertation. Berlin.

Stepanova, Marija D. (1967): Die Zusammensetzung und die ‚innere Valenz' des Wortes. In: Deutsch als Fremdsprache 4, 335–339.

Sternkopf, Jochen (1992a): Chancen der Lexikonerweiterung durch Phraseologismen. In: Sprachwissenschaft 17, 329–338.

Sternkopf, Jochen (1992b): Valenz in der Phraseologie? Ein Diskussionsbeitrag. In: Deutsch als Fremdsprache 4, 221–224.

Untersuchungen (1982; 1984): Untersuchungen zur slawischen Phraseologie. Linguistische Studien. Reihe A. Bd. 95. Untersuchungen zur slawischen Phraseologie II. Linguistische Studien. Reihe A. Bd. 120. Berlin.

Vinogradov, Viktor V. (1947): Ob osnovnych tipach frazeologičeskich edinic v russkom jazyke. In: Akademik A. A. Šachmatov 1864–1920. Trudy Komissii po istorii Akad. Nauk SSSR. Vyp. 3. Moskva/Leningrad, 339–364.

Wander, Karl Friedrich Wilhelm (1867–1880): Deutsches Sprichwörter-Lexikon. Ein Hausschatz für das deutsche Volk. Leipzig.

Wiese, Ingrid (1988): Fragen fachsprachlicher Benennung. In: Sitzungsberichte der Akademie der Wissenschaften der DDR 4/G, 25–29.

Winkler, Leonhard (1927): Deutsches Recht im Spiegel deutscher Sprichwörter. Ein Lese- und Lernbuch für das deutsche Volk. Leipzig. Fotomechanischer Neudruck. Leipzig 1977.

Wissemann, Heinz (1961): Das Wortgruppenlexem und seine lexikographische Erfassung. In: Indogermanische Forschungen 66, 225–258.

Wotjak, Barbara (1987): Aspekte einer konfrontativen Beschreibung von Phraseolexemen. Deutsch-spanisch. In: Linguistische Arbeitsberichte 59, 86–100.

Wotjak, Barbara (1992a): Verbale Phraseolexeme in System und Text. Tübingen.

Wotjak, Barbara (1992b): Mehr Fragen als Antworten? Problemskizze – (nicht nur) zur konfrontativen Phraseologie. In: Csaba Földes (Hg.): Deutsche Phraseologie in Sprachsystem und Sprachverwendung. Wien, 197–217.

Wotjak, Gerd (1994): Nichtidiomatische Phraseologismen. Substantiv-Verb-Kollokationen – ein Fallbeispiel. In: Barbara Sandig (Hg.): Europhras 92. Tendenzen der Phraseologieforschung. Bochum, 651–677.

FINNLAND ALS PHRASEOLOGISCHER „HOTSPOT"

Das Erbe Mikael Agricolas im 21. Jahrhundert

Hannele Kohvakka (Helsinki)

1. EINLEITUNG

Ohne Zweifel kann Finnland als ein phraseologischer „Hotspot" bezeichnet werden: Der Stand der Beschreibung von Phraseologismen und ihre Erforschung innerhalb der finnischen Germanistik widerspiegelt sich in der Phraseologie als einem umfangreichen und sich immer wieder aktualisierenden Themenbereich der finnischen Forschungsgemeinschaft.

In diesem Beitrag werden einige Aspekte der Phraseologieforschung in Finnland v. a. in zwei zeitlichen Abschnitten betrachtet. Den Rahmen dieser zeitlichen Eingrenzung steckt erstens der Artikel „Phraseographie des Finnischen" Jarmo Korhonens vom Jahr 2007 (HSK-Band 28.2 Phraseologie), in dem u. a. die finnische Lexikographie der Sprichwörter und Redensarten vom 18. bis 21. Jahrhundert erläutert wird. Zweitens grenzt der Beitrag von Irma Hyvärinen „Phraseologie des Finnischen" in demselben Band die Behandlung des Themas ein. Hyvärinen hat in ihrem Artikel die finnische Phraseologieforschung von den 1950er Jahren bis zum Jahr 2004 ausführlich beschrieben.[1]

Im vorliegenden Beitrag wird also erstens kurz auf das 18. Jahrhundert sowie auf die Zeit davor eingegangen, und zwar wird die Entstehung der finnischen Schriftsprache, in der zum ersten Mal bewusst auch volkstümliche Redensarten gesammelt wurden, thematisiert. Zweitens wird die neuere, nach 2003 erschienene Forschungsliteratur kurz referiert. Die Darstellung konzentriert sich hauptsächlich auf die Forschung, die innerhalb der finnischen Germanistik von Forschern an den Universitäten Helsinki, Tampere, Turku, Vaasa und Joensuu (seit 2010 Itä-Suomen yliopisto/University of Eastern Finland) entstanden ist. Auf Vollständigkeit kann hier auch mit dieser Einschränkung kein Anspruch erhoben werden.

---

[1] Darüber hinaus findet sich von Korhonen in dem HSK-Band 28.2. der Artikel „Probleme der kontrastiven Phraseologie" (Korhonen 2007c: 574–589).

2. AUSGANGSPUNKT DER PHRASEOLOGISCHEN FORSCHUNG IN FINNLAND

Orjantappuroista ei koota rypäleitä eikä ohdakkeista viikunoita – eikä hohkakivestä puristeta vettä.
[Kann man auch Trauben lesen von den Dornen oder Feigen von den Disteln? – oder ‚Wasser aus dem Bimsstein quetschen']

Der letzte Satz des obigen Bibelspruchs ist ein von Mikael Agricola (ca. 1507–9.4.1557) in die erste finnischsprachige Bibel eingebrachter Zusatz zu der von ihm übersetzten und ursprünglich von Luther stammenden Formulierung in Matthäus 7:16 und ein Beispiel für die sprachliche Kreativität Mikael Agricolas, des Vaters der finnischen Schriftsprache (Heininen 2007, 58).

Agricola hatte in seinen Schriften und Predigten die Grundlage der ersten in finnischer Volkssprache gedruckten vollständigen Bibel (1642) erarbeitet (Heininen 2007, 5): In den finnischen Kirchen war schon ab etwa 1537 in den Gottesdiensten statt des Lateinischen Schwedisch und Finnisch verwendet worden (Heininen 2007, 95), was bei den Geistlichen zu einem Bedarf an finnischsprachiger kirchlicher Literatur geführt hatte. Um diesen Bedarf zumindest zum Teil zu decken, hatte auch Mikael Agricola während seiner Studienjahre mit seinen Kommilitonen Martinus Teit und Simon Henrici Wiburgensis damit begonnen, das Neue Testament in die Sprache des finnischen Volkes zu übersetzen (Heininen 2007, 82–83).

Agricola kannte die Werke von Erasmus und Luther genau, schon im Jahr 1531 hatte er sich die „Postille" Martin Luthers (erschienen 1530) gekauft; später studierte auch er in Wittenberg (1536–1539). Anhand der Randbemerkungen in seiner bis heute erhaltenen „Postille"-Ausgabe können auch seine sprachlichen Überlegungen verfolgt werden. Bei der Vorbereitung seiner Predigten hat der junge Geistliche in der Postille nicht nur Bibelstellen, sondern auch Sprichwörter gesammelt. (Heininen 2007, 54–57) Diese Sprichwörter erklärte Agricola mit Hilfe der „Adagiorum Chiliades" von Erasmus (letzte Auflage 1536). In dem Werk erläutert Erasmus von Rotterdam Tausende von ihm aus der Literatur der Antike, aus der Bibel und bei Geistlichen gesammelte Sprichwörter: Zu jedem werden Quelle, Bedeutung, Verwendung, die als Hintergrund dienenden Bräuche, Erzählungen oder wahre Ereignisse genannt, manchmal erscheinen auch eigene Bemerkungen und Meinungen. (Heininen 2007, 57–58) Agricola benutzte die Erklärungen von Erasmus nicht nur, sondern verdichtete auch dessen Sprache geschickt, wobei er auch zusätzliche Entsprechungen der Sprichwörter entdeckte (ebd., 58). Agricola zeigte auch später weiterhin ein großes Interesse an Sprichwörtern: Er hatte vor, eine Sammlung von Sprichwörtern zu veröffentlichen. Dieses gelang ihm nicht mehr, die ersten Teile des Manuskripts zu einem solchen Werk sind jedoch erhalten geblieben (Heininen 2007, 58).

Nach seiner Heimkehr aus Wittenberg wurde Magister Agricola zum Rektor der Schule in Turku ernannt. In seiner damaligen Dienstwohnung sind die ersten finnischsprachigen Bücher entstanden. (Heininen 2007, 96) Alle diese Bücher, außer dem „Abc-kiria" (1543), sind religiöse Texte: das Neue Testament (1548) und kirchliche Handbücher. Agricola wurde 1554 Bischof von Turku (Heininen 2007, 127, 370).

Mit den Werken Agricolas begann somit die Entwicklung der gedruckten finnischsprachigen Literatur – die ältesten finnischsprachigen Handschriften stammen aus den 1530er Jahren, sie wurden aber nie gedruckt (Heininen 2007, 156–157). Mikael Agricola sammelte jedoch auch Sprichwörter und erläuterte sie anhand des Erklärungsmodells von Erasmus; mit Agricola beginnt also in gewisser Weise auch die systematische Beschäftigung mit Phraseologismen in Finnland – auch wenn die Sprichwörtersammlung Agricolas im Jahr 1553 nur ein Manuskript blieb.

Henrik Florinus' Sammlung von Sprichwörtern vom Jahr 1702 ist das erste gedruckte Denkmal der finnischen Volksbräuche und -traditionen. Es folgt der Tradition der Sprichwörtersammlung „Collectanea adagiorum veterum" (1500) des großen europäischen Humanisten Erasmus von Rotterdam, sowie den volkstümlichen deutschen Sprichwörtern Martin Luthers und der Liebe Mikael Agricolas zu Sprichwörtern. Das Werk wurde von Laurentius Petri Tammelinus (?1608–1671) und dessen Sohn Gabriel Tammelinus (?1641–1695) sowie zuletzt von Henrik Florinus (?1633–1705), der seinerzeit ein hoch angesehener Kenner der finnischen Sprache war, zusammengestellt. Als Pfarrer verschiedener Gemeinden in Südwestfinnland hatte Laurentius Tammelinus die Möglichkeit, alltägliche volkstümliche Sprüche zu sammeln. (Kuusi in Florinus 1987, 1–3; vgl. auch Korhonen 2007, 1008–1009)

Das Werk von Florinus war vom Äußeren her bescheiden, und u. a. seine unsystematische Struktur wurde (von H. G. Porthan) kritisiert, aber für die neuere Forschung war gerade die echte Volkstümlichkeit wertvoll. Etwa 95 % des meist aus südwestlichen Dialekten stammenden Inhaltes sind echte Sprichwörter, wobei auch dann und wann ‚frische' umgangssprachliche Repliken der Finnen des 17. Jahrhunderts sowie auch einige ostfinnische Ausdrücke zu sehen sind. (Kuusi in Florinus 1987, 5–9)

Der Wert des kleinen Werkes besteht nicht nur darin, dass es ca. 100 archaische, sonst verschwundene Sprichwörter und das finnische Erstvorkommen von über 1000 Sprichworttypen beinhaltet, sondern dass es auch viele Gedichte enthält. Der Anteil an Kalevala-Versen ist beachtenswert: Er beträgt insgesamt ca. 55 %, was von der Verbreitung der Kalevala-Sprache in ganz Finnland zeugt[2]. Viele von den Sprichwörtern von Florinus sind über Jutein, Lönnrot[3] und Koski-

---

[2] Kalevala, die von Elias Lönnrot (1802–1884) ab dem Jahr 1828 gesammelte Volksdichtung, hat einen großen Einfluss auf die finnische Kunst ausgeübt. Die meisten alten Sprichwörter sind ursprünglich im Kalevala-Vers vorgekommen. Auch heute ist die Kalevala-Sprache in vielen oft gebrauchten Sprichwörtern zu sehen: *Moni kakku päältä kaunis, vaan on silkkoa sisältä. Kevät keikkuen tulevi. Joka kuuseen kurkottaa, se katajaan kapsahtaa. Ei vara venettä kaada. Ei parta pahoille kasva, turpajouhet joutaville.* (vgl. z. B. http://fi.wikiquote.org/wiki/Suomalaisia_sananlaskuja; 20.7.2011)

[3] Als wichtigste Sammlung finnischer Phraseologismen im 19. Jahrhundert erwähnt Korhonen (2007, 1009) das Werk „Suomen kansan Sanalaskuja" von Elias Lönnrot (Helsinki 1842).

mies[4] in die Schulbücher und den allgemeinen Gebrauch gelangt. (Kuusi in Florinus 1987, 10–11)

Matti Kuusi hat in dem Werk „Parömiologische Betrachtungen" (1957) die Forschungsergebnisse bezüglich Sprichwörter und Redensarten in Finnland (und außerhalb Finnlands) zwischen 1907–1957 erläutert. In diesem Werk betrachtet Kuusi besonders die methodischen Vorgehensweisen der Forscher und Forscherinnen. Nach einer kritischen Auswertung der Forschungsberichte formuliert er zusammenfassend methodische Richtlinien oder Empfehlungen für die zukünftige Erforschung der Redensarten und Sprichwörter. Kuusi betont schon hier einige noch heute aktuelle Fragen der Forschung, u. a. die Wichtigkeit einer interdisziplinären Vorgehensweise und die Berücksichtigung des Gebrauchskontextes. Er hebt das Problem der Klassifizierung hervor sowie auch die Wichtigkeit des Vergleichs mit Entsprechungen aus anderen Kulturen.

3. AKTUELLER STAND – DIE JAHRE 2003 BIS 2011

Wie oben erwähnt wurde, wird die rege finnische Phraseologieforschung ca. bis zum Jahr 2003/2004 verdienstvoll von Korhonen und Hyvärinen dargestellt. Die Phraseologie ist aber immer noch besonders innerhalb der finnischen Germanistik[5] ein aktiv untersuchtes Gebiet, was im Folgenden anhand einiger Forschungsvorhaben und Schriften veranschaulicht wird. Es wird nun also ein Sprung vom 18. und 19. Jahrhundert in das 21. Jahrhundert vorgenommen.

Jouko Parad untersucht in seiner Dissertation (2003) biblische Verbphraseme. Dabei ergründet er erstens den Bestand und die Entwicklung der biblischen Verbphraseme im heutigen Deutsch. Zweitens vergleicht er kontrastiv deutsche und schwedische biblische Verbphraseme miteinander, wodurch gezeigt wird, dass die biblischen Verbphraseme nicht einmal innerhalb der germanischen Sprachen aus identischem Sprachgut bestehen. Als Ergebnis seiner Analysen stellt Parad u. a. fest, dass die mit dem Urtext übereinstimmenden Phraseme der Lutherbibel eine längere Entstehungsgeschichte haben als diejenigen, die vom Urtext abweichen. Die Lutherbibel habe einen eindeutigen Einfluss auf die frühesten schwedischen Ausgaben ausgeübt, in späteren aber sei er kaum zu sehen.

In der Festschrift für Jarmo Korhonen zum 60. Geburtstag (2006) sind sechs Beiträge von finnischen Forschern zur Phraseologie zu finden; diese Beiträge werden im Folgenden referiert:

Marja-Leena Piitulainen (2006, 237–246) untersucht deutsche Verbidiome und ihre finnischen Übersetzungen anhand des Romans *Deutschstunde* von Sieg-

---

4 A. V. Koskimies (1906): Kokoelma Suomen kansan sananlaskuja (Korhonen 2007, 1011).
5 Außerhalb der germanistischen, aber im Rahmen der finnischen Phraseologieforschung sei auch erwähnt die interessante Arbeit von Anna Idström und Hans Morottaja: Im Jahr 2006 ist von ihnen „Inarinsaamen idiomisanakirja" (‚Idiomwörterbuch des Inari-Samischen') erschienen.

fried Lenz und seiner finnischen Übersetzung und stellt dabei eine recht hohe Divergenz der Äquivalente fest. Als Gründe für den divergierenden Gebrauch nennt sie das unterschiedliche Ziel des Lexikographen und des Übersetzers, die oft vage Bedeutung der Idiome, die sich in dem aktuellen Kontext in unterschiedlichen Formen realisieren kann, und (mikro)kontextuelle Faktoren der syntaktischen und satzsemantischen Ebene.

Pasi Pirttisaari (2006, 247–257) untersucht in seinem Beitrag in der oben genannten Festschrift, wie Phraseologismen in dem „Gemeinsamen europäischen Referenzrahmen für Sprachen" berücksichtigt werden. Als Fazit stellt er fest, dass die Bedeutung der Phraseologie für die Kommunikation, für den Sprachunterricht und für soziolinguistische Kompetenzen darin anerkannt und dementsprechend berücksichtigt wird, auch wenn dieses zum Teil unvollständig erfolgt. Es wird auf jeden Fall ein phraseodidaktischer Rahmen für das weitere Vertiefen der Thematik aufgestellt.

Ulrike Richter-Vapaatalo (2006, 259–273) kommt in ihrem Artikel „Beobachtungen zur Phraseologie in fünf frühen deutschen Kinderbuchklassikern" zu dem Ergebnis, dass die Phraseologieverwendung in den untersuchten fünf Kinderbüchern aus den 1920er und 1930er Jahren jeweils in ihrer eigenen Art variiert, also weder zeit- noch ideologiegebunden ist.

Mariann Skog-Södersved (2006, 291–300) füllt mit ihrem Beitrag zu den „Phraseologismen in Überschriften" die Lücke aus, die in der Erforschung der schwedischen Phraseologie im Vergleich z. B. zur deutschen gesehen werden kann. Sie analysiert Texte der finnland-schwedischen Zeitung „Vasabladet" und stellt fest, dass in den Überschriften dieser Zeitung weniger Phraseologismen vorkommen als erwartet. Und wo Phraseologismen zu finden sind, werden sie nur selten modifiziert gebraucht. Öfter kommt es dagegen vor, dass in dem Gebrauch der Phraseologismen mit mehreren möglichen Lesarten – die beide im Text realisiert werden können – gespielt wird, wodurch die Aufmerksamkeit der Leser gesteuert wird.

Hannele Kohvakka (2006, 187–196) schreibt den Phraseologismen eine zentrale Rolle in der Entstehung von Ironie zu. Anhand einer Analyse der argumentativen Struktur ironischer Texte stellt sie fest, dass Phraseologismen bzw. ihre Modifikationen in ironischen Texten häufig in sog. Schlüsselkonklusionen verbunden mit einer Art Nachtragscharakter vorkommen. Dadurch gewinnen die Phraseologismen eine die ironische Argumentation stützende Natur, sie werden Bestandteile der konklusiv nicht-schlüssigen, d. h. ironischen Themenführung. Als sprachlich auffällige Einheiten besitzen sie auch einen Ironie signalisierenden Charakter.

Leena Kolehmainen und Marjo Vesalainen (2006, 317–331) analysieren in der Festschrift in der Rubrik Syntax lehnübersetzte Adpositionalphrasen des Finnischen und verweisen dabei u. a. auf Probleme in der Grenzziehung zwischen Phraseologie und Valenz, Rektion, Valenzalternation und Grammatik.

Im Jahr 2007 sind in den HSK-Bänden zur Phraseologie neben den oben erwähnten Artikeln Korhonens und Hyvärinens zwei weitere Beiträge von finnischen Germanistinnen erschienen: Skog-Södersved (2007, 269–275) schreibt über Phraseologismen in den Printmedien, wobei sie u. a. die pragmatischen Funktionen als typisch für die Phraseologismen der Pressetexte erwähnt. Ausdruck emotionaler Einstellung, Ironie, Verharmlosung und Manipulation durch euphemistische Verwendung sowie Zeiteinsparung sind Funktionen, die hier mit den Phraseologismen in Verbindung gebracht werden. Der Konnotationsgrad, die Art und die Verwendung der Phraseologismen variieren jedoch sowohl nach der Textsorte als auch nach dem Typ der Zeitung.

In dem HSK-Band 28.1 erörtert Marjo Vesalainen (2007, 292–302) Phraseme in der Werbung. Es werden Häufigkeit und Positionierung sowie die Funktionen der Phraseologismen behandelt. Unter dem letztgenannten Punkt werden Aufmerksamkeitserregung, Unterhaltung, Erinnerungssteigerung und Hervorrufen von Vertrautheit erläutert. Sie stellt fest, dass im Rahmen von kontrastiven Analysen in der Vorkommensdichte von Phraseologismen kulturbedingte Unterschiede festgestellt worden sind. Ähnlich verhält es sich auf der Bedeutungsebene: In den deutschen Werbeanzeigen seien die Phraseologismen eher mit positiver Wertung beladen als z. B. in estnischen.

In der Dissertation von Ulrike Richter-Vapaatalo (2007) werden Phraseologismen in Kinderbüchern untersucht. Als Ergebnis der Arbeit stellt sie fest, dass im Vergleich mit anderen Kinderbuch-Autoren (insg. sechs weitere) und mit den Erwachsenen-Büchern von Erich Kästner gerade in den Kinderbüchern Kästners am meisten unterschiedliche Phraseologismen vorkommen. Auch in der absoluten Anzahl treten die Phraseologismen in Kästners Texten am dichtesten auf. Das für Kästners Texte entwickelte beeindruckende System von Beschreibungskategorien ist auch für die anderen Texte anwendbar. Ferner werden bei der Verwendung von Phraseologismen verschiedene Einbettungsverfahren (z. B. Phraseologismenhäufung, Paraphrase, Modifikation, sprachlicher Kommentar usw.) und textuelle Funktionen (z. B. auf Komik zielendes Sprachspiel, Vermittlung von moralisch-philosophischen Gedanken des Erzählers) festgestellt. Die für Kästners Texte ermittelten Kategorien decken auch in diesem Punkt alle in den weiteren analysierten Texten auftretenden Fälle. Bei den Kinderbuch-Autoren sind überdies jeweils unterschiedliche Arten zu ermitteln, wie sie Phraseologismen in Bezug auf das Thema und auf den Adressatenkreis sowie auf die Intention verwenden, aber Kästner kann in dieser Beziehung als mustergültig bezeichnet werden (Richter-Vapaatalo 2007, 301).

In Jahr 2008 hat Juha Mulli seine Lizentiatenarbeit „Deutsche Phraseologismen: eine lexikalische Korpusanalyse unter besonderer Berücksichtigung der Somatismen mit Hals als Komponente" an der Universität Joensuu verteidigt. Schon davor hat er Artikel zur Variation (Mulli 2007a) und zur Lexik (Mulli 2007b) der Somatismen veröffentlicht.

In der Festschrift für Keinästö 2009 schreibt Marja-Leena Piitulainen (2009, 155–166) über die indirekte Sättigung der Valenz bei Verbidiomen, die sie für viele Idiome als „die einzige Möglichkeit zur Rekonstruktion von Leerstellen", „eine im Wesen von Idiomen verankerte inhärente Einschränkung" (ebd. 164) beschreibt. Dass einige Idiome sich auf diese Weise verhalten, liege an der Nichtselbstgenügsamkeit und den besonderen Valenzverhältnissen der Idiome. Weil sich in zwei Sprachen semantisch äquivalente Idiom-Entsprechungen oft syntaktisch voneinander unterscheiden, biete die indirekte Sättigung die Möglichkeit, semantisch-konzeptuelle Leerstellen zu besetzen.

Jarmo Korhonen (2009b, 167–183) vergleicht in seinem Artikel in der Festschrift Keinästö die „Darstellung synonymer Idiome in allgemeinen und phraseologischen Wörterbüchern des Deutschen" anhand der Wörterbücher „Duden Universalwörterbuch", „Wahrig", „Duden Redewendungen" und „Deutsche Idiomatik" von Hans Schemann. Fazit der vergleichenden Analyse ist, dass es in den meisten Werken in Bezug auf Systematik und Benutzerfreundlichkeit (besonders für nicht-muttersprachliche bzw. ausländische Benutzer) vieles zu entwickeln gibt. Die Analyse ergab auch, dass die phraseologische Synonymie von den analysierten Werken in Schemanns „Deutscher Idiomatik" am adäquatesten dargestellt wurde.

Mariann Skog-Södersved (2009, 185–198) behandelt in ihrem Beitrag Buchbesprechungen der schwedischen Zeitungen in Schweden, Finnland und Deutschland – gerade in Bezug auf das Schwedische ist die Phraseologie noch ein relativ wenig erforschtes Gebiet – daraufhin, ob die in ihnen vorkommenden Phraseologismen eher in bewertender oder in informierender Funktion auftreten. Ebenfalls untersucht sie die Modifikation und die verschiedenen Typen der gebrauchten Phraseologismen. Die Analyse zeigt, dass besonders bei Zwillingsformeln (z. B. *kurz und gut*) Unterschiede zwischen der schwedischen und deutschen Sprache vorkommen, in schwedischen Rezensionen werden sie deutlich öfter eingesetzt. Die festgestellten Modifikationen waren klein und wurden als unbewusste Änderungen eingestuft. Hauptsächlich scheinen die Phraseologismen in dieser Textsorte in der bewertenden Funktion aufzutreten.

Satumaija Püschel (2009, 199–209) hat Literaturkritiken von Marcel Reich-Ranicki in Bezug auf den Idiomgebrauch analysiert. Reich-Ranicki setzt Idiome vorwiegend im Zusammenhang mit negativ bewertenden Äußerungen ein. In seinen späteren Texten sind sie jedoch auch mit Lob verbunden. Sprichwörter benutzt Reich-Ranicki nicht, vermutlich um die Subjektivität seiner Aussagen zu bewahren.

Mia Raitaniemi (2009, 211–228) definiert in ihrem Artikel einen Ausruf wie z. B. *Was für ein Tag*! oder *Was für eine Schweinerei*! als „eine Konstruktion, die aus mehreren Wörtern besteht und in der Nominalphrase variieren kann, aber trotz der Variation ihre erkennbaren Züge bewahrt" (ebd. 214). In ihrer Analyse kann sie bei dieser Art Konstruktion sowohl positive als auch negative, aber auch neutrale, nur verstärkende Funktionen belegen, was in den Wörterbuchbeschreibungen oft nicht berücksichtigt werde. Die Konstruktionen können auch mit oder ohne Adjektivattribut oder mit oder ohne vorangehender Interjektion vorkommen. Die Festigkeit und die Konventionalität der Varianten der Konstruktion variieren auch in unterschiedlichem Grade.

Schließlich erörtert in der Festschrift für Keinästö Irma Hyvärinen (2009, 229–248) in ihrem „Beitrag zur Höflichkeitsphraseologie" die Polyfunktionalität des Wortes *bitte* ausgehend von drei einsprachigen Wörterbüchern. Anhand der Studie haben sich mehrere zukünftige Forschungsfragen herauskristallisiert: In Bezug auf die dargestellten Funktionen fehlt heute noch eine logische Funktionstypologie, in der auch mögliche fließende Übergänge berücksichtigt werden. Wie können die mit der Prosodie zusammenhängenden funktionalen Unterschiede in Wörterbüchern beschrieben werden? Die Funktionen von *bitte* sollten auch mit denjenigen anderer kommunikativer Formeln verglichen werden. Ebenfalls sollten zweisprachige Wörterbücher, Übersetzungen von Literatur und weitere kontrastive Blickwinkel in die Analyse mit einbezogen werden.

Die bis dahin größte von der „Europäischen Gesellschaft für Phraseologie" veranstaltete Konferenz, EUROPHRAS 2008, fand am 13.–16.8.2008 in Helsinki unter Leitung von Jarmo Korhonen statt. Sie versammelte unter der Überschrift „Phraseologie global – areal – regional" über 200 Phraseologieforscher aus aller Welt. Im Folgenden werden die im Jahr 2010 online erschienenen Konferenzbeiträge der an finnischen Universitäten tätigen Forscherinnen und Forscher referiert:

Ulrike Richter-Vapaatalo (2010, 207–216) hat auf der Konferenz die Übersetzung von Phraseologie in Kinderliteratur am Beispiel von Übersetzungen von Kästners „Pünktchen und Anton" analysiert. Als Ergebnis hält sie fest, dass die sprachliche Verwandtschaft in der Übersetzung von Phraseologismen keine so wichtige Rolle spielt wie die Frage, ob es überhaupt phraseologische Entsprechungen gibt. Insgesamt scheinen die Übersetzungen „flacher" zu sein als das Original, was daran liegen könne, dass der Verlag und/oder Übersetzer das Werk bewusst und gezielt gerade für Kinder übersetzt hat. Der ironische Kästner-Stil sei in allen Übersetzungen zumindest zum Teil verloren gegangen. Es werde eher die Handlungsebene betont und die Erzählerebene, auf der der Autor sein persönliches, moralisierendes und ironisch-komisches Sprachspiel betreibt, bleibt im Hintergrund. Es scheint also, dass die Übersetzung von Phraseologismen nicht sprachabhängig, sondern eher kulturabhängig und auch abhängig von der Kompetenz des Übersetzers ist.

Hartmut E. H. Lenk (2010, 226–236) macht in seinen exemplarischen Analysen zur deutschsprachigen Rocklyrik der 80er Jahre Beobachtungen, die einige fruchtbare Forschungsthemen aufzeigen: Wie oft und was für welche Phraseologismen, welche Arten von Modifikation oder Metaphern werden in Rocklyrik gebraucht? Darüber hinaus lohne es sich klären, was für areale Unterschiede es in dem Gebrauch gibt. Die textuellen Funktionen der Phraseologismen scheinen auch weiterer Ergründung zu bedürfen.

Im Jahr 2010 ist auch der Konferenzband „Phraseologie global – areal – regional" zu EUROPHRAS 2008 erschienen. Darin vertritt Keinästös (2010, 109–120) Beitrag „Arme Ritter zwischen Baum und Borke? Phraseologismen deutscher Herkunft im hohen Norden" die finnische Germanistik. In der Untersuchung wird die deutsch-finnische Lehnphraseologie am Beispiel der im Titel erwähnten Phraseologismen in ihren sprach- und kulturhistorischen Aspekten erläutert. Neben dem Deutschen und Finnischen wird auch das Schwedische zur Kontrastierung herangezogen. Methodisch geht die Analyse von den gegenwartssprachlichen Wörterbuchangaben heraus, die sprach- und kulturhistorisch mit weiteren Informationen ergänzt werden. Aus den Ergebnissen geht hervor, dass die europäischen Phraseotraditionen und die Rolle des deutschen Kulturkreises darin nur durch sprachpragmatische und textsortenspezifische empirische Analysen vertieft werden können – und dass eine solche Vertiefung auch notwendig sei.[6]

Auch von Juha Mulli sind im Jahr 2010 zwei Artikel zu Phraseologismen erschienen: „Body-part Idioms across Languages" (Niemi u. a. 2010) und „Zum Gebrauch des Idioms ins Fettnäpfchen treten" (Mulli 2010). Die Thematik der Somatismen wird von Mulli derzeit in seiner Dissertationsarbeit „Untersuchungen zur lexikalischen Variabilität deutscher Somatismen unter besonderer Berücksichtigung der Kognitiven Linguistik" (Arbeitstitel) weiter erforscht, wobei auch einige Artikel im Entstehen sind, so dass von der germanistischen Phraseologismusforschung an der Universität Ostfinnlands auch in der Zukunft vieles erwartet werden kann.

Der Sammelband des Festsymposiums zum 60. Geburtstag von Irma Hyvärinen „Infinite Kontrastive Hypothesen" enthält ebenfalls einen phraseologiebezogenen Beitrag: Liimatainen (2010, 165–183) befasst sich mit Wunsch- und Anlassformeln als einer Untergruppe der Routineformeln. Dabei werden die Punkte thematisiert, die sprach-, kultur- und übersetzungsbezogen im Sprachenpaar Deutsch-Finnisch relevant sind. Es werden auch eine Typologie aufgestellt und die Funktionen der Wunsch- und Anlassformeln ermittelt. Der auffälligste Unterschied zwischen den Sprachen scheint bei denjenigen Formeln zu bestehen, mit denen man dem anderen Glück und Gelingen wünscht. Außerdem kommen im Finnischen viele Wunschformeln in der Pluralform vor.

Neben den schon genannten Beiträgen in der Festschrift für Keinästö, in den HSK-Bänden Phraseologie sowie neben der Herausgabe der EUROPHRAS 2008 -Akten und -Beiträge hat Jarmo Korhonen als führender finnischer Phraseologie-Forscher auch im hier zu beschreibenden Zeitrahmen zahlreiche wissenschaftliche Artikel zur Phraseologie besonders in Bezug auf die Lexikographie veröffentlicht, u. a. „Sprichwörter und zweisprachige Lexikographie: deutsch-schwedische und deutsch-finnische Wörterbücher im Vergleich" (2009a) und „Zur Überarbeitung der Phraseologie im Duden 11: Zweite und dritte Auflage im Vergleich" (2009c). Auch in dem „Großwörterbuch Deutsch-Finnisch" (2008) zeigt sich die spezielle Fachkenntnis Korhonens: In dem Werk werden ca. 9.000 Idiome und Sprichwörter gesondert aufgeführt und beschrieben.

Zahlreiche weitere Beiträge aus der finnischen Phraseologie-Forschung sind in Vorbereitung und im Druck. Im Frühjahr 2011 erschien der Sammelband „Beiträge zur pragmatischen Phraseologie" mit Hyvärinen und Liimatainen als Herausgeberinnen. Von den zahlreichen Beiträgen dieses Bandes können hier nur die folgenden erwähnt werden: Hyvärinen (2011b, 229–248) schreibt „Zur Abgrenzung und Typologie pragmatischer Phraseologismen" sowie „Zu deutschen Höflichkeitsformeln mit bitte und ihren finnischen Äquivalenten" (ebd. 147–203). Von Liimatainen (2011, 113–145) enthält der Band den Beitrag „Ach du Donner-

---

[6] Es ist noch zu erwähnen, dass in demselben Werk der Artikel „Challenges of Documenting the Idioms of an Endangered Language: The Case of Inari Saame" von Anna Idström (2010, 221–227) erschienen ist.

chen! – Voi herran pieksut!: Zur Wiedergabe der emotiven Formeln in deutschen und finnischen Übersetzungen". Gerade erschienen ist auch der Band „Phraseologismen in Textsorten" (Lenk/Stein 2011), der u. a. Artikel von Hyvärinen (2011c), Lenk (2011) und Richter-Vapaatalo (2011) enthält. Ebenfalls werden in dem Konferenzband der EUROPHRAS 2010 „Interkulturelle und sprachvergleichende Perspektiven auf Phraseologie und Parömiologie" Beiträge u. a. von Korhonen und Liimatainen erscheinen.[7] – Es gibt also vieles, worauf sich Freunde der finnisch-germanistischen Phraseologieforschung freuen können.

Schon diese Bestandsaufnahme zeigt, dass die Forschungsaktivitäten innerhalb der Phraseologie in Finnland insgesamt lebhaft sind. Die phraseologische Forschung wird vielseitig und aktiv betrieben – und sie trägt auch reiche Früchte.

4. LITERATUR

4.1. Sekundärliteratur

Breuer, Ulrich/Hyvärinen, Irma (Hg.) (2006): Wörter – Verbindungen. Festschrift für Jarmo Korhonen zum 60. Geburtstag. Frankfurt a. M.

Burger, Harald u. a. (Hg.) (2007): Phraseologie. Ein internationales Handbuch der zeitgenössischen Forschung. 2 Bde. Berlin/New York.

Florinus, Henrik (1987): Sananlaskut. Näköispainos vuonna 1702 ilmestyneestä sananlaskukokoelmasta. Wanhain Suomalaisten Tawaliset ja Suloiset Sananlascut. Jälkisanat Matti Kuusi. Helsinki.

Heine, Antje u. a. (2009): Kongressbericht: Internationale Konferenz Phraseologie global – areal – regional, veranstaltet vom Germanistischen Institut der Universität Helsinki und von der Europäischen Gesellschaft für Phraseologie. In: Neuphilologische Mitteilungen 110, 255–263.

Heininen, Simo (2007): Mikael Agricola. Elämä ja teokset. Helsinki.

Hyvärinen, Irma (2005): Zum phraseologischen Angebot im „Duden Standardwörterbuch Deutsch als Fremdsprache" (2002) und „Duden Wörterbuch Deutsch als Fremdsprache" (2003). In: Ewald Reuter/Tiina Sorvali (Hg.): Satz – Text – Kulturkontrast. Festschrift für Marja-Leena Piitulainen zum 60. Geburtstag. Frankfurt a. M., 91–129.

Hyvärinen, Irma (2007): Phraseologie des Finnischen. In: Harald Burger u. a. (Hg.) (2007). Bd. 2, 737–752.

Hyvärinen, Irma (2009): Zur Polyfunktionalität von bitte. Ein Beitrag zur Höflichkeitsphraseologie. Methodische Überlegungen und eine lexikographische Pilotstudie. In: Doris Wagner/Tuomo Fonsén/Henrik Nikula (Hg.) (2009), 229–248.

Hyvärinen, Irma (2011a): Zu deutschen Höflichkeitsformeln mit bitte und ihren finnischen Äquivalenten. In: Irma Hyvärinen/Annikki Liimatainen (Hg.) (2011), 147–203.

Hyvärinen, Irma (2011b): Zur Abgrenzung und Typologie pragmatischer Phraseologismen. In: Irma Hyvärinen/Annikki Liimatainen (Hg.) (2011), 9–43.

Hyvärinen, Irma (2011c): Routineformeln in kurzen Kaufgesprächen. Ein Beitrag zur Höflichkeitsphraseologie. In: Hartmut Lenk/Stephan Stein (Hg.) (2011), 177–200.

Hyvärinen, Irma/Liimatainen, Annikki (Hg.) (2011): Beiträge zur pragmatischen Phraseologie. Frankfurt a. M.

---

7 Wie auch von Idström.

Idström, Anna/Morottaja, Hans (2006): Inarinsaamen idiomisanakirja. Inari.
Keinästö, Kari (2010): Arme Ritter zwischen Baum und Borke? Phraseologismen deutscher Herkunft im hohen Norden. In: Jarmo Korhonen u. a. (Hg.) (2010a), 109–120.
Kohvakka, Hannele (2006): Zur Rolle der Phraseologismen bei der Entstehung von Ironie. In: Ulrich Breuer/Irma Hyvärinen (Hg.) (2006), 187–196.
Kolehmainen, Leena/Vesalainen, Marjo (2006): Zum Status der Adpositionalphrasen. Schnittpunkte zwischen Rektion, Phraeologie und Valenzalternation. In: Ulrich Breuer/Irma Hyvärinen (Hg.) (2006), 317–331.
Kolehmainen, Leena/Lenk, Hartmut E.H./Liimatainen, Annikki (Hg.) (2010): Infinite Kontrastive Hypothesen. Beiträge des Festsymposiums zum 60. Geburtstag von Irma Hyvärinen. Frankfurt a. M.
Korhonen, Jarmo (2005): Phraseologismen im GWDS. In: Herbert Ernst Wiegand (Hg.): Untersuchungen zur kommerziellen Lexikographie der deutschen Gegenwartssprache II. „Duden. Das große Wörterbuch der deutschen Sprache in zehn Bänden". Print- und CD-ROM-Version. Bd. 2. Tübingen, 109–128.
Korhonen, Jarmo (2007a): Zur Beschreibung der Valenz von Verbidiomen in neueren DaF-Wörterbuchern. In: Sandra Reimann/Katja Kessel (Hg.): Wissenschaften im Kontakt. Kooperationsfelder der deutschen Sprachwissenschaft. Tübingen, 109–122.
Korhonen, Jarmo (2007b): Phraseographie des Finnischen. In: Harald Burger u. a. (Hg.) (2007). Bd. 2, 1007–1017.
Korhonen, Jarmo (2007c): Probleme der kontrastiven Phraseologie. In: Harald Burger u. a. (Hg.) (2007). Bd. 2, 574–589.
Korhonen, Jarmo (Hg.) (2008): Saksa-suomi-suursanakirja. Großwörterbuch Deutsch-Finnisch. Helsinki.
Korhonen, Jarmo (2009a): Sprichwörter und zweisprachige Lexikographie. Deutsch-schwedische und deutsch-finnische Wörterbücher im Vergleich. In: Csaba Földes (Hg.): Phraseologie disziplinär und interdisziplinär.Tübingen, 537–549.
Korhonen, Jarmo (2009b): Zur Darstellung synonymer Idiome in allgemeinen und phraseologischen Wörterbüchern des Deutschen. In: Doris Wagner/Tuomo Fonsén/Henrik Nikula (Hg.) (2009), 167–183.
Korhonen, Jarmo (2009c): Zur Überarbeitung der Phraseologie im Duden 11. Zweite und dritte Auflage im Vergleich. In Wieland Eins/Friederike Schmöe (Hg.): Wie wir sprechen und schreiben. Wiesbaden, 131–143.
Korhonen, Jarmo u. a. (Hg.) (2010a): Phraseologie global – areal – regional. Akten der Konferenz EUROPHRAS 2008 vom 13.–16.8.2008 in Helsinki. Tübingen.
Korhonen, Jarmo u. a. (Hg.) (2010b): EUROPHRAS 2008. Beiträge zur internationalen Phraseologiekonferenz vom 13.–16.8.2008 in Helsinki. Helsinki. (http://www.helsinki.fi/deutsch/europhras/ep2008.pdf; 19.7.2011)
Kuusi, Matti (1957): Parömiologische Betrachtungen. Helsinki.
Lenk, Hartmut E. H. (2010): Phraseologismen im Austro-, Deutsch- und Ostrock. Exemplarische Analysen zur deutschsprachigen Rocklyrik der 80er Jahre. In: Jarmo Korhonen u. a. (Hg.) (2010b), 226–236. (http://www.helsinki.fi/deutsch/europhras/ep2008.pdf; 19.7.2011)
Lenk, Harmut E. H. (2011): Phraseologismen im Austropop-Klamauk. Ihre spielerische Verwendung in den Texten der ERSTEN ALLGEMEINEN VERUNSICHERUNG. In: Hartmut Lenk/Stephan Stein (Hg.) (2011), 255–280.
Lenk, Hartmut E. H./Stein, Stephan (Hg.) (2011): Phraseologismen in Textsorten. Hildesheim/Zürich/New York.
Liimatainen, Annikki (2009): Rutiini-ilmaisujen kääntämisen problematiikkaa. In: Mona Enell-Nilsson/Niina Nissilä (Hg.): Kieli ja valta. Vaasa, 263–274.
Liimatainen, Annikki (2010): Alles Liebe und Gute! Wunsch- und Anlassformeln im deutsch-finnischen Kontrast. In: Leena Kolehmainen/Hartmut E. H. Lenk/Annikki Liimatainen (Hg.) (2010), 165–183.

Liimatainen, Annikki (2011): Ach du Donnerchen! – Voi herran pieksut! Zur Wiedergabe der emotiven Formeln in deutschen und finnischen Übersetzungen. In: Irma Hyvärinen/Annikki Liimatainen (Hg.) (2011), 113–145.

Liimatainen, Annikki (2011): Das Problem der Übersetzbarkeit von Fluchformeln. In: Antonio Pamies/Lucía Luque-Nadal/José-Manuel Pazos (Hg.): Multilingual Phraseography: Translation and Learning Applications. Tagungsband der Konferenz EUROPHRAS 2010 „Interkulturelle und sprachvergleichende Perspektiven auf Phraseologie und Parömiologie" vom 30. Juni bis 2. Juli 2010 in Granada/Spanien. Bd. 2. Baltmannsweiler, (im Druck) 8 S.

Mulli, Juha (2007a): Zur Variation deutscher Somatismen. In: Christopher Hall/Sebastian Seyferth (Hg.): Finnisch-deutsche Begegnungen in Sprache, Literatur und Kultur. Berlin, 181-195.

Mulli, Juha (2007b): Lexical Observations on German Idioms. In: Marja Nenonen/Sinikka Niemi (Hg.): Collocations and Idioms 1. Papers from the First Nordic Conference on Syntactic Freezes. Joensuu, Finland, May 19-20, 2006. Joensuu, 193-199.

Mulli Juha (2008): Deutsche Phraseologismen. Eine lexikalische Korpusanalyse unter besonderer Berücksichtigung der Somatismen mit Hals als Komponente. Lizentiatenarbeit. Universität Joensuu.

Mulli, Juha (2010): Tief ins chinesische Fettnäpfchen treten. Zum Gebrauch des Idioms ins Fettnäpfchen treten/tappen unter besonderer Berücksichtigung der Modifikationen. In: Neuphilologische Mitteilungen 111. Helsinki, 387-406.

Niemi, Jussi u. a. (2010): Body-Part Idioms Across Languages: Lexical Analyses of VP Body-Part Idioms in English, German, Swedish, Russian and Finnish. In: Stefaniya Ptashnyk/Erla Hallsteinsdóttir/Noah Bubenhofer (Hg.): Korpora, Web und Datenbanken/Corpora, Web and Databases. Computergestützte Methoden in der modernen Phraseologie und Lexikographie/Computer-based Methods in Modern Phraseology and Lexicography. Baltmannsweiler, 67–76.

Parad, Jouko (2003): Biblische Verbphraseme und ihr Verhältnis zum Urtext und zur Lutherbibel. Frankfurt a. M.

Piitulainen, Marja-Leena (2006): Äquivalenz im Wörterbuch und im Text. Am Beispiel deutscher Verbidiome und ihrer finnischen Entsprechungen. In: Ulrich Breuer/Irma Hyvärinen (Hg.). (2006), 237–246.

Piitulainen, Marja-Leena (2009): Den Stier bei den Hörnern fassen/packen – tarttua/ottaa härkää sarvista. Indirekte Sättigung der Valenz der Verbidiome am Beispiel deutsch-finnischer Verbidiomatik. In: Doris Wagner/Tuomo Fonsén/Henrik Nikula (Hg.) (2009), 155–166.

Pirttisaari, Pasi (2006): Phraseologie im ,Gemeinsamen europäischen Referenzrahmen für Sprachen'. In: Ulrich Breuer/Irma Hyvärinen (Hg.) (2006), 247–257.

Püschel, Satumaija (2009): Unter aller Kritik. Marcel Reich-Ranicki und die Phraseologismen. In: Doris Wagner/Tuomo Fonsén/Henrik Nikula (Hg.) (2009), 199–209.

Raitaniemi, Mia (2009): Eine Konstruktion zu Extremerfahrungen. Mamma mia! Was für eine Rakete! In: Doris Wagner/Tuomo Fonsén/Henrik Nikula (Hg.) (2009), 211–228.

Richter-Vapaatalo, Ulrike (2006): Beobachtungen zur Phraseologie in fünf frühen deutschen Kinderbuchklassikern. In: Ulrich Breuer/Irma Hyvärinen (Hg.) (2006), 259–273.

Richter-Vapaatalo, Ulrike (2007): Da hatte das Pferd die Nüstern voll. Gebrauch und Funktion von Phraseologie im Kinderbuch. Untersuchungen zu Erich Kästner und anderen Autoren. Frankfurt a. M.

Richter-Vapaatalo, Ulrike (2010): Zur Übersetzung von Phraseologie in Kinderliteratur, am Beispiel von Kästners „Pünktchen und Anton". Sprachabhängig, kulturabhängig oder abhängig von der Kompetenz des Übersetzers? In: Jarmo Korhonen u. a. (Hg.) (2010b), 207–216.

Richter-Vapaatalo, Ulrike (2011): Phraseologie im Hörspiel zum Kinderbuchklassiker. Otfried Preußlers „Die kleine Hexe" in verschiedenen Hörspielfassungen. In: Hartmut Lenk/Stephan Stein (Hg.) (2011), 219–232.

Skog-Södersved, Mariann (2006): Phraseologismen in Überschriften. Am Beispiel der Regionalzeitung ,Vasabladet'. In: Ulrich Breuer/Irma Hyvärinen (Hg.) (2006), 291–300.

Skog-Södersved, Mariann (2007): Phraseologismen in den Printmedien. In: Harald Burger u. a. (Hg.) (2007). Bd. 2, 269–275.
Skog-Södersved, Mariann (2009): Zu Buchbesprechungen und ihrer Phraseologie in schwedischen und deutschen Tageszeitungen. In: Doris Wagner/Tuomo Fonsén/Henrik Nikula (Hg.) (2009), 185–198.
Vesalainen, Marjo (2007): Phraseme in der Werbung. In: Harald Burger u. a. (Hg.) (2007). Bd. 1 , 292–302.
Wagner, Doris/Fonsén, Tuomo/Nikula, Henrik (Hg.) (2009): Germanistik zwischen Baum und Borke. Festschrift für Kari Keinästö zum 60. Geburtstag. Helsinki.

4.2. Internetquellen

http://agricola.utu.fi/mikael/
http://fi.wikiquote.org/wiki/Suomalaisia_sananlaskuja
http://sokl.joensuu.fi/aineistot/Aidinkieli/kirjasuomi/agricola.html#Agricolan%20kielestä
http://www.europhras.org/
http://www.kotikielenseura.fi/virittaja/hakemistot/jutut/1993_51.pdf
http://www.mikaelagricolaseura.fi/

DER WESTFÄLISCHE ARBEITSKREIS PHRASEOLOGIE/PARÖMIOLOGIE 1991–2002

Forum der Phraseologieforschung aus wissenschaftsgeschichtlicher und wissenschaftssoziologischer Sicht

Dietrich Hartmann (Bochum)

1. WISSENSCHAFTSGESCHICHTLICHE UND WISSENSCHAFTSSOZIOLOGISCHE SICHTWEISEN

Nachdem das sprach- und kulturwissenschaftliche Interesse an phraseologischen Fragestellungen in Deutschland seit Ende der siebziger Jahre des 20. Jahrhunderts beträchtlich zugenommen hat, haben die damit befassten Akteure begonnen, sich selbst und ihre wissenschaftlichen Arbeiten zum Forschungsgegenstand zu machen. Der Wissenschaftsbetrieb sieht für diese Form der Selbstvergewisserung besondere Textgenres vor wie Forschungsberichte unterschiedlichen Formats je nach anhängiger Fragestellung, Darstellungen der Forschungsgeschichte eines Fachs oder Teilfachs, personen- oder institutionenbezogene schriftliche oder mündliche Genres wie z. B. Reden (Laudationes) anlässlich von Emeritierungen, Geburtstagen, Ordensverleihungen und anderen Arten öffentlichen oder halböffentlichen Lobs. Unser Rückblick auf den „Westfälischen Arbeitskreis Phraseologie/Parömiologie" (im Folgenden WAK) möchte dieses vor geraumer Zeit zu Ende geführte wissenschaftliche Forum sowohl unter wissenschaftsgeschichtlicher wie wissenschaftssoziologischer Sichtweise im kollektiven Gedächtnis der „scientific community" verankern – zumal es in Kühns (2007) Überblick über die Geschichte der Phraseologieforschung in Deutschland nicht erwähnt, geschweige denn gewürdigt wird. Das wissenschafts**geschichtliche** Interesse berücksichtigen wir im Folgenden dadurch, dass von dem berichtet wird, „was einmal gewesen ist" und „wo **action** war" (nach Erving Goffman), d. h. wo welche Konferenzen welche Ergebnisse erbracht haben, welche Wirkungen sie gezeitigt haben, wie die Ergebnisse dokumentiert worden sind und wie sie in die Entwicklung der sprachwissenschaftlichen Teildisziplin (so Kühn 2007) Phraseologie eingeordnet werden können. Mittels eines wissenschafts**soziologischen** Analysezugangs möchten wir erfahren, wo Menschen als Akteure in wissenschaftsgeprägten Situationen herkommen, wie sie sich beispielsweise in Konferenzen zur Phraseologie/Parömiologie verhalten, welche Textgenres und Typen von Sprechsituationen produziert werden, wie sich Institutionen wie das hier in Rede stehende verändert haben und welche Zukunft wissenschaftliche Veranstaltungen dieser Art haben mögen, insgesamt also etwas, was man einen ethnographischen, in vorliegenden Fall einen mikrosoziologischen Ansatz nennen könnte. Mit dem hier angedeuteten ethnographischen Ansatz werden die wissenschaftlichen Ereignisse nicht nur als geschriebene Produkte sichtbar wie beispielsweise in Kühns (2007) forschungsgeschichtlichem Rückblick auf die Phraseologieforschung in Deutschland, wo, wie in diesem Textgenre üblich, die Akteure (wenn sie Glück haben und nicht unterschlagen werden) mit Nennung von Namen, Erscheinungsjahr seines oder ihres wissenschaftlichen Beitrags und oft nur als bloße Elemente von entsprechenden Aufzählungen genannt werden. Die ethnographische Perspektive möchte die ausschließlich ergebnisorientierte traditionelle forschungsgeschichtliche Sichtweise auf wissenschaftliche Aktionen ergänzen, indem auch die Präsentation von Ergebnissen rahmenden Verhaltensweisen, besondere sprechsprachliche wie auch nichtsprachliche Aktionen der an Wissenschaftlertreffen Beteiligten mittels Beobachtung in die Analyse einbezogen werden, so dass sich eine wissenschaftliche Konferenz auch als kommunikatives Ereignis betrachten lässt – im vorliegenden Fall der WAK, allerdings nur auf Grund erinnerter Beobachtungen. Anders als in der Darstellungs- wie Wahrnehmungsweise der gewohnten Forschungsgeschichte, die auf wissenschaftliche Produkte der Schriftlichkeit fixiert ist, werden in der ethnographischen Sichtweise die Akteure vergleichsweise stärker als Handelnde, auch sprachlich-mündlich und nichtsprachlich Handelnde in unterschiedlichen Rollen (Vortragende, Veranstalter, Versorger, Entertainer, Elder statesman, Dienstleistende u. a.) wahrnehmbar; beide Sichtweisen können bei der folgenden wissenschaftsgeschichtlichen Berichterstattung nicht immer voneinander getrennt werden.

2. WAS WAR DER WESTFÄLISCHE ARBEITSKREIS PHRASEOLOGIE/PARÖMIOLOGIE?

Bis zu Beginn der neunziger Jahre des zwanzigsten Jahrhunderts verfügten die an Phraseologie und Parömiologie Interessierten nicht über eine stabile organisatorische Plattform, auf der ein regelmäßiger Gedankenaustausch hätte stattfinden können. Zwei Gründungsunternehmen zur Verbesserung der wissenschaftlichen Kommunikation unter den Forscherinnen und Forschern änderten die Situation. Seit den achtziger Jahren des 20. Jahrhunderts gibt es Vorläufer-Konferenzen der heutigen „Europäischen Gesellschaft für Phraseologie" (entnommen deren Homepage), die schließlich vereinsrechtlich verbindlich im Jahr 1999 in Bielefeld gegründet worden ist, unter Mitwirkung der Veranstalter des WAK und auch unter Mitwirkung von Jarmo Korhonen. Bereits am 7. Juni 1991 wurde in einem Kolloquium zur Phraseologie und Parömiologie in Münster die Idee zur Gründung des Westfälischen Arbeitskreises geboren (vgl. den Bericht in Taubken 1991), wobei ein Teil der Anwesenden auch Besucher der Europhras-Konferenzen waren. Das erste Treffen des WAK veranstalteten Peter Grzybek und Christoph Chlosta am 18.1.1992 an der Ruhr-Universität Bochum. Die in Jahresabstand darauf folgenden stets eintägigen Tagungen des WAK fanden wechselweise an vier Universitäten aus dem westfälischen Raum statt (vgl. zur Geschichte des WAK auch

Chlosta/2004a, Chlosta/Hartmann 2004b), die Abfolge der Tagungen ist zusammen mit den Namen der Veranstalter in Tabelle 1 festgehalten.

1991	Münster	Westfälische Kommission für Mundart- und Namenforschung „Kolloquium zur Parömiologie und Phraseologie"
1992	Bochum	Peter Grzybek/Christoph Chlosta
1993	Münster	Elisabeth Piirainen/Hans Taubken
1994	Essen	Rupprecht S. Baur/Christoph Chlosta
1995	Bielefeld	Jan Wirrer
1996	Bochum	Dietrich Hartmann
1997	Essen	Rupprecht S. Baur/Christoph Chlosta
1998	Münster	Elisabeth Piirainen
1999	Bielefeld	Jan Wirrer
2000	Bochum	Dietrich Hartmann
2001	Münster	Elisabeth Piirainen/Ilpo Tapani Piirainen
2002	Bielefeld	Europäische Gesellschaft für Phraseologie und WAK (Földes/Wirrer)

Tabelle 1: Veranstaltungsorte und Veranstalter des Westfälischen Arbeitskreises Phraseologie/Parömiologie

Der WAK hat sich vom Beginn seiner Arbeit 1992 bis zu seiner Auflösung 2002 als ein ausgesprochen informelles Forum zum Austausch über phraseologische und parömiologische Fragen verstanden. Der Arbeitskreis war erklärtermaßen überfachlich, d. h. die Grenzen der universitären einzelphilologischen Fächer überschreitend und weiter interdisziplinär konzipiert (vgl. Chlosta/Grzybek/Piirainen 1994, VIII), was an der thematischen Vielfalt der Vorträge, an der Vielfalt der zu Grunde gelegten Sprachen und der Vielfalt der Herkunftsländer der beteiligten Akteure ablesbar ist (s. unten). Überfachliche und interdisziplinäre Ausrichtung des WAK, sein wissenschaftlicher Erfolg im Forschungsfeld der Phraseologie und Parömiologie lassen sich mit mehreren forschungsfreundlichen Faktoren in Verbindung bringen. Das damalige DFG-Projekt „Sprichwörter-Minima im Deutschen und Kroatischen" (Leitung: Peter Grzybek, Wolfgang Eismann u. a.) und die beständige und zuverlässige Teilnahme mehrerer Slawisten erleichterten gleichermaßen den Einbezug slawistischer wie osteuropäischer Forschungstraditionen und -ergebnisse sowie zumindest partiell slawistischer Interessenten aus Deutschland. Die Vertretung des Fachs „Deutsch als Zweitsprache/Deutsch als Fremdsprache" (Rupprecht S. Baur) war über die förderliche Nachbarschaft zu einschlägigen Projekten hinaus fruchtbar für Tagungseinladungen an Kolleginnen und Kollegen von Partner-Universitäten in Osteuropa. Ein weiterer forschungsförderlicher Katalysator für das Selbstverständnis einiger WAK-Mitglieder, aber auch für die wissenschaftliche Leistung des WAK, war die Arbeit am „Westfälischen Sprichwortarchiv" des Landschaftsverbandes Westfalen-Lippe (Leitung: Irmgard Simon) und die Forschungstradition zum Niederdeutschen (Elisabeth Piirainen, Jan Wirrer). Last but not least: Tagungsgebühren entfielen für die WAK-Treffen. Daher war der Besuch der WAK-Tagungen insbesondere für studentische Tagungsteilnehmer relativ preiswert verglichen mit den heute weithin üblichen, immer größer werdenden wissenschaftlichen Kongressen mit Kongressgebühren und Übernachtungskosten, zumal mit Essen, Bochum, Bielefeld und Münster zentral gelegene und daher für Inländer (preis-)günstig zu erreichende Orte gewählt waren.

Heute geraten sprachwissenschaftliche Konferenzen immer mehr zu Großveranstaltungen mit tendenziell wachsender Teilnehmerzahl, mit Zugangsbarrieren (Einreichen und Prüfen von Vortragsabstracts, Kongressgebühren), mit zunehmender Komplexität des Tagungsgeschehens (Einrichtung von Parallelsektionen), zunehmender Komplexität der Organisation (Suche nach Sponsoren, Anbieten von Begleitprogrammen u. a.). Demgegenüber ist der Tagungsablauf des WAK einfach zu nennen. Ohne die Organisationsarbeit des WAK zu einer Idylle verklären zu wollen, ist es aus heutiger Sicht mehr als bemerkenswert, dass sich bei den Tagungen des WAK Forscherinnen und Forscher ausschließlich aus Interesse an ihrem wissenschaftlichen Gegenstand getroffen haben, ohne weiteren Ehrgeiz an Repräsentation und akademischem Glamour. Natürlich mussten auch hier Drittmittel, wenn auch in relativ geringem Ausmaß, eingeworben werden, insbesondere für die Drucklegung der Tagungsakten. Gleichartige Veranstaltungen sind im heutigen sprachwissenschaftlichen Wissenschaftsbetrieb, so weit ich sehe, nur noch selten anzutreffen.[1]

3. ZIELSETZUNGEN, REGIONALITÄT UND INTERNATIONALITÄT

Markante Kennzeichen des „Westfälischen Arbeitskreises Phraseologie/Parömiologie" waren thematische Vielfalt der angebotenen Beiträge (vgl. die in Tabelle 2 unten mit den grob typisierten Themen) sowie der ausdrückliche Wunsch nach deren intensiver Diskussion. Für kein Treffen des WAK hat es ein Rahmenthema gegeben; die Einrichtung eines „Runden Tischs" im Jahr 2000 bei dem Bochumer Treffen war der Versuch, aktuelle Tendenzen, Forschungslücken und Forschungsbedarf innerhalb der Phraseologie herauszufinden (dokumentiert in Hartmann/ Wirrer 2002, 327–448). Der Wunsch nach einer ausführlichen Diskussion der präsentierten Vorträge entsprang nicht nur der Absicht zur Verbesserung der wissenschaftlichen Qualität der Beiträge, sondern auch dem erklärten Willen zur Förderung von Qualifikationsarbeiten und des wissenschaftlichen Nachwuchses. Von Mitgliedern des WAK betreute Dissertationen waren die von Petra Balsliemke, Samhwa Kim-Werner, Günter Nahberger und Regula Schmidlin; zu den thematisch einschlägigen Magister- und Examensarbeiten gehören die von Claudia Cre-

---

1 Vergleichbar mit der Tagungskonzeption des WAK ist heute aus meiner Sicht der „Arbeitskreis Angewandte Gesprächsforschung", der im November 2010 sein 47. (!) Treffen dieses Mal an der Ruhr-Universität Bochum abgehalten hat.

de, Astrid Erdmann, Udo Lakemper, Meinolf Lange, Torsten Ostermann, Ulrike Preußer und Ina Schlicker.[2]

Der WAK strebte nicht nur Themenvielfalt und Bereitschaft zur förderlichen Diskusssion von innovativen Ideen an, sondern versuchte darüber hinaus, andere mit Sprache, Sprachlehren und Sprachlernen befasste Berufsgruppen mit einzubeziehen. Lehrerinnen und Lehrer wie Petra Balsliemke, Klaus Dieter Pilz und Peter Stolze bereicherten kraft ihrer Kenntnis von gesprochener „Jugendsprache" und Erfahrungen mit Phraseologismen als Unterrichtsgegenstand die gemeinsame Arbeit mit universitären Lehrpersonen.

Es muss allerdings daran erinnert werden, dass thematische Vielfalt nicht nur eine Eigenschaft des WAK war, sondern die Forschungssituation in der gesamten deutschsprachigen und europäischen Phraseologieforschung der neunziger Jahre bis in die Gegenwart kennzeichnet.

Wie bereits an anderer Stelle ausgeführt (vgl. Chlosta/Hartmann 2004, 237f.), wurde der WAK zwar in Westfalen gegründet, tagte auch ausschließlich an westfälischen oder Westfalen benachbarten Universitäten, bearbeitete auch Forschungsfelder im westfälischen Raum, ging aber von Anfang an mit Themen und Teilnehmerschaft weit über die Grenzen Westfalens hinaus und bezog andere deutschsprachige und europäische Sprachlandschaften ein. Die Internationalität der Themen und des Publikums des WAK liegt nicht nur in der Vielfalt der beteiligten Wissenschaftstraditionen und der Arbeitsgebiete der hier versammelten Forscherinnen und Forscher, sondern auch, nicht zu vergessen, im universellen Charakter des Gegenstands „Phraseologismen und Sprichwörter" begründet. Vortragende aus folgenden Ländern waren vertreten: Belgien, Deutschland, Frankreich, Island, Kroatien, Luxemburg, Österreich, Polen, Russland, Schweiz, Slowakei, Südkorea, Ungarn. Die Internationalität der aktiv am Tagungsgeschehen und am Gedankenaustausch innerhalb des WAK beteiligten Forscherinnen und Forscher war mit Sicherheit keine nur wünschenswerte, notfalls entbehrliche Eigenschaft des WAK, sondern wegen des vermutlich in allen Sprachen beheimateten Gegenstands eine notwendige Bedingung, die die Inanspruchnahme der Kompetenz von Forschungspersonen aus möglichst vielen Ländern erforderte.

4. ZUR WISSENSCHAFTLICHEN LEISTUNG DES WESTFÄLISCHEN ARBEITSKREISES PHRASEOLOGIE/PARÖMIOLOGIE

Die geschriebenen wissenschaftlichen Spuren der eintägigen WAK-Tagungen finden sich in sechs Sammelbänden wieder (vgl. das Verzeichnis der Tagungsdokumentationen in Anhang 1 unten). Wegen der oben angesprochenen konzeptionell festgelegten thematischen Breite der jährlichen Treffen des WAK ist ein thematischer Schwerpunkt für eine einzelne Tagung nicht zu erwarten. Betrachtet man die Tagungsdokumentationen nicht nur als eine Art Archiv für die einzelnen Konferenzen von 1991 bis 2002, sondern auch als wissenschaftsgeschichtliche

---

2   Ohne Gewähr für die Vollständigkeit der Aufzählung.

Quellen der phraseologischen Forschung, dann liegt die weitere Frage nach deren methodischer Auswertung nahe, es sei denn, man begnügt sich mit einer bloßen Aufzählung von Vortrags- bzw. Aufsatztiteln, ein kaum ergiebiges Verfahren. Wir versuchen, eine Grundlage für eine geschichtliche Einordnung der schriftlichen Spuren der WAK-Tagungen zu gewinnen, indem wir deren Beiträge in Tabelle 2 unten nach dem Gliederungssystem des HSK-Bandes 28 „Phraseologie/Phraseology" als Referenzrahmen kategorisieren. Die Kategorisierung der einzelnen Beiträge nach der Gliederungssystematik des HSK-Bandes „Phraseologie/Phraseology" in Tabelle 2 ist gelegentlich nicht ganz unproblematisch[3], Nachweise der hier vorgenommenen Kategorisierung von Beiträgen zur HSK 28-Systematik, die in Tabelle 2 vollständig übernommen wurde[4], sind als „Anhang 2" unten aufgeführt.

Die Analyse der nach den Kapiteln von HSK 28 „Phraseologie/Phraseology" gegliederten Beiträge des WAK in Tabelle 2 verfolgt mehrere Zielsetzungen: Erkundung von positiven und negativen Tendenzen[5] des wissenschaftlichen Interesses im Rahmen des WAK sowie Herstellen von Bezügen zur heutigen Phraseologieforschung. Mehrere der folgenden Schlussfolgerungen können nicht auf der Zahlenbasis von Tabelle 2 allein, sondern nur in Verein mit anderen bekannten Fakten der Forschungslage gezogen werden.

---

3 Jeder Beitrag der Sammelbände wird nur einer Klasse der Systematik von HSK „Phraseologie/Phraseology" zugewiesen. Kreuzklassifikationen sind nicht zugelassen. Viele Arbeiten zur Phraseologie können jedoch bei der Klassifizierungsarbeit mehreren Klassen zugewiesen werden und auch die Zuweisung zu nur einer Klasse kann ob ihrer Berechtigung angezweifelt werden. Beispielsweise könnte Burger (1998), „Helvetismen in der Phraseologie – Vorkommen und stilistische Funktionen" nach der HSK-Systematik unter „Kapitel" IV „Pragmatik – Stilistik – Rhetorik der Phraseme [...]" oder/und XII „Areale Aspekte der Phraseologie [...]" untergebracht werden. Burger (1998) wurde nach HSK-Band, IV kategorisiert, weil die behandelten stilistischen Aspekte im Vordergrund stehen.

4 Vereinzelt wurden den Namen der Inhaltssystematik von HSK „Phraseologie" erläuternde Zusätze zur Verdeutlichung in Klammern beigefügt, so nach Kapitel „II" und „III". „XIV" wurde für unsere Zwecke mit „XIVa" und „XIVb" vom Original abweichend untergliedert. Die nicht eingeklammerten Jahreszahlen beziehen sich auf den Zeitpunkt der damit gemeinten Konferenz des WAK, die eingeklammerten auf das Erscheinungsjahr der zugehörigen Dokumentation.

5 Meike Schwabe kritisiert in ihrer Rezension einer der Akten des WAK (Hartmann/Wirrer 2002), „dass sich auch in diesem Band nur wenige Artikel finden lassen, die die empirischen Forschungsansätze über lexikographierte Korpora hinaus auch an Materialien des alltäglichen Sprachgebrauchs konsequent anwenden" (Schwabe 2003, 465). Prüft man die Kritik an mehreren Sammelbänden phraseologischer Forschungsergebnisse wie beispielsweise an den Bänden des WAK, so findet man sehr wohl „empirische Forschungsansätze" phraseologischer Forschung, wenn damit die Verwendung von Phraseologismen in einzelnen Textsorten gemeint sein sollte. Erst die Analyse von Dokumentationen über einen Zeitraum hinweg, wie sie aus Tabelle 2 unten hervorgehen, erlaubt Aussagen über fehlende oder vorhandene thematische Schwerpunkte. Schwabes (2003) an nur einem Band orientierte Kritik geht daher ins Leere.

	Inhaltssystematik von HSK „Phraseologie", Jahr der Tagung (Erscheinungsjahr der Akten)	1992, 1993 (1994)	1994, 1995 (1995)	1996 (1998)	1997, 1998 (1999)	1999, 2000 (2002b)	2001 (2002a)	Gesamt
I.	Objektbereich, Terminologie und Forschungsschwerpunkte [...]	2						2
II.	Strukturelle Aspekte der Phraseme [...] (Grammatische Aspekte)			1	1	5		7
III.	Semantik der Phraseme [...] (semantische Besonderheiten)	1			1	1		3
IV.	Pragmatik – Stilistik – Rhetorik d. Phraseme[...]			1	1	2		4
V.	semiotische Aspekte der Phraseme [...]	1				1		2
VI.	Phraseme im Diskurs [...]							
VII.	Phraseme in einzelnen Text- und Gesprächssorten [...]	1	3	1	4	6	1	16
VIII.	Phraseme in literarischen Texten und Autorenphraseologie [...]	1				1		2
IX.	Sprichwörter [...]	2	4	2	2	2	2	14
X.	Besondere Typen von Phrasemen [...]			1	1	2	2	6
XI.	Fachphraseologie [...]				1			1
XII.	Areale Aspekte der Phraseme [...]		1	1		1	1	4
XIII.	Phraseme im Sprachgebrauch und in der Übersetzung [...]		3	1	2		1	7
XIV.a	Phraseologie einzelner Sprachen: Deutsch [...]	1		1	1		1	4
XIV.b	Phraseologie anderer Sprachen [...]		1	1	1	1	2	6
XV.	Kognitive und psycholinguistische Aspekte d. Phraseologie		1	1	2			4
XVI.	Spracherwerb und Didaktik der Phraseme [...]		1	1	3	1		6
XVII.	Phraseographie [...]		2			1		3
XVIII.	Computerlinguistische Aspekte der Phraseologie [...]	1						1
XIX.	Korpuslinguistische Aspekte der Phraseologie [...]					2		2
XX.	Historische Phraseologie [...]	1		2	1	3	3	10
		11	17	14	20	28	15	

Tabelle 2: Versuch einer Zuordnung der Beiträge in Sammelbänden des WAK zu der Gliederungssystematik für phraseologische Forschung des HSK-Bandes 28 „Phraseologie/Phraseology" (2007)

Zunächst bestätigt die breite Streuung der WAK-Beiträge über die Systematik der Kapitel von HSK 28 „Phraseologie/Phraseology" in Tabelle 2 die eingangs beschriebene thematische Breite der WAK-Konferenzen. Sie reicht über fast alle Kapitel des Handbuchs, sogar über neuere Entwicklungen, die durch die Kapitel XV „Kognitive und psycholinguistische Aspekte der Phraseologie" und XIX „Korpuslinguistische Aspekte der Phraseologie" angedeutet sind. In Übereinstimmung mit der Entwicklung in der deutschen Sprachwissenschaft setzt das Interesse für die Abteilung XV verhältnismäßig spät ein. Dagegen sind in Tabelle 2 andere Kapitel des Handbuchs nur schwach vertreten, wie XI „Fachphraseologie" und auch das wichtige Kapitel II „Strukturelle Aspekte der Phraseme", oder gar nicht abgedeckt, wie Kapitel VI „Phraseme im Diskurs", was unseres Erachtens kein Zufall ist. Abschnitt VI „Phraseme im Diskurs" des Handbuchs „Phraseologie/Phraseology" vermag sowohl nach seiner Aufgliederung in Einzelthemen wie nach deren Ausführung nicht zu überzeugen, zum Teil bedingt durch die unbefriedigende Forschungslage. Offensichtlich ist zwischen Phraseologie- und Gesprächsforschung (noch) kein fruchtbarer Austausch hergestellt worden. Die relativ niedrigen Beiträgezahlen in Tabelle 2 für Kapitel III „Semantik der Phraseme" und XV „Kognitive und psycholinguistische Aspekte der Phraseologie" erlauben, jede Zahl für sich genommen, keine Schlussfolgerungen über eine Interessentendenz, da diese Kapitel bereits im Handbuch „Phraseologie/Phraseology" nicht genügend trennscharf sind. Weiter entnehmen wir der Tabelle 2 an positiven Forschungsinteressen im WAK die deutlich erkennbare Fruchtbarkeit der Themengruppen VII „Phraseme in einzelnen Text- und Gesprächssorten", IX „Sprichwörter" und XX „Historische Phraseologie". Die zahlenmäßig relativ schwache Ausprägung von XIV b „Phraseologie anderer Sprachen" in den WAK-Beiträgen ist auffällig und deutet ein Übergewicht der germanistischen Fachbeiträge an.

5. ZUR ÖFFENTLICHEN WIRKUNG DES WESTFÄLISCHEN ARBEITKREISES PHRASEOLOGIE/PARÖMIOLOGIE

Die kontinuierlich angestiegenen Zahlen der Vortragsanmeldungen und Teilnehmer lässt sich als wachsendes Bedürfnis nach Information über den Forschungsstand der phraseologische Forschungen und nach einem Diskussionsforum der eigenen Arbeiten auffassen. Waren es 1992 etwa 30 Teilnehmerinnen und Teilnehmer, so wuchs die Zahl im Laufe der Jahre auf etwa 100 an. Bemerkenswert war das Echo der WAK-Tagungen in den Medien. Das Medieninteresse, insbesondere an der Herkunft von Redewendungen und Sprichwörtern, lässt sich durch die vergleichsweise hohe Zahl an Interviewwünschen von Zeitungs- wie auch Radiojournalisten während der Tagungen des WAK belegen. Dazu kamen unregelmäßig journalistische Anfragen hauptsächlich zur Etymologie von Redewendungen und Sprichwörtern, ein mediales Interesse, das zumindest im Hörfunk mittels der Einrichtung von einschlägigen Sendeformaten zu Wendungen und Sprichwörtern sichtbar wird.⁶ Die 1999 gegründete Europäische Gesellschaft für Phraseologie hat viele Aufgaben übernommen, die sich der WAK einst gesetzt hat; sie hat der Phraseologieforschung eine gleichermaßen stärkere Professionalisierung, Internationalisierung und erhöhte wissenschaftliche Beachtung verschafft. Andererseits besuchten Teilnehmer am WAK auch die Tagungen der Europäischen Gesellschaft für Phraseologie, so dass diese die Arbeit des WAK ausgiebig nutzen konnte, ein Gewinn, der sich beispielsweise in der personellen Zusammensetzung des Gründungskomitees 1999 und der gemeinsam vom WAK und der Europäischen Gesellschaft für Phraseologie durchgeführten Tagung 2002 in Loccum gezeigt hat (vgl. Földes/Wirrer 2004).

Sind die direkten Wirkungen des WAK auf seine wissenschaftliche und außerwissenschaftliche Umgebung verhältnismäßig leicht auszumachen, so gilt dies nicht für solche, die eher als „Langzeiteffekte" gelten müssen, zumal sie oft ausschließlich an die wissenschaftliche Biographie je einzelner Personen gebunden sind und ohne geeignete Erhebungen kaum überliefert werden können. Den geneigten Leser um Erlaubnis bittend, im Folgenden ausnahmsweise nur den Lebens- und Erfahrungshorizont des Berichterstatters als Quelle zu benutzen, ist von einem auf Dauer angelegten Transfer und der Nutzbarmachung phraseologischen Wissens für weitere Kreise zu berichten. Das Interesse des Berichterstatters an Phraseologismen führte dazu, bei der Gründung des „Deutschen Aphorismus-Archivs" 2004 in Hattingen und den zweijährlich stattfindenden Tagungen der kleinen Gemeinde von Aphoristikern mit zu arbeiten. Die Mitwirkung bestand darin, Lesungen von Aphorismen in der interessierten Öffentlichkeit und in den Schulen sowie schulische Projekte zu Sprichwörtern zu unterstützen sowie die Aphoristikergemeinde und interessierte Öffentlichkeit durch Vorträge mit Ergebnissen phraseologischer Forschung bekannt zu machen.⁷

6. DIE TAGUNGEN DES WAK ALS KOMMUNIKATIVE EREIGNISSE

Üblicherweise sind Konzeption und Ablauf philologischer, insgesamt kulturwissenschaftliche Tagungen nicht genuiner Gegenstand von wissenschaftsgeschichtlichen Überblicken über Entwicklungen in einem Fach oder Teilfach wie beispielsweise der Phraseologieforschung. In Abweichung von dieser Tradition fassen wir im Folgenden wissenschaftliche Tagungen nicht nur als Plattform zur Präsentation und Diskussion von Forschungsergebnissen auf, sondern begreifen sie auch als kommunikative Ereignisse, deren Ablauf mit geeigneten Mitteln beschrieben und analysiert werden kann. Auf die damit angesprochenen Beschreibungs- und Analysemethoden kann hier nur mit dem Hinweis auf die rollentheo-

---

6 Vgl. z. B „LebensArt" des öffentlich-rechtlichen Senders WDR 5, Köln.
7 In den organisatorischen Zusammenhang zwischen dem Deutschen Aphorismus-Archiv und dem zweiten Aphoristikertreffen 2.–4.11.2006 ist der Vortrag Hartmann (2007) „Aphorismus und Sprichwort. Linguistische Untersuchungen zu Form und Inhalt" einzuordnen.

retischen Arbeiten Erving Goffmans[8] eingegangen werden, in denen er sich zu Teilen der Theatermetaphorik zur Beschreibung von Kommunkationssituationen bedient hat. So lässt sich auch bei der Beschreibung von wissenschaftlichen Tagungen von deren Inszenierung, dem oder den Regisseuren, der Aufführung (*performance*), Rollenverteilung sprechen, weiterhin auch von Erfolg oder Misserfolg beim Publikum.

Die eintägigen Tagungen des „Westfälischen Arbeitskreises Phraseologie/Parömiologie" fanden in teils mehr, teils weniger behaglich wirkenden Räumen der beteiligten vier Universitäten Bochum, Bielefeld, Essen und Münster statt. Die Alimentierung mit Essen erfolgte auf der ersten Tagung sogar aus Eigenmitteln, indem der Vater einer studentischen Mitarbeiterin in Peter Grzybeks DFG-Projekts „Sprichwörter – Minima im Deutschen" einen kroatischen Auflauf gespendet hat. Die Einwerbung von Drittmitteln erleichterte später die Versorgung, so dass der Austausch von Ideen und Entwürfen bei den jeweiligen Essen fortgesetzt werden konnte. Wie von anderen (Kultur-)Tagungen gewohnt, waren auch bei den Veranstaltungen des Westfälischen Arbeitskreises Phraseologie/Parömiologie erforderliche Rollen vordefiniert (Veranstalter/Einladender, Vortragende, Publikum, studentische Hilfskräfte). War das bereits erwähnte informelle „Klima" dieses Arbeitskreises Ursache oder Ergebnis für das Entstehen und die Realisierung tagungsunüblicher, neuer kommunikativer Rollen? Zu notieren ist hier jedenfalls die regelmäßig zum Abschluss jeden Treffens des Arbeitskreises vorgetragene humorig und witzig gehaltene resümierende Würdigung der zuvor gehörten Vorträge durch den (tagungs-)erfahrenen Kollegen, der damit vorübergehend in die Rolle „Elder statesman" schlüpfte, unterhaltsam und vorsichtig beurteilend. Für wissenschaftliche Treffen ungewohnt, dennoch sehr willkommen und von den Anwesenden mit dem Ausdruck der freudigen Überraschung entgegengenommen war auf einem der Treffen die Kuchenspende jener universitäts-, tagungs- wie welterfahrenden Kollegin, eine Gabe, die den informellen Charakter des Arbeitskreises gleichzeitig mitschuf wie bestätigt hat. Kommunikative Rollen wie die des „Elder statesman" in der humorig angelegten Version wie die der gleichermaßen wissenschafts- wie backerfahrenen professoralen Spenderin sind m. E. nur auf kleinen wissenschaftlichen Tagungen wie denen des Westfälischen Arbeitskreises Phraseologie/Parömiologie wirksam. Der WAK – ein informell gehaltener wissenschaftlicher Arbeitskreis, der 2002 an die Grenzen seiner organisatorischen Möglichkeiten gestoßen ist und sich daher aufgelöst hat. Auch in Zukunft bedarf es aus meiner Sicht „kleiner" wissenschaftlicher Tagungen, möglicherweise spezialisiert auf die Behandlung vorgegebener Rahmenthemen, um als förderliches wissenschaftliches wie kommunikatives Erlebnis wirken zu können.

---

8 Vgl. Goffman (1969).

7 LITERATUR

Balsliemke, Petra (2001): „Da sieht die Welt schon anders aus". Phraseologismen in der Anzeigenwerbung. Modifikation und Funktion in Text-Bild-Beziehungen. Baltmannsweiler.

Burger, Harald (2010): Phraseologie. Eine Einführung am Beispiel des Deutschen. 4., neubearb. Aufl. Berlin. 1. Aufl. 1998.

Burger, Harald u. a. (Hg.) (2007): Phraseologie. Ein internationales Handbuch zeitgenössischer Forschung. 2 Bde. Berlin/New York.

Chlosta, Christoph/Hartmann, Dietrich (2004a): Der Westfälische Arbeitskreis Phraseologie/Parömiologie 1991 bis 2002. Ein aktuelles Stück Wissenschaftsgeschichte. In: Czaba Földes/Jan Wirrer (Hg.): Phraseologismen als Gegenstand sprach- und kulturwissenschaftlicher Forschung. Baltmannsweiler, 15–23.

Chlosta, Christoph/Hartmann, Dietrich (2004b): Regional. International, Erfolgreich. Zur wissenschaftlichen Arbeit und öffentlichen Wirkung des Westfälischen Arbeitskreises Phraseologie/Parömiologie 1991 bis 2001. In: Niederdeutsches Wort 44, 235–241.

Crede, Claudia/Lakemper, Udo (1996): Das Ruhrgebiet – eine sprachliche Einheit? Erhebung von Redewendungen und Ermittlung ihres Bekanntheitsgrades in verschiedenen Regionen des Ruhrgebiets. Magisterarbeit. Ruhr-Universität Bochum.

Erdmann, Astrid (1999): Empirische Untersuchungen zur Kenntnis von Sprichwörtern und Redensarten bei Kindern und Jugendlichen in der Gegenwart. Staatsarbeit Ruhr-Universität Bochum.

Földes, Czaba/Wirrer, Jan (Hg.) (2004): Phraseologismen als Gegenstand sprach- und kulturwissenschaftlicher Forschung. Akten der Europäischen Gesellschaft für Phraseologie (EUROPHRAS) und des Westfälischen Arbeitskreises „Pharaseologie/Parömiologie" (Loccum 2002). Baltmannsweiler.

Goffman, Erving (1969): Wir alle spielen Theater. Die Selbstdarstellung im Alltag. München. [Zuerst englisch: The Presentation of Self in Everyday Life. New York 1959].

Hartmann, Dietrich (2007): Aphorismus und Sprichwort. Linguistische Untersuchungen zu Form und Inhalt. In: Petra Kamburg/Friedemann Spicker/Jürgen Wilbert (Hg.): Gedankenspiel. Aphorismen. Fachbeiträge. Illustrationen. Dokumentation zum 2. bundesweiten Aphoristikertreffen vom 2.–4. November 2006 in Hattingen an der Ruhr. Bochum.

Kim-Werner, Samhwa (1996): Phraseologisches Wörterbuch Deutsch-Koreanisch. Am Beispiel der somatischen Phraseologismen. Seoul. [Zuerst: Diss. Ruhr-Universität Bochum].

Kühn, Peter (2007): Phraseologie des Deutschen: Zur Forschungsgeschichte. In: Harald Burger u. a. (Hg,) (2007), 619–643.

Lange, Meinolf (1995): Die Verwendung sprachlicher Vorlagen in Texten der Anzeigenwerbung. Staatsarbeit. Ruhr-Universität Bochum.

Nahberger, Günter (2000): Morgen ist auch noch ein Tag – eine Theorie mythischer Sätze. Baltmannsweiler. [Zuerst: Diss. Universität Essen].

Ostermann, Torsten (1996): Untersuchungen zu sprachlichen Besonderheiten im Deutschen bei Aussiedlern aus der ehemaligen UdSSR. Staatsarbeit Universität Essen.

Preußer, Ulrike (2003): Warum die Hündin die Hosen an und Mutter Luchs alle Pfoten voll zu tun hat. Vorkommen und Verwendung von Phraseologismen in der populärwissenschaftlichen Literatur am Beispiel der Verhaltensforschung. Baltmannsweiler. [Zuerst: Magisterarbeit Universität Bielefeld].

Schlicker, Ina (2003): Sekundäre Oralität als Form moderner Medienkommunikation: Linguistische Untersuchungen zur Sprache der Fernsehnachrichten. Diss. Ruhr-Universität Bochum.

Schmidlin, Regula (1999): Wie Deutschschweizer Kinder schreiben und erzählen. Eine kontrastive Analyse von Textstruktur und Lexik in mündlichen und schriftlichen Erzählungen von deutschschweizerischen und deutschen Primarschulkindern. Basel/Tübingen.

Schwabe, Meike (2003): [Rezension von Hartmann/Wirrer (Hg.) (2002)]. In: Proverbium 20, 459–466.

Taubken, Hans (1991): Kolloquium „Parömiologie und Phraseologie" am 7. Juni 1991. In: Niederdeutsches Wort 31, 1–5.

ANHANG 1: TAGUNGSDOKUMENTATIONEN DES WESTFÄLISCHEN ARBEITSKREISES PHRASEOLOGIE/PARÖMIOLOGIE

Chlosta, Christoph/Grzybek, Peter/Piirainen, Elisabeth (Hg.) (1994): Sprachbilder zwischen Theorie und Praxis. Akten des Westfälischen Arbeitskreises „Phraseologie/Parömiologie 1991/1992". Bochum.

Baur, Rupprecht S./Chlosta, Christoph (Hg.) (1995): Von der Einwortmetapher zur Satzmetapher. Akten des Westfälischen Arbeitskreises „Phraseologie/Parömiologie 94/95". Bochum.

Hartmann, Dietrich (Hg.) (1998): „Das geht auf keine Kuhhaut." Arbeitsfelder der Phraseologie. Akten des Westfälischen Arbeitskreises „Phraseologie/Parömiologie 1996". Bochum.

Baur, Rupprecht S./Chlosta, Christoph/Piirainen, Elisabeth (Hg.) (1999): Wörter in Bildern, Bilder in Wörtern. Beiträge zur Phraseologie und Sprichwortforschung aus dem Westfälischen Arbeitskreis. Baltmannsweiler.

Hartmann, Dietrich/Wirrer, Jan (Hg.) (2002): Wer A sägt, muss auch B sägen. Beiträge zur Phraseologie und Sprichwortforschung aus dem Westfälischen Arbeitskreis. Baltmannsweiler. [Zitiert in Tabelle 2 als „2002a"]

Piirainen, Elisabeth/Piirainen, Ilpo Tapani (Hg.) (2002): Phraseologie in Raum und Zeit. Akten des Westfälischen Arbeitskreises „Phraseologie/Parömiologie". Baltmannsweiler. [Zitiert in Tabelle 2 als „2002b"]

ANHANG 2

Nachweise für die vorgenommene Zuordnung der WAK-Beiträge zur Inhaltsystematik des HSK-Bandes „Phraseologie/Phraseology" in Tabelle 2 oben nach Erscheinungsjahr der Akten, Verfassername und Titel der Inhaltsgruppe

1994
Baur/Chlosta IX, Chlosta/Grzybek/Roos IX, Dobrovol'skij V, Eismann/Grzybek V, Eismann/Grzybek I, Feyaerts III, Kummer XIVa, Piirainen XVIII, Schindler I, Schowe XX, Stolze VII, Wirrer VIII.

1995
Baur/Chlosta/Sal'kova XII, Delplanque-Tchamitchian VII, Dobrovol'skij XV, Duhme VII, Eismann XIII, Fleischer XIII, Földes XIVa, Gréciano/Rothkegel XIII, Grzybek IX, Hegedüs-Lambert VII, Kummer IX, Matulina IX, Piirainen XIVb, Pilz XVII, Schowe XVII, Simon IX, Stolze XVI.

1998
Baur/Baur/Chlosta X, Bierich XX, Burger IV, Crede/Lakemper XII, Földes XIVb, Hartmann XIVa, Kim-Werner XIII, Lange VII, Lenz II, Menge XX, Muschner XV, Predota IX, Schindler IX, Stolze XVI.

1999
Balsliemke VII, Baur/Ostermann XVI, Burger VII, Dobrovol'skij XIII, Eismann XX, Feyaerts XV, Grzybek XIV b, Hammer XIII, Hartmann XV, Kispál XVI, Lenz II, Piirainen XIVa, Predota IX, Schlicker VII, Schmidlin XVI, Simon IX, Stolze VII, Tafel X, Werner XI, Wirrer IV.

2002a
Burger XII, Filatkina XIVb, Schauer-Trampusch XIVb, Hüpper/Topalovic/Elspaß XX, Nöcker/Rüther VIII, I .T .Piirainen XX, Häcki Buhofer/Giuriato XX, Levin-Steinmann III, Sabban X, Durco X, E. Piirainen XIVa, Hammer XIII, Tappe VII, Kindt IX, Grzybek/Schlatte IX.

2002b
Bierich XX, Chlosta/Ostermann XIX, Dobrovol'skij II, Dönninghaus XIVb, Eikelmann XX, Eismann V, Elspaß IV, Hallsteindóttir XVI, Hammer VII, Lenz II, Lenz X, Levin-Steinmamm II, Mokienko XX, Nahberger IX, Nahberger IX, Pieper VII, Pilz XVII, Preußer VII, Preußer VII, Predota II, Stolze X, Tappe VII, Wirrer II, Ziegler VII, Dobrovol'skij XIX, Hartmann III, E. Piirainen XII, Wirrer IV.

EMPIRISCHE METHODEN DER PHRASEOLOGIEFORSCHUNG IM WANDEL DER ZEIT

Antje Heine (Leipzig)

1. EINLEITUNG

Im Vergleich zu anderen Wissenschaften sind die Sprachwissenschaft im Allgemeinen wie auch die Phraseologie als eine linguistische Teildisziplin von einer Standardisierung empirischer Methoden[1] noch weit entfernt. Dennoch wird der Aufsatz zeigen, dass eine Entwicklung in die richtige Richtung stattgefunden hat, wenn man den gesamten Zeitraum phraseologischer Forschungsgeschichte näher betrachtet. Dieser ist im Hinblick auf die Methodenvielfalt grob in drei Etappen zu untergliedern:

a) „vorphraseologische" Etappe: Hiermit ist der gesamte Zeitraum vor der Etablierung der Phraseologie gemeint, die Zeit also, als lediglich die Parömiologie (verstanden als Teilgebiet der Phraseologie) als Wissenschaft praktiziert wurde.

b) die Phraseologie des 20. Jahrhunderts: Hierunter verstehe ich einen Zeitraum von reichlich 30 Jahren, der von der Herausbildung und Etablierung der Phraseologie bis hin zur Jahrtausendwende reicht.

c) die Phraseologie des 21. Jahrhunderts: Diese lediglich zehn Jahre sind deshalb von so großer Bedeutung, weil die seit der Jahrtausendwende rasant weiterentwickelte Korpuslinguistik einen enormen Einfluss auf die Phraseologie ausübt(e).

Im Folgenden soll – ausgehend von den genannten Etappen und gegebenenfalls verschiedenen Forschungsschwerpunkten innerhalb des jeweiligen Zeitraumes – ein Überblick darüber gegeben werden, auf welche Art und Weise Daten erhoben und systematisiert wurden und zu welchem Zweck dies geschah. Dabei liegt der Schwerpunkt – dem Forschungsfeld des Jubilars entsprechend – ganz klar im Bereich der deutsch(sprachig)en Phraseologieforschung.

2. DIE „VORPHRASEOLOGISCHE" ETAPPE

„In der Tat ist die Beobachtung und das Sammeln von Beobachtungen seit je her eine der wesentlichen Beschäftigungen der Parömiographie, insofern sie das Sprichwort als Beobach-

---

[1] Unter empirischen Methoden verstehe ich jegliche Methoden, die der Datenerhebung dienen – der Datengewinnung, Datensammlung, Datenaufbereitung und in einem gewissen Maße auch der Dateninterpretation.

tungsgegenstand versteht und Sammlungen (schriftlich) kodifiziert." (Grzybek/Chlosta 1993, 92)

Parömiologie und Parömiografie sind in der frühen Phase untrennbar miteinander verbunden. Wesentliches Ziel war das Sammeln von Sprichwörtern (und ähnlichen festen Wendungen[2]) sowie die Beschreibung von deren „Auslegung". Beispielgebend soll an zwei Werken – der ersten Sammlung für das Deutsche aus dem 16. Jahrhundert und der letzten großen Sammlung für das Deutsche aus dem 19. Jahrhundert – gezeigt werden, welche Materialbasis jeweils verwendet wurde und wie deren Kennzeichnung erfolgte.

Die für das Deutsche erste Sprichwortsammlung stammt von Johann Agricola. Der erste Band enthält 300 Sprichwörter und erschien im Jahre 1529. In der „Vorrede" heißt es, es seien Sprichwörter aufgeführt, „der wir Deutschen uns teglich gebrauchen / und doch nicht wissen / woher sie kommen / und wie wir yhr brauchen sollen" (Agricola 1529). Daraus kann man zum einen Rückschlüsse auf den Zweck der Sammlung ziehen – Auflistung und Deutung[3], zum anderen aber auch auf die Auswahl – aufgeführt sind diejenigen, die gebräuchlich sind. Hain (1970, VI) zufolge hat Agricola dafür sowohl die Menschen beobachtet als auch Literatur herangezogen.

Die Sprichwortauswahl für die Sammlung erachtet Wander (1867, XVI) jedoch als problematisch, da Agricola nicht nur die 300 Sprichwörter des ersten Bandes und auch nicht nur die 750 Sprichwörter des 1534 herausgegebenen Werkes „Sybenhundert und fünfftzig teütscher Sprichwörtter" gesammelt habe, sondern weit mehr, ohne aber die genaue Auswahl der 300 bzw. 750 zu erklären. Hierin erkennt man einen deutlichen Unterschied zu Wanders Werk, dessen Ziel man wohl als „maximalistisch" bezeichnen kann, wenn er vorgibt, sich selbst die Aufgabe gestellt zu haben, „den gesammten deutschen Sprichwörterschatz in lexikalischer Ordnung zusammenzustellen und so concentrirt dem Volke und seiner Literatur zu übergeben." (Wander 1867, VIII) In der „Vorrede" beschreibt Wander sehr ausführlich seine Beweggründe, seine Vorgehensweise und auch so manchen Unmut über die Bedingungen, unter denen er arbeitete. Die Erarbeitung des Manuskripts dauerte ca. 30 Jahre, was bei mehr als 250.000 Einträgen und der beschriebenen Vorgehensweise nicht verwundert. Drei Hauptquellen Wanders sind festzuhalten:
– ältere Sprichwortsammlungen
– Literatur
– Mundarten.

In den ersten sechs Jahren schrieb Wander überwiegend aus früheren Sammlungen ab, woraus ein 700-seitiges Manuskript entstand. Dieses wuchs in weiteren

---

[2] Schon bei Agricola findet man außer Sprichwörtern auch Sagwörter, zudem Flüche, Verwünschungen und Segensformeln. (Hain 1970, VIIIf.)
[3] Ein weiteres Ziel bestand der Vorrede zufolge auch in der Kodifizierung der deutschen Sprache und der Appellierung an das Nationalgefühl – die Deutschen sollten sich als Nation verstehen mit einer gemeinsamen Kultur und Sprache.

vier Jahren auf das Doppelte an, indem Wander weitere Literatur – vor allem auch mundartliche – durcharbeitete. Danach wandte er sich

> „vorherrschend dem Sammeln aus dem Volksmunde selbst zu, indem [ich] durch eine grosse Anzahl deutscher Zeitschriften an die Freunde der Sprichwörter die Bitte richtete, die in ihrer Gegend üblichen Sprichwörter zu sammeln und mir zugehen zu lassen." (Wander 1867, IX)

Die Methoden der Datenerhebung lassen sich folglich als Verwendung von Korpora (Literatur, Nachschlagewerke), Beobachtung und Informantenbefragung beschreiben, ohne dass freilich irgendwelche Standards eingehalten wurden bzw. die Methoden empirisch sauber beschrieben worden wären. Dies kann aber letztlich auch nicht im Interesse Wanders gelegen haben, da er alle Sprichwörter (und sprichwortähnlichen Ausdrücke) sammeln wollte, die überhaupt existierten, und daher so etwas wie Stichprobengröße oder Akzeptabilitätsurteile für ihn keine Rolle spielten. Das Manuskript fasste am Ende übrigens 2.800 Seiten. Dass Wanders Anspruch bzgl. der Quellenangabe bereits ein anderer war als bei Agricola, zeigt auch das eigentliche Sprichwortverzeichnis, in dem die Quellen sehr detailliert aufgeführt sind.

3. DIE PHRASEOLOGIE DES 20. JAHRHUNDERTS

In diesem Kapitel steht der in der Einleitung eingegrenzte und begründete Zeitraum von etwa 1970 bis zur Jahrtausendwende im Mittelpunkt. Dies heißt jedoch nicht, dass mit der Jahrtausendwende und dem zunehmenden Einfluss der Korpuslinguistik sämtliche vorab gängigen Methoden ad acta gelegt worden sind; vielmehr ist für eine ganze Reihe von Fragestellungen eine korpusbasierte Herangehensweise sogar gänzlich ungeeignet. In diesen Fällen wurden die in den 70er bis 90er Jahren des 20. Jahrhunderts entwickelten empirischen Zugänge zur Sprache im Allgemeinen bzw. zur Phraseologie im Besonderen nach der Jahrtausendwende beibehalten und weiterentwickelt. In Kap. 4.3. werde ich darauf zurückkommen.

3.1. Entwicklung der Phraseologie unter dem Einfluss von Strukturalismus und Generativer Grammatik

Diese Überschrift scheint zwei Paradoxe in sich zu vereinen: Erstens sind sowohl der Strukturalismus als auch die generative Linguistik[4] keine linguistischen Forschungsrichtungen, die empiriebasiert arbeiten, da sie die *langue* bzw. Kompetenz als dasjenige Objekt, das sie untersuchen wollen, verstehen, während empirische Befunde, also produzierte Sprache, immer „nur" ein Abbild der *parole* oder Performanz darstellen. Zweitens sind gerade phraseologische Phänomene in eine

---

4 Der Einfachheit halber wird hier nur von der generativen Linguistik gesprochen, wohl wissend, dass es nicht DIE generative Linguistik oder Grammatik gibt, sondern vielmehr verschiedene Schulen/Theorien, die sich als generativ verstehen.

strukturalistische oder generative Grammatik schwer zu integrieren, denn ihnen zufolge besteht – vereinfacht gesagt – die Sprache aus Morphemen und Regeln, die eine Anleitung dazu darstellen, wie die Morpheme miteinander kombiniert werden können. Alles Irreguläre hat in einer solchen Auffassung keinen (richtigen) Platz, und da Phraseologie immer irgendetwas Irreguläres an sich hat (sei es eine verfestigte Kombination zweier Lexeme, eine Flexionsform, die inkompatibel zum Flexionsparadigma ist, ein fehlendes Artikelwort oder Ähnliches), wurde sie weder von den Strukturalisten noch von den Generativisten großartig beachtet.

Dennoch sind die ersten wichtigen phraseologischen Arbeiten, die sich auf das Deutsche beziehen, in diesem Kontext entstanden und es erscheint mir daher umso wichtiger, sie an dieser Stelle zu erwähnen. Die Tradition einer Linguistik, in der Strukturen und Regeln eine große Rolle spielen, spiegelt sich wider in Aussagen wie:

„Phraseologisch sind solche Wortketten, deren Zustandekommen nicht oder nicht nur aufgrund von syntaktischen und semantischen Regeln erklärbar ist" (Burger 1973, 3) oder

„Phraseologismen spielen zwischen l a n g u e und p a r o l e." (Burger 1973, 7; Hervorheb. im Original)

Dies sei deshalb so betont, weil es zeigt, welche Leistung die „frühen Phraseologen" vollbracht haben, indem sie die Aufmerksamkeit auf ein sprachliches Phänomen lenkten, das mithilfe der damals bestehenden Theorien eigentlich kaum erklärbar war. Interessanterweise betont Burger (1973) in der Vorbemerkung seines Buches, dass die Idiome in der Diskussion um verschiedene Grammatiktheorien „eine wichtige Rolle gespielt haben"[5] und „ihre linguistische Beschreibung für künftige Theorien der Sprachv e r w e n d u n g von größter Tragweite sein dürfte" (Hervorheb. im Original) – aus heutiger Sicht scheint diese Bemerkung geradezu visionär.

Zu erwarten wäre, dass sich die Autoren dieser frühen phraseologischen Arbeiten im Wesentlichen auf ihr persönliches Sprachgefühl verlassen und nur selten reale Sprachdaten zurate ziehen. Ob dies tatsächlich der Fall ist, soll bei Burger (1973), Fix (1974/1976) sowie Fleischer (1982) überprüft werden.[6]

Burger (1973) führt in seiner Arbeit sehr viele Beispiele an und bewertet diese oftmals auch hinsichtlich ihrer Akzeptabilität/Grammatikalität. Nur sehr wenige werden dabei belegt, das heißt, im Normalfall verlässt sich Burger auf sein Sprachgefühl. Die wenigen Belege stammen vornehmlich aus phraseologischen Sammlungen bzw. Wörterbüchern, zum Beispiel aus Seilers „Deutsche Sprichwörterkunde" oder aus dem WDG (Wörterbuch der Deutschen Gegenwartssprache), wobei hieraus wiederum ein Zitat aus Grass' „Die Blechtrommel" gewählt wurde, so dass durchaus der Eindruck entstehen könnte, Burger ist daran gelegen, das tatsächliche Vorkommen des besprochenen Phänomens (Flexion des Erst-

---

5 Vgl. hierzu auch insbesondere das 4. Kapitel bei Burger.
6 Aufgrund der ähnlich aufgebauten Arbeiten von Burger (1973) und Fleischer (1982) wird an dieser Stelle die chronologische Reihenfolge unterbrochen und die Arbeit von Fix (1974/1976) im Anschluss an die Fleischers vorgestellt.

glieds in *Langeweile*) zu belegen. In späteren Arbeiten relativiert Burger viele der 1973 beschriebenen Defekte/Anomalien (vgl. Burger 2010, 23ff.), weil eben die Daten aus dem realen Sprachgebrauch oftmals ein anderes Bild ergeben haben als das, welches seine Introspektion aufgebaut hat.

Fleischer beruft sich relativ häufig auf allgemeinsprachliche Wörterbücher, insbesondere auf das WDG, aber auch auf Sprichwortsammlungen (z. B. ebenso wie Burger auf Seiler). Sehr ausführlich geht Fleischer auf die von Burger erläuterten syntaktischen Anomalien und transformationellen Defekte ein, wobei er Burger vielfach zustimmt, ihm hin und wieder aber auch widerspricht (z. B. S. 55, S. 59, S. 62). Woher dabei seine Erkenntnis stammt, ist allerdings unklar, denn auch Fleischer führt hierzu keine Belege an; man muss also wohl davon ausgehen, dass sie stets auf sein eigenes Sprachgefühl zurückzuführen ist. Insgesamt ist dennoch ein gewisses Bemühen um Belege erkennbar, da Fleischer wesentlich häufiger als Burger Nachschlagewerke als Quellen benennt, daneben aber auch Zitate aus der Literatur (z. B. Max Frisch auf S. 62, Thomas Mann, S. 71f.) und sogar aus der „Leipziger Volkszeitung" (S. 75) anführt.

Während das Ziel der Arbeiten Burgers und Fleischers primär darin bestand, grundlegende Eigenschaften der Idiome bzw. Phraseologismen zu beschreiben, beabsichtigt Fix, die Existenz des Wortgruppenlexems[7] (zwischen Wort und Satz) linguistisch nachzuweisen und eine Typisierung innerhalb dieser Klasse vorzunehmen, was am Ende zu zwei Typen von Wortgruppenlexemen führt. Dafür entwickelt sie verschiedene Strukturmodelle, also Abstraktionen. „Die Strukturmodelle sind Verallgemeinerungen. Sie lassen daher eindeutigere Schlüsse zu als Einzelbeispiele." (Fix 1976, 27) Den Ausgangspunkt der Arbeit bilden 5000 Wendungen, die einem englisch-deutschen sowie einem einsprachig deutschen Idiomwörterbuch entnommen wurden. Jede Wendung wird auf möglichst „neutrale" Weise zu einem Satz ergänzt, in der Regel durch Personalpronomen.

> „Für die Untersuchung ist eine Belegsammlung aus Texten unergiebig, weil sich in den wenigsten Fällen neutral ergänzte Sätze finden lassen. Deshalb wurden die Beispiele Wörterbüchern entnommen und aufgrund der Kompetenz ergänzt." (Fix 1974, 264)

Fix entscheidet sich also bewusst gegen authentische Belege und für ihr eigenes Sprachgefühl, was aus heutiger Sicht sicherlich fragwürdig wäre. Vor mehr als 40 Jahren jedoch (die Arbeit wurde 1970 verteidigt) und in Anbetracht des Zieles ist die Entscheidung allerdings durchaus nachvollziehbar. Abgesehen davon wäre es sicherlich schwierig gewesen, für sämtliche 5000 Wendungen authentische Belege zu finden. Somit werden auch die einzelnen Entscheidungen im Rahmen der Typisierung (die Wendungen „werden dichotomisch auf ihre Merkmale hin überprüft") introspektiv getroffen. (Fix 1974, 268)

---

[7] Soweit aus der Arbeit erkennbar, implizieren Wortgruppenlexeme vor allem idiomatische Phraseologismen (unterhalb der Satzebene), aber auch Funktionsverbgefüge. Die uns heute bekannten Kollokationen zählen jedoch nicht dazu.

3.2. Phraseologie im Kontext der Erstspracherwerbsforschung

Die Erstspracherwerbsforschung im Rahmen der Phraseologie ist untrennbar mit dem Namen Annelies Häcki Buhofer verbunden. Zur Rolle der Empirie in diesem Zusammenhang sagt sie selbst:

> „Es gibt nur wenige Arbeiten zum Spracherwerb von Phraseologismen, die ausschließlich oder in wesentlichen Teilen auf systematischen empirischen Studien beruhen" (Häcki Buhofer 2007, 860).

Hinzu kommt, dass die meisten Forschungen in der deutschsprachigen Schweiz stattgefunden haben und damit auch der Erwerb von Phraseologismen bei Deutschschweizer Kindern besser untersucht ist als bei deutschen Kindern.

Bereits bei Burger/Buhofer/Sialm (1982) ist ein ganzes Kapitel dem Spracherwerb gewidmet. Die dort vorgestellten Erkenntnisse basieren auf verschiedenen Untersuchungen vor allem von Burger, Buhofer und Scherer und zeichnen sich durch eine große Methodenvielfalt aus. Burger hat seine Kinder und seinen Neffen, die alle drei hochdeutsch sprechen, über einen längeren Zeitraum „in verschiedenen Familiensituationen" aufgenommen. Buhofer hat in einem Deutschschweizer Kindergarten die Sprache der Kinder beobachtet. Schließlich wurden Daten in Schulen des Kantons Zürich gesammelt; die dabei angewendeten Methoden waren „Aufsatzanalyse, schriftliche Tests, Fragebogen, Klassengespräche und Einzelgespräche". (Burger/Buhofer/Sialm 1982, 225) Auf die beiden letztgenannten Untersuchungen soll im Folgenden näher eingegangen werden.

Buhofer (1980, 131) hat sich bezüglich der Methoden dafür entschieden, „unstrukturierte Formen der Befragung und der Beobachtung" anzuwenden. Um ausreichend Material in einem überschaubaren zeitlichen Rahmen zu erhalten, stimuliert sie die Kinder mit „phraseologisch präpariertem Material" – Übungen, Spielen, Unterhaltungsprogrammen und Fragen. (Buhofer 1980, 133) Dabei hat sie sich kein straffes Testprogramm erdacht, das innerhalb einer bestimmten Zeit abgearbeitet wird, sondern sie konnte, wenn es die Situation erforderte, auch mehr oder weniger spontan vorgehen. Auf diese Weise konnte sie überprüfen, inwieweit Kinder Phraseologismen verstehen, ob und wie sie sie verwenden, und ihre Metakommunikation über Phraseologismen erfassen. (Eine ausführliche Beschreibung der Methodik einschließlich verwendeter Texte, Spiele u. Ä. ist Buhofer 1980, 125-149 zu entnehmen.)

Die zweite erwähnte Versuchsreihe bezieht sich auf eine Untersuchung bei Schulkindern. Insgesamt wurden 516 Aufsätze (rund 125.000 Wörter) daraufhin untersucht, wie viele Phraseologismen von den Kindern verwendet werden. (Burger/Buhofer/Sialm 1982, 263) Diese wurden sowohl quantitativ als auch qualitativ (z. B. in Bezug auf die verwendeten Subtypen) ausgewertet. In einem zweiten Schritt mussten die Schüler unvollständige Phraseologismen ergänzen. Auch dieser Test wurde wiederum quantitativ und qualitativ ausgewertet. In Bezug auf die Streckformen (Funktionsverbgefüge u. Ä.) wurden Akzeptabilitätsbefragungen durchgeführt, bei denen die Schüler von zwei Varianten die bessere auswählen sollten.

Neben diesen Untersuchungen aus den 70er Jahren sollen noch zwei neuere vorgestellt werden, die in den 90er Jahren durchgeführt worden sind.

Cabassut hat über einen längeren Zeitraum (9 Monate) in verschiedenen Gruppen einer internationalen Vorschule „unterschiedliche Versuche mit insgesamt 20 Phrasemen gemacht" (Cabassut 1997, 11), wobei zum Beispiel die Kinder die Phraseme bildlich darstellen sollten. Zudem wurde getestet, ob die Kinder die Phraseme verstehen, ob sie sie später anwenden, wenn ja, in welchem Kontext, mit welcher Struktur usw. Außerdem wurde die Kreativität der Kinder beim „Erfinden" phraseologischer Vergleiche beobachtet (Cabassut 1997, 13). Unter empirischen Gesichtspunkten kann man bei Cabassut folglich von einer Mischung aus Experiment, Beobachtung und Korpusarbeit sprechen.

Schmidlin (1999, 107ff.) hat sowohl Deutschschweizer als auch deutsche Kinder (60:64) von sieben bis elf Jahren eine Bildergeschichte mündlich und schriftlich nacherzählen lassen. Dabei hat sie unter (vielem) anderem auch die verwendeten Phraseologismen erfasst und ebenso wie die restlichen Phänomene quantitativ und qualitativ ausgewertet. Besonders erwähnenswert ist, dass die quantitative Auswertung mithilfe statistischer Testverfahren, wie Varianzanalyse, t-Test oder Korrelationsanalyse, erfolgte (vgl. dazu auch 4.2).

3.3. Phraseografie und Parömiografie

Geradezu als Standardwerk unter den deutschen phraseologischen Wörterbüchern gilt mittlerweile der Band 11 der Duden-Reihe. Mit seinem Titel „Redewendungen und sprichwörtliche Redensarten" (1992) bzw. „Redewendungen" (2002; 2008) sowie dem Untertitel „Idiomatisches Wörterbuch der deutschen Sprache" (1992) / „Wörterbuch der deutschen Idiomatik" (2002, 2008) führt es allerdings ein wenig in die Irre, denn tatsächlich ist eine ganze Reihe der insgesamt 10.000 „festen Wendungen" nicht oder nur sehr schwach idiomatisch (wie etwa Funktionsverbgefüge, Kollokationen oder viele Routineformeln).

Der Anspruch des Dudens besteht darin, „geläufige" Redewendungen zu beschreiben (Drosdowski/Scholze-Stubenrecht 1992, 6); ob diese Geläufigkeit für die erste Auflage 1992 in irgendeiner Weise überprüft wurde, ist weder dem Vorspann des Wörterbuches noch dem Bericht über die Entstehung desselben in Scholze-Stubenrecht 2004 zu entnehmen. Es ist jedoch nicht davon auszugehen, denn die Auswahl der Wendungen basiert den Autoren zufolge (allein?) auf allgemeinen und Spezialwörterbüchern sowie auf der Duden-Sprachkartei[8] (Drosdowski/Scholze-Stubenrecht 1992, 13) bzw. auf älteren Wörterbüchern des Dudenverlags (Scholze-Stubenrecht 2004, 349). Das Quellenverzeichnis für die zitierten Belege umfasst immerhin 18 Seiten und enthält neben belletristischen Werken auch eine Vielzahl an Zeitungen und Zeitschriften. Dennoch kann hier nur eingeschränkt von der Arbeit mit Korpora gesprochen werden, da die Belege le-

---

8 Der Umfang der damals verwendeten nicht-elektronischen Dudenkartei betrug etwa 2 Millionen Wörter. (Scholze-Stubenrecht 2001, 50)

diglich dazu dienen, die Verwendung der Phraseologismen zu illustrieren, es sich also bestenfalls um das Konsultationsparadigma (Steyer 2004b, 93) handelt, eher aber um eine reine Belegsammlung. (Vgl. die Ausführungen in Kap. 4.2. zu den unterschiedlichen Korpusmethoden.)

Während für die erste Auflage lediglich die nicht-elektronische Duden-Sprachkartei zurate gezogen wurde, kamen für die Neuauflagen 2002 und 2008 auch elektronische Medien – die elektronische Duden-Sprachkartei sowie das Internet – zur Anwendung.[9] Die Ausführungen im Vorspann der zweiten Auflage lassen sogar darauf schließen, dass diese elektronischen Medien nicht nur für das Sammeln neuerer Belege verwendet wurden, sondern auch der „Überprüfung der Gebräuchlichkeit und der häufigsten Erscheinungsformen der Wendungen" (Alsleben/Scholze-Stubenrecht 2002, 15) dienten.

Für die dritte Auflage von 2008 wurden weitere qualitativ-quantitative Korpusanalysen durchgeführt, denn nun hatte man den Anspruch, „die am häufigsten vorkommende Form der jeweiligen festen Wendung" zu verzeichnen. Als Korpus diente das verlagseigene Korpus, das zum damaligen Zeitpunkt 1,2 Milliarden Token umfasste. (Scholze-Stubenrecht 2008, 15)

Neben dem Duden 11 ist die „Deutsche Idiomatik" von Schemann (1993) hervorzuheben. Dieses Idiomwörterbuch zeichnet sich durch einen für die damalige Zeit bemerkenswerten Anteil korpusgestützter Analysen bei der Auswahl der Einträge aus. Als Quellen führt Schemann (1993, XI) an:
– belletristische Literatur des 19. und hauptsächlich des 20. Jahrhunderts
– allgemeinsprachliche Zeitungen, Zeitschriften
– ausgewählte geisteswissenschaftliche Zeitschriften
– gesprochene Sprache (Beobachtung)
– allgemeine und idiomatische Wörterbücher.

Ob die Wörterbücher bewusst an letzter Stelle angeführt werden, kann ich nicht beurteilen; so oder so ist die Menge anderer Quellen überdurchschnittlich hoch, wobei natürlich einzuräumen ist, dass nur auf der Grundlage von Korpora das eigentliche Ziel des Buches – „die deutschen Redewendungen im Kontext" (so der Untertitel) darzustellen – überhaupt erfüllt werden kann. Interessant ist auch die Bemerkung Schemanns im Vorwort, dass „die Erarbeitung eines idiomatischen Grundwortschatzes für die europäischen Hauptsprachen – u. a. auf der Grundlage statistischer Erhebungen" unbedingt erforderlich sei, um „die eher auf Intuition und Zufall beruhenden Kurzfassungen und Sammlungen durch zuverlässige Hilfsmittel" zu ersetzen. (Schemann 1993, VI)

Auf der „Deutschen Idiomatik" und dem genannten Korpus basieren schließlich mehrere zweisprachige Idiomwörterbücher, die ebenfalls von Schemann herausgegeben wurden.

Die zwei im Folgenden vorgestellten Wörterbücher richten sich an Lernende des Deutschen als Fremdsprache, wobei das erste ein einsprachiges Lern- und

---

9 Im Interesse der Übersichtlichkeit gehe ich bereits an dieser Stelle und nicht erst in Kap. 4. auf die beiden Neuauflagen ein.

Übungsmaterial darstellt, während das zweite als zweisprachiges (Rezeptions-) Wörterbuch zu verstehen ist.

Das Übungsmaterial von Hessky/Ettinger (1997) basiert hinsichtlich der Auswahl der Phraseologismen auf einem Arbeitsbuch von Hessky (1993) für ungarische Deutschlerner (Virágnyelven. Durch die Blume). Dafür hatte sie 1500 Phraseologismen aus verschiedenen Primär- und Sekundärquellen zusammengetragen, die zunächst mit den Einträgen des Duden 11 verglichen wurden. 150 von Hesskys Phraseologismen waren darin nicht verzeichnet und wurden gestrichen. Die verbliebenen wurden in Langenscheidts Großwörterbuch Deutsch als Fremdsprache (1993) sowie im Duden Universalwörterbuch (1989) aufgesucht und eliminiert, wenn sie in keinem der beiden Wörterbücher aufgeführt waren. Für diejenigen, die nur in einem der beiden Wörterbücher zu finden waren, haben sich die Autoren „nach kleinen Informantenbefragungen aufgrund [ihrer] idiolektalen Kompetenz für das Streichen oder das Beibehalten entschieden". (Hessky/Ettinger 1997, XXIII) Dabei ist den Autoren durchaus bewusst, dass sie somit nicht unbedingt die frequentesten Phraseologismen zusammengetragen haben; andererseits seien Frequenzuntersuchungen zu Phraseologismen noch kaum zu bewerkstelligen, zumal sie selbst festgestellt haben, dass die Frequenz in hohem Maße textsortenabhängig ist. (Hessky/Ettinger 1997, XXII)

Auch der Jubilar der vorliegenden Festschrift, Jarmo Korhonen, hat in den 90er Jahren ein Idiomwörterbuch (deutsch-finnisch) entwickelt, das sich an finnische Deutschlerner richtet und im Jahre 2001 unter dem Titel „Alles im Griff – Homma hanskassa" erschien. Es enthält 6500 deutsche Idiome, die „in den neuesten und/oder vielseitigsten einsprachigen allgemeinen und Spezialwörterbüchern der deutschen Sprache gesammelt" wurden. (Korhonen 2001, 12) Zudem wurden allgemeinsprachige deutsch-finnische und deutsch-schwedische Wörterbücher hinzugezogen, mit dem Ziel, „hauptsächlich die geläufigsten idiomatischen Ausdrücke der heutigen deutschen Standard- und Umgangssprache" zu erfassen. (Korhonen 2001, 12f.) Laut Literaturverzeichnis wurden insgesamt immerhin 70 Nachschlagewerke konsultiert, wenngleich sie nicht alle primär der Idiomauswahl dienten, sondern auch der Ermittlung der finnischen Äquivalente.

Die Parömiografie des 20. Jahrhunderts basiert überwiegend auf älteren Sammlungen. Die moderneren Ausgaben unterscheiden sich von den älteren vornehmlich darin, dass sie nicht mehr so umfangreich sind; welche Sprichwörter aussortiert wurden, ist dabei nur schwer oder zum Teil gar nicht nachvollziehbar, weshalb die Lemma-Auswahl in der Regel nicht dem methodischen Anspruch, dem heutige Werke unterliegen, entspricht.

Viele Sprichwortsammlungen des 20. Jahrhunderts sind – auch das ein Unterschied zu den Werken der früheren Jahrhunderte – onomasiologisch strukturiert (zum Beispiel Müller-Hegemann/Otto 1965) und erheben weder Anspruch auf Vollständigkeit noch auf Geläufigkeit/Gebräuchlichkeit oder Ähnliches. (Beyer/ Beyer 1987, 5[10]) Ein größeres, semasiologisch (alphabetisch) geordnetes Wörterbuch stellt das 1984 in erster Auflage erschienene Sprichwörterlexikon von Beyer/

---

10 Die hier verwendete Ausgabe ist die 3., unveränderte Auflage des Buches.

Beyer dar, dessen Titel bewusst der Tradition von Wagener und Wander folgt (ebd., 6) und somit einen ersten Hinweis auf das Anliegen der Autoren gibt. Es soll „umfangreich" sein und im Grunde sollten die Sprichwörter auch gebräuchlich sein, wenngleich Gebräuchlichkeit nur schwer nachweisbar sei (ebd., 15). Letztendlich wurden 15.000 „lebendige" und/oder „kulturgeschichtlich beachtenswerte" Sprichwörter aufgenommen, die in deutschsprachigen Sammlungen ab dem 16. Jahrhundert zu finden waren (ebd.).[11] Die eigentliche Auswahl aber erfolgte nach eigenen (und nicht im Detail offengelegten) Kriterien, wobei unter anderem die oben bereits angesprochene Geläufigkeit, aber auch Verständlichkeit (sprachliche sowie historische) oder einfach der Unterhaltungswert eine Rolle spielten. Dadurch, dass das Sprichwörterlexikon von Beyer/Beyer wie schon die wesentlich umfangreicheren Werke aus dem 19. Jahrhundert auf früheren Sammlungen basiert, entstammen die Daten und Belege letztlich denselben Quellen, mit dem Unterschied, dass Unbekanntes und Unbedeutendes mehr oder weniger introspektiv aussortiert wurde. Eigene Korpusuntersuchungen oder gar Informantenbefragungen wurden hingegen nicht durchgeführt.

3.4. Parömiologie

Die Parömilogie des 20. Jahrhunderts beschränkt sich nicht mehr auf das Sammeln von Sprichwörtern (also die Parömiografie, siehe 3.3.), sondern untersucht vielfältige Erscheinungen, wie zum Beispiel die Gebräuchlichkeit von Sprichwörtern, die Abhängigkeiten zwischen dem Wissen über Sprichwörter und deren Verwendung in verschiedenen Kontexten und von unterschiedlichen Sprachbenutzern, kulturelle oder sprachkontrastive Aspekte. Die analysierten Daten entstammen zum großen Teil älteren Sprichwortsammlungen, Textkorpora oder Informantenbefragungen. Dennoch ist die Datenerhebung oftmals nicht empirisch fundiert, so dass noch in den 90er Jahren des 20. Jahrhunderts Grzybek/Chlosta (1993, 95) feststellen, dass „die Empirie in der Parömiologie immer noch ein Mauerblümchendasein fristet". Sie beklagen insbesondere die auch in den Ausführungen oben deutlich gewordene Tatsache, dass der untersuchte Sprichwortbestand größtenteils – das heißt abgesehen von wenigen positiven Ausnahmen, wie beispielsweise bei der Erstellung des Westfälischen Sprichwortarchivs – von früheren Parömiografen übernommen wurde, weshalb trotz veränderter Ziele der Gegenstand selbst nicht aktualisiert wurde. (Grzybek/Chlosta 1993, 90) In ihrem Aufsatz stellen sie drei Empirie-Ansätze unterschiedlicher Qualität vor, die im Folgenden unter a) bis c) zusammengefasst werden.

a) Frequenzanalysen: Hier geht es darum herauszufinden, wie häufig bestimmte Sprichwörter (bzw. Varianten von Sprichwörtern) in der Kommunikation verwendet werden, wobei auch ein Vergleich einzelner Medien/Textsorten möglich ist. Als ein großes Problem erachten Grzybek/Chlosta (1993, 97) die Tatsache, dass selbst bei der Verwendung von Korpora meist einfach gesammelt werde,

---

11 Beyer/Beyer (1987) führen im Anhang 67 verwendete Sammlungen auf.

was zufällig gefunden wird, anstatt systematisch und statistisch sauber vorzugehen.

b) Demoskopische Parömiologie: Hierbei werden mithilfe einer Stichprobe, bestehend aus einer bestimmten Anzahl von Personen, Informationen über die Gebräuchlichkeit, die Häufigkeit oder die Bedeutung von Sprichwörtern gesammelt. Als großen Nachteil erachten Grzybek/Chlosta (1993, 103) die Tatsache, dass die Ergebnisse auf einer guten Selbsteinschätzung der Informanten basieren müssten, die allerdings nicht unbedingt vorausgesetzt werden kann.

c) Empirische Parömiologie: Diese empirische Methode (auch als empirische Parömiologie im engeren Sinne bezeichnet) geht auf Permjakov und seinen Versuch, ein Sprichwortminimum für das Russische zu erstellen, zurück und hat auch stets ein solches Sprichwortminimum zum Ziel: Es soll also herausgefunden werden, welche Sprichwörter innerhalb einer Sprachgemeinschaft allgemein bekannt sind. Die Vorgehensweise beschreiben Grzybek/Chlosta (1993, 108ff.) wie folgt: Zunächst wird ein Experimentalkorpus erstellt, indem Informanten aus einer Sammlung von mehreren hundert Sprichwörtern diejenigen aussortieren, die ihnen unbekannt sind; Aufnahme in das Experimentalkorpus finden lediglich diejenigen, die einen bestimmten, vorher festgelegten Bekanntheitsgrad erreichen. Die Sprichwörter des Experimentalkorpus werden als Teiltexte – nämlich um ihre jeweils zweite Hälfte gekürzt – wiederum Informanten vorgelegt und sollen von diesen ergänzt werden. Das Prinzip der Tilgung und Ergänzung verhindert, dass die Sprecherurteile vom eigentlichen Sprachwissen abweichen bzw. dass die Informanten die Bekanntheit eines Sprichwortes vortäuschen können. Ein weiterer Vorteil ist, dass sich somit Varianten (zumindest für die zweite Hälfte eines jeden Sprichwortes) ermitteln lassen.

Dem Beispiel Permjakovs folgten für das Deutsche in den 90er Jahren Chlosta, Grzybek und Roos (1994). Auf der Grundlage des dabei ermittelten Sprichwörter-Minimums leiten Baur/Chlosta (1996) Überlegungen für die Rolle von Sprichwörtern im Unterricht des Deutschen als Fremdsprache ab, wozu eine Liste von 57 Sprichwörtern, „die heute in Deutschland allgemein bekannt sind", gehört (Baur/Chlosta 1996, 18).

Zumindest hinsichtlich der Frequenzanalysen kann aus heutiger Sicht beurteilt werden, dass die Korpuslinguistik einen wesentlichen Beitrag zu einer Verbesserung der Datenerfassung leisten kann bzw. bereits geleistet hat. Andererseits muss aber auch eingeräumt werden, dass gerade Sprichwörter nicht primär in journalistischen Texten, aus denen die meisten Korpora derzeit noch bestehen, verwendet werden bzw. eine Reihe von Sprichwörtern in den diversen Textsorten aus Zeitungen und Zeitschriften überhaupt nicht vorkommen, wohl aber dennoch allgemein geläufig sind. Demzufolge werden auch die demoskopische Parömiologie und erst recht die empirische Parömiologie im engeren Sinne weiterhin ihre Daseinsberechtigung haben und auch zukünftig noch ausgebaut werden müssen. (Vgl. auch Kap. 4.3.).

4. DIE PHRASEOLOGIE DES 21. JAHRHUNDERTS

Dass die Korpuslinguistik zu einer Art Revolutionierung insbesondere der Phraseologie, aber auch der Linguistik im Allgemeinen geführt hat, ist hinlänglich bekannt. Dass sie damit gleichzeitig einen wesentlichen Beitrag für die Etablierung einer empirischen Sprachwissenschaft leistet, ist eine Art „positiver Nebeneffekt". Dennoch sind die Korpora selbst und deren Werkzeuge nur ein Baustein auf dem Weg zu einer empirisch fundierten Sprachwissenschaft. Was immer noch fehlt, sind Standards für die Arbeit mit Korpora wie auch für die Auswertung der Daten. Hierzu seien als Schlagworte Stichprobengröße, Repräsentativität der Stichprobe, Relevanz der Trefferzahlen, nicht-belegte Phänomene oder die Vergleichbarkeit mit anderen Korpora/Textsorten genannt. (Vgl. dazu ausführlich Heine 2009). Um diese Aspekte soll es in diesem Aufsatz jedoch nicht bzw. nur am Rande gehen, ebenso wenig soll noch einmal wiederholt werden, welche Möglichkeiten Korpora bieten (vgl. hierzu neben Heine 2009 zum Beispiel Heid 2007, Sailer 2007 sowie den Sammelband von Kallmeyer/Zifonun 2007). Stattdessen soll gezeigt werden, inwiefern Korpora einen Beitrag zur empirischen Phraseologieforschung leisten können, aber auch, welche Forschungsfragen und -bereiche (noch) durch Korpora weniger oder gar nicht zugänglich sind. Zuvor sei aber ein kurzer chronologischer Überblick zur Etablierung der Korpuslinguistik für das Deutsche unter dem Aspekt der Phraseologieforschung gegeben.

4.1. Die Entwicklung und Etablierung der Korpuslinguistik – ein Überblick

Den größten Anteil beim Aufbau deutschsprachiger Korpora leistete sicherlich das Institut für Deutsche Sprache in Mannheim. Bereits Mitte der 60er Jahre wurde dort mit dem Aufbau elektronischer Korpora begonnen (IDS: Geschichte). Die uns heute bekannten Projekte COSMAS I und COSMAS II haben ihre Wurzeln in den 90er Jahren. 1991 begann die Arbeit an COSMAS I, das ein Jahr später 28 Mio. Token umfasste und schon 1996 über das Internet für auswärtige Nutzer zugänglich war. (IDS: Geschichte, IDS: COSMAS I) Im Jahre 2003 wurde das Projekt COSMAS I beendet und gleichzeitig COSMAS II eingeführt, an dem zum damaligen Zeitpunkt schon fast zehn Jahre gearbeitet wurde. (IDS: COSMAS I) Über den gesamten Zeitraum, also von 1993 bis heute wuchs die Zahl der Nutzer von COSMAS I und COSMAS II in gleichem Maße wie der Umfang der Korpora, die den Projekten jeweils zugrunde lagen. (IDS: Statistik COSMAS I, IDS: Statistik COSMAS II) Allein in der Zeit von 2007 bis 2010 konnte die Anzahl der Token fast verdoppelt werden; sie liegt derzeit bei über vier Milliarden. (IDS: Korpusarchiv)

Diese Zahl ist deshalb so wichtig, da für die Erforschung phraseologischer Phänomene größere Korpora vonnöten sind – zum einen, weil gewisse statistische Berechnungen wie etwa die Kookkurrenzanalyse eine bestimmte Anzahl an Treffern für die einzelnen Lemmata/Suchwörter erfordern, zum anderen, weil Phraseologismen trotz ihrer „gefühlten Häufigkeit" im Vergleich zu Simplizia immer noch relativ selten vorkommen (vgl. auch Sailer 2007, 1062). Dies ist auch der Grund, warum die derzeit verfügbaren syntaktisch annotierten Korpora wie auch andere, im Vergleich zu den IDS-Korpora ausgewogenere, Korpora (von Ausnahmen abgesehen) in der Phraseologieforschung kaum verwendbar sind. Einzig die Korpora der Berlin-Brandenburgischen Akademie der Wissenschaften (DWDS-Projekt) verfügen noch über eine für phraseologische Fragestellungen akzeptable Größe. Je nach Ziel der Untersuchung können die COSMAS- oder die DWDS-Korpora geeigneter sein; umfangreicher (zumal in Bezug auf die extern verfügbaren Texte) ist auf jeden Fall das Erstgenannte.

Eine Übersicht über Projekte und Publikationen, die auf COSMAS bzw. dem DeReKo basieren, findet sich auf der Homepage des IDS. (IDS: Publikationen intern, IDS: Publikationen extern) Hier wird deutlich, dass die Zahl der Publikationen, der phraseologische Forschungen zugrunde liegen, stetig wächst.

Dieselbe Tendenz ist bei einem Blick über den deutschsprachigen „Tellerrand" erkennbar: Aus der von Jarmo Korhonen organisierten EUROPHRAS-Konferenz 2008 in Helsinki gingen drei Publikationen hervor, darunter ein Sammelband, in dem ausschließlich „Computergestützte Methoden in der modernen Phraseologie und Lexikographie" (dies der Untertitel) im Mittelpunkt stehen (Ptashnyk/Hallsteinsdóttir/Bubenhofer 2010). Darüber hinaus basieren aber auch in den beiden anderen Bänden (Korhonen u. a. (Hg.) 2010a und 2010b) eine Vielzahl der Beiträge auf der Arbeit mit Korpora. Somit ist es sicherlich nicht allzu gewagt, wenn ich konstatiere, dass mittlerweile die Arbeit mit Korpora in der Phraseologieforschung einen festen Platz einnimmt. Dabei gibt es jedoch große Unterschiede hinsichtlich der Qualität wie auch der empirischen Genauigkeit. Dies wird im folgenden Abschnitt ausführlicher erläutert.

4.2. Methoden der Korpusarbeit

Korpora werden auf unterschiedliche Weise und in unterschiedlicher Intensität genutzt. Man kann grob unterscheiden (vgl. u. a. Tognini-Bonelli 2001; Steyer 2004b; Lemnitzer/Zinsmeister 2006[12]):

---

12 Die Dichotomie korpusbasiert vs. korpusgesteuert (bzw. corpus driven) stammt von Tognini-Bonelli (2001), die Bezeichnungen Konsultationsparadigma und Analyseparadigma (die meines Erachtens den beiden Erstgenannten ziemlich genau entsprechen) verwendet Steyer (2004b). Die Bezeichnung korpusgestützt sowie die Unterscheidung von quantitativ und quantitativ-qualitativ gehen auf Lemnitzer/Zinsmeister (2006) zurück. Eigentlich bezeichnen sie die beiden Letztgenannten als „korpusbasiert quantitativ" und „korpusbasiert quantitativ-qualitativ"; um einen Konflikt mit dem anderen Strang, der bereits das Attribut korpusbasiert trägt, zu vermeiden, wurde dieses weggelassen.

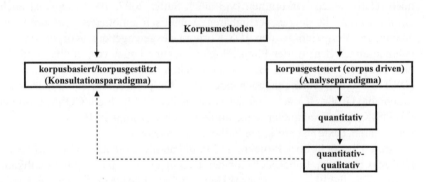

Abb. 1: Korpusmethoden

Dabei bedeutet korpusbasiert/korpusgestützt (Konsultationsparadigma):

„a given set of expressions is taken as the starting point and the corpus is used to extract the actual behavior of these expressions." (Sailer 2007, 1065)

Dem gegenüber steht die korpusgesteuerte Vorgehensweise bzw. das Analyseparadigma: Hier werden

„[s]prachliche Strukturen, Eigenschaften und Zusammenhänge [...] nicht mittels Introspektion, sondern anhand sprachlicher Massendaten aufgedeckt und beschrieben; sie werden nicht vorher erahnt, sondern erst entdeckt." (Steyer 2004b, 94)

Der rein quantitativen Analyse folgt natürlich oft eine Phase der Interpretation (quantitativ-qualitativ), die letztlich sogar zum Konsultationsparadigma zurückführen kann, nämlich in dem Moment, wo durch das Analyseparadigma aufgestellt Hypothesen nochmals gezielt in den Korpora überprüft werden. In der Praxis findet also eine Art Wechselwirkung zwischen diesen einzelnen Methoden statt, weil sich auch häufig Hypothesenbildung und Hypothesenüberprüfung abwechseln. Etwas vereinfacht gesagt ist zwar einerseits eine ausschließlich korpusbasierte bzw. korpusgestützte Korpusarbeit möglich; wer aber andererseits korpusgesteuert vorgeht, der arbeitet zumindest im letzten Schritt, wenn bereits Annahmen über das Verhalten einer bestimmten sprachlichen Einheit vorhanden sind, meist auch korpusbasiert/korpusgestützt.

Bezogen auf die Phraseologie können für die aufgeführten Methoden folgende Einsatzzwecke benannt werden:

Bei der korpusbasierten/korpusgestützten Arbeit (dem Konsultationsparadigma) sucht man gezielt nach Belegen, die entweder eine bestimmte (linguistische) Hypothese verifizieren bzw. falsifizieren sollen oder in einem Wörterbuch als authentisches Beispiel[13] angeführt werden können. Eine korpusgestützte Arbeits-

---

13 Steyer (2004b, 93) spricht in diesem Zusammenhang sehr treffend von der Verwendung eines Korpus „als Belegsammlung und ‚elektronischer Zettelkasten'".

weise hätte zum Beispiel Burger (1973) oder Fleischer (1982) dabei geholfen, die „syntaktischen Anomalien und transformationellen Defekte" von Phraseologismen besser (das heißt der Sprachverwendung entsprechend) zu bestimmen. Im Sinne einer Belegsammlung für lexikografische Zwecke wurden Korpora sicherlich als erstes genutzt. Ein Beispiel hierfür ist die Erstauflage des Duden 11, wenngleich die dort verwendeten Korpora noch nicht in elektronischer Form vorlagen.

Die wichtigste Anwendung der quantitativen Korpusarbeit ist im Prinzip die Kookkurrenzanalyse: Sie ermöglicht es, sprachliche Einheiten aufzudecken, die statistisch auffällig häufig miteinander vorkommen. Hierfür gibt es verschiedene Berechnungsmodelle, wobei das bekannteste und wohl auch zuverlässigste die Berechnung des LLR-Wertes (log-likelihood) ist.[14] Darüber hinaus gehört zu den quantitativen Methoden auch jede Art von Ranglisten und Frequenzbestimmung, sei es, um die Häufigkeit bestimmter lexikalischer Einheiten (einschließlich Phraseologismen) innerhalb eines Textes zu erfassen oder aber um das Vorkommen bestimmter Einheiten in verschiedenen Texten oder Textsorten miteinander zu vergleichen. Derartige Ranglisten werden in der Phraseologie noch nicht so häufig aufgestellt, abgesehen von häufigen Kookkurrenzpartnern oder sonstigen Mitspielern für ein Einzellexem wie auch für Binome, was aber wiederum in die Kategorie der Kookkurrenzanalyse fällt.

Die quantitativ-qualitative Korpusanalyse impliziert zusätzlich zu den oben genannten Berechnungen eine Interpretation der Ergebnisse. Hierzu gehört zum Beispiel, dass man aus den gewonnenen Kookkurrenzpartnern eines Lexems diejenigen auswählt, die zu dem eigentlichen Lexem in einem strukturellen Verhältnis stehen, während solche, die eher zufällig oder nur aus thematischen Gründen oft mit dem Suchwort zusammen vorkommen, eliminiert werden.[15] Zum Beispiel ergibt die Kookkurrenzanalyse von COSMAS für das Suchwort *Schnee* neben beispielsweise *räumen, gestern* oder *knirschen*, aus denen sich Phraseologismen ableiten lassen (*Schnee räumen, Schnee von gestern, Schnee+knirschen*), auch Wörter, die einfach häufig im Zusammenhang mit *Schnee* vorkommen, zum Beispiel *Lawine, Ski* oder *Wolke*.

Eine quantitativ-qualitative Korpusarbeit schließt auch Interpretationen hinsichtlich der Verwendungsweise von Phraseologismen ein, wie sie beispielsweise Wallner (2011) für Kollokationen in der Wissenschaftssprache untersucht. Auch jegliche Forschungsfragen, bei denen die Korpusanalyse helfen soll, Rückschlüsse auf das Sprachsystem zu ziehen, gehören in diesen Bereich (vgl. zum Beispiel die

---

14 Die Kollokationsdatenbank am IDS und das COSMAS implementierte Tool für die Kookkurrenzanalyse basieren auf der log-likelihood-Funktion. Beim DWDS kann für die Berechnung der Kollokationen zwischen log-likelihood, mutual information und t-score gewählt werden.
15 In diesem Zusammenhang sei auf die uneinheitliche Verwendung von Kookkurrenz(partner), Kolligation und Kollokation verwiesen. Im Folgenden wird unter Kollokation stets eine sinnhafte Einheit aus (mindestens) zwei Elementen verstanden, die in einer syntaktischen und semantischen Relation zueinander stehen, also eben nicht nur zufällig miteinander vorkommen. Im Rahmen des Kontextualismus wird dies anders gesehen. (Vgl. Lemnitzer/Zinsmeister 2006, 30f.)

vielfältigen Arbeiten zur Konstruktionsgrammatik, für das Deutsche u. a. in Stefanowitsch/Fischer 2008). Schließlich sind hier auch jegliche Arbeiten zu erwähnen, die auf Grundlage der gewonnenen Korpusdaten zu lexikografischen Erkenntnissen bzw. zu konkreten Nachschlagewerken führen. Hierzu zählt zum Beispiel in besonderer Weise das erst jüngst erschienene „Wörterbuch der Kollokationen im Deutschen" von Quasthoff (2010).

Insbesondere am IDS sind auch Arbeiten zu grundsätzlichen methodischen Problemen bei der Arbeit mit Korpora entstanden (vgl. IDS: Publikationen intern), die natürlich allgemein-linguistischer Natur und nicht nur für die Phraseologieforschung relevant sind. Auch Lemnitzer/Zinsmeister (2006) diskutieren in ihrer Einführung eine Reihe von Fragen, die die Arbeit mit Korpora aufwirft. Weitere, meist projektgebundene Einblicke in die Korpus-Praxis einschließlich der damit verbundenen Schwierigkeiten sowie noch unbeantworteten Fragen bietet der Sammelband von Kallmeyer/Zifonun (2007).

Vor allem in Bezug auf die Interpretation von Korpusdaten gibt es in meinen Augen noch viele Unklarheiten. Ein ganz wesentlicher Punkt scheint mir dabei das Verhältnis von Korpusdaten und Daten aus Akzeptabilitätsurteilen von Informanten zu sein (vgl. Featherston 2007 und Müller 2007 im oben erwähnten Band, ebenso Kispál 2010). Des Weiteren fehlt es noch an „Richtlinien", wie Korpusdaten statistisch angemessen ausgewertet werden können. Üblicherweise erfolgen die Angaben in Prozent; damit können zumindest relative Häufigkeiten dargestellt werden. Zu fragen ist aber, inwieweit hier aus anderen Wissenschaften bekannte statistische Programme und Tests weiterhelfen könnten, die Ergebnisse zu objektivieren und die Relevanz und Signifikanz von Ereignissen zu bestimmen. Der eventuelle Einwand, dass die gewonnenen Korpusdaten immer nur für den verwendeten Sprachausschnitt gelten, ist an dieser Stelle natürlich berechtigt; dennoch versuchen wir doch eigentlich, unsere Ergebnisse auf einen größeren/allgemeineren Sprachausschnitt zu abstrahieren. Dabei können wir bislang oft nur „Tendenzen" angeben und keine konkreten Zahlen, weil wir nicht sicher sein können, ob die gewonnenen Ergebnisse, Korrelationen und anderes signifikant sind. Hier hat die Linguistik gegenüber anderen Wissenschaften eindeutig Nachholbedarf.

Im Hinblick auf phraseologische Befragungen zeigt Juska-Bacher (2006) eindrucksvoll das Potential statistischer Auswertungen und konstatiert am Ende:

> „Es ist wünschenswert, dass die statistische Methodik bei empirischen phraseologischen Befragungen wie auch in anderen empirischen Bereichen der Sprachwissenschaft ebenso zum allgemein anerkannten Standardverfahren wird wie beispielsweise in den Sozial- und Naturwissenschaften." (Juska-Bacher 2006, 115)

4.3. Empirie ohne Korpuslinguistik?

Unbestritten ist, dass die Korpuslinguistik für einige – auch phraseologische – Forschungsbereiche eine mittlerweile nicht mehr wegzudenkende Bereicherung darstellt. Hierzu zählen ganz sicher die Phraseografie (vgl. zum Beispiel Mellado

Blanco 2009) und die Kollokationsforschung, aber auch die kontrastive Phraseologie, auf die im Rahmen dieses Artikels nicht näher eingegangen werden konnte. Durch Korpora nicht oder schwer zugänglich sind hingegen sämtliche phraseologischen Phänomene und Fragestellungen, die sich nicht in großen Mengen journalistischer Texte widerspiegeln, wie beispielsweise:

a) Sprichwörter/Sagwörter
b) Routineformeln/gesprächsspezifische Formeln
c) Gebrauch und Verständnis von Phraseologismen im Kindesalter
d) Phraseologismen im (Erst- und Fremd-)Spracherwerb
e) Gebräuchlichkeit/Bekanntheit von Phraseologismen
f) Metapherntheorie/ kognitive Phraseologie.

Dass bei den hier genannten – und sicherlich nicht vollständig aufgeführten – Forschungsfragen die Korpuslinguistik keinen Beitrag für eine empirische Phraseologie leisten kann, bedeutet natürlich nicht, dass diese Forschungsbereiche nicht auf andere Weise empirisch bearbeitet werden können. Bei a) und b) handelt es sich um Typen von Phraseologismen, deren Vorkommen in journalistischen Texten eher begrenzt ist. Gesprächsspezifische Formeln lassen sich durch gesprochensprachliche Korpora erfassen, der Gebrauch von Routineformeln ist allerdings situationsspezifisch und erfordert somit Video-Aufzeichnungen. Beides gibt es jedoch noch nicht in dem für phraseologische Forschungen erforderlichen Umfang. Um Erkenntnisse über das Verständnis von Phraseologismen und deren Gebrauch bei Kindern zu sammeln (c), ist man nach wie vor auf die in 3.2. genannten Methoden angewiesen, wenngleich sich die technischen Möglichkeiten mittlerweile stark verbessert haben (erwähnenswert sind zum Beispiel die Arbeiten von Tomasello für die englische Sprache). Gleiches gilt im Grunde für den Erwerb von Phraseologismen, sei es im Kindesalter oder später beim Erlernen einer Fremdsprache (d). Für die Ermittlung der Gebräuchlichkeit oder Bekanntheit von Phraseologismen ist die Informantenbefragung prädestiniert. Auch sie kann, sofern einige Standards erfüllt werden (die zum Beispiel den Fragebogen selbst, aber auch die Stichprobengröße betreffen), zu den empirischen Methoden gezählt werden. Eine derartige umfangreiche Befragung erfolgt(e) zum Beispiel im Rahmen des sprachkontrastiven Projektes „Weit verbreitete Idiome in Europa und darüber hinaus" von Elisabeth Piirainen (Piirainen: Widespread Idioms). Schließlich hilft die Korpuslinguistik auch dort nicht weiter, wo es um kognitive Aspekte (im weitesten Sinne) geht – um die Verarbeitung und die Speicherung von Phraseologismen oder um die Rolle der Bildlichkeit bzw. das Verhältnis von wörtlicher und „bildhafter" Bedeutung. Hier helfen wohl am ehesten Experimente sowie die phraseologische Metakommunikation, wenngleich dies sicherlich am schwersten und nur mit einem größeren personellen und finanziellen Aufwand „statistisch sauber" zu realisieren ist.

5. FAZIT UND AUSBLICK

In meinem Aufsatz sollte anhand ausgewählter Forschungsbereiche und -arbeiten gezeigt werden, welcher empirischer Methoden sich die Phraseologie in den vergangenen Jahrzehnten bedient hat. Der Vollständigkeit halber erfolgte auch ein Rückblick auf zwei frühe parömiologische/parömiografische Arbeiten. Im Rahmen dieser Abhandlung war es leider nicht möglich, auf alle Teildisziplinen näher einzugehen, so dass insbesondere in Kapitel 3 eine Auswahl vorgenommen werden musste. So konnte nicht auf die kontrastive Phraseologie und die dort häufig verwendeten Paralleltextkorpora eingegangen werden, ebenso wenig auf die kognitive Phraseologie, wo sich für das Deutsche insbesondere Dobrovol'skij verdient gemacht hat.

Dennoch sollte es gelungen sein zu zeigen, dass die Wurzeln der empirischen Phraseologie nicht in der Korpuslinguistik liegen, sondern wesentlich weiter zurückreichen. Bereits bei Agricola finden wir eine Mischung aus Korpora und Beobachtung, bei Wander kommt die Informantenbefragung hinzu. Das größte Manko der Phraseologie (einschließlich der Parömiologie) im 20. Jahrhundert ist sicherlich die ständige Wiederholung dessen, was als gebräuchlich oder bekannt vorausgesetzt wird, ohne dass dies überprüft wurde. Ein zweites Problem ist die Zufälligkeit: Man analysierte oder sammelte das, was man zufällig fand. „Unbequeme" Belege, wie sie die Korpora mit sich bringen, gab es nicht. Noch dazu wurde die Auswahl häufig schlecht oder gar nicht begründet. Dennoch wurde teilweise – in unterschiedlicher Qualität und unterschiedlichem Umfang – empirisch gearbeitet. Eine große Methodenvielfalt zeigt trotz des Einwandes von Häcki Buhofer (vgl. 3.2.) die Phraseologieforschung im Kontext der Erstspracherwerbsforschung, nicht zuletzt sicher auch aus der „Not" heraus, dass hier die eigene Introspektion der erwachsenen Forscher keinen Zugang zu den gewünschten Daten bot, sondern Kinder zumindest gefragt und/oder beobachtet werden mussten. Der Rückgriff auf die eigene Sprachkompetenz, das heißt, das Gefühl, die sprachliche Realität selbst einschätzen zu können, sehe ich als das größte Hindernis – noch heute. Hinzu kommt das Problem der oben bereits angesprochenen „unbequemen" Daten (seien es Ergebnisse aus Informantenbefragungen oder Korpusbelege), mit denen sich ein empirisch arbeitender Linguist auseinandersetzen muss. Ein weiterer Grund, auf Empirie zu verzichten, ist das Bewusstsein, dass empirische Forschung enorm zeitaufwändig ist. Sowohl der Zeitfaktor als auch (vielleicht noch stärker) der finanzielle spielen in der Forschung (leider) eine nicht zu unterschätzende Rolle. So kann man beispielsweise Herausgebern eines Wörterbuches, denen 10 Jahre Zeit und ein kleines Mitarbeiterteam (dessen Mitglieder nebenbei noch lehren oder andere Aufgaben haben) gegeben wurden, natürlich nicht vorwerfen, dass sie sich an bereits vorhandenen Nachschlagewerken orientierten, anstatt komplett neue Frequenzanalysen durchzuführen, Ranglisten zu erstellen, Kookkurrenzanalysen vorzunehmen und Belege zu suchen. Es ist aber wichtig, dass man sich der vielfältigen empirischen Möglichkeiten bewusst ist, dass in einem ausgewogenen Aufwand-Nutzen-Verhältnis diese Methoden zur Anwendung kommen und die empirische Forschung zu einer Selbstverständlichkeit wird. Des Weiteren sollten die Korpora weiterentwickelt bzw. neue geschaffen werden, denn sie bieten uns mit ihren Massendaten einen unvergleichlichen Blick auf die Sprache und dies noch dazu in einem vertretbaren zeitlichen Aufwand. Die größten Reserven sehe ich allerdings nicht unbedingt in den Korpora selbst oder in der Durchführung anderer empirischer Verfahren, sondern in der Auswertung der Daten. Hier sind die Linguisten im Allgemeinen und damit auch die Phraseologen noch immer viel zu sehr auf ihre Intuition und auf subjektive Entscheidungen angewiesen.

6. LITERATUR

6.1. Sekundärliteratur

Agricola, Johann (1529): Drey hundert gemeyner Sprichwörter, der wir Deutschen uns gebrauchen, und doch nicht wissen, woher sie komen. [o. O.]

Alsleben, Brigitte/Scholze-Stubenrecht, Werner (2002): Duden – Redewendungen. Wörterbuch der deutschen Idiomatik. Mannheim u. a.

Baur, Rupprecht/Chlosta, Christoph (1996): Welche Übung macht den Meister? Von der Sprichwortforschung zur Sprichwortdidaktik. In: Fremdsprache Deutsch 15, 17–24.

Beyer, Horst/Beyer, Annelies (1987): Sprichwörterlexikon. Sprichwörter und sprichwörtliche Ausdrücke aus deutschen Sammlungen vom 16. Jahrhundert bis zur Gegenwart. 3. Aufl. Leipzig.

Buhofer, Annelies (1980): Der Spracherwerb von phraseologischen Wortverbindungen. Eine psycholinguistische Untersuchung an schweizerdeutschem Material. Frauenfeld.

Burger, Harald (1973): Idiomatik des Deutschen. Tübingen.

Burger, Harald (2010): Phraseologie. Eine Einführung am Beispiel des Deutschen. Berlin.

Burger, Harald/Buhofer, Annelies/Sialm, Ambros (1982): Handbuch der Phraseologie. Berlin.

Burger, Harald u. a. (Hg.) (2007): Phraseologie. Ein internationales Handbuch der zeitgenössischen Forschung. Berlin/New York.

Chlosta, Christoph/Grzybek, Peter/Roos, Undine (1994): Wer kennt denn heute noch den Simrock? Ergebnisse einer empirischen Untersuchung zur Bekanntheit traditioneller deutscher Sprichwörter. In: Christoph Chlosta/Peter Grzybek/Elisabeth Piirainen, (Hg.): Sprachbilder zwischen Theorie und Praxis. Akten des Westfälischen Arbeitskreises „Phraseologie/Parömiologie" (1991/1992). Bochum, 31–60.

Drosdowski, Günther/Scholze-Stubenrecht, Werner (1992): Duden – Redewendungen und sprichwörtliche Redensarten. Wörterbuch der deutschen Idiomatik. Mannheim u. a.

Featherston, Sam (2007): Experimentell erhobene Grammatikalitätsurteile und ihre Bedeutung für die Syntaxtheorie. In: Werner Kallmeyer/Gisela Zifonun (Hg.) (2007), 49–69.

Fix, Ulla (1974/1976): Zum Verhältnis von Syntax und Semantik im Wortgruppenlexem. In: Beiträge zur Geschichte der deutschen Sprache und Literatur 95, 214–318; 97, 7–78.

Fleischer, Wolfgang (1982): Phraseologie der deutschen Gegenwartssprache. Leipzig.

Grzybek, Peter/Chlosta, Christoph (1993): Grundlagen der empirischen Sprichwortforschung. In: Proverbium. Yearbook of International Proverb Scholarship 10, 89–128.

Häcki Buhofer, Annelies (2007): Phraseme im Erstspracherwerb. In: Harald Burger u. a. (Hg.) (2007), 854–869.

Hain, Mathilde (1970): Vorwort. In: Hermann Bausinger u. a. (Hg.): Nachdruck von Agricolas Sybenhundert und fünfftzig teütscher Sprichwörtter / verneüwert und gebessert. Hildesheim/New York, V–XI.

Heid, Ulrich (2007): Computational Linguistic Aspects of Phraseology II. In: Harald Burger u. a. (Hg.) (2007), 1036–1044.
Heine, Antje (2009): Möglichkeiten und Grenzen der Korpusanalyse für die Lexikografie am Beispiel eines Wörterbuches deutscher Funktionsverbgefüge mit finnischen Äquivalenten. In: Carmen Mellado Blanco (Hg.) (2009), 233–250.
Hessky, Regina/Ettinger, Stefan (1997): Deutsche Redewendungen. Ein Wörter- und Übungsbuch für Fortgeschrittene. Tübingen.
Juska-Bacher, Britta (2006). Phraseologische Befragungen und ihre statistische Auswertung. In: Erla Hallsteinsdóttir/Ken Farø (Hg.): Neue theoretische und methodische Ansätze der Phraseologieforschung. Linguistik online 27, 91–116.
Kallmeyer, Werner/Zifonun, Gisela (Hg.) (2007): Sprachkorpora – Datenmengen und Erkenntnisfortschritt. Berlin/New York.
Kispál, Tamás (2010): Introspective Data and Corpus Data. Combination Instead of Confrontation in a Study of German Metaphorical Idioms of Life. Sprachtheorie und germanistische Linguistik 20(1), 57–78.
Korhonen, Jarmo (2001): Alles im Griff. Homma hanskassa. Saksa-suomi-idiomisanakirja. Idiomwörterbuch Deutsch-Finnisch. Helsinki.
Korhonen, Jarmo u. a. (Hg.) (2010a): Phraseologie global – areal – regional. Akten der Konferenz EUROPHRAS 2008 vom 13.–16.8.2008 in Helsinki. Tübingen.
Korhonen, Jarmo u. a. (Hg.) (2010b): EUROPHRAS 2008. Beiträge zur internationalen Phraseologiekonferenz vom 13.–16.8.2008 in Helsinki. (Online-Publikation: www.helsinki.fi/deutsch/europhras/ep2008.pdf), 25.07.2011.
Lemnitzer, Lothar/Zinsmeister, Heike (2006): Korpuslinguistik. Eine Einführung. Tübingen.
Mellado Blanco, Carmen (Hg.) (2009): Theorie und Praxis der idiomatischen Wörterbücher. Tübingen.
Müller, Stefan (2007): Qualitative Korpusanalyse für die Grammatiktheorie: Introspektion vs. Korpus. In: Werner Kallmeyer/Gisela Zifonun (Hg.) (2007), 70–90.
Müller-Hegemann, Anneliese/Otto, Luise (1965): Das kleine Sprichwörterbuch. Leipzig.
Ptashnyk, Stefaniya/Hallsteinsdóttir, Erla/Bubenhofer, Noah (Hg.) (2010): Korpora, Web und Datenbanken. Corpora, Web and Databases. Computergestützte Methoden in der modernen Phraseologie und Lexikographie. Computer-Based Methods in Modern Phraseology and Lexicography. Baltmannsweiler.
Quasthoff, Uwe (2010): Wörterbuch der Kollokationen im Deutschen. Berlin/New York.
Sailer, Manfred (2007): Corpus linguistic approaches with German corpora. In: Harald Burger u. a. (Hg.) (2007), 1060–1071.
Schmidlin, Regula (1999): Wie Deutschschweizer Kinder schreiben und erzählen lernen. Textstruktur und Lexik von Kindertexten aus der Deutschschweiz und aus Deutschland. Basel.
Scholze-Stubenrecht, Werner (2001): Das Internet und die korpusgestützte praktische Lexikographie. In: Jarmo Korhonen (Hg.): Von der mono- zur bilingualen Lexikografie für das Deutsche. Frankfurt a. M. u. a., 43–64.
Scholze-Stubenrecht, Werner (2004): Duden 11 – Lexikografisches Konzept und lexikografische Praxis. In: Kathrin Steyer (Hg.) (2004a), 348–359.
Scholze-Stubenrecht, Werner (2008): Duden – Redewendungen. Wörterbuch der deutschen Idiomatik. Mannheim u. a.
Stefanowitsch, Anatol/Fischer, Kerstin (Hg.) (2008): Konstruktionsgrammatik II. Von der Konstruktion zur Grammatik. Tübingen.
Steyer, Kathrin (Hg.) (2004a): Wortverbindungen – mehr oder weniger fest. Institut für Deutsche Sprache Jahrbuch 2003. Berlin/New York.
Steyer, Kathrin (2004b): Kookkurrenz. Korpusmethodik, linguistisches Modell, lexikografische Perspektiven. In: Kathrin Steyer (Hg.) (2004a), 87–116.
Tognini-Bonelli, Elena (2001): Corpus Linguistics at Work. Amsterdam.

Wallner, Franziska (2011): Kollokationen in Wissenschaftssprachen. Zur lernerlexikographischen Relevanz ihrer wissenschaftssprachlichen Gebrauchsspezifika. Manuskript.
Wander, Karl Friedrich Wilhelm (1867/1987): Deutsches Sprichwörter-Lexikon. Ein Hausschatz für das deutsche Volk (1). Leipzig.

6.2. Internetquellen

(alle zuletzt verifiziert am 25.07.2011)
IDS: Geschichte
http://www.ids-mannheim.de/kl/projekte/korpora/archiv.html
IDS: COSMAS I
http://www.ids-mannheim.de/kl/projekte/cosmas_I/
IDS: Statistik COSMAS I
http://www.ids-mannheim.de/kl/projekte/cosmas_I/stat.html
IDS: Statistik COSMAS II
http://www.ids-mannheim.de/cosmas2/projekt/nutzung/quartale.html
IDS: Korpusarchiv
http://www.ids-mannheim.de/kl/projekte/korpora/archiv.html
IDS: Publikationen intern
http://www.ids-mannheim.de/kl/projekte/korpora/bib-ids.html
IDS: Publikationen extern
http://www.ids-mannheim.de/kl/projekte/korpora/bib.html
Piirainen: Widespread Idioms
http://www.widespread-idioms.uni-trier.de/?p=start&lang=de

PHRASEOLOGIE UND KLEINSPRACHEN EUROPAS

Elisabeth Piirainen (Steinfurt)

1. THEMENSTELLUNG UND BEGRIFFSBESTIMMUNG

Dieser Artikel versteht sich als ein kleiner Beitrag zur Geschichte der Phraseologieforschung. Dabei soll der Blick nicht auf Untersuchungen der großen Standard- und Literatursprachen Europas gerichtet werden, die unsere Kenntnisse über die linguistische Subdomäne Phraseologie geprägt haben, sondern auf Arbeiten zur Phraseologie einiger europäischer Kleinsprachen: Ziel ist einerseits eine Bestandsaufnahme und andererseits eine nähere Betrachtung solcher Beiträge, die zur Entwicklung der Phraseologieforschung beigetragen haben, zum Teil jedoch an entlegener Stelle erschienen und weniger bekannt sind.[1] Zunächst sei geklärt, wie die drei im Titel genannten Begriffe (i) „Phraseologie", (ii) „Kleinsprachen" und (iii) „Europa" in diesem Beitrag verstanden werden.

(i) Phraseologie wird hier im Sinne der europäischen Phraseologieforschung verstanden. Aus Raumgründen können jedoch nur Arbeiten zu Idiomen näher betrachtet werden, also zu Phrasemen, die traditionell zum „Kernbereich der Phraseologie" gerechnet werden. Die Einbeziehung der Parömiologie, die sich von ihren Anfängen an mit allen sprachlichen Varietäten, mit Dialekten, Minderheiten- und Standardsprachen befasst hat, würde den Rahmen dieses Beitrags sprengen. Dies sei anhand von Mieders „International Bibliography of Paremiology and Phraseology" (2009) verdeutlicht. Darin sind Arbeiten zu etwa 30 europäischen Kleinsprachen verzeichnet; dies sind unter anderem: Adygeisch, Baskisch, Bretonisch, Gaskognisch, Ingrisch, Irisch, Kabardinisch-Balkarisch, Kalmückisch, Karatschajisch-Tscherkessisch, Karelisch, Kaschubisch, Komi-Syrjänisch, Kornisch, Livisch, Manx-Gälisch, Mari-Tscheremissisch, Moldawisch, Mordwinisch, Nordfriesisch, Okzitanisch, Rätoromanisch, Sardisch, Schottisch, Schottisch-Gälisch, Tschetschenisch-Inguschetisch, Tschuwaschisch, Walisisch und Wepsisch (vgl.

---

[1] Vollständigkeit kann nicht angestrebt werden. Als Quellen wurden einerseits Bibliographien wie Bušuj (1987), Lengert (1999), Mieder (2009) usw. und zum anderen aus den Tagungen und weiteren Aktivitäten der Gesellschaft für Phraseologie (Europhras) hervorgegangene Publikationen und die darin genannte Literatur herangezogen. Vermutlich gibt es weit mehr Arbeiten zu Idiomen bestimmter Kleinsprachen, die sich unserer Kenntnis entzogen haben. Aus Raumgründen kann auf Arbeiten zu ausgestorbenen Kleinsprachen wie zum Polabischen (u. a. Suprun 1998) oder zum Altpreußischen (u. a. Eckert 1992) nicht näher eingegangen werden.

dazu die Karte im Anhang). Die überwiegende Mehrheit der Beiträge befasst sich mit Sprichwörtern dieser Sprachen.[2]

(ii) Kleinsprache wird in diesem Beitrag als Sammelbegriff verstanden, der Termini wie „Minderheitensprache", „weniger gebrauchte Sprache" („lesser-used language") und „bedrohte Sprache" übergreift. Die Kriterien sind soziolinguistischer Art. Um eine Kleinsprache handelt es sich, wenn eines oder mehrere der folgenden Kriterien zutreffen: Die Sprache ist auf ein kleines Areal mit wenigen Sprechern beschränkt; Vitalität und Anzahl der Sprecher gehen sichtlich zurück, die Gebrauchsdomänen sind eingeschränkt; es besteht eine unmittelbare Konkurrenzsituation zu einer großen, prestigeträchtigeren Nationalsprache; es fehlt ein höherer Grad an Standardisierung, Schrift- und Literaturtradition; Haupterscheinungsform der Sprache ist Mündlichkeit des Nahbereiches. Die Anzahl der Muttersprachler gehört nicht zu den Kriterien. In diesem Fall hätte z. B. Isländisch mit nur 310.000 Sprachteilhabern als eine „kleine Sprache" zu gelten, doch trifft keines der oben genannten Kriterien zu: Isländisch ist die in allen Domänen konkurrenzlos gebrauchte Landessprache. Im Unterschied dazu sind mehrere Sprachen mit (derzeit noch) einer halben Million Sprecher durchaus bedroht (z. B. Aromanisch, Bretonisch, Ersjanisch, Marisch, Udmurtisch u. a. m.). Die soziolinguistischen Gegebenheiten vieler Sprachen sind einem Wandel ausgesetzt; vormals bedrohte Sprachen können durch Revitalisierung ihre Identität zurückerlangen. So hat sich das Lettische mit 1,5 Millionen Sprachteilhabern seit den letzten 20 Jahren erfolgreich gegen Russifizierung und Assimilation behauptet, während Sardisch, ebenfalls mit 1,5 Millionen Sprechern, gegenüber dem überdachenden Italienisch nur noch die Funktion einer „Heimsprache" innehat (ausführlich dazu Landrø 2008).

Arbeiten zur dialektalen Phraseologie werden nicht berücksichtigt. Im Handbuch der Phraseologie findet sich eine Übersicht (Piirainen 2007a); seither ist nicht viel Neues hinzugekommen.[3] Die Problematik einer Grenzziehung zwischen Sprache und dialektaler Varietät kann hier nicht erörtert werden (vgl. Crystal 2000, 11–13). Problematisch ist ebenfalls der Begriff der „Regionalsprache", der sich nicht klar von Dialekt bzw. Minderheitensprache abgrenzen lässt (s. dazu unter 3.3. zum Lettgallischen). Grenzfälle, deren Status nicht eindeutig zu bewerten ist, sind u. a. Luxemburgisch, Jiddisch, Galicisch, Katalanisch und Tatarisch. Die phraseologischen Arbeiten zu diesen Sprachen sind leicht zugänglich und werden im Folgenden nur kurz gestreift.

(iii) Europa wird hier im geographischen Sinne verstanden. Die Abgrenzung nach Osten ist problematisch, da viele Sprachen nicht vor einer virtuellen Grenze entlang des Uralgebirges bis in den Kaukasus hinein halt machen. So schwankt

---

2   Diese Liste könnte ergänzt werden durch Forschungen zu chewsurischen Sprichwörtern (Boeder 1991).
3   Neu sind Arbeiten zur Phraseologie des Pfälzischen (Knop 2010), Rheinfränkischen (Schmale 2010) und des Jütländischen, eines westdänischen Dialekts (Arboe 2011); vgl. auch Abschnitt 3.5. zum Kaschubischen.

die Zahl der angenommenen Sprachen Europas zwischen 130 und über 200, je nachdem ob die Sprachen des Kaukasusraumes einbezogen werden oder nicht (vgl. u. a. Stolz 2001; 2006). Wie in (i) ausgeführt wurde, finden sich zahlreiche parömiologische Studien zu Kleinsprachen dieser eurasischen Übergangszone: zu den nordwestkaukasischen Sprachen Adygeisch, Kabardinisch-Balkarisch und Karatschajisch-Tscherkessisch, zum nordostkaukasischen Tschetschenisch-Inguschetisch, zum südkaukasischen Chewsurisch (in Nordgeorgien), ferner zur Turksprache Tschuwaschisch und zum Kalmückischen, das als einzige mongolische Sprache ins europäische Areal hineinreicht. Obwohl sich die Arbeiten zu diesen Sprachen zumeist auch auf einzelne „sprichwörtliche Redensarten" erstrecken, können sie hier unter dem Aspekt der Idiomforschung außer Acht gelassen werden.

2. DIE SPRACHEN EUROPAS – EINE ÜBERSICHT

Die sprachliche Landkarte Europas setzt sich aus einer isolierten Sprache, dem Baskischen, und mindestens fünf Sprachfamilien zusammen. Diese sind einerseits Indoeuropäisch, Altaisch, Uralisch, Semitisch sowie andererseits die kaukasischen Sprachen, die möglicherweise nicht nur einer Sprachfamilie zuzuordnen sind. Die Zahl der gegenwärtig in Europa gesprochenen indoeuropäischen Sprachen wird auf etwa 60 geschätzt. Traditionell werden sie in die drei fast isolierten Sprachen Albanisch, Griechisch und Armenisch und die sechs größeren Zweige Germanisch, Romanisch, Keltisch, Baltisch, Slawisch und Indoiranisch unterteilt. Im Folgenden sollen diese Sprachenfamilien mit ihren Kleinsprachen kurz (und vereinfacht im Hinblick auf die soziolinguistische und politische Komplexität) betrachtet werden.[4]

Germanisch in Europa besteht aus dem Nordgermanischem mit Isländisch, Färingisch (Färöisch), Norwegisch, Schwedisch, Dänisch und dem Westgermanischen mit Niederländisch, Deutsch, Englisch, Friesisch, Jiddisch und Luxemburgisch. Von den drei friesischen Sprachen sind Nordfriesisch und Saterfriesisch stark bedroht, während sich Westfriesisch neben Niederländisch als eine der offiziellen Sprachen der Provinz Friesland behauptet. Schottisch-Englisch (Scots) wird unterschiedlich – als Kleinsprache oder Dialekt – bewertet.

Irisch war im 8. Jahrhundert die dritte Weltsprache (nach Griechisch und Latein). Gegenwärtig sind alle noch gesprochenen **keltischen Sprachen**, Irisch, Schottisch-Gälisch, Walisisch (Kymrisch), Kornisch, Manxisch sowie Bretonisch (alle werden zum Inselkeltischen gerechnet) aufgrund der oben genannten Kriterien als kleine Sprachen bzw. – trotz Revitalisierungsbemühungen – als bedrohte

---

4 Dieser Abschnitt geht zum größten Teil auf die Darstellung der Sprachen Europas in Piirainen 2005 (54–61) zurück; er wurde durch die im „Ethnologue" und im „Unesco Atlas of the World's Languages in Danger" online zugänglichen Daten aktualisiert: Diese stammen vom Oktober 2010, sind aber nicht in allen Fällen zuverlässig.

Minderheitensprachen einzustufen. Dies gilt auch für Walisisch mit einer derzeit stabileren Sprecherzahl und für Irisch, obwohl es den Status einer offiziellen Sprache besitzt.

Unter den **romanischen Sprachen** sind besonders viele Kleinsprachen bzw. Dialekte zu verzeichnen. Die romanischen Sprachen werden zumeist in *Sardisch*, die auf der Insel Sardinien noch zum Teil gesprochene Kleinsprache, und die auf dem Kontinent gesprochenen west- und ostromanischen Sprachen unterteilt. Neben den westromanischen Standardsprachen Französisch, Italienisch, Spanisch (Kastilisch) und Portugiesisch finden sich zahlreiche Kleinsprachen, deren Status nicht klar zu definieren ist, wie u. a. Provenzalisch oder Korsisch in Frankreich, das im Alpenraum verbreitete Frankoprovenzalisch oder Okzitanisch im spanisch-französisch-italienischen Grenzraum. Die in Italien gesprochenen kleineren Varietäten (außer Sardisch und Ladinisch in Norditalien) werden gegenwärtig als italienische Dialekte aufgefasst, darunter Friaulisch, Venetisch, Piemontesisch, Sizilianisch u. a. m., während Rätoromanisch mit der Hauptvarietät Rumantsch Grischun, auch Bündnerromanisch genannt (s. dazu 3.3.), einer der Amtssprachen der Schweiz, wiederum als (kleinere) Sprache betrachtet wird. In ähnlicher Weise gelten in Spanien vorkommende Varietäten wie Valencianisch oder Asturleonesisch als Dialekte, während das mit dem letzteren nah verwandte Mirandés in Portugal offiziellen Charakter besitzt. Ferner wird das in Gibraltar umgangssprachlich verwendete Llatino zum Teil als eigene Sprache angesehen. Katalanisch und Galicisch (Amtssprachen der autonomen Regionen Katalonien bzw. Galicien) sind Sonderfälle. Zum Ostromanischen rechnen vor allem Rumänisch und die Kleinsprachen Moldawisch und Aromanisch.

Neben den beiden **baltischen** Standardsprachen Lettisch und Litauisch existieren in Lettland weitere baltische Varietäten. Umstritten ist der Status des Lettgallischen. Zum einen wird es als Dialekt des Lettischen bezeichnet, neben dem Thamischen und Mittellettischen. Zum anderen werden zwei Sprachen angenommen: einerseits Lettisch (mit dem thamischen und mittellettischen Hauptdialekt) und andererseits Lettgallisch. Eckert (2010) zufolge ist das Lettgallische als eigenständige baltische Regional- und Schriftsprache anzusehen (s. 3.4.).

Die **slawischen Sprachen** werden in drei Gruppen unterteilt: Die ostslawischen Sprachen bestehen aus Russisch, Weißrussisch und Ukrainisch, die westslawischen Sprachen aus Tschechisch, Slowakisch, Polnisch und den Minderheitensprachen Sorbisch (Ober- und Niedersorbisch), Kaschubisch und Ruthenisch oder Rusinisch. Es finden sich noch einzelne ruthenische Sprechergruppen u. a. in Polen, in der Slowakei und der Ukraine; ob es sich um eine Sprache oder eine Gruppe von Dialekten handelt, ist nicht geklärt. Die südslawischen Sprachen bestehen aus Slowenisch, Kroatisch, Bosnisch, Mazedonisch, Serbisch und Bulgarisch.

Die meisten **indoiranischen Sprachen** werden in Asien gesprochen, doch sind einzelne Sprachen wie Ossetisch oder Talisch dem eurasischen Übergangsraum zuzurechnen. Ferner gehört hierzu das Romani, die Sprachen der Sinti und Roma: Es sind verschiedene Varietäten, die in Resten noch in weiten Teilen Europas anzutreffen sind, jeweils in unterschiedlichen regionalen Ausprägungen, oder als bilinguale Mischsprachen wie das Skandoromani oder das Angloromani usw. (s. zum Romani in Finnland 3.6.).

Baskisch ist die einzige völlig isolierte europäische Sprache Europas. Es besteht aus Resten der ältesten einst im Südwesten Europas verbreiteten Sprache, die durch die romanischen Sprachen zurückgedrängt wurde. Das Baskische mit seiner Standard-Varietät und sechs Dialekten ist in der Provinz Navarra in Spanien noch in einer relativ stabilen Position, aber in jedem Fall als Klein- bzw. Minderheitensprache zu betrachten.

Das **Altaische** umfasst Haarmann (2002, 43) zufolge 65 Sprachen. Etwa zwölf davon finden sich westlich des Urals, der virtuellen Ostgrenze Europas. Diese Sprachen werden traditionell in zwei Hauptgruppen unterteilt,[5] in das Mongolische (mit dem teils noch nordwestlich des Kaspischen Meeres gesprochenen Kalmückischen) und die Turksprachen. Unter den Turksprachen auf europäischer Seite wird zunächst das Tschuwaschische herausgesondert, das sich erheblich von den übrigen Turksprachen unterscheidet. Trotz einer größeren Sprecherzahl u. a. in Zentralrussland gilt es als bedroht. Über die Einteilung der übrigen europäischen Turksprachen herrschen verschiedene Meinungen. Sie können in eine südwesttürkische oder oghusische Gruppe (mit den großen Sprachen Türkisch und Aserbaidschanisch und dem kleineren Gagausisch) und eine westtürkische oder kiptschakische Gruppe unterteilt werden. Zur letzteren gehören u. a. eine Südgruppe (mit Nogaisch im Nordkaukasus, noch auf europäischer Seite gelegen) und eine Westgruppe mit dem stark bedrohten Krim-Tatarischen (s. 3.8.), mit Karatschi-Balkarisch, Kumückisch und dem Karaimischen, der kleinsten Turksprache in Europa. In der Nähe von Vilnius in Litauen finden sich noch wenige Hundert karaimische Sprecher; im Südwesten der Ukraine ist es fast ausgestorben.

Van der Auwera (1998, 8) zufolge werden in Europa 17 **uralische Sprachen** gesprochen. Sie zerfallen in die Zweige des Samojedischen (das mit dem Tundra-Nenzischen in den Nordosten Europas hineinreicht) und der finnisch-ugrischen Sprachen. Die ugrische Gruppe besteht auf europäischer Seite nur aus dem Ungarischen. Innerhalb der finnischen Gruppe sind alle Varietäten außer Finnisch und Estnisch Klein- bzw. mehr oder weniger stark gefährdete Minderheitensprachen. Es gibt keinen vollständigen Konsens darüber, ob die finnische Gruppe in drei oder vier Zweige zu unterteilen ist. Weithin akzeptiert ist die folgende Gruppierung: Permisch mit den Sprachen Udmurtisch (früher Wotjakisch) und Komi (früher Syrjänisch), Wolgafinnisch mit den Gruppen Marisch (früher Tscheremissisch), und den beiden mordwinischen Sprachen Mokschanisch und Ersjanisch. Das Ostseefinnische umfasst außer den Standardsprachen Finnisch und Estnisch eine Reihe kleiner und bedrohter oder fast ausgestorbener Sprachen wie Ingrisch, Livisch, Ludisch, Wotisch, Wepsisch und Karelisch. Weitere ostseefinnische Minderheiten wie Kven oder Meänkieli in Norwegen, die durch späte Migrationen zustande gekommen sind, können hier außer Acht bleiben. Samisch ist die Spra-

---

[5] Anderen Auffassungen zufolge sind die Turksprachen vom Altaischen zu trennen, vgl. Johanson (2001).

che der Urbevölkerung weiter Teile Nordskandinaviens. Die Herkunft der Samen ist unklar; die Frage der Zuordnung der samischen Sprachen wird noch kontrovers diskutiert. Sie werden unterteilt in die ostsamischen Sprachen mit Skolt- und Kildinsamisch (mehrheitlich in Russland) und Inarisamisch in Finnland (mit jeweils 300–400 Sprechern) und die westsamischen Sprachen: Die Sprecherzahlen reichen hier von ca. 20.000 (Nordsamisch in den drei skandinavischen Ländern) bis zu 2.000 (Lulesamisch in Schweden und Norwegen), einige Hundert (Südsamisch), 20 (Umesamisch) und zehn (Pitesamisch) in Schweden.

Noch komplexer ist die Situation der **kaukasischen Sprachen**. Mehr als drei Dutzend sog. autochthone kaukasische Sprachen finden sich in dem kleinen Gebiet nördlich und südlich des Großen Kaukasus und seinen Ausläufern (nicht zu verwechseln mit „Sprachen in der Kaukasus-Region", zu denen auch indoeuropäische, semitische und Turksprachen gehören). Die drei typologisch unterschiedlichen Gruppen der kaukasischen Sprachen werden üblicherweise nach ihrer geographischen Lage benannt; es sind die nordostkaukasischen (nach-dagestanischen) Sprachen, die kleine Gruppe der nordwestkaukasischen (abchasisch-adygeischen) Sprachen sowie die südkaukasischen oder kartvelischen Sprachen mit Georgisch als der größten Sprache. Die genetischen Beziehungen der kaukasischen Sprachen untereinander sind noch nicht vollständig geklärt.

Maltesisch, die Landessprache der Maltesischen Inseln, gehört zu der südlichen zentralen Gruppe der **semitischen Sprachen**. Obwohl Maltesisch als Mischsprache angesehen wird, bildet Arabisch seine genetische Grundlage. Es ist eng verwandt mit Tunesisch-Arabisch und Algerisch-Arabisch. Zwei weitere semitische Sprachen finden sich in Europa: das nahezu ausgestorbene Zypriotisch-Arabisch, gesprochen von den Maroniten im Dorf Kormakiti in Zypern, und Neuaramäisch, dessen Sprachteilhaber zum Teil auf der europäischen Seite anzutreffen sind.

3. BEITRÄGE EUROPÄISCHER KLEINSPRACHEN ZUR IDIOMFORSCHUNG

3.1. Germanisch

Das **Nordfriesische (Friisk)** ist eine stark bedrohte Minderheitensprache, die noch in kleinen Sprechergemeinschaften auf den Inseln Helgoland, Sylt und Föhr und auf dem Festland anzutreffen ist. Auf den Tagungen der Gesellschaft für Phraseologie in Basel 2004 und in Veszprém 2006 hat Nils Århammar Vorträge zur Phraseologie des Nordfriesischen gehalten, aus denen zwei Artikel hervorgegangen sind. Århammar (2006) arbeitet Besonderheiten der regional- und kulturtypischen Ausgangsdomänen nordfriesischer Idiome wie Seefahrt-, Lotsen- und Rettungswesen, Fischerei und Vogelfang im Vergleich zu den benachbarten Standardsprachen heraus. Eine Beschränkung auf Mehrwortausdrücke erweist sich für eine umfassende Beschreibung der bildlichen Sprache hier als nicht sinnvoll, so dass auch monolexikalische bildliche Ausdrücke einbezogen werden. In Århammar (2009) wird ein spezieller Typ phraseologischer Vergleiche mehrerer Sprachen untersucht, wobei das Mooringer Friesisch, der nordfriesische Hauptdialekt des Festlandes, den Ausgangspunkt bildet. Zwei nordfriesische Idiome bilden ferner den Gegenstand in Wirrer (2004).

Um den Bestand des **Westfriesischen (Frysk)** ist es weitaus besser bestellt. Doch gibt es bis jetzt nur einen Artikel zur Etymologie eines westfriesischen Idioms. Fritz van der Kuip (2007) geht der Frage nach, ob es sich bei westfriesisch *binnen de balken* „innerhalb der Balken/Pfosten" ursprünglich um einen Rechtsterminus handelt.

Luxemburgisch (Lëtzebuergesch) und **Jiddisch (Yidish)** sind keine Kleinsprachen, können jedoch – aus unterschiedlichen soziolinguistischen Gründen – zu den weniger gebrauchten Sprachen gerechnet werden. Beide Sprachen sind schon jetzt hinsichtlich ihrer Phraseologie gut untersucht (vgl. u. a. Filatkina 2005; 2006; Kleine 2010); verschiedene Großprojekte der Universitäten Trier und Luxemburg sind der weiteren Inventarisierung, Dokumentation und Erforschung der luxemburgischen und jiddischen Phraseologie gewidmet (u. a. DoLPh, „Dynamics of Luxembourgish Phraseology", und JPhras, „Jiddische Phraseologie im Kontext europäischer Sprachen"). Beide Projekte liefern zugleich wertvolle Ergebnisse zur Phraseologie historischer Stufen des Deutschen.

3.2. Keltisch

Irisch (Gaeilge) ist Gegenstand des Vortrag über „Snámh in aghaidh easa? [Swimming against a waterfall?]: Phraseology, Globalisation and the Irish Language", den Marcas Mac Coinnigh aus Belfast auf der Europhras-Tagungen 2008 in Helsinki gehalten hat. Anhand irischer Idiome hat er die Probleme von Sprachwechsel, Sprachausgleich und Sprachpolitik im Zeitalter der Globalisierung aufgezeigt. Mit Idiomen und Metaphern des **Schottisch-Gälischen (Gàidhlig)** befasst sich Tiber Falzett (im Druck). Analysiert werden bildliche Ausdrücke aus den Bereichen Musik und Kunst, die für das Gälische typisch sind und im Englischen keine Parallelen haben. Außer diesen Beiträgen sind uns – trotz der reichen parömiologischen Forschungen zu den keltischen Sprachen[6] – keine Arbeiten über Idiome dieser Sprachen bekannt.

3.3. Romanisch

Wie in Abschnitt 2 ausgeführt wurde, findet sich innerhalb der Romania eine Fülle von kleinen und Minderheitensprachen. Dennoch konnten in der uns zugäng-

---

6   Zur irischen Sprichwortforschung sei u. a. auf die Arbeiten von Fionnuala Carson Williams (s. Mieder 2009, Nr. 9743–9764) und die von Marcas Mac Coinnigh (Mieder 2010, Nr. 318–321) hingewiesen.

lichen Literatur nur zwei Artikel zu romanischen Kleinsprachen ermittelt werden.[7] In der Ankündigung eines mehrsprachigen phraseologischen (hauptsächlich parömiologischen) Projekts nennt Rosa Piñel (2004) neben Spanisch, Deutsch, Arabisch, Französisch, Polnisch und Russisch auch **Provenzalisch (Pro(u)vençau)**, eine Kleinsprache im Süden Frankreichs und angrenzenden Räumen. Über die Gründe für die Einbeziehung des Provenzalischen oder dessen Rolle im Kontrast zu den Standardsprachen wird nichts mitgeteilt.

Größere Beachtung hätte ein Beitrag von Ricarda Liver (1989) zum **Bündnerromanischen** verdient. Die Autorin berührt darin eine wichtige Frage zur Theorie der Phraseologie, die später mehrfach – jedoch ohne auf ihren Artikel einzugehen – diskutiert wurde: Anhand zahlreicher Beispiele weist sie nach, dass sich im Bündnerromanischen keine klare Trennung zwischen bildlichen Komposita (bei denen z. B. ein Elativadverb zum verstärkenden Präfix geworden ist) und polylexikalischen Syntagmen vornehmen lässt (s. Abschnitt 4).

Wie in Abschnitt 2 erwähnt, lässt sich der (Minderheiten-)Status des **Katalanischen** und **Galicischen** nicht eindeutig erfassen.[8] Beide Varietäten haben eine reiche Literatur zur Phraseologie hervorgebracht (Mieders Bibliographie von 2009 nennt 61 bzw. 81 Titel). Das vormals weniger prestigeträchtige Galicische gilt gegenwärtig als Ausbausprache, dem möglichst viele Anwendungsbereiche zur Verfügung stehen sollten. Hierzu gehört es, dass das Galicische mit den „Cadernos de Fraseoloxía Galega" seit 1999 über ein eigenes phraseologisches Jahrbuch verfügt. In den Beiheften werden wichtige Werke zur Phraseologie in galicischer Übersetzung publiziert.[9]

3.4. Baltisch

In Abschnitt 2 wurde **Lettgallisch (Latgaļu)** als eigene baltische Regionalsprache in Lettland genannt. In jüngster Zeit wurden der lettgallischen Phraseologie drei Beiträge gewidmet. In zwei Artikeln geht es um Phraseme in literarischen Texten. Ilga Šuplinska (2009) untersucht vor allem komparative Phraseme im Prosawerk des lettgallischen Schriftstellers Ontons Rupainis, und zwar unter dem Aspekt des Komischen, Grotesken. Der Beitrag von Sandra Ūdre (2010) befasst sich mit dem Konzept des ‚Trinkers, Säufers', wie es sich in Phrasemen in der lettgallischen Dramaturgie manifestiert. Im Beitrag von Rainer Eckert (im Druck) steht die

---

7 Hier ist die Bibliographie von Lengert (1999) zu nennen: Wiederum behandeln die Arbeiten zu den genannten Kleinsprachen (u. a. Sardisch) vor allem Sprichwörtliches.
8 Im Titel eines Beitrags von Heike van Lawick (2010) wird schon auf den Minderheitenstatus des Katalanischen hingewiesen.
9 Selbst wenn Parallelen in der Entwicklung des Galicischen und des Niederdeutschen erkannt werden können (vgl. Mellado Blanco 2006), so ist Galicisch in einer weitaus besseren Position. Es ist undenkbar, Niederdeutsch etwa als Sprache des akademischen Unterrichts oder wissenschaftlicher Publikationen zu verwenden.

Eigenständigkeit der lettgallischen Phraseologie im Vergleich zu der des Lettischen im Vordergrund.

3.5. Slawisch

Zu den beiden westslawischen Kleinsprachen Sorbisch und Kaschubisch findet sich eine Fülle von phraseologischen Arbeiten; sie sind zum größten Teil auf Sorbisch und Polnisch verfasst, daher außerhalb der Slawistik weniger bekannt. Das **Obersorbische (Hornjoserbšćin)** ist die einzige Kleinsprache Europas, deren Phraseologie in einer umfassenden Datenbank vorliegt, die kontinuierlich erweitert wird und im Internet online nutzbar ist. Die von Sonja Wölke angelegte Datenbank bildete die Grundlage des obersorbisch-deutschen phraseologischen Wörterbuchs (Ivčenko/Wölke 2004). An der Arbeitsstelle des Sorbischen Instituts e. V. in Bautzen sind zahlreiche weitere Arbeiten entstanden. Anatolij Ivčenko (2006) verzeichnet in einer Bibliographie für die Jahre 1964–2006 bereits 87 Arbeiten (Artikel, Dissertationen und Rezensionen) zur Phraseologie des Obersorbischen und in geringem Maße auch zu der des **Niedersorbischen (Dolnoserbšćina)**; 24 Arbeiten stammen von Anatolij Ivčenko und 26 von Sonja Wölke. Seither sind weitere Beiträge hinzugekommen, u. a. Bura (2007), Jakubowska (2007), Wölke (2007; 2008), Ivčenko/Wölke (2009). Eine Übersicht über die Themen der sorbischen Phraseologieforschung findet sich bei Ivčenko (2006, 112–115). Beliebte Themen sind konfrontative Studien, ideographische Darstellungen, Untersuchungen zu biblischen Idiomen, zu Somatismen oder zu Phrasemen mit onymischen (besonders toponymischen und ethnonymischen) Elementen ebenso wie zur Weltbildproblematik, zur Grammatik und Syntax von Phrasemen, zur Valenz (vgl. Wölke 1992), zur Etymologie einzelner Idiome oder zu didaktischen Fragen. Besonders hervorzuheben sind Beiträge zur Arealphraseologie, einer von der Forschung bis jetzt nur wenig beachteten Disziplin. So diskutiert Ivčenko in seiner Dissertation bereits 1987 das Vorkommen von Phrasemen im Raum und deren Projektion auf geographische Karten, die in einen „phraseologischen Sprachatlas" (Ivčenko 1989) Eingang finden (s. Abschnitt 4).

Auch für **Kaschubisch (Kaszëbski)** existiert eine Fülle von phraseologischen Beiträgen, die in der Phraseologieforschung nicht genügend Beachtung gefunden haben.[10] Hervorzuheben sind die Studien zur dialektalen Phraseologie (Treder 1991a; 2009), die ein aktuelles Forschungsthema diskutieren. Mehrere Arbeiten befassen sich mit dem Einfluss der Kontaktsprachen Polnisch und Deutsch, mit Entlehnungen und Sprachvergleich (Treder 1986; 1996; 2001; 2005a), darunter auch mit dem Vergleich der sorbischen und kaschubischen Phraseologie (Wölke 1997; Treder 1997). Weitere Beiträge sind bestimmten Sachbereichen oder historischen Themen gewidmet (u. a. Treder 1991b; 2005b; 2010).

---

10 Es gibt mehr als ein Dutzend Arbeiten. In Mieders Bibliographie (2009) findet sich nur ein einziger Titel.

3.6. Indoiranisch

Mit der Hinwendung zu „bedrohten Metaphern" (vgl. Idström/Piirainen im Druck) hat eine indoiranische Varietät in den Kreis der Idiom- und Metaphernforschung Eingang gefunden. Kimmo Granquist (im Druck) untersucht Idiome und Metaphern des **Finnisch Romani (Kaalo Roma)**, der Sprache der Roma in Finnland. Anhand der in Feldforschungen gesammelten Daten werden eigenständige Sprachbilder und Konzepte dieser moribunden Varietät mit deutlichen Unterschieden zum überdachenden Finnischen aufgezeigt. Ferner werden Aspekte des Sprachwandels im Bereich der Metaphern betrachtet, da die ursprünglichen metaphorischen Konzepte nicht mehr an die jüngere Generation weiter gegeben werden.

3.7. Baskisch (Euskara/Euskera)

Auf der Tagungen der Gesellschaft für Phraseologie in Granada 2010 war erstmalig das Baskische mit zwei Vorträgen vertreten: Der eine handelte von idiomatischen adverbialen Phrasemen im Baskischen (Xabier Altzibar: „Locuciones adverbiales idiomatices en euskera"), der andere von phraseologischen Entlehnungen und Kalkierungen in den baskischen Medien. Dieser Beitrag wird in den Tagungsakten erscheinen (Altsibar/Alberdi/García de los Salmones, im Druck). Ferner gibt es ein englisch-baskisch-kastilisches phraseologisches Wörterbuch (Stürtze/Colera/Barrenetxea 2002) sowie Arbeiten zu Metaphern des Baskischen, die auf der Analyse von Idiomen und Sprichwörtern beruhen. Wie Iraide Ibarretxe-Antuñano (2008; im Druck) zeigt, unterscheidet sich das Baskische in bestimmten Konzeptualisierungen und kulturellen Modellen deutlich von den indoeuropäischen Sprachen (vgl. Abschnitt 4).

3.8. Turksprachen

An verschiedenen Phraseologietagungen der letzten zehn Jahre haben regelmäßig mehrere Forscherinnen aus der russischen Republik Tatarstan, vor allem von der Universität Kasan, teilgenommen. Dort hat das Russische das vormalige **Tatarisch (Tatar Tele/Tatarça)** bzw. die muttersprachliche Kompetenz der Bewohner bereits stark zurückgedrängt. So befassen sich die meisten Arbeiten der genannten Forscherinnen nicht mehr mit dem Tatarischen, sondern mit der Phraseologie des Russischen oder Englischen, in einigen Fällen auch mit der des Deutschen und Türkischen. Nur ganz am Rande, allenfalls innerhalb mehrsprachiger Untersuchungen, treten noch tatarische Idiome in Erscheinung, vgl. Elena Arsentyevas Artikel (2004) zu Problemen des russisch-englisch-deutsch-französisch-tatarischen Wörterbuchs.

Krim-Tatarisch (Qırımtatar tili) (es ist mit Tatarisch – trotz der Namensgleichheit – nur entfernter verwandt) hat sich als eigene Sprache noch im Süden

Europas, vor allem auf der Halbinsel Krim, bewahrt. An der Arbeitsstelle des krimtatarischen phraseologischen Wörterbuchs in Sewastopol sind eine Reihe von Arbeiten entstanden. Bereits 1995, auf der Europhras-Tagung in Graz und Leibnitz, hat Adile Ėmirova über krimtatarische phraseologische Untersuchungen berichtet. In ihrem Artikel im Tagungsband (Ėmirova 1998) kontrastiert sie russische Idiome mit *golova* und krimtatarische mit *baš* ‚Kopf' mit dem Ziel, Universelles und Spezielles zu beleuchten. Da diese Idiome in beiden Sprachen qualitativ und quantitativ unterschiedlich vertreten sind, kommt sie zu dem Schluss, dass kognitive Prozesse in der russischen Phraseologie stärker ausgeprägt sind als im Krimtatarischen. Im Sinne einer damals noch geltenden „nationaltypischen Weltbildauffassung" wird daraus abgeleitet, dass die Russen zu rationalem Verständnis und rationaler Bewertung der Welt neigen, während für die Turkvölker eher eine emotionale Wertung typisch ist (Ėmirova 1998, 194).

3.9. Finnisch-Ugrisch

Die Forschungen des Parömiologen Matti Kuusi haben stets alle seinerzeit noch vitalen ostseefinnischen, wolgafinnischen oder permischen Sprachen einbezogen. Mehrere dieser Sprachen sind seither nahezu ausgestorben. Zu den uns bekannten[11] phraseologischen Wörterbücher dieser Sprachen gehören: Fedotova (2000) für das **Karelische (Karjalan kieli)**, Plesovskij (1986) für **Komi (Komi kyv)**, Dzuina (1967) für das **Udmurtische (Udmurt kyl)** und Širmankina (1973) für das Mordwinische mit **Mokschanisch (Mokšaň käl')** und **Ersjanisch (Eržaň kel')**. Die letztgenannte Sprache war auf der Europhras-Tagung in Loccum 2002 vertreten. Krisztina Hevér hatte einen Vortrag über „Les problèmes de classification des idiomes de la langue mordve erza" gehalten, der nicht veröffentlicht wurde. Die Vortragende kritisierte die Inkonsequenz früherer Gruppierungen der ersjanischen Phraseme und stellte eine eigene Klassifikation vor, die vom Ursprung der Phraseme ausgeht.

Die Arbeiten zur Phraseologie des **Inarisamischen (Anarâškielâ)** nehmen innerhalb der Geschichte der europäischen Phraseologieforschung eine beachtenswerte Sonderstellung ein. Auf den beiden letzten Europhras-Konferenzen, 2008 in Helsinki und 2010 in Granada, hat Anna Idström Ergebnisse ihrer auf Feldforschungen beruhenden Arbeiten zur Phraseologie dieser bedrohten Sprache vorgestellt. Mit dem „Idiomwörterbuch des Inari-Sámi" (Idström/Morottaja 2006; in 4. Auflage 2010) wurde zum ersten Mal die bildliche Sprache einer indigenen Bevölkerungsgruppe in ihrer Ursprünglichkeit dokumentiert. Es folgten die Dissertation (Idström 2010a) und zahlreiche weitere Arbeiten. Das Verdienst dieser Pionierarbeit ist einerseits die Bereitstellung von Methoden und Kriterien zur

---

11 Bei Recherchen für diesen Beitrag wurden uns weitere Wörterbücher genannt, jedoch ohne zuverlässige bibliographische Angaben. Das gleiche gilt für weitere phraseologische Arbeiten, u. a. zum Udmurtischen und Marischen; genaue Angaben konnten nicht ermittelt werden.

Sammlung von Idiomen einer bedrohten Sprache, die sich auch auf andere Varietäten anwenden ließen. In Idström (2010b) werden die Vorgehensweisen beschrieben, wie die älteren Sprecher dazu gebracht wurden, sich der authentischen inarisamischen bildlichen Ausdrücke (Idiome und Einwortmetaphern) zu erinnern. Zum anderen sind Ergebnisse für die Theorie der Phraseologie- und Metaphernforschung zu verzeichnen (s. Abschnitt 4). So zeigt das Inarisamische sowohl eigene konzeptuelle Metaphern (Idström 2010c) als auch – auf einer konkreteren Ebene angesiedelte – Metaphern aus den früheren Lebensbedingungen einer indigenen Bevölkerung, die in den bisher untersuchten europäischen Sprachen keine Parallelen haben (vgl. Idström, im Druck a; im Druck b).

4. AUSBLICK

Für die in Europa existierenden Sprachen werden Zahlen zwischen ca. 130 und über 200 genannt. Kein Phraseologieforscher hat bis jetzt „alle Sprachen Europas" in seine Studien einbezogen.[12] Dennoch finden sich in phraseologischen Arbeiten Aussagen wie „für alle europäischen Sprachen gilt" (vgl. Beispiele in Piirainen 2007b, 536). Solche Aussagen sollten vermieden werden; stattdessen sollte es stärker ins Bewusstsein der Forscher vordringen, dass unsere Kenntnisse über die Phraseologie bis jetzt auf dem Material von knapp zwanzig Prozent der Sprachen Europas beruhen. Die Einbeziehung „aller" europäischer Sprachen (darunter vieler Klein- und Minderheitensprachen) könnte unser Wissen über Phraseologie erheblich erweitern, wie die wenigen hier genannten Beiträge bereits zeigen.

Für drei Kleinsprachen wurde betont, dass eine Unterscheidung zwischen bildlichen Mehrwort-Ausdrücken (Idiomen in der linguistischen Definition) und „Einzelwörtern", deren metaphorischer Gebrauch konventionalisiert ist, für eine umfassende Beschreibung der bildlichen Sprache nicht sinnvoll ist. Im Fall des Rätoromanischen ist es die Struktur einer Kleinsprache, die mit aller Deutlichkeit auf dieses Problem hinweist:

> „Definiert man Phraseologismen [...] als reproduzierbare feste Mehrwortgefüge mit figurierter Bedeutung, so ist das Kompositum, auch wenn seine Gesamtbedeutung nicht als Summe der Komponentenbedeutungen aufgefasst werden kann, aus dem Bereich der Phraseologismen auszuschließen. Nun ist es für das Bündnerromanische gar nicht so einfach, Komposita von Syntagmen freier Syntax abzugrenzen" (Liver 1989, 281; vgl. oben 3.2).

Im Fall des Inarisamischen (ähnlich auch des Nordfriesischen) machen die befragten Gewährspersonen selbst keinen Unterschied zwischen bildlichen Einwort- und Mehrwort-Ausdrücken, sondern erkennen die bildlichen Bedeutungen und können zumeist den Grund für die Inferenz zwischen Ausgangs- und Zielkonzept angeben

---

12 Mit seinem Vergleich von neun europäischen Sprachen hatte Jarmo Korhonen (1991) ein kaum übertroffenes Maximum von Sprachen erreicht, vgl. jedoch Tallgren-Tuulio (1932), der 14 Sprachen zum Vergleich herangezogen hatte.

(vgl. u. a. Idström 2010a, 93–98). Erst in jüngster Zeit geht man dazu über, eine Grenze des Objektbereichs nicht zwischen Mehrwort- und Einworteinheiten des Lexikons zu ziehen, sondern – ungeachtet der Anzahl der jeweils beteiligten Lexeme – zwischen bildlichen, d. h. semantisch irregulären Einheiten (wie figurativen Idiomen oder Komposita und konventionellen Einwortmetaphern) und nicht- oder schwach bildlichen Einheiten (wie z. B. „normalen" Wörtern, Kollokationen oder Funktionsverbgefügen).[13]

Durch Arbeiten zu Kleinsprachen könnten auch die Forschungsrichtungen „Arealphraseologie" und „Dialektphraseologie" neue Impulse bekommen. Der traditionellen Phraseologieforschung in Europa stellte sich die Frage einer möglichen diatopischen Markierung von Idiomen zumeist nicht, da die sprachräumliche Verbreitung von Idiomen gleichgesetzt wurde mit der arealen Ausdehnung der betreffenden Standardsprache oder Nationalsprache.[14] Leider sind der Forschung die Arbeiten zum Obersorbischen und Kaschubischen weitgehend entgangen, die schon seit den 1980er Jahren sprachgeographische Arbeitsweisen, darunter Kartiermethoden, auf die Phraseologie angewandt haben (vgl. die in 3.5. genannten Arbeiten von Ivčenko 1987; 1989 und Treder 1991a; 2009).

Zwei der hier betrachteten Kleinsprachen, Baskisch und Inarisamisch, gehören den ältesten in Europa fassbaren Sprachschichten an: Beide waren eher in dem jeweiligen Gebiet heimisch als die später vordringenden indoeuropäischen bzw. anderen uralischen Sprachen. Das Baskische wurde Ibarretxe-Antuñano (2008) zufolge zwar von den dominanten religiösen und philosophischen Strömungen Europas beeinflusst, hat diese aber nicht vollständig adaptiert und einzelne herausragende Konzepte bewahren können. Anhand der Konzeptualisierungen von Emotionen mittels innerer Organe konnte die Autorin klare Unterschiede zu anderen europäischen Sprachen aufzeigen. Vor allem für das baskische Konzept gogo „primitive (irrational) thought" fehlt es an Parallelen, da es sich nicht in den Cartesianischen Dualismus von KOPF als Sitz des Denkens und HERZ als Sitz der Gefühle fügt (Ibarretxe-Antuñano 2008, 122).

Noch deutlicher treten völlig eigene konzeptuelle Metaphern des Inarisamischen zutage. Eine Metapher wie ZEIT IST GELD kann es in dieser Sprache nicht geben, deren Teilhaber noch bis um 1900 in ihrer Lebensweise nicht vom Terminkalender, sondern vom Verlauf der Jahreszeiten, von der Kenntnis der Natur, des Verhaltens der Tiere und des Umgangs mit der arktischen Kälte geprägt war. Idström (2010c) arbeitet die Metapher ZEIT IST NATUR heraus, die sich in einer

---

[13] Dobrovol'skij/Piirainen (2009, 11–13) zufolge sind Idiome nicht nur eine Subklasse der Phraseologismen, sondern auch eine Subklasse der konventionellen bildlichen Lexikoneinheiten. Die theoretische Erfassung linguistischer Spezifika der Idiome muss daher gleichzeitig im Rahmen der Phraseologie und im Rahmen der Theorie des bildlichen Lexikons geschehen.

[14] Es fehlte lange Zeit hindurch ein Bewusstsein dafür, dass Idiome jeweils nur in einem begrenzten Areal Gültigkeit haben oder Sprachräume übergreifen können. Die Beziehung von Phrasemen zum Sprachraum wurde nur für sehr wenige Sprachen erforscht u. a. für das Deutsche (vgl. Piirainen 2008 und 2009).

Reihe bildlicher Ausdrücke manifestiert. Zugleich werden Schwächen der Lakoff'schen Metapherntheorie aufgezeigt, da sich konzeptuelle Metaphern (teils mit dem Anspruch einer Universalität) als artifizielle Konstrukte erweisen, die in der Sprache selbst gar nicht existieren.

Auch für andere Kleinsprachen wird die Eigenständigkeit der Bildlichkeit hervorgehoben, seien es abstrakte konzeptuelle Metaphern oder konkrete bildliche Ausgangsdomänen (die in der jeweiligen realienspezifischen Kultur oder in alten Mythen und narrativen Motiven verankert sein können), die in den bisher untersuchten europäischen Sprachen keine Parallelen haben. Dies gilt u. a. für bildliche Ausdrücke des Nordfriesischen, Schottisch-Gälischen, Kaschubischen und des Romani in Finnland. Unübertroffen sind jedoch die inarisamischen Idiome, die das vormalige Weltwissen über die traditionelle Lebensart und die Bedeutung der Natur für den Menschen in vielen Einzelheiten reflektieren.

Die weitreichenden Gemeinsamkeiten zwischen den Sprachen Europas im Bereich der bildlichen Ausdrücke und Metaphern wurden oft hervorgehoben. Zum einen sind es Weinrichs (1976) oft zitierte und diskutierte Vorstellungen von der „abendländischen Bildfeldgemeinschaft".[15] Zum anderen sind es die Beobachtungen der Phraseologieforscher, die eine Unmenge von Äquivalenten in mehreren, sogar genetisch nicht verwandten Sprachen aufgedeckt haben (vgl. Korhonen 1995; 1996).[16] Mit zuvor hinsichtlich ihrer Bildlichkeit nicht beschriebenen Sprachen wie Romani, Baskisch und Samisch kann gezeigt werden, dass es Sprachen gibt, die zwar in Europa beheimatet sind, aber außerhalb der „abendländischen Bildfeldgemeinschaft" stehen. Es ist zu hoffen, dass viele weitere europäische Kleinsprachen in diesem Sinne erforscht werden.

Für wertvolle Hinweise möchte ich mich sehr herzlich bei Rainer Eckert, Anna Idström, Aneta Lica und Sonja Wölke bedanken.

---

15 „Es gibt eine Harmonie der Bildfelder zwischen den einzelnen abendländischen Sprachen. Das Abendland ist eine Bildfeldgemeinschaft" (Weinrich 1976, 287).
16 Deutlich zeigt sich die Uniformität der europäischen Sprachen auch in Ergebnissen des Projekts „Widespread Idioms in Europe and Beyond" (vgl. Piirainen 2010a; 2010b). Alle in Abschnitt 3 behandelten Sprachen außer Lettgallisch sind in diesem Projekt repräsentiert. Sie lassen unterschiedliche Grade der Gemeinsamkeiten erkennen: Obersorbisch steht an erster und Inarisamisch an letzter Stelle.

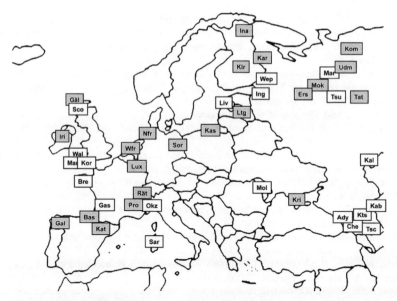

Abb. 1: Kartenskizze: In Abschnitt 1 und 3 genannte Klein- und Regionalsprachen Europas. Sprachen auf grauem Hintergrund werden in Abschnitt 3 besprochen. Die Karte bildet nur die Lage der Sprachen in Europa, nicht ihre Verbreitung ab. Jiddisch kann auf der Karte nicht dargestellt werden.

5. LITERATUR

5.1. Sekundärliteratur

Altzibar, Xabier/Alberdi, Xabier/García de los Salmones, Julio (im Druck): Préstamos y calcos fraseológicos en el euskera de los medios de comunicación. In: Actas de EUROPHRAS 2010. Cross-linguistic and Cross-cultural Perspectives on Phraseology and Paremiology. Granada.

Arboe, Torben (2011): Phraseological Aspects of Jutlandic (Western Danish). In: Antonio Pamies/Dmitrij Dobrovol'skij (Hg.): Linguo-Cultural Competence and Phraseological Motivation. Baltmannsweiler, 349-357.

Århammar, Nils (2007): Phraseologie. Ein in der Frisistik unbestelltes, aber viel versprechendes Forschungsfeld. In: Philologia Frisica anno 2005. Ljouwert, 167–194.

Århammar, Nils (2009): *sü måål as en meelen* ,so wütend wie eine Windmühle'. Phraseologische Vergleiche vom Typ Adj. + wie + Nomen im Sinnbereich des Zorns (mit besonderer Berücksichtigung der germanischen Dialekte). In: Csaba Földes (Hg.) (2009), 55–70.

Arsentyeva, Elena (2005): Some Problems of „Russian-English-German-French-Turkish-Tatar Phraseological Dictionary" Compilation. In: Espace Euro-méditerranéen. Une idiomaticité partagée. Actes du colloque international (Tome 1). Hammamet, les 19–20 & 21 septembre 2003. Rencontres Linguistiques Méditerranéennes & Europhras. Tunis, 25–36.

Auwera, Johan van der (ed.) (1998): Adverbial Constructions in the Languages of Europe. Berlin.

Boeder, Winfried (1991): Struktur und Interpretation georgischer Sprichwörter aus Chewßuretien. In: Annette Sabban/Jan Wirrer (Hg.): Sprichwörter und Redensarten im interkulturellen Vergleich. Opladen, 131–161.

Bura, Renata (2007): Frazeologia w górnołużyckiej biblii z roku 1728 na tle porównawczym czesko-polskim [Die obersorbische Phraseologie in der Bibel von 1728 aus vergleichender tschechisch-polnischer Sicht]. In: Studia Linguistica Universitatis Iagellonicae Cracoviensis 124, 41–48.
Bušuj, A. M. (1987): Osnovnye voprosy teorii frazeologii. Bibliografičeskij ukazatel' po frazeologii. [Erneute Fragen zur Theorie der Phraseologie. Bibliographisches Verzeichnis zur Phraseologie]. Vypusk 6. Samarkand.
Crystal, David (2000): Language Death. Cambridge.
Dobrovol'skij, Dmitrij O./Piirainen, Elisabeth (2009): Zur Theorie der Phraseologie. Kognitive und kulturelle Aspekte. Tübingen.
Dzuina, Klavdija Nikolaevna (1967): Kratkij udmurtsko-russkij frazeologičeskij slovar' [Kurzes udmurtisch-russisches phraseologisches Wörterbuch]. Iževsk.
Eckert, Rainer (1992): Gibt es eine altpreussische Phraseologie? In: Colloquium Pruthenicum Primum, Warszawa, 7–11.
Eckert, Rainer (2010): Die baltischen Sprachen in Europa. In: Uwe Hinrichs (Hg.) (2010): Handbuch der Eurolinguistik. Wiesbaden, 247–232.
Eckert, Rainer (im Druck): Zur Eigenart der Phrasembestände von Regionalsprachen (Lettgallisch und Niederdeutsch). In: Latgalistikys kongresu materiali III, Rezekne 2011/2012.
Eismann, Wolfgang (Hg.) (1998): EUROPHAS 95. Europäische Phraseologie im Vergleich: Gemeinsames Erbe und kulturelle Vielfalt. Bochum.
Ėmirova, Adile (1998): Kontrastive Analyse somatischer Phraseologie im Russischen und Krimtatarischen. In: Eismann (Hg.) (1998), 191–199.
Falzett, Tiber F. M. (im Druck): Blas agus brìgh/Taste and Essence: Metaphor, Music and Language in Scottish Gaelic-Circles. In: Anna Idström/ Elisabeth Piirainen (eds.) (im Druck).
Fedotova, Vieno P. (2000): Frazeologičeskij slovar' karel'skogo jazyka [Phraseologisches Wörterbuch der karelischen Sprache]. Petrozavodsk.
Filatkina, Natalia (2005): Phraseologie des Lëtzebuergeschen. Empirische Untersuchungen zu strukturellen, semantisch-pragmatischen und bildlichen Aspekten. Heidelberg.
Filatkina, Natalia (2006): Vorüberlegungen zu einem phraseologischen Wörterbuch des Lëtzebuergeschen. In: Claudine Moulin/Damaris Nübling (Hg.): Perspektiven einer linguistischen Luxemburgistik. Studien zu Diachronie und Synchronie. Heidelberg, 247–277.
Földes, Csaba (Hg.) (2009): Phraseologie disziplinär und interdisziplinär. Tübingen.
Granqvist, Kimmo (im Druck): Metaphors of the Finnish Roma in Finnish and Romani. In: Anna Idström/Elisabeth Piirainen (eds.) (im Druck).
Haarmann, Harald (2002): Sprachen-Almanach. Zahlen und Fakten zu allen Sprachen der Welt. Frankfurt/New York.
Ibarretxe-Antuñano, Iraide (2008): Guts, Heart and Liver: The Conceptualization of Internal Organs in Basque. In: Farzad Sharifian u. a. (eds.): Culture, Body, and Language. Conceptualizations of Internal Body Organs across Cultures and Languages. Berlin, 103–129.
Ibarretxe-Antuñano, Iraide (im Druck): The Importance of Unveiling Conceptual Metaphors in a Minority Language: the Case of Basque. In: Anna Idström/Elisabeth Piirainen (eds.) (im Druck).
Idström, Anna (2010a): Inarinsaamen käsitemetaforat [Konzeptuelle Metaphern des Inarisamischen]. Diss. Helsinki.
Idström, Anna (2010b): Challenges of Documenting the Idioms of an Endangered Language. The Case of Inari Saami. In: Korhonen u. a. (Hg.) (2010), 221–227.
Idström, Anna (2010c): Inari Saami idioms of time. In: Yearbook of Phraseology. Berlin/New York, 159–177.
Idström, Anna (im Druck a): Antlers as a Metaphor of Pride. In: Anna Idström/ Elisabeth Piirainen (eds.) (im Druck).
Idström, Anna (im Druck b): Inari Saami Metaphors of Hunger. In: Proceedings from the Conference EUROPHRAS 2010, Granada.

Idström, Anna/Morottaja, Hans (2006): Inarinsaamen idiomisanakirja [Idiomwörterbuch des Inari Samischen]. Inari. 4., erw. Ausgabe 2010.
Idström, Anna/Piirainen, Elisabeth (eds.) (im Druck): Endangered Metaphors. Amsterdam.
Ivčenko, Anatolij (1987): Ideografičeskoe i arealnoe opisanie frazeologii verchnelužickogo jazyka [Ideographische und areale Beschreibung der Phraseologie der obersorbischen Sprache]. Diss. 2 Bände. Leningrad.
Ivčenko, Anatolij (1989): Areal'noe opisanie frazeologii verchnelužickogo jazyka (k probleme sozdanija „Obščeslavjanskogo frazeologičeskogo atlasa") [Areale Beschreibung der Phraseologie der obersorbischen Sprache (und Probleme des „Slawischen phraseologischen Atlanten")]. In: Lětopis A 36, 12–24.
Ivčenko, Anatolij (2006): Staw a perspektiwy slědźenja na polu serbskeje frazeologije [Stand und Perspektiven der Forschung auf dem Gebiet der sorbischen Phraseologie]. In: Lětopis 53, 112–122.
Ivčenko, Anatolij/Wölke, Sonja (2004): Hornjoserbski frazeologiski słownik. Obersorbisches phraseologisches Wörterbuch. Budyšin/Bautzen.
Ivčenko, Anatolij/Wölke, Sonja (2009): Wo wćipnych Jěwach a nócnych hawronach. Rěčne wobroty za dźěći a staršich [Von alten Neugierden und Nachtschwärmern. Redewendungen für Alt und Jung]. Bautzen.
Jakubowska, Anna (2007): Wielki pan, velký pán, wulki knjez, czyli obraz pyszałka we frazeologii polskiej, czeskiej i górnołużyckiej [Der große Herr oder das Bild des Angebers in der polnischen, tschechischen und obersorbischen Phraseologie]. In: Zeszyty Łużyckie 41, 154–172.
Johanson, Lars (2001): Discoveries on the Turkic linguistic map. Stockholm.
Kleine, Ane (2010): Jiddische Phraseologie – Phraseologie einer Fusionssprache. In: Jarmo Korhonen u. a. (Hg.) (2010), 205–211.
Knop, Kerstin (2009): *Der kennt e Gääß zwische de Hörner kisse* – Zu einigen Besonderheiten der Phraseologie des Pfälzischen. In: Csaba Földes (Hg.) (2009), 351–360.
Korhonen, Jarmo (1991): Konvergenz und Divergenz in deutscher und finnischer Phraseologie. Zugleich ein Beitrag zur Erläuterung der Verbreitung und Entlehnung von Idiomen. In: Christine Palm (Hg.): EUROPHRAS '90. Akten der internationalen Tagung der Germanistischen Phraseologieforschung. Aske/Schweden, 12.–15. Juni 1990. Uppsala, 123–137.
Korhonen, Jarmo (1995): Studien zur Phraseologie des Deutschen und des Finnischen. Bochum.
Korhonen, Jarmo (Hg.) (1996): Studien zur Phraseologie des Deutschen und des Finnischen II. Bochum.
Korhonen, Jarmo u. a. (Hg.) (2010): Phraseologie global – areal – regional. Akten der Konferenz EUROPHRAS 2008 vom 13.–16.8.2008 in Helsinki. Tübingen.
Kuip, Frits van der (2007): Is de Nijfryske ferbining *binnen de balken* fan oarsprong in rjochtsterm? In: Us Wurk. Tysdskrift foar Frisistyk 56, 114–124.
Landrø, Judith (2008): Purismus als Strategie europäischer Sprachpolitik. Eine Untersuchung am Beispiel der „Kleinsprachen" Sardisch, Isländisch, Lettisch. Hamburg.
Lawick, Heike van (2010): Phraseologismen in der Minderheitensprache Katalanisch: Global, areal oder dialektal? Eine korpuslinguistisch gestützte Untersuchung von Übersetzungen. In: Korhonen u. a. (Hg.) (2010), 293–299.
Lengert, Joachim (1999): Romanische Phraseologie und Parömiologie: Eine teilkommentierte Bibliographie (von den Anfängen bis 1997). 2 Bände. Tübingen.
Liver, Ricarda (1989): Phraseologie, Wortbildung und freie Syntax im Bündnerromanischen. In: Gertrud Gréciano (Hg.): Europhras 88. Phraséologie Contrastive. Actes du Colloque International Klingenthal-Strasbourg, 12–16 mai 1988. Strasbourg, 281–290.
Mellado Blanco, Carmen (2006): Niederdeutsch und Galicisch im soziolinguistischen Vergleich. Das Verhältnis zu den Kontaktsprachen aus diachroner und synchroner Sicht. In: Die Muttersprache. Vierteljahresschrift für deutsche Sprache 116, 308–321.
Mieder, Wolfgang (2009): International Bibliography of Paremiology and Phraseology. 2 Volumes. Berlin/New York.

Mieder, Wolfgang (2010): International Proverb Scholarship. An Updated Bibliography. In: Proverbium 27, 463–534.
Palm-Meister, Christine (Hg.) (2004): Europhras 2000. Internationale Tagung zur Phraseologie vom 15.–18. Juni 2000 in Aske/Schweden. Tübingen.
Piirainen, Elisabeth (2005): Europeanism, Internationalism or Something Else? Proposal for a Cross-Linguistic and Cross-Cultural Research Project on Widespread Idioms in Europe and Beyond. In: Hermes. Journal of Linguistics 35, 45–75.
Piirainen, Elisabeth (2007a): Dialectal Phraseology – Linguistic Aspects. In: Harald Burger u. a. (Hg.): Phraseologie. Ein internationales Handbuch der zeitgenössischen Forschung. Berlin/ New York, 530–540.
Piirainen, Elisabeth (2007b): Phraseologie in europäischen Bezügen: zu einem Forschungsprojekt. In: Erika Kržišnik/Wolfgang Eismann (Hg.): Europhras Slovenija 2005. Phraseologie in der Sprachwissenschaft und anderen Disziplinen. Ljubljana, 533–551.
Piirainen, Elisabeth (2008): Phraseology From an Areal Linguistic Perspective. In: María Álvarez de la Granja (ed.): Fixed Expressions in Cross-Linguisic Perspectives. A Multilingual and Multidisciplinary Approach. Hamburg, 19–44.
Piirainen, Elisabeth (2009): Phraseologie und Areallinguistik: ein interdisziplinärer Forschungsansatz. In: Csaba Földes (Hg.) (2009), 361–372.
Piirainen, Elisabeth (2010a): Common Features in the Phraseology of European Languages: Cultural and Areal Perspectives. In: Jarmo Korhonen u. a. (Hg.) (2010), 15–27.
Piirainen, Elisabeth (2010b): Phraseology From a Eurolinguistic Perspective. In: P. Sture Ureland (ed.): From the Russian Rivers to the North Atlantic – Migration, Contact and Linguistic Areas. Berlin, 127–147.
Piñel, Rosa Maria (2004): Multilaterale Phraseologie (Spanisch, Deutsch, Arabisch, Französisch, Polnisch, Provenzalisch und Russisch). In: Christine Palm-Meister (Hg.) (2004), 363–372.
Plesovskij, Fedor Vasilevich (1986): Komi Kyvtëchasyas, Komi Frazeologizmy. Syktyvkar.
Schmale, Günter (2010): *nun di Die isch han de Flämm* – Französische Einflüsse auf phraseologische Ausdrücke des Rheinfränkischen. In: Jarmo Korhonen u. a. (Hg.) (2010), 185–193.
Širmankina, Raisa Semenovna (1973): Frazeologičeskij slovar' mordovskich (mokša i erzja) jazykov [Phraseologisches Wörterbuch der Mordwinischen Sprachen (Mokschanisch und Ersjanisch)]. Saransk.
Stolz, Thomas (2001): Minor Languages and General Linguistics (With Special Focus on Europe). In: Thomas Stolz (ed.): Minor Languages of Europe. A Series of Lectures at the University of Bremen, April–July 2000. Bochum, 211–242.
Stolz, Thomas (2006): Europe as a Linguistic Area. In: Keith Brown/Sarah Ogilvie (eds.) (2006): Concise Encyclopedia of Language of the World. Amsterdam u. a., 278–295.
Stürtze, Alizia/Colera, María/Barrenetxea, Imanol (2002): Eguneroko Esamoldeak (Ingelesa-Euskara-Gaztelania) [Alltägliche Ausdrücke (Englisch-Baskisch-Kastilisch). Donostia.
Šuplinska, Ilga (2009): Komisma elementi Ontona Rupaiņa prozā [Elemente des Komismus in der Prosa von Ontons Rupainis]. In: Latgalistikys kongresu materiali I, Sanktpīterburga 2009, 143–153.
Suprun, Adam (1998): Zur dravenopolabischen Phraseologie. In: Wolfgang Eismann (Hg.) (1998), 773–782.
Tallgren-Tuulio, Oiva Johannes (1932): Locutions figurées calquées et non calquées. Essai de classification pour une série de langues littéraires. In: Mémoires de la Société Néophilologique de Helsingfors 9, 279–324.
Treder, Jerzy (1986): Ze studiów nad frazeologią kaszubską (na tle porównawczym) [Untersuchung zur kaschubischen Phraseologie (aus vergleichender Sicht)]. Gdańsk.
Treder, Jerzy (1991a): Nowa dziedzina badawcza: frazeologia gwarowa [Ein neues Feld der Forschung: dialektale Phraseologie]. In: Zesz. Nauk. WSP w Opolu. Językoznawstwo 13, 501–506.

Treder, Jerzy (1991b): Frazeologia kaszubska a wierzenia i zwyczaje (na tle porównawczym). [Kaschubische Phraseologie und Glaube sowie Brauchtum (aus vergleichender Sicht)]. Wejherowo.
Treder, Jerzy (1996): Kaszubska i pomorska frazeologia pochodzenia niemieckiego (na tle słowiańskim) [Kaschubische und pommersche Phraseologie deutscher Herkunft (aus slawischer Sicht)]. In: Andrzej M. Lewicki (Hg.): Problemy frazeologii europejskiej I. Warszawa, 131– 146.
Treder, Jerzy (1997): Frazeologia kaszubska a górnołużycka [Kaschubische und obersorbische Phraseologie]. In: Obraz językowy slowiańskiego Pomorza i Łużyc. SOW, 131–147.
Treder, Jerzy (2001): Frazeologia kaszubska [kaschubische Phraseologie]. In: Kaszubszczyzna. Kaszëbizna. Seria, 225–241.
Treder, Jerzy (2005a): Oddziaływanie języka polskiego na frazeologię kaszubską [Der Einfluss der polnischen Sprache auf die kaschubische Phraseologie]. In: Jerzy Treder: Nazwy ptaków we frazeologii i inne studia z frazeologii i paremiologii polskiej [Die Namen der Vögel und weitere Studien zur Phraseologie und Parömiologie]. Gdańsk, 93–108.
Treder, Jerzy (2005b): Frazeologia w kaszubskich translacjach Ewangelii [Phraseologie in den kaschubischen Evangelienübersetzugen]. In: Danuta Stanulewicz u. a. (Hg.): De lingua et litteris. Studia In honorem Casimiri Andreae Sroka. Gdańsk, 483–488.
Treder, Jerzy (2009): O badaniach frazeologii dialektalnej ponownie [Nochmals zu dialektalen phraseologischen Forschungen]. In: Acta Cassubiana 11, Gdańsk, 142–155.
Treder, Jerzy (2010) Leksemy nazywające insekty w kaszubskiej frazeologii [Namen von Insekten in der kaschubischen Phraseologie]. In: Studien zur sprachlichen Kommunikation. Festschrift aus Anlass des 70. Geburtstages von Prof. Dr. habil. Marian Szczodrowski, Studia Germanica Gedanensia 22, Sonderband 6. Gdańsk.
Ūdre, Sandra (2010): Konceptu „dzāruojis" atspeidynojūšī frazeologismi lagalīšu dramaturgejā [Phraseologische Wiederspiegelungen des Konzepts des „Trinkers, Säufers" in der lettgallischen Dramaturgie]. In: Latgalistikys kongresu materiali II, Rēzekne 2010, 170–186.
Weinrich, Harald (1976): Sprache in Texten. Stuttgart.
Wirrer, Jan (2004): Ethnophraseologie. Zur Elizitierung phraseologischer Daten von nur wenig oder gar nicht dokumentierten Sprachen am Beispiel von Nordfriesisch: Söl'ring. In: Christine Palm-Meister (Hg.) (2004), 533–545.
Wölke, Sonja (1992): Verbale Phraseme im Obersorbischen. Untersuchungen zur Valenz und Struktur. Bautzen.
Wölke, Sonja (1997): O związkach frazeologii kaszubskiej z frazeologią górnołużycką i niemiecką [Zum Vergleich der kaschubischen Phraseologie mit der obersorbischen und deutschen Phraseologie]. In: Obraz językowy slowiańskiego Pomorza i Łużye. Warszawa, 149–166.
Wölke, Sonja (2007): Frazeologia aktywnie używana we współczesnym języku górnołużyckim [Aktuell verwendete Phraseologie im Obersorbischen]. In: Zeszyty Łużyckie 41, 138–153.
Wölke, Sonja (2008): Hornjoserbska frazeologija w interneće [Obersorbische Phraseologie im Internet]. In: Lětopis, Zeitschrift für Sorbische Sprache, Geschichte und Kultur 55, 36–47.

5.2. Internetquellen

http://www.ethnologue.com/
http://www.serbski-institut.de/cms/de/50/Obersorbisches-phraseologisches-Woerterbuch
http://www.unesco.org/culture/languages-atlas/ = UNESCO Atlas of the World's Languages in Danger

SIGLEN DER SPRACHEN

(Die in Abschnitt 3 behandelten Sprachen wurden in Fettdruck gesetzt.)

Ady	Adygeisch	Ltg	**Lettgallisch**
Bas	**Baskisch**	Liv	Livisch
Bre	Bretonisch	Lux	**Luxemburgisch**
Che	Chewsurisch	Man	Manx-Gälisch
Ers	**Ersjanisch**	Mar	Mari-Tscheremissisch
Gal	**Galizisch**	Mok	**Mokschanisch**
Gäl	**Schottisch-Gälisch**	Mol	Moldawisch
Gas	Gaskognisch	Nfr	**Nordfriesisch**
Ina	**Inarisamisch**	Okz	Okzitanisch
Ing	Ingrisch	Pro	**Provenzalisch**
Iri	**Irisch**	Rät	**Rätoromanisch**
Kab	Kabardinisch-Balkarisch	Sar	Sardisch
Kal	Kalmückisch	Sco	Schottisch
Kar	**Karelisch**	Sor	**Sorbisch**
Kas	**Kaschubisch**	Tat	**Tatarisch**
Kat	**Katalanisch**	Tsc	Tschetschenisch-Inguschetisch
Klr	**Kaalo Roma** (Finnland)	Tsu	Tschuwaschisch
Kom	Komi-Syrjänisch	Wal	Walisisch
Kor	Kornisch	Wep	Wepsisch
Kri	**Krimtatarisch**	Wfr	**Westfriesisch**
Kts	Karatschajisch-Tscherkessisch		

RECHTSCHREIBUNG IN PHRASEOLOGISMEN

Vom Frühneuhochdeutschen zur Amtlichen Regelung des Jahres 2006

Ilpo Tapani Piirainen (Münster)

1. ERFORSCHUNG DER DEUTSCHEN SPRACHE DES SPÄTMITTELALTERS UND DER FRÜHEN NEUZEIT

In den 60er und 70er Jahren des 20. Jahrhunderts erfuhr die Erforschung des Frühneuhochdeutschen – einer Sprachstufe zwischen dem 14. und 18. Jahrhundert – eine Neuorientierung. In der Diskussion um die Entstehung des Neuhochdeutschen wurde seit dem Ende des 19. Jahrhunderts nach dem Entstehungsort dieser überregional geltenden Ausgleichsform des Deutschen gesucht, und zwar mit widersprüchlichen Ergebnissen. Heute gilt es als gesichert, dass das Neuhochdeutsche nicht in dem zweisprachigen Prag (mit Tschechisch und Deutsch) entstanden ist, obwohl in der Prager Kanzlei Kaiser Karls IV. geschriebene Texte – oft Urkunden an fremde Kanzleien in deutscher Sprache – grob mundartliche Schreibformen vermieden haben (Schmitt 1982). Untersuchungen in der 2. Hälfte des 20. Jahrhunderts zeigten methodisch und von den Ergebnissen her neue Wege in der Erforschung des Frühneuhochdeutschen auf. In ihrem zweibändigen Werk bewies Mirra M. Guchmann (1970), dass das Frühneuhochdeutsche ein Resultat langer sprachhistorischer Prozesse ist, bei denen allerdings Handschriften und Drucke aus unterschiedlichen Räumen oder gar von einzelnen Ortschaften eine Eigengewichtung haben können. Werner Besch (1967) arbeitete wiederum an einer Methode, mit der sprachliche Erscheinungen des Frühneuhochdeutschen kartographisch dargestellt werden; so können relativ eindeutige Sprachlandschaften gegeneinander abgegrenzt werden. Es konnte auch bewiesen werden, dass neben dem Ostmitteldeutschen mit den wichtigen kulturellen Zentren Dresden, Erfurt und Leipzig (Bentzinger 1992; Fleischer 1970) vor allem das Ostoberdeutsche bereits im 15. Jahrhundert wesentlich zur Vereinheitlichung des Frühneuhochdeutschen beigetragen hat. Untersuchungen zur Kanzlei- bzw. Geschäftssprache einzelner Ortschaften, u. a. Nürnberg (Straßner 1977), Augsburg (Glaser 1985; Stopp 1976), Wien (Ernst 1994; Moser 1977) und Pressburg (Piirainen 1996; Ziegler 1999), bestätigten die starken Vereinheitlichungstendenzen der Schreib- und Druckersprache. Der Terminus Kanzleisprache wird seit dem 19. Jahrhundert verwendet. Mit der Konstituierung des „Arbeitskreises Kanzleisprachenforschung" sowie dessen Konferenzen und Publikationen ist der Begriff „Kanzleisprache" für die Erforschung der älteren Stufen der deutschen Sprache in verschiedenen Regionen und in unterschiedlichen Textsorten ein wesentlicher Bereich der germanistischen Linguistik (Greule 2001; Spáčilová 2000).

Die Kenntnisse über die Textsorten des Frühneuhochdeutschen wurden durch die Forschungsintensität der vergangenen Jahrzehnte wesentlich erweitert. Das Frühneuhochdeutsche ist nicht, wie aufgrund früherer Untersuchungen gedacht, nur in Rechts-, Stadt- und Rechnungsbüchern sowie in Urkunden der Kanzleien dokumentiert. Darüber hinaus gab es vielmehr Übersetzungen auf Latein verfasster Texte religiösen, juristischen, philosophischen und medizinischen Inhalts, Enzyklopädien und Wörterbücher. In dieser Periode entstehen auch erzählende Prosa, Fachprosa unterschiedlicher Richtungen sowie Anfänge einer Massenliteratur, die vor allem durch Flugschriften und Pamphlete während der Reformation und der Bauernkriege vertreten sind. Den Sprachforscher würden auch zuverlässige Wiedergaben der gesprochenen Sprache interessieren, die einen direkten Zugang zur Phonetik und Phonemik des Frühneuhochdeutschen ermöglichen könnten; solche Texte sind jedoch kaum zu finden. Deswegen liegt der Schwerpunkt der Frühneuhochdeutsch-Forschung auf der Graphemik, die neben der Darstellung der relativ autonomen Schriftsysteme auch eine Rekonstruktion von Phonemsystemen ermöglicht. Ludwig Erich Schmitt (1944) sprach von einem „Schriftzwang" in der frühneuhochdeutschen Periode. Untersuchungen zum Frühneuhochdeutschen zeigen seither, dass es durchaus möglich ist, aufgrund der Graphemik Historiolekte, Schriftdialekte sowie Soziolekte im Frühneuhochdeutschen zu beschreiben. Diese Analysen können durch metasprachliche Quellen in Form von Äußerungen von Sprachpraktikern, Grammatikern und Lexikographen über innerhalb der Periode herrschende bzw. erstrebenswerte oder abzulehnende Sprachvarietäten ergänzt werden. Außerdem können Kenntnisse über Schreiber, Schreiberschulen, Kanzleien und Druckereien auch dem Sprachforscher bei der Analyse der Texte nützlich sein.

Das Frühneuhochdeutsche erstreckt sich zeitlich vom 14. bis zum 18. Jahrhundert; somit handelt es sich bei der Entstehung des Neuhochdeutschen um einen mehrere Jahrhunderte andauernden sprachhistorischen Prozess. Im 14. Jahrhundert nimmt der Gebrauch des Deutschen als Geschäftssprache zu; Kanzleien auf höfischer und städtischer Ebene führen das Deutsche neben Latein als Urkunden- und Kommunikationssprache ein. In Norddeutschland bildet sich im Zeitalter der Hanse eine mittelniederdeutsche Geschäftssprache heraus, die jedoch schon im 16. Jahrhundert in wichtigen Wirtschafts- und Kulturzentren durch das Hochdeutsche der südlicheren Gegenden verdrängt wird. Zunächst halten auch die wirtschaftlichen und geistigen Zentren des hochdeutschen Raumes, vor allem Köln (Macha/Neuss/Peters 2000), Nürnberg (Straßner 1977), Augsburg (Glaser 1990) und Straßburg (Raabe 1990), in ihrer Schriftlichkeit an sprachlichen Besonderheiten regionaler Art fest. Diesen gegenüber treten im 16. Jahrhundert in unterschiedlichen Sprachlandschaften Tendenzen zu einer Vereinheitlichung der Sprache auf der graphemischen, phonemischen, morphologischen, lexikalischen und syntaktischen Ebene sowie im Ausdruck – somit auch im Bereich der Phraseologismen – verstärkt auf.

Im 17. Jahrhundert entsteht trotz der äußeren Not während des 30-jährigen Krieges, vielleicht auch wegen der durch die Kriegsereignisse verursachten Vernachlässigung des Bildungswesens, Interesse an einer bewussten Pflege der deutschen Sprache. Es werden mehrere Sprachgesellschaften gegründet; die bekannteste, „Die Fruchtbringende Gesellschaft" ab 1617, hat mit ihrer Forderung nach Sprachrichtigkeit, Sprachreinheit, Sprachschönheit sowie nach guten Wörterbüchern und Übersetzungen die größte Außenwirkung. Grammatiker, u. a. Justus Georg Schottel (Schottelius) und der Pädagoge Wolfgang Ratke (Ratichius), veröffentlichen theoretische Schriften für den guten Sprachgebrauch. In höheren Gesellschaftsschichten wird das Französische als Umgangssprache verwendet; als Reaktion gegen diese „Sprachmengerei" mit vielen Fremdwörtern auch im Deutschen entsteht ein „Sprachpurismus" mit „Verdeutschungen" von Lehn- und Fremdwörtern. Die Philosophie der Aufklärung dringt auch in den deutschen Sprachraum ein: Gottfried Wilhelm Leibnitz plädiert für eine Verbesserung des Sprachgebrauchs nach den Regeln des vernünftigen Denkens. Das Gedankengut der Aufklärung führte über die Philosophie und über das 17. Jahrhundert hinaus zu konkreten Maßnahmen für die Verwendung der deutschen Sprache: Christian Thomasius hielt 1687 als einer der ersten Hochschullehrer Vorlesungen in deutscher Sprache. Christian Wolff hielt als Professor für Mathematik ab 1706 an der Universität Halle und später als Professor für Natur- und Völkerrecht dort ebenfalls Vorlesungen auf Deutsch. Er arbeitete an der Grundlegung einer deutschen Fachsprache und forderte, dass statt der bis dahin meist lateinischen und griechischen Termini deutsche „Kunstwörter" für verschiedene Wissenschaftszweige, d. h. eine muttersprachliche Terminologie, geschaffen und benutzt werden sollten (Polenz 1994, 347–368).

Im 18. Jahrhundert wurden Ideen der Aufklärung auf die Sprachforschung übertragen. Johann Christoph Gottsched stellt für die deutsche Grammatik feste Regeln auf und stellt im Anhang seiner „Sprachkunst" ein „Verzeichnis der zweifelhaften Wörter" zusammen, in dem gleichlautende Wörter, die aber eine unterschiedliche Rechtschreibung haben, aufgelistet wurden. Sein Zeitgenosse Johann Christoph Adelung wirkte ebenfalls im aufklärerischen Geist und plädierte für die Einheit der deutschen Schriftsprache. Neben grammatischen Schriften veröffentlichte er 1774–1786 das fünfbändige Werk „Versuch eines vollständigen grammatisch-kritischen Wörterbuchs" (Adelung 1798/1990). In diesem Werk wurde der Sprachgebrauch der damaligen Zeit umfassend beschrieben; auch gängige Phraseme werden dort angeführt und inhaltlich erläutert. Seine Schriften über die deutsche Rechtschreibung waren bis weit ins 19. Jahrhundert hinein eine Autorität für Fragen der Orthographie. Der Schreibusus und die Konvention der Drucker waren für die deutsche Sprache bis zum Beginn des 19. Jahrhunderts so weit vereinheitlicht, dass eine überregionale Kommunikation im ganzen deutschen Sprachraum ohne Verständigungsschwierigkeiten möglich wurde (Polenz 1994, 239–299).

2. THEORETISCHE PROBLEME DER HISTORISCHEN PHRASEOLOGIEFORSCHUNG

Zu den Problemen, die die Erforschung der Phraseologie älterer Sprachstufen mit sich bringt, sei verwiesen auf den Beitrag von Burger und Linke (1998). Die Klassifikation von Phraseologismen im Deutschen bereitete Jahrzehnte lang Schwierigkeiten: Es wurde zwischen einer engen (Fleischer 1997) und einer weiten Konzeption (Burger/Buhofer/Sialm 1982; Burger 2010) unterschieden. Nach Fleischer sind für Phraseologismen Stabilität, Idiomatizität und Lexikalisierung die wesentlichen Merkmale. Nach Burger können auch Formulierungen als phraseologische Einheiten angesehen werden, die nur einen geringen Grad an Idiomatisierung aufweisen. In den untersuchten Handschriften und Drucken des 16.–18. Jahrhunderts handelt es sich oft um Wortverbindungen mit einem schwachen Grad an Idiomatisierung, die im Sinne einer weit gefassten Phraseologie-Konzeption in der historischen Phraseologie eine hohe Frequenz aufweisen. In den vergangenen zehn Jahren zeichnet sich zunehmendes Interesse an historischer Phraseologie ab; Probleme der sprachlichen Kompetenz der Forscher in Bezug auf ältere Sprachstufen wurden erörtert, neue empirische Methoden wurden entwickelt (vgl. Filatkina 2009; 2010).

Neben umfangreichen Textkorpora bieten zeitgenössische Wörterbücher der früheren Jahrhunderte Material für Quellenstudien; diese enthalten jedoch nur selten feste Wortbindungen. Als geeignetes Beispiel sei Dasypodius (1536/1995) genannt, der als deutsche Entsprechung eines lateinischen Lexems oft Teilsätze anführt. Dabei treten gelegentlich schwach phraseologisierte Wortgruppen auf: unter dem Lemma *Nomen* das Stichwort *Ignominia* mit der deutschen Erklärung *Ein schmach / schand / verletzung der ehr/ oder des namens* (Blatt 149 rechts) und unter dem Lemma *Redigo* die lateinische Wortgruppe *Redigere in ordinem* mit der deutschen Entsprechung *in ein ordnung bringen* (Blatt 200 rechts). In dem Frühneuhochdeutschen Wörterbuch (1989ff.) werden feste Wortbindungen nicht systematisch angeführt; Markierungen wie „Phrasem" oder „Idiom" fehlen. Das im obigen Beispiel von Dasypodius benutzte Verb *bringen* wird im Band 4, Lieferung 3 ausführlich behandelt. Es werden auch Streckformen des Verbs mit Belegen und Bedeutungsangaben genannt: „in Verbindung mit *um(b)* > jn. um etw. bringen, jm. etw. wegnehmen, jn. berauben <. – Synt.: *jn. Umb ere / leib / leben / sele / zerung b.*" (Spalte 1136). Es fehlt dort jedoch die auch im Neuhochdeutschen häufig benutzte Wortgruppe *in Ordnung bringen*. Bei aller Anerkennung der Leistungen des auf mehrere Jahrzehnte angelegten Projektes „Frühneuhochdeutsches Wörterbuch" sind Phraseme dort eher nur zufällig erfasst worden. Sprachhistoriker sind bei der Untersuchung der Handschriften und Drucke aus dem Spätmittelalter und der Frühen Neuzeit in Bezug auf die Phraseologie doch auf die eigene Kompetenz angewiesen. Bei der Beurteilung der Idiomatizität eines Ausdrucks in älteren Texten kann die seit den 90er Jahren feststellbare Annäherung von Metaphernforschung und Phraseologieforschung hilfreich sein. Metaphern gelten in der Phraseologieforschung als wesentliche semantische Verfahren der Phraseologisierung. Andererseits lässt nur ein Teil der Phraseme historischer

Texte ein metaphorisches Verhältnis von wörtlicher und phraseologischer Bedeutung erkennen, da Vieles den schwach phraseologisierten Wortverbindungen zuzurechnen ist. Dabei können Unterschiede in der Form und Häufigkeit der Phraseme in verschiedenen Textsorten festgestellt werden (Koopmann 2002).

Nach der Erfindung des Buchdrucks um die Mitte des 15. Jahrhunderts in Europa dauerte es bis zur zweiten Hälfte des 17. Jahrhunderts, bis die Zahl der deutschsprachigen Drucke die der lateinischen Drucke im damaligen deutschen Sprachgebiet überstieg. Im 16. Jahrhundert trugen die Reformation und die Bauernkriege zu einer überregionalen Kommunikation bei – auf der Ebene des schriftlichen Sprachgebrauchs zumeist durch Übersetzungen, Pamphlete und Flugschriften, in der gesprochenen Sprache vor allem durch die muttersprachliche Predigt und Kirchenlieder. In dieser Periode entstand auch ein großes Interesse an Sprichwörtern; im Kampf gegen die Bevormundung der vom Papst geführten Kirche berief sich die Reformation auf „solo verbum", allein auf das Wort Gottes, wie es in der Bibel steht. Alle führenden Personen der Reformation – vor allem Luther und Melanchthon in Wittenberg sowie Calvin und Zwingli in der Schweiz – waren Gelehrte mit umfangreichen Sprachkenntnissen. Seit ihrer Schulzeit waren sie mit der Kultur und Literatur der Antike sowie mit der Bibel und deren theologischen Auslegungen vertraut. So ist es nicht verwunderlich, dass Luther in seiner Bibelübersetzung auf Sprichwörter und Redewendungen zurückgreift, die zu einem großen Teil aus der Antike stammten, in griechischen und lateinischen Texten der Bibel überliefert, aber gleichzeitig als Sprüche in der damaligen deutschen Umgangssprache verbreitet waren. Neben seinen Übersetzungen und theologischen Schriften sammelte er Fabeln. Äsops Fabeln lernte Luther schon als Schüler kennen und schätzte später Fabeln für die Charakterbildung und als Mittel für ein besseres Verständnis der Heiligen Schrift. Er legte eine Sammlung von fast 500 Sprichwörtern an und brachte ein Fabelbuch heraus. Er schrieb in einem 40 Seiten umfassenden Heft Sprichwörter, Redewendungen, Sprüche und Rätsel auf und benutzte diese Sammlung offensichtlich als Hilfsmittel für seine Predigten und Schriften (Thiele 1900). Beide Sammlungen wurden schon bald nach seinem Tod gedruckt; für den heutigen Leser sind die Kommentare zu Fabeln in Dithmar (1995) nützlich. Das Bändchen von Große (1983) druckt 489 Sprichwörter aus Luthers Sammlung ab und liefert jeweils eine neuhochdeutsche Übersetzung dazu.

3. WÖRTLICHE BEDEUTUNG UND METAPHORISIERUNG

Seit dem Spätmittelalter hatten weite Gebiete Europas eine Rechtsordnung nach dem Muster deutscher Rechtskodifizierungen; auf diesen Grundlagen beruhen zum großen Teil auch heute die Rechte und Pflichten der Menschen im Zusammenleben in demokratischen Ländern – weit über Europa hinaus. In einem auf 15 Jahre (2004–2019) angelegten Akademieprojekt „Das sächsisch-magdeburgische Recht als kulturelles Bindeglied zwischen Rechtsordnungen Ost- und Mitteleuropas" wird der sog. Sachsenspiegel aus der Zeit um ca. 1230 mit seiner Verbreitung (es liegen ca. 460 Handschriften aus verschiedenen Teilen Europas vor) sowohl rechtshistorisch als auch sprachgeschichtlich untersucht (Bily 2008; Lück 2005). Für einen anderen deutschen Rechtskreis gilt ein ähnlicher Einfluss: Das süddeutsche Recht, unter den Bezeichnungen „schwäbisches Landrecht" und „Kaiserrecht" ebenfalls bis heute in fast 500 Handschriften überliefert, verbreitete sich vor allem im Südosten Europas. Da viele rechtliche Bestimmungen für alle Einwohner einer Stadt galten, waren viele Formulierungen ebenso bekannt wie manche Bibelzitate. Große (1983, 96) nennt ein Beispiel: Das heutige Sprichwort *Wer zuerst kommt, mahlt zuerst* steht in Luthers Sprichwortsammlung unter Nr. 146 *Wer ehe kompt der melet ehe.* Die Grundlage dafür bietet eine alte Bestimmung für den Verkehr auf engen Straßen und Brücken; im zweiten Buch, Absatz 59,4 des Landrechts im Sachsenspiegel heißt es in neuhochdeutscher Übersetzung: *Wer zuerst zur Mühle kommt, der soll auch zuerst mahlen* (Schott/Schmidt-Wiegand 1984, 147). Im Unterschied zu Zitaten aus der Bibel wurden deutsche Rechtsregeln und Rechtssprichwörter (Schmidt-Wiegand/Schowe 1996) in der Phraseologieforschung als Quellen für Phraseme bisher wenig beachtet.

Zur Verdeutlichung dessen, wie viele phraseologische, bildliche Ausdrücke in handschriftlichen Texten der Frühen Neuzeit enthalten sind, werden im Folgenden Beispiele aus deutschen Texten aus slowakischen Archiven angeführt.

> *Pfaffen. Pfaffen sollen nicht Jn die Schenckheuser gehen. Mitt Leuthen sich schlagen. Bunte Kleider tragen, sonderlich Grün vnnd Roth. Frembde weiber halten. Rauffschlagen, noch Spielen. Hunde vnd Sperber halten. Mit weltlichen Sachen vnd amptern vmbgehen. Waffen Vnd Schwerter führen. Wer einen Pfaffen schlegt der ist im bande. Item Pfaffen soll man Vorm Geystlichen Gericht verklagen.* (Collectanea 88)

Trotz einer zeitlichen Distanz von fast 400 Jahren ist dieses Textstück aus einem deutschen Rechtsbuch aus dem Gebiet der heutigen Slowakei für den Leser von heute verständlich; die Unterschiede zur gegenwärtigen Standardsprache sind meistens orthographischer Art. In dem Abschnitt aus dem nach Stichwörtern alphabetisch geordneten Buch begegnen uns Ausdrücke, die auch aus heutiger Sicht als feste Wortgruppen mit einer eigenständigen Bedeutung angesehen werden können: *Waffen Vnd Schwerter* als Angreif- oder Verteidigungsmittel; *mit weltlichen Sachen vnd amptern vmbgehen* für die Übernahme von priesterfremden Aufgaben; *Hunde vnd Sperber* als Terminus für Jagdtiere; *Vorm Geystlichen Gericht* als Terminus für die Schlichtungsstelle, vor der Angelegenheiten von Priestern behandelt wurden. All die genannten Fälle können als Kollokationen bezeichnet werden, für die ein schwacher Grad an Idiomatisierung charakteristisch ist. Sie können zugleich noch in der wörtlichen Bedeutung verstanden werden; insofern ist die semantische Umdeutung gering.

Bei der Untersuchung fester Wortverbindungen aus älteren Texten steht die Metaphorisierung im Vordergrund. Es muss danach gesucht werden, weshalb gerade eine bestimmte Metapher (z. B. *Hunde vnd Sperber*) ein bestimmtes Konzept („Jagd') verbalisierte. Hunde waren seit je her und überall bei der Jagd üblich; im Mittelalter und in der Frühen Neuzeit verbreitete sich in adeligen Kreisen die Falknerei, der Gebrauch von Greifvögeln, vor allem Falken, bei der Jagd. Die Jagd mit Sperbern war ein vornehmer Zeitvertreib. Insofern kann auch ungefähr festgelegt werden, wann der Ausdruck metaphorisch wurde. Die Frage, wann der metaphorische Ausdruck usualisiert bzw. lexikalisiert wurde, kann wiederum nur aufgrund von Quellenstudien beantwortet werden. Erst wenn Parallelbelege angeführt werden, kann mit Sicherheit festgestellt werden, wann die Wortverbindung verfestigt wurde. So kann anhand zahlreicher Urkunden aus dem 15.–16. Jahrhundert nachgewiesen werden, dass die rechtlich verbindliche Wortverbindung *Richter und Rat* seit dem Beginn des Kanzleiwesens im deutschsprachigen Raum für ‚Stadtrat, Stadtverwaltung' gebraucht wurde.

Die Verfestigung phraseologischer Einheiten setzt die Akzeptanz in der Sprachgemeinschaft voraus und geschieht nicht punktuell, sondern im Laufe einer längeren Zeit. Formal-strukturell sind die meisten Phraseme freien Wortverbindungen ähnlich; gleichzeitig mit der Metaphorisierung tritt der Wandel der morpho-syntaktischen Struktur ein. Gerade in frühneuhochdeutschen Texten kann zugleich eine lexikalische Varianz auftreten; Paarformeln bzw. Zwillingsformen sind bekanntlich eine typische Erscheinung des Frühneuhochdeutschen.

Es wurde oben festgestellt, dass auch bei den schwach phraseologisierten Wortverbindungen eine gewisse Stabilität, eine festgeprägte Form vorliegen muss. Ausdrücke wie *lebe Züchtig Vnnd Erbawlich* (Collectanea 55) und *in ein gewißes Vnglück Vnnd Verderben bringen* (Collectanea 51) unterscheiden sich strukturell von den freien Wortgruppen. Sie sind in dem Rechtsbuch stilistische Figuren, die im Gegensatz zu den einfachen Lexemen *züchtig* und *Vnglück* eine ornamentale Funktion haben, gleichzeitig aber für die Rechtsprechung terminologisiert und idiomatisiert sind.

Der Grad der Motivierung bzw. der Idiomatizität ist in Wortverbindungen auch der älteren Texte sehr unterschiedlich. Der Ausdruck *Grün vnnd Roth* war zur Zeit der Entstehung des Rechtsbuches motiviert und bezog sich auf farbige Kleidung. Die Wortverbindung *hauß, hoff, Acker* (Collectanea 62) ist auch teilidiomatisiert, da die wörtliche Bedeutung noch zu erkennen ist. Der Ausdruck ist aber ein Phrasem, da er die Bedeutung ‚Immobilien' aufweist. Das gleiche gilt für die Wortverbindung *ein Spielman oder Fiedler* (Collectanea 68) mit der Bedeutung ‚Musikant'. Insgesamt überwiegen in den hier untersuchten Quellen die teilidiomatisierten Ausdrücke; insofern kann von schwach phraseologisierten Wortverbindungen gesprochen werden.

Die Polylexikalität der Wortverbindungen ist ein weiteres Kriterium für Phraseme. Dabei wird für ein bestimmtes Bild, das in der Sprache durch ein oder mehrere Einzellexeme evoziert wird, oft eine feste Wortverbindung benutzt. Als Beispiel können die Belege *quit frei und ledigk* (Käsmark 55) und *quit ledig vnnd vrej* (Käsmark 93) genannt werden. Seit dem Mittelalter ist *frei*, mittelhochdeutsch *vri*, eine Standesbezeichnung (Schmidt-Wiegand/Schowe 1996, 109–110). Auch bei anderen Belegen aus dem untersuchten Quellenmaterial liegt eine Lexikalisierung vor und bildet somit neben der Festigkeit und der (Teil)Idiomatizität ein wesentliches Kriterium für die Beurteilung der schwach phraseologisierten Wortbildungen in der historischen Phraseologie.

Bei der Untersuchung älterer Texte muss der zeitliche Bezug der Handschriften und Quellen mit berücksichtigt werden. Entwicklungsprozesse auf den Ebenen der Phonologie, Graphemik, Morphologie und Syntax sind meistens klar erkennbar und lassen sich eindeutig beschreiben; Änderungen im Wortschatz und in der Semantik sind nur zum Teil erfassbar, da die heutigen Forscher, statt sich auf ihre sprachliche Kompetenz verlassen zu können, oft auf eine Rekonstruktion der Bedeutungen angewiesen sind. In der Phraseologie liegt die gleiche Situation vor; die strukturelle Form des Ausdrucks und dessen Inhalt können oft nur aufgrund des Kontextes und unter Heranziehung des soziokulturellen Umfeldes des Textes beurteilt werden. Für die Beschreibung der Phraseologismen in einer älteren Periode des Deutschen ist es aber unumgänglich, ein breites Spektrum an Textsorten zu berücksichtigen; die bisherigen Untersuchungen zu belletristischen Texten sollten durch Fachprosa aus verschiedenen Epochen und aus unterschiedlichen Teilen des deutschen Sprachgebiets ergänzt werden.

4. VARIANTEN IN SCHWACH PHRASEOLOGISCHEN WORTVERBINDUNGEN

Für das gleiche Bild werden oft lexikalisch unterschiedliche Ausdrücke gebraucht, die jeweils dieselbe teilidiomatisierte Bedeutung haben. In den Wortverbindungen *der grosmechtige her* und *vnser gnediger herr* (Käsmark 50) handelt es sich um die Bezeichnung für den – meist adeligen – Landesherrn, der in kleineren Angelegenheiten auch die Gerichtsbarkeit über seine Untertanen hatte. In den Wortverbindungen *vor sitzenden Radt* (Käsmark 54) und *an Burgermeister vnd Radt der Stat Prün* (Konzeptbuch 483) geht es wiederum um eine administrative Einheit in der mittelalterlichen und frühneuzeitlichen Stadt. Der Stadtrat wurde von denjenigen Einwohnern der Stadt gewählt, die die Bürgerrechte hatten und Steuern zahlten. Der Vorsitzende des Rates war – je nach der Stadt – der Bürgermeister oder der Richter; der Rat war nicht nur für die Verwaltung der Stadt zuständig, sondern fungierte gleichzeitig als Gericht. Die Wortverbindungen *wegen obemelltem Tag vnnd Termin* (Konzeptbuch 521) in der Gegenwartssprache mit der Bedeutung ‚Frist' sowie *Schand Vnnd Spot* (Collectanea 48), heute in der Bedeutung ‚Schande', sind phraseologische Entsprechungen eines Lexems.

In den folgenden Wortverbindungen handelt es sich um Syntagmen, die in den analysierten Quellen des 16.–17. Jahrhunderts eine andere morphosyntaktische Struktur als im gegenwärtigen Deutsch aufweisen.

*er fueg vnd Recht **hat*** (Konzeptbuch 348) im Gegensatz zum heutigen *mit Fug und Recht*;
*haab vnd **güeter*** (Konzeptbuch 373) im Gegensatz zum heutigen *Hab und Gut*;
*So gehts ihm **an** hautt Vnnd haar* (Collectanea 40) im Gegensatz zum heutigen *mit Haut und Haar(en)*.

Diese Ausdrücke sind schwach oder teilweise phraseologisiert; die Metaphorisierung ist durchaus nachvollziehbar. In der vom heutigen Deutsch abweichenden morphosyntaktischen Struktur der Phraseme lässt sich nicht nur eine Variation, sondern auch ein Wandel der Phraseme vom Frühneuhochdeutschen zum Neuhochdeutschen erkennen.

Die Wortpaare mit *vnd/und* sind in den analysierten Quellen – ähnlich wie im Neuhochdeutschen – häufige phraseologische Verbindungen. Die folgenden frühneuhochdeutschen Paarformeln sind im gegenwärtigen Deutsch nicht üblich:

angelangtt vnd begert (Käsmark 51);
bey seinen treuen vnd eren (Käsmark 53);
nach dem pesten nach ehr vnd redlichkeit (Käsmark 55);
yn kunsten vnd guten sytten vnd tugent (Käsmark 58);
in ein gewißes Vnglück Vnnd Verderben bringen (Collectanea 51).

Die Idiomatizität ist sowohl aus historischer als auch aus synchroner Sicht nachvollziehbar. In der Gegenwartssprache sind die folgenden Wortpaare mit *vnd/und* üblich und lassen sich als teilidiomatisch oder schwach idiomatisiert bezeichnen:

Lebe Züchtig Vnnd Erbawlich (Collectanea 55);
Mord Vnnd Todtschlagc (Collectanea 51).

Zu den Wortpaaren gehören auch die mit der Konjunktion *oder*. Sie sind in den untersuchten Texten nicht so zahlreich wie die mit *vnd*. Die folgenden Wortverbindungen haben ein festes Gepräge und sind schwach idiomatisiert. In den einschlägigen Wörterbüchern sind sie nicht belegt:

wie nahe er dem Todten gesippet oder verwandt ist (Collectanea 65);
dran flicken oder beßern (Collectanea 69).

Wortpaare mit der Konjunktion *weder – noch* kommen in dem untersuchten Textmaterial nicht häufig vor; sowohl aufgrund der Festigkeit als auch der Idiomatisierung können sie als phraseologische Wortverbindungen angesehen werden. Die folgenden Beispiele finden sich im Neuhochdeutschen nicht:

stirbt weder Lehn noch Erbe (Collectanea 67);
so kann es weder Vor Vnrechte gewaltt, noch Raub behaltten werden (Collectanea 76).

Bei diesen Belegen ist es interessant, dass sie sowohl lexikalisch als auch morphosyntaktisch von den Mustern des Neuhochdeutschen abweichen. Der Bedeutung nach handelt es sich im ersten Beispiel um eine Hinterlassenschaft in Immobilien und Mobilien. In der Sprachgeschichte sind auch Dreierverbindungen wie *quit frei und ledigk* (Käsmark 55) und *quit ledig vnnd vrej* (Käsmark 93) eine typische Erscheinung des Frühneuhochdeutschen.

5. BERÜCKSICHTIGUNG VON PHRASEMEN IN ORTHOGRAPHIEANLEITUNGEN

Im deutschen Sprachraum gibt es seit der Einführung des Buchdrucks eine lange Tradition von Vokabularen und Wörterbüchern; die meisten sind zwei- und mehrsprachig. Das bibliographische Verzeichnis von Claes (1977) führt 858 Werke an, die vor 1600 erschienen sind, und nennt Bibliotheken, in denen die Bände zu finden sind. Eine zusammenfassende Untersuchung dieser Quellen in Bezug auf die Rechtschreibung ist ein Desideratum; bis jetzt gibt es einige Forschungen zu einer

Wörterbuchgruppe, u. a. „Vocabularius Ex quo" (Grubmüller 1967). Bei der Beschreibung der deutschen Grammatiken der Frühen Neuzeit ist die Forschungslage besser: Das zweibändige Werk von Jellinek (1913/1968) erörtert auch die Rechtschreibung. Die festen Wortverbindungen werden in den zahlreichen Orthographieanleitungen, die seit dem 16. Jahrhundert in Grammatiken der deutschen Sprache enthalten waren, nicht einmal erwähnt. Auch die Groß- und Kleinschreibung spielt in den Diskussionen zu jener Zeit kaum eine Rolle. Die Großschreibung der Substantive wird erst im Laufe des 17. Jahrhunderts in einigen Werken empfohlen, aber nirgends als Regel aufgestellt. Bis ins 18. Jahrhundert war es üblich, den Anfang eines Satzes, Eigennamen und Bezeichnungen mit Ehrerbietung wie *Gott, Kaiser, König, Fürst* und auch Adjektive wie *Göttlich, Kaiserlich* usw. mit einem großen Anfangsbuchstaben zu schreiben und zu drucken. Es zeichnet sich aber schon im 16. Jahrhundert eine deutliche Tendenz zur Großschreibung der Substantive ab: Mit einem Korpus von mehr als 300.000 Wörtern in gedruckten Werken Luthers wurde nachgewiesen, dass in Frühwerken Luthers ca. 30 Prozent, in seinen Spätwerken über 90 Prozent der Substantive mit einem großen Anfangsbuchstaben gedruckt wurden (Risse 1980). Da in Grammatiken mit Rechtschreibanleitungen Angaben zu Problemen der Groß- und Kleinschreibung fehlen, scheint die Tendenz zur Großschreibung bei Substantiven eher der Praxis der Buchdrucker zu entsprechen.

In der sonst in der Rechtschreibliteratur bisher unbekannten Druckschrift „Anweisung für die Jugend zur richtigen Aussprache und Rechtschreibung im Deutschen" von Christian Gottlob Roßberg (1774) wird in einer Anmerkung (S. 57–59) die Rechtschreibung von Phrasemen behandelt (S. 57): „Ich bethe an deiner statt, oder für dein Wohl." Auf S. 58 wird eine Regel angeführt:

> „Ferner wird das Wort vor gebraucht in Redensarten vor Hauptwörtern ohne Artikel, welche eine Ursache anzeigen, da es die Bedeutung der Wörter: aus oder wegen, bekömmt. Z(um) E(xempel).Vor Sorge und vor Gram sich das Herz abfressen. Vor Hunger und Kummer sterben, Vor Furcht und Schrecken zittern und beben. Vor Mattigkeit nicht mehr fort können. Vor Eifer nicht einmal reden können. Vor Ärgerniß bersten. Vor großer Freude ganz auser sich sein, u.s. dgl."

Mehrere Paarformeln weisen im Deutschen der Frühen Neuzeit eine hohe Frequenz auf. Die Großschreibung der Substantive ist bei diesen festen Wortbindungen die Regel.

Der o. g. Grammatiker Johann Christian Adelung geht in seinen Schriften auf die Orthographie der festen Wortverbindungen nicht ein. In seinem Wörterbuch (1774–1798/1990) können aber viele der in europäischen Sprachen besonders weit verbreiteten Idiome nachgeschlagen werden: *Öhl ins Feuer gießen*; *Schon den einen Fuß im Grabe haben*; *schwarz auf weiß*. Das sehr weit verbreitete Idiom *schwarzes Schaf* kommt aber im Wörterbuch Adelungs nicht vor. Dort steht unter dem Lemma *Schaf* die Eintragung *ein gutes, frommes, geduldiges Schaf: eine solche Person*. Der heute bekannte Phraseologismus *Im Trüben fischen* steht dort in der heutigen Schreibform mit einem großen Anfangsbuchstaben. Es ist offensichtlich, dass Adelung in seinem Wörterbuch den damaligen Usus der Buchdrucker wiedergab.

Die ersten Bemühungen um eine einheitliche Regelung der deutschen Rechtschreibung traten im Bereich des Schulwesens auf; es entstanden sog. Schulorthographien (vor allem die bayerischen und die preußischen Regeln). Eine Orthographienorm konnte aber erst nach der Gründung des Deutschen Reichs 1871 ernsthaft angestrebt werden. Bei der 1. Orthographischen Konferenz 1876 in Berlin konnte keine einvernehmliche Regelung gefunden werden. Konrad Duden veröffentlichte 1880 als Privatmann und gleichzeitig als Mitglied der amtlichen Kommission für Rechtschreibfragen sein „Vollständiges Orthographisches Wörterbuch der deutschen Sprache". Auf der 2. Orthographischen Konferenz 1901 wurde schließlich eine Rechtschreibnorm vereinbart, die vom Schuljahr 1903/1904 an in allen Schulen des Deutschen Reiches, Österreichs und der deutschsprachigen Schweiz eingeführt wurde. In der ersten Auflage des Wörterbuchs von Duden (1880/1980) werden ca. 27.000 Stichwörter in alphabetischer Reihenfolge ohne Bedeutungsangaben gedruckt; es werden bei Substantiven jeweils das Genus und die Pluralendung, bei starken Verben die Konjugationsformen angegeben. Feste Wortverbindungen kommen ganz selten vor. Zu diesen wenigen Belegen gehört auf Seite 165 *trübe; im trüben fischen* mit einem kleinen Anfangsbuchstaben. Auch in der zweiten Auflage des sog. Buchdrucker-Dudens (1903, 301) wird dieser Ausdruck in derselben Form mit kleinem Anfangsbuchstaben angeführt. Konrad Dudens Wörterbücher wurden schon zu seinen Lebzeiten ein großer Erfolg; der „Duden" ist bis heute ein Volkswörterbuch (Sauer 1988; Wurzel 1985). Im 19. Jahrhundert erschienen zahlreiche Arbeiten zur Orthographietheorie und Orthographiegeschichte der deutschen Sprache; in einem Band von Schläfer (1980) werden sie bibliographisch erfasst.

6. DER WEG ZUR RECHTSCHREIBNORM VON 2006

Trotz zahlreicher Vorschläge zu einer Änderung der Rechtschreibnorm von 1901 dauerte es über 100 Jahre, bis eine neue, verbindliche Orthographienorm der deutschen Sprache vereinbart und für Schulen und amtlichen Gebrauch eingeführt wurde. Im 20. Jahrhundert konnte ein Staatsvertrag für eine neue Rechtschreibnorm erst am 1. Juli 1996 unterzeichnet werden. Auch während der Teilung Deutschlands nach dem Zweiten Weltkrieg galt für die Orthographie dasselbe Prinzip wie nach der deutschen Reichsgründung 1871: Die Einheitlichkeit des deutschsprachigen Raumes soll in der Rechtschreibung gewährleistet werden. Unterschiedliche Medien führten Jahrzehnte lang Diskussionen über eine „Reform" der deutschen Rechtschreibung; die wichtigsten wissenschaftlichen Beiträge werden in einer Bibliographie (Augst 1992) aufgeführt.

Nach zahlreichen Protesten und Prozessen bis zum Bundesverfassungsgericht konnte die im Staatsvertrag von 1996 für 2005 vorgesehene verbindliche Einführung der neuen Norm nicht realisiert werden; es wurde ein „Rat für die deutsche Rechtschreibung" konstituiert. Dieses Expertengremium hat in der Öffentlichkeit die am meisten kritisierten Regelungen von 1996 erörtert und Anfang 2006 unter dem Titel „Amtliche Regelung" die verbindlichen Regeln und ein Wörterverzeichnis veröffentlicht. Diese „Reform der Reform" trat mit Beginn des Schuljahrs 2006/2007 in Deutschland, in den Bundesländern Bayern und Nordrhein-Westfalen sowie in Österreich jedoch erst ein Jahr später, in Kraft. Von den zahlreichen Darstellungen über die Bemühungen um eine einheitliche deutsche Rechtschreibung im 19. Jahrhundert und den Reformversuchen bis zur Festlegung der „Amtlichen Regelung" (2006) seien hier Nerius (2007, 331–402) und der 687 Seiten umfassende Band von Mentrup (2007) hervorgehoben. Unter dem Stichwort „Orthographie und Phraseologie" haben mehrere Forscher(innen) Probleme der Rechtschreibung einzelner Idiome behandelt (Gréciano 1995; Suchsland 1999; Levin-Steinmann 2004; 2007). Diese Arbeiten sind vor der „Amtlichen Regelung" von 2006 entstanden, die auch Schreibungen für eine Reihe von Phrasemen geändert hat. In der „Amtlichen Regelung" gibt es Regeln zu 1) Laut-Buchstaben-Zuordnungen, 2) Getrennt- und Zusammenschreibung, 3) Schreibung mit Bindestrich, 4) Groß- und Kleinschreibung, 5) Zeichensetzung und 6) Worttrennung am Zeilenende; dabei werden bei einzelnen Wörtern oft zwei unterschiedliche, für den amtlichen Gebrauch mögliche Schreibformen genannt. Muttersprachler(innen), vor allem Lehrer(innen), sollten aus dieser Fülle von Schreibvarianten die geeigneten auswählen. Im Bereich „Deutsch als Fremdsprache" ist der Variantenreichtum eher ein Lernhindernis als die vom „Rat für deutsche Rechtschreibung" propagierte Erleichterung im Umgang mit der neuen Orthographienorm. Für die praktische Handhabung gibt es in der 24. Auflage des Duden-Rechtschreibwörterbuchs (2006) ca. 3.000 „Empfehlungen". Theodor Ickler, ein Kritiker der „Reform der Reform", sagt in einem umfangreichen Beitrag in der „Frankfurter Allgemeinen Zeitung" vom 21. Juli 2006, niemand könne mit dieser großen Zahl von Varianten und Empfehlungen richtig umgehen: „Noch nicht einmal der Duden hält sich an den Duden." Als Konkurrenz zum „Duden" erschienen zahlreiche andere Wörterbücher, in denen die Norm von 2006 in die Praxis umgesetzt wurde. In einigen davon, z. B. in Göttert (2007), werden die Varianten und Zweifelsfälle der neuen Orthographie unter den betreffenden Lemmata zusammengefasst und didaktisch erläutert.

Horst Haider Munske (2005, 88–90), Mitglied der zwischenstaatlichen Kommission für Rechtschreibfragen, später ein Kritiker der Reformbeschlüsse, behandelt in einem Bändchen eine Reihe von Idiomen, bei denen die Groß- und Kleinschreibung besondere Probleme aufweist. Hier einige Beispiele aus seinen Ausführungen: „Was ist denn **das** oder **der Nachhinein** in der Wendung **im Nachhinein**? [...] Und was ist **das Geratewohl** in der Wendung **aufs Geratewohl**? Hier soll offenbar einer ‚Substantivierung der Form nach' gefolgt werden" (Munske 2005, 89). Er hat eine Gesamtheit von ca. 40 phraseologischen Adverbien festgestellt. Da sein Buch (2005) in der Zeit vor der „Amtlichen Regelung" (2006) veröffentlicht wurde, habe ich Phraseme mit einer substantivischen und andererseits mit einer adverbialen Konstituente in einer Liste zusammengestellt, die ich mit Hilfe eines neuen Wörterbuchs (Göttert 2007) mit der „Amtlichen Regelung" verglichen habe. Besonders bei den Adverbien ist die Groß- und Kleinschreibung in der neuen Norm von 2006 oft geändert worden.

In Idiomen mit einem Substantiv als Konstituente scheint die Großschreibung die Regel zu sein: *das Auge des Gesetzes*; *die Augen geöffnet bekommen*; *jemandem schöne Augen machen*; *jemanden aus den Augen verlieren*; *mit offenen Augen durch die Welt gehen*; *etwas im Blut haben*; *ruhig Blut bewahren*; *Blut und Wasser schwitzen*. Diese Regelung gilt auch für Idiome bzw. Kollokationen mit dem Substantiv *Zeit*: *mit der Zeit gehen*; *es ist an der Zeit*. In einem Präpositionalausdruck mit diesem Substantiv gibt es unterschiedliche Schreibungen: *wir müssen beizeiten zu Hause sein*; *zurzeit bin ich arbeitslos* (alte Schreibung *zur Zeit*; *eine Zeit lang* neben *Zeitlang*; *ein zeitsparendes Verfahren* neben *ein Zeit sparendes Verfahren*). In Wortgruppen mit einem Adjektiv scheint die Kleinschreibung dann die Regel zu sein, wenn der adjektivische Charakter beibehalten wird: *dunkle Gedanken haben*; *etwas in den dunkelsten Farben ausmalen*; *am Bahnhof treiben sich dunkle Gestalten herum*. Die Großschreibung erfolgt offensichtlich bei substantivierten Adjektiven auch in Wortgruppen: *im Dunkeln tappen*; *es verliert sich im Dunkel der Geschichte*; *im Dunkeln ist gut munkeln*. Adjektive mit einer Präposition in einer Wortgruppe werden in Fällen wie *über kurz und lang*, *seit langem* sowohl nach der alten Norm als auch nach der neuen Norm klein geschrieben. Dagegen werden die Adjektive in der Wortgruppe *sich des Langen und Breiten über etwas auslassen* groß, in der alten Norm klein geschrieben. Die Wendung *ohne weiteres* kann heute auch mit einem großen Anfangsbuchstaben *ohne Weiteres*, in der österreichischen Variante der deutschen Standardsprache auch *ohneweiters* geschrieben werden.

Bei der Getrennt- und Zusammenschreibung scheint die Regelung gelegentlich kompliziert zu sein: *er wurde von seinen Eltern stets knappgehalten*; *unsere Preise sind immer knapp kalkuliert*; aber dann finden sich zwei Varianten in *Dank unserer knappkalkulierten* oder *knapp kalkulierten Preise sind wir konkurrenzfähig*. Bei den Wortgruppen mit den Verben *bleiben* und *lassen* gab es emotionale Diskussionen für und wider die Getrenntschreibung; gegenwärtig sind beide Varianten korrekt: *sitzen bleiben* neben *sitzenbleiben*, ebenfalls *sitzen lassen* neben *sitzenlassen* – *er hat sie mit drei Kindern sitzen gelassen* oder *sitzengelassen*.

Obwohl die Verbindungen mit der Negationspartikel *nicht* eher in den Bereich der Wortbildung als den der Phraseologie gehören, nenne ich aus dem Wörterbuch von Göttert (2007) Beispiele für Getrennt- und Zusammenschreibung sowie Schreibungen mit einem Bindestrich: *die nicht Krieg führenden* oder *nichtkriegführenden Länder*; *nichtzutreffendes bitte streichen!* oder *nicht Zutreffendes bitte streichen!*; *das Nicht-loslassen-Können*; *das Nicht-mehr-fertig-Werden*.

7. SCHLUSSBEMERKUNGEN

Oben wurde mit Beispielen aus verschiedenen Jahrhunderten festgestellt, dass die Rechtschreibung oft dem Usus bekannter Druckereien folgte. Luther ist mit der Praxis der Setzer und Drucker, besonders bei den Raubdrucken, oft unzufrieden und schreibt in einer **Warnung an die Drucker**:

„So feret der Geitz zu, vnd thut undern Buckdrückern diese schalckheit vnd büberey, Das andere flugs balde hernach drücken, vnd also der vnsern Erbeit vnd Vnkost berauben zu irem Gewin,welchs eine rechte grosse öffentliche Reuberey ist, die Gott auch wol straffen wird, vnd keinem ehrlichen Christlichen wol anstehet..., Aber das mus ich klagen vber den Geitz, Das geitzigen Wenste vnd reubische Nachdrücker mit vnser Erbeit vntrewlich vmbgehen. Denn weil sie allein jren Geitz suchen, fragen sie wenig darnach, wie recht oder falsch sie es hin nachdrücken, Vnd ist mir offt widerfaren, das ich der Nachdrücker druck gelesen, also verfelschet gefunden, das ich meine eigen Erbeit, an vielen Orten nicht gekennet, auffs newe habe müssen bessern. Sie machens hin rips, raps, Es gilt gelt." (Risse 1980, 213)

Der „Rat für deutsche Rechtschreibung" existiert noch heute und wird vielleicht noch weitere Empfehlungen ausarbeiten. Er ist ein Expertengremium von Sprachwissenschaftlern, Pädagogen und Medienvertretern, das aber unter großem Druck der Öffentlichkeit steht. Phraseologische Ausdrücke stehen für die Neuregelung der Orthographie nicht im Mittelpunkt; vielmehr ist die praktische Handhabung der neuen Regeln vor allem in der Schule wichtig. Die hier genannten Beispiele sind keine Ausnahmefälle, sondern Belege aus den neuesten Wörterbüchern. Angesichts der Kompetenz der Mitglieder des „Rates für deutsche Rechtschreibung" ist anzunehmen, dass für die einzelnen Regelungen Begründungen geliefert wurden. Diese dürften aber im Schulbereich schwer zu vermitteln sein; Privatleuten ist es sowieso freigestellt, wie sie schreiben. Mit der „Reform der Reform" wurde m. E. eine ähnliche Situation wie im 16./17. Jahrhundert erreicht, als neben eindeutigen Tendenzen zu einer Vereinheitlichung des Schreibusus zahlreiche regionale sowie je nach Schreiber und Drucker auch individuelle Varianten auftraten: Heute können wir die Schuld nicht allein den Druckern zuschreiben, da auch der „Duden" (2006) und die „Amtliche Regelung" (2006) eine große Anzahl von Varianten und Zweifelsfällen anführen. Außerdem müssen die Druckvorlagen heute oft von Autoren selbst hergestellt werden. Die Anwendung der Rechtschreibregeln ist nicht immer eindeutig, das Nachschlagen ist zu aufwändig. Auch ein Germanist muss angesichts dieser „Reform der Reform" feststellen: *Das Rad wurde zurückgedreht.*

8. LITERATUR

8.1. Quellen

Amtliche Regelung = Deutsche Rechtschreibung. Regeln und Wörterverzeichnis. Amtliche Regelung (2006). Hg. vom Rat für deutsche Rechtschreibung. Tübingen.
Collectanea = Piirainen, Ilpo Tapani/Ziegler, Arne (1995): Collectanea allerlay nutzlicher vnnd nothwendiger Regeln des Rechtens. Ein deutsches Rechtsbuch aus dem Jahre 1628 aus der Slowakei. Levoča.
Käsmark = Piirainen, Ilpo Tapani/Ziegler, Arne (1998): Das älteste Gerichtsbuch der Stadt Käsmark/Kežmarok aus den Jahren 1533–1553. Levoča.
Konzeptbuch = Liber Conceptorum, informationum et expeditionnum cancelariae civitatis Posoniensis. Konzeptbuch der Stadt Pressburg/Bratislava aus den Jahren 1555–1565. Handschriftlich, Archiv der Stadt Bratislava, Slowakei.

8.2 Sekundärliteratur

Adelung, Christoph (1798/1990): Grammatisch-kritisches Wörterbuch der Hochdeutschen Mundart mit beständiger Vergleichung der übrigen Mundarten, besonders aber der Oberdeutschen. Nachdruck der 2. Ausgabe Leipzig 1798, 4 Bde. Hildesheim/Zürich/New York.

Augst, Gerhard (Hg.) (1992): Rechtschreibliteratur. Bibliographie zur wissenschaftlichen Literatur über die Rechtschreibung und Rechtschreibreform der neuhochdeutschen Standardsprache, erschienen von 1900 bis 1990. Frankfurt a. M. u. a.

Bentzinger, Rudolf (1995): Die Erfurter Stadtsprache des 13.–16. Jahrhunderts. Studien – Probleme – Aufgaben. In: Bernhard Dieter Hauge (Hg.): Granatapfel. Festschrift für Gerhard Bauer zum 65. Geburtstag. Göppingen, 29–43.

Besch, Werner (1967): Sprachlandschaften und Sprachausgleich im 15. Jahrhundert. Studien zur Erforschung der spätmittelhochdeutschen Schreibdialekte und der neuhochdeutschen Schriftsprache. München.

Bily, Inge (2008): Die Rezeption des sächsisch-magdeburgischen Rechts auf dem Territorium der heutigen Slowakei. Ein Beitrag zur Zusammenfassung von Forschungsergebnissen. In: Ján Dorula (Hg.) Z histórie slovensko-nemeckých vzťahov [Zur Geschichte der slowakisch-deutschen Verbindungen]. Bratislava, 96–133.

Burger, Harald (2010): Phraseologie. Eine Einführung am Beispiel des Deutschen, 4. Aufl. Berlin.

Burger, Harald/Buhofer, Annelies/Sialm, Ambros (Hg.) (1982): Handbuch der Phraseologie. Berlin/New York.

Burger, Harald u. a. (Hg.) (2007): Phraseologie. Ein internationales Handbuch der zeitgenössischen Forschung. 2 Bde. Berlin/New York.

Burger, Harald/Linke, Angelika (1998): Historische Phraseologie. In: Werner Besch/Oskar Reichmann/Stefan Sonderegger (Hg.): Sprachgeschichte. Ein Handbuch zur Geschichte der deutschen Sprache und ihrer Erforschung, 2. Aufl., 2. Teilbd. Berlin/New York, 743–755.

Claes, Franz (1977): Bibliographisches Verzeichnis der deutschen Vokabulare und Wörterbücher bis 1600. Hildesheim/New York.

Dasypodius, Petrus (1536/1995): Dictionarium latinogermanicum. Nachdruck der Ausgabe Straßburg 1536. Mit einer Einführung von Gilbert de Smet. Hildesheim/Zürich/New York.

Dithmar, Reinhard (1995): Martin Luthers Fabeln und Sprichwörter. 2. Aufl. Darmstadt.

Duden (2006): Die deutsche Rechtschreibung. 24. Aufl. Mannheim u. a.

Duden, Konrad (1880/1980): Vollständiges Orthographisches Wörterbuch der deutschen Sprache. Nachdruck der Ausgabe Leipzig 1880. Mannheim.

Duden, Konrad (1903): Rechtschreibung der Buchdruckereien deutscher Sprache. Leipzig, Wien.

Ernst, Peter (1994): Die Anfänge der frühneuhochdeutschen Schreibsprache in Wien. Wien.

Filatkina, Natalia (2009): Und es düncket einem noch/wann man euch ansiehet/daß ihr Sand in den Augen habt. Phraseologismen in ausgewählten historischen Grammatiken des Deutschen. In: Csaba Földes (Hg.): Phraseologie disziplinär und interdisziplinär. Tübingen, 15–31.

Filatkina, Natalia (2010): Historical Phraseology of German. Regional and Global. In: Jarmo Korhonen u. a. (Hg.): Phraseologie global – areal – regional. Tübingen, 143–151.

Fleischer, Wolfgang (1970): Untersuchungen zur Geschäftssprache des 16. Jahrhunderts in Dresden. Berlin.

Fleischer, Wolfgang (1996): Kommunikationsgeschichtliche Aspekte der Phraseologie. In: Volker Hertel u. a. (Hg.): Sprache und Kommunikation im Kulturkontext. Bern/Frankfurt a. M., 283–297.

Fleischer, Wolfgang (1997): Phraseologie der deutschen Gegenwartssprache. 2. Aufl. Tübingen.

Frühneuhochdeutsches Wörterbuch (1989ff.), hg. von Robert A. Anderson/Ulrich Goebel/Oskar Reichmann. Berlin/New York.

Glaser, Elvira (1985): Graphische Studien zum Schreibsprachwandel vom 13. bis zum 16. Jahrhundert. Vergleich verschiedener Handschriften des Augsburger Stadtbuches. Heidelberg.

Göttert, Karl-Heinz (2007): Neues Deutsches Wörterbuch. Mit den aktuellen Schreibweisen. Köln.

Gréciano, Gertrud (1995): Zur Orthographie der Phraseologie. In: Heidrun Popp (Hg.): Deutsch als Fremdsprache. An den Quellen eines Faches. München, 451–462.

Greule, Albrecht (2001): Deutsche Kanzleisprachen. Aufgaben der Forschung. In: Albrecht Greule/Jörg Meier (Hg.): Deutsche Kanzleisprachen im Europäischen Kontext. Wien, 13–16.

Große, Rudolf (1983): Martin Luthers Sprichwortsammlung. Leipzig.

Grubmüller, Klaus (1967): Vocabularius Ex quo. Untersuchungen zu lateinisch-deutschen Vokabularen des Spätmittelalters. München.

Guchmann, Mirra Moisejewna (1970): Der Weg zur deutschen Nationalsprache. Berlin.

Ickler, Theodor (2006): Rechtschreibreform. Noch nicht einmal der Duden hält sich an den Duden. In: Frankfurter Allgemeine Zeitung, 21. Juli 2006.

Jellinek, Max Hermann (1913/1968): Geschichte der neuhochdeutschen Grammatik von den Anfängen bis auf Adelung, Band 1. Nachdruck der Ausgabe 1913. Heidelberg.

Jellinek, Max Hermann (1913/1968): Geschichte der neuhochdeutschen Rechtschreibung von den Anfängen bis auf Adelung. Band 1. Nachdruck der ersten Auflage 1913. Heidelberg.

Koopmann, Christiane (2002): Aspekte der Mehrgliedrigkeit des Ausdrucks in frühneuhochdeutschen poetischen, geistlichen und fachliterarischen Texten. Göppingen.

Korhonen, Jarmo (1990): Zu Verbphrasemen in Zeitungstexten des frühen 17. Jahrhunderts. In: Anne Betten (Hg.): Neuere Forschungen zur historischen Syntax des Deutschen. Referate der internationalen Fachkonferenz Eichstätt 1989. Tübingen, 253–268.

Levin-Steinmann, Anke (2004): Getrennt- und Zusammenschreibung aus phraseologischer Sicht. In: Csaba Földe/Jan Wirrer (Hg.): Phraseologismen als Gegenstand sprach- und kulturwissenschaftlicher Forschung. Akten der Europäischen Gesellschaft für Phraseologie (Europhras) und des Westfälischen Arbeitskreises „Phraseologie/Parömiologie" (Loccum 2002). Baltmannsweiler, 405–417.

Levin-Steinmann, Anke (2007): Orthographie und Phraseologie. In: Harald Burger u. a. (Hg.) (2007), 36–41.

Lück, Heiner (2005): Über den Sachsenspiegel. Entstehung, Inhalt und Wirkung des Rechtsbuches. Dössel (Saalkreis).

Macha, Jürgen/Neuss, Elmar/Peters, Robert (Hg.) (2000): Rheinisch-Westfälische Sprachgeschichte. Köln/Weimar/Wien.

Mentrup, Wolfgang (2007): Stationen der jüngeren Geschichte der Orthographie und ihrer Reform seit 1933. Tübingen.

Moser, Hans (1977): Die Kanzlei Kaiser Maximilians I. Graphematik eines Schreibusus. 2 Bde. Innsbruck.

Munske, Horst Haider (2005): Lob der Rechtschreibung. Warum wir schreiben, wie wir schreiben. München.

Nerius, Dieter (Hg.) (2007): Deutsche Orthographie. 4. Aufl. Hildesheim.

Piirainen, Ilpo Tapani (1996): Das älteste Stadtbuch von Preßburg/Bratislava aus den Jahren 1402–1506. Ein Beitrag zum Frühneuhochdeutschen in der Slowakei. In: Neuphilologische Mitteilungen 97, 231–237.

Piirainen, Ilpo Tapani (1997): Paarformeln in einem deutschen Rechtsbuch aus dem Jahre 1628. In: Irmhild Barz/Marianne Schröder (Hg.): Nominationsforschung im Deutschen. Festschrift für Wolfgang Fleischer zum 75. Geburtstag. Frankfurt a. M., 37–42.

Piirainen, Ilpo Tapani (1998): Phraseological Units in German Texts From Slovakia. In: Peter Ďurčo (ed.): Europhras '97. Phraseology and Paremiology. September 2–5, 1997, Liptovský Ján. Bratislava, 288–295.

Piirainen, Ilpo Tapani (2007): Usus und Norm der deutschen Rechtschreibung. In: Deutsch als Fremdsprache in Korea. Zeitschrift der Koreanischen Gesellschaft für DaF 20, 361–369.

Polenz, Peter von (1994): Deutsche Sprachgeschichte vom Spätmittelalter bis zur Gegenwart. Bd. II. 17. und 18. Jahrhundert. Berlin/New York.

Raabe, Susanne M. (1990): Der Wortschatz in den deutschen Schriften Thomas Murners, 2 Bde. Berlin/New York.

Risse, Ursula (1980): Untersuchungen zum Gebrauch der Majuskel in deutschsprachigen Bibeln des 16. Jahrhunderts. Ein historischer Beitrag zur Diskussion um die Substantivgroßschreibung. Heidelberg.

Roßberg, Christian Gottlob (1774): Anweisung für die Jugend zur richtigen Aussprache und Rechtschreibung im Deutschen. Dresden/Warschau.

Sauer, Wolfgang Werner (1988): Der „Duden". Geschichte und Aktualität eines „Volkswörterbuchs". Stuttgart.

Schmidt-Wiegand, Ruth/Schowe, Ulrike (1996): Deutsche Rechtsregeln und Rechtssprichwörter. Ein Lexikon. München.

Schmitt, Ludwig Erich (1944): Der Weg zur deutschen Hochsprache. In: Jahrbuch der deutschen Sprache 2, 82–121.

Schmitt, Ludwig Erich (1982): Entstehung und Struktur der „Neuhochdeutschen Schriftsprache". Bd. 1. Köln/Wien.

Schott, Clausdieter/Schmidt-Wiegand, Ruth (Hg.) (1984): Eike von Repgow. Der Sachsenspiegel. Zürich.

Spáčilová, Libuse (2000): Das Frühneuhochdeutsche in der Olmützer Stadtkanzlei. Eine textsortengeschichtliche Untersuchung unter linguistischem Aspekt. Berlin.

Stopp, Hugo (1976): Schreibsprachwandel. Zur großräumigen Untersuchung frühneuhochdeutscher Schriftlichkeit. München.

Straßner, Erich (1977): Graphemsystem und Wortkonstituenz. Schreibsprachliche Entwicklungstendenzen vom Frühneuhochdeutschen zum Neuhochdeutschen untersucht an Nürnberger Chroniktexten. Tübingen.

Suchsland, Peter (1999): Soll man Kopf stehend und freudestrahlend Eis laufen? Linguistische Fußangeln der neuen deutschen Rechtschreibung. In: Bernd Skibitzki/Barbara Wotjak (Hg.): Linguistik und Deutsch als Fremdsprache. Tübingen, 209–226.

Thiele, Ernst (1900): Luthers Sprichwörtersammlung. Weimar.

Wurzel, Wolfgang Ullrich (1983): Konrad Duden. Leipzig.

Ziegler, Arne (1999): Actionale Protocollum. Das älteste Stadtbuch aus Preßburg/Bratislava aus den Jahren 1402–1506. Bratislava.

PHRASEOLOGIE UND WORTBILDUNG DES DEUTSCHEN

Ein Vergleich von Äpfeln mit Birnen?

Stephan Stein (Trier)

1. KURZE BESTANDSAUFNAHME ZUR FRAGESTELLUNG

Wie ist das Verhältnis zwischen Phraseologie und Wortbildung im Deutschen zu charakterisieren? Man könnte den Eindruck haben, dass die im Titel gestellte Frage rhetorischer Natur sei, zumal das Phrasem *Äpfel mit Birnen vergleichen* zum Ausdruck bringt, dass Vergleichen oft etwas Fragwürdiges, u. U. auch unzulässig Erscheinendes innewohnt – geht es doch meist darum, eigentlich Unvereinbares in einen Zusammenhang zu bringen. Auch das bekannte (Vor-)Urteil – Vergleiche „hinken" – untermauert, dass man Gründe, wenn nicht sogar gute Gründe, haben muss, wenn man Vergleiche anstellt, d. h. nach Gemeinsamkeiten und Unterschieden fragt. Mit anderen Worten: Es muss ein plausibles Vergleichsmotiv und eine überzeugende Vergleichsperspektive geben. Wozu und in welcher Weise also sollen und können Phraseologie und Wortbildung miteinander verglichen werden?

Wer sich in die Flut an Literatur zur Wortbildung und zur Phraseologie des Deutschen stürzt, gelangt bei der Suche nach Antworten zunächst zu einer zwiespältigen Beobachtung:

- Auf der einen Seite bieten die weit verbreiteten Standardwerke und Gesamtdarstellungen beider Bereiche kaum Ansatzpunkte und sparen – wie auch die in der Lexikologie vorgelegten Versuche der Systematisierung der Wortschatzeinheiten – die Frage nach Zusammenhängen zwischen Phraseologie und Wortbildung weitgehend aus (erwähnenswerte Ausnahme: Fleischer 1997a, Kap. 4). Den besten Beleg dafür liefert m. E. der 1997 unter dem Titel „Wortbildung und Phraseologie" publizierte Band mit den Beiträgen der Jahrestagung des Instituts für Deutsche Sprache von 1988 (vgl. Wimmer/Berens 1997), in dem sich lediglich der Beitrag von Fleischer (1997b) mit dem „Zusammenwirken von Wortbildung und Phraseologisierung" befasst. Gleiches gilt für den Konferenzband „Phraseologie und Wortbildung – Aspekte der Lexikonerweiterung" (vgl. Korhonen 1992), in dem wiederum allein Fleischer (1992) beide Teilbereiche aufeinander bezieht.

- Auf der anderen Seite – und auch das dokumentieren beispielsweise die beiden erwähnten Tagungs-/Konferenzbände – werden Phraseologie und Wortbildung oft in einem Atemzug genannt und liegt mittlerweile eine beachtliche Zahl an, allerdings im Erkenntnisinteresse, in der Methodik und im fokus-

sierten Untersuchungsgegenstand sehr heterogenen, Arbeiten zum Verhältnis von Wortbildung und Phraseologie vor. Es muss also Gründe dafür geben, dass die Frage nach Zusammenhängen, Berührungspunkten usw. zwischen beiden Bereichen seit der Konsolidierung der germanistischen Phraseologieforschung in den 1970/1980er Jahren von verschiedenen Vertretern der beiden Teildisziplinen – nach meiner Kenntnis beginnend mit Eckert (1974) und Fleischer (1976) bis zu den m. W. jüngsten Arbeiten von Barz (2007) und Schemann (2008) – wiederholt, vornehmlich jedoch aus phraseologischer Richtung, aufgegriffen und gestellt worden ist. Dennoch wurde und wird häufig beklagt, dass das Verhältnis zwischen Phraseologie bzw. Idiomatik und Wortbildung in der Forschung ein eher stiefmütterliches Dasein fristet.[1]
Auch wenn es aus heutiger Sicht sicher zutreffend ist, dass das Verhältnis zwischen Phraseologie und Wortbildung des Deutschen als lohnenswerter Untersuchungsgegenstand etabliert und in wesentlichen Facetten auch gut untersucht ist, liefert die Forschungssituation im Ganzen doch einen zwiespältigen Befund. Ich nehme aus diesem Grund die auf das Verhältnis zwischen Phraseologie und Wortbildung bezogenen Arbeiten zum Anlass, die verschiedenen Perspektiven für eine Gegenüberstellung herauszuarbeiten, um daraus Ansatzpunkte für die Beantwortung der Titelfrage wie auch offene Fragen abzuleiten.[2]

2. AUSGANGSLAGE: VERGLEICH DER GEGENSTANDSKONSTITUTION

Erste Anhaltspunkte ergeben sich durch einen Vergleich der Bestimmung und Konzeption des jeweiligen Untersuchungsgegenstandes von Wortbildung und Phraseologie. Ich stelle dazu zwei Auffassungen einander gegenüber, die m. E. die herrschende Meinung widerspiegeln: „Unter einer Wortbildung ist ein Wort zu verstehen, das sich morphologisch und semantisch auf eine oder mehrere andere sprachliche Einheiten zurückführen lässt, aus denen es entstanden ist" (Barz 2005a, 641). Der zugrunde liegende Prozess bezeichnet also „die Produktion von Wörtern aus vorhandenen bedeutungstragenden sprachlichen Elementen nach bestimmten Mustern [bzw. Modellen]" (Barz/Schröder 2001, 178). Unabhängig vom

---

1 Ich verweise stellvertretend auf entsprechende Bemerkungen u. a. von Földes (1988, 68), Biedermann (1991, 125) und Schemann (2008, 257), zwischen deren Erscheinen immerhin 20 Jahre intensiver Wortbildungs- und Phraseologieforschung liegen.
2 Es geht also nicht – dafür würde der hier verfügbare Platz ohnehin nicht ausreichen – darum, einzelne Phänomene gezielt zu fokussieren, sondern darum, Möglichkeiten und Grenzen eines entsprechenden Vergleichs in einer grundlegenden Perspektive zu verdeutlichen. Zu klären wäre außerdem vorab die Grundsatzfrage, welche Typen mehrgliedriger Einheiten zur Phraseologie gerechnet werden und für einen Vergleich mit der Wortbildung überhaupt von Bedeutung sind; es ist sicher kein Zufall, dass in der Regel die (voll- oder teil-)idiomatischen Ausdrücke unterhalb der Satzebene, d. h. die nominativen Phraseme, im Mittelpunkt stehen, wenn das Verhältnis zwischen Wortbildung und Phraseologie angesprochen wird, und dass andere Phänomene wie strukturelle und kommunikative, satzwertige und textwertige Phraseme sowie Kollokationen mehr oder weniger unberücksichtigt bleiben.

jeweiligen Komplexitätsgrad haben Wortbildungsprodukte den Status von Wörtern (vgl. Fleischer/Barz 2007, 21).

Phraseme dagegen sind üblicherweise durch die Eigenschaften Polylexikalität, Festigkeit und gegebenenfalls Idiomatizität geprägt (vgl. Burger 2010, 14). Ein – wesentlicher – Aspekt ihrer Erscheinung ist in einer Facette der Festigkeit zu sehen, nämlich der psycholinguistischen Festigkeit (vgl. ebd., 16) bzw. der Lexikalisierung und Reproduzierbarkeit (vgl. Fleischer 1997a, 62f.), d. h. dass sie als mental gespeicherte Einheiten nicht mehr nach (syntaktischen) Modellen gebildet werden (müssen). Dass diese Eigenschaft Phrasemen einen Wörtern vergleichbaren Charakter verleiht, schlägt sich in entsprechenden Termini wie „Wortgruppenlexem" (Fleischer 1997a, 63) oder „Mehrwortlexem" (Schindler 1996; Seppänen 2002) unmittelbar nieder.

Aus der Gegenüberstellung dieser Begriffsbestimmungen lassen sich nun, je nach Perspektive und Gewichtung, sowohl strukturelle und semantische Äquivalenzen als auch Differenzen ableiten:

1. Komplexität: Der Wortgruppenstatus (die Polylexikalität) von Phrasemen und der Wortstatus (die Univerbierung und Monolexikalität) von Wortbildungsprodukten stellen zwar einen markanten (und u. a. orthographisch, morphologisch und syntaktisch relevanten) Unterschied dar, in beiden Fällen werden aber mehr oder weniger lexikalisch bzw. morphologisch komplexe Einheiten erfasst[3] – auch wenn die Durchsichtigkeit der morphologischen Struktur inhalts- und ausdrucksseitig durchaus verlorengehen kann.

2. Status der Komponenten: In ihrer komplexen Struktur beruhen Wortbildungsprodukte und Phraseme mehrheitlich auf Wortschatzelementen, die auch sonst im Sprachgebrauch (frei oder gebunden) verwendet werden, sie tragen aber auch etliche Elemente in sich, die an spezifische Bildungen gebunden, d. h. morphologisch oder phraseologisch isoliert sind (unikale Morpheme wie *Schorn-* und unikale Komponenten wie *gang, löcken, Bockshorn* u. v. a.). Unikalisierung kann als „Endpunkt der Lexikalisierung" (Häcki Buhofer 2002, 429) verstanden werden mit völligem Verlust semantischer Transparenz, die sich nur etymologisch wieder erhellen lässt. Aus diesem Grund gelten insbesondere die in Phrasemen recht häufig tradierten unikalen Komponenten als Indikatoren stärkster lexikalischer Restriktion und als Ausweis besonderer Stabilität und Idiomatizität.

3. (Figurative) Motivation: Hinzu kommt, dass in beiden Fällen mit der lexikalischen bzw. morphologischen Komplexität meist eine ganzheitliche Bedeutung verbunden ist, die sich auf die jeweiligen Bestandteile verteilt und sich mehr oder weniger aus der Fügung der jeweiligen Bestandteile ableiten lässt (zu unterscheiden sind infolgedessen verschiedene Arten der Motivation von

---

[3] Auszuklammern sind auf der Seite der Wortbildung sekundäre Simplizia und Kurzwörter. – Einen detaillierten Vergleich der Ausgangseinheiten von Wortbildung und Phraseologisierung gibt Fleischer (1992, 53ff.).

Wortbildungen bzw. Grade der Idiomatizität von Phrasemen) (vgl. zu diesem Aspekt auch den Beitrag von Schemann 2008).[4]

4. Sekundäre Nominationseinheiten: Wortbildungsprodukte und Phraseme stellen insofern sekundäre Nominationseinheiten dar, als „ihre Bestandteile bzw. Ausgangseinheiten bereits als Benennungen fungieren und für neue Konzeptualisierungen wiederverwendet werden" (Barz 2005b, 1672).

3. ALLGEMEINE FUNKTIONALE PERSPEKTIVE

3.1. Wortbildung und Phraseologie als Nominationsverfahren im Dienst der Wortschatz-/Lexikonerweiterung

„Die bedeutendste Parallele zwischen Phraseologismen [...] und Wortbildungen [...] besteht darin, dass beide als komplexe Nominationseinheiten dienen" (Seppänen 2002, 415). In praktisch keiner Arbeit zum Verhältnis von Phraseologie und Wortbildung fehlt der Hinweis, dass Wortbildung und Phraseologie (bzw. Phraseologisierung) im Dienst der Bereicherung des lexikalischen Teilsystems der deutschen Sprache stehen (vgl. schon Eckert 1974, 24 mit Bezug auf die phraseologische Derivation).[5] So zutreffend diese Feststellung grundsätzlich ist, so sehr ist sie doch zu relativieren, da die beiden Arten des Wortschatzausbaus von sehr unterschiedlicher Relevanz sind: Die Wortbildung ist im Deutschen die weitaus häufigste Art der Wortschatzerweiterung (ausführlich dazu Barz 2005b), wohingegen die Phraseologisierung, d. h. die Entstehung neuer Phraseme (*es ist alles im grünen Bereich*), eine kaum nennenswerte Rolle für die Wortschatzerweiterung spielt (vgl. auch Inghult 1991, 103).[6] Ähnliches gilt für die quantitativ ebenfalls eher randständigen Wege der lexikalisch-semantischen Erweiterung des Wortschatzes durch Prozesse der Bedeutungsbildung bzw. Bedeutungsveränderung/-übertragung (Metaphorisierung, Metonymisierung usw.) und der Entlehnung. Dass die verschiedenen Verfahren der Benennungsbildung quantitativ sehr unterschiedlich genutzt werden, „signalisiert funktionale Unterschiede zwischen den jeweiligen Benennungen, die auf deren spezifischen strukturellen, morphologischen und semantischen Merkmalen beruhen" (Barz 2005b, 1665). Ein wesentlicher Grund für die unterschiedliche qualitative Nutzung von Wort- und Phrasembildung ist in den mit zunehmender Komplexität steigenden Anforderungen für

---

4 Nur nebenbei sei darauf hingewiesen, dass in dem schon 30 Jahre früher von Püschel (1978) publizierten beitragsgleichen Artikel wesentliche Überlegungen zum Zusammenhang zwischen „Wortbildung und Idiomatik" vorweggenommen wurden.
5 Eine solche, auf die allgemeine Funktion von Wortbildung und Phraseologie bezogene Sehweise basiert unausgesprochen auf der Annahme, dass Phraseme Teil des Wortschatzes einer Sprache sind und einen (einfachen und komplexen) Wörtern vergleichbaren Status als Wortschatzelemente haben (vgl. dazu Bartels 1991; Korhonen 1992, 2; Lutzeier 1995, 33 und 38; Schippan 2002, 48).
6 Vgl. für andere Funktionen der Wortbildung Barz/Schröder (2001, 181ff.) und Barz (2005a, 646ff.), für Funktionen der Phraseologie Fleischer (2001, 141ff.).

die Speicherung und Lexikalisierung von Wortschatzeinheiten zu sehen (vgl. dazu und für weitere Erklärungsansätze Barz 2005a, 646ff.; 2005b, 1672f.; 2007, 30).

3.2. Parallelität und Konkurrenz der Benennung(sarten)

Schon früh ist darauf aufmerksam gemacht worden, dass zwischen Wortbildungen und Phrasemen Benennungsparallelitäten bestehen können (vgl. dazu Fleischer 1980, 51; ausführlich Fleischer 1997a, 169ff.). Quantitativ gesehen stellen sie jedoch ein Randphänomen dar (vgl. Barz 2007, 28 mit einer ausführlichen Differenzierung zwischen den beiden Hauptwortarten Substantiv und Verb), das insbesondere bei Vergleichsbildungen (*Der Kerl ist stark wie ein Bär / bärenstark*) und in seltenen Fällen bei substantivischen Bezeichnungseinheiten (*Schwarzer Markt / Schwarzmarkt*) zu beobachten ist. Solche in Konkurrenz zu Phrasemen tretende Wortbildungsprodukte kommen aus ökonomischen Gründen nur in Ausnahmefällen ohne semantische Differenzen vor, üblicherweise weisen auf das gleiche lexikalische Material zurückgehende Phraseme und Wortbildungen semantische Differenzen auf (vgl. *ein großes Tier – Großtier*). Entsprechende Wortbildungsprodukte bewegen sich zwar im Rahmen des Wortbildungssystems, kommen jedoch aufgrund fehlender Ausdrucksbedürfnisse (*alt wie Methusalem* > *methusalemalt) und u. U. unklarer Benennungsmotivation (*Alter Schwede* > *Altschwede) allenfalls als okkasionelle Bildungen vor, die nicht der Wortbildungsnorm entsprechen und kaum Bildungs- und Lexikalisierungschancen haben (vgl. dazu auch Stein 2007). Die Blockierung paralleler Benennungseinheiten (*dachsfrech) schließt jedoch nicht aus, dass das gleiche Phrasem (*frech wie ein Dachs*) zum Ausgangspunkt und zur Motivationsbasis anderer, zur Transposition führender Wortbildungsprodukte gemacht wird (*Frechdachs*), die aus einer synchronen Perspektive in Analogie zu entsprechenden Wortbildungsprodukten (wie *Grünschnabel*) als Ergebnis anderer Wortbildungsverfahren (hier z. B. der Possessivkomposition) eingeordnet werden (könnten).

Wie Barz (2007, 27ff.) herausgestellt hat, weisen phraseologische und wortbildungsbezogene Ausdrucksmittel nicht nur bei der Verteilung der Benennungsarten auf die Wortarten,[7] sondern auch auf verschiedene Bezeichnungsbereiche spezifische Domänen auf. Grundsätzlich ist hier zu berücksichtigen, dass Phraseme gegenüber Wortbildungsprodukten in ihren semantischen Leistungen keine vergleichbar homogene Verteilung im Wortschatz aufweisen, sondern dass bestimmte Sachverhalts- bzw. Denotatsbereiche besonders stark mit bedeutungs-

---

[7] Auf die unterschiedliche Rolle von Wortbildung und Phraseologie für den Ausbau und die Repräsentation der verschiedenen Wortarten kann hier nur hingewiesen werden (vgl. dazu Fleischer 1976, 324f.; 1997b, 17ff.). Das gleiche gilt zum einen für die Ausprägung semantischer Eigenschaften wie Polysemie und semantischer Relationen wie Synonymie, Antonymie, Hyperonymie usw., die sich auch bei Phrasemen beobachten lassen (vgl. Fleischer 1997a, Kap. 4.1 und 4.2; Burger 2010, Kap. 3.5), zum anderen für Ausprägungen und unterschiedliche Differenzierungen der stilistischen Kennzeichnung und die damit verbundenen Verwendungsrestriktionen.

ähnlichen Phrasemen „besetzt" sind (vor allem menschliche Verhaltensweisen und [insbesondere negative] Eigenschaften, zwischenmenschliche Beziehungen). Paradigmatische Relationen sind infolgedessen für den phraseologischen Wortschatz untersucht worden (vgl. Fleischer 1997a, Kap. 4.2), wohingegen „die Paradigmatik im Zusammenspiel von phraseologischen und nichtphraseologischen (Teil-) Wortschätzen zwar immer wieder berührt, jedoch nicht systematisch untersucht worden [ist]" (Hartmann 1998, 129). Hier stellt sich die Aufgabe, systematisch das Zusammenspiel aller Typen von Wortschatzelementen für die Konstitution von lexikalisch-semantischen Feldern zu untersuchen (vgl. dazu Hartmann 1998, der an Beispielen zeigt, wie Phraseme einerseits zur Vermehrung der Synonymie bzw. Bedeutungsähnlichkeit, andererseits zur Schließung lexikalischer Lücken beitragen können). Vor allem ist für einzelne Wortschatzbereiche genauer zu bestimmen, in welcher Form und in welchem Ausmaß Phraseme zur Bildung von Konkurrenzformen mit anderer, oftmals gesteigerter und expressiver Ausdruckskraft auftreten und wie sich Wortbildung und Phraseologie ergänzen (vgl. dazu Fleischer 1996 für einen Vergleich verbaler Wortbildung und verbaler Phraseme).

3.3. Lexikalisch-semantische Innovation: Okkasionelle Wortbildungsprodukte, modifizierte Phraseme und ihre Lexikalisierungschancen

Schon 1976 hat Fleischer in einem Vergleich von Phraseologie und Wortbildung betont, dass beide Bereiche im Blick auf das Verhältnis zwischen usuellen Bildungen und okkasionellen Neuerungen im Textvorkommen Gemeinsamkeiten aufweisen: „Semantik und Strukturtypen bilden einen Bezugsrahmen, innerhalb dessen bestimmte ‚Abweichungen' – z. B. Erweiterungen, Kürzungen – bei der Aktualisierung der betreffenden lexikalischen Einheiten möglich sind" (Fleischer 1976, 322). Anders formuliert: Die in der Wortbildung und in der Phraseologie angelegten Bildungsmöglichkeiten erweisen sich als Quelle lexikalisch-semantischer Innovation. Infolgedessen ist das Vorkommen modifizierter Phraseme und okkasioneller Wortbildungsprodukte in Texten und bestimmten Kommunikationsbereichen wie Belletristik, Presse und Werbung zu einer festen Größe in der pragmatisch orientierten Phraseologie- und Wortbildungsforschung geworden. Die Spielarten formaler und semantischer Modifikation und ad hoc gebildeter Wortbildungsprodukte sowie ihr Vorkommen und ihre Funktionen in bestimmten Textsorten sind umfassend erforscht (stellvertretend sei verwiesen auf Wildgen 1982 und Wotjak 1992). Beide Phänomene sind auf einzeltextgebundene Wirksamkeit hin angelegt. Verallgemeinernd lassen sich sowohl Modifikationen von Phrasemen als auch okkasionelle Wortbildungsprodukte als Ausweis einer sprachspielerischen Haltung und als Zeichen sprachlich-textlicher Kreativität verstehen – im Interesse, bestimmte Ausdrucksbedürfnisse zu erfüllen und – auf einen bestimmten Kommunikationsakt bezogen – textstilistische sowie persuasive Effekte hervorzurufen.

Dass sich beide Bereiche als Spielfeld sprachspielerisch-kreativer Sprachverwendung verstehen lassen, hat allerdings zur Folge, dass die Resultate okkasioneller Wortbildung und mehr noch modifizierender Phrasemverwendung nur sehr geringe Lexikalisierungschancen haben. Bei okkasionellen Wortbildungsprodukten ist die bescheidene Lexikalisierungspotenz zurückzuführen auf pragmatische Faktoren (der nur vorübergehende Benennungsbedarf und die Befriedigung eines spezifischen textgebundenen Ausdrucksbedürfnisses) und auf sprachliche Gründe (wie starke Kontextabhängigkeit, hoher Komplexitätsgrad, Regelwidrigkeit der Bildung und damit zusammenhängend ihre Auffälligkeit) (vgl. Barz/Schröder 2001, 181). Bei modifizierten Phrasemen spielt der Gegensatz zwischen der lexikalisierten Nennform und der textgebundenen Modifikation die ausschlaggebende Rolle als Lexikalisierungsschranke, da er den Modifikationen den Charakter von „Anspielungen" verleiht (vgl. dazu Wilss 1989) und die (vermeintliche) Festigkeit unterläuft. Dem steht der am Beispiel von Werbetexten ermittelte empirische Befund entgegen, dass ein Großteil modifizierter Phraseme von den Rezipient(inn)en nicht erkannt wird (vgl. Burger 2010, 162f.).

4. WORTBILDUNGSAKTIVITÄT VON PHRASEMEN

4.1. Phraseme als Wortbildungsmittel

Ein wichtiger Berührungspunkt zwischen Phraseologie und Wortbildung resultiert daraus, dass als Ausgangeinheiten für die unterschiedlichen Wortbildungsverfahren neben Wörtern bzw. Grundmorphemen sowie Wortbildungsaffixen und Konfixen auch solche syntaktische Fügungen und z. T. auch Sätze genutzt werden können, die phraseologischen Charakter aufweisen; sie haben hauptsächlich Anteil an Prozessen der Suffigierung, der Konversion und der Komposition und werden zusammenfassend als dephraseologische Derivation (Fleischer 1997a, 185) bzw. als „dephrasemische Wortbildung" (Barz 2007, 32) bezeichnet. Es zeichnen sich dabei im Hinblick auf die Ausprägung der Wortbildungsarten bei den Hauptwortarten starke Verwendungspräferenzen, z. T. auch -restriktionen ab, da phraseologische Wortgruppen bevorzugt als Basis für substantivische und adjektivische Suffigierungen, für substantivische Konversionen sowie als Erst-, jedoch nicht als Zweitglieder vor allem substantivischer Komposita auftreten (können). Mit anderen – bildlichen – Worten: Auf der Landkarte der deutschen Wortbildung gibt es, was die (Möglichkeit der) Beteiligung phraseologischer Wortgruppen angeht, mehr oder weniger „blinde Flecken" bei den Hauptwortbildungsarten (adjektivische Komposition, Präfigierung und Zirkumfigierung).

4.2. Dephraseologische Derivation

Der Schwerpunkt im Verhältnis zwischen Phraseologie und Wortbildung wird meist in der dephraseologischen Derivation gesehen, die allerdings unterschiedlich weit gefasst wird. Im Kern bezeichnet dephraseologische Derivation die Ableitung von Wortbildungsprodukten mit Phrasemen als Ausgangseinheiten.[8] Diese Art der Derivation stellt im Deutschen einen produktiven Wortbildungsvorgang dar und liefert auch im Sprachenkontrast einen geeigneten Vergleichsansatz (vgl. dazu Földes 1988; Földes/Györke 1988; Ohnheiser 1998). Wie Barz (1996, 99) ausführt, ist die Zahl der Phraseme, die als Basis für Wortbildungsprodukte genutzt werden, gemessen am Gesamtbestand von Phrasemen zwar äußerst gering, dennoch ist die dephraseologische Derivation bzw. vor allem die Nominalisierung von Phrasemen neben der dephraseologischen Konversion einer der wichtigsten Bereiche der Erweiterung des Ausdrucksbestandes auf der Grundlage von Phrasemen. Den Bildungsprozessen liegen dabei die gleichen Modelle zugrunde wie bei der Ableitung freier Wortgruppen (*Fleisch fressen* > *Fleischfresser* – *Kreide fressen* > *Kreidefresser*), es kristallisieren sich für die dephraseologische Derivation von Substantiven (*Haare spalten* > *Haarspalterei*) und Adjektiven (*zum Himmel schreien* > *himmelschreiend*) jedoch Schwerpunkte heraus (vgl. Tossavainen 1992; Fleischer 1997a, 186ff. und Barz 1996 für einen detaillierten Überblick). Im Ergebnis zeigt sich: „Die Basis-Phraseologizität ist [...] in der Wortbildung nicht modell-konstituierend" (Barz 1996, 109), außerdem weist der Kernbereich der Phraseologie insgesamt nur geringe Nominalisierungstendenzen auf (vgl. ebd.).

4.3. Dephraseologische Konversion und Komposition mit phraseologischer Konstituente

Dass Wortgruppen bzw. syntaktische Fügungen und ganze Sätze im Deutschen zu Konversionsprodukten werden können, ist nichts Ungewöhnliches. Unabhängig von den im Sprachsystem angelegten Möglichkeiten, Präferenzen und Einschränkungen für dephraseologische Konversionsprodukte (vgl. z. B. *auf die Tube drücken* > [*das*] *Auf-die-Tube-Drücken, jmdn ins Bockshorn jagen* > [*das*] **[Ins-]Bockshorn-Jagen*) und Komposita mit phraseologischer Konstituente (*Vieraugengespräch, *Schneekönigfreuen-Spektakel*) zeigen die entsprechenden Wortbildungsprodukte,

> „daß der Phraseologismus mit seiner Semantik als Ganzes in die Wortbildungskonstruktion eingeht; sie ist demzufolge nicht ohne Bezug auf den phraseologischen Charakter der Derivationsbasis dekodierbar, auch wenn diese formal nur reduziert in der Wortbildungskonstruktion erscheint" (Fleischer 1997b, 22).

Es ist jedoch als eine Tendenz in der Gegenwartssprache zu beobachten, dass vermehrt auch Phraseme zur Basis von „Konversionen ohne Basisänderung" (Barz/Schröder 2001, 200) gemacht und auf diese Weise substantivisch univerbiert oder zur Komponente von Determinativkomposita gemacht werden. Im Ergebnis ent-

---

8   In sehr vielen Arbeiten wird der Begriff „Derivation" im Bezug auf phraseologische Wortschatzeinheiten allerdings, wie erwähnt, wesentlich weiter gefasst, als es in der Wortbildungsforschung üblich ist: Fleischer rechnet nicht nur die eigentlichen Prozesse expliziter und impliziter Derivation dazu, sondern auch Kompositabildungen mit phraseologischen Konstituenten (vgl. 1997a, 185f.) und Konversionsprodukte (vgl. 1997b, 20).

stehen „hochkomplexe Wortbildungseinheiten" (Schmidt 2000, 154),[9] deren Bildungs- und Benennungspraxis, wie Schmidt (2000) an reichhaltigem Belegmaterial verdeutlicht, im Gegenwartsdeutschen weit über den phraseologischen Wortschatz hinausreicht; auffällig ist dennoch der Rekurs auf tradierte Formulierungen aller Art (vgl. ebd., 155), bei dem es „für das substantivische Kompositionsmodell mit phrasemischem Erstglied kaum Restriktionen in Bezug auf Komplexitätsgrad und syntaktische Struktur des Phrasems zu geben [scheint]" (Barz 2007, 33). Die darin beobachtbare gegenwartssprachliche Wortbildungstendenz liefert ein wichtiges Indiz für das in der Sprachgemeinschaft vorherrschende Wort-Verständnis: Univerbierte oder zur Konstituente von Komposita gemachte Phraseme zeigen, dass und „wie weit der Wortbegriff durch den Einbau von Syntagmen und Sätzen belastet werden kann, oder umgekehrt: [dass und] wie weit Syntagmen und Sätze die äußere Form von Wörtern annehmen können" (Schmidt 2000, 155).

5. SEMANTISCHE PERSPEKTIVE

5.1. Idiomatizität und Demotivation in der Wortbildung
(am Beispiel von Komposita)

Phraseologie und Wortbildung zeichnen sich in weiten Teilen ihres Bestandes durch Prozesse der Idiomatisierung aus. Für das – aus einer traditionellen Perspektive her betrachtet – Zentrum der Phraseologie ist eine voll oder partiell ausgeprägte Idiomatizität konstitutiv, aber auch für Wortbildungsprodukte ist eine vollständige morphosemantische Motivation nicht der Normalfall: „WBK [Wortbildungskonstruktionen] tendieren [...] als Benennungseinheiten zu einer ganzheitlichen Semantik, die sich nicht mehr an Bedeutungen ihrer Bestandteile ablesen lässt; sie tendieren zur Demotivation [...]" (Fleischer/Barz 2007, 15). Wortbildungsprodukte bewegen sich semantisch also zwischen den beiden Polen vollständiger morphosemantischer Motivation (*Buchtitel*) und völliger Demotivation oder Idiomatisierung[10] (*Wiedehopf*), die eher selten zu beobachten ist und (nur in etymologischer Betrachtung morphologisch und semantisch analysierbaren) Wortbildungsprodukten mitunter sogar den Anschein monomorphematischer Wortschatzeinheiten (*heute* < *hiu tagu* ‚an diesem Tag') verleiht. Man kann allerdings darüber streiten, ob Prozesse, die langfristig zu einer semantischen und u. U. auch

---

9   Darauf, dass damit orthographisch wichtige Fragen und Neuerungen verbunden sein können, kann hier nur verwiesen werden (vgl. dazu z. B. Stein 1999).
10 Barz/Schröder (2001, 188f.; vgl. auch Munske 1993, 510ff.) differenzieren zwischen Idiomatisierung und Demotivation: Idiomatisierung bezeichnet die hier beschriebenen Fälle, in denen Wortbildungsprodukte zusätzliche semantische Merkmale enthalten und die Bedeutung nur noch ganzheitlich verstanden werden kann, weil der Bezug zu den Konstituenten mehr oder weniger stark verlorengeht. Demotivation dagegen bezeichnet einen allmählich sich vollziehenden Motivationsverlust aufgrund u. a. von Lautveränderungen (*bücken* < *biegen*), Bedeutungswandel (*Frauenzimmer*) oder aufgrund von versunkenem Sachwissen (*Fersengeld*).

morphologischen Intransparenz führen, in der von Fleischer/Barz behaupteten Allgemeingültigkeit zutreffen; unstrittig aber ist, dass eine Vielzahl lexikalisierter Wortbildungen im Laufe der Zeit eine mehr oder weniger stark ausgeprägte motivationelle Veränderung erfahren hat. Abstufungen der Motivation von Wortbildungsprodukten (wie von Fleischer/Barz 2007, 18 beschrieben) sind mit der Unterscheidung voll-, teil- und nichtidiomatischer Phraseme vergleichbar und schlagen sich konkret nieder in Gestalt von dephraseologischen Komposita wie *Bärendienst*, die ihre Bedeutung aus dem Bezug auf das jeweilige Phrasem beziehen, und in idiomatischen bzw. idiomatisierten Komposita wie *Himbeere*, die im Laufe der sprachgeschichtlichen Entwicklung ihre morphosemantische Durchsichtigkeit ganz oder teilweise eingebüßt haben. In der Regel aber lässt sich die Bedeutung eines Wortbildungsproduktes mehr oder weniger aus den Bedeutungen der Konstituenten und aus der Wortbildungsbedeutung erschließen, d. h. die Gesamtbedeutung kann noch mit den Bedeutungen der Konstituenten assoziiert, aber nicht (mehr) vollständig aus ihnen abgeleitet werden (vgl. *Taschengeld*, *Handschuh*). Ein zunehmender Grad an Demotivation schlägt sich darin nieder, dass ein Wortbildungsprodukt nur noch ausdrucksseitig als komplexe Bildung erkennbar ist, aber eine nichtkompositionelle Bedeutung aufweist, da die Bedeutung des Wortbildungsproduktes und die Einzelbedeutungen in keinem erkennbaren Zusammenhang (mehr) stehen oder die Konstituenten semantisch, u. U. auch formal nicht mehr interpretierbar sind (z. B. *Hagestolz*).

Die Eigenschaft ‚Idiomatizität' ist also nicht nur im phraseologischen Wortschatz ausgeprägt, sondern auch im Bereich der Wortbildung: Wörter wie *Himbeere* dokumentieren ein Phänomen zwischen morphologischer (Un-)Durchsichtigkeit und semantischer (De-)Motiviertheit. Es ist das Verdienst von Püschel (1978), der für dieses wort(bildungs)bezogene Phänomen den (für die weitere Forschung weitgehend folgenlos gebliebenen) Begriff „wortbildungsidiom" (ebd., 156 und 159) geprägt hat, schon vor der eigentlichen Etablierung der Phraseologie auf Idiomatizität im Bereich der deutschen Wortbildung aufmerksam gemacht zu haben:[11]

> „Der prozeß der demotivierung oder idiomatisierung von wortbildungen ist prinzipiell vergleichbar mit der herausbildung idiomatischer wendungen, die nicht den status von wortbildungen besitzen. Demotivierte wortbildungen **sind** idiome" (ebd., 156; Hervorhebung dort).

So unbestritten das Vorkommen von Idiomatizität nicht nur bei Phrasemen, sondern auch bei komplexen Wörtern ist, so sehr springt die Unterschiedlichkeit der Zuordnung dieses Phänomens ins Auge: Püschel beispielsweise spricht davon, „daß solche ausdrücke zwar wortbildungsmäßig analysiert werden können, daß aber zuerst einmal der idiomcharakter solcher bildungen zu konstatieren ist" (1978, 165); andere dagegen sprechen von „phraseologischen Komposita" (Tossavainen 1992, 78f.). Warnungen vor einer „Überdehnung des Phraseologismus-Begriffs" (Fleischer 1997a, 249) erscheinen hier wohlbegründet, denn es ist unge-

---

11 Auf das Problem der Grenzziehung zwischen Wort und Phrasem, das z. T. aus orthographischen Konventionen resultiert, und die Annahme von sogenannten „Einwortidiomen"/„Einwortphrasemen" gehe ich hier nicht ein.

achtet der Ausprägungen von Idiomatizität in Wort- und in Wortgruppenstrukturen naheliegend und auch weitgehend üblich, nur mehrere Wörter umfassende Strukturen als „Idiome" zu bezeichnen, d. h. „den Terminus ‚Idiom' nur auf einen phraseologiebezogenen Gebrauch [zu] beschränken" (Korhonen 1992, 2). Dass Idiomiztität sowohl Eigenschaft von Wortbildungsprodukten als auch von Phrasemen sein kann, eröffnet allerdings bislang m. E. nicht erschöpfend ausgereizte Perspektiven für einen Vergleich von Wort- und Phrasemstrukturen aus semantischer Perspektive.

5.2. Elliptische Bedeutungsbildung oder Autonomisierung phrasemischer Komponenten

Es ist, meist in okkasioneller Verwendung, möglich, aus einem i. d. R. verbalen Phrasem eine substantivische oder substantivisch verwendete Komponente in phrasemgebundener Bedeutung herauszulösen und zu isolieren (*Kerbholz* < *etw auf dem Kerbholz haben*). Diese Autonomisierung phraseologischer Konstituenten, die bevorzugt bei unikalen oder in ihrem phraseologischen Vorkommen stark eingeschränkten Komponenten auftritt, wird unterschiedlich eingeordnet – entweder als Spielart der dephraseologischen Derivation, sofern aus der Reduktion von Phrasemen eine phraseologisch gebundene Wortbildungskonstruktion resultiert (*Holzweg* < *auf dem Holzweg sein*) (vgl. Fleischer 1980, 51; 1997a, 188 und 211), oder als elliptische Bedeutungsbildung (vgl. Barz 2007, 33). Die formalen und semantischen Prozesse sprechen m. E. dafür, derartige Autonomisierungsprozesse nicht zur Wort-, sondern zur Bedeutungsbildung zu rechnen:

> „Die Autonomisierung vollzieht sich [...] nicht als Wortbildungsprozeß, sondern eine phraseologische Konstituente wird – morphologisch unverändert – aus dem Phraseologismus herausgelöst und als Wort in beliebigen, nichtphraseologischen Kontexten verwendet. Semantisch ist die verselbständigte Komponente vom Phraseologismus geprägt, d. h., sie übernimmt ihre Bedeutung aus dem Phraseologismus" (Barz 1996, 102).[12]

Wie Barz (2007, 33f.) gezeigt hat, bleibt die phrasemgebundene und -motivierte Bedeutung der isolierten Phrasemkomponente zwar in Fällen wie *Holzweg*, *Fettnäpfchen*, *Bärendienst*, *Kirchenmaus* erhalten, in anderen Fällen ist dagegen Ausbildung oder Ausbau von Polysemie zu beobachten (*Kinderschuhe* 1. ‚Schuhe für Kinder', 2. ‚Anfang' < *noch in den Kinderschuhen stecken*).

Besonders bemerkenswert an der Verwendung von Phrasemen als Ausgangseinheiten von Wortbildungsprozessen bis hin zur Autonomisierung und Isolierung phraseologischer Bestandteile ist wiederum, als wie instabil sich die vermeintliche Stabilität von Phrasemen erweist, d. h. wie viel Veränderung Phraseme „vertragen", ohne ihren phrasemtypischen Charakter, der sich in besonderem Maße in semantischen Leistungen manifestiert, einzubüßen. Denn die phraseologische Be-

---

12 Mehr noch ist zu beobachten, dass „durch die Weglassung bestimmter Komponenten der phraseologischen Einheit das übriggebliebene Element sich formal-syntaktisch verselbständigt und die Semantik der gesamten Konstruktion absorbiert" (Földes 1988, 71).

deutung der Basis bleibt in den Resultaten der Wortbildungsprozesse erhalten und prägt die jeweilige Wortbildungsbedeutung.

6. HISTORISCH-DIACHRONE PERSPEKTIVE

6.1. Phraseologisierung

Ungeachtet der meist favorisierten synchronen Perspektive in Wortbildungs- und Phraseologieforschung lassen sich auch aus einer historisch-diachronen Perspektive auf die Prozesse der Wort- und Phrasembildung wichtige Anhaltspunkte ableiten. Prozesse, die ausgehend von frei gebildeten und verwendbaren Wortgruppen und bereits verfestigten Einheiten (Kollokationen, Sprichwörter, idiomatische Wendungen usw.) zur Entstehung von Phrasemen führen können, hat Munske (1993) ausführlich erläutert, auf seine Unterscheidung von Typen der Phraseologiebildung (vgl. den Überblick ebd., 510) wird hier verwiesen. Zu unterscheiden sind danach drei grundlegende Arten von Phraseologisierungsprozessen: Phrasembildung durch Übernahme aus anderen Sprachen (Entlehnung und Lehnbildung) sowie primäre und sekundäre Phrasembildung. Primäre Phrasembildung erfolgt in den meisten Fällen als „figurative" (insbesondere durch metaphorische und metonymische Umdeutung) (*den Ball flach halten*), daneben als „unspezifische" (Verfestigung freier syntaktischer Fügungen) (*der Ernst des Lebens*) und als „elliptische" (*ein [langes] Gesicht machen*) Phrasembildung. Sekundäre Phrasembildung beruht auf bereits phraseologisierten Strukturen und umfasst Munske zufolge einerseits die Remotivation (*jmdn am/beim Schlafittchen [< Schlagfittich] nehmen/kriegen/packen*), andererseits die – m. E. teilweise zu weit gefasste – Modifikation von Phrasemen, zu der Munske nicht nur lexikalisierte Formen der Phrasemvariation komplementärer (*das will etwas/nichts heißen*), konverser (*mit dem/gegen den Strom schwimmen*) und aktionaler (*auf die schiefe Bahn kommen/geraten – auf der schiefen Bahn sein*) Art rechnet, sondern auch Ausprägungen okkasioneller und textgebundener modifizierender Phrasemverwendung. Vor diesem Hintergrund sind m. E. drei Punkte zu betonen:

1. Die sonst im Zusammenhang mit der Phrasembildung – und in Abgrenzung von der dephraseologischen Derivation – genannte phraseologische Derivation als sekundäre Bildung von Phrasemen, ausgehend von bereits existierenden Phrasemen und anderen festen sprachlichen Einheiten wie Sprichwörtern, Gemeinplätzen usw., wird von Fleischer (1997a, 189) als Erscheinungsform der Variation von Phrasemen eingeordnet. Fleischer (ebd.) charakterisiert sie als Eingriff in den Komponentenbestand und grenzt sie ab von morphosyntaktischen Veränderungen. Als phraseologische Derivation kann in dieser Hinsicht sowohl die okkasionelle oder bereits lexikalisierte und usuell gewordene Bildung von Phrasemen durch Austausch lexikalischer Komponenten oder durch Verselbständigung einzelner Komponentengruppen verstanden werden, durch die im Ergebnis mitunter neue Ausprägungen einer semantischen Relation zur Ausgangseinheit entstehen (Synonymie, Antonymie, Ausbildung phraseologischer Reihen). Die Redeweise von

phraseologischer Derivation liegt damit also quer zur sonst üblichen Unterscheidung zwischen (usuellen) Varianten und (okkasionellen) Modifikationen von Phrasemen. Angemessener erscheint es hier, die entsprechenden Bildungsweisen als sekundäre Phraseologiebildung von Prozessen primärer Phraseologiebildung abzuheben.

2. Die Prozesse, die zur Entstehung von Phrasemen führen, sind mit Prozessen, die ansonsten im Wortschatz zu lexikalisch-semantischem Wandel führen, vergleichbar, so dass die Phrasembildung keine Sonderstellung verdient (vgl. Munske 1993, 481). Allerdings ist auf einen grundlegenden Unterschied zwischen Wort- und Phrasembildung aufmerksam zu machen: Wie die Bildung von Wörtern ist die recht häufige Bildung von Phrasemen durch Metaphorisierung oder Metonymisierung (und die durch sie ausgelöste partielle oder völlige Idiomatisierung) (*freudiges Ereignis*) i. d. R. auf eine bewusste Aktivität von Sprachteilhabern zurückzuführen, wogegen bei anderen Prozessen der Phraseologisierung u. U. „der einen Phraseologimus konstituierende Unikalisierungsprozeß […] über längere Zeiträume abläuft, ohne daß der einzelne Sprachteilhaber hier bewußt handelt" (Fleischer 1992, 56; 1997b, 12f.). Eine Konsequenz daraus ist, dass im Gegensatz zur (u. a. anhand der graphischen Realisierung und der formativ-strukturellen Beschaffenheit) leichten Identifizierbarkeit von (einfachen und komplexen) Wörtern eine vergleichbare Indizierung des phraseologischen Charakters von Wortgruppen in den meisten Fällen fehlt und bei historischen Texten daher oft nur anhand von „Phraseologie-Signalen" bzw. „Indizierungsphänomenen" (Fleischer 1992, 60 und 61) phraseminterner (z. B. phrasemspezifische Struktur oder Valenz, spezifische Strukturschemata, morphosyntaktische Anomalien, semantische Auffälligkeiten) und -externer (z. B. orthographische Kennzeichnung, metasprachliche Markierung) Art der Charakter einer Wortgruppe bestimmt werden kann.

3. Unabhängig vom unterschiedlichen Stellenwert des Modellcharakters von Wort- und Phrasembildung (vgl. Abschnitt 6.2) sind in der Wortbildung und in der Phraseologie ähnliche strukturelle und semantische Prozesse beobachtbar, sie sind jedoch „nicht konstitutiv für den Wortstatus des neuen Wortes" (Barz 2007, 31): Konstituenten von Wortbildungsprodukten können semantisch umgedeutet werden und – reihenhaft verwendet – eine enorme Wortbildungsaktivität entfalten (vgl. Elemente wie *-kraft* in *Reinigungskraft, Haushaltskraft* usw.), Wortbildungsprodukte können okkasionell nach dem Vorbild bereits vorhandener Wortbildungsprodukte geprägt werden (*unplattbar* < *unkaputtbar*), und in beiden Bereichen sind im Sprachgebrauch Kontaminationen beobachtbar, die im Bereich der Wortbildung allerdings ein größeres Lexikalisierungspotenzial aufweisen als im Bereich der Phraseologie (*verschlimmbessern, Kurlaub – aus der Reihe fallen*).

6.2. Modellstruktur oder die Frage der Modellierbarkeit

Wie erwähnt bezeichnet Wortbildung „den Prozess der Bildung neuer Wörter aus vorhandenen sprachlichen Einheiten nach bestimmten Modellen" (Barz 2005a,

641). Die Beschreibung von Wortbildungsprodukten nach bestimmten Modellen oder Mustern (vgl. dazu Fleischer/Barz 2007, 53f.), denen die Bildung und die Interpretation von Wortbildungsprodukten folgt, hat für die Wortbildung, insbesondere für den Bereich der Affigierung, einen außerordentlich hohen Stellenwert, da sie die Wortbildungsaktivität bestimmter Bildungsmuster (verkürzt oft: bestimmter Wortbildungsmittel) erfasst und es erlaubt, Restriktionen bei der Bildung neuer Wörter zu bestimmen.[13] Die Phraseologie dagegen zeigt weitaus geringere Affinitäten zu bestimmten Bildungsmustern, wenngleich sich bestimmte „Formativstrukturen" (Fleischer 1976, 324) für bestimmte Typen von Phrasemen (z. B. phraseologische Vergleiche, Paarformeln) erkennen lassen und es für bestimmte Phrasemtypen gerade typisch ist, dass sie eine spezifische strukturelle Charakteristik in Gestalt eines festen (und idiomatisierten) syntaktischen Baumusters aufweisen (Modellbildungen bzw. Phraseoschablonen wie Funktionsverbgefüge) (vgl. dazu Sternkopf 1987, 210ff.). Dennoch ist der dem Terminus „Wortbildungsmodell" inhärente Aspekt der Produktion und Produzierbarkeit von Neuwörtern nur in engen Grenzen auf die Phraseologie übertragbar – und zwar mit dem wichtigen Unterschied, dass nur in wenigen Ausnahmefällen Modelle der Bildung, sondern vielmehr Modelle der Analyse von (meist semantisch veränderten) Phrasemen bestimmt werden können. Ungeachtet dessen ist es möglich und aufschlussreich, den Aspekt der Aktivität bestimmter lexikalischer Einheiten zum Ausgangspunkt eines Vergleichs von Wortbildung und Phraseologie zu machen (vgl. dazu Fleischer 1992, 57ff. im Hinblick auf das Partizip II).

7. SCHLUSSBEMERKUNG

Wie der Beitrag gezeigt hat, lässt sich die Ausgangsfrage nach Gemeinsamkeiten und Unterschieden zwischen Phraseologie und Wortbildung und nach ihrem Verhältnis bzw. Zusammenspiel als Nominationsverfahren aus verschiedenen Perspektiven stellen – und beantworten. Im Ganzen ergibt sich dabei ein komplexes Bild vom Zusammenwirken beider Bereiche und von der Art und der Spezifik der Benennungspraxis, die in der bisherigen Forschung überwiegend aus sprachsystematischer Perspektive betrachtet worden ist. Es wäre wünschenswert, das Verhältnis zwischen Phraseologie und Wortbildung auch aus sprachverwendungsorientierter Perspektive intensiver zu betrachten, um ihr Potenzial in diatextueller und in diamedialer Hinsicht zu vergleichen.

---

13 Grundsätzlich ist jedoch zwischen einer regulär-kompositionellen und einer analog-holistischen Bildungsweise von Wörtern (vgl. z. B. *Kleinigkeit* vs. **Großigkeit*) zu unterscheiden (vgl. dazu Stein 2007, 461ff.).

8. LITERATURVERZEICHNIS

Bartels, Gerhard (1991): Du verstehst wohl kein Deutsch? Überlegungen zum Wortcharakter der Phraseologismen. In: Inge Pohl/Gerhard Bartels (Hg.): Sprachsystem und sprachliche Tätigkeit. Festschrift zum 65. Geburtstag von Professor Dr. phil. habil. Karl-Ernst Sommerfeldt. Frankfurt a. M. u. a., 23–43.

Barz, Irmhild (1996): Zur Nominalisierung verbaler Phraseologismen. In: Jarmo Korhonen (Hg.) (1996), 99–111.

Barz, Irmhild (2005a): Die Wortbildung. In: Dudenredaktion (Hg.): Duden. Die Grammatik. 7. Aufl. Mannheim u. a., 641–772.

Barz, Irmhild (2005b): Die Wortbildung als Möglichkeit der Wortschatzerweiterung. In: Alan D. Cruse u. a. (Hg.) (2005), 1664–1676.

Barz, Irmhild (2007): Wortbildung und Phraseologie. In: Harald Burger u. a. (Hg.) (2007): Phraseologie. Ein internationales Handbuch der zeitgenössischen Forschung, 1. Halbbd. Berlin/New York, 27–36.

Barz, Irmhild/Schröder, Marianne (2001): Grundzüge der Wortbildung. In: Wolfgang Fleischer u. a. (Hg.) (2001), 178–217.

Biedermann, Johann (1991): Wortbildung und Phraseologie. In: Herbert Jelitte/Gennadij A. Nikolaev (Hg.): Die Beziehungen der Wortbildung zu bestimmten Sprachebenen und sprachwissenschaftlichen Richtungen. Frankfurt a. M. u. a., 123–138.

Burger, Harald (2010): Phraseologie. Eine Einführung am Beispiel des Deutschen. 4. Aufl. Berlin.

Cruse, Alan D. u. a. (Hg.) (2002/2005): Lexikologie. Ein internationales Handbuch zur Natur und Struktur von Wörtern und Wortschätzen. 2 Halbbde. Berlin/New York.

Eckert, Rainer (1974): Zum Verhältnis von Phraseologie und Wortbildung. In: Linguistische Arbeitsberichte 9, 19–29.

Fleischer, Wolfgang (1976): Zum Verhältnis von Wortbildung und Phraseologie im Deutschen. In: Deutsch als Fremdsprache 13, 321–330.

Fleischer, Wolfgang (1980): Phraseologische Derivation. In: Linguistische Arbeitsberichte 26, 51–57.

Fleischer, Wolfgang (1992): Konvergenz und Divergenz von Wortbildung und Phraseologisierung. In: Jarmo Korhonen (Hg.) (1992), 53–65.

Fleischer, Wolfgang (1996): Zum Verhältnis von Wortbildung und Phraseologie im Deutschen. In: Jarmo Korhonen (Hg.) (1996), 333–343.

Fleischer, Wolfgang (1997a): Phraseologie der deutschen Gegenwartssprache. 2. Aufl. Tübingen.

Fleischer, Wolfgang (1997b): Das Zusammenwirken von Wortbildung und Phraseologisierung in der Entwicklung des Wortschatzes. In: Rainer Wimmer/Franz-Josef Berens (Hg.) (1997), 9–24.

Fleischer, Wolfgang (2001): Phraseologie. In: Wolfgang Fleischer u. a. (Hg.) (2001), 108–144.

Fleischer, Wolfgang/Barz, Irmhild (2007): Wortbildung der deutschen Gegenwartssprache. 3. Aufl. Tübingen.

Fleischer, Wolfgang u. a. (Hg.) (2001): Kleine Enzyklopädie – deutsche Sprache. Frankfurt a. M. u. a.

Földes, Csaba (1988): Erscheinungsformen und Tendenzen der dephraseologischen Derivation in der deutschen und ungarischen Gegenwartssprache. In: Deutsche Sprache 16, 68–78.

Földes, Csaba/Györke, Zoltán (1988): Wortbildung auf der Grundlage von Phraseologismen in der deutschen, russischen und ungarischen Sprache. In: Zeitschrift für Phonetik, Sprachwissenschaft und Kommunikationsforschung 41, 102–112.

Häcki Buhofer, Annelies (2002): Phraseologisch isolierte Wörter und Wortformen. In: Alan D. Cruse u. a. (Hg.) (2002), 429–433.

Hartmann, Dietrich (1998): Lexikalische Felder als Untersuchungsrahmen für Phraseologismen und deren Leistungen für den Wortschatz. In: Dietrich Hartmann (Hg.): „Das geht auf keine

Kuhhaut". Arbeitsfelder der Phraseologie. Akten des Westfälischen Arbeitskreises Phraseologie/Parömiologie 1996 (Bochum). Bochum, 127–147.

Inghult, Göran (1991): Lexikalische Innovation in Wortgruppenform. Zu einer Untersuchung über die Erweiterung des Lexembestandes im Deutschen und Schwedischen. In: Christine Palm (Hg.): „Europhras 90". Akten der internationalen Tagung zur germanistischen Phraseologieforschung Aske/Schweden, 12.–15. Juni 1990. Uppsala, 101–113.

Korhonen, Jarmo (1992): Idiome als Lexikoneinheiten. Eine Auswahl von Beschreibungsproblemen. In: Jarmo Korhonen (Hg.) (1992), 1–20.

Korhonen, Jarmo (Hg.) (1992): Phraseologie und Wortbildung – Aspekte der Lexikonerweiterung. Finnisch-deutsche sprachwissenschaftliche Konferenz, 5.–6. Dezember 1990 in Berlin. Tübingen.

Korhonen, Jarmo (Hg.) (1996): Studien zur Phraseologie des Deutschen und des Finnischen II. Bochum.

Lutzeier, Peter Rolf (1995): Lexikologie. Ein Arbeitsbuch. Tübingen.

Munske, Horst Haider (1993): Wie entstehen Phraseologismen? In: Klaus J. Mattheier u. a. (Hg.): Vielfalt des Deutschen. Festschrift für Werner Besch. Frankfurt a. M. u. a., 481–516.

Ohnheiser, Ingeborg (1998): Noch einmal zum Verhältnis von Wortbildung und Phraseologie. In: Wolfgang Eismann (Hg.): EUROPHRAS 95. Europäische Phraseologie im Vergleich. Gemeinsames Erbe und kulturelle Vielfalt. Bochum, 591–604.

Püschel, Ulrich (1978): Wortbildung und Idiomatik. In: Zeitschrift für germanistische Linguistik 6, 151–167.

Schemann, Hans (2008): Wortbildung und Idiomatik. Gemeinsamkeiten und Unterschiede. In: Ludwig Eichinger u. a. (Hg.): Wortbildung heute. Tendenzen und Kontraste in der deutschen Gegenwartssprache. Tübingen, 257–270.

Schindler, Wolfgang (1996): Mehrwortlexik in einer lexikologischen Beschreibung des Deutschen. In: Edda Weigand/Franz Hundsnurscher (Hg.): Lexical Structures and Language Use. Proceedings of the International Conference on Lexicology and Lexical Semantics Münster, September 13–15, 1994. Volume 2: Session Papers. Tübingen, 119–128.

Schippan, Thea (2002): Lexikologie der deutschen Gegenwartssprache. 2. Aufl. Tübingen.

Schmidt, Hartmut (2000): Hochkomplexe Lexeme. Wortbildung und Traditionen des Formulierens. In: Mechthild Habermann u. a. (Hg.): Wortschatz und Orthographie in Geschichte und Gegenwart. Festschrift für Horst Haider Munske zum 65. Geburtstag. Tübingen, 135–158.

Seppänen, Lauri (2002): Mehrwortlexeme. In: Alan D. Cruse u. a. (Hg.) (2002), 415–421.

Stein, Stephan (1999): Majuskeln im WortInnern. Ein neuer graphostilistischer Trend für die Schreibung von Komposita in der Werbesprache. In: Muttersprache 109, 261–278.

Stein, Stephan (2007): Wortbildungsfehler? Zur Akzeptabilität von Wortbildungsprodukten aus wortbildungstheoretischer und kommunikationspraktischer Perspektive. In: Wirkendes Wort 57, 459–485.

Sternkopf, Jochen (1987): Ein Ansatz zur Modellierung phraseologischer Einheiten. In: Deutsch als Fremdsprache 24, 207–213.

Tossavainen, Leena (1992): Zur Rolle der Phraseologismen bei der Nomination. In: Neuphilologische Mitteilungen 93, 75–85.

Wildgen, Wolfgang (1982): Makroprozesse bei der Verwendung nominaler Ad-hoc-Komposita im Deutschen. In: Deutsche Sprache 10, 237–257.

Wilss, Wolfram (1989): Anspielungen. Zur Manifestation von Kreativität und Routine in der Sprachverwendung. Tübingen.

Wimmer, Rainer/Berens, Franz-Josef (Hg.) (1997): Wortbildung und Phraseologie. Tübingen.

Wotjak, Barbara (1992): Verbale Phraseolexeme in System und Text. Tübingen.

PHRASEOLOGIE UND SYNTAX
(HEAD-DRIVEN PHRASE STRUCTURE GRAMMAR)

Manfred Sailer (Göttingen)

1. EINFÜHRUNG

Im vorliegenden Beitrag zeichne ich nach, wie Phraseologismen in die Theorieentwicklung der Head-Driven Phrase Structure Grammar (HPSG, Pollard und Sag 1987/1994) Eingang gefunden haben. Zwei Faktoren lassen sich in diesem Entwicklungsstrang als bestimmend identifizieren: zum einen der empirische Unterschied zwischen dekomponierbaren und nicht-dekomponierbaren Phraseologismen, zum anderen die Frage nach der Lokalität von grammatischen Beschreibungen.

Die HPSG entspringt der Tradition der kontext-freien Phrasenstrukturgrammatiken (Chomsky 1956), wie der Generalized Phrase Structure Grammar (GPSG, Gazdar u. a. 1985). Eine Grundannahme dieser Theorien ist es, scheinbar nichtlokale grammatische Phänomene wie Selektion, Wortstellungsveränderungen und andere über lokale Mechanismen zu behandeln. In einer kontext-freien Phrasenstrukturgrammatik kann die Grammatik nur Aussagen über lokale Bäume machen, also über einen Mutterknoten und seine unmittelbaren Tochterknoten. Dies lässt sich in der „starken Lokalitätshypothese" in (1) zusammenfassen.

(1) Starke Lokalitätshypothese:
Grammatische Regeln beziehen sich auf einzelne Knoten eines Strukturbaums oder auf Knoten, die in einem unmittelbaren Dominanzverhältnis zueinander stehen.

Ein weiteres Grundprinzip der HPSG ist die Ablehnung der Unterscheidung in Kernphänomene und Peripherie, also zwischen „core" und „periphery". Diese Unterscheidung wird oft in der Generativen Grammatik gemacht (vgl. Chomsky und Lasnik 1993). In der HPSG soll statt dessen die Sprache in ihrer Gesamtheit modelliert werden. Damit gehören Phraseologismen ganz selbstverständlich zum Gegenstandsbereich der HPSG. Das Dilemma entsteht nun dadurch, dass interne Komplexität zu den definitorischen Eigenschaften von Phraseologismen zählt, d. h., dass sie ein potenziell großes Problem für eine Lokalitätshypothese wie (1) darstellen.

In den folgenden Abschnitten werde ich aufzeigen, wie das Spannungsverhältnis von Lokalitätsannahmen und den empirischen Anforderungen von Phraseologismen die Diskussion innerhalb der HPSG in den letzten drei Jahrzehnten prägte und weiter prägt. Als Ausgangspunkt nehme ich dabei die Behandlung von Phraseologismen in der Generalized Phrase Structure Grammar (Abschnitt 2), gehe dann in Abschnitt 3 auf die klassischen Formulierungen der HPSG in Pollard und Sag (1987/1994) ein. Die Abschnitte 4 und 5 befassen sich dann mit zwei Vorschlägen, die die Architektur der HPSG explizit im Hinblick auf die Integration von Phraseologismen erweitern möchten. Abschnitt 6 fasst die für die Diskussion in diesem Kapitel relevanten Aspekte der Sign-Based Construction Grammar (Sag 2007) zusammen. Ich schließe mit einer Zusammenfassung und einem Ausblick in Abschnitt 7.[1]

2. PHRASEOLOGISMEN IN DER GENERALIZED PHRASE STRUCTURE GRAMMAR

Wegweisend für die Modellierung von Phraseologismen in der formalen Grammatik ist der Aufsatz von Wasow u. a. (1983).[2] Bereits Fraser (1970) untersuchte die syntaktische Flexibilität und Fixiertheit von Phraseologismen im Rahmen einer formalen Grammatik. Der Beitrag von Wasow u. a. (1983) liegt darin, dass die Autoren einen engen Zusammenhang sehen zwischen der syntaktischen Fixiertheit und der semantischen Dekomponierbarkeit eines Phraseologismus. Phraseologismen, die syntaktisch irregulär sind oder deren Semantik nicht auf die Teile des Phraseologismus verteilt werden kann, sind in hohem Maße fixiert. Beispiele für solche Phraseologismen sind *trip the light fantastic* (‚das Tanzbein schwingen'), *saw logs* (wörtlich: ‚Holzklötze sägen' – ‚schnarchen') oder *kick the bucket* (wörtlich: ‚den Eimer treten' – ‚sterben'). Diese nicht-dekomponierbaren Phraseologismen bezeichnen Wasow u. a. (1983) als „idiomatic phrases". Die Fixiertheit dieser Wendungen zeigt sich beispielsweise darin, dass sie nicht passiviert werden können, wie in (2) illustriert.[3]

(2) a. * *The light fantastic was tripped.* (Gazdar u. a. 1985, 244, Fn. 33)
    b. # *Logs were sawed.*
    c. # *The bucket was kicked by Pat.*

Dekomponierbare Phraseologismen, also Wendungen, bei denen die idiomatische Bedeutung auf die Bestandteile der Wendung verteilt werden kann, werden als syntaktisch flexibler ausgemacht. Beispiele aus dem Englischen sind hier *spill the beans* (wörtlich: ‚die Bohnen verschütten' – ‚etw. verraten'), *pull the strings* (‚die Fäden ziehen') und *take advantage* (‚einen Vorteil ziehen'). Diese Phraseologismen sind allesamt passivierbar, wie in (3) gezeigt.

(3) a. *I was worried that the beans might be spilled ...* (Wasow u. a. 1983, 112)

---

1 Ich werde die notwendigen Details der verschiedenen Theorien kurz einführen. Neben den entsprechende Originalwerken gibt auch Müller (2010) einen guten Überblick über die hier angesprochenen Theorien.
2 Der Aufsatz ist später in veränderter Form als Nunberg u. a. (1994) erschienen. Aus chronologischen Gründen wie auch aus inhaltlichen Gründen beziehe ich mich hier jedoch auf die Version von 1983.
3 In den Beispielen markiere ich ungrammatische Sätze mit „*" und Sätze, die zwar grammatisch sind, jedoch nicht die intendierte idiomatische Lesart aufweisen mit „#".

b. *Those strings were pulled by Pat.*
c. *Advantage was taken of this situation.*

Wasow u. a. (1983) nennen diese Gruppe von Phraseologismen „idiomatically combining expressions". Die semantische Autonomie der Bestandteile dieser Wendungen lässt sich auch damit begründen, dass sie Adjektivmodifikatoren zulassen, die, wie in (4) illustriert, die Bedeutung eines Idiomteiles modifizieren, und zwar nicht dessen wörtliche Bedeutung sondern die idiomatische. Dieser Datentyp wurde von Ernst (1981) in die formale Tradition eingebracht.

(4) a. *She spilled the well-guarded beans.*
b. *Pat pulled some influencial strings.*

Während in anderen Phraseologietraditionen, und auch in der Konstruktionsgrammatik, die Unterscheidung zwischen dekomponierbaren und nicht-dekomponierbaren Phraseologismen eher nebensächlich und auch als empirisch schwer festzumachen gesehen wird, ist sie in der formalen Tradition, wie sie aus Wasow u. a. (1983) hervorgegangen ist, die einzig zentrale Klassifizierungsgrundlage für Phraseologismen. Auch im Folgeaufsatz, Nunberg u. a. (1994), betonen die Autoren, dass die semantische Transparenz direkt die syntaktische Flexibilität eines Phraseologismus bestimmt. Die Analysevorschläge von Wasow u. a. (1983) wurden direkt in der Generalized Phrase Structure Grammar umgesetzt, die ich im Folgenden kurz darstellen möchte.

Die Generalized Phrase Structure Grammar (GPSG, Gazdar u. a. 1985) ist im Kern eine Phrasenstrukturgrammatik, deren syntaktische Kategorien Mengen von Merkmalen (*features*) sind. Neben Phrasenstrukturregeln gibt es auch Beschränkungen (Feature Cooccurrence Constraints und Linear Precedence Constraints) und Prinzipien für die Verteilung von Merkmalen in den syntaktischen Kategorien. Alle diese Bestandteile der Grammatik sind in ihrer Wirkungsweise auf lokale Bäume beschränkt, so dass für die GPSG die starke Lokalitätshypothese in (1) gilt. Die starke Lokalitätshypothese gilt auch für die Semantik. In der GPSG werden syntaktische Bäume direkt interpretiert. Jedem lexikalischen Element wird ein Ausdruck einer semantischen Repräsentationssprache zugewiesen. Syntaktische Strukturen werden durch funktionale Applikation in lokalen Bäumen interpretiert, d. h., die Denotation der Mutter ist das Ergebnis der Anwendung der Denotation einer Tochter (als Funktion) auf die Denotation(en) der anderen Tochter oder Töchter (als Argumente). In einer transitiven Verbalphrase ist typischerweise das Verb der Funktor und das direkte Objekt dessen Argument.

Den Annahmen in Wasow u. a. (1983) folgend, ist die GPSG-Analyse von idiomatically combining expressions eine primär semantische. Die Wendungen in (3) werden syntaktisch vollständig analog zu nicht-phraseologischen Verbindungen analysiert. Dadurch wird ihre syntaktische Flexibilität erfasst. Um die idiomatische Bedeutung der Wendungen herleiten zu können, machen Gazdar u. a. (1985) zwei Annahmen: Zum einen wird jedem Wendungsbestandteil eine eigene, idiomatische Bedeutung zugewiesen. Diese Annahme ist durch Modifikationsdaten wie in (4) motiviert. So nehmen Gazdar u. a. (1985) beispielsweise an, dass das Wort *spill* in *spill the beans* als **spill''** interpretiert wird, eine semantische

Konstante, die in etwa dasselbe bedeutet wie *reveal* oder *divulge*. Analog wird *beans* als **beans"** interpretiert, das in etwa dasselbe bedeutet wie *information*. Die zweite Annahme ist, dass semantische Funktionen partiell sein können, d. h., sie müssen nicht für alle möglichen Argumente definiert sein. Die Funktionen **spill"** ist eine solche partielle Funktion: Sie ist nur definiert, wenn ihr Argument in der Denotation von **beans"** liegt.

Wenn in einem Satz das Nomen *beans* in seiner idiomatischen Bedeutung als Argument des idiomatisch gebrauchten Verbs *spill* auftritt, entsteht die Idiombedeutung mit den normalen Prinzipien der semantischen Kombinatorik. Tritt jedoch das idiomatische *spill* mit dem nicht-idiomatischen *beans* auf, so kann der Satz nicht interpretiert werden, weil die funktionale Applikation von **spill"** auf die nicht-idiomatische Bedeutung von *beans* nicht definiert ist. Entsprechend ist die Kombination #*spill the information* nicht interpretierbar, weil die Denotation von *information* sich nicht vollständig mit der des idiomatischen *beans* deckt. Diese Analyse erfasst auch die syntaktische Flexibilität der Wendung. Im Passiv beispielsweise wird *the beans* zwar als Subjekt realisiert, semantisch tritt es aber immer noch als Argument der Funktion **spill"** auf.

Idiomatic phrases, also nicht-dekomponierbare Phraseologismen wie in (2), werden als syntaktisch komplexe lexikalische Einheiten analysiert, denen jeweils eine Gesamtsemantik zugewiesen wird.[4]

Wie gezeigt integrieren Gazdar u. a. (1985) direkt die empirischen Beobachtungen und die analytischen Ideen von Wasow u. a. (1983) in eine formale Grammatikarchitektur und setzen dadurch einen Meilenstein der formalen Phraseologie. Der Ansatz hat jedoch noch einige Schwächen. So weist Pulmann (1993) darauf hin, dass die Verwendung von partiellen Funktionen wie **spill"** zu einer sehr unübersichtlichen Verkomplizierung der semantischen Modelle führt. Beispielsweise muss jede semantische Konstante derart sein, dass die Denotation von **beans"** nicht als ihr Argument auftreten kann. Sonst könnten Verbindungen wie #*divulge the beans* nicht ausgeschlossen werden. Es ist darüber hinaus zweifelhaft, ob die Analyse der idiomatic phrases mit den Lokalitätsbedingungen der GPSG kompatibel ist, da ein „syntaktisch komplexes lexikalisches Element" wie *kick the bucket* sich über mehr als einen lokalen Baum erstreckt.[5]

3. DIE KLASSISCHE HPSG UND DIE LOKALE BEHANDLUNG VON PHRASEOLOGISMEN

Die Head-Driven Phrase Structure Grammar (HPSG, Pollard und Sag 1987/1994) entwickelte sich aus der GPSG. Sie übernahm viele analytische Grundideen der GPSG, hat aber vollkommen andere formale Grundlagen. Dies hat wichtige Konsequenzen für die analytischen Möglichkeiten für Phraseologismen. Ich werde im

---

4 „These are to be analyzed as syntactically complex lexical items associated with a single, undecomposable semantic interpretation" (Gazdar u. a. 1985, 244, Fn. 33).
5 Sailer (2003) geht genauer auf die GPSG-Analyse und ihre Probleme ein.

Folgenden die Variante von Pollard und Sag (1994) als Grundlage für meine Darstellung annehmen.

Während die GPSG eine Phrasenstrukturgrammatik mit Merkmalsbündeln als syntaktische Kategorien ist, ist die HPSG vollständig merkmalsbasiert: Jede linguistische Struktur wird als eine Merkmalsstruktur („feature structure") betrachtet. Ein Wort oder Satz ist eine Merkmalsstruktur, die phonologische, syntaktische und semantische Information umfasst. Die Merkmalsstrukturen in der HPSG werden in der Regel mit Attribute Value Matrices (AVMs) wie in Abbildung 1 beschrieben. Die erwähnten Informationen erscheinen als Werte der Merkmale PHONOLOGY, CATEGORY und CONTENT.

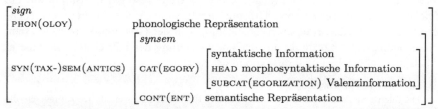

Abb. 1: Architektur eines linguistischen Zeichens (Wort oder Phrase) in der HPSG vereinfacht nach Pollard und Sag (1994)

Um den Unterschied zwischen verschiedenen Arten von linguistischen Objekten zu erfassen, sind die Merkmalsstrukturen in der HPSG getypt. Welche Merkmale an einem Objekt auftreten, wird durch dessen Typ bestimmt. Die AVM in Abb. 1 beschreibt beispielsweise Objekte vom Typ *sign*. Typen können Untertypen haben, die die für den Obertyp definierten Merkmale ebenfalls haben, aber noch weitere hinzunehmen können. Der Typ *sign* hat zwei Untertypen: *word* (für Wörter) und *phrase* (für Phrasen). Der Unterschied zwischen Wörtern und Phrasen in der HPSG liegt darin, dass Phrasen syntaktisch komplex sind, d. h. dass sie Töchter haben. Das bedeutet, dass die Merkmalsstruktur einer *phrase* neben den in Abb. 1 aufgeführten Merkmalen das Merkmal DAUGHTERS hat. Der DAUGHTERS-Wert einer Phrase entspricht den Teilbäumen, die von der Phrase dominiert werden.

Wie in Abb. 1 gezeigt, ist die syntaktische und semantische Information eines Zeichens in seinem SYNSEM-Wert kodiert. Der SYNSEM-Wert eines Zeichens enthält jedoch weder phonologische noch phrasenstrukturelle Information, da diese ja im PHON-Wert bzw. im DAUGHTERS-Wert enthalten sind. In Pollard und Sag (1994) wird angenommen, dass ein Zeichen nur die SYNSEM-Werte seiner Argumente selegiert, und damit keine syntaktische Struktur oder besondere phonologischen Eigenschaften über Selektion gefordert werden können. Diese Einschränkung garantiert eine Lokalität der Selektion.

Eine HPSG-Grammatik besteht aus Beschränkungen (constraints) auf mögliche Merkmalskombinationen. Auch das Lexikon ist ein solcher Constraint, das Word Principle. Es besagt, dass jedes Wort von einem Lexikoneintrag beschrieben sein muss. Ein anderer Constraint, das Immediate Dominance Principle, besagt, dass jede Phrase von einer Grammatikregel (Immediate Dominance Schema in der HPSG-Terminologie) beschrieben sein muss.

Alle Constraints in Pollard und Sag (1994) sind derart formuliert, dass die starke Lokalitätshypothese erfüllt ist.[6] Wie Sag (2007) bemerkt, ist das jedoch keine direkte Konsequenz aus dem Formalismus: Die Merkmalsstruktur einer Phrase beinhaltet auch alle Teilkonstituenten der Phrase, nicht nur deren unmittelbare Töchter. Also könnte ein Constraint formuliert werden, der die Eigenschaften einer Phrase von denen einer Tochter einer Tochter (also einer „Enkelin") abhängig macht. Dennoch gibt es prinzipielle Einschränkungen auf die Art von nichtlokalen Constraints, die formuliert werden können. In der HPSG muss jedes Zeichen alle Constraints der Grammatik erfüllen. Wenn also ein Constraint auf ein Zeichen s auch auf ein Zeichen s' Bezug nimmt, wobei s' die Tochter einer Tochter von s ist, so muss s' dennoch unabhängig von der Grammatik lizenziert sein. Diese Bedingung folgt direkt aus der Formalisierung der HPSG. Ich fasse sie in (5) als die „schwache Lokalitätshypothese" zusammen.

(5) Schwache Lokalitätshypothese:
Die interne Struktur einer Phrase kann beliebig tief beschränkt werden, jedoch müssen alle Töchter unabhängig lizenziert sein.

Aus der Art, wie die Constraints in Pollard und Sag (1994) formuliert sind, folgt, dass die Autoren zwar einen Formalismus wählen, der nur die schwache Lokalitätshypothese erzwingt, sie jedoch davon ausgehen, dass die starke Lokalitätshypothese aus (1) empirisch gerechtfertigt ist.

In Pollard und Sag (1994) spielen Phraseologismen keine Rolle. Statt dessen wird davon ausgegangen, dass (i) nur Wörter im Lexikon stehen (vgl. das Word Principle), und (ii) alle Eigenschaften von Phrasen aus Constraints herleitbar sind (wie dem Immediate Dominance Principle und anderen). Dies schließt eine Behandlung von idiomatic phrases unmittelbar aus, zu idiomatically combining expressions wird in Pollard und Sag (1994) nichts gesagt.

Der erste Versuch, Phraseologismen in die HPSG zu integrieren, ist Krenn und Erbach (1994). Die Autoren verwenden deutsche Daten und erweitern die Architektur von Pollard und Sag (1994) nur minimal, insbesondere verstoßen sie in den Grammatikregeln nicht gegen die starke Lokalitätshypothese. Allerdings erlauben sie die Selektion von Zeichen (*sign*) und öffnen damit die Möglichkeit, dass ein Selektor die syntaktische Struktur eines Arguments beschränkt. Ähnlich wie Gazdar u. a. (1985) konzentrieren sich auch Krenn und Erbach (1994) auf dekomponierbare Phraseologismen. Nicht-dekomponierbare Phraseologismen werden jedoch ebenfalls behandelt.[7]

Zwar übernehmen Krenn und Erbach (1994) die Unterscheidung in idiomatic phrase und idiomatically combining expression von Wasow u. a. (1983), aller-

---

6 Die Formalisierung der Bindungstheorie in Pollard und Sag (1994) stellt hier vermutlich eine Ausnahme dar. Siehe Richter (2004) für eine präzise Formalisierung.
7 Krenn und Erbach (1994) entwickeln ihre Analyse anhand deutscher Daten. Um einen besseren Vergleich der Analysen zu ermöglichen, übertrage ich sie auf analoge englische Beispiele.

dings ist ihre Analyse von dekomponierbaren Phraseologismen nicht semantisch sondern primär syntaktisch – oder zumindest merkmalsbasiert statt, wie in der GPSG, denotationsbasiert. Krenn und Erbach (1994) nehmen wie Wasow u. a. (1983) an, dass die Teile von dekomponierbaren Phraseologismen neben einer wörtlichen Bedeutung auch eine idiomatische haben. Zudem reichern sie die bei syntaktischer Selektion zur Verfügung stehende Information derart an, dass die Teile von Phraseologismen über Selektion miteinander verbunden werden können. So führen sie ein Merkmal LEXEME ein, das für jede Wortform angibt, zu welchem Lemma sie gehört. In der Wendung *spill the beans* kann dann das idiomatische Verb *spill* (mit LEXEME-Wert *spill_i*) das idiomatische Nomen *beans* (mit LEXEME-Wert *beans_i*) selegieren. Der LEXEME-Wert ist Teil des semantischen Index – neben Kongruenzmerkmalen wie Person und Numerus.

$$\begin{bmatrix} \text{PHON} & \langle spill \rangle \\ \text{SYNSEM} & [\text{CAT SUBCAT} \langle \text{NP, NP}[\text{INDEX } beans\_i]\rangle] \end{bmatrix} \quad \begin{bmatrix} \text{PHON} & \langle beans \rangle \\ \text{SYNSEM} & [\text{CONTENT} [\text{INDEX } beans\_i]] \end{bmatrix}$$

Abb 2: Lexikoneinträge für das idiomatische spill *und das idiomatische* beans *nach Krenn und Erbach (1994)*

Die Verortung des Merkmals LEXEME als Teil des Index ist gut gewählt: Der INDEX-Wert einer Phrase ist identisch mit dem ihres Kopfwortes. Dadurch können auch die Modifikationsdaten aus (4) analysiert werden. Darüber hinaus hat ein Pronomen denselben INDEX-Wert wie eine koreferente Nominalphrase. So können auch Fälle von Pronominalisierung von Idiomteilen wie in (6) erfasst werden. In (6) liegt im zweiten Satz ein Auftreten des Phraseologismus *spill the beans* vor, allerdings tritt statt *the beans* ein Pronomen auf, das koreferent ist mit *all the beans* aus dem ersten Satz. Koreferenz wird über Index-Identität modelliert und ist in (6) durch das Subskript i angegeben.

(6) *Eventually she spilled [all the beans]_i. But it took her a few days to spill [them]_i all.* (Riehemann 2001, 207)

Krenn und Erbach (1994) gelingt es, die idiosynkratische Selektion des idiomatischen *beans* durch das idiomatische Verb *spill* mit dem Standard-Selektionsmechanismus der HPSG zu erfassen. Ähnlich wie Gazdar u. a. (1985) haben Krenn und Erbach (1994) auch das Problem, dass sie ein freies Auftreten des idiomatischen Nomens *beans* verhindern müssen. Hierzu nehmen sie an, dass kein anderes Wort als das idiomatische *spill* ein Argument mit dem LEXEME-Wert *beans_i* selegiert.

Wir sehen im Aufsatz von Krenn und Erbach (1994) den Versuch, die genuin semantische Theorie von Gazdar u. a. (1985) in ein repräsentationelles Gewand zu bringen und über die syntaktischen Selektionsmechanismen zu erfassen. Dies gelingt recht gut. Die Art, wie **divulge the beans* ausgeschlossen wird, ist deutlich einfacher als in der GPSG.

Dennoch führt dieser Mechanismus dazu, dass, wann immer ein neuer dekomponierbarer Phraseologismus erfasst werden soll, sämtliche LEXEME-Selektionsanforderungen aller Wörter, die nicht in der Wendung vorkommen, geändert werden müssen. Richter und Sailer (2003) zeigen zudem, dass LEXEME-Selektion problematisch ist. Das Adverb *sattsam* tritt nur als Modifikator des Adjektivs *bekannt* auf (*sattsam bekannt* aber nicht **sattsam berühmt/ vertraut/* ...). In der HPSG selegiert ein Modifikator den Kopf, wobei ein atributives Adjektiv denselben Index hat wie das Kopfnomen, das es modifiziert. In der Nominalphrase *ein sattsam bekanntes Problem* hat dementsprechend *bekannt* denselben Index-Wert wie *Problem*, und damit auch denselben LEXEME-Wert. Das bedeutet, dass in der Struktur kein für *bekannt* spezifischer LEXEME-Wert auftritt, den *sattsam* selegieren könnte.

Krenn und Erbach (1994) übertragen ihre selektionsbasierte Analyse auch auf nicht-dekomponierbare Phraseologismen. Sie lokalisieren die Gesamtbedeutung einer Wendung wie *kick the bucket* in deren lexikalischen Kopf, dem Verb *kick*. Die Objekts-NP *the bucket* bekommt eine besondere thematische Rolle, *nil*, zugewiesen. Konstituenten mit dieser thematischen Rolle werden in der Bedeutungskombination übergangen. Das Merkmal THETA-ROLE, das die thematische Rolle kodiert, ist ein Merkmal an der Objekts-NP. Das bedeutet, dass bei Krenn und Erbach jedes Argument die Information kodiert, welche thematische Rolle es trägt. Es ist nicht klar, ob diese „externe" Information außerhalb der Phraseologie benötigt wird. Darüber hinaus treten bei Krenn und Erbach ganze *sign*-Objekte statt *synsem*-Objekten auf der SUBCAT-Liste auf. Die Autoren wollen so verhindern, dass bei nicht-dekomponierbaren Phraseologismen Modifikatoren wie in (2) auftreten. Dies ist in Abb. 3 anhand des Lexikoneintrags des Verbs *kick* skizziert, wie es in der Wendung *kick the bucket* vorkommt.

$$\begin{bmatrix} \text{PHON} & \langle kick \rangle \\ \text{SYNSEM} & \begin{bmatrix} \text{CAT} & \begin{bmatrix} \text{SUBCAT} & \left\langle \text{NP, NP} \begin{bmatrix} \text{PHON} & \langle the, bucket \rangle \\ \text{THETA-ROLE} & nil \end{bmatrix} \right\rangle \end{bmatrix} \\ \text{CONT} & \begin{bmatrix} \text{REL} & die \end{bmatrix} \end{bmatrix} \end{bmatrix}$$

Abb. 3: *Lexikoneintrag des idiomatischen Worts* kick *aus dem nicht-dekomponierbaren Phraseologismus* kick the bucket *nach Krenn und Erbach (1994)*

Krenn und Erbach (1994) zeigen, dass die HPSG durch ihren reichen Selektionsapparat eine Analyse von Phraseologismen inkorporieren kann. Die starke Lokalitätshypothese wird hierbei einerseits nicht verletzt, andererseits wird sie aufgeweicht, da ganze Zeichen statt nur *synsem*-Objekte selegiert werden.

4. EINE KONSTRUKTIONSBASIERTE ANALYSE

Seit Mitte der 1990er ist in den Arbeiten vieler HPSG-Forschender ein zunehmendes Interesse an der Verbindung zwischen HPSG und Konstruktionsgrammatik vorhanden. Sag (1997) markiert hier einen wichtigen Meilenstein. Die Grundidee von Sag (1997) ist es, Konstruktionen als Untertypen von *phrase* in die Grammatik einzuführen. Für jeden Untertyp gibt es besondere Prinzipien. Durch eine Typenhierarchie werden Generalisierungen über Konstruktionen erfasst. Sag führt zudem Defaults in die Grammatik ein. Die Verwendung von Defaults in der Folge von Sag (1997) scheint nicht immer konsistent, dennoch werden sie sowohl im Ansatz von Susanne Riehemann (2001) als auch in Sag (2010b) zentral in der Behandlung von Phraseologismen eingesetzt.

Im Rahmen dieser Theorie entwickelt Riehemann (2001) eine Analyse von vielen verschiedenen Typen von Phraseologismen. Für Riehemann sind alle Phraseologismen primär phrasale Einheiten. Für jeden Phraseologismus nimmt sie einen Untertyp von *phrase* an. Die Wendung *spill the beans* ist eine Konstruktion vom Typ *spill-beans-idiomatic-phrase*, die Wendung *kick the bucket* wird durch einen Constraint auf die Sorte *kick-bucket-idiomatic-phrase* erfasst. Riehemann erkennt an, dass Phraseologismen im Prinzip eine beliebige syntaktische Tiefe haben können. Um dennoch die starke Lokalitätshypothese aufrecht erhalten zu können, führt sie das Merkmal WORDS ein. Der WORDS-Wert eines Zeichens ist die Menge von allen Wörtern, die das Zeichen dominiert. Dadurch gelingt es ihr, nichtlokale Information, wie welches Wort von einer Phrase dominiert wird, lokal zugänglich zu machen.

In der Tradition von Wasow u. a. (1983) nimmt Riehemann an, dass Wörter, die Teil eines dekomponierbaren Phraseologismus sind, eine spezielle semantische Konstante einführen. Diese wird im KEY-Wert der Semantik des Wortes angegeben. Im Falle von *spill* ist es in der idiomatischen Lesart die Konstante *i(diomatic)_spill_rel(ation)*. Riehemann führt keine speziellen LEXEME-Werte ein, sondern unterscheidet Wörter hinsichtlich der semantischen Konstanten, die sie einführen. Damit ist sie näher an Wasow u. a. (1983) als Krenn und Erbach (1994). Gleichzeitig muss sie keine besonderen Annahmen zur Denotation dieser Konstanten machen, weil sie das Ko-Vorkommen von semantischen Konstanten in einer semantischen Repräsentation erzwingen möchte und nicht über die semantischen Modelle gehen muss.

In Abbildung 4 ist der Constraint auf den Typ *spill-beans-idiomatic-phrase* aus Riehemann 2001 gegeben.

$$\begin{bmatrix} spill\_beans\_idiom\_phrase \\ \text{WORDS} \left\{ \begin{matrix} \dots, \\ \begin{bmatrix} i\_spill \\ \text{CONTENT} \begin{bmatrix} i\_spill\_rel \\ \text{UNDERGOER} \;\boxed{1} \end{bmatrix} \end{bmatrix} \leq \begin{bmatrix} word \\ \text{CONTENT} \; \_spill\_rel \end{bmatrix}, \\ \dots \\ \begin{bmatrix} i\_bean \\ \text{CONTENT} \begin{bmatrix} i\_bean\_rel \\ \text{INST} \;\boxed{1} \end{bmatrix} \end{bmatrix} \leq \begin{bmatrix} word \\ \text{CONTENT} \; \_bean\_rel \end{bmatrix} \\ \dots \end{matrix} \right\} \end{bmatrix}$$

Abb. 4: Analyse von spill the beans *angepasst nach Riehemann (2001, 192)*

Der Constraint in Abb. 4 besagt, dass der Phraseologismus zwei idiomatische Wörter domineren muss, wobei das eine als semantischen Beitrag eine *i_spill_rel* und das andere eine *i_bean_rel* beitragen muss. Es wird auch gefordert, dass die idiomatischen „Bohnen" als Thema-Argument (hier UNDERGOER genannt) der Relation *i_spill_rel* auftreten.

In Abb. 4 wird ein Default verwendet, markiert durch das besondere Symbol, das die idiomatischen Wörter mit ihren nicht-idiomatischen Entsprechungen verbindet. Der Default bedeutet, dass beispielsweise das erste idiomatische Wort in Abb. 4 sich in allen außer den angegebenen Eigenschaften so verhält wie das Wort *spill*. In Abb. 4 heißt das konkret, dass lediglich eine andere Semantik angenommen werden muss.

Riehemann braucht dem Typ *spill_beans_idiom_phrase* keine weiteren Beschränkungen aufzuerlegen, da, wie im Ansatz von Gazdar u. a. (1985), die idiomatische Bedeutung der Wendung mit den Mitteln der regulären Kombinatorik aus den idiomatischen Bedeutungen der Wendungsteile folgt. Auch syntaktisch braucht nichts ausbuchstabiert zu werden, weil der Phraseologismus Passivierung und interne Modifikation erlaubt.

Durch die WORDS-Menge und die reichhaltige Information, die in Wörtern enthalten ist, kann Riehemann auch nicht-dekomponierbare Phraseologismen kodieren, wie in Abb. 5 am Beispiel von *kick the bucket* gezeigt wird. In dieser Beschreibung wird zwar nicht die syntaktische Struktur des Phraseologismus festgeschrieben, sie ergibt sich jedoch aus den sehr präzisen Angaben zur morphologischen Form der an der Wendung beteiligten Einzelwörter. So wird unter anderem die Passivierbarkeit des Phraseologismus verhindert, da das Verb *kick* explizit zwei Elemente auf seiner SUBCAT-Liste hat. Um der Nicht-Dekomponierbarkeit Rechnung zu tragen, legt Riehemann fest, dass die Einzelwörter der Wendung keine Bedeutungskontribution machen. Hierzu nimmt sie besondere, semantisch leere Konstanten an wie *empty_verb_rel*, *empty_noun_rel* usw. Die Bedeutung des Phraseologismus wird über das Merkmal C(ONSTRUCTION)-CONTENT in die Konstruktion als Ganzes eingeführt.

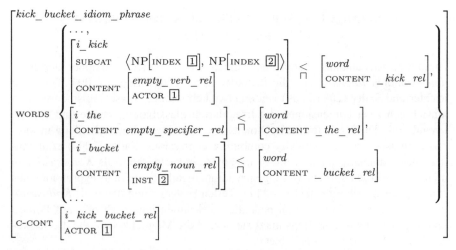

Abb. 5: Analyse von kick the bucket *angepasst nach Riehemann (2001, 212)*

Riehemanns Theorie scheint auf den ersten Blick sehr attraktiv. Insbesondere ist sie deutlich näher an traditionellen phraseologischen Annahmen als die anderen in diesem Aufsatz behandelten Ansätze. Nur bei Riehemann werden dekomponierbare und nicht-dekomponierbare Phraseologismen im Wesentlichen gleich behandelt. Insbesondere betrachtet sie alle Phraseologismen als phrasale Einheiten. Riehemann konzediert jedoch selbst, dass die Kodierungen in Abb. 4 und 5 nicht ausreichen, da sie nicht ausschließen können, dass das idiomatische Wort *beans* außerhalb der Wendung *spill the beans* auftritt. Riehemann ist also mit genau demselben Problem konfrontiert, dass bereits in der GPSG und in Krenn und Erbach (1994) auftrat. Riehemann entwickelt zwar eine Lösung innerhalb der HPSG, diese ist jedoch sehr technisch und setzt weitere Hilfsmerkmale und komplexe Prinzipien voraus.

Ein weiteres Problem von Riehemanns Ansatz ist, dass das Merkmal WORDS nicht anderweitig motiviert ist und es die starke Lokalitätshypothese dramatisch aufweicht. Dies ist sicher ein Grund, weshalb Riehemanns Analyse, obwohl gut durchdacht und unter Annahme von starker Lokalität vielleicht der einzige Weg, nicht von anderen Forschern weiterverfolgt wurde.[8]

---

8   Im „Multiword Expression Project" der Universität Stanford (http://mwe.stanford.edu/) wurde im Rahmen der HPSG-nahen Implementierung der „English Resource Grammar" eine Behandlung verschiedener Typen von Phraseologismen vorgeschlagen. Die Arbeiten des Projekts verbanden Korpusuntersuchungen, Implementierung und linguistische Analyse. Die im Projekt verfolgte Analyse selbst kombiniert selektionsbasierte Elemente von Krenn und Erbach (1994) und konstruktionsbasierte Elemente von Riehemann (2001), sie umgeht allerdings das Problem der Übergenerierung, da die Implementierung in Richtung Parsing und nicht Generierung geschrieben ist. Villavicencio und Copestake (2002) und die Folien von Baldwin (2004) geben einen guten Einblick in die Ergebnisse des Projekts.

5. PHRASEOLOGISMEN ZWISCHEN KONSTRUKTIONEN UND KOLLOKATIONEN

Parallel zu Riehemanns Analyse entstanden auch die ersten Versionen der *zweidimensionalen Idiomtheorie*, die in Sailer (2003/2004), Soehn (2004/2006) und Richter und Sailer (2003/2009) weiterentwickelt wurde. Phraseologismen werden hinsichtlich zwei Dimensionen der Irregularität klassifiziert: interne und externe Irregularität. Die Basis für diese Dimensionen liefert die Unterscheidung in idiomatic phrases und idiomatically combining expressions. Sailer (2004) argumentiert, dass idiomatic phrases intern irregulär sind und damit als *Konstruktionen* modelliert werden sollten, wohingegen idiomatically combining expressions aus extern (oder distributionell) irregulären Teilen bestehen und damit als *Kollokationen* zu behandeln sind. Formal baut die zwei-dimensionale Theorie auf Pollard und Sag (1994) auf, allerdings nutzt sie gezielt die Möglichkeiten, die die schwache Lokalitätshypothese in (5) bietet.

Die zwei-dimensionale Theorie übernimmt das LEXEME-Attribut von Krenn und Erbach (1994), allerdings nicht als Teil des INDEX-Wertes, sondern als morphosyntaktisches Merkmal, also als Merkmal innerhalb des HEAD-Wertes (Soehn 2004). Zentral ist jedoch das Merkmal COLL, das für *context of lexical licensing* oder auch für *collocation* stehen kann. Intern irreguläre Zeichen, wie Basislexeme aber auch nicht-dekomponierbare Phraseologismen, haben einen nicht-trivialen COLL-Wert. In der Wendung *spill the beans* wird, wie bei den zuvor dargestellten Theorien, ein idiomatisches Wort *beans* angenommen. Dieses Wort hat den LEXEME-Wert *beans-information* und steuert eine semantische Konstante bei, die synonym zu *information* interpretiert wird. Analog gibt es ein idiomatisches Wort *spill* mit dem LEXEME-Wert *spill-reveal* und einer zu *reveal* synonymen Bedeutung. Das idiomatische Verb *spill* selegiert dann, analog zu Krenn und Erbach (1994), das idiomatische *beans*. Umgekehrt hat das idiomatische *beans* das idiomatische *spill* in seinem COLL-Wert und verlangt, als Komplement von diesem verwendet zu werden. Um zu erzwingen, dass die Kollokationsanforderungen der Wörter einer Äußerung tatsächlich erfüllt sind, gibt es ein generelles Prinzip, das COLL-Prinzip:[9]

(7) COLL-Prinzip:
    Für jede Äußerung: Die COLL-Anforderungen aller Wörter der Äußerung sind erfüllt.

In der zwei-dimensionalen Theorie wurde versucht, den Kollokationsmechanismus zu motivieren, indem er auch auf Phänomene außerhalb der Phraseologie angewandt wurde, wie die Verteilung der zwei Formen des unbestimmten Artikels im Englischen (*a* oder *an*, Soehn 2009) und die Anforderung, dass Negative Polarity Items wie *ever* in Sätzen mit Verneinung auftreten müssen (Richter und Soehn 2006, Sailer 2009).

---

9 Die konkrete Formalisierung des COLL-Prinzips hängt von der genauen Architektur der Kollokationskomponente ab und unterscheidet sich deshalb leicht zwischen den zitierten Arbeiten.

Neben der externen, distributionellen Dimension gibt es auch eine interne Dimension. Idiomatic phrases werden über *phrasale Lexikoneinträge* analysiert. Das bedeutet, dass Phrasen nicht nur über Grammatikregeln lizenziert werden können sondern auch über das Lexikon. Im Gegensatz zu regulären Phrasen haben solche lexikalisierten Phrasen einen nicht-trivialen COLL-Wert und sind als solche von Grammatikregeln und Prinzipien der semantischen Kombinatorik ausgeschlossen.[10] Der COLL-Wert liefert damit die Verbindung zwischen den beiden Irregularitätsdimensionen. Dies ist in der „Vorhersagbarkeitshypothese" zusammengefasst:

(8) Vorhersagbarkeitshypothese (Predictability Hypothesis, Sailer 2003, 366):
Zeichen, deren interne Eigenschaften aus denen ihrer Teile vorhersagbar sind, sind auch in ihrer externen Distribution vollkommen vorhersagbar.

Sailer (2003) und Soehn (2004) befassen sich vorwiegend mit intern irregulären Phrasen von der Komplexität wie *kick the bucket*. Richter und Sailer (2009) hingegen betrachten auch Phraseologismen mit phraseologisierten Teilsätzen wie *glauben [jmdn tritt ein Pferd]* (wie in *Ich glaub, mich tritt ein Pferd*). Die Autoren argumentieren, dass bei solchen Phraseologismen die Beziehung zwischen *glauben* und dem Teilsatz eine Kollokation ist, da das Verb hier in keiner Weise eine idiomatische Bedeutung oder andere idiosynkratische Merkmale aufweist. Der Teilsatz *[jmdn tritt ein Pferd]* ist eine Konstruktion: Seine Bedeutung ist nicht kompositionell ableitbar und er ist auch intern syntaktisch fixiert. Wie (9b) zeigt, ist die Wortstellung im Teilsatz nicht frei. Damit ist der Teilsatz gleichzeitig eine idiomatic phrase und Teil einer idiomatically combining expression. Die Vorhersagbarkeitshypothese in (8) sagt, dass es solche Kombinationen geben sollte. Ausgeschlossen wird lediglich, dass eine intern komplexe aber syntaktisch regelmäßige und kompositionell interpretierbare Phrase als Teil einer idiomatically combining expression auftritt. Laut Sailer (2003) ist nicht klar, ob die Hypothese in (8) empirisch testbar oder eher eine methodologisches Prinzip ist.

In Abb. 6, vereinfacht aus Richter und Sailer (2009), skizziere ich den phrasalen Lexikoneintrag für die Wendung *(glauben) [jmdn tritt ein Pferd]*.

(9) a. *Ich glaub, mich tritt ein Pferd.*
b. # *Ich glaub, ein Pferd tritt mich.*
c. # *Ich glaub, euch tritt ein Pferd.*

---

10 Richter und Sailer (2009) formulieren das COLL-Modul derart, dass einzelne Phrasen bestimmte Constraints der Grammatik erfüllen können.

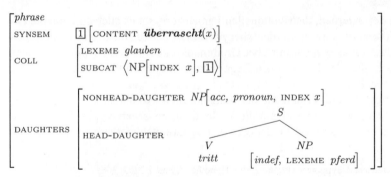

Abb. 6: Der phrasale Lexikoneintrag für den phraseologisierten Teilsatz (glauben) X_akk tritt ein Pferd *vereinfacht nach Richter und Sailer (2009)*

Der Lexikoneintrag in Abb. 6 spezifiziert den Teilsatz *X_akk tritt ein Pferd*. Im COLL-Wert wird das Verb *glauben* gefordert. Dabei muss der SYNSEM-Wert des Teilsatzes identisch sein mit dem zweiten Element der SUBCAT-Liste von *glauben*. Das erzwingt, dass der Teilsatz als Komplement von *glauben* auftritt.

Der Teilsatz bekommt eine idiosynkratische Semantik zugewiesen, **überrascht**(x). Die Beschreibung des Teilsatzes erfordert außerdem, dass es ein Verbzweit-Satz ist mit einem pronominalen Akkusativobjekt des Verbs *treten* im Vorfeld und der indefiniten NP *ein Pferd* als Subjekt.

Trotz der semantischen Intransparenz und der syntaktischen Inflexibilität ist der Teilsatz intern vollkommen regulär aufgebaut. Richter und Sailer sehen darin eine Bestätigung der schwachen Lokalitätshypothese: Der phrasale Lexikoneintrag kann die auftretenden Wörter und Strukturen zwar beschränken, aber er kann keine ungrammatischen Teilstrukturen lizenzieren. Besonders interessant am vorliegenden phraseologisierten Teilsatz ist, dass er syntaktisch nicht vollkommen fest ist: Das Akkusativpronomen kann variieren, es muss jedoch koreferent mit dem Subjekt des Matrixsatzes sein, wie (9c) zeigt. Das wird in Abb. 6 ausgedrückt durch die Identität zwischen dem INDEX-Wert des Subjekts von *glauben* und dem des Akkusativobjekts.

Es ist interessant, den phrasalen Lexikoneintrag in Abb. 6 mit der Modellierung von *kick the bucket* bei Riehemann (2001) in Abb. 5 zu vergleichen. Auf den ersten Blick scheinen beide Ansätze in ähnlicher Weise Zugriff auf die interne Struktur des Phraseologismus zu haben: Riehemann über die WORDS-Menge, Richter und Sailer (2009) durch direkten Bezug auf die eingebettete Struktur. Es besteht jedoch ein wesentlicher Unterschied zwischen den Theorien. Bei Richter und Sailer (2009) sind die Wörter, die den Phraseologismus konstituieren, die „normalen", nicht-idiomatischen Wörter. Bei Riehemann handelt es sich um semantisch leere, spezielle idiomatische Wörter. Letzteres führt bei Riehemann zum oben angesprochenen Problem, das Auftreten dieser idiomatischen Wörter außerhalb des Phraseologismus zu verhindern, ein Problem, das bei Richter und Sailer (2009) nicht auftritt.

Die zwei-dimensionale Theorie konnte zeigen, dass die starke Lokalitätshypothese innerhalb der HPSG nicht haltbar ist. Es ist jedoch nicht gezeigt, dass die schwache Lokalitätshypothese empirisch robust genug ist. Potenzielle Gegenbeispiele wären Phraseologismen (oder auch freiere Konstruktionen), die sowohl als Ganzes als auch in einem Teil intern irregulär sind. Ein solches Beispiel ist die sogenannte Comparative Corelative Construction in (10).

(10) a. *The more he drinks, the sillier he gets.* (Fillmore 1987)
b. *Je höher du steigst, desto/umso tiefer kannst du fallen.*

In dieser Konstruktion zeigt Fillmore (1987), dass sowohl die Gesamtkonstruktion als auch die beiden *the*-Teilsätze (bzw., übertragen auf das Deutsche, der *je*- und der *desto*-Teilsatz) intern irregulär sind. Borsley (2011) entwickelt jedoch eine Analyse mit lokalen Mitteln – das heißt unter Annahme zusätzlicher Merkmale. Das kann in diesem Fall gerechtfertigt werden, da es sich um eine sehr offene Konstruktion handelt. Könnten Phraseologismen mit den genannten Eigenschaften angeführt werden, wäre es sehr viel weniger plausibel, neue Merkmale für sie einzuführen. Damit wären sie für die starke und die schwache Lokalitätshypothese ein Problem.

Der zwei-dimensionale Ansatz nimmt den Grammatikformalismus von Pollard und Sag (1994) als Ausgangspunkt und erweitert ihn um die Behandlung von Phraseologismen. Dabei wird ein Kollokationsmechanismus eingeführt und die Abweichung von der starken Lokalitätshypothese als empirisch motiviert verteidigt. Obwohl die generelle Architektur des Ansatzes in Sailer (2003) beschrieben ist, unterscheiden sich die konkreten Versionen des Ansatzes in verschiedenen Publikationen erheblich voneinander. Von den drei phraseologischen Theorien innerhalb der HPSG ist es der einzige Ansatz, der derzeit weiterverfolgt wird. Das bedeutet jedoch nicht, dass er allgemeine Akzeptanz genießt, sondern lediglich, dass die Aufmerksamkeit der Theoriebildung nicht auf phraseologischen Fragestellungen liegt.

6. ZURÜCK ZUR LOKALITÄT: SIGN-BASED CONSTRUCTION GRAMMAR

Die *Sign-Based Construction Grammar* (SBCG, Sag 2007/2010a/b) versteht sich selbst als eine Verbindung der HPSG mit der *Construction Grammar* (CxG), wie sie von Fillmore und Kay vorgeschlagen wurde (Fillmore u. a. 1988). Die SBCG übernimmt viele Analysen aus der HPSG, greift jedoch die Unterscheidung zwischen Zeichen und Konstruktion aus der CxG auf. In der SBCG entspricht ein linguistisches Zeichen einem Knoten in einem Phrasenstrukturbaum. Eine Konstruktion ist ein lokaler Baum, dessen Mutter und dessen Töchter jeweils Zeichen sind. Damit sind Zeichen im Gegensatz zur HPSG nicht mehr rekursiv, d. h., Zeichen betten keine anderen Zeichen ein. Als Konsequenz erzwingt die SBCG die starke Lokalitätshypothese in (1), was auch erklärtes Ziel bei ihrer Entwicklung war.[11] Mit der Rückkehr zu dieser Hypothese entfernt sich die SBCG jedoch sowohl von der HPSG, in der nur die schwache Form der Hypothese in (5) gilt, als auch von der CxG, in der Lokalität generell abgelehnt wird und stattdessen eine starke Nicht-Lokalitätshypothese wie in (11) vertreten wird.

(11) Starke Nicht-Lokalitätshypothese (nach Fillmore u. a. 1988):
Die interne Struktur von Konstruktionen kann beliebig tief sein und ein beliebiges Maß an Irregularität aufweisen.

Der radikale Wechsel in der Architektur führt dazu, dass die SBCG mit den formalen Grundlagen der HPSG bricht und es keine direkte Möglichkeit gibt, etablierte Formalisierungen der HPSG wie Richter (2004) auf die SBCG zu übertragen.

Im Gegensatz zu Pollard und Sag (1994) geht Sag (2007) direkt auf die Modellierung von Phraseologismen ein. Sags Ansatz ist eine Version der Lexem-Selektion von Krenn und Erbach (1994). Sag nimmt ein Merkmal, L(EXICAL) ID(ENTIFIER), an, das ein Kopfmerkmal ist, aber gleichzeitig der semantischen Konstante entspricht, die ein Lexem typischerweise beisteuert. Sag nimmt darüber hinaus einen Default-Mechanismus an. Sag (2007) illustriert die Theorie mit dem sehr flexiblen, dekomponierbaren Idiom *pull strings*. Das idiomatische Verb *pull* in dieser Wendung hat einen LID-Wert *i(diomatic)_pull_rel(ation)*. Es selegiert ein direktes Objekt mit dem LID-Wert *i_strings_rel*. Analog zu Krenn und Erbach (1994) nimmt Sag (2007) an, dass es auch verschiedene LID-Werte für das Nomen *strings* gibt: *l(iteral)_strings_rel* und *i_strings_rel*. Diese beiden möglichen Werte sind als Typen kodiert, die einen gemeinsamen Obertypen, *strings_rel*, haben. Im Lexikoneintrag von strings ist der LID-Wert dann wie in (9) spezifiziert.

(12) LID-Wert von *strings* (Sag 2007): [LID *strings_rel /p l_strings_rel*]

Das Symbol „*/p*" markiert einen Default: Wann immer möglich ist der LID-Wert *l_strings_rel*. Dies ist in der Tat nur dann nicht möglich, wenn das Wort *strings* vom idiomatischen Verb *pull* selegiert wird. Damit gelingt es Sag, das Auftreten von *strings* in der idiomatischen Bedeutung außerhalb des Phraseologismus auszuschließen.

Die SBCG-Behandlung von dekomponierbaren Phraseologismen beruht, wie die von Krenn und Erbach (1994), auf dem Selektionsmechanismus der Theorie. Die Annahmen von Defaults erleichtert die Formulierung von Auftretensbeschränkungen von idiomatischen Wörtern, die sowohl in der GPSG als auch in den HPSG-Vorschlägen von Krenn und Erbach (1994) und Riehemann (2001) ein großes Problem ist.

Bislang wurden idiomatic phrases, also nicht-dekomponierbare Phraseologismen, noch nicht in der SBCG analysiert. Gerade in dieser Phraseologismenklasse liegt jedoch eine große Herausforderung für die starke Lokalitätshypothese. Es ist

---

11 Müller (2010: 236) berichtet, wie diese Nicht-Rekursivität umgangen werden kann: Durch zyklische Strukturen, in denen ein *sign*-Objekt die Konstruktion, als dessen Mutter es auftritt, als Wert eines Attributs nimmt. Das ist zwar in der SBCG nicht vorgesehen, der Formalismus selbst ermöglicht es jedoch.

anzunehmen, dass eine Analyse in der Art von Krenn und Erbach (1994) am besten in das Konzept der SBCG passt. Es bleibt jedoch zu sehen, ob sich ein solcher Ansatz robust auf Phraseologismen mit großer Einbettungstiefe, wie die in Abschnitt 5 erwähnten phraseologisierten Teilsätze, übertragen lässt. Die Daten, in denen wie in (9c) obligatorische Koreferenz zwischen einem Wort innerhalb des Phraseologismus und einer externen Konstituente besteht, erscheinen als potenziell besonders problematisch. Da die starke Lokalitätshypothese integraler Teil der Architektur der SBCG ist, ist eine Diskussion dieser Daten innerhalb der SBCG entscheidend für die Weiterentwicklung der Theorie.

7. ZUSAMMENFASSUNG UND AUSBLICK

In meinem Überblick über die Modellierung von Phraseologismen in der HPSG verwendete ich die Lokalitätshypothese als roten Faden. Dies kann ein Stück weit als eine post hoc Interpretation der Entwicklung gesehen werden, da die Lokalität durch die neueren Vorschläge von Ivan Sag im Rahmen der SBCG eine prominente Position in der Theoriebildung eingenommen hat. Es zeigte sich, dass bis auf Riehemann alle Ansätze innerhalb der HPSG von der grundlegenden Unterscheidung zwischen dekomponierbaren und nicht-dekomponierbaren Phraseologismen ausgehen. Riehemann ist damit deutlich näher an Annahmen der Konstruktionsgrammatik und der deskriptiven Phraseologieforschung. Sie zeigt jedoch, dass diese Annahmen im Rahmen der HPSG nicht gut formal modellierbar sind. Die übrigen Ansätze sind demnach in ihrer empirischen Fundierung an die Plausibilität der Dekomponierbarkeit als Klassifikationskriterium gebunden.

Wie bereits Wasow u. a. (1983) versuchen die HPSG-Ansätze, dekomponierbare Phraseologismen weitgehend über den vorhandenen Selektionsmechanismus zu behandeln. Dabei werden verschiedene Vorschläge entwickelt, wie Lexeme voneinander unterschieden werden können. In der GPSG wird mit unterschiedlichen semantischen Denotationen gearbeitet. Die HPSG-Varianten bewegen sich dahingegen mehr auf der Repräsentationsebene. Krenn und Erbach (1994) sowie Riehemann (2001) schlagen eine in die Semantik eingebettete Lexemmarkierung vor. Bei Soehn (2004) wird diese Markierung statt in der Semantik in der Morphosyntax, also in den HEAD-Merkmalen, verortet. Sag (2007) schließlich verwendet eine semantische Konstante gleichzeitig als morphosyntaktische Markierung. Als problematisch haben sich dabei der GPSG-Ansatz herausgestellt sowie der Vorschlag von Krenn und Erbach (1994), Lexemmarkierung an den semantischen Index zu binden. Die übrigen Alternativen scheinen sich nicht in ihren empirischen Vorhersagen zu unterscheiden.

Unabhängig von dieser Variation stellt sich als Hauptproblem für die HPSG-Ansätze dar, dass es phraseologisch gebundene Lesarten von Wörtern gibt, die innerhalb eines Phraseologismus in selegierter Position auftreten. Da ein selegiertes Element in der HPSG normalerweise keine Information über seinen Selektor hat, kann über den Selektionsmechanismus das freie Auftreten eines solchen Elements nicht beschränkt werden. Das Problem bleibt bei Krenn und Erbach (1994) und bei Riehemann (2001) im Wesentlichen ungelöst. In der SBCG wird es über den Default-Mechanismus abgehandelt. In der zwei-dimensionalen Theorie wird dieses Problem als Grundlage für die Motivation der Kollokationsanalyse genommen, d. h., als Motivation für die Annahme der externen (distributionellen) Idiosynkrasie als Dimension der Irregularität.

Die Analyse der nicht-dekomponierbaren Phraseologismen stellt Theorien innerhalb der HPSG ebenfalls vor Probleme, da alle dargestellten Varianten in irgendeiner Form an eine Lokalitätshypothese gebunden sind. Es ist nicht klar, ob Krenn und Erbach (1994) mit ihrer selektionsbasierten Theorie auch phraseologisierte Teilsätze behandeln können. Riehemann (2001) und der zwei-dimensionale Ansatz haben auf verschiedene Weise beide Zugriff auf tief eingebettete Strukturteile. Da die bislang untersuchten Phraseologismen intern weitgehend syntaktisch regulär aufgebaut sind, können beide Ansätze sie erfassen.

Für die weitere Entwicklung sehe ich vor allem die folgenden Forschungsdesiderata, auf die ich kurz eingehen möchte: (i) die Modellierung von wörtlicher und nicht-wörtlicher Lesart, (ii) die Ausweitung auf die Morphologie, (iii) die Anwendung auf eine größere Menge von Sprachen.

Ernst (1981) weist darauf hin, dass es auch einen Typus von Idiommodifikation gibt, der die wörtliche und die nicht-wörtliche Lesart gleichzeitig aufgreift. Ein Beispiel dafür ist (13). In den HPSG-Analysen muss *take sth. under one's wing* als dekomponierbarer Phraseologismus behandelt werden, und damit tritt *wing* in (13) nur in seiner idiomatischen Bedeutung *protection* auf. Auch wenn im Falle wie (13) *well-muscled* in einem übertragenen Sinne zu verstehen ist, so ist dennoch deutlich, dass die Wahl des Modifikators durch semantische Eigenschaften der wörtlichen Lesart von *wing* bestimmt wird.

(13) *The federal agency decided to take the project under its well-muscled wing.* (Ernst 1981)

Richter und Sailer (2009) weisen auch darauf hin, dass bei phraseologisierten Teilsätzen zwar syntaktische und semantische Modifikation teilweise möglich ist, jedoch sind generell alle Operationen ausgeschlossen, die die Informationsstruktur des Teilsatzes verändern, wie Passiv in (14).

(14) # *Ich glaube, ich werde von einem Pferd getreten.*

In Fällen wie (14) haben zumindest Richter und Sailer (2009) Zugriff auf die wörtliche Lesart, allerdings haben Theorien, die auch hier idiomatische Wörter innerhalb des Phraseologismus annehmen, wie Krenn und Erbach (1994) und Riehemann (2001) keine Möglichkeit, die genannte Generalisierung zu erfassen.

Zur Integration der wörtlichen und der idiomatischen Bedeutung von Phraseologismen wird im Rahmen der kognitiven Phraseologieforschung intensiv geforscht, es fehlt jedoch noch die Verbindung zu formalen Grammatikmodellen.

Der zweite Punkt betrifft die Ausweitung auf die Morphologie. Momentan gibt es in der HPSG noch kein Standardmodell der Morphologie. Zwar ist beispielsweise mit Orgun (1996) ein umfangreicher Vorstoß gemacht worden, und es finden sich vereinzelte Arbeiten in diesem Bereich, dennoch liegen bislang noch keine Analysen zu Phraseologismen mit morphologischen Komponenten vor. Ein besonders interessantes Beispiel dokumentiert Gerdes (2008).

(15) *Topmodel Gina-Lisa bei Kerner: Es hat sich ausgeprollt.* (Gerdes 2008)

Die Phraseoschablone *es hat sich aus-PartizipII* ist ein phrasales Muster, dessen Kern jedoch das Partikelverb *ausprollen* bildet. Besonders ist, dass dieses Verb nicht außerhalb der Phraseoschablone auftritt. Eine adäquate Analyse des Musters muss morphologische und phrasale Aspekte umfassen. Die HPSG bietet sich für solche Phraseologismen besonders an, da sie von ihrer Architektur her Phrasen, Wörter und Morpheme allesamt als linguistische Zeichen auffasst, also als Objekte vom Typ *sign*. Deshalb sind morphologische Besonderheiten bei komplexen lexikalisierten Zeichen prinzipiell in diese Theorie zu erwarten – nur sind sie eben bislang noch nicht modelliert worden.

Das dritte Forschungsdesiderat betrifft die Beschränkung, dass die Beschäftigung mit phraseologischen Phänomenen in der HPSG bislang auf das Englische und das Deutsche beschränkt war. Es ist jedoch damit zu rechnen, dass die unterschiedlichen syntaktischen Gegebenheiten verschiedener Sprachen auch zu unterschiedlichen Effekten bei Phraseologismen führen. Webelhuth und Ackermann (1994) zeigten beispielsweise, dass im Deutschen finite verbale Teile von nichtdekomponierbaren Phraseologismen in vorangestellter Position stehen können. Diese Beobachtung widerlegte die auf dem Englischen beruhende Generalisierung von Wasow u. a. (1983), dass solche Phraseologismen syntaktisch vollkommen fest seien. Ähnliche Herausforderungen stehen mit Sicherheit an, wenn Phraseologismen aus anderen Sprachen in die Betrachtung mit einfließen.

Die formale Phraseologieforschung hat durch die HPSG sicherlich eine Bereicherung erfahren, ebenso wie die formale Grammatiktheorie insgesamt durch die Einbeziehung der Phraseologie in ihren Gegenstandsbereich. Durch die Annäherung der HPSG und der Konstruktionsgrammatik sowie die Herausbildung der SBCG hat die Analyse von Phraseologismen in der HPSG ein neues theoretisches Gewicht bekommen und die Rolle der Lokalität in der Grammatik nachdrücklich in den Vordergrund gebracht. Es ist zu hoffen, dass dieser Impetus auch dazu führt, die genannten ausstehenden Forschungsfragen anzugehen.

8. LITERATUR

Baldwin, Timothy (2004): Multiword Expressions. Folien zu einem Kurs auf der Australasian Language Technology Summer School (ALTSS 2004), Sydney, Australia. Verfügbar unter: www.csse.unimelb.edu.au/~tim/pubs/altss2004.pdf (3.7.2011).

Borsely, Robert D. (2011): Constructions, Functional Heads, and Comparative Correlatives. In: Olivier Bonami/Patricia Cabredo Hofherr (Hg.): Empirical Issues in Syntax and Semantics 8, 7–20. URL: http://www.cssp.cnrs.fr/eiss8 (3.7.2011).

Chomsky, Noam (1956): Three models for the description of language. In: IRE Transactions on Information Theory 2, 113–124.

Chomsky, Noam/Lasnik, Howard (1993): Principles and Parameters Theory. In: Joachim Jacobs/ Arnim von Stechow/Wolfgang Sternefeld (Hg.): Syntax: An International Handbook of Contemporary Research. Berlin, 506–569.

Ernst, Thomas (1981): Grist for the Linguistic Mill. Idioms and "Extra" Adjectives. In: Journal of Linguistic Research 1, 51–68.

Fillmore, Charles (1987): Varieties of Conditional Sentences. In: Proceedings of the Eastern State Conference on Linguistics, 163–182.

Fillmore, Charles J./Kay, Paul/O'Connor, Mary C. (1988): Regularity and Idiomaticity in Grammatical Constructions. The Case of Let Alone. In: Language 64, 501–538.

Fraser, Bruce (1970): Idioms Within a Transformational Grammar. In: Foundations of Language 6, 22–42.

Gazdar, Gerald u. a. (1985): Generalized Phrase Structure Grammar. Cambridge.

Gerdes, Jens (2008): „Es hat sich (noch lange nicht) ausgedacht". Überlegungen zur grammatischen Einordnung eines verbreiteten Musters. In: Sprachreport 4, 2–8.

Klein, Ewan/Ivan A. Sag (1985): Type-Driven Translation. In: Linguistics and Philosophy 8, 163–201.

Krenn, Brigitte/ Erbach, Gregor (1994): Idioms and Support Verb Constructions in HPSG. In: John Nerbonn/Klaus Netter/Carl J. Pollard (Hg.): German in Head-Driven Phrase Structure Grammar. Stanford, 365–396.

Müller, Stefan (2010): Grammatiktheorie. Tübingen.

Nunberg, Geoffrey/Sag, Ivan A./Wasow, Thomas (1994): Idioms. In: Language 70, 491–538.

Orgun, Cemil Orhan (1996): Sign-Based Morphology and Phonology with Special Attention to Optimality Theory. PhD-Thesis University of California, Berkeley.

Pollard, Carl/Ivan A. Sag (1987): Information-based Syntax and Semantics. Stanford.

Pollard, Carl/Ivan A. Sag (1994): Head-Driven Phrase Structure Grammar. Chicago.

Pulmann, Stephen G. (1993): The Recognition and Interpretation of Idioms. In: Cristina Cacciari/Patrizia Tabossi (Hg.): Idioms. Processing, Structure, and Interpretation. Hillsdale, 249–270.

Richter, Frank (2004): A Mathematical Formalism for Linguistic Theories with an Application in Head-Driven Phrase Structure Grammar. Doktorarbeit Universität Tübingen. URL: http://w210.ub.uni-tuebingen.de/dbt/volltexte/2004/1203/ (3.7.2011).

Richter, Frank/ Sailer, Manfred (2003): Cranberry Words in Formal Grammer. In: Claire Beyssade u. a. (Hg.): Empirical Issues in Formal Syntax and Semantics 4. Paris, 155–171.

Richter, Frank/Manfred Sailer (2009): Phraseological Clauses in Constructional HPSG. In: Stefan Müller (Hg.): Proceedings of the 16th International Conference on Head-Driven Phrase Structure Grammar. Stanford, 297–317. URL: cslipublications.stanford.edu/HPSG/2009/richter-sailer.pdf (3.7.2011).

Richter, Frank/Soehn, Jan-Philipp (2006): Braucht niemanden zu scheren. A Survey of NPI Licensing in German. In: Stefan Müller (Hg.): The Proceedings of the 13th International Conference on Head-Driven Phrase Structure Grammar. Stanford, 421–440. URL: cslipublications.stanford.edu/HPSG/7/richter-soehn.pdf (3.7.2011).

Riehemann, Susanne Z. (2001): A Constructional Approach to Idioms and Word Formation. PhD-Thesis Stanford University. URL: mally.stanford.edu/~sr/sr-diss.pdf (3.7.2011).

Sag, Ivan A. (1997): English Relative Clause Constructions. In: Journal of Linguistics 33, 431–438.

Sag, Ivan A. (2007): Remarks on Locality. In: Stefan Müller (Hg.): Proceedings of the 14th International Conference on Head-Driven Phrase Structure Grammar. Stanford, 394–414. URL: csli-publications.stanford.edu/HPSG/8/sag.pdf (3.7.2011).

Sag, Ivan A. (2010a): English Filler-Gap Constructions. In: Language 86, 486–545.

Sag, Ivan A. (2010b): Feature Geometry and Predictions of Locality. In: Greville Corbett/Anna Kibort (Hg.): Features: Perspectives on a Key Notion in Linguistics. Oxford, 236–271.

Sailer, Manfred (2003): Compositional Semantics and Idiomatic Expressions in Head-Driven Phrase Structure Grammar. Arbeitspapiere des SFB 340 Nr. 161. Universität Tübingen. URL: w210.ub.uni-tuebingen.de/dbt/volltexte/2003/916/ (3.7.2011).

Sailer, Manfred (2004): Distributionsidiosynkrasien. Korpuslinguistische Erfassung/grammatiktheoretische Deutung. In: Katrin Steyer (Hg.): Wortverbindungen – mehr oder weniger fest. Berlin/New York, 194–221.

Sailer, Manfred (2009): A Representational Theory of Negative Polarity Item Licensing. Habilitationsschrift Universität Göttingen.

Soehn, Jan-Philipp (2004): License to COLL. In: Stefan Müller (Hg.): Proceedings of the International Conference on Head-Driven Phrase Structure Grammar. Stanford, 261–273. URL: cslipublications.stanford.edu/HPSG/5/soehn.pdf (3.7.2011).

Soehn, Jan-Phillipp (2006): Über Bärendienste und erstaunte Bauklötze. Idiome ohne freie Lesart in der HPSG. Frankfurt a. M.

Soehn, Jan-Phillipp (2009): Lexical Licensing in Formal Grammar. Online-Publikationsservice TOBIAS-lib, Universität Tübingen. URL: tobias-lib.ub.uni-tuebingen.de/volltexte/2009/4203 (3.7.2011).

Wasow, Thomas/Sag, Ivan A./Nunberg, Geoffrey (1983): Idioms. An Interim Report. In: S. Hattori/K. Inoue (Hg.): Proceedings of the XIIIth International Congress of Linguistics. Tokyo, 102–115.

Webelhuth, Gert/Ackermann, Farrell (1994): German Idioms. An Empirical Approach. In: Studies in the Linguistic Sciences 24, 455–471.

PHRASEOLOGIE UND KONSTRUKTIONSGRAMMATIK

Konstruktionsansätze zu präpositionalen Funktionsverbgefügen

Jouni Rostila (Tampere)

1. EINLEITUNG

Die Konstruktionsgrammatik (von jetzt an auch: KxG) ist ein relativ neues Grammatikmodell, das sich zunehmender Beliebtheit erfreut, wie z. B. das Erscheinen von Sammelbänden wie Fischer/Stefanowitsch (2007) und Stefanowitsch/Fischer (2008) sowie die Popularität der Konferenzreihe „International Conference on Construction Grammar" zeigen. Nur relativ neu ist der Ansatz deswegen, weil seine Anfänge bereits in der Kasusgrammatik von Charles Fillmore (z. B. 1968; vgl. Fried/Östman 2004, 13) und in den Arbeiten Fillmores und seiner Kollegen in den 1980er Jahren zu verorten sind (z. B. Fillmore 1988; Lakoff 1987; Fillmore/Kay/O'Connor 1988), die Theoriebildung aber erst in den 2000er Jahren richtig in Schwung gekommen zu sein scheint. Aus der Sicht der Phraseologieforschung ist die KxG deshalb interessant, weil sie das Idiosynkratische und Idiomatische in der Sprache – m. a. W. Phraseologismen im weiten Sinn – als Ausgangspunkt ihrer Theoriebildung betrachtet. Ihr diesbezügliches Credo lautet, dass Grammatikmodelle idiosynkratische Ausdrucksweisen sollten beschreiben können, weil sie im Sprachgebrauch häufig sind und deshalb nicht als „Peripherie" abzustempeln sind und weil die Maschinerie, die zur Beschreibung des komplexen Idiosynkratischen ausreicht, auch den regelmäßigen, relativ einfachen Kernbereich der Sprache erfassen kann (vgl. Fried/Östman 2004). Der Ansatz der KxG steht somit in diametraler Opposition zur generativen Grammatik Chomsky'scher Prägung, die sich auf die Kernsyntax konzentriert (Chomsky 1981, 8; vgl. McCawley 1988, 357).

Um kurz weitere Charakteristika der KxG aufzuzählen (vgl. Rostila 2011 zur Diskussion und zu Literaturhinweisen; vgl. auch Fischer/Stefanowitsch 2007): Es wird keine angeborene Universalgrammatik angenommen, sondern allgemeine kognitive Fähigkeiten werden hinter dem Spracherwerb gesehen. Die Theorie ist zeichenbasiert, d. h. alle Beschreibungseinheiten der Morphosyntax von Lexemen über Morpheme bis hin zu abstrakten syntaktischen Mustern sind als Zeichen, konventionalisierte Verbindungen von Ausdrucksseiten mit Inhaltsseiten aufzufassen; damit entfällt auch eine Lexikon-Syntax-Unterscheidung. Außerdem sind manche Varianten der KxG erklärtermaßen gebrauchsbasiert: Die Quelle der Kompetenz des Individuums ist der Sprachgebrauch, und Prinzipien, die hinter der Etablierung sprachlicher Konventionen stehen wie z. B. der Effekt der Token- und Typfrequenzen (s. z. B. Bybee 1985; 2006; Langacker 1987; Diessel 2007), spielen eine maßgebliche Rolle etwa bei der Definition des Konstruktionsbegriffs (vgl. unten § 2). Zu beachten ist ferner, dass die KxG keine einheitliche Theorie darstellt, sondern es gibt Varianten, die sich zumindest in der Frage der Schwerpunktsetzung voneinander unterscheiden (vgl. Rostila 2007, 83ff.; Fischer/Stefanowitsch 2007).

Angesichts der zentralen Rolle der Phraseologismen bei der konstruktionsgrammatischen Theoriebildung ist es ernüchternd festzustellen, wie Croft/Cruse (2004) in einem einschlägigen Studienbuch den Aufsatz von Fillmore/Kay/O'Connor (1988) charakterisieren, der insofern einen Grundstein der KxG bildet, als darin wohl zum ersten Mal in einem maßgeblichen Forum explizit eine Idiomklassifikation vorgeschlagen wurde, die die Anwendung der Beschreibungsmaschinerie für die Peripherie auch auf den Kern ermöglicht (vgl. Fillmore/Kay/O'Connor 1988, 501). Croft/Cruse (2004, 231) konstatieren: „Fillmore et al. were not the first linguists to analyze idioms in a systematic way."[1] Es folgt ein diskreter Hinweis darauf, dass Fillmore/Kay/O'Connor andere Forschungstraditionen, darunter die europäische Phraseologieforschung, ignoriert haben – und das dies nur typisch für wissenschaftliche Ideenentwicklung sei. Eine solche *tabula rasa* als Ausgangspunkt lässt einen traditionsbewussten Phraseologen wahrscheinlich bezweifeln, dass die KxG der Phraseologieforschung überhaupt etwas zu bieten haben kann. Mein Ziel mit diesem Beitrag ist anhand eines Beschreibungsversuchs eines bestimmten Phraseologismus-Typs aufzuzeigen, wo Erkenntnisgewinn u. U. zu erwarten ist (vgl. auch Feilke 2007) und wo die KxG andererseits vor großen Herausforderungen steht. Der ausgewählte Phraseologismus-Typ ist die Klasse der präpositionalen Funktionsverbgefüge (s. unten zu einer Arbeitsdefinition). In der Phraseologieforschung sind seine Vertreter mitunter als „Phraseoschablonen" bezeichnet worden (Fleischer 1982). Eine Konzentration auf Ausdrucksweisen dieser Art, um Vorzüge und eventuelle Schwächen der KxG bei der Beschreibung von Phraseologismen herauszufinden, erscheint deswegen motiviert, weil Phraseoschablonen zwischen vollständig Versteinertem und weitgehend Produktivem in der Sprache liegen. Sie stellen somit den von der KxG behaupteten Zusammenhang zwischen Kern und Peripherie her, sind daher besonders wichtig für die KxG, und es wäre zu erwarten, dass die KxG gerade hier viel leistet.

Was den Beschreibungsgegenstand betrifft: Funktionsverbgefüge (FVG; vgl. Polenz 1963; 1987) sind Prädikatsausdrücke wie *zur Ausführung bringen/kommen, in Bearbeitung sein, Anwendung finden*, wo ein Substantiv den gewichtigeren prädikativen Inhalt ausdrückt, während dem Verb eine hilfsverbähnliche Funktion zukommt.[2] Dieser Beitrag konzentriert sich auf den Typ, der eine PP enthält, d. h. präpositionale FVG (von jetzt an pFVG), da er unter den verschiedenen FVG-Typen wahrscheinlich den höchsten Grad an morphosyntaktischer Systematizität aufweist (vgl. Helbig 1979, 275), daher am ehesten produktiv sein

---

1 Michael Prinz hat mich auf diese Stelle aufmerksam gemacht.
2 Dies ist als eine grobe Arbeitsdefinition gedacht und soll keinen Beitrag zur Definitionsdiskussion leisten, vgl. dazu Van Pottelberge (2007).

dürfte und sich deshalb zur Beschreibung mit Hilfe schematischer Konstruktionen eignen wird. Konstruktionen dieses Typs (s. auch § 2) sind wiederum für den vorliegenden Beitrag am interessantesten, da die KxG gerade mit ihrer Hilfe den Bereich zwischen „Peripherie" und „Kern" zu erfassen sucht. Im Folgenden werde ich für die Bestandteile von pFVG folgende Abkürzungen verwenden: FV = Funktionsverb, FVG-PP = PP in einem FVG, NF = das Nomen in einem FVG.

Die besprochenen Daten stammen entweder aus der FVG-Literatur oder aus Google-Suchen deutscher Seiten auf Deutsch; einige einfache Beispiele habe ich selbst konstruiert. Eine solche Materialauswahl erscheint begründet, da empirischer Erkenntnisgewinn kein vorrangiges Ziel des Beitrags ist. Beispiele der zwei letzten Kategorien hat ein Muttersprachler noch überprüft. Alle Hervorhebungen im Beispielmaterial sind von mir.

2. KXG-PRÄLIMINARIEN FÜR DIE ANALYSE

Wenn man einen bestimmten sprachlichen Bereich konstruktionsgrammatisch erfassen will, gilt es, wiederkehrende Formen zu ermitteln, deren Bedeutung gleich bleibt. Dies folgt selbstverständlich aus dem Status von Konstruktionen als Form-Bedeutung-Paaren. Weniger selbstverständlich ist aber die Form der ermittelten Konstruktionen. Man kann sich bei der Ermittlung z. B. nicht unbedingt an Phrasengrenzen orientieren.[3] Die potentielle Schematizität von Konstruktionen macht das Bild auch komplexer. Ein Konstruktions-Kandidat im Bereich der pFVG sieht vereinfacht folgendermaßen aus:

(1) [[...] [...] zu [...] bringen]

Die Annahme einer solchen Konstruktion kommt der These gleich, dass Sprachbenutzer mit einer Einheit operieren, deren konkrete, d. h. lautlich spezifizierte Bestandteile *bringen* und *zu* sind und in der sie drei schematische Teile ([...]), „Lücken", mit lautlich variierendem Material besetzen müssen, das gewisse semantische Bedingungen erfüllt. Entstanden ist eine solche Konstruktion als Generalisierung über Fälle wie **Er hat das Eisen zum Schmelzen gebracht – Sie brachte ihn zum Sprechen – Sie bringt mich zum Lachen,** wobei deren formal variierende Teile (Fettdruck) als Lücken abgespeichert wurden. Im Prinzip ist es möglich, den Bereich der pFVG unterschiedlich in solche Einheiten einzuteilen und trotzdem zum gleichen Gesamtbild zu kommen – d. h. die vorhandenen pFVG durch richtige Besetzung der schematischen Teile in Einheiten wie (1) zu generieren. Es ist sogar wahrscheinlich, dass es Unterschiede dieser Art in den mentalen Konstruktionssammlungen, Konstruktika, zwischen Sprachbenutzern gibt.

(1) veranschaulicht eine Subklasse von Konstruktionen, partiell schematische Konstruktionen, für die kennzeichnend ist, dass sie konkretes morphologisches

---

3 Vgl. z. B. die Konstruktionen, die ich in Rostila (2007) für den Bereich der Argumentmarkierung im Deutschen vorschlage.

Material (wie in (1) *zu* und, strikt betrachtet, *bring-*) als Teil ihrer Ausdrucksseite aufweisen. Außerdem sind gänzlich konkrete Konstruktionen anzunehmen, deren prototypische Form in einzelnen Wörtern wie *Stein* zu sehen ist, die aber in ihrem Randbereich auch Idiome wie *ins Gras beiß-* umfasst. Schließlich sind zur Beschreibung der produktivsten und abstraktesten syntaktischen Phänomene auch gänzlich schematische Konstruktionen anzunehmen, wie z. B. die Ditransitivkonstruktion des Englischen, die im Wesentlichen aus einer Folge von vier Lücken besteht: [[AGENS] [V] [REZIPIENT] [PATIENS]]. Zu den verschiedenen Konstruktionstypen vgl. auch Croft (2001, 17) und Rostila (2006, § 6; 2007, 92). Aus der Sicht der Phraseologieforschung dürfte interessant sein, dass partiell schematische Konstruktionen weitgehend mit Phraseoschablonen zusammenfallen, während die gänzlich schematischen Konstruktionen als extrem abstrakte Vertreter dieser Klasse betrachtet werden können. Die KxG unternimmt daher gewissermaßen den Versuch zu erörtern, wie weit die Idee von Phraseoschablonen sich ausdehnen lässt.

Das Ziel dieser kurzen konstruktionsgrammatischen Auseinandersetzung mit pFVG ist es, verschiedene mögliche Einteilungen des sprachlichen Materials im Bereich der pFVG in Einheiten wie (1) zu erörtern und ansatzweise zutage zu fördern, mit was für Problemen und Vorteilen diese Einteilungen zusammenhängen. Auf diese Weise sollen Vorarbeiten für eine detaillierte, umfassende Konstruktionsanalyse der pFVG geleistet werden. Dabei werde ich mich an dem Leitfaden orientieren, dass häufig mit gleichen Bedeutungen vorkommende konkrete Formen wie *bringen zu* starke Indizien für das Bestehen einer Konstruktion darstellen. Dies ist nicht nur durch den Zeichenstatus von Konstruktionen begründet. Experimentelle Untersuchungen haben gezeigt (Goldberg/Casenhiser/White 2007; vgl. auch Goldberg 2006, 79ff.), dass solche sprachlichen Kategorien, deren Existenz durch gleichbleibendes konkretes Material angegeben wird, besonders leicht erworben werden. Konstruktionen stellen sprachliche Kategorien dar, und deswegen sind partiell schematische Konstruktionen wie (1) als die psychologisch plausibelsten produktiven Konstruktionen zu betrachten. Ein großer Anteil von pFVG dürfte sogar aus lexikalisierten Fügungen bestehen, in denen sowohl das FV und die P als auch das NF lautlich festgelegt sind, d. h. im Wesentlichen nur konkrete Bestandteile vorliegen. Die Existenz solcher Fälle steht keineswegs im Widerspruch zu den Thesen der KxG, die gerade von einem hohen Anteil von Idiosynkratischem in der Sprache ausgeht. Schließlich sind bei der Beschreibung der pFVG auch gänzlich schematische Konstruktionen in Erwägung zu ziehen, wie es Zeschel (2008, 275) tut; da solche Konstruktionen aber psychologisch weniger realistisch sind (Croft 2001, 5; vgl. auch Fischer/Stefanowitsch 2007, 10), versuche ich hier ohne solche Beschreibungseinheiten auszukommen.

Ich gehe im Folgenden von Goldbergs (2006, 5) Konstruktionsdefinition aus:

„Any linguistic pattern is recognized as a construction as long as some aspect of its form or function is not strictly predictable from its component parts or from other constructions recognized to exist. In addition, patterns are stored as constructions even if they are fully predictable as long as they occur with sufficient frequency."

Die Annahme, dass Vorkommensfrequenz allein Konstruktionen etablieren kann, geht auf ein Prinzip des gebrauchsbasierten Modells zurück, das folgendermaßen paraphrasiert werden kann (vgl. Rostila 2006, § 1): Häufig zusammen Vorkommendes wird als eine Einheit abgespeichert. Dieses Prinzip sorgt unten für die wohl heikelsten Thesen dieses Beitrags, zumal diese nicht auf empirisch verifizierten Frequenzdaten beruhen.

Gewisse Erklärungen zu den verwendeten Notationen sind vonnöten. Ich verwende nicht die hochgradig formalisierte Notationskonvention der formalen bzw. unifikationsbasierten Konstruktionsgrammatik, wie sie z. B. bei Kay/Fillmore (1999) und Fried/Östman (2004) vorzufinden ist. Zu Gründen dafür, Formalismen auf ein Minimum zu reduzieren, s. Goldberg (2009, 216) und Bergs/Diewald (2008, 3). Eine gewisse Formalisierung ist bei der Darstellung von Konstruktionen trotzdem notwendig. Um eine sinnvolle Formalisierung zu erreichen, muss man sich überlegen, was die wesentliche Information ist, die man über eine Konstruktion angeben sollte. Folgende Informationen sind für die Beschreibung von Konstruktionen notwendig: 1. die Form der Konstruktion: die lautlich spezifizierten und die lautlich variablen bzw. schematischen Teile einer Konstruktion; 2. die Bedeutung der Konstruktion als Ganzes (einschließlich des möglichen besonderen Stilwerts und pragmatischer Merkmale); 3. die semantischen Bedingungen dafür, was für Elemente in die schematischen Teile bzw. „Lücken" der Konstruktion (hier gekennzeichnet durch [...]) eingebettet werden können (hierbei kann auch von Fusionierung oder Unifikation gesprochen werden; s. Rostila 2011). Eine in diesem Sinne maximale Darstellung eines pFVG könnte folgendermaßen aussehen:

(2) Form: [[1 AGENS] [2 PATIENS] *zu* [3 PRÄDIKAT] *bringen*]
    Bedeutung: [1 CAUS [2 AKTIVITÄT#3]]

Um einen möglichst komplexen Fall zu veranschaulichen, habe ich ein kausatives pFVG als Beispiel gewählt. Die Konstruktion in (2) soll Fälle wie *Er bringt das Eisen zum Schmelzen/den Gefangenen zum Sprechen* beschreiben. Zu beachten ist, dass es eine empirische Frage ist, welche Teile der Konstruktion Lücken darstellen; es wäre u. U. möglich, auch an der Stelle des konkreten Teils *bringen* eine Lücke anzusetzen. Ähnliches trifft auf die semantischen Bedingungen für die Besetzungen der Lücken zu (hier im Wesentlichen ad hoc gewählt), die ich mit Großbuchstaben angegeben habe (s. unten zur Diskussion). Zu den Einzelheiten der Notation: Lücke 1 bildet die Einbettungsstelle des Subjekts des ganzen pFVG, Lücke 2 beherbergt sein Objekt, Lücke 3 wiederum das NF. Kenntnis von den Kasus, die die Besetzungen der Lücken tragen, ist auf allgemeinere Konstruktionen zurückzuführen: z. B. Nom und Akk sind auf die deutsche Transitivkonstruktion zurückzuführen, s. Rostila (2007). Bemerkenswert ist, dass auch die Einbettungsbedingungen im Grunde zur Form der Konstruktion gehören: sie definieren ja die in diesen Positionen mögliche formale Variation (vgl. Rostila 2007, 64f.). Die Form der Konstruktion ist direkt mit einer Bedeutung bzw. semantischen Interpretation verbunden, die folgendermaßen zu entschlüsseln ist: Die Besetzung von Lücke 1 verursacht, dass die Besetzung von Lücke 2 als Subjekt des prädikativen Inhalts von Lücke 3 fungiert.[4] Eine solche semantische Interpretation ist potentiell spezifisch für die Konstruktion (2), ähnlich wie Idiome ihre eigenen semantischen Interpretationsregeln haben können, vgl. Nunberg/Sag/Wasow (1994) zur Diskussion. Bei Vorhandensein paralleler Ausdrucksweisen, in diesem Fall anderer genügend ähnlicher Kausativkonstruktionen, können Sprachbenutzer solche Regeln allerdings auf weitere Konstruktionen generalisieren; dies entspricht der Bildung einer weiteren, allgemeineren Konstruktion, die sogar gänzlich schematisch sein kann.

Die in (2) veranschaulichte Notationsweise verzichtet noch auf die Darstellung pragmatischer Gebrauchsbedingungen des FVG, die z. B. ein bevorzugtes Vorkommen in bestimmten Registern oder Gebrauchszusammenhängen betreffen können.[5] Ein entsprechendes Attribut in Form einer weiteren Lücke für eine zusätzliche Gebrauchsbedingung könnte jedoch ohne Weiteres hinzugefügt werden, z. B. in Anlehnung an Östmans (2005) Vorschläge für die Darstellung besonderer Gebrauchskontexte bei der Beschreibung des Artikelgebrauchs. Die Integration entsprechender Merkmale bzw. Attributwerte in einen formalen KxG-Ansatz, wie sie z. B. Kay/Fillmore (1999) anstreben, würde allerdings eine ziemliche Herausforderung darstellen, zumal Bedingungen der besagten Art selten mit Hilfe eines kompakten Merkmals präzise erfasst werden können. Dies trifft allerdings oft auch für semantische Gebrauchsbedingungen zu, wie sie die Lücken in (2) darstellen. Ein Reflex dieses Umstandes ist unten in den sehr tentativ formulierten Einbettungsbedingungen für Lücken zu sehen; ihre Tentativität ist allerdings zum großen Teil auch auf die schmale empirische Basis des vorliegenden Beitrags zurückzuführen.

Anschaulichkeitshalber verwende ich unten nicht volle Notationen des Typs (2), sondern beschränke mich in der Regel darauf, Konstruktionen mit Hilfe solcher konkreten Teile und Lücken darzustellen, die die herkömmlich angenommenen Bestandteile von pFVG, also das FV, die P des FVG und das NF, erfassen. Die Argumentstruktur und die Bedeutungsseite der pFVG werden also meistens ausgeblendet. Ich werde auch oft die konkrete Ausdrucksseite von Konstruktionen als ein Kürzel für die ganze Konstruktion benutzen, z. B. *bringen zu* für (2).

---

4   Die semantische Interpretation entspricht im Wesentlichen einer *small clauses*-Analyse (Stowell 1983), deren Kern im Rahmen eines generativen Ansatzes wäre, dass die ganze PP mitsamt ihres Subjekt als das semantische Objekt von *bringen* verstanden wird, während *bringen* trotzdem sein syntaktisches Objekt kasusmarkiert. Es ist unproblematischer, solche Besonderheiten in einen KxG-Ansatz zu intergrieren als in einen generativen, da die KxG davon ausgeht, dass solche konstruktions(klassen)spezifischen Idiosynkrasien statt möglichst allgemeiner Regeln den Normalfall in der Sprache darstellen.
5   Vgl. Heine (2008, 78, 86) zu Angaben dieser Art, z. B. zu den pFVG *zu Fall bringen* und *in Kontakt kommen*.

3. MÖGLICHE KONSTRUKTIONEN IM BEREICH DER PFVG

3.1. Produktive Konstruktionen mit *bringen* oder *kommen*

In Herrlitz' (1973) Inventar von pFVG, das etwa 1000 Fügungen enthält, treten pFVG mit *bringen* und *kommen* mit den meisten verschiedenen NF auf bzw. haben die größte Typfrequenz. Sie stellen deshalb einen guten Ausgangspunkt dar, wenn man zuerst die produktivsten bzw. schematischsten Konstruktionen in diesem Bereich ermitteln will.[6] Sind diese erst einmal gefunden, ist es denkbar, dass der Rest als weniger schematische Konstruktionen zu beschreiben ist, d. h. als Ausnahmen, die die im Prinzip uneingeschränkte Produktivität der schematischsten FVG-Konstruktionen eingrenzen. Es versteht sich aber, dass eine adäquate gebrauchsbasierte KxG-Analyse anhand von Korpora die Grenzen der Produktivität und semantisch-pragmatische Gebrauchsbedingungen der Konstruktionskandidaten ermitteln würde (vgl. Zeschel 2008; Heine 2008). Für eine grobe Skizze, wie ich sie hier anstrebe, reicht aber auch schon das Material aus Herrlitz' Listen aus.

Über die Häufigkeit der *bringen*- und *kommen*-Fügungen hinaus ist es auffällig, dass diese beiden FV so gut wie ausschließlich mit den P *in* und *zu* vorkommen. Außerdem könnte es einen systematischen Bedeutungsunterschied zwischen diesen beiden P bei *bringen* und *kommen* geben: während FVG mit *zu* nur den Anfang des Vorgangs oder Zustands ausdrücken, die das NF bezeichnet, drücken FVG mit *in* sowohl den Anfang als auch den Vorgang oder Zustand selbst aus, die das NF bezeichnet (Persson 1975, 69). Dies soll hier als Ausgangsannahme dienen, die zwar noch revidiert werden muss, dennoch aber dabei hilft, den Bereich der pFVG in Konstruktionen einzuteilen. Die eben erwähnte Opposition zwischen *zu* und *in* legt es nahe, Konstruktionen anzunehmen, deren konkrete Teile die folgenden sind: *bringen zu, bringen in; kommen zu, kommen in*. Dies sind häufig vorkommende Formen, die mit bestimmten Bedeutungen stark korrelieren. Dass die P *zu* und *in* hier als Teil der Ausdrucksseite von Konstruktionen mit mehreren Bestandteilen betrachtet werden und nicht als Manifestationen selbständiger Konstruktionen, lässt sich mit dem zweiten Teil von Goldbergs Konstruktionsdefinition begründen (s. oben § 2). Es ist demnach jedenfalls wahrscheinlich, dass häufige Kombinationen von FV und P zusammen eine Konstruktion bilden, soweit sie auch häufig eine bestimmte Bedeutung signalisieren. Dabei kann der selbständige Konstruktionsstatus von z. B. *bringen* und *zu* durchaus der diachronen Entstehung der größeren Konstruktion *bringen zu* zugrundeliegen. Einen weiteren Anhaltspunkt dafür, Konstruktionen dieser Art anzunehmen, liefert Van

---

6   Es ist darauf aufmerksam zu machen, dass die Schematizität einer Konstruktion nicht nur eine Funktion der Anzahl ihrer Einbettungslücken im Verhältnis zu der ihrer konkreten Teile darstellt. Eine Konstruktion ist auch umso schematischer, je variabler die Besetzungen ihrer Lücken sind: hochgradig variable Teile sind am wenigsten konkret. (Diese Dimension des Kontinuums von Schematizität scheint allerdings selten in der Literatur berücksichtigt zu werden, vgl. z. B. Croft/Cruse 2004, 248). Deshalb dürften pFVG mit FV wie *bringen* und *kommen*, die mit sehr vielen verschiedenen NF vorkommen, zu den schematischsten pFVG zählen.

Pottelberge (2001), der im Grunde eine *bringen zu*-Konstruktion vorschlägt, ohne allerdings eine KxG-Analyse zu beabsichtigen. Er schlägt vor, dass die NP in Fällen wie *jmdn. zum Lachen/zur Verzweiflung bringen* stets ein „Ergebnis" bezeichnet (ebd., 326) und stellt fest, dass die NP in der FVG-PP nicht inhärent ein entsprechendes Merkmal tragen muss. Im Grunde schlägt er dadurch vor, dass *bringen zu* als eine Konstruktion folgender Art zu betrachten ist:

(3) [[1 ... (= Subjekt)] [2 ... (= Objekt)] *zu* [3 Ergebnis] *bringen*]

Lücke 3 hat hier die Einbettungsbedingung, dass ihre Besetzung mit [+Ergebnis] verträglich sein muss. Besetzungen, die dieses Merkmal nicht besitzen, wird das Merkmal sozusagen aufgezwungen – hier kommt ein KxG-Mechanismus der Koerzion, *override*, zur Anwendung (vgl. Michaelis 2004; Rostila 2007, 181 zur Diskussion). Eine Präzisierung von (3) – und der Charakterisierung des Nomens durch Van Pottelberge als eine Ergebnisbezeichnung – ist allerdings insofern erforderlich, als das Ergebnis genau genommen darin besteht, dass die Besetzung von Lücke 2 als Subjekt des Nomens fungiert. Dies folgt aus der in (2) vorgeschlagenen Bedeutungsseite der Konstruktion. Dementsprechend hat Lücke 3 die Einbettungsbedingung, dass sie mit Material besetzt werden muss, das die Besetzung von Lücke 2 als Subjekt haben und damit zusammen eine Prädikation bilden kann, die ein Ergebnis einer *bringen*-Kausation darstellen kann. Aus Gründen des Umfangs verzichte ich auf eine Formalisierung dieser Präzisierung.

Die Konstruktion (3), wie ich sie konzipiere,[7] generiert Fälle wie (4), darunter auch welche (4b,c), die die bisherige FVG-Forschung ausgegrenzt hat – wahrscheinlich zu Unrecht (vgl. Van Pottelberge 2001, 305ff.).

(4) a. Er brachte das Eisen zum Schmelzen.
     b. Sie brachte mich zum Schweigen/Lachen.
     c. Er brachte Fritz zum Nachgeben.

Aus Gründen, die in 3.2. diskutiert werden, handelt es sich hierbei durchweg um Fälle, in denen ein substantivierter Infinitiv als NF fungiert. NF wie *Abschluss* oder *Aufführung* kommen also nicht in Frage.

Neben der Konstruktion (3) dürfte eine Konstruktion mit der Ausdrucksseite *kommen zu* bestehen, die sich ebenfalls mit substantivierten Infinitiven verbindet und diese als Ergebnisse darstellt, d. h. im Wesentlichen die gleiche Einbettungslücke wie (3) hat. Dies lässt sich dadurch begründen, dass so gut wie jedem Fall, der unter (3) zu subsumieren ist, eine Fügung mit *kommen zu* entspricht (vgl. Van Pottelberge 2001, 425). Diese Konstruktion ist vereinfacht wie folgt darzustellen:

---

7 Im Sinne von Van Pottelberge (2001) würde die Konstruktion (4) auch Fälle folgender Art generieren: (a) *jmdn. zur Verzweiflung bringen*, (b) *die Firmen zu notwendigen Vorkehrungen bringen* (ebd., 322), (c) *Psychologen brachten den bewaffneten Mann dazu, sich zu ergeben*. Weil ich aber den enklitischen Artikel als Teil der konkreten Ausdrucksseite von (3) und (5) sehen möchte, kann ich Fälle wie (b,c) nicht unter (3) subsumieren, während mein späterer Vorschlag, vorgefertigte FVG-PP anzunehmen, Fälle wie (a) ausschließt. Die Fälle (b,c) betrachte ich deshalb als gewöhnliche lokale V + PP-Strukturen, wo die abstrakte Besetzung der PP eine entsprechende Lesart des Verbs erzwingt; zu Fällen wie (a) s. § 3.2.

(5) [*zum* [Ergebnis] *kommen*]

Bemerkenswert ist hier erstens, dass die Ausdrucksseite auch den enklitischen bestimmten Artikel enthält; in der Tat ist Ähnliches auch bei der Konstruktion (3) anzunehmen. Zu Gründen für diese Entscheidung s. unten § 4. Es wird auch die Frage aufgeworfen, wie die Produktivität von (5) und (3) auf substantivierte Infinitive eingeschränkt wird (dazu s. Ende § 3.2.).

Eine weitere Frage besteht darin, ob eine abstraktere Konstruktion anzunehmen wäre, die über (3) und (5) generalisiert, indem sie für das konkrete FV eine Einbettungslücke substituiert. Die beiden FV *bringen* und *kommen* sind nämlich u. U. durch ein Merkmal wie [+Zustandsveränderung] zu erfassen. Mit letzter Sicherheit ist diese Frage kaum zu beantworten. Da, wie oben erwähnt, sehr abstrakte bzw. schematische Kategorien psychologisch jedoch weniger wahrscheinlich sind, gehe ich davon aus, dass es eine solche Generalisierung nicht gibt. Außerdem weist die Existenz von weiteren FV wie *stellen, setzen, gehen, treten*, die ebenfalls durch das Merkmal [+Zustandsveränderung] zu erfassen wären, aber im Gegensatz zu *bringen* und *kommen* nicht mit substantivierten Infinitiven und *zu* produktiv kombiniert werden (vgl. *das Eisen zum Schmelzen bringen/*stellen/ *setzen, das Eisen kommt/*geht/*tritt zum Schmelzen*; vgl. auch Van Pottelberge 2001, 423), darauf hin, dass Sprachbenutzer hier mit Konstruktionen operieren, bei denen das FV lautlich auf *bringen* oder *kommen* festgelegt ist.

Geht man davon aus, dass es FVG-Konstruktionen wie (3) und (5) gibt, stellt sich zunächst die Frage, wie sich die ebenfalls häufigen Muster *bringen in* und *kommen in*, die einen minimalen Formunterschied dazu an den Tag legen, semantisch davon unterscheiden. Diese beiden Muster erweisen sich als problematisch als Konstruktionskandidaten: Entgegen der Ausgangsannahme gibt es u. U. keinen systematischen Bedeutungskontrast zwischen der Verwendung der P *zu* und *in*, die den selbständigen Konstruktionsstatus dieser beiden Muster neben (3) und (5) rechtfertigen würde. Bedenken hinsichtlich Oppositionen dieser Art haben bereits Heringer (1968, 41), Herrlitz (1973, 21) und Persson (1975, 70) geäußert, und die Darstellung in Van Pottelberge (2001, 398f.) legt nahe, dass die P-Wahl in pFVG schwankt, ohne systematisch mit Bedeutungsunterschieden zu korrelieren, vgl. z. B. *zur/in Anwendung, in/zur Deckung bringen*. Deswegen kann man nicht ohne Weiteres davon ausgehen, dass die Muster *bringen in* und *kommen in* Indizien für zwei weitere FVG-Konstruktionen darstellen, deren Bedeutungskonstrast zu (3) bzw. (5) durch den formalen P-Kontrast angegeben wird. Aus dem gleichen Grund kann man in den P *in* und *zu* ebenso wenig Exponenten selbständiger Konstruktionen wie z. B. [*zu* [Ergebnis (= NF)] [Zustandsveränderung (= FV)]] sehen, die zum Aufbau von FVG dienen, indem sie mit FV und Nomina kombiniert werden. Die Lösung, die ich vorschlagen werde, hat den Vorteil, dass sie die Ungewissheit über den Bedeutungsbeitrag der P-Wahl erklären kann, die in den schwankenden Stellungnahmen der bisherigen Forschung zum Ausdruck kommt.

3.2. Vorgefertigte FVG-PP als selbständige Konstruktionen

Anhand der Beobachtungen von Van Pottelberge (2001) insbesondere zur Produktivität der *bringen*-Fügungen lässt sich über die konstruktionalen Verhältnisse in diesem Bereich eine erste Skizze zeichnen. Diese Skizze beruht auf folgenden Beobachtungen: Erstens können die Muster *bringen zu* und *kommen zu* systematisch mit substantivierten Infinitiven verwendet werden, so dass das Nomen jeweils ein Ergebnis bezeichnet (ebd., 214). Zweitens scheint es FVG zu sonstigen abgeleiteten Nomina (wie Ableitungen auf *-ung*) nur dann zu geben, wenn solche Ableitungen lexikalisiert sind (vgl. ebd., 375). Wenn diese Beobachtungen zutreffen, erscheint plausibel, dass es neben (3) und (5) im Bereich der pFVG Konstruktionen gibt, die ich **vorgefertigte FVG-PP** nennen möchte. Es handelt sich um Konstruktionen, deren einziger konkreter Teil aus der PP von pFVG besteht. Dieser Teil spezifiziert also idiomatisch die Wahl der P und die Form des nominalen Teils. Konstruktionen folgender Art sollen also neben (3) und (5) bestehen und generieren pFVG, die keinen substantivierten Infinitiv[8], dafür aber sonstige Ableitungen und mitunter sogar Konkreta[9] als ihr NF aufweisen:

(6) [FVG-PP [... (= FV)]], z. B. [*zur Anwendung* [...]], [*zum Abschluss* [...]], [*in Gefahr* [...]], [*in Kontakt* [...]], [*zur Einsicht* [...]], [*zu Papier* [...]], [*in Uniform* [...]]

Denkbar ist, dass die Lücke solcher vorgefertigten FVG-PP mit konkreten Fortbewegungsverben wie *bringen* und *kommen* fusioniert wird, wobei deren konkrete Ortsveränderungs-Semantik mit abstrakteren Merkmalen wie [+Zustandsveränderung] überschrieben wird. Das (hier weitgehend ad hoc vorgeschlagene) Merkmal [+Zustandsveränderung] stellt zugleich die Bedingung dafür dar, welche Elemente die FV-Lücke besetzen können. Es handelt sich hierbei um Verben, die entweder dieses Merkmal aufweisen oder eine konzeptuelle Anpassung (Koerzion) zulassen, die ihnen dieses Merkmal verleiht. Dazu gehören in erster Linie die Fortbewegungsverben *kommen* und *bringen*; ein Problem für diesen Vorschlag bilden allerdings Verben wie *geraten, stellen, setzen, treten* und *gehen*, die nicht bei allen vorgefertigten FVG-PP in Frage kommen. Dieses Problem ist wahrscheinlich z. T. dadurch zu lösen, dass viele pFVG mit solchen FV als Ausnahmen betrachtet werden, die als Ganzes abgespeichert sind; es bleibt aber wahrscheinlich auch Raum für semantische Generalisierungen, die durch Präzisierung der Bedingung [+Zustandsveränderung] bei einzelnen FVG-PP zu erfassen sind. Statt diese Frage anzugehen, möchte ich eine Perspektive zur Sprache bringen, die u. U. theoretisch interessanter ist: den Zusammenhang zwischen der FV-Wahl bei vorgefertigten FVG-PP und den Konstruktionen *bringen zu, kommen zu*. Es ist kaum plausibel, dass Sprachbenutzer die Vollverben *bringen* und *kommen* bei vorgefertigten

---

[8] Es gibt natürlich auch vereinzelte Fälle von vorgefertigten FVG-PP, die einen substantivierten Infinitiv enthalten, vgl. z. B. *zum Erliegen (bringen/kommen)*. Hohe Tokenfrequenz dürfte hinter ihrer Entstehung stehen.

[9] Zu Konkreta als NF s. Rostila (2001a, 125f.).

FVG-PP in übertragener Bedeutung verwenden, ohne dass sie eine Parallele zu den Konstruktionen *bringen zu/kommen zu* erkennen, in denen die gleiche Form, *bringen* bzw. *kommen*, mit der gleichen Bedeutung ([+Zustandsveränderung]) auftritt. Diese Parallele ist als eine Vererbungsbeziehung aufzufassen (vgl. Goldberg 1995, 72ff.), deren Details hier allerdings nicht ausgearbeitet werden können. Wesentlich ist, dass die KxG sich dazu verpflichtet, Assoziationsbeziehungen dieser Art zu beschreiben und dadurch den Charakter sprachlichen Wissens als ein Netzwerk zum Ausdruck zu bringen. Dadurch könnten sich sogar synchrone Schwankungen bzw. Ausgangskonstellationen diachroner Entwicklungen in eine synchrone Beschreibung integrieren lassen. Es liegt z. B. nahe, dass Sprachbenutzer *bringen* und *kommen* aus den *bringen zu/kommen zu*-Konstruktionen herausbrechen, d. h. als selbständige Konstruktionen zu verwenden anfangen, wenn sie diese Verben genügend oft mit den gleichlautenden Verben mit gleicher Bedeutung assoziieren, die bei vorgefertigten FVG-PP vorkommen. Dies würde die Entstehung selbständiger FV-Konstruktionen wie [[...] *bringen*], [[...] *kommen*] bedeuten, in deren Lücken FVG-PP aller Typen eingebettet werden könnten. Zumindest die in diesem Aufsatz berücksichtigten Daten ermöglichen es aber nicht, zu beurteilen, ob ein solcher Prozess bereits stattgefunden hat. Es erscheint genauso plausibel, von den Konstruktionen (3), (5) und (6) auszugehen und anzunehmen, dass FV wie *bringen* und *kommen* noch keine psychologisch wahren Einheiten sind.[10]

Es ist aber noch zu begründen, warum viele FVG-PP selbständige Konstruktionen der in (6) veranschaulichten Art darstellen sollten. Die Annahme solcher Konstruktionen ist vor allem durch die oben erwähnte fehlende semantische Systematizität der *zu/in*-Opposition motiviert. Wenn keine semantisch basierte Regel die Wahl der P zuverlässig erfasst, ist diese Wahl eine Idiosynkrasie, deren Beschreibung die Annahme einer separaten Konstruktion voraussetzt, vgl. oben Goldbergs Konstruktionsdefinition. Den Kern der erforderlichen Konstruktion bildet gerade die ganze FVG-PP, da die Wahl der P und des NF einander bedingen. Anders ausgedrückt kommutiert P zusammen mit der ganzen FVG-PP (vgl. Herrlitz 1973, 21). Gerade auf die Nicht-Kommutierbarkeit der P ist es zurückzuführen, dass der Bedeutungsbeitrag der P unklar ist: Ein Zeichen, das nicht gegen ein anderes ausgetauscht werden kann, verliert seinen selbständigen Informationswert. Rostila (2001a, 136ff.) stellt dar, dass die ganze FVG-PP, die kommutierbare Einheit, das eigentliche Zeichen darstellt. Die ursprüngliche Bedeutung der P ist Teil der Bedeutung der ganzen FVG-PP geworden und kann zwar oft solange noch rekonstruiert werden, wie eine bestimmte P erkennbar ist, wird aber von den Sprachbenutzern normalerweise nicht berücksichtigt, soweit sie FVG-PP

---

10 Dies ist natürlich eine heikle These. Eine solche kann sich aber aus einer KxG-Perspektive ergeben, d. h. aus einer Analyse, die sich an Form-Bedeutung-Korrelationen und Vorkommensfrequenzen orientiert, vor allem dann, wenn – anders als in diesem Beitrag – eine genügende empirische Datenbasis gegeben ist.

nicht analytisch prozessieren.[11] Dazu besteht jedoch meistens kein Bedarf, da sie FVG-PP auch als Einheiten manipulieren können. Die daraus folgende semantische Irrelevanz der P ermöglicht Reduktionserscheinungen bei der P (vgl. *infrage kommen, zustande bringen* (Polenz 1987, 171); *zuende gehen*[12]) und u. U. auch Schwankungen in der Wahl der P, vgl. *in/zur Anwendung kommen* (Herrlitz 1973, 21), *in/zur Deckung bringen, in/zur Übereinstimmung bringen* (Van Pottelberge 2001, 398). Solche Schwankungen können sogar den ursprünglichen semantischen Regeln zur Wahl der P entgegenlaufen, vgl. Rostila (2001a, 139).

Eine weitere Begründung für das Bestehen vorgefertigter FVG-PP ist in der oben erwähnten Beobachtung Van Pottelberges zu sehen, dass es abgesehen von pFVG mit substantivierten Infinitiven eine pFVG nur zu solchen Ableitungen gibt, die lexikalisiert sind. Diese Beobachtung bezieht sich zwar auf *-ung*-Ableitungen; da diese aber unter den pFVG heutzutage sehr häufig vorkommen (vgl. z. B. Herrlitz' Inventar) und daher primäre Kandidaten für eine produktive Bildungsweise darstellen sollten, ist anzunehmen, dass eine ähnliche Produktivitätseinschränkung erst recht für seltenere Ableitungen gilt. Wenn die P-Wahl für eine FVG-PP im Wesentlichen idiosynkratisch ist und nur eine idiosynkratisch bzw. lexikalisch festgelegte Gruppe von Ableitungen für Verwendung in FVG-PP in Frage kommt, kann der Kenntnis des Sprachbenutzers von wohlgeformten FVG-PP mit anderen als substantivierten Infinitiven als nominalen Teilen nur dadurch Rechnung getragen werden, dass vorgefertigte FVG-PP angenommen werden.[13]

Weitere Evidenz für vorgefertigte FVG-PP ist in Fällen wie (7) zu sehen, in denen FVG-PP entweder mit semantisch reicheren Verben als FV oder selbständig auftreten:

(7) a. Allerdings sollten die gesellschaftspolitischen, wirtschaftlichen und ökologischen Implikationen immer **zu Ende** *gedacht* werden.[14] (vgl. *zu Ende bringen*)

b. Er hat sich **in Wut** *geredet*. (vgl. *in Wut bringen*)

---

11 Die Verhältnisse sind weitgehend ähnlich wie bei *ne ... pas* im Prozess der Grammatikalisierung der *pas*-Negation im Französischen, vgl. Rostila (2006). Zu beachten ist auch, dass **sekundäre** Zeichen wie P in FVG-PP im Prinzip wieder zu **primären** Zeichen avancieren können, falls Sprachbenutzer sie genügend oft analytisch prozessieren und sie dadurch als semantisch relevant reanalysieren, vgl. Rostila (2007, 128) zur Diskussion.

12 Vgl. http://www.tagesschau.de/kultur/ruhr114.html (22.8.2011): *Kulturhauptstadtjahr 2010 geht zuende.*

13 Van Pottelberge (2001, 426f.) schlägt eine Klasse von formal fixierten FVG-PP vor, die meinen vorgefertigten FVG-PP offensichtlich gleicht. Ich halte es jedoch für unwahrscheinlich, dass sich die Menge von FVG-PP mit Einschränkungen syntaktischen Verhaltens mit der Gruppe erschöpft, auf die die von Van Pottelberge vorgeschlagenen Charakteristika (P = *zu*, Subjekt der PP unbelebt; z. B. *zum Ausdruck bringen/kommen*) zutreffen, zumal ich nicht einsehe, wie diese Merkmale zur höheren Gebrauchsfrequenz geführt haben könnten, die Fossilierung verursacht hätte. Es versteht sich aber, dass eine gründlichere Auseinandersetzung mit diesem Vorschlag von Van Pottelberge erforderlich wäre.

14 Http://www.forschung-und-lehre.de/wordpress/?page_id=310 (19.8.2011).

c. Gleichwohl sollen die Tonnen und Säcke für die Getrenntsammlung [...] schon viele Gutwillige **zur Verzweiflung** *getrieben* haben. (Van Pottelberge 2001, 403) (vgl. *zur Verzweiflung bringen*)

d. Die Fotos waren **in Bewegung** aufgenommen worden. (vgl. *in Bewegung sein*)

Das Vorkommen solcher Fälle (zu weiteren Daten s. Van Pottelberge 2001, 288ff., 399ff.) kann dadurch erklärt werden, dass FVG-PP separat von FV wie *bringen, kommen* und *sein* manipuliert werden können. Dies ist möglich, wenn FVG-PP mit anderen Ableitungen als substantivierten Infinitiven selbständige Konstruktionen des Typs (6) darstellen. Außerdem erklärt sich die FV-Lesart des Verbteils in Fällen wie (7a-c) dadurch, dass die Einbettungslücke der vorgefertigten FVG-PP dem Verb ein entsprechendes Merkmal aufzwingt.

Die Annahme vorgefertigter FVG-PP als selbständiger Konstruktionen soll also erklären, warum es so schwer ist, einen systematischen Bedeutungsbeitrag der P *zu* und *in* in pFVG zu erkennen. Dieser Beitrag ist bei pFVG, die auf vorgefertigte FVG-PP zurückzuführen sind, gewissermaßen neutralisiert, weil die ganze FVG-PP das primäre Zeichen darstellt. Dies gilt also für pFVG mit anderen Ableitungen als substantivierten Infinitiven als NF. Bei pFVG mit substantivierten Inifinitiven als NF sind die Verhältnisse dagegen komplex. Ansätze zu einer systematischen *zu/in*-Opposition könnte es hier durchaus geben. Bezüglich der *zu/in*-Opposition bei pFVG mit substantivierten Infinitiven könnten Fälle folgender Art aufschlussreich sein:

(8) a. Es war wirklich ein sehr schöner Abend, auch wenn ich leider mit vielen Leuten gar nicht **zum Reden gekommen** bin.[15]

b. Wenn Leute **ins Reden geraten**, dann verraten sie sich auch – mitunter, nicht immer.[16]

c. wir sind dann eben so **ins reden gekommen**[17]

Fälle dieser Art legen nahe, dass *zu* bei pFVG mit substantivierten Infinitiven signalisiert, dass das Subjekt die durch das NF ausgedrückte Aktivität o. Ä. – hier Reden – von sich aus durchführt, nachdem es durch Außenwirkung dazu gebracht worden ist, sie zu initiieren (= Beitrag des FV). Bei pFVG mit *in* reicht die Außenwirkung dagegen bis in die durch das NF bezeichnete Aktivität o. Ä. hinein – das Subjekt handelt nicht willentlich. Die Beispiele (8b,c) weisen zudem darauf hin, dass dieser Kontrast gerade auf die P-Opposition zurückzuführen ist; die Verbwahl in (8b) macht nur redundanterweise explizit, dass die Außenwirkung nicht unter der Kontrolle des Subjekts gewesen ist.

Auch Schwankungen folgender Art lassen sich mit der vorgeschlagenen Opposition erklären:

---

15 Http://klassentreffen-abc.chapso.de/gaestebuch-s14017.html (19.8.2011).
16 Http://www.br-online.de/download/pdf/alpha/h/haertling.pdf (19.8.2011).
17 Http://www.astra4ever.net/archive/index.php/t554.html?s=209c7c7bf650107dc2b1 ad52d8bb1191 (19.8.2011).

(9) a. Schließlich aber hätten all diese Befunde die Gewerkschaften mutmaßlich immer noch nicht **zum Nachdenken gebracht**. (Van Pottelberge 2001, 398)
b. Lafontaine hat die Koalition am Wochenende **ins Nachdenken** über die Grenzen ihrer Verhandlungsbereitschaft **gebracht**. (Van Pottelberge 2001, 398)

Wenn ‚Nachdenken' als eine gewissermaßen nicht-willentliche Aktivität aufgefasst wird, kann die durch *bringen* ausgedrückte Kausation nicht nur die für den Anfang dieser Aktivität erforderlichen Umstände schaffen, sondern sie auch direkt auslösen; dies wird durch *in* ausgedrückt. Weil ‚Nachdenken' aber einen Grenzfall bezüglich Intentionalität darstellen dürfte, ist zu erwarten, dass der Gebrauch hier schwankt, so dass die P-Wahl nicht stets zuverlässig auf Mitteilungsabsichten schließen lässt.

Es bleibt jedoch zu erklären, warum *in* in vielen Fällen im Gegensatz zu *zu* eine übertragene Interpretation signalisiert, wie sie in (10b,c) zutage tritt; vgl. (10a,d) zu konkreten Interpretationen:

(10) a. Er hat den Einkaufswagen **zum/??ins Rollen gebracht**.
b. Er hat den Demokratisierungsprozess **ins Rollen gebracht**.
c. Über den Schürmanbau wird die Opposition den Wohnungsbauminister wohl nicht **ins Stolpern bringen**. (Van Pottelberge 2001, 429)
d. Wie oft bin ich schon [...] von heimtückisch aus dem Nichts auftauchenden Treppenabsätzen **zum Stolpern gebracht** worden![18]

Denkbar ist, dass in solchen Fällen eine Konstruktion zur Anwendung kommt, deren konkrete Ausdrucksseite zumindest *ins* enthält, und zwar so, dass gerade die Konstruktion gewählt wird, deren nicht-übertragene Interpretation zur wörtlichen Lesart des NF nicht passen würde. Dies signalisiert, dass die wörtliche Lesart nicht in Frage kommt, vgl. *ins Stolpern/ins Rollen bringen*, deren NF bei wörtlicher Interpretation die Verwendung von *zu* verlangen. Dieser Vorschlag ist allerdings nichts als eine kühne These und beruht empirisch vorläufig nur auf der Beobachtung, dass Ähnliches im Finnischen vorkommt: Ein im wörtlichen Sinn unmöglicher Numerus scheint in gewissen (FVG-ähnlichen) Ausdrucksweisen anzugeben, dass eine übertragene Interpretation erforderlich ist, vgl. *Hän on päissään/kylmissään* ‚Er/sie ist betrunken'/‚Ihm/ihr ist kalt', wörtlich: ‚Er/sie ist in seinen/ihren Köpfen'/‚Er/sie ist in seinen/ihren Kälten'. Die entsprechenden Fälle mit dem logisch gesehen zu erwartenden Singular wären entweder sinnlos (*Hän on päässään* ‚Er/sie ist in seinem/ihrem Kopf') oder hätten eine konkrete(re) Bedeutung (*Hän on kylmässä* ‚Er/sie ist in der Kälte').

Allerdings muss festgestellt werden, dass auch pFVG mit substantivierten Infinitiven, deren P *zu* ist, übertragen verwendet zu werden scheinen, vgl. z. B. *Werden Ihre Mitarbeiter* [bei der EDV] *an den immer gleichen Stellen* **zum Stolpern gebracht?**[19]. Eine mögliche Erklärung, die die P-Oppositions-Hypothese

---

18 Http://www.wer-weiss-was.de/theme64/article3071233.html (19.8.2011).
19 Http://www.hertzog-edv.de/web/index.php?option=com_content&view=article&id=77&Itemid=81 (19.8.2011).

intakt lässt, besteht darin, dass in solchen Fällen das pFVG als Ganzes übertragen wird. Wie dem auch sei – es gilt, diesen Streifzug in die Empirie der P-Wahl abzubrechen, zumal eine adäquate empirische Bestandsaufnahme im Rahmen dieses Beitrags ohnehin nicht zu erreichen ist. Statt dessen möchte ich im Folgenden die konstruktionalen Verhältnisse skizzieren, die bestehen, wenn die vorangegangenen Beobachtungen zutreffen.

Es dürfte erstens neben den FVG-Konstruktionen mit den Ausdrucksseiten *bringen zum/kommen zum* eine pFVG-Konstruktion mit der P *in(s)* als Kern geben, die sich mit substantivierten Infinitiven verbindet. Im Gegensatz zu den Konstruktionen mit *zu(m)* gibt sie an, dass das Subjekt der FVG-PP die NF-Aktivität nicht intentional durchführt.[20] Die nächste zu klärende Frage ist, ob es hier ähnlich wie bei *zu* bei substantivierten Infinitiven als NF mehrere Konstruktionen gibt, deren konkrete Ausdrucksseiten *bringen ins, kommen ins, geraten ins* lauten oder ob *ins* allein den konkreten Teil der Ausdrucksseite bildet. Zumindest bei *geraten* als FV ist Ersteres wahrscheinlich, weil *geraten* wegen seiner Bedeutung nur mit *in* vorkommt; es ist zu vermuten, dass das daraus folgende häufige gemeinsame Vorkommen von *geraten* und *ins* für die Prägung eines entsprechenden Zeichens gesorgt hat.

Was die Kombinationen von *ins* mit sonstigen FV betrifft, spricht zumindest das (vermutliche) Bestehen von *geraten ins* als eine Konstruktion dafür, dass auch die anderen Kombinationen das FV ausdrucksseitig spezifizieren – andernfalls müsste nämlich neben *geraten ins* auch eine schematischere Konstruktion [*ins* [... (NF)] [... (FV)]] angenommen werden. Dies wäre nur in dem Fall sinnvoll, dass sonstige FV mit *ins* + substantiviertem Infinitiv eine hohe Typvariation an den Tag legten, die dafür sorgen würde, dass an ihrer Stelle statt eines konkreten FV eine Lücke entstehen würde. Da es aber nur die zwei Optionen *bringen* und *kommen* gibt, ist anzunehmen, dass sie ähnlich wie *geraten* zusammen mit *ins* konkrete Ausdrucksseiten von Konstruktionen bilden. Es ist jedoch zu betonen, dass diese Vorschläge empirisch anhand repräsentativer Frequenzdaten zu verifizieren wären. Außerdem ist darauf aufmerksam zu machen, dass hohes Potential zu einer konstruktionalen Reanalyse besteht, wenn z. B. *bringen, kommen, geraten* in Konstruktionen mit den konkreten Ausdrucksseiten *bringen zum, kommen zum, bringen ins, kommen ins* und bei vorgefertigten FVG-PP bei analytischer Prozessierung durch den Sprachbenutzer häufig mit jeweils der gleichen Semantik verbunden werden (vgl. auch § 3.2.). Dies könnte eine Reanalyse bewirken, der schematische Konstruktionen folgender Art entsprängen: [[... (= FVG-PP)] *brin-*

---

20 Diese Feststellung ist prototypischer Art und soll in reiner Form nur für belebte Subjekte von FVG-PP gelten. Unbelebte Subjekte von FVG-PP wie *Einkaufswagen* in (10a) können natürlich nicht intentional handeln, sie können aber in dem durch das NF bezeichneten Zustand o. Ä. (z. B. *Rollen*) bleiben, nachdem eine äußere Kraft (in (10a) *er*) die Voraussetzungen für das Erreichen dieses Zustandes geschaffen hat. Wenn mein Vorschlag zutrifft, sollte *in* in solchen Fällen dagegen signalisieren, dass eine fortgesetzte Außenwirkung erforderlich ist, um die Fortdauer des NF-Zustandes zu bewirken. Hier fühle ich mich allerdings an Perssons (1975, 70) Skepsis an solchen feinen Unterscheidungen erinnert; es versteht sich, dass meine These zur *zu/in*-Opposition anhand breiten empirischen Materials getestet werden müsste.

gen], [[... (= FVG-PP)] *kommen*]; [*ins* [... (= NF)] [... (= FV)]], [*zum* [... (= NF)] [... (= FV)]]. Anders ausgedrückt würden einzelne FV und die Elemente *zum* und *ins* zu konkreten Ausdrucksseiten von pFVG-Konstruktionen. In der Tat ist ein solches System nicht nur eine potentielle künftige Option, sondern eine synchrone Analysevariante. Hier tritt eine gewisse Willkür konstruktionaler Beschreibungen eines bestimmten Bereichs wie der pFVG zutage. Ihr ist nur vorzubeugen, indem Frequenzdaten aus Korpora zurate gezogen werden, mit deren Hilfe die synchron wahrscheinlichste Beschreibung ausgewählt werden kann.

Schließlich ist auf die Frage zurückzukommen, wie die Produktivität der Konstruktionen *bringen zum, kommen zum, bringen ins, kommen ins* auf substantivierte Infinitive eingeschränkt werden kann. Ich schlage vor, dass dies darauf zurückzuführen ist, dass vorgefertigte FVG-PP neben diesen Konstruktionen bestehen und eine im Prinzip geschlossene Klasse bilden, die alle NF anderer Ableitungsmuster umfasst, die zum FVG-Gebrauch zur Verfügung stehen. Daraus folgt, dass Sprachbenutzer nur zu substantivierten Infinitiven greifen können, wenn sie kreativ verfahren und ein pFVG zu einem prädikativen Inhalt bilden möchten, der sich mit den NF vorgefertigter FVG-PP nicht ausdrücken lässt.

4. EINIGE VERBLEIBENDE FRAGEN

Eine konstruktionale Darstellung der schematischen Konstruktionen im Bereich der pFVG müsste noch zumindest den *am*-Progressiv berücksichtigen (*Er ist am Arbeiten*; regional: *Er ist das Buch am Lesen*), der als weitgehend grammatikalisierte Form von den Strukturen dieses Typs wahrscheinlich sogar den höchsten Schematizitätsgrad aufweist (vgl. Andersson 1989) – und der häufig zu Unrecht aus der FVG-Diskussion ausgegrenzt worden ist (vgl. Rostila 2001a,b; Van Pottelberge 2001, 411). Die entsprechende Konstruktion könnte in einer ähnlichen Beziehung zu durativen pFVG wie *in Bearbeitung/in Fluss/in Mode sein* stehen wie die oben vorgeschlagenen produktiven Konstruktionen *bringen zu, bringen ins, kommen zu, kommen ins, geraten ins* zu vorgefertigten FVG-PP mit den gleichen FV: Der *am*-Progressiv stellt die produktive Option dar, während sonstige pFVG mit dem FV *sein*, die andere Ableitungen als substantivierte Infinitive enthalten, auf vorgefertigte FVG-PP zurückgehen. In der Tat läuft mein Vorschlag darauf hinaus, dass es neben den produktiven Konstruktionen mit *bringen, kommen* und *geraten* sowie dem *am*-Progressiv im Bereich der pFVG nur vorgefertigte FVG-PP und als Ganzes abgespeicherte Fügungen gibt. Trifft dies zu, wären bei einem Konstruktionsansatz zu pFVG grob betrachtet „nur" noch folgende Fragen zu beantworten: 1. Welche pFVG sind als Ganzes abgespeichert? 2. Welche Bedingungen regeln die Besetzung der FV-Lücke bei vorgefertigten FVG-PP? 3. Wie genau lauten die Einbettungsbedingungen von NF bei den produktiven pFVG-Konstruktionen?

Einige Bemerkungen zum Artikelelement in pFVG sind vonnöten. Sowohl die Annahme vorgefertigter FVG-PP als auch der Vorschlag, das Artikelelement als Teil der Form der FVG-Konstruktionen *bringen zum, kommen zum, bringen ins, kommen ins, geraten ins* zu betrachten, implizieren, dass diese Strukturen keinen lebendigen Artikel mehr enthalten. Der Artikel ist demnach ein fossilisierter, nicht kommutierbarer Teil der Ausdrucksseite dieser Konstruktionen. Dies ist offensichtlich eine heikle Annahme, zumal NF gelegentlich pronominalisierbar sind, attribuiert werden und Artikelvariation zulassen (vgl. Van Pottelberge 2001, 319ff., 426). Alle diese Operationen setzen ein gewöhnliches referentielles Nomen voraus, zu dem wiederum ein Artikelelement gehört. Um diesem Umstand Rechnung zu tragen, schlage ich vor, dass das Artikelelement und das NF in den skizzierten pFVG-Konstruktionen von den Sprachbenutzern mitunter als lebendige Artikel und referentielle Nomina reanalysiert werden. Dies beruht darauf, dass Artikelelemente und Nomina in den pFVG lautlich noch genügend mit den normalen, „freien" Artikeln und Nomina zusammenfallen, die außerhalb von pFVG vorkommen. Außerdem können sie noch als Träger der Semantik dieser freien Elemente fungieren. Aus der Sicht der KxG bedeutet dies, dass solche freien Elemente mitunter Eigenschaften an Artikel und Nomina in pFVG vererben. Solche Operationen dürften allerdings umso seltener stattfinden, je fester eine FVG-PP oder sonstige pFVG-Konstruktion in der Kognition als eine als Ganzes prozessierbare Einheit etabliert bzw. „entrenched" (Langacker 1987, 59f.) ist (vgl. Rostila 2006, § 1). Dass weitgehend grammatikalisierte FVG-Muster wie der *am*-Progressiv sowie herkömmlich als lexikalisiert betrachtete Fügungen wie *zur Sprache bringen* kaum noch lebendige Artikelelemente aufweisen, legt dies nahe.

Es ist allerdings noch auf eine Analysealternative hinsichtlich des Artikelelements aufmerksam zu machen. Es wäre zu untersuchen, ob der enklitische Artikel in pFVG funktionell mit dem Nullartikel zusammenfällt und für die verallgemeinernde, referenzlose Semantik des NF sorgt. Ist dies der Fall, müsste eine entsprechende Artikelkonstruktion angenommen werden, deren Verwendung sich nicht auf pFVG beschränkt, vgl. Hartmann (1978). Fossilisierte Artikel wären dann u. U. nur im *am*-Progressiv und den lexikalisiertesten sonstigen Fügungen anzutreffen.

5. ABSCHLIEẞENDE BEMERKUNGEN

Dieser Beitrag hat Ausgangspunkte für eine empirisch basierte konstruktionale Beschreibung der pFVG geliefert und dabei Schwierigkeiten einer Konstruktionsanalyse dieses Bereichs zutage gefördert. Inwiefern die Analyse nützliche Anregungen für die Phraseologieforschung geliefert hat, können am besten praktizierende Phraseologieforscher beurteilen. Ich möchte hier trotzdem noch einige m. E. aus dieser Sicht wesentliche Merkmale und Probleme der KxG-Analyse aufgreifen. Erstens ist auf gewisse Herausforderungen einzugehen. Da oft viele verschiedene Konstruktionseinteilungen sprachlichen Materials möglich sind, haftet den diesbezüglichen Entscheidungen eine gewisse Willkür an, wenn die Analyse nicht durch Korpusuntersuchungen untermauert wird, die sowohl die Semantik als auch die relative Frequenz der Konstruktionskandidaten berücksichtigen. Eine weitere

Herausforderung, die hier kaum in Angriff genommen wurde, ist in der exakten Bestimmung der semantisch-pragmatischen Gebrauchsbedingungen von Konstruktionen (Bedingungen für die Besetzung der schematischen Teile, Bedeutung von Konstruktionen als Ganzes, pragmatische Bedingungen für ihre Verwendung) und in ihrer Erfassung als Merkmale bzw. Attributwerte zu sehen, die eine formale Konstruktionsbeschreibung im Stil von z. B. Kay/Fillmore (1999) ermöglichen. Könnten diese Herausforderungen bewältigt werden, könnte die Phraseologieforschung auch davon profitieren, und zwar in Form von Lösungen für die systematische Darstellung von Phraseologismen. Ähnliches gilt für Vererbungsbeziehungen zwischen Konstruktionen: Eine systematische Methode, sie darzustellen, hätte wahrscheinlich Verwendung bei der Beschreibung von u. a. partieller Produktivität und Motiviertheit von Phraseologismen.

Für die Phraseologieforschung könnte ein nützlicher Beitrag der KxG-Perspektive auch darin bestehen, kategorischen Urteilen bezüglich des phraseologischen oder grammatischen Charakters von Erscheinungen vorzubeugen, die partiell produktiv sind. Dazu zählen offensichtlich die pFVG, die oft als ein sich verbreitendes Muster und sogar als ein Fall der Grammatikalisierung angesehen worden sind (s. Van Pottelberge 2001, 412). Indem die KxG sowohl hochgradig produktive Muster wie [am [...] sein] als auch weniger produktive Muster wie vorgefertigte FVG-PP als partiell schematische Konstruktionen beschreibt, deren Schematizitätsgrad nur variiert (vgl. Fn. 6), ermöglich sie es, das grundsätzlich Gleiche solcher Muster zu erkennen. Es gibt aus dieser Perspektive also keinen grundlegenden Unterschied zwischen solchen Mustern, wie ihn Van Pottelberge (2001, 415) sehen möchte, sondern ein Kontinuum der Produktivität – oder Grammatikalisiertheit, vgl. Rostila (2006; 2007). Alles, was der Sprachbenutzer als musterhaft wahrnimmt, ist in gewissem Grad grammatikalisiert und hat Potenzial zu weiterer Grammatikalisierung. Diese Perspektive hat den Vorteil, dass man gegenüber sich eventuell abzeichnenden Änderungen im Grad der Produktivität offener beiben kann und eher auf den Gedanken kommt, entsprechende Korpusuntersuchungen durchzuführen. Um ein Beispiel zu nennen: Es würde sich u. U. lohnen, die Produktivität des (möglichen) Musters [in [...]-ung sein] (z. B. *in Behandlung/Bearbeitung/Führung sein*) diachron zu betrachten, um festzustellen, ob es sich doch von den Produktivitätsbeschränkungen der -ung-Ableitung losgelöst hat und ob sich hier vielleicht Ansätze zur Herausbildung eines Kandidaten für eine künftige Progressiv-Konstruktion zeigen; schließlich hat Ähnliches im Englischen u. U. stattgefunden, vgl. Andersson (1989, 97); Rostila (2001a,b).

6. LITERATUR

Andersson, Sven-Gunnar (1989): On the Generalization of Progressive Constructions. *Ich bin (das Buch) am Lesen* – Status and Usage in Three Varieties of German. In: Lars-Gunnar Larsson (Hg.): Proceedings of the Second Scandinavian Symposium on Aspectology. Uppsala, 95–106.

Bergs, Alexander/Diewald, Gabriele (2008): Introduction. Constructions and Language Change. In: Alexander Bergs/Gabriele Diewald (Hg.): Constructions and Language Change. Berlin, 1–21.
Burger, Harald u. a. (Hg.) (2007): Phraseologie. Ein internationales Handbuch der zeitgenössischen Forschung. Bd. 1. Berlin/New York.
Bybee, Joan (1985): Morphology: A Study of the Relation between Meaning and Form. Amsterdam/Philadelphia.
Bybee, Joan (2006): From Usage to Grammar: The Mind's Response to Repetition. In: Language 82.4, 711–733.
Chomsky, Noam (1981): Lectures on Government and Binding. The Pisa Lectures. Dordrecht.
Croft, William (2001): Radical Construction Grammar. Syntactic Theory in Typological Perspective. Oxford.
Croft, William/Cruse, D. Alan (2004): Cognitive Linguistics. Cambridge.
Diessel, Holger (2007): Frequency Effects in Language Acquisition, Language Use, and Diachronic Change. In: New Ideas in Psychology 25, 108–127.
Feilke, Helmuth (2007): Syntaktische Aspekte der Phraseologie III. *Construction Grammar* und verwandte Ansätze. In: Harald Burger u. a. (Hg.) (2007), 63–76.
Fillmore, Charles J. (1968): The Case for Case. In: Emmon Bach/Robert T. Harms (Hg.): Universals in Linguistic Theory. New York, 1–88.
Fillmore, Charles J. (1988): The Mechanisms of ‚Construction Grammar'. In: Proceedings of the Fourteenth Annual Meeting of the Berkeley Linguistic Society 14, 35–55.
Fillmore, Charles J., Kay, Paul/O'Connor, Mary Catherine (1988): Regularity and Idiomaticity in Grammatical Constructions. The Case of *Let Alone*. In: Language 64, 501–538.
Fischer, Kerstin/Stefanowitsch, Anatol (Hg.) (2007): Konstruktionsgrammatik. Von der Anwendung zur Theorie. Tübingen.
Fleischer, Wolfgang (1982): Phraseologie der deutschen Gegenwartssprache. Leipzig.
Fried, Mirjam/Östman, Jan-Ola (2004): Construction Grammar. A Thumbnail Sketch. In: Mirjam Fried/Jan-Ola Östman (Hg.) (2004): Construction Grammar in a Cross-Language Perspective. Philadelphia, 11–86.
Goldberg, Adele E. (1995): Constructions. A Construction Grammar Approach to Argument Structure. Chicago/London.
Goldberg, Adele E. (2006): Constructions at Work. The Nature of Generalization in Language. Oxford.
Goldberg, Adele E./Casenhiser, Devin/White, Tiffani R. (2007): Constructions as Categories of Language. In: New Ideas in Psychology 25, 70–86.
Goldberg, Adele E. (2009): Constructions Work. In: Cognitive Linguistics 20, 201–224.
Hartmann, Dietrich (1978): Verschmelzungen als Varianten des bestimmten Artikels? Zur Semantik von Äußerungen mit präpositionalen Gefügen im Deutschen. In: Dietrich Hartmann/Hansjürgen Linke/Otto Ludwig (Hg.): Sprache in Gegenwart und Geschichte. Festschrift für Heinrich Matthias Heinrichs. Köln/Wien, 68–81.
Heine, Antje (2008): Funktionsverbgefüge richtig verstehen und verwenden. Ein korpusbasierter Leitfaden mit finnischen Äquivalenten. Frankfurt a. M. u. a.
Helbig, Gerhard (1979): Probleme der Beschreibung von Funktionsverbgefügen im Deutschen. In: Deutsch als Fremdsprache 16, 273–285.
Heringer, Hans-Jürgen (1968): Die Opposition von ‚kommen' und ‚bringen' als Funktionsverben. Düsseldorf.
Herrlitz, Wolfgang (1973): Funktionsverbgefüge vom Typ ‚in Erfahrung bringen'. Ein Beitrag zur generativ-transformationellen Grammatik des Deutschen. Tübingen.
Kay, Paul/Fillmore, Charles (1999): Grammatical Constructions and Linguistic Generalizations. The What's X doing Y Construction. In: Language 75, 1–33.
Langacker, Ronald W. (1987): Foundations of Cognitive Grammar. Bd. 1. Theoretical Prerequisites. Stanford.

Lakoff, George (1987): Women, Fire, and Dangerous Things. What Categories Reveal about the Mind. Chicago.
McCawley, James D. (1988): Review article: Knowledge of Language. Its Structure, Origin, and Use (Noam Chomsky). In: Language 64, 355–365.
Michaelis, Laura A. (2004): Type Shifting in Construction Grammar. An Integrated Approach to Aspectual Coercion. In: Cognitive Linguistics 15.1, 1–67.
Nunberg, Geoffrey/Sag, Ivan A./Wasow, Thomas (1994): Idioms. In: Language 70, 491–538.
Östman, Jan-Ola (2005): Construction Discourse. A Prolegomenon. In: Jan-Ola Östman/Mirjam Fried (Hg.): Construction Grammars. Cognitive grounding and theoretical extensions. Amsterdam/Philadelphia, 121–143.
Persson, Ingemar (1975): Das System der kausativen Funktionsverbgefüge. Eine semantisch-syntaktische Analyse einiger verwandter Konstruktionen. Lund.
Polenz, Peter von (1963): Funktionsverben im heutigen Deutsch. Sprache in der rationalisierten Welt. In: Wirkendes Wort, Beiheft 5.
Polenz, Peter von (1987): Funktionsverben, Funktionsverbgefüge und Verwandtes. Vorschläge zur satzsemantischen Lexikographie. In: Zeitschrift für germanistische Linguistik 15, 169–189.
Rostila, Jouni (2001a): In Search of Invisible Prepositions: Connections between *Funktionsverbgefüge* and Aspectual Periphrastics. In: Ljiljana Šarić/Donald F. Reindl (Hg.): On Prepositions. Oldenburg, 125–165.
Rostila, Jouni (2001b): *In Arbeit sein/be at work* vs. *am arbeiten sein/be working*: Zum Kontrast zwischen lexikalisch festgelegten und syntaktisch gebildeten Funktionsverbgefügen und zu ihren Entwicklungstendenzen. In: Marja-Leena Piitulainen/Tiina Sorvali (Hg.): Aus der germanistischen Nachwuchswerkstatt. Tampere, 61–89.
Rostila, Jouni (2006): Storage as a Way to Grammaticalization. In: Constructions 1/2006. Http://www.constructions-online.de.
Rostila, Jouni (2007): Konstruktionsansätze zur Argumentmarkierung im Deutschen. Doktorarbeit, Universität Tampere. Http://acta.uta.fi/pdf/978-951-44-7085-1.pdf.
Rostila, Jouni (2011): Wege zur konstruktiven Kritik der Konstruktionsgrammatik. Eine Replik auf Leiss (2009a,b). In: Zeitschrift für germanistische Linguistik 39, 120–134.
Stefanowitsch, Anatol/Fischer, Kerstin (Hg.) (2008): Konstruktionsgrammatik II. Von der Konstruktion zur Grammatik. Tübingen.
Stowell, Tim (1983): Subjects Across Categories. In: The Linguistic Review 2, 285–312.
Van Pottelberge, Jeroen (2001): Verbonominale Konstruktionen, Funktionsverbgefüge. Vom Sinn und Unsinn eines Untersuchungsgegenstandes. Heidelberg.
Van Pottelberge, Jeroen (2007): Funktionsverbgefüge und verwandte Erscheinungen. In: Harald Burger u. a. (Hg.) (2007), 436–444.
Zeschel, Arne (2008): Funktionsverbgefüge als Idiomverbände. In: Anatol Stefanowitsch/Kerstin Fischer (Hg.) (2008), 263–278.

PHRASEME AUS TEXTSTILISTISCHER PERSPEKTIVE

Eine kritische Forschungsbilanz

Andrea Bachmann-Stein (Bayreuth)

1. AUSGANGSPUNKT

Dass Phraseme einen bedeutenden stilistischen Beitrag zu Texten liefern, ist sowohl in der phraseologischen wie auch in der textlinguistischen Forschung unbestritten. Vor allem in der Phraseologieforschung gibt es eine mittlerweile fast unüberschaubare Anzahl von Publikationen, die – je nach phraseologischem Forschungsschwerpunkt[1] – das Auftreten und die Funktion von Phrasemen in bestimmten Einzeltexten bzw. in bestimmten Textsorten in den verschiedensten Facetten beleuchten und analysieren. Das Wirkungspotenzial, das die Phraseme entfalten können, ist dabei zunächst abhängig von der konkreten Kommunikationssituation, dem Kommunikationsanlass und natürlich vom Textproduzenten, der sich bei der Textproduktion an bestimmten Textmustern orientiert. Diese textexternen Faktoren wirken sich unmittelbar auf die sprachliche Realisierung aus, also auch darauf, ob und welche Phraseme im Text verwendet werden. Da die unterschiedlichen Phrasemtypen und ihre vielfältigen Erscheinungsformen auch in Abhängigkeit von der Textsorte verschiedene Funktionen übernehmen können, ist eine Verallgemeinerung der textkonstitutiven wie auch textstilistischen Leistung kaum möglich. Ziel dieses Beitrages ist es deshalb, die relevanten Betrachtungsebenen und die textstilistischen Effekte, die durch Phraseme in Texten hervorgerufen werden können, zu systematisieren und zu bilanzieren.[2]

2. TEXTSTILISTIK

Mit der kommunikativ-pragmatischen Wende Ende der 1960er Jahre gelangt man zu der Einsicht, dass sprachliche Kommunikation sich nicht in Sätzen, sondern in Texten vollzieht. Diese Einsicht hat grundlegende Auswirkungen auf die textlin-

---

1 Unter anderem kontrastive Phraseologieforschung, Phraseodidaktik, Phraseographie, kognitive Phraseologieforschung, phraseologische Lexikographie usw.
2 Einen grundlegenden Schritt in diese Richtung hat Sabban (2004; 2007) gemacht, indem sie das Konzept der „textbildenden Potenzen" von Černyševa (1980) wieder aufgegriffen und weitergeführt hat.

guistische Forschung, da jetzt nicht mehr nur der Satz sondern der Text als Ganzes als sprachliches Handlungsmittel angesehen wird, wobei im Zentrum die kommunikative Funktion von Texten in Kommunikationssituationen steht (vgl. Brinker 2001, 15). Grundgedanke ist, dass Texte immer in konkrete Kommunikationssituationen eingebettet sind, d. h. der Text wird nicht als isolierte sprachliche Äußerung betrachtet, sondern der ganze Kommunikationsakt wird bedeutsam. Dieses Verständnis von Text hat auch zur Folge, dass sich das bis dato übliche Verständnis von Stil (als Zusammenfassung der verschiedenen Stilfiguren bzw. als Stilgrammatik) verändert: Text(sorten)stil „ist eine Eigenschaft von Texten oder von Gesprächen. Er stellt jedoch eine spezifische Perspektive auf Texte und Gespräche her, indem er zu deren jeweiliger Gesamtbedeutung Entscheidendes beiträgt" (Sandig 2007, 158). Das liegt daran, dass „sprachliche Handlungen, seien sie einfach oder komplex, [...] nach Mustern oder Regeln gemacht [werden]. Dies gilt auch für das Formulieren, das nach Stilmustern oder -regeln gemacht wird" (Püschel 1983, 106).[3] Die konkrete Textgestaltung unterliegt dabei spezifischen, mehr oder weniger stark festgelegten sprachlichen Vorgaben, d. h. „[d]er Grad der sprachlichen Vorgaben im Textmuster für die Realisierung kann verschieden sein" (Sandig 1986, 173). Determiniert werden die konventionellen Formulierungsweisen einer Textsorte „durch die konventionellen Vorgaben des umfassenderen Handlungsbereichs [...] bzw. der Institution, auch durch den Kanal und gegebenenfalls das Medium" (Sandig 1997, 31). Es existieren somit „textklassenspezifische Kommunikationsmaximen" (Heinemann/Viehweger 1991, 165; Hervorhebung im Original), die einen Rahmen schaffen für charakteristische Formulierungen. Diese „Formulierungsmuster" gehören zum Textmusterwissen der Sprachteilhaber. Sie umfassen „Wörter und Konstruktionen, die sich bei vorausgehenden standardisierten Kommunikationsaufgaben bewährt haben" (ebd., 166). Der Begriff „Formulierungsmuster" bezieht sich dabei „auf alle sprachlichen Einheiten [...], die als ‚vorgegeben', ‚vorformuliert' bzw. ‚beispielhaft' verstanden werden können" (ebd.), und beinhaltet Einzellexeme, syntaktische Konstruktionen, Kollokationen, stereotype Textkonstitutive[4] sowie Gliederungssignale (ebd., 166f.).

Eine solche funktional-pragmatische Auffassung versteht unter Stil „die sozial relevante, interaktiv bedeutsame Art der Durchführung sprachlicher Handlungen mittels Text" (Sandig 2007, 159). Stil hat hier vor allem zwei Funktionen: Zum einen dient er der Entlastung von Textproduzenten und -rezipienten, da durch die Existenz von Textsortenstilen sprachliche Äußerungen mit konventionellen Eigenschaften hergestellt werden bzw. als solche identifiziert werden können (vgl. Püschel 1982, 28). Zum anderen trägt „der Textsortenstil zur Bedeutung der Text-

---

3 Das Musterwissen betrifft „[n]icht nur die Textkomposition, sondern auch die Formulierung" (Heinemann/Viehweger 1991, 165).
4 Damit bezeichnen die Autoren formelhaft geprägte Einheiten, die an bestimmte Phasen der Textkonstruktion gebunden sind und als Ganzheiten abgerufen werden, z. B. Begrüßungsformeln, förmliche Briefanrede usw. (vgl. auch Stein 1995).

äußerung" (ebd.) bei, er zeigt an, „wie die Textäußerungen gemeint und verstanden werden können" (ebd.), da mittels des Stils eine (Text-)Handlung spezifischen Typs an die Gegebenheiten der vorliegenden Kommunikationssituation oder an individuelle Zwecke angepasst werden kann (vgl. Sandig 1987, 142). Darüber hinaus lassen sich durch Stil auch Einstellungen ausdrücken und vermitteln, wobei sich diese auf unterschiedliche Aspekte der Handlung beziehen können (vgl. Püschel 1982, 28 und 34; Sandig 1986, 32; Sandig 1987, 142):

> „Der Sprecher/Schreiber kann über den Stil seine subjektiven oder die aufgrund von Konvention erwartbaren Einstellungen vermitteln: zur Handlung, zum Inhalt der Handlung, zu seiner Sprecher/Schreiber-Rolle, zum Adressaten, zur Beziehung, zur Situation mit ihren Gegebenheiten (Medium, Institutionsgebundenheit, Kanal)" (Sandig 1986, 30).

Folglich ist Sprache nicht nur ein Mittel zur Erreichung eines bestimmten Handlungsziels, sie ist gleichzeitig „ein wesentliches Mittel sprachlicher Selbstdarstellung" (Sandig 1995, 31) und durch Stil „wird soziale Zugehörigkeit ebenso angezeigt wie Individualität" (ebd.). Hier kommt nun das Spannungsverhältnis zwischen individueller Gestaltungsmöglichkeit eines Textexemplars und der Anpassung an die textsortenspezifische Norm ins Blickfeld. Grundsätzlich können einzelne Formulierungen, aber auch der gesamte Stil eines Textes konventionell oder individuell realisiert sein (vgl. Püschel 1982, 35), wobei der individuelle stilistische Gestaltungsspielraum je nach Textsorte variiert.[5] Das heißt, die Realisierung von konkreten Textexemplaren bewegt sich immer zwischen zwei Polen: Auf der einen Seite kann ein Text mustergemäß, also der Norm entsprechend, gestaltet werden – Sandig bezeichnet diesen Vorgang als „stilistisches Typisieren" (1986, 147). Auf der anderen Seite kann ein Text aber auch individuell abweichend konzipiert werden – Sandig spricht von „stilistischem Unikalisieren" (ebd.). Zwischen den beiden Polen des Typisierens und Unikalisierens existieren naturgemäß viele Zwischenstufen; besonders zu berücksichtigen ist, dass es unterschiedliche Grade des Unikalisierens gibt, „von der radikalen kleinschreibung [...] bis zur abweichenden Verwendung eines Textes" (ebd., 148). Deutlich wird dadurch, dass die Textproduktion und -rezeption immer vor dem Hintergrund des zugrunde liegenden Musters abläuft, denn

> „die Mitglieder von Kommunikationsgemeinschaften [bilden] im Laufe ihrer kommunikativen Sozialisation Erwartungen aus über die Erwartbarkeit bestimmter Stile in bestimmten Kommunikationskontexten. Diese fungieren als Normalformerwartung, von der jedoch zum Zwecke der Nahelegung bestimmter Bedeutungen und Interpretationen jederzeit abgewichen werden kann" (Selting 2001, 5).

Die Gestaltungen von Stilen beruhen auf Merkmalsbündeln: Merkmale verschiedener Beschreibungsebenen von Texten kookkurrieren und werden aufgrund die-

---

5 So kann unterschieden werden in Textsorten, die wenig Freiraum für individuellen Textsortenstil lassen (z. B. Rechtstexte), und in Textsorten, die einen breiten Raum hierfür eröffnen (z. B. Glossen) (vgl. auch Sandig 1986, 194).

ser Kookkurrenz als bedeutsame Gestalt interpretierbar (vgl. Sandig 2001, 21).[6] Dass dabei auf der Ebene der sprachlichen Realisierung Phraseme zu berücksichtigen sind, ist auch in der textstilistischen Forschung unbestritten. Denn sie gehören zu den grundlegenden sprachlichen Gestaltungsmitteln, wie es bereits Sabban (2004, 238) festgehalten hat: „Phraseologische Untersuchungen der letzten [zwanzig] Jahre sind von der grundsätzlichen Erkenntnis geprägt, dass Phraseme einen bedeutsamen Anteil von Texten ausmachen". Als „textbildende Potenzen" (Černyševa 1980, 93f.; vgl. auch Sabban 2004 und 2007) dienen Phraseme der Textkonstitution von Textexemplaren, die bestimmten Textsorten zugeordnet werden können. Je nach Textsorte können dabei unterschiedliche Typen von Phrasemen in verschiedener Weise wirksam sein und dementsprechend auch unterschiedliche Funktionen übernehmen.

3. PHRASEME ALS TEXTSTILISTISCHES MITTEL

3.1. Grundlegendes zum Zusammenhang von Phrasemen und Textsorten

Die unterschiedlichen Phrasemtypen und ihre Verwendungsmöglichkeiten bedingen, dass Phraseme je nach Erscheinungsform ganz unterschiedliche Anteile an der Textkonstitution haben und daher eine Verallgemeinerung ihrer textkonstitutiven wie auch textstilistischen Potenziale kaum möglich ist. Welche textuelle Leistung einem Phrasem in einem konkreten Textexemplar zukommt, hängt sowohl von seiner konkreten Realisierungsweise wie auch von der konkreten Verortung im Text ab. Dementsprechend stellt eine systematische Darstellung der Korrelation zwischen Phrasemtypen und einzelnen Textsorten noch immer ein Desiderat dar.

---

[6] Eine umfassende textstilistische Analyse aus funktional-pragmatischer Perspektive berücksichtigt dabei sowohl makrostilistische wie auch mikrostilistische Phänomene. Makrostilistisch vorzugehen bedeutet, dass textlinguistisch orientierte Aspekte als Grundlage und Ausgangspunkt für eine integrative Stilanalyse dienen, die den gesamten Kommunikationsprozess berücksichtigt und die Kommunikationssituation, materielle Textgestalt, Textfunktion, Themenentfaltung sowie die sprachliche Realisierung analytisch getrennt analysiert (vgl. zu holistischen Textsortenmodellen Bachmann-Stein 2004). Mikrostilistisch vorzugehen bedeutet, dass man Stilelemente auf unterschiedlichen Ebenen des Sprachsystems bestimmt (vgl. Fix/Poethe/Yos 2001, 51ff.). Dazu zählen beispielsweise expressive lexikalische Elemente als Formen der stilistischen Markierung, das Auftreten und die Häufigkeit bestimmter Wortbildungstypen, der Syntaxgebrauch (z. B. bestimmte Satztypen, Satzgliedstellung usw.), aber eben auch das Vorkommen und die Art der Realisierung von Phrasemen. Aus der makro- und der mikrostilistischen Analyse ergeben sich dann Textmuster, die als allgemeine kognitive Vorgaben für die inhaltliche, funktionale und formale Gestaltung der Texte einer Textsorte dienen. Diese Textmuster beinhalten auch Stilmuster, also zum einen bestimmte Stilzüge für die Realisierung einer Textsorte, zum anderen – neben den Stilfiguren – auch Stilverfahren zwischen Musterbefolgung und Musterdurchbrechung.

Dennoch sind für einige Phrasemtypen, sowohl unmarkiert als auch modifiziert, und bestimmte Textsorten Zusammenhänge herausgearbeitet worden (vgl. beispielsweise für Texte im Bereich der Werbung Hemmi 1994; Balsliemke 2001, für Horoskope Köster 1997; Bachmann-Stein 2004). Die vorliegenden Untersuchungen zeigen, dass in medial unterscheidbaren Textsorten unterschiedliche Typen von Phrasemen auftreten, so dass „Phraseme zur Konstitution des Textes, zu seiner medienspezifischen Beschaffenheit" beitragen (Sabban 2004, 243). So hat sich beispielweise gezeigt, dass in den Fließtexten von Werbeanzeigen wie auch in berichtenden Pressetexten vergleichsweise wenige modifizierte Phraseme auftreten, während an den exponierten Stellen von Werbeanzeigen (Slogan, Schlagzeile), in Schlagzeilen von meinungsbetonten Pressetexten wie auch in deren Fließtext häufig Modifikationen auftreten. Die vorliegenden Untersuchungen zeigen, dass sich die verschiedenen Typen von Phrasemen nicht in homogener Weise auf unterschiedliche Textsorten verteilen, dass aber Affinitäten zwischen bestimmten Textsorten und Phrasemtypen zu beobachten sind, so dass es „eher um Frequenz- und Distributionsunterschiede, weniger um absolute Restriktionen" geht (vgl. Fleischer 2001, 143). Verallgemeinert man diese Ergebnisse, so kann man feststellen: Assertive Textsorten, die zusätzlich zur Informationsfunktion keine oder nur eine sehr untergeordnete Unterhaltungsfunktion haben, weisen tendenziell weniger modifizierte oder expressiv konnotierte Phraseme auf,[7] während sich diese in direktiven Textsorten – sofern der Textproduzent eigene Bewertungen abgibt und/oder die Textrezipienten überzeugen will – häufiger finden.

Anknüpfend an die aktuelle Forschungssituation erscheint es begründet, für die Untersuchung der textstilistischen Relevanz von Phrasemen ein text- bzw. textsortenbezogenes Vorgehen zu wählen. Dass dies jedoch an dieser Stelle nicht für alle Typen von Phrasemen geleistet werden kann, versteht sich von selbst. Daher sollen im Folgenden exemplarisch die m. E. herausragenden textstilistischen Potenziale systematisiert vorgestellt werden. Die vielen Phrasemen inhärenten stilistischen Eigenschaften und Potenziale werden zwar nicht ausgeklammert, aber lediglich aus textorientierter Perspektive mitberücksichtigt.

3.2. Verfahren der Textbildung

In der Regel bestehen schriftlich konzipierte Texte aus mehreren (an der Textoberfläche) miteinander verknüpften Äußerungseinheiten, d. h. ein wesentliches Kennzeichen von Texten ist ihre Kohärenz, die u. a. auch durch Kohäsion hergestellt wird bzw. werden kann. Wenn also Phraseme in Texten auftreten, dann sind sie auch in der Lage, einen Beitrag zur Textverknüpfung zu leisten. Aus textstilistischer Sicht stellen sich dabei u. a. folgende grundlegende Fragen: Können Phra-

---

7 Im Vergleich aber dazu Horoskope in den Massenmedien, die zwar den assertiven Textsorten zuzurechnen sind, aber aufgrund des hohen Unterhaltungswertes, den die Redaktionen den Texten zuschreiben, häufig modifizierte Phraseme beinhalten.

seme in gleicher Weise wie Lexeme bzw. Lexemverbindungen zur Textbildung beitragen? Weshalb greifen Textproduzenten bei der Realisierung ihrer konkreten Textexemplare auf (bestimmte Typen von) Phraseme(n) zurück, wenn ihnen als Alternative auch einzelne Lexeme, welche womöglich auch über das gleiche semantische Potenzial verfügen wie die phraseologischen Einheiten, zur Verfügung stehen?

a) Die Eignung von Phrasemtypen für die Kohäsionsbildung

Dass sich nicht alle Phrasemtypen dafür eignen, Kohäsion im Text zu erzeugen, liegt auf der Hand. Vor allem die stark idiomatischen Phraseme können oftmals nicht mit den üblichen Mitteln der Kohäsionsbildung (z. B. Pronominalisierung, Substitution) wieder aufgenommen werden, da durch die Wiederaufnahme einzelner Phrasemkomponenten diese semantisch isoliert und damit die wörtliche Bedeutung aktualisiert würde (vgl. Burger 2010, 157). Kohäsionsbildung mit stark idiomatischen Phrasemen erfolgt daher in der Regel durch den Bezug auf das ganze Phrasem, z. B. dadurch, dass es einem wörtlichen Ausdruck zugeordnet wird (vgl. Gréciano 1987).

Funktionsverbgefüge, die den Kollokationen (vgl. Burger 2010, 158) oder den Phraseoschablonen (vgl. Fleischer 2001, 116) zugeordnet werden, können dagegen „durchaus mit den üblichen Mitteln der Kohäsionsbildung an den Kontext anschließen" (Burger 2010, 158). Dies liegt daran, dass sie textlich eher unauffällig sind und vornehmlich dazu dienen, bestimmte Aktionsarten zu differenzieren (z. B. in *Gang bringen/kommen/setzen*).[8]

Ebenfalls einen eher unauffälligen Beitrag zur Textbildung übernehmen die Textorganisationssignale (z. B. *um auf x zurück zu kommen, im Folgenden* vgl. Stein 2003), mit denen der Textproduzent „metakommunikative Handlungen vollzieht, die sich primär auf die Organisation von Texten beziehen" (Stein 2007, 229). Sie finden sich vielfach in Texten, die „dem wissenschaftlichen Stil und dem Stil der öffentlichen Rede zuzurechnen sind" (ebd.), und dienen dem Rezipienten als Gliederungs- und Orientierungshilfe, da sie helfen, die Makrostruktur eines Textes durchschaubar zu machen. Die Textorganisationssignale wirken dabei vor allem in zwei Bereichen: Zum einen geben sie Hinweise auf das Thema, den Textaufbau sowie auf die Funktion des Textes bzw. Teiltextes (z. B. *Zusammenfassend ist zu sagen*), zum anderen können sie einen textinternen Verweisraum konstituieren (z. B. *wie oben erwähnt*) (vgl. ebd.).

Aber auch andere Phrasemtypen können zur Textbildung beitragen. Dies geschieht zum einen durch die Art ihrer Positionierung, also dadurch, dass Phraseme häufig an textlich zentralen Stellen (z. B. am Anfang oder Ende der Texte bzw.

---

[8] Auffällig ist es aus funktional-stilistischer Perspektive allerdings, wenn solche Phraseme gehäuft auftreten, da dadurch eine Nähe zur Verwaltungssprache und deren Textsorten suggeriert wird.

Teiltexte) stehen. Zum anderen kann Textbildung erfolgen durch verschiedene Arten von Häufungen von Phrasemen im Text; dazu zählen das verstärkte Auftreten von Phrasemen in einer bestimmten Verwendungsweise, das auffällige Wiederholen eines bestimmten Phrasemtyps oder die Häufung von Phrasemen mit einem [ähnlichen] Bildkern (vgl. Sabban 2004, 256f.), in diesen Fällen ließe sich auch von „Kettenbildung" (Sandig 2007, 169) sprechen.

Bei einer Betrachtung von Phrasemen als Mittel zur Textbildung fällt der Blick unweigerlich auch auf die in der phraseologischen Forschung eher skeptisch beurteilten (vgl. Fleischer 1997, 258f.) sogenannten „formelhaften Texte" (vgl. Stein 2001). In der Sprachgemeinschaft haben sich zur Bewältigung bestimmter rekurrenter Kommunikationsanlässe bestimmte komplexe Muster etabliert (z. B. Grußworte in Festschriften, Danksagungen in wissenschaftlichen Arbeiten, Glückwunschtexte aller Art, Kondolenzkarten), die sich dadurch auszeichnen, dass sie sowohl inhaltsseitig wie auch ausdrucksseitig konstant sind. Diese Konstanz zeigt sich deutlich in der „schablonenartige[n] Textstruktur (mit inhaltlich konstanten Textkomponenten) und [in der] formelhaften Realisierung der Komponenten" (Stein 2007, 233).

Die unterschiedlichen Möglichkeiten der verschiedenen Phrasemtypen für die Textbildung sind aus textstilistischer Perspektive auch deshalb von Belang, weil sie Hinweise geben, wie der Textproduzent seinen Text durch den Rezipienten verortet sehen will. Indem sich der Textproduzent an bestimmten Stellen im Text für bestimmte Typen von Phrasemen entscheidet, gibt er dem Rezipienten nicht nur Orientierungshilfen für das Durchsichtigmachen des Text(aufbau)s, sondern er ordnet das konkrete Textexemplar auch einer bestimmten Textsorte zu und verdeutlicht die „Interaktions- oder Kommunikationsmodalität" (Lüger 1999, 198) (z. B. Sachlichkeit und Nicht-Emotionalität in Verwaltungstexten durch das gehäufte Auftreten von Funktionsverbgefügen).

b) Phraseme als inhaltlich-thematisch strukturierende Textbildungsmittel

Das Auftreten von Phrasemen ist bekanntermaßen nicht an eine bestimmte Position gebunden. Häufig werden sie an textlich zentralen Stellen wie am Anfang oder am Ende von Texten (oder Teiltexten) platziert. Je nach Positionierung im Text übernehmen sie bestimmte Aufgaben der Textbildung, vor allem bezogen auf die inhaltlich-thematische Gestaltung: Am Anfang eines Textes stehen Phraseme häufig, um die inhaltliche Tendenz des jeweiligen Textes zu signalisieren und den Textinhalt grob zusammenzufassen; sie stehen typischerweise in der Mitte eines Textes, wenn ein Thema entfaltet oder abgeschlossen werden soll bzw. wenn ein neuer Themenbereich eröffnet wird; und am Ende eines Textes stehen sie, wenn abschließend pointiert der Textinhalt nochmals resümiert wird (vgl. Bachmann-Stein 2004, 192f.; Sabban 2004, 249).

c) Modifikation als Mittel der Kohärenzbildung

Den „vermutlich interessantesten Verwendungsaspekt der Phraseologie in heutigen Texten stellen die Modifikationen dar" (Burger 2010, 159). Gerade für Texte der Massenmedien (vor allem Presse und Werbung) ist das kreative Spiel mit Phrasemen charakteristisch und auch in der Forschung ist dieser Aspekt umfassend gewürdigt worden (vgl. für eine kurze Zusammenstellung Sabban 2007, 241). Dass Modifikationen als kohärenzstiftendes Mittel betrachtet werden, gründet sich auf die Tatsache, dass sie in der Regel nur kontextuell verstehbar sind und ihren semantischen Mehrwert erst im Zusammenspiel mit weiteren Textelementen entfalten, da sie auf eine einzeltextgebundene stilistische Wirkung hin angelegt sind. Wie Burger (2010, 159ff.) und Sabban (2007) bereits ausführlich dargelegt haben, können Phraseme durch formale (z. B. durch Expansion, Substitution oder Reduktion) und/oder semantische Modifikation als Textbildungsmittel dienen (vgl. für die folgenden Ausführungen Sabban 2007, 241ff.): Vor allem das Phänomen der Ambiguierung, das zusätzliche Hervorrufen der wörtlichen Lesart des Phrasems neben der phraseologischen, ist hier relevant. Zu unterscheiden sind verschiedene Formen der Ambiguierung, die, je nachdem in welcher Relation das modifizierte Phrasem zur unmittelbaren (schriftlichen) Textumgebung, zur Kommunikationssituation (insbesondere zum Situationsbezug) oder zu einem Bild steht, unterschiedliche Auswirkungen haben können: Bei der „Ambiguierung durch Evozieren der Wörtlichkeit" (ebd., 241) wirkt ein formal unverändertes Phrasem dadurch kohärenzstiftend, dass es durch den Bezug auf den Kontext neben der phraseologischen auch die wörtliche Lesart hervorruft. Die „Ambiguierung durch Wörtlichnehmen" (ebd., 242) zeichnet sich dadurch aus, dass ein Phrasem zunächst nicht in seiner phraseologischen Lesart, sondern in der wörtlichen zu verstehen ist, allerdings durch die Einbettung in den Kontext interpretierbar bleibt. Bei der „Ambiguierung durch Kumulieren von Bedeutungen" (ebd., 243) werden sowohl die phraseologische wie auch die wörtliche Lesart des Phrasems im Kontext aufgerufen und miteinander verschränkt. Die genannten Verfahren der Ambiguierung dienen allerdings nicht nur der Kohärenzbildung, sie verleihen den Texten auch gleichzeitig einen besonderen Stilwert und tragen so bei zu einem semantischen Mehrwert (vgl. 3.4.).

3.3. Stilistische Markierungen

Wie hinreichend bekannt ist, aber aus Gründen der Vollständigkeit hier nochmals erwähnt werden muss, speist sich das stilistische Potenzial von Phrasemen in vielen Fällen (allerdings von Phrasemtyp zu Phrasemtyp in unterschiedlichem Maße und in unterschiedlicher Weise) aus ihren inhärenten stilistischen Markierungen. Obwohl diese Aspekte der Phrasemverwendung in phraseopragmatischen Arbeiten ausführlich diskutiert worden sind, findet man keine allgemeingültige Systematisierung entsprechender stilistischer Eigenschaften. Ich lehne mich daher hier an die Differenzierung von Fleischer/Michel/Starke (1993) sowie an Fleischer

(1997) an und gebe einen knappen Überblick über die wichtigsten Eigenschaften aus textstilistischer Perspektive.

Grundsätzlich weisen Phraseme wie Simplizia und Wortbildungsprodukte stilistische Markierungen auf (vgl. Fleischer/Michel/Starke 1993, 149). Für schriftlich konzipierte Texte gilt dabei zunächst, dass die in ihnen vertretenen Phraseme diatextuell markiert sind, d. h. dass die verschiedenen Phrasemtypen, wie bereits erwähnt, nicht in allen Textsorten in gleicher Häufigkeit und in gleicher Verteilung auftreten. Diese diatextuelle, zuweilen auch diamediale Markierung (vgl. dazu auch Stein 2007) überlagert andere stilistisch relevante Markierungen, die für die Konstitution eines Text- bzw. Textsortenstils bedeutsam sein und für die angemessene Rezeption eines Textes eine große Rolle spielen können. Auf der Grundlage der diatextuellen Markierung ist zusätzlich die diastratische Markierung zu berücksichtigen. Denn je nach Kommunikationsbereich und -situation wählt der Textproduzent Phraseme aus unterschiedlichen Stilschichten (gehoben, normalsprachlich, salopp-umgangssprachlich, vulgär; Sowinski 1972, 238f.); zur Verdeutlichung: In assertiven Pressetexten finden sich kaum Phraseme, die der vulgären Stilschicht zugeordnet werden könnten, während diese in bestimmten Medien (z. B. „Titanic"), häufig bei Karikaturen, durchaus anzutreffen sind.

Mit der Wahl einer bestimmten Stilschicht geht auch oftmals die diaevaluative Markierung von Phrasemen (positiv wertend, negativ wertend, ambivalent) einher, mit denen die Sprechereinstellung zum Ausdruck gebracht wird. So zeigt sich häufig ein Zusammenhang von salopp-umgangssprachlichen, z. T. auch vulgären und negativ-wertenden sowie gehobenen oder normalsprachlichen und positivwertenden Markierungen (vgl. Fleischer/Michel/Starke 1993, 152). Auch dabei ist die konkrete Zuordnung zu einer bestimmten Textsorte von grundlegender Bedeutung, da für bestimmte Textsorten keine oder nur eine eingeschränkte Wahlmöglichkeit diaevaluativer Phraseme gegeben ist. Beispielsweise findet sich in Todesanzeigen nicht das abwertende Phrasem *ins Gras beißen*, da für diese Textsorte positiv wertende oder neutrale Phraseme konstitutiv sind.

Zur stilistischen Markierung von Phrasemen zählt darüber hinaus ihre Expressivität bzw. der „konnotative Mehrwert" (Burger 2010, 81). Viele (vor allem die idiomatischen) Phraseme zeichnen sich dadurch aus, dass sie – je nach Textsorte – zur Intensivierung, Veranschaulichung, Euphemisierung oder zur Emotionalisierung beitragen können, z. B. in Glossen oder in Titelkomplexen in Pressetexten (*Das ist ja die Höhe!* [Titel eines Pressetextes, in dem es um das höchste Hotel der Welt geht]).

Weitere stilistisch relevante Markierungen von Phrasemen wie beispielsweise diachronisch, diatopisch, diaintegrativ (Herkunft) oder diatechnisch (Fachsprache) (vgl. Fleischer/Michel/Starke 1993, 82f.) unterliegen ebenfalls den diatextuellen Markierungen, so finden sich beispielsweise in populärwissenschaftlichen Texten häufig Phraseme, die eine diatechnische Markierung aufweisen (*das Risiko senken/mindern/verringern*).

Die stilistische Markierung von Phrasemen wirkt sich also unmittelbar auf die jeweiligen Gebrauchsrestriktionen und -präferenzen aus. Dies ist bedingt durch „textklassenspezifische Kommunikationsmaximen" (Heinemann/Viehweger 1991,

165), die den Spielraum potenzieller Formulierungsalternativen entsprechend den Besonderheiten einer bestimmten Textsorte eingrenzen und so den Rahmen bilden für charakteristische Textformulierungen, was auch den Einsatz bestimmter Phraseme bzw. Phrasemtypen beinhaltet.

3.4. Stilistische Wirkungsabsichten und -potenziale

Untrennbar verbunden mit der Frage nach der stilistischen Markierung von Phrasemen ist die von den Textproduzenten anvisierte Wirkungsabsicht sowohl des Gesamttextes als auch der Phrasemverwendung im konkreten Textexemplar bei den Rezipienten. Diese schlägt sich u. a. nieder in der Art der Beziehungsgestaltung[9] und der damit verbundenen Adressatenberücksichtigung sowie im Ausdruck der Sprechereinstellung und den Möglichkeiten der Selbstdarstellung. Weiterhin ist zu berücksichtigen, dass mit Phrasemen „gegenüber den nicht-phraseologischen Entsprechungen ein Bündel weiterer evaluativer Handlungen, Einstellungen, Imagebezeugungen usw." ausgedrückt werden kann (Kühn 1994, 420), die bekanntermaßen ebenfalls zum stilistischen Wirkungspotenzial zu rechnen sind, die aber gewissermaßen quer liegen zu den im folgenden Punkt a) vorgestellten Wirkungsabsichten. Dies erklärt sich aus der unterschiedlichen Blickrichtung, aus der die Phraseme betrachtet werden: Auf der einen Seite geht es vornehmlich darum, wie der Textproduzent auf die Bedürfnisse und Erwartungen der Rezipienten eingeht; auf der anderen Seite rückt der semantische Mehrwert der Phraseme (z. B. unterhalten, emotionalisieren) im konkreten Text stärker in den Vordergrund.

a) Art der Beziehungsgestaltung, Adressatenberücksichtigung, Sprechereinstellung und Selbstdarstellung

Wie bereits erwähnt, haben Textsorten charakteristische bzw. typische sprachliche Merkmale, die es den Sprachteilnehmern erlauben, einen konkreten Text einer bestimmten Textsorte zuzuordnen. Das Textmusterwissen hängt mit dem gemeinsamen Wissen um bestimmte Merkmale von Textsorten einer Sprachgemeinschaft zusammen, über das die Kommunikationsteilnehmer verfügen. Die Merkmale einer Textsorte betreffen „[n]icht nur die Textkomposition, sondern auch die Formulierung" (Heinemann/Viehweger 1991, 165).[10] Ein Textproduzent hat bei seinen Formulierungen den typischen Stil der jeweiligen Textsorte zu treffen, aber auch den Stil des jeweiligen Publikationsorgans. Darüber hinaus steht er vor der

---

9 Grundgedanke bei der Art der Beziehungsgestaltung ist, dass das Was und das Wie einer Äußerung Einfluss haben auf die Gestaltung der Beziehung zwischen den Interaktionspartnern.
10 Das gilt auch für Publikationsorgane, die ebenfalls meist ihren eigenen typischen Stil aufweisen (man denke z. B. an den Stil der Bild-Zeitung), durch den sie sich von den Konkurrenten am Markt abgrenzen und dadurch unverwechselbar machen wollen.

Aufgabe, die Textmustererwartungen der Rezipienten zu erfüllen. Hierfür orientiert er sich u. a. an dem jeweiligen Adressatenkreis und dessen (vermeintlichen) Erwartungen. Spätestens an dieser Stelle wird deutlich, dass es kaum möglich ist, textsortenübergreifende Aussagen über die stilistische Funktion von Phrasemen im Hinblick auf die Wirkungsabsichten und -potenziale zu geben, da selbst Textexemplare, die der gleichen Textsorte zugeordnet werden können, je nach Medium unterschiedlich realisiert werden können und demzufolge auch die Phrasemverwendung stark variieren kann. So werden z. B. in der „taz" deutlich häufiger Phraseme für den Titelkomplex (nicht nur im Feuilleton, sondern auch im Wirtschafts- und Politikteil) als in anderen überregionalen Zeitungen eingesetzt, um die der Zeitung eigene politische und weltanschauliche Position zu verdeutlichen und zu unterstreichen (vgl. Sabban 2004, 247f.). Da die „taz" eine relativ kleine Auflage und eine relativ stabile Leserschaft hat, dient die häufige und auffällige Verwendung von Phrasemen sowohl der Sprechereinstellung (z. B. Ablehnung der Atomkraft) und der Selbstdarstellung (z. B. als Mitglied einer bestimmten Gruppe) als auch der Berücksichtigung der Adressatenwünsche bzw. -erwartungen.

Auch bei der Textsorte ‚Horoskop' ist eine unterschiedlich starke Ausprägung von Phrasemen je nach Publikationsorgan zu beobachten, wie der Vergleich von vier verschiedenen Zeitschriften („Bravo", „Hörzu", „Stern", „Brigitte") gezeigt hat (vgl. Bachmann-Stein 2004, 192). Dass dabei in der Bravo, in der Hörzu und im Stern eine relativ homogene Verteilung bezüglich Auftreten und Phrasemtyp gegeben ist, in der Frauenzeitschrift Brigitte aber prozentual fast doppelt so viele Phraseme realisiert sind, zeigt, dass die Adressatenberücksichtigung und der idiolektale Stil des Textproduzenten unmittelbare Auswirkungen auf das Auftreten von Phrasemen im konkreten Textexemplar haben kann.[11]

Aber auch bei einer Textsorte innerhalb eines Publikationsorgans kann es zu unterschiedlich häufigem Vorkommen von Phrasemen kommen, wie es beispielsweise in den politischen Kommentartexten der Süddeutschen Zeitung zu beobachten ist: Während in den Texten von Heribert Prantl ausnahmslos Phraseme zu finden sind, kommen sie in den Texten der anderen Journalisten (z. B. Nico Fried, Tomas Avenarius) äußerst selten vor. In diesem Fall kann also nicht mehr von der Berücksichtigung der Adressaten ausgegangen werden, sondern hier konzentriert sich die Wirkungsabsicht auf die Art der Selbstdarstellung, realisiert vor allem durch den idiolektalen Stil des Textproduzenten[12] (vgl. auch Sandig 2007, 162f.).

---

11 Die Horoskope in der Bravo, der Hörzu und dem Stern wurden von mehreren Personen erstellt, während für die Horoskope in der Brigitte eine (namentlich aufgeführte) Astrologin verantwortlich war.
12 Die häufig anzutreffende These, dass „Phraseologismen in politischen Kommentaren [...] außerordentlich dicht bezeugt" sind (Burger 2010, 168), sollte daher zumindest für aktuelle Texte doch kritisch hinterfragt werden.

b) Semantischer Mehrwert

Insbesondere die referenziellen Phraseme (unabhängig davon, ob sie modifiziert oder in ihrer Nennform auftreten) dienen aus textstilistischer Perspektive dazu, ein zusätzliches Wirkungspotenzial zu entfalten. Dies kann z. B. in erster Linie die Aufmerksamkeitssteuerung sein, indem die Phraseme an textlich exponierten Stellen, wie Überschriften oder Schlagzeilen, auftreten und den Rezipienten neugierig machen und einen Leseanreiz geben. Persuasion (vor allem in der Werbung) kann durch Phraseme erreicht werden, wenn die Werbebotschaft „mit Hilfe von Phraseologismen einprägsam und konnotationsreich formuliert" wird (Balsliemke 1999, 44). Weiterhin dienen Phraseme der Emotionalisierung, einem Sonderfall des Bewertens (vgl. Sandig 2007, 167; Fleischer 1997, 201f.). Phraseme können durch die spezifische Verwendung im Text unterhaltend wirken, indem sie beispielsweise sprachspielerisch eingesetzt werden und den Rezipienten zum Miträtseln einladen. Auch kann mithilfe von (meist modifizierten) Phrasemen auf gemeinsames Wissen angespielt werden, wodurch zusätzliche, über den Text hinausgehende Sachverhalte implizit thematisiert werden können – ein Verfahren, das im Übrigen auch zur Herstellung von Intertextualität dient.

4. SCHLUSS

Wie der knappe Überblick über wesentliche stilistische Eigenschaften von Phrasemen verdeutlicht, erweist es sich als ausgesprochen schwierig, die verschiedenen Facetten textstilistischer Gestaltung und die Ebenen, auf denen sie manifest werden, zu differenzieren und zu systematisieren. Von Textsortenstilen zu sprechen – so plausibel das im Umfeld textsortenanalytischer Untersuchungen erscheinen mag – impliziert wie das Phänomen Stil selbst eine schillernde und nur schwer fassbare Vielfältigkeit. Ziel war es daher, die relevanten Betrachtungsebenen und die Effekte, die zum Teil hauptsächlich, zum Teil jedoch nur unter Beteiligung von Phrasemen hervorgerufen werden (können), zu bilanzieren. Der Forschungsüberblick unterstreicht in besonderer Weise, dass Phraseme als textstilistisches Mittel in Beziehung zu anderen stilistischen Mitteln gesetzt werden müssen und dass ihr Anteil an der Konstitution von Textsortenstilen in Form umfassender holistischer Textsortenanalysen genauer bestimmt werden muss.

5. LITERATUR

Bachmann-Stein, Andrea (2004): Horoskope in der Presse. Ein Modell für holistische Texsortenanalysen und seine Anwendung. Frankfurt a. M. u. a.

Balsliemke, Petra (1999): Der Kunde ist König! Zur Verwendung von Phraseologismen in der Anzeigenwerbung. In: Rupprecht S. Baur/Christoph Chlosta/Elisabeth Piirainen (Hg.): Wörter in Bildern – Bilder in Wörtern. Baltmannsweiler, 19–46.

Balsliemke, Petra (2001): Da sieht die Welt schon anders aus. Phraseologismen in der Anzeigenwerbung. Modifikation und Funktion in Text-Bild-Beziehungen. Baltmannsweiler.

Brinker, Klaus (2001): Linguistische Textanalyse. Eine Einführung in Grundbegriffe und Methoden. Berlin.
Burger, Harald (2010): Phraseologie. Eine Einführung am Beispiel des Deutschen. Berlin.
Burger, Harald u. a. (2007) (Hg.): Phraseologie. Ein internationales Handbuch zeitgenössischer Forschung. Bd. 1. Berlin/New York.
Černyševa, Irina I. (1980): Feste Wortkomplexe des Deutschen in Sprache und Rede. Moskau.
Fix, Ulla/Poethe, Hannelore/Yos, Gabriele (2001): Textlinguistik und Stilistik für Einsteiger. Ein Lehr- und Arbeitsbuch. Unter Mitarbeit von Ruth Geier. Frankfurt a. M. u. a.
Fleischer, Wolfgang (1997): Phraseologie der deutschen Gegenwartssprache. Tübingen.
Fleischer, Wolfgang (2001): Phraseologie. In: Wolfgang Fleischer/Gerhard Helbig/Gotthard Lerchner (Hg.): Kleine Enzyklopädie – Deutsche Sprache. Frankfurt a. M. u. a., 108–144.
Fleischer, Wolfgang/Michel, Georg/Starke, Günter (1993): Stilistik der deutschen Gegenwartssprache. Frankfurt a. M. u. a.
Gréciano, Gertrud (1987): Idiom und Text. In: Deutsche Sprache 15, 193–208.
Heinemann, Wolfgang/Viehweger, Dieter (1991): Textlinguistik. Eine Einführung. Tübingen.
Hemmi, Andrea (1994): Es muss wirksam werben, wer nicht will verderben. Kontrastive Analyse von Phraseologismen in Anzeigen-, Radio- und Fernsehwerbung. Bern u. a.
Köster, Lutz (1997): Phraseologismen im Unterricht Deutsch als Fremdsprache. Kontrastives Vorgehen mit Hilfe der Textsorte ‚Horoskop'. In: Iris Bäcker (Hg.): Das Wort. Germanistisches Jahrbuch. Moskau/Bonn, 283–308.
Kühn, Peter (1994): Pragmatische Phraseologie: Konsequenzen für die Phraseographie und Phraseodidaktik. In: Barbara Sandig (Hg.): EUROPHRAS 92. Tendenzen der Phraseologieforschung. Bochum, 411–428.
Lüger, Heinz-Helmut (1999): Satzwertige Phraseologismen. Eine pragmatische Untersuchung. Wien.
Püschel, Ulrich (1982): Die Bedeutung von Textsortenstilen. In: Zeitschrift für germanistische Linguistik 10, 28–37.
Püschel, Ulrich (1983): Stilanalysen als Stilverstehen. In: Barbara Sandig (Hg.): Stilistik. Bd. 1. Hildesheim/Zürich/New York, 97–126.
Sabban, Annette (2004): Zur Rolle der Phraseme für die Konstitution und Funktion des Textes. Ein Beitrag zum Konzept der textbildenden Potenzen. In: Kathrin Steyer (Hg.): Wortverbindungen – mehr oder weniger fest. Jahrbuch des Instituts für Deutsche Sprache 2003. Berlin/New York, 238–261.
Sabban, Annette (2007): Textbildende Potenzen von Phrasemen. In: Harald Burger u. a. (Hg.) (2007), 237–253.
Sandig, Barbara (1986): Stilistik der deutschen Sprache. Berlin/New York.
Sandig, Barbara (1987): Textwissen. Beschreibungsmöglichkeiten und Realisierungen von Textmustern am Beispiel der Richtigstellung. In: Johannes Engelkamp/Kuno Lorenz/Barbara Sandig (Hg.): Wissensrepräsentation und Wissensaustausch. Interdisziplinäres Kolloquium der Niederländischen Tage in Saarbrücken, April 1986. St. Ingbert, 115–151.
Sandig, Barbara (1995): Tendenzen der linguistischen Stilforschung. In: Gerhard Stickel (Hg.): Stilfragen. Institut für deutsche Sprache Jahrbuch 1994. Berlin/New York, 27–61.
Sandig, Barbara (1997): Formulieren und Textmuster. Am Beispiel von Wissenschaftstexten. In: Eva-Maria Jakobs/Dagmar Knorr (Hg.): Schreiben in den Wissenschaften. Frankfurt a. M. u. a., 25–44.
Sandig, Barbara (2001): Stil ist relational! Versuch eines kognitiven Zugangs. In: Eva-Maria Jakobs/Annely Rothkegel (Hg.): Perspektiven auf Stil. Tübingen, 21–33.
Sandig, Barbara (2007): Stilistische Funktionen von Phrasemen. In: Harald Burger u. a. (Hg.) (2007), 158–176.
Selting, Margret (2001): Stil – in interaktionaler Perspektive. In: Eva-Maria Jakobs/Annely Rothkegel (Hg.): Perspektiven auf Stil. Tübingen, 3–20.

Sowinski, Bernhard (1972): Deutsche Stilistik. Beobachtungen zur Sprachverwendung und Sprachgestaltung im Deutschen. Frankfurt a. M.

Stein, Stephan (1995): Formelhafte Sprache. Untersuchungen zu ihren pragmatischen und kognitiven Funktionen im gegenwärtigen Deutsch. Frankfurt a. M. u. a.

Stein, Stephan (2001): Formelhafte Texte. Musterhaftigkeit an der Schnittstelle zwischen Phraseologie und Textlinguistik. In: Martine Lorenz-Bourjot/Heinz-Helmut Lüger (Hg.): Phraseologie und Phraseodidaktik. Wien, 21–39.

Stein, Stephan (2003): Textgliederung. Einheitenbildung im geschriebenen und gesprochenen Deutsch: Theorie und Empirie. Berlin/New York.

Stein, Stephan (2007): Mündlichkeit und Schriftlichkeit aus phraseologischer Perspektive. In: Harald Burger u. a. (Hg.) (2007), 220–236.

ÜBERSETZUNG VON PHRASEOLOGISMEN

Die Forschungsgeschichte bis zur Jahrtausendwende

Annikki Liimatainen (Tampere)

1. EINLEITUNG

Es wird in vielen Arbeiten der Phraseologie- und übersetzungswissenschaftlichen Forschung[1] darauf hingewiesen, dass die Übersetzung von Phraseologismen nahezu immer mit Schwierigkeiten verbunden ist. Die häufig anzutreffende Äquivalenzlosigkeit der Phraseologismen ergibt sich laut Dobrovol'skij/Piirainen (2009, 163) jedoch nicht daraus, dass die Phraseologismen „im Normalfall unikale Bilder bzw. Züge der traditionellen nationalen Kultur" enthalten – wie früher häufig angenommen wurde –, sondern vielmehr aus der Vielschichtigkeit des Inhaltsplanes der meisten Phraseologismen. Wenn auch der gegebene L1-Phraseologismus im Sinne der kontrastiven Phraseologie auf der Systemebene eine absolute Entsprechung in der Zielsprache zu haben scheint, bedeutet dies noch nicht, dass das Wörterbuch-Äquivalent in allen Kontexten auch als Übersetzungsäquivalent vorkommen kann. Koller (2007, 607) versteht unter Übersetzungsproblematik bei Phraseologismen alle charakteristischen Eigentümlichkeiten, Wirkungsmöglichkeiten und Funktionen phraseologischer Einheiten, die sich im Text voll entwickeln (können) und über das denotative Maß hinausgehen.

Ziel des vorliegenden Beitrags ist es, den Forschungsstand und die verschiedenen Forschungsaktivitäten zur Übersetzung phraseologischer Einheiten in der deutschsprachigen Germanistik und übersetzungswissenschaftlichen Literatur zu beschreiben. Die Phraseologie ist hier im Sinne einer weiten Phraseologieauffassung zu verstehen, denn berücksichtigt werden nicht nur die zentralen, sondern auch die peripheren phraseologischen Einheiten, d. h. Phraseologismen sowohl unterhalb der Satzgrenze als auch satzwertige Phraseologismen. Aus Platzgründen wird die Forschungsgeschichte in diesem Beitrag nur bis zur Jahrtausendwende erläutert.

---

1   Siehe z. B. Burger (1973, 100, 102), Schweizer (1978, 116), Roos (1981, 230), Coulmas (1981, 134), Burger/Buhofer/Sialm (1982, 314), Kammer (1985, 69), Gläser (1986, 167), Higi-Wydler (1989, 1), Wandruszka (1990, 58), Koller (1994, 351), Łabno-Falęcka (1995, 260), Zybatow (1998, 149), Fiedler (1999, 61).

2. ZU DEN ERSTEN THEORETISCHEN BESCHÄFTIGUNGEN MIT DEN FRAGEN DES ÜBERSETZENS VON PHRASEOLOGISMEN

Nach den ersten Anfängen der germanistisch orientierten kontrastiven Forschung der Phraseologie im Sinne eines interlingualen Vergleichs von zwei oder mehr Sprachen Mitte der 60er Jahre des 20. Jahrhunderts begann allmählich auch die Übersetzung phraseologischer Einheiten das Interesse der Linguisten zu wecken. Die ältesten Arbeiten, in denen das Deutsche entweder als Ausgangs- (AS) oder Zielsprache (ZS) vorkommt, stammen von Anfang der 1970er Jahre. (Korhonen 2004, 579) In früheren allgemein übersetzungstheoretischen Einführungen und Arbeiten wurden Probleme der Übersetzung phraseologischer Einheiten in den meisten Fällen nur auf ein paar Seiten behandelt, ohne dass man sich mit dem Problem systematisch befasst hätte. Im Folgenden werden ohne jeglichen Anspruch auf Vollständigkeit nur einige ausgewählte Arbeiten gesichtet.

Gesichtspunkte, die bei Levý (1969, 95f. u. 102f.) zur Sprache kommen, sind die linguistische Eigenart sowie die Möglichkeiten der angemessenen Übersetzung der englischen Grußformel *how do you do* wie auch der „stehenden Wendungen", volkstümlichen Redewendungen und Sprichwörter. Albrecht (1973, 57f., 96) spricht von „festen Fügungen", „idiomatischen Redensarten" und „idiomatischen Wendungen", die im zielsprachlichen Text „en bloc wiedergegeben werden" müssen (ebd., 58). Er (ebd.) betont, dass eine gewisse Kenntnis von idiomatischen Wendungen und Sprichwörtern für die Übersetzungspraxis unbedingt erforderlich ist. Auch laut Diller/Kornelius (1978, 72–74) stellen die „stehenden oder idiomatischen Redensarten" einen Sonderfall im Bereich praktischer Übersetzungsschwierigkeiten dar. Die Autoren (ebd., 73) betonen, dass solche Ausdrücke jeweils eine eigene Übersetzungseinheit bilden.

Die Dissertation „Grundprobleme der Übersetzungstheorie" von Koller (1972) enthält dagegen schon ein mit „Phraseologismen" überschriebenes Kapitel (Kap. 4.6.), das eine etwas ausführlichere textbezogene Analyse bietet, in dem der Autor versucht, das übersetzungswissenschaftliche Interesse für phraseologische Einheiten zu wecken. Anhand von Beispielen wird gezeigt, wie Phraseologismen aus einem schwedischen Original ins Deutsche und in einige weitere europäische Sprachen übersetzt werden. (Ebd., 170–175) Koller (ebd., 171f.) führt drei Möglichkeiten des Übersetzens von Phraseologismen an: (1) Wörtliche Übersetzung des ausgangssprachlichen Phraseologismus, was in der Zielsprache einen bedeutungsäquivalenten Phraseologismus zum Resultat hat; (2) Substitution durch einen fest zugeordneten Phraseologismus oder eine stilistisch und inhaltlich äquivalente Wendung; (3) Nichtphraseologische Umschreibung des ausgangssprachlichen Phraseologismus in den Fällen, in denen kein direktes phraseologisches Äquivalent gefunden werden kann. Was das erste Verfahren der wörtlichen Übersetzung angeht, entstammt der Phraseologismus dem internationalen Bestand phraseologischer Einheiten. Häufig handelt es sich um Lehnphraseologismen, die in die europäischen Sprachen u. a. aus der Bibel oder der antiken Literatur übernommen wurden. Bei zweitem Fall handelt es sich laut Koller (ebd., 171) um „*landeskonventionelle* […] oder nur in einer begrenzten Anzahl von Sprachen verbreitete

Phraseologismen". Auch wenn Äquivalenzpaare auf der Systemebene gefunden werden können, müssen sie nicht unter allen Umständen auch Textäquivalente darstellen, denn bei „sinnentsprechender Interpretation" (ebd.) ändert sich häufig der Lebens-, Sach- und Assoziationsbereich, der für die Textsinnkonstitution häufig mitverantwortlich ist. Bei phraseologischer Nulläquivalenz (3) muss zu anderen Übersetzungsverfahren gegriffen werden: (a) zu lexikalischer Paraphrase, mit der der phraseologische Charakter des Ausdrucks aufgegeben wird; (b) zur Erfindung von Schein-Phraseologismen, die den ausgangssprachlichen Phraseologismus sinngemäß wiedergeben; (c) zur Wahl naheliegender Wendungen, die zwar nicht exakt sinngemäß, aber im Kontext möglich sind; (d) zur wörtlichen Übersetzung, bei der „sowohl die Idiomatik der ZS als auch de[r] Sinngehalt des AS-Ausdrucks" verletzt werden können (Koller 1972, 172).

In seiner Monografie „Idiomatik des Deutschen", in der ersten Einführung in das Fach der germanistisch-linguistischen Phraseologieforschung, widmet Burger (1973) das abschließende Kapitel (Kap. 7) der Übersetzbarkeit idiomatischer Verbindungen. Er (ebd., 101) betont die häufig sehr spezifizierten semantischen Bedingungen von Idiomen sowie die „Doppelbödigkeit" der meisten Idiome (neben der idiomatisch-übertragenen Bedeutung schwingt die literale Bedeutung als motivierender Hintergrund immer mit), die das Übersetzen in erster Linie schwierig machen. Nach dem Grad der Übersetzbarkeit werden laut Burger (ebd., 100f.) drei Gruppen unterschieden: (1) volle oder annähernd volle Übersetzbarkeit bei internationalen, z. B. bei durch Entlehnungsvorgänge verbreiteten Idiomen (völlige oder partielle Monem-für-Monem Entsprechung); (2) gute Übersetzungsmöglichkeiten bei Idiomen mit inhaltlicher Äquivalenz, wenn die Motivierung noch mehr oder weniger durchsichtig ist und in AS und ZS aus ähnlichen semantischen Bereichen oder Bildbereichen stammt; (3) teilweise Übersetzbarkeit bei Idiomen, die keine Entsprechung mit ähnlicher Motivierbarkeit in der ZS haben oder bei völlig demotivierten Idiomen. Dem Übersetzer bieten sich hier mehrere Verfahren: (a) Wiedergabe des AS-Idioms durch ein ZS-Idiom, dessen Bedeutung der des AS-Idioms möglichst nahe kommt; (b) Wiedergabe des AS-Idioms durch ein einfaches Lexem; (c) Wiedergabe des AS-Idioms durch eine Paraphrase. Welches Verfahren angewandt werden soll, hängt von der Textsorte ab (Burger 1973, 102). Im Unterschied zu Koller (1972, 171 u. 1974, 17f.) ist bei Burger (1973, 102) die Möglichkeit der wörtlichen Übersetzung, die z. B. bei motivierten phraseologischen Vergleichen ihre Funktion erfüllen kann, als bewusst angewandtes Verfahren auf eine relativ geringe Gruppe von Phraseologismen beschränkt. Darüber hinaus muss das Verfahren immer gut im Textzusammenhang erwogen werden (ebd.).

3. FRÜHE KLASSIFIKATIONSVORSCHLÄGE ZUR ÜBERSETZUNG VON PHRASEOLOGISMEN

In mehreren frühen Arbeiten der Phraseologieforschung zum Thema der Übersetzungsproblematik wurde der Begriff der Übersetzung mit dem Festlegen von

Äquivalenten im Sinne der kontrastiven Phraseologie gleichgesetzt (vgl. auch Korhonen 2004, 579f.). Dabei wird der Begriff der Äquivalenz hauptsächlich auf *langue*-Einheiten angewendet, wie z. B. in den Aufsätzen von Wandruszka (1979), Hessky (1980) und Roos (1981), in denen die verschiedenen Übersetzungsmöglichkeiten anhand von Beispielen skizzenhaft klassifiziert werden. In den Beiträgen wird das Beispielmaterial jedoch auf ein paar ausgewählte Einheiten beschränkt, sodass der Einfluss des Kontextes auf die Übersetzung nicht berücksichtigt wird.

Im Übrigen stand im Mittelpunkt des Interesses häufig die Erläuterung von Entsprechungstypen bzw. die Klassifikation des Materials nach Äquivalenzrelationen, wobei die kontextuelle Umgebung in die Überlegungen zumeist nicht einbezogen wurde (Korhonen 2004, 580). Ausgehend von ausgewählten Beispielen aus dem Deutschen und Schwedischen behandelt Koller (1974) aus intra- und interlingualer Perspektive Fragen nach der Semantik, Syntax und Stilistik idiomatischer Redensarten, nach ihrer Funktionen in Texten, nach Äquivalenztypen und Übersetzungsschwierigkeiten. Laut Koller (ebd., 17–19) lassen sich auf rein deskriptiver Ebene fünf Entsprechungstypen herausarbeiten: (1) in AS und ZS miteinander übereinstimmende Struktur und lexikalische Besetzung (= Übersetzungsäquivalente); (2) in AS und ZS übereinstimmende syntaktische Struktur, aber andere lexikalische Besetzung; (3) inhaltliche Äquivalenz, aber Unterschiede in syntaktischer und/oder lexikalischer Besetzung; (4) Idiomsubstitution (die ZS-Redensart ergibt sich nicht durch direkte mehr oder weniger wörtliche Übersetzung der AS-Redensart); (5) Umschreibung. Bei der Verwendung von Redensarten in konkreten Textzusammenhängen bzw. kommunikativen Situationen wird die Äquivalenzproblematik jedoch wesentlich komplexer und eine Systematisierung weniger zugänglich (ebd., 18).

Heesch (1977, 176) unterscheidet grundsätzlich zwischen semantischer und pragmatischer Bedeutung, wobei die letztere die Werte Stilschicht, Stilfärbung und Bildhaftigkeit umfasst. Darüber hinaus betont er die Relevanz der Äquivalenzbeziehungen auf der Ebene der *langue* und der *parole*. Der Übersetzer muss diese Beziehungen kennen, damit er einen AS-Phraseologismus durch einen ZS-Phraseologismus im Idealfall unter Wahrung semantisch-pragmatischer Invarianz ersetzen kann (ebd.). Es ergeben sich für Heesch (ebd.) die folgenden Äquivalenztypen: (1) totale Äquivalenz in semantischer und pragmatischer Hinsicht; (2) approximative Äquivalenz (es bestehen Unterschiede in semantischer und/oder pragmatischer Hinsicht); (3) fakultative Äquivalenz (es gibt mehrere ZS-Äquivalente); (4) Null-Äquivalenz, wobei auf der Ebene der *langue* in semantischer und pragmatischer Hinsicht eine 1:0-Entsprechung besteht. In semantischer Hinsicht kann auf der Ebene der *parole* jederzeit die 1:1-Entsprechung durch die Umschreibung erreicht werden. Nimmt man als Übersetzungseinheit aber einen größeren Textabschnitt an, kann die pragmatische Bedeutung im phraseologischen Bereich des ZS-Textes der des AS-Textes mit Hilfe der phraseologischen Verlagerung so nahe kommen, dass der verbleibende Unterschied keine wesentliche Beeinträchtigung mehr bedeutet. Unter phraseologischer Verlagerung versteht

Heesch (1977, 178) die Wiedergabe der pragmatischen Bedeutung des AS-Phraseologismus durch einen ZS-Phraseologismus an anderer Stelle im ZS-Text.

Auch die Untersuchung von Hess-Lüttich (1983) geht von vier Klassen aus. Er (ebd., 229) spricht von kongruierender Äquivalenz, wenn eine idiomatische Wendung einer Sprache ein vollständiges Äquivalent in einer anderen Sprache hat. Die Fälle, in denen der Übersetzer „aus demselben Reservoir idiomatischer Wendungen schöpfen kann wie der Autor" (ebd.), bereiten ihm die geringsten Probleme, weil er das Wissen des Autors über einen „common pool of expressions shared by most European languages due to their common source of culture and traditions" (Roos 1981, 232) teilt. Wie Heesch (1977, 176f.) unterscheidet auch Hess-Lüttich (1983, 230) ferner die Klasse der approximativen Äquivalenz. Bei idiomatischen Wendungen dieser Gruppe bestehen starke Unterschiede in der lexikalischen Besetzung und ihrer stilistisch-konnotativen Wirkung. Unter fakultative Äquivalenz fallen idiomatische Wendungen, die mehrere ZS-Äquivalente haben (ähnlich auch bei Heesch 1977, 176f.). Hat der Übersetzer die Wahl zwischen mehreren funktional äquivalenten Alternativen, so ist seine Entscheidung laut Hess-Lüttich (1983, 230) in erster Linie nur pragmatisch und stilistisch zu begründen. Zu der Klasse „Divergenz und Aequivalenzkonstitution" (ebd., 231) gehören schließlich jene Fälle, in denen es keine ZS-Entsprechungen für die ausgangssprachlichen idiomatischen Wendungen gibt. Dem Übersetzer bieten sich hier die Verfahren der Umschreibung oder Adaptation (ebd.).

4. PHRASEOLOGISMEN IM KONTEXT

Nachdem Koller (1972, 170–175) und Burger (1973, 100–104) in ihren Monografien die ersten kontextbezogenen Analysen der Übersetzung von Phraseologismen vorgelegt hatten, wurden entsprechende Untersuchungen ab Ende der 1970er Jahre wesentlich häufiger (Korhonen 2004, 580). In einzelnen Kapiteln oder Abschnitten befassen sich mit der Übersetzung von Phraseologismen die Werke von Koller (1977), Schweizer (1978), Coulmas (1981), Burger/Buhofer/Sialm (1982), Grassegger (1985) und Gläser (1986).

Burger/Buhofer/Sialm (1982, 309) betonen, dass die Wahl des Übersetzungsverfahrens nicht nur von den Äquivalenztypen und ihrer Distribution abhängt, sondern auch vom jeweiligen Textzusammenhang. Unter Umständen kann eine nicht-phraseologische Umschreibung des AS-Phraseologismus ein besseres Übersetzungsverfahren darstellen, als durch einen der Zielsprache spezifischen Phraseologismus eine Bildlichkeit hineinzubringen, die dem Kontext fremd ist. Die Autoren heben hervor, der Übersetzungsvergleich von Phraseologismen mache deutlich, „wie selten alle Bedeutungsdimensionen in der Übersetzung wiedergegeben werden können. Gerade Phraseologismen, mit ihren für jede Sprache charakteristischen expressiven, bildhaften, klanglichen Qualitäten, lassen die Problematik des Übersetzens deutlich werden." (Ebd. 314) Die Umschreibungen können beispielsweise die Sprechweise einer Figur nicht in dem Maße charakterisieren wie die AS-Phraseologismen.

In den 1970er Jahren vollzog sich eine Verschiebung des Schwerpunktes der Sprachwissenschaft auf die *linguistique de la parole*, die sich mit konkreten sprachlichen Äußerungen auseinandersetzte (Łabno-Falęcka 1995, 322). Sie brachte mehrere Arbeiten hervor, in denen der kreativ-innovative Gebrauch von Phraseologismen als Untersuchungsgegenstand dient. Besondere Übersetzungsprobleme stellen sich, wenn es sich um ein vom Textautor intendiertes Spiel mit den potentiellen Bedeutungsebenen des Phraseologismus handelt (Koller 1977, 199; Schweizer 1978, 115; Burger/Buhofer/Sialm 1982, 311, 314). Für jeden Übersetzer, dem es ein Anliegen ist, dem ZS-Leser neben der Handlung auch sprachliche Genüsse zu vermitteln, ist es von größter Wichtigkeit, Sprachspiele mit Phraseologismen zu erkennen, ihre Komposition zu durchschauen und sich über die möglichen inhaltlichen Implikationen im Klaren zu sein (Schweizer 1978, 115). Laut Koller (1977, 205) ist zu erwarten, dass beim spielerischen Idiomgebrauch in der Übersetzung selten alle Interpretationsmöglichkeiten und -schichten beibehalten werden können, sondern dass sich die Übersetzung in ästhetisch-stilistischer Hinsicht nicht selten als einfacher, oberflächlicher und flacher erweist. Zu erwähnen ist weiterhin die Monographie von Grassegger (1985), die einen Abschnitt der Übersetzung der wörtlichen Interpretation von Redewendungen anhand der Comic-Serie „Asterix" widmet. Beim Übersetzen von Phraseologismen muss die Spezifik des Comics als Gattung berücksichtigt werden, die das Zusammenwirken zwischen Sprache und Bild voraussetzt, um in erster Linie das Komische der Situation zu vermitteln. (Ebd., 58–76)

Mit der Berücksichtigung von pragmatischen Phraseologismen (Burger/Buhofer/Sialm 1982) oder von Routineformeln (Coulmas 1981) und deren Beschreibung schien auch in der Phraseologieforschung eine Wende in Richtung Pragmatik erkennbar zu werden (Kühn 2007, 625). Coulmas (1981) gehört zu den denjenigen, die mit ihren Überlegungen die größten Denkanstöße zur Erforschung von Routineformeln geleistet haben. Coulmas (ebd., 134) stellt den Begriff der „funktionalen Äquivalenz" vor, die als eine graduelle Eigenschaft zu verstehen ist. In dem Maße, wie die semantische, strukturelle, sozio-ökologische[2] und stilistische Äquivalenz sowie die Äquivalenz der Gebrauchsnorm, die gemeinsam die funktionale Äquivalenz bilden, in der Übersetzung erfüllt sind, ist eine Übersetzung idiomatisch. Die Erfüllung aller Äquivalenzbedingungen in der Übersetzung ist jedoch eine Ausnahme und der Übersetzer muss in jedem einzelnen Fall überlegen, welche von diesen Aspekten am wichtigsten sind, um eine möglichst funktionale Übersetzung produzieren zu können (ebd., 136).

Gläser (1986) unterstreicht den Unterschied zwischen Äquivalenzbeziehungen der Phraseologismen auf der System- und Textebene:

---

[2] Die sozio-ökologische Äquivalenz besagt, dass in den gesellschaftlichen Systemen sowohl der Ausgangskultur als auch der Zielkultur die fragliche diskursive Funktion mit verbalen Mitteln realisiert wird (Coulmas 1981, 136).

„Wie gelungene literarische Übersetzungen überzeugend nachgewiesen haben, läßt sich der Übersetzer bei der Wiedergabe von Phraseologismen in der ZS nicht immer von Äquivalenzbeziehungen auf der Systemebene, d. h. von den im Wörterbuch verzeichneten Wortgleichungen, leiten, sondern wählt durch subjektive Entscheidung ein mitunter nur für den vorliegenden Kontext geltendes, funktional angemessenes Äquivalent" (ebd., 171).

Die Äquivalenzbeziehungen der Phraseologismen im Ausgangstext und Zieltext werden von Gläser (1986, 167–178) ähnlich wie auf der Systemebene in drei Klassen eingeteilt. Vollständige Äquivalenz, die laut Gläser (ebd., 167) dann vorliegt, wenn zusätzlich zu der denotativen Bedeutung auch die emotional-expressiven und stilistischen Konnotationen in der AS und ZS übereinstimmen (z. B. *to tighten one's belt – den Gürtel enger schnallen*), begegnet außer bei den Phraseologismen auf der Satzgliedebene auch bei satzähnlichen Sprichwörtern und einzelnen satzwertigen Routineformeln. Vollständige Äquivalenz auf der Systemebene ergibt in den meisten Fällen vollständige Äquivalenz auch auf der Textebene. Partielle Äquivalenz auf der Systemebene führt meistens zu partieller Äquivalenz auf der Textebene. Partielle Äquivalenz ist bei solchen Idiomen festzustellen, die in ihrer denotativen Bedeutung komplett äquivalent sind, die aber wegen unterschiedlicher Bildsphären unterschiedliche expressive und stilistische Konnotationen tragen können. Trotz ihres „nationalen Kolorits" (ebd.) sind diese Idiome funktional gleichwertig und infolgedessen kommunikativ äquivalent. (Ebd., 167f.) Die funktionale Äquivalenz betrifft in erster Linie sprichwörtliche Redensarten und bildhafte Routineformeln wie *Keep a stiff upper lip! – Halte die Ohren steif!* Partielle Äquivalenz mit der gleichen kommunikativen Funktion im Text liegt aber auch bei solchen Routineformeln vor, bei denen die Äquivalenz auf der Eindeutigkeit der Situationen und der für sie verbindlichen stereotypen Formeln beruht (z. B. *Don't mention it! – Keine Ursache!*). Liegt fehlende oder Nulläquivalenz im Sprachsystem der ZS vor, so kann die denotative Bedeutung durch Paraphrasen oder Anmerkungen usw. in der ZS ausgeglichen werden. (Ebd., 168)

Zu erwähnen ist ebenfalls die Arbeit von Hessky (1987), in der für die Erfassung phraseologischer Gemeinsamkeiten und Unterschiede des Deutschen und des Ungarischen ein ausführliches kontrastives Modell geliefert wird. Im interlingualen Vergleich konnten aufgrund der Analyse eines konkreten Korpus mit Hilfe des Modells drei Haupttypen von interlingualen semantischen „Entsprechungsmöglichkeiten" unterschieden werden: (1) für einen AS-Phraseologismus lässt sich keine ZS-Entsprechung finden; (2) einem AS-Phraseologismus entspricht in der ZS ein nichtphraseologisches Äquivalent (Einzellexem); (3) einem AS-Phraseologismus entspricht ein ZS-Phraseologismus. (Ebd., 61–63) Der Haupttyp (1) stellt im Sinne Kollers (1972, 171) eine Interpretation dar und ist laut Hessky (1987, 61) eine Frage der bilingualen Lexikografie und der Übersetzungswissenschaft. Der systemlinguistische Ansatz ist als Einstieg in eine umfassende kontrastive Untersuchung völlig adäquat, ihm muss aber ohne jede Einschränkung eine kontextuelle Betrachtung der Phraseologismen folgen, um auch die pragmatische Dimension mit einbeziehen zu können (ebd., 127).

Die bisher erläuterten Klassifikationen bzw. Ansätze zu Klassifikationen der Übersetzung von Phraseologismen lassen erkennen, dass eine detaillierte Einteilung, die alle möglichen Kriterien des Vergleichs berücksichtigt, Mitte der 1980er Jahre noch nicht vorliegt. Der Einfluss des Kontextes und Textes auf die Übersetzung, unterschiedliche Konnotationen, verschiedene Typen von Paraphrasen und nicht-idiomatische Übersetzungsmöglichkeiten sind bisher häufig nur am Rande behandelt worden. Von besonderem Interesse sind diejenigen Arbeiten, bei denen eine größere Anzahl von aus Texten und ihren Übersetzungen exzerpierten Phraseologismen die Grundlage bildet.

Die Anregungen für eine grundlegende übersetzungswissenschaftliche Beschäftigung mit der Übersetzung von Phraseologismen kommen zunächst in erster Linie von der Auslandsgermanistik. Zu den ersten Werken, die sich umfassender mit diesem Problemkreis auseinandersetzen, gehört die Mannheimer Dissertation von Kammer (1985), die sich zu einem nicht unerheblichen Teil auf die sowjetische Phraseologieliteratur stützt. Kammer (ebd.) erläutert interlinguale Äquivalenzbeziehungen und untersucht sie in Übersetzungen aus dem Russischen ins Deutsche.

Ausgangspunkt der Dissertation zur Übersetzung von arabischen Phraseologismen ins Deutsche von Taraman (1986) ist die These, dass bestimmte Translationsprobleme mit kulturspezifischen Kriterien verbunden sind, die ihrer Art und ihrem Umfang nach von dem Kulturunterschied zwischen den jeweiligen Sprach- und Kulturgemeinschaften abhängig sind. Zur Untersuchung des Kulturspezifischen als Ausdruck der Charakteristika einer Kultur werden die textlinguistischen Kategorien ‚Text' und ‚Situation' herangezogen. Sie werden in ihrer Beziehung zur jeweiligen Kulturgemeinschaft in ihrem kommunikativ-funktionalen und kulturspezifischen Charakter als Beispiel von streng konventionalisierten (idiomatisierten) Sprechakten des Alltags analysiert und bewertet. Taraman (1986, 319) stellt fest, dass bedingt durch die gravierenden Kulturunterschiede zwischen der islamisch-orientalischen arabischen und der mitteleuropäischen deutschen Kultur das Kulturspezifische bestimmte Rezeptionsbedingungen voraussetzt, die die Übersetzungsstrategie bzw. Übersetzungsfunktion entscheidend beeinflussen. Aus diesem Grund können realistisch orientierte arabische Prosaschriften im Deutschen nur informativ wiedergegeben werden.

Higi-Wydler (1989, 160) differenziert in ihrer korpusbasierten Untersuchung drei Grundtypen von Äquivalenzen: (1) totale Äquivalenz, (2) partielle Äquivalenz und (3) Null-Äquivalenz. Innerhalb des zweiten und dritten Typs lassen sich verschiedene Untertypen aufstellen, die mittels eines semantischen Kriteriums, der konnotativen Bedeutung des AS-Idioms bzw. des ZS-Idioms, zu unterscheiden sind. Typisch für die Klasse der partiell äquivalenten Idiome sind die Übersetzungsmöglichkeiten der kontextuellen Äquivalenz, der Idiomsubstitution sowie der Nicht-Berücksichtigung einer totalen Äquivalenz. AS-Idiome, die kein äquivalentes Idiom in der ZS haben, lassen sich mit phraseologischen (aber nicht idiomatischen) Entsprechungen, freien Mehrwortentsprechungen sowie mit Einwortentsprechungen wiedergeben. Die letzte uneinheitliche Restklasse umfasst verschiedene Idiomübersetzungen mit beschränkter oder fehlender denotativer

Äquivalenz sowie nicht übersetzte Idiome. (Ebd., 160, 196, 245) Die Analyse Higi-Wydlers, in der Übersetzungsfälle in eine verfeinerte kontrastive Klassifikation eingeordnet werden, basiert auf einer umfangreichen Beispielsammlung aus der modernen deutschen Literatur und ihren französischen Übersetzungen.

5. ZU DEN NEUEREN ÜBERSETZUNGSWISSENSCHAFTLICHEN PUBLIKATIONEN

In vielen Einführungen in die Übersetzungswissenschaft und in den übersetzungswissenschaftlichen Publikationen der 1980er und 90er Jahre, in denen jeweils eine Übersicht zu verschiedenen übersetzungsspezifischen Bereichen gegeben wird, werden Phraseologismen als Übersetzungsproblem immer noch ziemlich allgemein dargestellt. Švejcer (1987, 24–34) zum Beispiel stellt von den verschiedenen Schulen und Richtungen, die es in der linguistischen Übersetzungstheorie gibt, die Theorie der gesetzmäßigen Entsprechungen dar. Von den Begründern der Theorie wurde als ein Übersetzungsverfahren die Methode der adäquaten Ersetzungen angeführt, die dann gewählt wird, wenn beim Übersetzen von stehenden Wendungen und weiteren phraseologischen Einheiten „vom Sinngehalt einer Äußerung als Ganzheit ausgegangen wird" (ebd., 33). In Wilss (1988, 225f. und 1992, 178–184) kommen Phraseologismen i.w.S. zur Sprache, die insbesondere in englischen und deutschen fach-, verwaltungs-, werbe- und anzeigensprachlichen Texten konstitutiv sind. In Koller (1997, 100f.) finden sich Überlegungen und Beispiele zu phraseologischen Übersetzungseinheiten (u. a. zu phraseologisch gebundenen Ausdrücken wie *blinder Passagier – passager clandestin* und zu normativ festgelegten Ausdrücken und Formeln wie *Rauchen verboten – No smoking*). Das „Handbuch Translation", herausgegeben von Snell-Hornby u. a. (1999), enthält den Beitrag von Schäffner (1999, 280–285), in dem Phraseologismen in Zusammenhang mit Fragen nach dem Phänomen der Metapher, nach ihrer Übersetzbarkeit und möglichen Übersetzungsverfahren im Mittelpunkt des Interesses stehen.

Seit Beginn der 1990er Jahre ist ein Anstieg von Publikationen zur Übersetzung phraseologischer Einheiten feststellbar. Arbeiten allgemeiner Natur zum Problem der Übersetzung von Phraseologismen sind etwa die Veröffentlichungen von Wandruszka (1990, 58–76) und Matulina-Jerak (1995). Während in Matulina-Jeraks (1995) Beitrag ein kleines Korpus von deutschen und kroatischen Sprichwörtern und sprichwörtlichen Redensarten für die Ausführungen ausgewählt worden ist, stehen bei Wandruszka (1990, 58–76) die Gemeinsamkeiten und Unterschiede der idiomatischen Redensarten des Deutschen, Englischen, Französischen, Italienischen, Spanischen und Niederländischen im Mittelpunkt des Interesses. Wandruszka (ebd., 58) betont, dass sehr viele Redensarten nur in einer einzigen Sprache vorkommen, häufig nur in einer Mundart, und zum besonderen Gesamtbestand der Idiome einer Sprache gehören. Daraus folgt, dass sie besonders schwer übersetzbar sind. Anhand ausgewählter Beispiele aus polnischen Gedichttexten und ihren Übertragungen ins Deutsche wird in Rechtsiegels

(1990) Aufsatz dargelegt, mit welchen Problemen der Übersetzer im Falle modifizierter Phraseologismen konfrontiert wird.

In Übersetzungen kommen nicht nur geglückte Lösungen phraseologischer Übersetzungsschwierigkeiten zum Vorschein, sondern auch Beispiele für inadäquate oder sogar falsche Wiedergaben, mit denen sich die Übersetzungskritik befasst. Der ausführliche Beitrag von Korhonen (1995) stellt eine phraseologische Übersetzungskritik für das Sprachenpaar Deutsch-Finnisch dar. Handelt es sich in dieser Arbeit von Korhonen um Beobachtungen zur literarischen Übersetzung von Verbidiomen, bezieht sich sein Aufsatz von 1998 auf die Übersetzung von Verbidiomen in fünf deutschen Kriminalserien, die in Finnland gegen Ende der 1980er Jahre sowie Anfang und Mitte der 90er Jahre über das Fernsehen ausgestrahlt wurden. Vor Korhonens Beiträgen (1995 u. 1998) ist weder die textbezogene Übersetzung von Phraseologismen aus dem Deutschen ins Finnische und umgekehrt noch die Übersetzung phraseologischer Ausdrücke in Spiel- oder Fernsehfilmen und -serien in einem größeren Rahmen untersucht worden. Anhand von einigen Beispielen aus deutsch-serbokroatischen Übersetzungen zeigt Mrazović (1998), dass es, ungeachtet vorhandener Wörterbücher, schwierig ist, phraseologische Äquivalente richtig zu verwenden und die Bedeutung des im AS-Text Gedachten wiederzugeben: Entweder geht in der Übersetzung die Bildhaftigkeit, die textbildende Potenz und die Charakterisierung der Figuren verloren, oder man gerät in eine andere Stilschicht und entstellt dadurch die Absicht des Autors.

Von früheren Untersuchungen zum Übersetzen von Phraseologismen mit Auflistungen von phraseologischen Äquivalenztypen unterscheidet sich die Darstellung von Schmidt (1994) vor allem dadurch, dass die Äquivalentsuche prozedural erfolgt. Dies bedeutet, dass die Äquivalenz als Äquivalenz der aktuellen, kontextgebundenen Bedeutung des Phraseologismus aufgefasst werden soll, weil beim Übersetzen Textrelationen errichtet werden (ebd., 162). Zu den textuellen Funktionen eines Phraseologismus sind laut Schmidt (ebd., 165) zu rechnen: (1) Die Verknüpftheit des Phraseologismus mit einer konkreten, vom Kontext aufgebauten Situation, in der bestimmte semantische Merkmale des Phraseologismus mit semantischen Merkmalen des Kontextes kohärent sind. (2) Die Kennzeichnung der Redeweise einer fiktionalen Person in der Figurenrede oder erlebten Rede. (3) Herbeiführung spezieller Effekte wie Ironie, Witz, Sarkasmus usw. durch das Spannungsverhältnis zwischen Phraseologismus und seinem sprachlichen wie situativen Kontext. (4) Die Aufgabe des Phraseologismus, einer gewissen Textsortenkonvention zu entsprechen bzw. gegen sie zu verstoßen.

Bei der Äquivalentsuche weist Schmidt (1994, 165f.) den potentiellen textuellen Funktionen folgende Aufgaben zu: (a) Bewertung der verschiedenen Eigentümlichkeiten des AS-Phraseologismus (mitsamt den einzelnen Bedeutungsbestandteilen) in Bezug auf ihre Relevanz für die textuelle Funktion des Phraseologismus. Das Resultat ist eine Gewichtung der einzelnen Merkmale. (b) Äquivalentsuche nach den als funktional relevant bewerteten Merkmalen. In dem Fall, dass in der ZS kein Ausdruck mit der gewünschten Merkmalskombination existiert, wird eine „rescue operation", eine Rettungsaktion z. B. durch eine Lehnübersetzung, eine nicht-phraseologische Übertragung oder Umschreibung versucht. (c) Auswahl des besten Kandidaten nach vergleichender Bewertung der Äquivalente, die der Suchgröße möglichst gleichkommen. Bei der sich anschließenden Bewertung werden auf der einen Seite die einzelnen Kandidaten mit den Suchvorgaben verglichen, auf der anderen Seite die Ergebnisse des Vergleichs untereinander.

Anhand der Analyse von Phraseologismen in acht deutschen Übersetzungen von Ibsens „Wildente" aus über 100 Jahren zeigt Koller (1994) in seinem Beitrag, dass weder Art und Grad der Übersetzungsproblematik noch Lösungsstrategien und -möglichkeiten aus der Theorie der allgemeinen und der kontrastiven Phraseologie oder der Praxis vergleichender Beschreibungen alleine abgeleitet werden können, weil sich Phraseologismen in Übersetzungen nicht in neutralen Kontexten finden, sondern textinterne und -externe Faktoren verschiedenster Art und Relevanz die textuelle Realisierung sehr unterschiedlicher Seiten des Bedeutungspotentials der phraseologischen Einheiten auslösen. Koller (ebd., 359, 361) plädiert für die deskriptive Übersetzungswissenschaft und betont, dass Übersetzungsanalyse nicht nur von den Problemen ausgehen kann, die durch eine übersetzungsrelevante Textanalyse vom Ausgangstext her ermittelt sind, sondern genauso sehr – und methodisch unter Umständen sogar primär – vom ZS-Text ausgehen muss.

In Łabno-Falęckas (1995) Monographie wird aufgrund eines deutsch-polnischen Übersetzungsvergleichs der kreativ-innovative Gebrauch von Phraseologismen charakterisiert und systematisiert. Des Weiteren wird ihre grundsätzliche Übersetzbarkeit nachgewiesen, und die angewandten Übersetzungsverfahren werden eruiert. Łabno-Falęcka (1995, 260f.) unterscheidet bei der Übersetzung von Phraseologismen vier Schritte. Der erste Schritt besteht in der Identifizierung der phraseologischen Einheit, der zweite in der Sinnanalyse, d. h. der betreffende Phraseologismus wird in eine nichtphraseologische Paraphrase in der AS überführt. In die zweite Phase ist die Interpretation des Phraseologismus eingeschlossen, u. a. seiner Zugehörigkeit zu einer gewissen Stilebene. Der dritte Schritt besteht im Finden einer ZS-Paraphrase, die dann in der letzten Phase in eine zielsprachliche phraseologische Entsprechung überführt wird, falls eine solche existiert. Die Faktoren, die laut Łabno-Falęcka (ebd., 506) das Übersetzen kreativ-innovativ gebrauchter Phraseologismen festlegen bzw. beeinflussen, sind neben (a) der interlingualen phraseologischen Äquivalenzbeziehung (b) der Typ und der semantische Bau des Phraseologismus, (c) die Struktur des phraseologischen Netzes in einer Einzelsprache sowie (d) der Symbolwert bestimmter Lexeme im betreffenden Sprachenpaar, die als Komponenten im Phraseologismen fungieren.

Die isländisch-deutsche Phraseologieforschung hat den Beitrag von Hallsteinsdóttir (1997) vorzuweisen. Für Phraseologismen hat der Übersetzer in der ZS laut Hallsteinsdóttir (ebd., 562–566) die folgenden Wiedergabemöglichkeiten: (1) Totaläquivalenz bei Form und Bedeutung, (2) partielle Äquivalenz, (3) Einzellexem bzw. Umschreibung bei fehlender phraseologischer Äquivalenz, (4) phraseologische Lehnübersetzung, (5) phraseologische Verlagerung, (6) Phraseologisierung und (7) Weglassen. Hallsteinsdóttir (ebd., 568) unterstreicht, dass die sprachliche und inhaltliche Gesamtgestaltung des Textes nicht unwesentlich für die Auswahl des Übersetzungsverfahrens ist. Damit man die Literatur und Kunst eines Volkes auch in Übersetzungen in die eigene Sprache kennenlernen darf, sollte sich der Übersetzer überlegen, ob er nicht den ZS-Lesern etwas Fremdheit zutrauen kann, indem er ihnen den Text mit seinen kulturellen und sprachlichen Besonderheiten anbietet. So könnte er bei der Übersetzung von Phraseologismen die phraseologische Lehnübersetzung ruhig etwas häufiger verwenden und dem Leser zumuten, dass er das fremde Bild in die Ausgangskultur einordnen und so auch verstehen kann. (Ebd., 568)

In der Arbeit von Segura García (1998) liegt auf der einen Seite ein Vergleich der Idiomatik des Deutschen und des Spanischen vor, der als Bezugsrahmen für die Behandlung der Funktionen dient, die Idiome in der literarischen Prosa entwickeln können. Auf der anderen Seite wird auf die Übersetzungsproblematik eingegangen. Es wird gezeigt, wie es zwischen falschen Freunden und „unübersetzbaren" kulturspezifischen Idiomen eine ganze Reihe von scheinbar äquivalenten Idiomen gibt, deren Wiedergabe in der anderen Sprache leicht zu Interferenzen führen kann, vor allem wenn es sich um die Dekodierung von Distanzkulturen handelt, wie hier um die peruanische Kultur.

Die jeweiligen Funktionen von Phraseologismen in gegebenen Texten sind von höchster Relevanz ganz besonders auch für das Übersetzen. Die Untersuchungsergebnisse von Zybatow (1998, 160) sprechen dafür, dass das Problem beim Übersetzen von Phraseologismen keineswegs in der Entscheidung zwischen den denkbar vielen „verwandten" und potentiell äquivalenten ZS-Phraseologismen liegt, sondern in dem schnellen Zugang zu diesen potentiellen Äquivalenten (ebd., 161). Einen solchen Zugang eröffnet die kognitiv-linguistische Beschreibung von Phraseologismen. Mittels Deskriptoren-Cluster erstellte phraseologische Thesauri sind für den Übersetzer ein grundlegend effektiveres Hilfsmittel als entsprechende phraseologische Wörterbücher. In bilingualen Wörterbüchern ermöglicht das Prinzip des Deskriptoren-Clustering, das synonyme bzw. quasisynonyme Potential phraseologischer Einheiten in zwei Sprachen wesentlich umfassender zur Verfügung zu stellen als die traditionellen Wörterbücher mit den angestrebten 1:1-Entsprechungen (ebd., 159).

Cortès (1999) setzt sich mit Aspekten der semantischen Kennzeichnung und Distribution französischer und deutscher Funktionsverben (FV) auseinander, wobei die jeweiligen Verblexeme den Ausgangspunkt bieten. Cortès (ebd., 199) hebt hervor, dass sich die Schwierigkeiten beim Übersetzen der französischen Funktionsverbgefüge ins Deutsche nicht als Ergebnis aus einer grundsätzlichen Ungleichheit der für die FV gewichtigen Merkmale zeigen, sondern ihren Ursprung in der den beiden Sprachen zugehörigen Kombinierbarkeit der FV mit den jeweiligen Präpositionalphrasen haben. Marschall (1999) beschäftigt sich hingegen mit den sprachtypischen Bauprinzipien von Phraseologismen und dem Problem der Übersetzung, wobei er den stereotypischen rhythmischen Strukturen des Deutschen und des Französischen einen besonderen Platz zuweist.

Der Band „Phraseologie und Übersetzen", herausgegeben von Sabban (1999), leistet einen Beitrag zur Erörterung der Möglichkeiten, Regelmäßigkeiten und Grenzen des Übersetzens phraseologischer Einheiten – von der Mikroebene der

Phraseologismen bis zur Makroebene des Textes. Dabei kommen zur Sprache nicht nur grundlegende sprachenpaar- und kulturbezogene Fragen, deren Reflexion Orientierungspunkte für übersetzerische Entscheidungen geben kann, sondern auch bisher noch wenig untersuchte Bereiche wie u. a. die Formelhaftigkeit fachsprachlicher Texte. Am Beispiel literarischer Texte beschreibt Fiedler (1999) das Übersetzen von Phraseologismen ins Esperanto, in eine künstlich geschaffene Sprache, wobei die Spezifik des Adressatenkreises zu berücksichtigen ist, denn der Textrezipient ist nicht nur Angehöriger der Esperanto-Sprachgemeinschaft, sondern er ist auch durch den kulturellen Background potentiell jeder anderen Sprechergemeinschaft geprägt. Die Tatsache, dass bei Plansprachen die Hauptrichtung der Übersetzung von der Ethnosprache in das Esperanto ist, kann als Vorteil betrachtet werden, denn sie versetzt den Übersetzer in die Lage, potentiell alle Feinheiten des AS-Phraseologismus zu erkennen, was eine grundlegende Voraussetzung für eine gute Übersetzung ist.

Gläser (1999) widmet sich der Untersuchung von Phraseologismen als relevantem Merkmal des Individualstils Christa Wolfs. Ihre Analyse basiert auf einem trilateralen Sprachvergleich und dreisprachigen Textvergleich von Routineformeln, Sprichwörtern, Gemeinplätzen sowie von verbalen und adverbialen Phraseologismen in ihrer unmittelbaren Textumgebung wie auch in ihrem situativen und kulturellen Zusammenhang. Die zu vergleichenden Sprachen sind Deutsch, Englisch und Französisch. Mit Routineformeln und ihrer kulturellen Einbettung beschäftigt sich auch Parianou (1999), wobei sie sich auch dem Problem der Übersetzung aus dem Griechischen ins Deutsche und umgekehrt widmet. Parianou (ebd., 184) stellt fest, dass die Schwierigkeit der Übersetzung von Routineformeln ihren Grund nicht in dem Nichtvorhandensein sprachlicher Zeichen hat, sondern in der Bedeutung, die diese Zeichen in der ZS *nicht* haben.

6. ZUSAMMENFASSUNG

Phraseologische Einheiten sind sowohl praktizierenden Übersetzern und Dolmetschern als auch theoretisierenden Übersetzungswissenschaftlern und Translatologen seit Langem als lästige bis nicht überwindbare übersetzerische Herausforderung bekannt (Zybatow 1998, 149). Idiome wurden in Übereinstimmung mit ihrer ursprünglichen Form und Bedeutung lange Zeit als in höchstem Maße „eigentümlich, von so spezifisch nationalem Charakter und derart an die materielle und geistige Kultur" (Łabno-Falęcka 1995, 224) einer jeden Sprachgemeinschaft gebunden betrachtet, dass sie als unübersetzbar eingeschätzt wurden. Nicht zuletzt daraus resultiert die Tatsache, dass sich die kontrastive Linguistik erst relativ spät der interlingualen Äquivalenzbeziehungen unter Phraseologismen angenommen hat (ebd.).

Überblickt man die Entwicklung der Forschung zur Übersetzung von Phraseologismen in der deutschsprachigen Germanistik und übersetzungswissenschaftlichen Literatur, so lassen sich mehrere Forschungsschwerpunkte und Entwicklungsstränge feststellen: In der ersten Phase wurden Probleme der Übersetzung von Phraseologismen in den allgemein übersetzungstheoretischen Arbeiten der 1960er und 70er Jahre meist gar nicht behandelt oder ohne besonderen Nachdruck erwähnt. Die Entwicklung der übersetzungswissenschaftlichen Erforschung von Phraseologismen hat im Jahre 1972 durch Koller mit der Vorstellung von unterschiedlichen Übersetzungsverfahren für Phraseologismen begonnen. In den frühen Arbeiten der kontrastiven Phraseologieforschung wurden Äquivalenzbeziehungen in der Regel zwischen Systemeinheiten festgestellt und auf der Ebene der *langue* beschrieben, wobei denotative Äquivalenz als Grundbedingung für die Zuordnung von AS- zu ZS-Phraseologismen galt. Es ging um die Erläuterung von Äquivalenztypen bzw. die Einteilung des Materials nach Äquivalenzrelationen, und dies zumeist isoliert von konkreten Textzusammenhängen bzw. kommunikativen Situationen.

Die Befunde der kontrastiven Phraseologieforschung sind Ausgangspunkt der Beschreibung der Übersetzungsproblematik von Phraseologismen. Die Ergebnisse der kontrastiven Untersuchungen der Äquivalenzbeziehungen sind vom Standpunkt der Übersetzungswissenschaft her sehr nützlich und willkommen. Sie schärfen die Sensibilität der Übersetzer für Übersetzungsschwierigkeiten und spielen beim Lösen der Übersetzungsprobleme eine wichtige Rolle. In der Übersetzungswissenschaft kommt es aber nicht auf Äquivalenzbeziehungen phraseologischer Einheiten auf der Systemebene an, sondern auf Äquivalenz der Phraseologismen als Texteinheiten. Dies ist selbstverständlich durch die ersteren bedingt, nicht aber ohne Einschränkung determiniert. Systembezogene Äquivalenzbestimmungen sind nur als potentielle Relationen anzusehen, da die Bedeutung und Wirkung phraseologischer Einheiten erst im konkreten Text bzw. in konkreter Situation endgültig festgelegt wird.

In vielen Arbeiten zur interlingual orientierten kontrastiven Phraseologie werden auch translatorische Aspekte thematisiert, aber die ersten Werke, für die eine größere Anzahl von aus Texten und ihren Übersetzungen exzerpierten Phraseologismen die Grundlage bildet und die sich umfassender mit der Übersetzung von Phraseologismen auseinandersetzen, erscheinen in der späteren Hälfte der 1980er Jahre und erst seit Beginn der 1990er Jahre ist ein Anstieg der Publikationen zur Übersetzung phraseologischer Einheiten feststellbar. Die Denkanstöße für eine grundlegende übersetzungswissenschaftliche Beschäftigung mit der Übersetzung von Phraseologismen kommen vorerst hauptsächlich von der Auslandsgermanistik.

Kontrastiv-linguistische und übersetzungswissenschaftliche Untersuchungen phraseologischer Einheiten thematisieren meistens die Kulturspezifika von Phraseologismen und die sprachenpaarbezogenen Entsprechungstypen. Zuerst werden meist interlinguale Äquivalenztypen ausgearbeitet und danach mithilfe konkreter Übersetzungsfälle näher beleuchtet. In mehreren Arbeiten sind Vorschläge für mögliche Übersetzungsverfahren wie etwa Umschreibung, phraseologische Lehnübersetzung und Verlagerung, Phraseologisierung und Weglassen zu finden. Als Korpus dienen hauptsächlich literarische Texte, während Untersuchungen zur Übersetzung von Phraseologismen in multimedialen Texten wie in Spiel- und

Fernsehfilmen und -serien (Korhonen 1998) oder in Comics (Grassegger 1985) eine Ausnahme bilden.

Die in den 1970er Jahren vollzogene Verschiebung des Schwerpunktes der Linguistik auf die systematische Einbettung der Sprache in kommunikative Zusammenhänge brachte zahlreiche Arbeiten zum Thema des spielerischen Umgangs mit Phraseologismen hervor. In einigen wenigen Arbeiten wird in den 80er und 90er Jahren auch die Übersetzung von pragmatischen Phraseologismen kurz thematisiert. In einzelnen Arbeiten kommen die prozedurale Äquivalentsuche (Schmidt 1994; Łabno-Falęcka 1995), Schwierigkeiten beim Übersetzen von Funktionsverbgefügen (Cortès 1999) oder das Übersetzen von Phraseologismen in eine Plansprache (Fiedler 1999) zur Sprache.

Weder können umfassende kontrastive Untersuchungen im phraseologischen Bereich auf eine lange Tradition zurückblicken, noch hat die Erforschung der Übersetzung von Phraseologismen bis zur Jahrtausendwende je im Zentrum des übersetzungswissenschaftlichen Interesses gestanden. Noch Mitte der 1990er Jahre bezeichnet Palm (1997, 118) Phraseologismen als eine „Achillesferse der Übersetzungstheorie", in der sie meistens wenn nicht ausgeklammert, so doch nur am Rande berücksichtigt werden. Bis zur Jahrtausendwende stehen Untersuchungen aus, die überzeugend aufzeigen, was eine übersetzungswissenschaftliche Perspektive oder die deskriptive Übersetzungswissenschaft für das Verständnis der Übersetzung von Phraseologismen leisten kann.

7. LITERATUR

Albrecht, Jörn (1973): Linguistik und Übersetzung. Tübingen.
Burger, Harald, unter Mitarbeit von Harald Jaksche (1973): Idiomatik des Deutschen. Tübingen.
Burger, Harald/Buhofer, Annelies/Sialm, Ambros (1982): Handbuch der Phraseologie. Berlin/New York.
Burger, Harald u. a. (Hg.) (2007): Phraseologie. Ein internationales Handbuch der zeitgenössischen Forschung. Berlin/New York.
Cortès, Colette (1999): Zu den französischen Funktionsverbgefügen und deren Übersetzung ins Deutsche. Eine kontrastive Korpusanalyse. In: Nicole Fernandez Bravo/Irmtraud Behr/Claire Rozier (Hg.) (1999), 187–200.
Coulmas, Florian (1981): Routine im Gespräch. Zur pragmatischen Fundierung der Idiomatik. Wiesbaden.
Diller, Hans-Jürgen/Kornelius, Joachim (1978): Linguistische Probleme der Übersetzung. Tübingen.
Dobrovol'skij, Dmitrij/Piirainen, Elisabeth (2009): Zur Theorie der Phraseologie. Kognitive und kulturelle Aspekte. Tübingen.
Eismann, Wolfgang (Hg.) (1998): EUROPHRAS 95. Europäische Phraseologie im Vergleich: Gemeinsames Erbe und kulturelle Vielfalt. Bochum.
Fernandez Bravo, Nicole/Behr, Irmtraud Behr/Rozier, Claire (Hg.) (1999): Phraseme und typisierte Rede. Tübingen.
Fiedler, Sabine (1999): Zum Übersetzen von Phraseologismen in die Plansprache – dargestellt an literarischen Übersetzungen im Esperanto. In: Annette Sabban (Hg.) (1999), 59–80.
Gläser, Rosemarie (1986): Phraseologie der englischen Sprache. Tübingen.

Gläser, Rosemarie (1999): Zur Wiedergabe von Phraseologismen in englischen und französischen Übersetzungen ausgewählter Prosawerke von Christa Wolf. In: Annette Sabban (Hg.) (1999), 99–118.

Grassegger, Hans (1985): Sprachspiel und Übersetzung. Eine Studie anhand der Comic-Serie *Asterix*. Tübingen.

Hallsteinsdóttir, Erla (1997): Aspekte der Übersetzung von Phraseologismen am Beispiel Isländisch – Deutsch. In: Eberhard Fleischmann/Wladimir Kutz/Peter A. Schmitt (Hg.): Translationsdidaktik. Grundfragen der Übersetzungswissenschaft. Tübingen, 561–569.

Heesch, Martin (1977): Zur Übersetzung von Phraseologismen. In: Fremdsprachen 21, 176–184.

Hessky, Regina (1980): Zur kontrastiven Untersuchung idiomatischer Wendungen. In: János Juhász (Hg.): Kontrastive Studien Ungarisch-Deutsch. Budapest, 65–76.

Hessky, Regina (1987): Phraseologie. Linguistische Grundfragen und kontrastives Modell deutsch-ungarisch. Tübingen.

Hess-Lüttich, Ernest W. B. (1983): Sprichwörter und Redensarten als Übersetzungsproblem. Am Beispiel deutscher Übersetzungen spanischer und türkischer Literatur. In: René Jongen u. a. (Hg.): Mehrsprachigkeit und Gesellschaft. Akten des 17. Linguistischen Kolloquiums Brüssel 1982. Bd. 2. Tübingen, 222–236.

Higi-Wydler, Melanie (1989): Zur Übersetzung von Idiomen. Eine Beschreibung und Klassifizierung deutscher Idiome und ihrer französischen Übersetzungen. Frankfurt a. M. u.a.

Kammer, Gerlinde (1985): Probleme bei der Übersetzung phraseologischer Einheiten aus dem Russischen ins Deutsche (anhand von Werken V. F. Panovas). München.

Koller, Werner (1972): Grundprobleme der Übersetzungstheorie. Unter besonderer Berücksichtigung schwedisch-deutscher Übersetzungsfälle. Bern/München.

Koller, Werner (1974): Intra- und interlinguale Aspekte idiomatischer Redensarten. In: Skandinavistik 4, 1–24.

Koller, Werner (1977): Redensarten. Linguistische Aspekte, Vorkommensanalysen, Sprachspiel. Tübingen.

Koller, Werner (1994): Phraseologismen als Übersetzungsproblem. In: Barbara Sandig (Hg.): EUROPHRAS 92. Tendenzen der Phraseologieforschung. Bochum, 351–373.

Koller, Werner (1997): Einführung in die Übersetzungswissenschaft. 5., aktualis. Aufl. Wiesbaden.

Koller, Werner (2007): Probleme der Übersetzung von Phrasemen. In: Harald Burger u. a. (Hg.) (2007), 605–613.

Korhonen, Jarmo (1995): Beobachtungen zur literarischen Übersetzung von Verbidiomen aus dem Deutschen ins Finnische. In: Jarmo Korhonen: Studien zur Phraseologie des Deutschen und des Finnischen I. Bochum, 353–388.

Korhonen, Jarmo (1998): Zur Übersetzung von Verbidiomen in Kriminalserien. Am Beispiel Deutsch und Finnisch. In: Wolfgang Eismann (Hg.) (1998), 415–430.

Korhonen, Jarmo (2004): Phraseologismen als Übersetzungsproblem. In: Harald Kittel u. a. (Hg.): Übersetzung. Ein internationales Handbuch zur Übersetzungsforschung. Berlin/New York, 579–587.

Kühn, Peter (2007): Phraseologie des Deutschen: Zur Forschungsgeschichte. In: Harald Burger u. a. (Hg.) (2007), 619–643.

Łabno-Falęcka, Ewa (1995): Phraseologie und Übersetzen. Eine Untersuchung der Übersetzbarkeit kreativ-innovativ gebrauchter *wiederholter Rede* anhand von Beispielen aus der polnischen und deutschen Gegenwartsliteratur. Frankfurt a. M. u.a.

Levý, Jiří (1969): Die literarische Übersetzung. Theorie einer Kunstgattung. Frankfurt a. M./Bonn.

Marschall, Gottfried R. (1999): Sprachtypische Bauprinzipien von Phrasemen und das Problem der Übersetzung. In: Nicole Fernandez Bravo/Irmtraud Behr/Claire Rozier (Hg.) (1999), 201–212.

Matulina-Jerak, Zeljka (1995): Ein Beitrag zur Übersetzungsproblematik von Parömien. In: Proverbium 12, 157–168.

Mrazović, Pavica (1998): Phraseologismen als Übersetzungsproblem in literarischen Texten. In: Wolfgang Eismann (Hg.) (1998), 557–568.
Palm, Christine (1997): Phraseologie. Eine Einführung. 2., durchges. Aufl. Tübingen.
Parianou, Anastasia (1999): Routineformeln und ihre kulturelle Einbettung – unter besonderer Berücksichtigung des Sprachenpaares Deutsch – Griechisch. In: Annette Sabban (Hg.) (1999), 175–186.
Rechtsiegel, Eugenie (1990): Individuelle Modifikationen fester Phraseologischer Verbindungen in der Translation. In: Andrzej Kątny (Hg.): Studien zum Deutschen aus kontrastiver Sicht. Frankfurt a. M. u.a., 89–98.
Roos, Eckhard (1981): Contrastive Analysis and the Translation of Idioms. Some Remarks on Contrasting Idioms. In: Wolfgang Kühlwein/Gisela Thome/Wolfram Wilss (Hg.): Kontrastive Linguistik und Übersetzungswissenschaft. Akten des Internationalen Kolloquiums Trier/Saarbrücken 25.–30.9.1978. München, 230–238.
Sabban, Annette (Hg.) (1999): Phraseologie und Übersetzen. Phrasemata II. Bielefeld.
Schäffner, Christina (1999): Metaphern. In: Mary Snell-Hornby u. a. (Hg.) (1999), 280–285.
Schmidt, Heide (1994): Жизнь прожить – не поле перейти. Zur translatorischen Äquivalenz von Phraseologismen. In: Ernst Eichler/Kersten Krüger/Astrid Thiele (Hg.): Wort und Text. Slavistische Beiträge zum 65. Geburtstag von Wolfgang Sperber. Frankfurt a. M. u.a., 161–171.
Schweizer, Blanche-Marie (1978): Sprachspiel mit Idiomen. Eine Untersuchung am Prosawerk von Günter Grass. Zürich.
Segura García, Blanca (1998): Kontrastive Idiomatik: Deutsch – Spanisch. Eine textuelle Untersuchung von Idiomen anhand literarischer Werke und ihrer Übersetzungsprobleme. Frankfurt a. M. u.a.
Snell-Hornby, Mary u. a. (Hg.): Handbuch Translation. 2., verb. Aufl. Tübingen.
Švejcer, Aleksandr D. (1987): Übersetzung und Linguistik. Berlin.
Taraman, Soheir (1986): Kulturspezifik als Übersetzungsproblem. Phraseologismen in arabisch-deutscher Übersetzung. Heidelberg.
Wandruszka, Mario (1979): Kontrastive Idiomatik. In: Manfred Höfler/Henri Vernay/Lothar Wolf (Hg.): Festschrift Kurt Baldinger zum 60. Geburtstag 17. November 1979. Bd. II. Tübingen, 951–963.
Wandruszka, Mario (1990): Die europäische Sprachgemeinschaft: Deutsch – Französisch – Englisch – Italienisch – Spanisch im Vergleich. Tübingen.
Wilss, Wolfram (1988): Kognition und Übersetzen. Zu Theorie und Praxis der menschlichen und der maschinellen Übersetzung. Tübingen.
Wilss, Wolfram (1992): Übersetzungsfertigkeit. Annäherungen an einem komplexen übersetzungspraktischen Begriff. Tübingen.
Zybatow, Lew (1998): Übersetzen von Phraseologismen oder was bringt die kognitive Linguistik dem Übersetzer? In: Jan Wirrer (Hg.): Phraseologismen in Text und Kontext. Phrasemata I. Bielefeld, 149–167.

PHRASEOLOGIE UND FACHKOMMUNIKATION

Annely Rothkegel (Chemnitz)

1. PROBLEMSTELLUNG: HERZ UND/ODER VERSTAND?

Die Verbindungen zwischen den beiden linguistischen Sub-Disziplinen Phraseologie und Fachkommunikation scheinen auf den ersten Blick relativ schwach zu sein. Beide haben sich als Forschungsgebiete mit eigenständigen Gegenständen und Methoden schrittweise parallel, aber zeitversetzt mit der Entwicklung der modernen Linguistik etabliert. Gemeinsame Ankerpunkte für beide liegen in der Terminologieforschung, die ihrerseits ihre ersten Impulse aus den „Sachfächern" und nicht aus der Linguistik erhalten hat (zur Rolle der Terminologie s. u.). In diesem Zusammenhang werden Alfred Schlomann und Eugen Wüster genannt, die als Ingenieure mit ihrem Interesse am Fachwortschatz im Bereich der Elektrotechnik, seiner Ordnung und Festlegung schließlich die Aufmerksamkeit der Lexikografen geweckt haben (Schlomann 1928; Wüster 1931). Dennoch scheinen wir uns hier eher an den Rändern der Disziplinen und deren Überschneidungen zu bewegen, als dass es um das „Kerngeschäft" gehen würde.

Es stellt sich die Frage, was es auf sich hat mit den Vermutungen darüber, dass Phraseologie und Fachsprache eher konträr, eventuell komplementär, aber keineswegs sich befruchtend zueinander stehen. So soll es vor allem die Idiomatizität sein, die die Phraseologie wegen der Bildhaftigkeit im Hinblick auf Expression, Stil und Emotionalisierung attraktiv macht und die Fülle von Phänomenen auf allen Kommunikationsebenen (und damit die daraus folgende Fülle von Übersetzungsproblemen) begründet, außer im Bereich der Fachkommunikation, wo dies alles als unerwünscht gilt, wo Sachbezug, Exaktheit, Objektivität, Neutralität und Personenunabhängigkeit des Stils als Ideale gelten. Steht Herz gegen Verstand und umgekehrt? So simpel kann es doch nicht sein und was hat das alles schließlich mit Sprache und ihren Eigenschaften zu tun! Wir bleiben erst einmal skeptisch und folgen der wissenschaftlichen Haltung, wie sie Jarmo Korhonen jahrzehntelang vorgelebt hat und in Präsenz vorlebt. Dazu verfolgen wir zwei Linien mit verschiedenen Perspektiven: eine forschungshistorische und eine sprachlich-systematische. Erstere soll klären, welche Art von Schnittstellen aus dem Bereich von Phraseologie und Fachkommunikation in der Forschungsliteratur berücksichtigt sind. Wir fragen, inwieweit der jeweils „andere" Bereich in die Fragestellungen einbezogen wird. Letztere Linie soll anhand ausgewählter Beispiele aufzeigen, wo es Berührungspunkte im Sinne von Spracheigenschaften und fachbezogener Sprachverwendung gibt.

Die Tatsache, dass insbesondere im Deutschen eine Ähnlichkeit zwischen der Bildung mehrgliedriger Komposita und der Struktur von Mehrwortlexemen besteht, soll hier nicht berücksichtigt werden. Fragestellungen in Bezug auf Mehrsprachigkeit, kontrastive und kulturelle Aspekte sowie der Bereich der lexikografischen Problemstellungen können, wenn überhaupt, nur am Rande mit einbezogen werden. So ist dieser Beitrag eher komplementär zu den Forschungsinhalten von Jarmo Korhonen zu sehen (Korhonen 1995; 2000; 2003; 2004), doch nichtsdestoweniger seiner wissenschaftlichen Haltung der Unvoreingenommenheit verpflichtet.

2. PERSPEKTIVEN

2.1. Das Fach in der Phraseologie

Beginnen wir mit der Phraseologie als Bezugsdisziplin und der Frage, inwieweit Fachsprachen bzw. Fachkommunikation hier eine Rolle spielen. Das relativ aktuelle zweibändige Handbuch zur Phraseologie (Burger u. a. 2007) enthält ein Kapitel zur Fachphraseologie mit einem Überblicksartikel (Gläser 2007) und je einem Artikel zu den Fachgebieten Jura (Kjaer 2007) und Medizin (Gréciano 2007). Zum Vergleich, Kapitel II (Strukturelle Aspekte) umfasst sechs Beiträge, Kapitel VII (Phraseme in einzelnen Text- und Gesprächssorten) sogar sieben Beiträge. Die geringere thematische Differenzierung hinsichtlich der Fachphraseologie als Phänomen ist auffällig. Eine Anwendung von Fragestellungen und Untersuchungsmethoden auf den Fachwortschatz und Fachtexte, die mit Blick auf das Vorkommen von Phrasemen in Literatur und Alltagskommunikation entwickelt worden sind, kam Mitte bis Ende der achtziger Jahre in Gang. Rosemarie Gläser verweist in ihrem Überblicksartikel auf die bei einem Kolloquium 1989 in Dresden von ihr zur Diskussion gestellte Frage: „Gibt es eine Fachsprachenphraseologie?" (Gläser 2007, 487). Zunehmend gewinnen Mehrwortlexeme das Interesse unabhängig von den Ansätzen in der Terminologieforschung (s. Abschnitt 2.2.). Gemäß der Vorgehensweisen, wie sie in der Forschung zur Allgemeinphraseologie betrieben werden, geht es vor allem um Bestandsaufnahmen unter drei Aspekten des Vorkommens im Sprachsystem und Sprachgebrauch: Vorkommen-Wie, Vorkommen-Wo, Vorkommen-Wozu. In der Einführung von Christine Palm (1995, 88–89) gibt es zwei Seiten zur Fachphraseologie. Anders als Fleischer (1997, 71) argumentiert Harald Burger für die Berücksichtigung von Termini im Rahmen der Phraseologieforschung (Burger 2007, 50–52). Auch im Hinblick auf den fachspezifischen Wortschatz im Fachtext sollen Phraseme ihren berechtigten Platz in der Forschung haben (Burger 2007, 173–175).

Vorkommen-Wie bezieht sich auf die spezifischen Struktureigenschaften, die Phraseme Einzellexemen bzw. Sätzen und Texten gegenüber abgrenzen. Es geht vor allem um die Eigenschaften der Mehrwortigkeit (Polylexikalität), der (relativen) Fixiertheit bzw. Stabilität mit Variationen und Modifikationen (Korhonen 1992) und der Idiomatisierung. Zentral ist das Prinzip, dass die Bedeutung des

Gesamtausdrucks an die Kombination bestimmter Lexeme, deren relativ fixierte morphosyntaktische Form und an die (mehr oder weniger vorhandene) Nicht-Kompositionalität gebunden ist, d. h. die Bedeutung des Gesamtausdrucks kann nicht oder nur teilweise aus den Bedeutungen der den Ausdruck bildenden Konstituenten abgeleitet werden. Bei der Idiomatizität können Metaphernbildung (*das Kind mit dem Bade ausschütten*), Symbolverwendung (*schlauer Fuchs*) oder semantische Konstruktionen (*aus einer Mücke einen Elefanten machen*) zum Tragen kommen, die auch durchaus in Fachwortschätzen ihren Platz haben (Burger 2007, 174 mit Beispielen für Wirtschaft: *auf Schuldenbergen sitzen, steile Talfahrt fortsetzen*; vgl. auch Musik: Störel 1997; Recht: Eckardt 2004).

Während Fragen der Abgrenzung phraseologischer Einheiten, mögliche Klassifikationen oder Typologien die Ansätze der Allgemein-Phraseologie bestimmen, werden Fragen des Vorkommens-Wo auch für die fachorientierten Untersuchungen relevant. Wie in der allgemeinen Phaseologie gilt auch hier der Anteil von Phrasemen an der Lexik in den diversen Fachtexten als Indikator für die Textsorte. Gertrud Gréciano kreiert, in Analogie zum fachlichen Thema der Radioaktivität im Fachtext, den Ausdruck der Phraseoaktivität, womit sie auf das Einwirkungspotenzial phraseologischer Ausdrücke auf den Kotext und Kontext anspielt (Gréciano 1994). Phraseme funktionieren dabei als Indikatoren für die thematisierte Domäne. Vorkommen-Wozu (Funktionalität) zielt auf ausdrucksexterne Eigenschaften, die im Text- und Situationsbezug der Kommunikation wirken.

Die Vorgehensweisen folgen den grundsätzlichen Fragen der Phraseologieforschung wie z. B. solche zur Abgrenzung von den Einwortausdrücken oder Sätzen, zur Analyse der morphosyntaktischen Restriktionen, zur Festlegung von Variationen und Modifikationen sowie von strukturellen und semantischen Charakteristika. Vom lexikalischen Inventar her stehen Ausdrücke im Vordergrund, die den Sachbezug denotieren. Bei den verbalen Phrasemen handelt es sich um Ausdrücke für Zustände, Ereignisse, Prozesse, Verfahren und Handlungen in einem fachlich bestimmten Arbeitszusammenhang. Bevorzugt bearbeitet werden die Domänen Wirtschaft (Duhme 1991; Delplanque 1997; Kleinberger Günther 2003), Recht (Gautier 1999; Kjaer 2007), Medizin (Müller 1993; Gréciano 2007). Die Domäne Technik wird dagegen bevorzugt durch terminologische Ansätze erfasst (s. u.).

2.2. Die Phraseologie im Fach

Ausgehend vom Fach bilden Fachsprachen und Fachkommunikation den Bezugsrahmen, innerhalb dessen die spezifischen Phrasemeigenschaften untersucht werden. In dem 1994 von Spillner herausgegebenen Band „Fachkommunikation" (Thema der Jahrestagung der Gesellschaft der Angewandten Linguistik in Leipzig, Spillner 1994a) wird eine Art Resumée gezogen zum Stand der bis dahin ca. zwanzigjährigen Forschung im Bereich der Fachkommunikation und den relevanten Themenfeldern (Spillner 1994b). Im Vordergrund steht das Interesse an den Beziehungen zwischen Wissen und Fachsprache(n) (vgl. auch Kalverkämper

1998), dies vorwiegend auf lexikalischer Ebene, aber auch auf der Ebene der Fachtextlinguistik, wo sich die beiden Perspektiven „Fach in der Phraseologie" und „Phraseologie im Fach" mit Blick auf kognitive Ansätze überschneiden (s. u.).

Bei der allgemeinen Darstellung des Themas „Fachsprachen" durch Thorsten Roelcke (2010), was als Standardwerk gilt, geht es um eine systematische und auch historische Einordnungen der Fachsprachen, ohne dass der Phraseologie in besonderer Weise Rechnung getragen wird. Hinsichtlich der Fachlexikografie (Schaeder/Bergenholtz 1994) gibt es dagegen ein gewisses Interesse am Umgang mit Mehrworttermini und Kollokationen (Bergenholtz/Tarp 1994). Eine Vielzahl von Untersuchungen ist dadurch motiviert, Unterschiede und Gemeinsamkeiten zwischen Fachsprache(n) und Allgemeinsprache(n) zu erfassen (Hoffmann 1985; Adamzik/Niederhauser 1999). Hinsichtlich der Fachphraseologie gilt allerdings generell die Beobachtung, dass Besonderheiten der phraseologischen Prägung, wie sie für die Gemeinsprache typisch sind, in den Fachsprachen in der Regel nicht vorkommen, z. B. Idiome der Art *sich einen Ast lachen, mit x ist nicht gut Kirschen essen, außer Rand und Band* (als Argument auch in Gläser 2007, 490). Doch diese Phänomene müssen etwas differenzierter betrachtet werden.

Die frühen Impulse zur Beschäftigung mit dem Fachwortschatz stammen aus den Fächern selbst (vgl. Wüster 1931) und/oder aus der Praxis im Bereich übersetzungsbezoger Aufgabengebiete (Schlomann 1928/1968). Hier geht es um das Sammeln und Ordnen von fachbezogenen Ausdrücken und Termini, vorwiegend in den technischen Domänen und im Hinblick auf Benennungsaufgaben. Pelka (1971) mit den Werkstückbenennungen im Bereich Fertigungstechnik steht hier exemplarisch für eine Vielzahl von Untersuchungen, die auch noch heute in fach- und zugleich fremdsprachlichen Umgebungen durchgeführt werden. Vor allem geht es darum, dass der Fachwortschatz bzw. die Fachphraseologie einer Domäne nach den Prinzipien bestimmter Systematisierung und in größtmöglicher Vollständigkeit erfasst werden (Picht 1988, Galinski 1990). Häufig stehen die nominalen Phraseme als Spezifikationen von Objektklassen (im Sinne von Nominationsstereotypen nach Fleischer 1997) im Vordergrund. Als besonders häufig gelten attribuierte Nomen (*Computervermittelte Kommunikation, digitale Medien*, vgl. Zhang (1988, 52ff.) *fliegende Schere, zulässige Abweichung, spitzer Winkel*). Auch in den neueren Ansätzen binden die Erfassung des Fachwortschatzes, seine Sortierung in Glossaren, Thesauri oder in mehrsprachigen Wörterbüchern die Aufmerksamkeit in Forschung und Lehre (lediglich exemplarisch in Arntz u. a. 2004).

Mit der in der Terminologielehre strikten Trennung zwischen Begriff und Benennung sind neben dem Zugang zum Phrasembestand über die Benennungen auch mögliche Zugänge über die begriffliche Ebene (Konzeptebene) gegeben. Hier kommt insbesondere der Aspekt des (Fach)Wissens zum Tragen, der als konstitutiv für Fachsprache und Fachkommunikation betrachtet wird (s. o. Spillner 1994b). Damit ist zugleich die Tür geöffnet für kognitive Ansätze, die in der Forschung der Allgemeinphraseologie ebenfalls ihren Raum haben (Dobrovol'skij/Piirainen 2009). Zudem ist die theoretisch fundierte Möglichkeit gegeben,

Eigenschaften metaphorisierter Idiome im Fach wahrzunehmen und methodisch zu untersuchen.

Als grundlegend gilt das kognitive Metaphernverständnis im Sinne von Lakoff/Johnson (1980), angewandt auf den Bereich der Phraseologie in Dobrovol'skij (2003). Es unterscheidet sich grundsätzlich von Auffassungen, nach denen Metaphern vor allem konnotative Funktionen zugeordnet werden. Im Hinblick auf die Fachphraseme war und ist besonders interessant, welche metaphorischen Prozesse über die Fächer hinweg zu beobachten sind. So, um ein Beispiel zu nennen, bilden Medizin (menschlicher Organismus) und Technik (Maschine) metaphorische Relationen in der Weise, dass jeder Bereich für den anderen als Ausgangsbereich bzw. Zielbereich fungieren kann (menschliches Herz als „Motor" bzw. Motor einer Maschine als „Herz", Gehirn als „Computer"), Wirtschaft als „Theater" (*eine führende Rolle spielen*). Gertrud Gréciano hat vor allem für den Bereich der Medizin eine Reihe von Untersuchungen vorgelegt (Gréciano 1995a, 1995c, 1998). Von weiterem Interesse gilt das Phänomen der Metaphern-Elaboration im Textverlauf, wobei vollständige Szenarien und damit ein fachlicher Zusammenhang aufgebaut werden (Rothkegel 1989; 1997; 1999; Störel 1997; Stocker 1999).

Ein anderes Phänomen betrifft die Migration von Ausdrücken zwischen Fach- und Allgemeinsprache. So entsprechen Ausdrücke für (ehemals) fachbezogene Tätigkeiten gemeinsprachlichen Ausdrücken, die (in der Gegenwart) metaphorisch verstanden werden (Fischereiwesen: *im Trüben fischen* ‚sich in unklaren Situationen Vorteile verschaffen', Sport: *am Ruder sein* ‚regieren', Kfz-Technik: *aufs Gas drücken* ‚eine Angelegenheit mit Tempo bearbeiten', Computertechnologie: *den Computer ausschalten* ‚entspannen').

3. TRANSDISZIPLINARITÄT UND NICHT-FACHLICHES VOKABULAR

In diesem Abschnitt entwickeln wir eine dritte Perspektive. Das Fachverständnis ist nun nicht allein eine Frage in sprachwissenschaftlicher Sicht, sondern interessiert die involvierten Fächer selbst. An die Stelle von theoriegeleiteten Abgrenzungen treten gegenwärtig zunehmend Versuche zur Grenzüberschreitung zwischen den Disziplinen. Dies wird ermöglicht durch die Tendenz hin zur Problemorientierung und weg von weiterer disziplinspezifischer Differenzierung. Damit kommen Fragestellungen in den Blick, die auf eine gemeinsame Problemlösung gerichtet sind, wobei die beteiligten Disziplinen ihre spezifischen Methoden beitragen. Im Rahmen dieses Kontextes einer Inter- bzw. Transdisziplinarität kommen zwei Aspekte zum Tragen: die Veränderung der Fächer selbst sowie die Tatsache, dass die sprachlich vermittelte Verständigung zwischen den Disziplinen eine zentrale Bedeutung erlangt (Weber 2010).

Die Veränderung des Fachverständnisses zeigt sich u. a. an der Verbreitung systemischer Ansätze, in denen der jeweilige Gegenstand in einen erweiterten Horizont gestellt wird. Am Beispiel der Technik, hier vergröbert als ein Fachgebiet betrachtet, ist dieses Phänomen gut zu beobachten. Technische Prinzipien, Verfahren oder Produkte stellen nicht mehr eine in sich geschlossene Einheit dar, sondern werden gesehen als „soziotechnische Systeme", in denen „menschliche und sachtechnische Subsysteme eine integrale Einheit bilden" (Ropohl 2009, 141). Wissen, Fühlen, Gewohnheiten, soziale Konventionen und kulturell geprägte Einstellungen werden als relevant für den Umgang mit Technik erkannt. Dies hat natürlich Konsequenzen für die Kommunikation, die einen Referenzbereich erfasst, in dem das menschliche Handeln mit Technik im Zusammenhang mit anderen Fächern und mit dem Alltagsleben thematisiert wird. Der Begriff der Sicherheit bietet hierzu ein gutes Beispiel. Anders als in der Alltagsbedeutung (*Sicherheit* = ‚keine Gefahren vorhanden') meint das fachliche Konzept Sicherheit ‚den Umgang mit Gefahren', der je nach Disziplin unterschiedlich bestimmt wird (Rothkegel 2010). Ausdrücke wie *Sicherheit gewährleisten, Sicherheit garantieren, sicherheitsrelevante Anforderungen* beziehen sich auf die für die jeweilige Disziplin oder Branche relevanten Maßnahmen. Dabei entstehen Begriffsfelder in Abhängigkeit der jeweilig verwendeten Sicherheitsmodelle (Sicherheit als Schutzmaßnahmen: *Verwundbarkeit erkennen/mindern, zeitnahe Wiederherstellung der Systemfunktionen, robuste Infrastruktur, kritische Infrastruktur, gefühlte Sicherheit*; Sicherheit als Gefahrenabwehr: *Gefährdungsausbreitung hemmen, Gefährder neutralisieren, Risiken minimieren, organisierte Kriminalität, körperliche Gewalt, Früherkennung von Bedrohungen, Vermeidung von Kaskadeneffekten, gewollte/ungewollte Gefährdung, bösartiger Angriff, fahrlässiges Verhalten, Schaden ausüben*). Mit der Einordnung der Domäne der Techniksicherheit in „Sicherheitskulturen" wird schließlich die Betrachtung des Fachlichen in kulturelle Dimensionen verschoben (Banse/Hauser 2010). Dieser Zusammenhang ist nicht auf einzelne Domänen bzw. Disziplinen beschränkt. Mit Bezug auf den Bereich des Rechts verweist Picht (2010) auf die gesellschaftlich bedingte Konstruktion fachlicher Begriffe.

Parallel zur Veränderung des Fachverständnisses ändert sich das Verständnis darüber, was als zur Fachkommunikation gehörig betrachtet wird. Begriffliche Systematiken sowie deren Aufbau, Diskussion und fachdidaktische Vermittlung treten in dieser Perspektive in den Hintergrund. Wichtig werden Interaktionen, in denen Strategien und nicht-fachliche sprachliche Inventare auf der Ebene genereller Wissensorganisation und dem Gebrauch von Metasprachen die Kommunikation mitbestimmen. Dabei haben Standardisierungen und Normen einen hohen Stellenwert, insofern sie die Verständigung sichern können. Mit nicht-fachlichem Vokabular ist eine Sprachschicht gemeint, die weder zur Fachsprache noch zur Alltagssprache gerechnet werden kann, sie wird fachübergreifend verwendet. Phraseme, vor allem Kollokationen, sind hier willkommen, da sie als sprachliche „Fertigteile" im Sinne von Gréciano (1995a) für typische Verwendungskontexte zur Verfügung stehen (*technische Neuerungen, Kompetenzen bündeln, Grundlagenforschung betreiben, auf hohem Niveau*).

Das Vorkommen von nicht-fachlichem Wortschatz zusammen mit der fachbezogenen Darstellung von Inhalten ist als Phänomen verschiedentlich thematisiert worden, seine Funktionen werden unterschiedlich bewertet. So ordnet bereits Duhme (1991) in seiner Untersuchung der Wirtschaftsphraseologie den größten Anteil des Phrasembestands als nicht-fachlich ein. Meyer (1994) verweist auf das

Phänomen (mit Bezug auf Wissenschaftstexte), dass der nicht-fachliche Wortschatz gleichwohl etwas mit dem Fach zu tun hat, indem er die wissenschaftliche Praxis als Wissenschaftsprozess innerhalb einer Gemeinschaft (Diskursgemeinschaft) kenntlich macht (*neue Wege eröffnen, ein Brückenschlag sein, Argumente anführen, an Diskussionen teilnehmen, einen rechtlichen Rahmen schaffen, Ziele umsetzen*).

Neben dem nicht-fachlichen Wortschatz gibt es eine weitere Gruppe von Ausdrücken, die so stark standardisiert sind, dass sie als Formeln oder Sterotype verstanden werden können, dabei ebenfalls als semantisch kompositionell gelten (Stein 1995). Rees (1997) verweist in diesem Zusammenhang u. a. auf „Warnformeln" (zit. nach Gläser 2007, 499), wie sie im öffentlichen Raum (mündliche Ansagen am Bahnhof: *Lassen Sie Ihr Gepäck nicht unbeaufsichtigt*), aber auch in Produktinformationen oder Gebrauchsanleitungen (*muss dringend davon abgeraten werden*) vorkommen. Insbesondere Letztere zeichnen sich aus durch mehr oder weniger normierte Formulierungen im Bereich der Sicherheitshinweise. Die als Signalwörter bezeichneten Ausdrücke wie GEFAHR und WARNUNG verweisen auf Skalierungen, die in Formulierungen wie *unter keinen Umständen* oder *unbedingt darauf achten, dass* eine formelhafte Entsprechung aufweisen (Dausendschön-Gay u. a. 2007).

4. POPULARISIERUNG

Bei der Popularisierung von Fachwissen kommen Alltagswissen und Alltagssprache (Allgemeinsprache) in den Blick, d. h. man könnte annehmen, dass Tür und Tor geöffnet sind für Phraseme aller Couleur. Die Frage stellt sich, inwieweit dies der Fall ist. In diesem Zusammenhang richtet sich das besondere Interesse auf idiomatische Ausdrücke, vor allem auf die bildhaften Prägungen, die im eigentlichen Fachtext keinen Raum haben. Ein kognitiver Ansatz ist auch hier hilfreich, um die Beziehungen zwischen den Ebenen Wissen und Sprache deutlich zu machen.

Popularisierung geschieht im Rahmen einer Kommunikationssituation (Niederhauser 1999; Niederhauser/Adamzik 1999). Je nachdem, welches Kommunikationsmodell man zugrunde legt, können wir von einer asymmetrischen Kommunikation (Experte stellt Sachverhalt für Nicht-Experten dar) oder einer symmetrischen Kommunikation (Experten und Nichtexperten arbeiten zusammen) ausgehen. Im letzten Fall ist der Tatsache Rechnung getragen, dass auch die Nichtexperten Wissen, zumindest Alltagswissen, in die Kommunikationssituation einbringen, das sich möglicherweise in Form von idiomatischen Phrasemen verdichten lässt. Sie bilden eine Art Brücke zwischen den beiden Positionen von Experten und Nichtexperten. Werden solche Brücken in der Kommunikationssituation gefunden, wobei es gleich ist, ob vom Experten oder vom Nichtexperten, kann eine Verständigung glücken. Ob dies mit dem Phrasem des *Schwarzen Lochs* gelungen ist, muss fraglich bleiben, da faktisch keine echte metaphorische Beziehung vorliegt (der referierte Gegenstand hat nichts mit den Merkmalen eines Loches zu tun; vgl. Drewer 2003). Auf derartige semantische „In-Kohärenzen", die rein assoziativ und häufig unter Werbeaspekten gewählt werden, hat Gertrud Gréciano am Beispiel von semantisch nicht passenden Überschriften in Medientexten hingewiesen (Gréciano 1995b).

Ein anderes Phänomen betrifft den stilistischen Aspekt des Idiomgebrauchs. Wenn es dem Weltall mit dem Wärmetod *an den Kragen geht*, bezieht sich die Popularisierung nicht auf den Wissenstransfer, sondern auf eine Art stilistische Emotionalisierung durch alltagssprachliche Metaphern (Gréciano 1995c). Eine Mischung von Wissenstransfer und Emotionalisierung kommt zustande, wenn über die ausgewählten Ausdrücke attraktive Szenarien vermittelt werden. Als Beispiel gibt Liebert (1994, 86) folgende Formulierungen an: „Viren = Piraten, die die menschliche Zelle ‚entern'" und zitiert „‚die Invasion der unsichtbaren Killer' […] ‚bevor sie die Maske fallen lassen'". In der kontinuierlichen Elaboration eines Piratenüberfall-Szenarios wird eine Vorstellung der Aggression durch Viren vermittelt, wobei zugleich wegen der Wahl der bildhaften Einzelformulierungen Stimmung erzeugt wird. Weiterhin stellt sich die Frage, inwieweit solche alltagsweltlichen Phraseme Verwendung finden, die für bestimmte Konzepte im Sinne von Hessky/Ettinger (1997) stehen. Kommen wir dazu zurück auf das bereits mehrfach angesprochene Konzept der Sicherheit bzw. der Unsicherheit. Auffällig ist, dass Phraseme wie *auf der Kippe stehen* oder *auf Messers Schneide stehen*, die dem Konzept Unsicherheit zugeordnet werden (Hessky/Ettinger 1997, 174f.), nur in Texten bestimmter Domänen (z. B. Gesundheit, nicht aber Technik) Verwendung finden. Zwei Gründe gibt es dafür. Generell muss davon ausgegangen werden, dass Bedeutungen im Lexikon und Bedeutungen im Text durchaus verschieden sind (was vor allem im Kontext der Übersetzung zu Problemen führt (Sabban 2010)). Der zweite Grund hat damit zu tun in der Weise, dass im Text eine Re-Motivierung stattfinden kann, so dass das im Ausdruck mit vermittelte Bild in den jeweiligen Kontext passen muss (Gréciano 1991). Danach würde sich „Messer" als technischer Gegenstand nicht dazu eignen, einen technischen Sachverhalt zu metaphorisieren. Untersuchungen dieser Art in Bezug auf fachliche Domänen bilden ein Desiderat. Insgesamt ist zu bemerken, dass der Bereich der Fachkommunikation durchaus ein lohnenswertes Feld für phraseologische Forschung, die über Bestandsaufnahmen hinausgeht, bietet. Mit Blick auf die Globalisierung gerade fachbezogener Kommunikation könnten auch kontrastive Ansätze vor allem methodisch von den Arbeiten, die Jarmo Korhonen vorgelegt hat, profitieren (u. a. Korhonen 1995; 2000).

5. FAZIT

Seit einem halben Jahrhundert beschäftigt man sich – angeregt durch russische Arbeiten – in der westlich-wissenschaftlichen Welt mit phraseologischen Ausdrücken. Vor dem Hintergrund der angelsächsisch begründeten Linguistik im Paradigma der Transformationsgrammatik wurden sie zunächst auffällig wegen ihrer damals angenommenen Anomalien (Makkai 1972). Die komplexen lexikalischen

Strukturen, die morpho-syntaktischen Restriktionen und schließlich die semantischen Eigenheiten galten als Abweichungen und erforderten somit Extraregeln in der Grammatik. Jedoch parallel zur Weiterentwicklung der Linguistik veränderte sich stetig der Blick auf Sprache und Sprachgebrauch und damit auch auf die Phraseologie als Phänomen, bei dem sich die Möglichkeiten und Grenzen von Sprache als System und Kommunikationsmittel in vielfältiger Weise manifestieren (Rothkegel 2001). Dieser Beitrag ist ein Versuch, weitere Forschung anzuregen – in der wissenschaftlichen Haltung von Jarmo Korhonen.

6. LITERATUR

Adamzik, Kirsten/Niederhauser, Jürg (1999): Fach-/Wissenschaftssprache versus Gemeinsprache im Laiendiskurs und im linguistischen Fachdiskurs. In: Jürg Niederhauser/Kirsten Adamzik (Hg.) (1999), 15–37.

Arntz, Reiner/Picht, Heribert/Mayer, Felix (2004): Einführung in die Terminologiearbeit. 5. Aufl. Hildesheim.

Banse, Gerhard/Hauser, Robert (2010): Technik und Kultur – ein Überblick. In: Gerhard Banse/Armin Grunwald (Hg.): Technik und Kultur. Bedingungs- und Beeinflussungsverhältnisse. Karlsruhe, 17–40.

Bergenholtz, Henning/Tarp, Sven (1994): Mehrworttermini und Kollokationen in Fachwörterbüchern. In: Burkhardt Schaeder/Henning Bergenholtz (Hg.): Fachlexikographie/Fachwissen und seine Repräsentation in Wörterbüchern. Tübingen, 385–420.

Burger, Harald (2010): Phraseologie. Eine Einführung am Beispiel des Deutschen. 3. Aufl. Berlin.

Burger, Harald u. a. (Hg.) (2007): Phraseologie. Ein internationales Handbuch zeitgenössischer Forschung. 2 Bde. Berlin.

Burger, Harald/Häcki Buhofer, Annelies/Gréciano, Gertrud (Hg.) (2003): Flut von Texten – Vielfalt der Kulturen. Baltmannsweiler

Dausendschön-Gay, Ulrich/Gülich, Elisabeth/Krafft, Ulrich (2007): Phraseologische/formelhafte Texte. In: Harald Burger u. a. (Hg.) (2007), 468–481.

Delplanque, Carine (1997): Phraseme der Wirtschaft. Eine rollensemantische Untersuchung. In: Gertrud Gréciano/Annely Rothkegel (Hg.) (1997), 31–44.

Dobrovol'skij, Dmitri (2003): Cognitive Theory of Metaphor and Idiom Semantics: In: Harald Burger/Annelies Häcki Buhofer/Gertrud Gréciano (Hg.) (2003), 143–153.

Dobrovol'skij, Dmitrij/Piirainen, Elisabeth (2009): Zur Theorie der Phraseologie. Kognitive und kulturelle Aspekte. Tübingen.

Drewer, Petra (2003): Die kognitive Metapher als Werkzeug des Denkens. Zur Rolle der Analogie bei der Gewinnung und Vermittlung wissenschaftlicher Erkenntnisse. Tübingen.

Duhme, Michael (1991): Phraseologie der deutschen Wirtschaftssprache. Eine empirische Untersuchung zur Verwendung von Phraseologismen in journalistischen Fachtexten. Essen.

Eckardt, Birgit (2004): „Arbeitskampf" und „Friedenspflicht" – Metaphorische Konzepte im Arbeitsrecht. In: Susanne Göpferich/Jan Engberg (Hg.): Qualität fachsprachlicher Kommunikation. Tübingen, 219–234.

Fleischer, Wolfgang (1997): Phraseologie der deutschen Gegenwartssprache. 2. Aufl. Tübingen.

Galinski, Christian (1990): Terminology and Phraseology. In: Journal of the International Institute for Terminology Research 1, 1–2, 70–86.

Gautier, Laurent (1999): Zur Phraseologie des Verfassungsrechts. Ansatz einer kontrastiven Analyse Französisch – Deutsch. In: Annette Sabban (Hg.): Phraseologie und Übersetzen. Bielefeld, 81–98.

Gläser, Rosemarie (2007): Fachphraseologie In: Harald Burger u. a. (2007), 482–505.

Gréciano, Gertrud (1991): Remotivierung ist textsortenspezifisch. In: Christine Palm (Hg.): EUROPHRAS 91, Uppsala, 91–101.
Gréciano, Gertrud (1994): Vorsicht, Phraseoaktivität! In: Barabara Sandig (Hg.): EUROPHRAS 92. Tendenzen der Phraseologieforschung. Bochum, 202–220.
Gréciano, Gertrud (1995a): Fachphraseologie In: René Métrich/Marcel Vuillaume (Hg.): Rand und Band. Abgrenzung und Verknüpfung als Grundtendenzen des Deutschen. Tübingen, 183–195.
Gréciano, Gertrud (1995b): Phraseologische Text(in)kohärenz. In: Marie Hélène Pérennec/Marcel Pérennec (Hg.): Untersuchungen zur Textkohärenz. Cahiers d'Études Germaniques 6, 93–103.
Gréciano, Gertrud (1995c): Fachkommunikation mit Stil, besonders der Medizin. In: Gertrud Gréciano (Hg.): (Ré)Ecritures littéraires et utilitaires. Nouvaux Cahiers d'Allemand 13, 21–249.
Gréciano, Gertrud (1998): Phraseologie und medizinisches Wissen. In: Jan Wirrer (Hg.): Phraseologismen in Text und Kontext. Bielefeld, 197–208.
Gréciano, Gertrud (2007): Phraseme in medizinischen Texten. In: Harald Burger u. a. (Hg.) (2007), 516–529.
Gréciano, Gertrud/Rothkegel, Annely (Hg.) (1997): Phraseme in Kontext und Kontrast. Bochum.
Häcki Buhofer, Annelies/Burger, Harald/Gautier, Laurent (Hg.) (2001): Phraseologiae Amor. Aspekte europäischer Phraseologie. Baltmannsweiler.
Hessky, Regina/Ettinger, Stefan (1997): Deutsche Redewendungen. Ein Wörter- und Übungsbuch für Fortgeschrittene. Tübingen.
Hoffmann, Lothar (1985): Kommunikationsmittel Fachsprache. Eine Einführung. 2. Aufl. Tübingen. 1. Aufl. 1976.
Kalverkämper, Hartwig (1998): Fach und Fachwissen. In: Lothar Hoffmann/Hartwig Kalverkämper/Herbert Ernst Wiegand (Hg.): Fachsprachen. Handbuch zur Fachsprachenforschung und Terminologiewissenschaft. Berlin, 1–24.
Kjaer, Anne Lise (2007): Phrasemes in Legal Texts. In: Harald Burger u. a. (Hg.) (2007), 506–516.
Kleinberger Günther, Ulla (2003): Phraseologie in der Wirtschaftssprache im Internet. In: Harald Burger/Annelies Häcki Buhofer/Gertrud Gréciano (Hg.) (2003), 415–425.
Korhonen, Jarmo (1992): Morphosyntaktische Variabilität von Verbidiomen In: Csaba Földes (Hg.): Deutsche Phraseologie in Sprachsystem und Sprachverwendung. Wien, 49–87.
Korhonen, Jarmo (Hg.) (1995): Studien zur Phraseologie des Deutschen und des Finnischen. Bochum.
Korhonen, Jarmo (2000): Idiome und Sprichwörter in der deutsch-finnischen Lexikografie. In: Ulrich Heid/S. Evert/E. Lehmann/Chr. Rohrer (Hg.): EURALEX 2000. Proceedings of the Ninth Euralex International Congress Stuttgart, Vol. II. Stuttgart, 569–578.
Korhonen, Jarmo (2003): Deutsch-Finnische Phraseologie in neuerer lexikografischer Anwendung. In: Harald Burger/Annelies Häcki Buhofer/Gertrud Gréciano (Hg.) (2003), 491–501.
Korhonen, Jarmo (2004): Zur lexikografischen Erfassung von Sprichwörtern in einsprachigen deutschen Wörterbüchern. In: Christine Palm-Meister (Hg.): EUROPHRAS 2000. Tübingen, 233–244.
Lakoff, George/Johnson, Mark (1980): Metaphors we live by. Chicago.
Liebert, Wolf-Andreas (1994): Fremdagens, Eindringlinge, Piraten und unsichtbare Killer. Metaphernmodelle als Übergangsphänomene zwischen Theorietexten, fachlichen PR-Texten und populärwissenschaftlichen Texten zum Thema AIDS- und HIV-Forschung. In: Bernd Spillner (Hg.) (1994a), 85–87.
Makkai, Adam (1972): Idiom Structure in English. The Hague.
Meyer, Paul-Georg (1994): Nicht-fachliches Vokabular als konstitutives Element der Großtextsorte „Wissenschaftlicher Text". In: Bernd Spillner (Hg.) (1994a), 79–81.
Müller, Renate (1993): Phraseologismen in englischen Fachtexten der Humanmedizin. Frankfurt.

Niederhauser, Jürg (1999): Wissenschaftssprache und populärwissenschaftliche Vermittlung. Tübingen.
Niederhauser, Jürg/Adamzik, Kirsten (Hg.) (1999): Wissenschaftssprache und Umgangssprache im Kontakt. Frankfurt.
Palm, Christine (1995): Phraseologie. Eine Einführung. Tübingen.
Pelka, Roland (1971): Werkstückbenennungen in der Metallverarbeitung. Beobachtungen zum Wortschatz und zur Wortbildung der technischen Sprache im Bereich der metallverarbeitenden Fertigungstechnik. Göppingen.
Picht, Heribert (1988): Fachsprachliche Phraseologie. In: Reiner Arntz (Hg.): Textlinguistik und Fachsprache. Hildesheim, 187–196.
Picht, Heribert (2010): Einige Gedanken zum Wesen der Begriffe im Recht. In: SYNAPS 25, 19–25.
Rees, Nigel (1997): Dictionary of Slogans. 2. Aufl. Glasgow.
Roelcke, Thorsten (2010): Fachsprachen. 3. Aufl. Berlin.
Ropohl, Günter (2009): Allgemeine Technologie. Eine Systemtheorie der Technik. 3. Aufl. Karlsruhe.
Rothkegel, Annely (1989): Phraseologien in Texten der internationalen Fachkommunikation. In: Gertrud Gréciano (Hg.): Europhras 88. Phraséologie Contrastive. Strasbourg, 371–378.
Rothkegel, Annely (1997): Mehrwortlexeme in der Softwaredokumentation. In: Gertrud Gréciano/ Annely Rothkegel (Hg.) (1997), 177–190.
Rothkegel, Annely (1999): Zur Metaphernfunktion von Phrasemen im Diskurs (Werbe- und Fachtexte). In: Nicole Fernandez Bravo/Irmtraud Behr/Claire Rozier (Hg.): Phraseme und typisierte Rede. Tübingen, 91–100.
Rothkegel, Annely (2001): Zu neuen Ufern – eine Reise durch die Phraseologie(forschung). In: Annelies Häcki Buhofer (Hg.) (2001), 211–220.
Rothkegel, Annely (2010): Sicherheitsmodelle und Kommunikationsrisiko. In: Petra Winzer/ Eckehard Schnieder/ Friedrich-Wilhelm Bach (Hg.): Sicherheitsforschung. Chancen und Perspektiven. Berlin, 207-220.
Sabban, Annette (2010): Zur Übersetzung von Idiomen im Wörterbuch und im Text. Die Rolle von Kontextsensitivität und semantischer Variabilität. In: trans-kom 3, 192–2008.
Schaeder, Burkhardt/Bergenholtz, Henning (Hg.) (1994): Fachlexikographie/Fachwissen und seine Repräsentation in Wörterbüchern. Tübingen.
Schlomann, Alfred (1928, 1963/1968): Illustrierte technische Wörterbücher in sechs Sprachen (Deutsch, Englisch, Russisch, Französisch, Italienisch, Spanisch). Bd. 1 Maschinenelemente, Bd. 2 Elektrotechnik und Elektrochemie. Als Kopie/Taschenbuch erhältlich unter Kurt Deinhardt/Alfred Schlomann bei Nabu Press (2010, Amazon).
Spillner, Bernd (Hg.) (1994a): Fachkommunikation. Frankfurt.
Spillner, Bernd (1994b): Sprachbezogener Wissenstransfer als Herausforderung an die Angewandte Linguistik. In: Bernd Spillner (Hg.) (1994a), 91–96.
Stein, Stephan (1995): Formelhafte Sprache. Frankfurt.
Stocker, Christa (1999): Funktionen und Leistungen von Metaphernfeldern in der populärwissenschaftlichen Wissensvermittlung. In: Jürg Niederhauser/Kirsten Adamzik (Hg.) (1999), 153–172.
Störel, Thomas (1997): Metaphorik im Fach. Bildfelder in der musikwissenschaftlichen Kommunikation. Tübingen.
Weber, Jutta (Hg.) (2010): Interdisziplinierung? Zum Wissenstransfer zwischen den Geistes-, Sozial- und Technowissenschaften. Bielefeld.
Wüster, Eugen (1931): Internationale Sprachnormung in der Technik, besonders in der Elektrotechnik: Die nationale Sprachnormung und ihre Verallgemeinerung. Berlin. 3. Aufl. Bonn 1970.
Zhang, Dingxian (1988): Komplexe lexikalische Einheiten in Fachsprachen. Heidelberg.

PHRASEM-KONSTRUKTIONEN IN PARALLELCORPORA[1]

Dmitrij Dobrovol'skij (Moskau)

Der Beitrag besteht aus drei Teilen. Im ersten Abschnitt wird der Begriff der Phrasem-Konstruktion erläutert. Im zweiten wird auf die Methoden der kontrastiven Phraseologieforschung im Allgemeinen und Möglichkeiten der Anwendung paralleler Textcorpora im Besonderen kurz eingegangen. Der dritte Teil enthält eine Fallstudie zu den deutschen Phrasemen *vor sich her* und *vor sich hin* sowie ihren Übersetzungsäquivalenten in den deutsch-russischen parallelen Texten.

1. ZUM BEGRIFF DER PHRASEM-KONSTRUKTION

Der Begriff der Phrasem-Konstruktion ist an der Schnittstelle der Konstruktionsgrammatik (KxG) und Phraseologie entstanden. Selbst wenn Phraseme aller Klassen grundsätzlich als Gegenstand der KxG betrachtet werden können, stellt sich die Frage, ob es möglicherweise Phraseologiebereiche gibt, in denen die Anwendung bestimmter Analyseinstrumentarien der KxG einen besonderen Nutzen bringen kann, während in den anderen Bereichen der Phraseologie die traditionellen lexikonbasierten Herangehensweisen durchaus akzeptabel sind und nicht unbedingt einer KxG-orientierten Erweiterung bedürfen.

Eine aus der Sicht der KxG besonders relevante Klasse bilden die sog. „Phraseoschablonen" (im Sinne von Fleischer 1997, 130–134), die eigentlich genauer als „Phrasem-Konstruktionen" (PhK) bezeichnet werden können. Auf die Existenz von Phrasemen dieses Typs in verschiedenen Sprachen wurde mehrmals hingewiesen, allerdings wurden sie im Rahmen der Phraseologie immer als eine Randerscheinung behandelt. Für die Bezeichnung dieser Phänomene wurden verschiedene Termini verwendet, darunter:
- „modellierte Bildungen" (Černyševa 1980, 35, 130–131; 1986, 213–217),
- „syntaktische Phraseme" („syntaksičeskie frazemy" in Boguslavskij/Iomdin 1982; Iordanskaja/Mel'čuk 2007, 298–299; „syntaksičeskie frazeologizmy" in Švedova 1980, 383; Baranov/Dobrovol'skij 2008, 67),
- „syntaktische Idiome" („syntactic idioms" in Nunberg/Sag/Wasow 1994; Jackendoff 1997),

---

[1] Die Arbeit ist im Rahmen des RGNF-Projekts 11-04-00105a entstanden.

- „Phraseoschemata" („frazeoschemy" in Šmelev 1977, 327–330; Apresjan 2009, 549),
- „lexikalisch offene Idiome" („lexically open idioms" in Fillmore/Kay/O'Connor 1988),
- „Konstruktionsidiome" („constructional idioms" in Booij 2002; Taylor 2002).

PhK können als Konstruktionen definiert werden, die als Ganzes eine lexikalische Bedeutung haben, wobei bestimmte Positionen in ihrer syntaktischen Struktur lexikalisch besetzt sind, während andere Slots darstellen, die gefüllt werden müssen, indem ihre Besetzung lexikalisch frei ist und nur bestimmten semantischen Restriktionen unterliegt.

Als Beispiele deutscher Phrasem-Konstruktionen können Strukturen dienen wie

[es/das IST zum N_{inf}][2] – *Es ist zum Verrücktwerden; Es war zum Kotzen*;
[was PP *nicht alles* V] – *Was du nicht alles gelesen hast!*;
[DET N1 *von* (DET$_{dat}$) N2] – *ein Betonklotz von einem Hotel*; *diese Kalkhöhle von Wohnung*;
[PP HAT *gut* V_{inf}] – *du hast gut lachen*;
[N1 *hin*, N1 *her*] – *Freund hin, Freund her; Krise hin, Krise her*.[3]

Wenn wir davon ausgehen, dass die Analyseverfahren der KxG besonders effizient im Rahmen der Klasse der PhK eingesetzt werden können, stellt sich ferner die Frage, inwieweit andere Phrasemklassen als KxG-relevantes Material zu betrachten sind. Die Methoden der KxG sind m. E. besonders in den Fällen erfolgversprechend, in denen das syntaktische Pattern selbst eine Bedeutung hat, so dass auch außerhalb des Lexikons in seiner traditionellen Auffassung Form-Bedeutungspaare zu verzeichnen sind, die gleichzeitig syntaktische Patterns und Elemente des Lexikons darstellen.

In diesem Zusammenhang sind vor allem „grammatische Phraseme" zu nennen. Sie sind zwar als selbständige Lexikoneinheiten grundsätzlich beschreibbar, sind aber oft in eine größere Konstruktion eingebettet. So kann man zwar die Bedeutung von *geschweige denn* an sich beschreiben, allerdings muss eine vollständige Repräsentation dieses grammatischen Phrasems einen Hinweis darauf enthalten, dass es zwei Propositionen miteinander verbindet. Vgl. die Analyse des

---

[2] In der Notation, die hier und weiter unten verwendet wird, stehen N für substantivische Nomina (auch wenn sie gelegentlich pronominal ersetzen werden), V für Verben, Adj für Adjektive, VAdj für Verbaladjektive bzw. Formen des Partizip II, P für Propositionen, Prep für Präpositionen, PP für Personalpronomen, DET für Determinatoren (Artikel, Demonstrativpronomen u. Ä.), X, Y für Satzglieder, deren kategoriale Zugehörigkeit nicht eindeutig fixiert ist. Lexikalisch spezifizierte Konstituenten werden kursiv gesetzt, wenn sie in einer bestimmten Form streng fixiert sind, oder stehen in Kapitälchen, wenn eine gewisse Variation (z. B. die Alternierung morphologischer Formen) zugelassen wird.

[3] Die letztgenannte Konstruktion wurde bereits in Černyševa (1980, 31) und Černyševa (1986, 213) als Beispiel für die Kategorie der modellierten Bildungen besprochen. In Černyševa (1980, 31) wird sie als „modellierte (typisierte) Konstruktion mit einräumender Bedeutung" charakterisiert.

korrelierenden englischen Phrasems *let alone* in Fillmore/Kay/O'Connor (1988, 512), das als Element der Konstruktion [P1 *let alone* P2] fungiert.

Einerseits finden sich die entscheidenden Vorteile der KxG primär im Bereich der nichtregulären, zumindest teilweise lexikalisierten Phrasen, die eine gewisse, wenn auch schwache Idiomatizität aufweisen (vgl. Fillmore 2006). Andererseits gehören zum Gegenstandsbereich der KxG vor allem solche Phraseme, die ein syntaktisches Pattern als Basis haben, das bei der Sättigung der lexikalisch nicht spezifizierten Slots verschiedene Realisationen zulässt. Für die KxG sind per definitionem Strukturen interessant, die sich nicht durch die Anwendung produktiver Regeln erklären lassen. Die Phraseologie untersucht zwar alle möglichen Wortverbindungen, die nicht voll kompositionell sind, liefert allerdings für die KxG in erster Linie dann nichttriviale Daten, wenn sie sich Einheiten zuwendet, die bis zu einem gewissen Grad einem Muster folgen und dementsprechend eine bestimmte Freiheit in ihrer lexikalischen Struktur zulassen. Anders gesagt: Im Überschneidungsfeld der Phraseologie und KxG befinden sich Phraseme, die nicht ganz fest „eingefroren" sind.

Die PhK, auf die wir in Abschnitt 3 eingehen, entsprechen diesen Kriterien und können demzufolge sowohl mithilfe phraseologischer Methoden als auch mithilfe konstruktionsgrammatischer Instrumentarien untersucht werden. Der praktische Gewinn einer so gestalteten Analyse ist vor allem in den Möglichkeiten zu sehen, die gewonnenen Erkenntnisse lexikographisch umzusetzen. Im Unterschied zu anderen (sozusagen „klassischen") Phrasemtypen sind PhK lexikographisch kaum erfasst. Dies betrifft insbesondere zweisprachige Wörterbücher.

2. ZUR KONTRASTIVEN PHRASEOLOGIEFORSCHUNG

Bis dato hat sich die kontrastive Phraseologieforschung vor allem für die Klassifikation von Äquivalenztypen interessiert.

> „Eine genauere Durchsicht der verschiedenen Forschungsaktivitäten und Fragestellungen auf dem Gebiet der interlingualen kontrastiven Phraseologie während der letzten Jahrzehnte lässt erkennen, dass hier die Ermittlung von Äquivalenztypen deutlich im Vordergrund steht. Entsprechende Bemühungen haben denn auch vielseitige theoretische Erkenntnisse und wertvolle Beschreibungsergebnisse mit hohem praktischem Belang für die Übersetzung, den Fremdsprachenunterricht und die Lexikographie erbracht." (Korhonen 2007, 586)

Inzwischen liegt der Schwerpunkt stärker auf diskursiven Besonderheiten des Phrasemgebrauchs und – bezogen auf die kontrastiven Fragestellungen – dementsprechend auf der „funktionalen Äquivalenz". Darauf weist u. a. Jarmo Korhonen (2007, 585–587) hin.[4] Die Hinwendung zum Phrasemgebrauch in diskursiven

---

4   Auch unabhängig von den kontrastiven Fragestellungen gewinnen diskursive, textbezogene Untersuchungen in der Phraseologie immer mehr an Bedeutung. Vgl. dazu z. B. Bubenhofer/ Stefaniya (2010, 10): „Nach traditionellen Untersuchungen, die auf die sprachsystematische Beschreibung der Phraseologismen, insbesondere ihrer Semantik, sowie auf ihre Typologisie-

Praktiken hat eindeutig gezeigt, dass die Äquivalenzbeziehungen im Sprachsystem und im Text nicht unbedingt übereinzustimmen brauchen. Was bei der L2-Übersetzung eines L1-Textes als Korrelat eines bestimmten Idioms verwendet wird, entspricht möglicherweise nicht den systemhaften Kriterien der zwischensprachlichen Äquivalenz. Folglich haben wir es hier mit zwei verschiedenen Phänomenen zu tun: mit der „translatorischen" und mit der „systembezogenen Äquivalenz". Die funktionale Äquivalenz soll als eine Synthese dieser beiden Erscheinungen verstanden werden. Funktional äquivalent sind Lexikoneinheiten der Sprachen L1 und L2, die bei der maximalen semantischen, bildlichen und pragmatischen Ähnlichkeit in den korrelierenden (in der Regel neutralen, d. h. weder sprachspielerischen noch forcierten) Kontexten bei deren Hin- und Herübersetzung grundsätzlich verwendbar sind (mehr dazu s. in Dobrovol'skij im Druck).

Der Zugang zur funktionalen Äquivalenz wird durch die Kombination der systembezogenen und textlinguistischen bzw. übersetzungsanalytischen Methoden gewährleistet. Dabei sind zwei Wege möglich: vom System zum Text und vom Text zum System. In den Fällen, in denen systemhafte Beschreibungen (z. B. in den zweisprachigen Wörterbüchern) gänzlich fehlen, bleibt dem Forscher nur der zweite Weg. Bei der Untersuchung vieler PhK ist dies der Fall. Die PhK, die in Abschnitt 3 analysiert werden, sind in der zweisprachigen deutsch-russischen Lexikographie meines Wissens überhaupt nicht erfasst. Folglich ist hier der Zugang zur zwischensprachlichen Äquivalenz nur über Texte möglich. Eine vergleichende Analyse beträchtlicher Mengen authentischer Kontexte samt ihren professionellen Übersetzungen ist die Voraussetzung für eine adäquate lexikographische Beschreibung der betreffenden PhK.[5]

Besonders effizient sind in solchen Fällen Corpora paralleler Texte. Parallelcorpora sind grundsätzlich ein effektives (obwohl sicher kein universelles) Instrument der kontrastiven Phrasemanalyse. Lubensky/McShane (2007, 920) bemerken dazu Folgendes:

> „Parallel corpora of the languages being described can highlight the degree of syntactic correlation between phrasemes with a given meaning in different languages, and indicate to what extent phraseme correlations between the given languages are fixed or, conversely, to what extent context-sensitive descriptive turns of phrase are employed. [...] However, despite

---

rung abzielten, folgten – als Folge der pragmatischen Wende – primär textstilistische und pragmatisch begründete Fragestellungen".

5 Die weiteren Aufgaben des Lexikographen bestehen in der Bestimmung des Akzeptanzgrades jedes tranlatorischen Äquivalents. Vgl. dazu Lubensky/McShane (2007, 925–927): „separate widely applicable equivalents from context-specific translations. It will also permit the elimination of lapses, occasionally made even by professional translators. [...] responding to the specificity of context, translators may replace one artistic image with another, use a stylistic device that is different from the original, or make up for a loss of a detail in another part of the context. Consequently, such translations would not illustrate the equivalents selected by the compilers. [...] there should be a place in a dictionary entry for creative context-specific translations."

the advantages that new corpus-based methods afford, they do not solve the most difficult lexicographic challenges; they are just a tool like any other."

Im nächsten Abschnitt wenden wir uns den Phrasemen-Konstruktionen zu, deren Kern die adverbialen Phraseme *vor sich her* bzw. *vor sich hin* bilden. Ihre kontrastive deutsch-russische Analyse erfolgt auf der Basis der folgenden parallelen Texte aus dem RNC (Russian National Corpus).

- Th. Mann: Buddenbrooks,
- Th. Mann: Der Zauberberg (Kapitel 1 bis 4),
- F. Kafka: Der Prozess,
- H. Hesse: Peter Camenzind,
- H. Hesse: Siddhartha,
- G. Meyrink: Der Golem,
- E. Kästner: Pünktchen und Anton,
- H. Böll: Ansichten eines Clowns,
- P. Süskind: Das Parfum: Die Geschichte eines Mörders,
- M. Ende: Momo,
- E. T. A. Hoffmann: Nussknacker und Mausekönig,
- J. von Eichendorff: Aus dem Leben eines Taugenichts,
- J. W. Goethe: Die Leiden des jungen Werther.

3. FALLSTUDIE: ZWEI DEUTSCHE PHRASEM-KONSTRUKTIONEN MIT IHREN TRANSLATORISCHEN ÄQUIVALENTEN IM RUSSISCHEN

Im Deutschen finden sich die zwei quasisymmetrischen Kookkurrenzen *vor sich hin* und *vor sich her*. Diese Wortverbindungen sind relativ gebräuchlich, aber trotzdem aus semantisch-theoretischer Sicht kaum erforscht und lexikographisch unvollständig beschrieben.[6] Sie sind – zumindest aus anderssprachiger Perspektive – in hohem Maße idiosynkratisch, d. h. wenn sie nicht als Phraseme gespeichert sind, ist ihr adäquates Verständnis, geschweige denn ihr korrekter Gebrauch, kaum möglich, weil sich ihre Bedeutung nicht additiv aus den Bedeutungen der Bestandteile ableiten lässt.

Für eine genauere semantische Erfassung dieser Kookkurrenzen muss das Verb, das diese Konstruktionen als Adverbial regiert, immer mit berücksichtigt werden, denn in den relevanten Fällen hängt die jeweilige Interpretation der Phraseme *vor sich her* und *vor sich hin* von der Wahl des Verbs ab.[7] Es ist grundsätz-

---

6   Die Wörterbücher liefern zu diesen Konstruktionen nicht einmal rein grammatische Angaben. So steht hinter der Form *sich* in *vor sich hin* ein akkusativisches (vgl. *Ich döse vor mich hin*) und in *vor sich her* ein dativisches Pronomen (vgl. *Ich schiebe alles immer vor mir her*). Diese Angaben fehlen in den einschlägigen Wörterbüchern.

7   Da das Adverbial *vor sich hin* hier nicht die (kompositionell zu erwartende) lokale Bedeutung hat, sondern als eine Umstandsbestimmung der Art und Weise fungiert, ist seine semantische Symbiose mit dem betreffenden Verb viel stärker ausgeprägt. Im Unterschied zu standardge-

lich möglich, die adverbialen Konstruktionen *vor sich hin* und *vor sich her* als relativ selbständige, semantisch unterspezifizierte Lexikoneinheiten (die in diesem Fall als grammatische Phraseme qualifiziert werden können) zu beschreiben. Eine solche Beschreibung wäre aber sowohl aus kombinatorischer als auch aus semantischer Sicht unvollständig, weil die Wahl des Verbs bestimmten Restriktionen unterliegt und die Bedeutung der Konstruktion je nach semantischer Klasse des Verbs stark variiert. Es handelt sich dabei also um die Konstruktionen [*vor sich hin* + V] und [*vor sich her* + V].

In Hinsicht auf die Semantik der deiktischen Elemente *hin* und *her* werden von den Untersuchungsergebnissen dieser Konstruktionen innovative Erkenntnisse erwartet. Die traditionell als zentral angesehene Bedeutung der deiktischen Elemente *hin* und *her* ‚in die Richtung vom Sprecher weg' bzw. ‚in die Richtung des Sprechers' kommt eigentlich eher selten vor. Erstens ist das Subjekt der Deixis mit dem Sprecher meistens nicht identisch. Es handelt sich dabei eher um das Subjekt der Betrachtung.[8] Zweitens haben diese deiktischen Elemente auch weitere Bedeutungen entwickelt. So drückt *hin* z. B. auch die Idee ‚von oben nach unten' bzw. ‚von irgendwo in Richtung des dafür vorgesehenen Ortes' aus; vgl. *etw. hinstellen, hinsetzen, hinlegen*. So unterscheidet sich die Kookkurrenz *etw. vor sich hin singen* von *etw. singen* eben dadurch, dass das betreffende Singen sozusagen nicht für die anderen bestimmt ist, d. h. nicht ‚von unten nach oben', sondern ‚von oben nach unten' geht, und dabei unmittelbar *vor sich* „platziert ist".

Auch bei *her* in der Konstruktion [*vor sich her* + V] zeichnen sich völlig „nichttradionelle" Bedeutungen ab. So fokussiert z. B. *her* in der Äußerung *Er schiebt den Wagen vor sich her* nicht die Position des Sprechers (und nicht einmal die Position des potentiellen Betrachters), sondern die Idee der „parallelen Bewegung", d. h. der Wagen bewegt sich parallel zum Kausator der Bewegung: in die gleiche Richtung und mit der gleichen Geschwindigkeit.

3.1. Phrasem-Konstruktion [*vor sich her* + V]: kombinatorisch-semantische Varianten und deren Übersetzung

Das adverbiale Phrasem *vor sich her*, das den Kern der PhK [*vor sich her* + V] bildet, zeichnet sich durch eine grundsätzlich spatiale Bedeutung aus. Dabei handelt es sich um eine konkrete Realisierung der Matrix-Konstruktion [$Prep_{spatial}$ N_{dat} *her*]. In Krause/Baerentzen (2010, 21, 43, 46) wird in Anlehnung an Marcq (1988) darauf hingewiesen, dass Konstruktionen wie [*hinter* N_{dat} *her*], [*vor* N_{dat} *her*],

---

mäßen Adverbialbestimmungen ist *vor sich hin* nicht erfragbar; vgl. * – *Wie arbeitet er? – Vor sich hin* oder * – *Wie lacht er? – Vor sich hin.*

8 Vgl. in diesem Zusammenhang eine viel genauere Semantisierung dieser deiktischen Elemente im Vortrag von E. König auf der 47. IDS-Jahrestagung 2011 zum Thema „Zum Stellenwert der Kontrastiven Linguistik innerhalb der vergleichenden Sprachwissenschaft: *her* – ‚in Richtung des Orientierungszentrums' und *hin* – ‚weg vom Orientierungszentrum'".

[*neben* N$_{dat}$ *her*], [*zwischen* N$_{dat}$ *her*] ihre eigene Bedeutung haben, und zwar drücken sie die Fortbewegung in der gleichen Richtung, mit gleicher Geschwindigkeit aus. Dabei handelt es sich eben um die Konstruktionsbedeutung und nicht um die Bedeutung eines präfigierten Verbs.

> „Es ist also wenig nützlich, Partikelverben anzunehmen wie *herrennen, herlaufen, herstiefeln, herstolpern, herstöckeln, hertorkeln, herkriechen* in den Fällen, wo man es mit den Kombinationen *vor* + Dativ, *hinter* + Dativ und *neben* + Dativ + *her* zu tun hat, die alle eines gemeinsam haben, nämlich auszudrücken, dass zwei Teilnehmer sich in der gleichen Geschwindigkeit fortbewegen. Das Verb präzisiert nur, auf welche Art und Weise das geschieht, aber es ist zum Ausdruck dieser Relation nicht notwendig. Wörterbücher[...] und Grammatiken tendieren zur Einordnung als Verbalpartikel, müssen sich dann aber den Vorwurf gefallen lassen, dass sie sehr unvollständig sind – und auch unlogisch, denn semantisch betrachtet gehört *her* zu *hinter* / *vor* / *neben* + Dativ und nicht zum Verb." (Krause/Baerentzen 2010, 21)

Dies wird deutlich, wenn man Beispielsätze wie *Er schleicht hinter ihr her*; *Er schleicht hinter ihr*; *Er schleicht her* miteinander vergleicht. „Verzichtet man auf das *her*, ist nicht klar, ob *sie* sich bewegt oder schläfrig in einem Sessel sitzt [...]. Lässt man *hinter ihr* weg, hat man es mit einer ganz anderen Information zu tun: Jemand nähert sich dem Beobachter" (Krause, Baerentzen 2010, 21).

Das Phrasem *vor sich her*, das auf die Konstruktion [Prep$_{spatial}$ N$_{dat}$ *her*] zurückgeht, wird grundsätzlich als Bestandteil von VP-Konstruktionen der folgenden Typen gebraucht.

(1) Frauen, Männer und Kinder *schieben* Rollwagen mit Grills, Herdplatten, Friteusen oder ganze Garküchen *vor sich her*, reihen sich nebeneinander auf und beginnen zu kochen. [DWDS: Zeit-Corpus 2008]
(2) Johann stieg sofort aus, zwängte sich zwischen Kohlen und Lastwagen hinaus, Tell *vor sich her befehlend*. [DeReKo]
(3) Der Bund *schiebt* einen seit Jahrzehnten angehäuften Schuldenberg von mehr als 900 Milliarden Euro *vor sich her*. [DWDS: Zeit-Corpus 2008]

Bei (1) haben wir es mit der Konstruktion [*vor sich her* + V$_{CausMotion}$] zu tun: Das adverbiale Phrasem *vor sich her* verbindet sich mit einem transitiven Verb der verursachten Bewegung. Bei (2) handelt es sich um eine metonymische Erweiterung der PhK [*vor sich her* + V$_{CausMotion}$], indem ein Verbum dicendi durch die entsprechende konstruktionelle Einbettung als ein Prädikat der verursachten Bewegung interpretiert wird: [*vor sich her* + V$_{Dicendi}$], und bei (3) um eine semantisch reinterpretierte, d. h. idiomatisierte Lesart der erstgenannten PhK [IDIOM [*vor sich her* + V$_{CausMotion}$]].

Die uns interessierenden PhK mit dem Adverbial *vor sich her* im Kern können damit als Glieder der folgenden Vererbungskette dargestellt werden: [Prep$_{spatial}$ N$_{dat}$ *her*] → [*vor sich her*] → [[*vor sich her* + V$_{CausMotion}$] → mit der Variante [*vor sich her* + V$_{Dicendi}$]] → [IDIOM [*vor sich her* + V$_{CausMotion}$]].

In den hier untersuchten Texten des deutsch-russischen Parallelcorpus finden sich insgesamt nur 7 Treffer: 5 davon repräsentieren die spatiale Konstruktion [*vor sich her* + V$_{CausMotion}$] und 2 ihre idiomatisierte Version [IDIOM [*vor sich her* + V$_{CausMotion}$]]. Die Belege zeigen, dass es hier keine standardmäßige Übersetzung gibt, was auch verständlich ist, denn das Russische hat keine korrelierende PhK.

Im Rahmen der spatialen PhK wird *vor sich her* entweder überhaupt nicht übersetzt, wie in (4), oder die Übersetzung fokussiert die rein lokative Komponente (Objekt-Locus in Bezug auf das Subjekt), während die Idee der „parallelen Bewegung" unausgedrückt bleibt: vgl. *prjamo pered soboj* „direkt vor sich" in (5).

(4) Umgekehrt ist ein reicher und interessanter Gehalt wohl imstande, die Stunde und selbst noch den Tag zu verkürzen und zu beschwingen, ins Große gerechnet jedoch verleiht er dem Zeitgange Breite, Gewicht und Solidität, so daß ereignisreiche Jahre viel langsamer vergehen als jene armen, leeren, leichten, die der Wind *vor sich her bläst*, und die verfliegen. [RNC: Th. Mann. Der Zauberberg]
Наоборот, богатое и интересное содержание может сократить час и день и ускорить их, но такое содержание придает течению времени, взятому в крупных масштабах, широту, вес и значительность, и годы, богатые событиями, проходят гораздо медленнее, чем пустые, бедные, убогие; их как бы *несет* ветер, и они летят. [Übers.: В. Станевич]

(5) Er hatte den Deckel der Tasche nach hinten geschlagen und *trug* die Tasche *vor sich her* mit einem Gesichtsausdruck, wie ich ihn auf Bildern von den Heiligen Drei Königen gesehen habe, die dem Jesuskind Weihrauch, Gold und Myrrhe hinhalten. [RNC: H. Böll. Ansichten eines Clowns]
Крышку ранца он откинул назад и *нес* его *прямо перед собой* с таким выражением, с каким три волхва на картинках приносят младенцу Иисусу свои дары: ладан, злато и мирру. [Übers.: Р. Райт-Ковалева]

Ähnlich verhält es sich mit der Übersetzung der idiomatisierten PhK; vgl. Kontext (6), in dem der Kontrast zwischen *dachte an Marie...* und *schob die Zukunft vor mir her* unausgedrückt bleibt, sowie Kontext (7) mit einer sehr freien, idiomatischen Übersetzung der betreffenden Konstruktion.

(6) Ich gurgelte mit einem Rest Schnaps nach, schminkte mich mühsam ab, legte mich wieder ins Bett und dachte an Marie, an die Christen, an die Katholiken und *schob die Zukunft vor mir her*. [RNC: H. Böll. Ansichten eines Clowns]
Затем я прополоскал рот последним глотком водки, с большим трудом снял грим, снова лег в кровать и начал думать о Марии, о протестантах, о католиках и о будущем. [Übers.: Р. Райт-Ковалева]

(7) Etwas anderes, Neues kam über ihn, bemächtigte sich seiner und *trieb seine müden Gedanken vor sich her...* [RNC: Th. Mann. Buddenbrooks]
Что-то другое, новое, нашло на него, завладело его душой, *заставило работать его утомленный мозг*. [Übers.: Н. Ман]

3.2. Phrasem-Konstruktion [*vor sich hin* + V]: kombinatorisch-semantische Varianten und deren Übersetzung

Diese PhK weist zwar bestimmte spatiale Spuren in ihrer Semantik auf, hat aber grundsätzlich eine abstrakte Bedeutung entwickelt. Die Bedeutung dieser Konstruktion kann annähernd wie folgt erfasst werden: „Sie bringt zum Ausdruck, dass jemand etwas mehr oder weniger selbstvergessen tut, ohne sich groß um seine Umwelt zu kümmern" (Krause/Baerentzen 2010, 128). Vgl. auch ihre Beschreibung in Duden-GWDS (1999): „*(ganz für sich u. in gleichmäßiger Fort-*

dauer): vor sich hin schimpfen, reden, weinen" bzw. „*(ohne die Umwelt zu beachten, für sich):* murmeln, reden, gehen"[9].

Die Bedeutung des Adverbials *vor sich hin* variiert ziemlich stark in Abhängigkeit von der semantischen Klasse des Verbs, das an der PhK [*vor sich hin* + V] teilnimmt. Es zeichnen sich zumindest die folgenden kombinatorisch bedingten Verwendungen von *vor sich hin* ab:

(i) in Kombination mit Verben, die einen potentiellen Mitteilungswert aufweisen ($V_{CommPot}$); vgl. *sprechen, murmeln, nuscheln, fluchen, schimpfen, singen, summen; kichern, grinsen, gähnen; lachen, heulen, weinen;*

(ii) in Kombination mit Verben, die einen langsam vor sich gehenden, inaktiven, meistens unkontrollierten Prozess oder den entsprechenden Zustand bezeichnen ($V_{Proc/StateAnim}$), der oft die Verschlechterung des Zustandes eines lebenden Organismus, besonders eines Menschen, ausdrückt; vgl. *welken, vegetieren, leben, dösen, kränkeln;*

(iii) in Kombination mit bestimmten mentalen Verben (V_{Ment}); cf. *denken, überlegen, sinnieren;*

(iv) in Kombination mit Verben, die sich auf Nichtlebewesen beziehen und einen langsamen, inaktiven, unkontrollierten Prozess bezeichnen ($V_{Proc/StateInanim}$); vgl. *tröpfeln, köcheln, brennen, dümpeln, gären, rosten;* diese Verwendung kann als eine metaphorische Erweiterung von (ii) angesehen werden;

(v) in Kombination mit Verben, die langsam vor sich gehende, länger andauernde, monotone Tätigkeiten bezeichnen (V_{Act}); vgl. *arbeiten, sortieren, dilettieren;* diese Verwendung korreliert mit (ii);

(vi) in Kombination mit Verben der Bewegung (V_{Motion}); vgl. *tanzen, taumeln, hüpfen, fahren* etc.;

(vii) in Kombination mit Verben der visuellen Wahrnehmung (V_{Visual}); vgl. *starren, blicken, schauen, sehen, glotzen, stieren.*

Die letztgenannte Kookkurrenz stellt einen Grenzfall dar, weil sie grundsätzlich zwei verschiedene Interpretationen zulässt: Sie kann einerseits als eine Realisation der Konstruktion [*vor sich hin* + V] und andererseits als eine Realisation der Konstruktion [*vor sich* + *hin*V] verstanden werden. Vgl. (8).

(8) „Messen Sie dem Lachen nicht zuviel Bedeutung zu", sagte das Mädchen zu K., der, wieder traurig geworden, *vor sich hinstarrte* und keine Erklärung zu brauchen schien, „dieser Herr – ich darf Sie doch vorstellen?" [RNC: F. Kafka. Der Prozess]
– И пожалуйста, не придавайте слишком много значения нашему смеху, – обратилась она к К., видя, что тот опять помрачнел и *уставился перед собой*, не интересуясь никакими объяснениями, – этот господин – вы разрешите вас представить? [Übers.: Р. Райт-Ковалева]

Wortverbindungen wie *vor sich hin starren* kann man sowohl im Sinne der uns interessierenden Konstruktion [*vor sich hin* + V] als auch als eine Kombination eines *hin*-Verbs (vgl. die Schreibweise *hinstarren* in (8)) mit dem lokalen Adver-

---

9 In Duden-GWDS (1999) ist die PhK *vor sich hin* doppelt erfasst: unter **vor** und unter **hin**.

bial *vor sich* verstehen, weil die Kookkurrenz *vor sich (hin)* grundsätzlich auch im lokalen Sinn interpretiert werden könnte. Kennzeichnend ist auch die russische Übersetzung dieses Adverbials in (8) *pered soboj*, die nur eine lokative Interpretation zulässt.

Trotz des Grenzcharakters dieser Kookkurrenz wird sie hier als eine Variante der Konstruktion [*vor sich hin* + V] behandelt, weil die Idee des „In-sich-gekehrt-Seins" stärker ausgeprägt ist als die lokale Bedeutungskomponente.[10]

Die als (i) bis (vii) aufgezählten Kookkurrenz-Typen betrachte ich nicht als verschiedene Sememe der zugrunde liegenden Matrix-Konstruktion, sondern im Sinne des in der Konstruktionsgrammatik favorisierten Begriffs „coercion", d. h. es wird eine „allgemeine", unterspezifizierte semantische Grundlage für die Konstruktion [*vor sich hin* + V] postuliert, nämlich die Bedeutung der Inaktivität und der schwachen Kontrollierbarkeit, die dann je nach Kontext modifiziert wird. Da im invarianten Bedeutungskern des adverbialen Phrasems *vor sich hin* das Merkmal „durativ" bzw. „iterativ" vorhanden ist (welches in anderen Sprachen, z. B. im Russischen, in der Regel durch das Grammem des imperfektiven Aspekts ausgedrückt wird), kann man hier von „Grammatikalisierung" sprechen.

Die Verbindung des grammatischen Phrasems *vor sich hin* mit dem jeweiligen Verb liefert ein semantisches Resultat, das bestimmte Aspekte enthält, die aus den Bedeutungen der unmittelbaren Konstituenten [*vor sich hin*] und [V] nicht völlig vorhersagbar sind. Folglich entspricht die resultierende Kookkurrenz [*vor sich hin* + V] den bekannten Definitionskriterien einer Konstruktion und lässt sich mit dem KxG-Apparat am besten analysieren und beschreiben.

Wenden wir uns nunmehr den parallelen Texten zu. In dem analysierten Corpus kommt die PhK [*vor sich hin* + V] insgesamt 69 Mal vor.[11] Die Verteilung sieht dabei folgendermaßen aus: 46 Kontexte mit (i), 3 mit (ii), 1 Beleg mit (iii), 2 mit (vi) und 17 mit (vii). Mit anderen Worten, zahlenmäßig gut vertreten sind nur zwei PhK-Versionen: [*vor sich hin* + V_{Com}] und [*vor sich hin* + V_{Visual}].

Die PhK [*vor sich hin* + V_{Com}] wird in manchen Fällen überhaupt nicht übersetzt (9), in anderen wird die Idee, die im Deutschen mithilfe des adverbialen Phrasems *vor sich hin* mitgeteilt wird, in der morphologischen Struktur des Verb ausgedrückt (10–11). Interessanterweise wird dabei im Russischen ein Verb im perfektiven Aspekt eingesetzt, wobei angenommen werden könnte, dass dieses Grammem dem Merkmal der Durativität bzw. Iterativität widerspricht. Dem ist aber nicht so. Denn eine der Funktionen des Perfektivs besteht in der Markierung der Reihenfolge einzelner Handlungen. In solchen Fällen dominieren die Prioritäten der Vertextung bei der Wahl der Aspektform. Oft handelt es sich dabei um

---

10 Vgl. allerdings eine andere Interpretationsmöglichkeit in Dobrovol'skij (2010).
11 Es finden sich ferner 9 homonyme Wortverbindungen mit spatialer Semantik, die hier ausgeklammert werden. Vgl. *hält den Strauß vor sich hin; plötzlich warf Thomas Buddenbrook das Pincenez vor sich hin auf den Tisch; seinen Ellenbogen weit vor sich hin auf den Tisch gestützt; legte ein Paket Zeitungen als Akten vor sich hin; zog sein Buch wieder vor sich hin; seinen Zylinder vor sich hin hielt; pflanzt sich vor mich hin; trat vor mich hin.*

die Fokussierung des ingressiven Moments einer potentiell durativen Aktivität (12–13).

(9) Doktor Grabow *lächelte vor sich hin*, mit einem nachsichtigen und beinahe etwas schwermütigen Lächeln. [RNC: Th. Mann. Buddenbrooks]
Доктор Грабов *усмехнулся* снисходительно, почти скорбной усмешкой. [Übers.: Н. Ман]
(10) Charousek blickte ebenfalls einen Augenblick zurück und *brummte* etwas *vor sich hin*. [RNC: G. Meyrink. Der Golem]
Харусек тоже бросил взгляд назад и что-то *пробурчал*. [Übers.: Д.Л. Выгодский]
(11) Die Sphinx *murmelte* unvernehmlich *vor sich hin*, und rauschte mit den Flügeln. [RNC: Novalis. Heinrich von Ofterdingen]
Сфинкс *пробормотал* что-то невнятное и зашелестел крыльями. [Übers.: В. Микушевич, З. Вергерова, С. Ошеров]
(12) Ich steckte mir die drittletzte Zigarette an, nahm die Guitarre wieder hoch und *klimperte* ein bißchen *vor mich hin*. [RNC: H. Böll. Ansichten eines Clowns]
Я закурил – и теперь у меня осталось всего две сигареты, опять взял гитару и *стал бренчать*. [Übers.: Р. Райт-Ковалева]
(13) Ich *sang* auch jetzt leise *vor mich hin* und merkte erst im Singen, daß es Verse waren. [RNC: H. Hesse. Peter Camenzind]
Я и в этот раз тихонько *запел* и лишь спустя некоторое время заметил, что это стихи. [Übers.: Р. Эйвадис]

In manchen Fällen wird im Russischen die Form des Prädikats gewählt, die die Durativität betont, wobei alle anderen semantischen Merkmale des Phrasems *vor sich hin* unausgedrückt bleiben; vgl. (14) und (15).

(14) Der andere Maler aber schüttelte seine Locken aus dem Gesicht und *trällerte*, während er sein Pferd aufzäumte, ruhig ein Liedchen *vor sich hin*, [...]. [RNC: J. von Eichendorff. Aus dem Leben eines Taugenichts]
Другой художник только откидывал кудри с лица и *продолжал* невозмутимо *напевать* свою песенку, [...]. [Übers.: Д. Усов]
(15) Ich trat an ihr Bett, doch sah sie mich nicht und gab keine Antwort, sondern *stöhnte* trocken und angstvoll *vor sich hin*, [...]. [RNC: H. Hesse. Peter Camenzind]
Я подошел к ее постели и тихо окликнул ее, но она не видела меня, не отзывалась и *продолжала стонать*, тихонько, сухо и испуганно; [...]. [Übers.: Р. Эйвадис]

Aus den Belegen wird ersichtlich, dass in vielen Fällen nur die ganze PhK [*vor sich hin* + V$_{Com}$] und nicht ihre unmittelbaren Konstituenten [*vor sich hin*] und [V$_{Com}$] übersetzbar sind. Zwar finden sich auch Äquivalente von *vor sich hin* wie das grammatische Phrasem *pro sebja* „für sich" (7 Belege) und das Idiom *sebe pod nos* ≈ „sich selbst unter die Nase" (6 Belege), doch handelt es sich in den übrigen 33 Kontexten um eine in solche diskreten Konstituenten nicht aufteilbare holistische Übersetzung des VP-Prädikats. Dies ist ein zusätzlicher Beweis dafür, dass wir es hier mit einer Konstruktion im Sinne der KxG und nicht mit einer additiven Kombination von Elementen zu tun haben.

Was die PhK-Version [*vor sich hin* + V$_{Visual}$] betrifft, hat sie eindeutig mehr konkret-spatiale Spuren in ihrer Semantik als [*vor sich hin* + V$_{Com}$]. Dies ist aus der Analyse der Corpusbelege evident. In 11 Fällen von 17 wird diese Konstruktion mithilfe von [*pered soboj* + V$_{Visual}$] (*pered soboj* heißt wörtlich „vor sich") übersetzt. Jedoch finden sich auch Belege wie (16).

(16) Einzelne freilich saßen, den Kopf in die Hände gestützt, am Tische und *starrten vor sich hin.*
[RNC: Th. Mann. Der Zauberberg]
Правда, кое-кто сидел, подперев голову руками, *глядя перед собой невидящим взором.*
[Übers.: В. Станевич]

Die russische Übersetzung *gljadja pered soboj nevidjaščim vzorom* heißt wörtlich „mit einem nichtsehenden Blick vor sich starrend". Hier wird also neben der spatialen Komponente „vor sich" auch die Idee des ‚In-sich-gekehrt-Seins' wiedergegeben.

4. ABSCHLIESSENDE BEMERKUNGEN

Die Analyse macht auf einige Momente aufmerksam, die hier kurz zusammengefasst werden.

Erstens muss die Phraseologieforschung (und dementsprechend auch die Phraseographie) ihren Gegenstandsbereich erweitern. Es finden sich in jeder Sprache viele idiosynkratische Konstruktionen, die eigentlich Phraseme sind, obwohl sie so gut wie nie innerhalb der traditionellen Phraseologie untersucht wurden. In diesem Sinne scheint die Kooperation der Phraseologie und Konstruktionsgrammatik erfolgversprechend zu sein. Je mehr sich konstruktionsgrammatische Methoden innerhalb der Phraseologieforschung durchsetzen, umso mehr „unorthodoxe" Phrasemklassen werden erfasst und beschrieben.

Zweitens muss aus der Sicht der kontrastiven Phraseologieforschung konsequent zwischen translatorischen und systembezogenen Äquivalenten unterschieden werden. Nicht alle L2-Korrelate des betreffenden L1-Phrasems, die sich in den übersetzten Texten finden, entsprechen den Kriterien der systemhaften Äquivalenz. Und umgekehrt ist nicht jedes „volle" Äquivalent, d. h. L2-Phrasem mit korrelierender Semantik und einer (fast) identischen bildlichen Bedeutungskomponente in jedem L2-Kontext, der eine Übersetzung aus L1 darstellt, einsetzbar. Eine Untersuchung, die auf Parallelcorpora basiert, liefert also zunächst Erkenntnisse über die translatorische Äquivalenz. Um dabei einen Zugang zur funktionalen Äquivalenz, d. h. zu lexikographisch verwertbaren Ergebnissen zu erzielen, braucht man zusätzliche Informationen, vor allem die Ermittlung aller relevanten Gebrauchsbedingungen im jeweiligen Kontexttyp sowie der Einbettungsmuster in die jeweilige Konstruktion. Ohne dies ist eine adäquate lexikographische Beschreibung nicht möglich, denn die Übersetzung des betreffenden Phrasems richtet sich oft nach seiner unmittelbaren Umgebung, besonders wenn es sich um Phrasem-Konstruktionen handelt, d. h. um Phraseme mit lexikalisch offenen Slots in ihrer internen Struktur. Darauf wurde in der Corpuslinguistik schon mehrfach hingewiesen. Vgl. z. B. Váradi/Kiss (2001, 176): „More extensive direct integration of the context should also narrow the current gap between lexical and textual equivalence".

Drittens ist die Auswertung paralleler Textcorpora ein besonders gut geeignetes Mittel für die Erfassung der Phraseme (insbesondere der PhK), die in der Phraseologieforschung und/oder KxG bis dato nur defizitär beschrieben sind. Gleichzeitig zeigt die Analyse, dass die z. Zt. zur Verfügung stehenden Parallelcorpora (konkret: zum Sprachenpaar Deutsch-Russisch) umfangsmäßig noch recht bescheiden sind. Die Kontexte, die sich für die hier analysierten Phraseme *vor sich her* und *vor sich hin* in RNC finden, decken nicht alle relevanten Konstruktionstypen ab, geschweige denn alle denkbaren Übersetzungsmöglichkeiten.

Viertens ist die Beschreibung der Phraseme, die als Bestandteile der entsprechenden Phrasem-Konstruktionen aufgefasst werden können, mit den Methoden der KxG effizienter als deren Beschreibung als selbständige Lexikoneinheiten, selbst wenn eine solche „isolationistische" Erfassung grundsätzlich möglich ist. Es ist gerade die kontrastive Analyse, die zu zeigen vermag, dass solche Phraseme je nach ihrer konstruktionsspezifischen Einbettung unterschiedlich übersetzt werden müssen.

5. LITERATUR

5.1. Sekundärliteratur

Apresjan, Jurij D. (2009): Issledovanija po semantike i leksikografii. Tom I: Paradigmatika. Moskva.

Baranov, Anatolij N./Dobrovol'skij, Dmitrij O. (2008): Aspekty teorii frazeologii. Moskva.

Boguslavskij, Igor' M./Iomdin Leonid L. (1982): Bezuslovnye oboroty i frazemy v tolkovo-kombinatornom slovare. In: Aktual'nye voprosy praktičeskoj realizacii sistem avtomatičeskogo perevoda: 2. Moskva, 210–222.

Booij, Geert (2002): Constructional idioms, morphology, and the Dutch lexicon. In: Journal of Germanic Linguistics 14, 301–329.

Bubenhofer, Noah/Ptashnyk, Stefaniya (2010): Korpora, Datenbanken und das Web: State of the Art computergestützter Forschung in der Phraseologie und Lexikographie. In: Stefaniya Ptashnyk/Erla Hallsteinsdóttir/Noah Bubenhofer (Hg.): Korpora, Web und Datenbanken. Computergestützte Methoden in der modernen Phraseologie und Lexikographie = Corpora, Web and Databases. Computer-Based Methods in Modern Phraseology and Lexicography. Baltmannsweiler, 7–19.

Černyševa, Irina I. (1980): Feste Wortkomplexe des Deutschen in Sprache und Rede. Moskva.

Černyševa, Irina I. (1986): Phraseologie. In: Marija D.Stepanova/Irina I. Černyševa (Hg.): Lexikologie der deutschen Gegenwartssprache. 2. Aufl. 1. Aufl. 1975. Moskau, 175–230.

Dobrovol'skij, Dmitrij (2010): Deiktische Konstruktionen des Deutschen aus lexikographischer Perspektive. In: Anne Dykstra/ T. Schoonheim (eds.): Proceedings of the XIV Euralex International Congress, Leeuwarden, 6–10 July 2010. CD-ROM. Leeuwarden.

Dobrovol'skij, Dmitrij (im Druck): Cross-linguistic equivalence of idioms. Does it really exist? In: Proceedings of EUROPHRAS 2010. Granada.

Duden-GWDS (1999): Duden. Das große Wörterbuch der deutschen Sprache in zehn Bänden. 3., völlig neu bearb. und erw. Aufl. Mannheim u. a.

Fillmore, Charles J. (2006): Idiomaticity. In: Charles J. Fillmore: Berkeley Construction Grammar. http://www.icsi.berkeley.edu/~kay/bcg/lec02.html (31.05.2011)

Fillmore, Charles J./Kay, Paul/O'Connor, Mary Catherine (1988): Regularity and Idiomaticity in Grammatical Constructions. The Case of *Let Alone*. In: Language 64, 501–538.

Fleischer, Wolfgang (1997): Phraseologie der deutschen Gegenwartssprache. 2. Aufl. Tübingen.

Iordanskaja, Lidija/Mel'čuk, Igor' (2007): Smysl i sočetaemost' v slovare. Moskva.

Jackendoff, Ray S. (1997): Twistin' the Night Away. In: Language 73, 534–559.

Korhonen, Jarmo (2007): Probleme der kontrastiven Phraseologie. In: Harald Burger u. a. (Hg.): Phraseologie. Ein internationales Handbuch zeitgenössischer Forschung. Bd. 1. Berlin/New York, 574–589.
Krause, Maxi/Baerentzen, Per (2010): Spatiale Relationen – kontrastiv. Deutsch-Dänisch. Tübingen.
Lubensky, Sophia/McShane, Marjorie (2007): Bilingual Phraseological Dictionaries. In: Harald Burger u. a. (Hg.): Phraseologie. Ein internationales Handbuch zeitgenössischer Forschung. Bd. 2. Berlin/New York, 919–928.
Marcq, Philippe (1988): Spatiale und temporale Präpositionen im heutigen Deutsch und Französisch. Stuttgart.
Nunberg, Geoffrey/Sag, Ivan A./Wasow, Thomas (1994): Idioms. In: Language 70, 491–538.
Šmelev, Dmitrij N. (1977): Sovremennyj russkij jazyk. Leksika. Moskva.
Švedova, Natalija Ju. (Hg. 1980): Russkaja grammatika. Moskva.
Taylor, John R. (2002): Cognitive Grammar. Oxford/New York.
Váradi, Tamás/Kiss, Gábor (2001): Equivalence and Non-Equivalence in Parallel Corpora. In: International Journal of Corpus Linguistics 6 (Special Issue), 167–177.

5.2. Corpora

RNC – Russian National Corpus = Корпус немецко-русских параллельных текстов Национального корпуса русского языка: http://www.ruscorpora.ru/search-para.html.
DeReKo – Das Deutsche Referenzkorpus des IDS Mannheim im Portal COSMAS II (Corpus Search, Management and Analysis System): https://cosmas2.ids-mannheim.de/cosmas2-web.
DWDS – Corpora[12] des Digitalen Wörterbuchs der deutschen Sprache des 20. Jahrhunderts: http://www.dwds.de.

---

12 Die deutschen Schreibvarianten *Korpus* und *Corpus* werden hier entsprechend der institutionell fixierten Orthographie der Portale COSMAS II und DWDS gehandhabt.

PHRASEOLOGISCHE TEXTKONSTRUKTION

Beobachtungen zur Vernetzung von Phraseologismen im Text

Peter Kühn (Trier)

1. AUSGANGSPUNKT: PHRASEOLOGISMEN KONSTITUIEREN TEXTE

In Stilistik und Sprachkritik wurde der Gebrauch von „Redensarten" lange Zeit als problematisch eingeschätzt: „Stehende Wendungen" werden als „Worthülsen" oder „verwelkte Redeblümelein" abqualifiziert (Engel 1913, 100), die Wortverbindung gilt als „Allerweltsdirne, die jedermann zur Verfügung steht" (Reiners 1951, 145), Redensarten sind „abgegriffene Sprachmünzen" und „Renomierstücke" (Sanders 1986, 205). In ihnen liegt „eine Gefährdung, denn sie sagen das, was gesagt werden soll, nicht geradezu; sie umschreiben, sie verhüllen, sie steigern es oder schwächen es ab; ihre Wirkung ist unbestimmt und soll womöglich auch gar nicht bestimmt sein. Sie verbreiten ein Halbdunkel, das erheitern oder verärgern kann" (Mackensen 1993, 83). Das „Formeldeutsch" wird zu den „Stilkrankheiten" gerechnet (vgl. dazu Stein 1995). Die wissenschaftliche Erforschung der Phraseologismen hat dieses Negativbild inzwischen korrigiert: Phraseologismen werden im Sprachgebrauch besondere stilistische Funktionen zugeschrieben (vgl. Sandig 2007): Sie dienen als Formulierungsroutinen (vgl. Stein 1995), sie besitzen eine hohe Expressivität im Sinne einer expressiv-wertenden Konnotation (vgl. Černyševa 1984, 18) oder einen „semantischen Mehrwert" (Kühn 1985), denn mit ihnen lassen sich die unterschiedlichsten Wertungen, Einstellungen und Haltungen ausdrücken. Unter textueller Perspektive liefern sie einen wichtigen Beitrag zur Textkonstitution, zu Text(sorten)musterstilen sowie zu Gesprächs- und Argumentationsstilen (vgl. Sandig 2007, 168–173). Pragmatische Ansätze zur Beschreibung von Phraseologismen haben diese Funktionszuschreibungen und -einordnungen gefördert (vgl. Filatkina 2007).

Im Zuge textueller Forschungsansätze innerhalb der Phraseologie werden u. a. folgende Aspekte herausgestellt (vgl. auch Sabban 2007):
– Phraseologismen dienen der Themenkonstitution: Durch die Positionierung von Phraseologismen am Anfang eines Textes oder am Textende werden Themen eingeführt oder abgeschlossen, durch phraseologische Häufungen oder Kettenbildungen ergeben sich thematische Entwicklungen oder es lassen sich Teilthemen veranschaulichen (vgl. Sabban 2004). Am Beispiel von Hörfunkmoderationen zeigt Annette Sabban (2006), dass und wie Phraseologismen zur Textherstellung herangezogen werden. Sabban (2006, 289) geht davon aus, „dass ein bestimmter Inhalt bestimmte sprachliche Ausdrücke auf-

ruft, dass aber auch umgekehrt ein sprachlicher Ausdruck bestimmt oder mitbestimmt, welches konkrete Detail eines thematischen Bausteins überhaupt ,zur Sprache kommt'."
- Phraseologismen werden textsorten- und situationstypisch verwendet und konstituieren dabei Text(sorten)musterstile wie beispielsweise Parlamentsreden (vgl. Elspaß 1998) oder Pointen in Sprachwitzen (z. B. „Wann sind die romanischen Sprachen entstanden? Als die Römer mit ihrem Latein am Ende warten." Wotjak 1999, 6).
- Die Formelhaftigkeit von Phraseologismen wird auf ganze Texte ausgedehnt: Phraseologische oder formelhafte Texte sind Texte, deren einzelne Textbausteine aus vorgeformten oder vorgefertigten Texten bestehen, in die aktuelle Daten integriert werden. Zu solchen phraseologischen Texten zählen beispielsweise Bahnhofsdurchsagen, Todesanzeigen, Wetterberichte oder Abstracts. Die sogenannten phraseologischen Texte sind Textschablonen mit fester Struktur und variablen Elementen (vgl. Dausendschön-Gay/Gülich 2007).

Der folgende Beitrag bezieht sich ebenfalls auf die textbildende Potenz von Phraseologismen. Dabei wird die Perspektive erweitert. Es wird hypothetisch davon ausgegangen, dass jeder Phraseologismus auf Grund seines semantischen Mehrwerts Leerstellen eröffnet, die bei der Verwendung des Phraseologismus im Text gefüllt und formuliert werden. Damit trägt jeder Phraseologismus automatisch zur Textkonstruktion bei. Erst eine konsequente Interpretation der Textumgebung, in die der Phraseologismus eingebettet ist, ermöglicht einen Einblick in seine textkonstitutive Potenz. Die folgenden Ausführungen beziehen sich auf die sogenannten verbalen Phraseologismen des Typs *jemand läuft jemandem in die Arme*. Im Folgenden wird von der These ausgegangen, dass die Semantik sowie der semantische Mehrwert solcher Phraseologismen eine schablonenartige Textstruktur eröffnet, die wesentlich zur Text- bzw. Textsortenkonstruktion beiträgt.

2. KRITIK: DIE REDUKTIONISTISCHE BESCHREIBUNG VON PHRASEOLOGISMEN AM BEISPIEL VON *JEMAND LÄUFT JEMANDEM IN DIE ARME*

Die semantische Beschreibung von Phraseologismen gehört sowohl theoretisch wie praktisch zu den problematischen und schwierigen Gebieten von Phraseologie und Phraseographie – zu viele semantische Aspekte kumulieren in der Beschreibung von Phraseologismen: Idiomatizität, Motiviertheit, Metaphorisierung, Expressivität, Konnotation oder Gebrauchssemantik (vgl. dazu Burger 2007). Es ist insbesondere der Bezug auf ein merkmalssemantisches Bedeutungskonzept mit seiner Trennung in Semantik und Pragmatik, das eine adäquate Beschreibung der semantischen Gebrauchsbedingungen von Phraseologismen erschwert (vgl. dazu auch Filatkina 2007). Dies gilt insbesondere auch für die Bedeutungsbeschreibung von Phraseologismen in Wörterbüchern (vgl. z. B. Burger 1988; Dobrovol'skij 2002; Kühn 2003; Stantcheva 2003; Kühn 2004; Korhonen 2005; Burger 2009; Ettinger 2009).

Zur Illustration der Problematik hier die Schlagzeile einer Zeitungsmeldung:

(1) Taschendieb läuft Polizei in die Arme.[1]

Der hier verwendete Phraseologismen *jemand läuft jemandem in die Arme* wird in allgemeinsprachlichen und phraseologischen Wörterbüchern folgendermaßen semantisiert:

(2) **Arm** jmdm. in die ~e laufen *zufällig begegnen* (Wahrig 2006, 173)
(3) **Arm** in die ~e laufen ‹übertr.› *zufällig begegnen* (WGDaF 2008, 105)
(4) **Arm**: jmdm. in die Arme laufen (ugs.): *jmdm. zufällig begegnen* (Duden. Redewendungen 1992, 50)

Die Bedeutungsparaphrasen (2) bis (4) sind problematisch: Zum einen geben stilistische Markierungen wie „ugs." (umgangssprachlich) oder „übertr." (übertragen) keine operationalisierbaren Hinweise auf die situative oder medienspezifische Verwendung des Phraseologismus (vgl. Filatkina 2007, 147ff.), zum anderen ist die semantische Paraphrase „zufällig begegnen" zu offen: Zwar handelt es sich aus Sicht des Taschendiebes um ein zufälliges Ereignis, da er das Zusammentreffen mit der Polizei sicherlich weder geplant noch gewollt hat – ja es ist davon auszugehen, dass er die Begegnung absichtlich vermeiden wollte. Das Ungewollte, Unerwünschte und Unfreiwillige der Begegnung wird durch das Adverb „zufällig" allerdings nicht erfasst. Die Qualifizierung einer solchen Begegnung als „zufällig" ist unzureichend, zumal eine zufällige Begegnung auch positiv bewertet werden kann:

(5) Als die junge Pakistanerin Zaara auf dem Weg ins benachbarte Indien mit dem Reisebus verunglückt, rettet sie der indische Pilot Veer. Kurz darauf begegnen sie sich zufällig wieder – und entdecken ihre tiefe Zuneigung für einander.[2]

Es ist zu vermuten, dass das Merkmal der Zufälligkeit dadurch Eingang in die Bedeutungserläuterung gefunden hat, dass in einigen Gebrauchsweisen der verbale Phraseologismus *jemand läuft jemandem in die Arme* durch „zufällig" modifiziert wird wie im nachfolgenden Beispiel:

(6) Kürzungen „ohne Tabus"
Bildungssenator Scherf verteidigt vor Reichsbund-Azubis die Sparbeschlüsse
Versprechen ist Versprechen. Als Bildungssenator Henning Scherf vor drei Wochen einem Demonstrationszug von Auszubildenden der Berufsschule des Reichsbundes mehr zufällig in die Arme gelaufen war, versprach er, bei Gelegenheit vorbeizukommen. Gestern Nachmittag war die Gelegenheit bei einer Betriebsversammlung des Reichsbundes neben dem Uni-Gelände gekommen. (die tageszeitung, 26.06.1992)

Das Verwendungsbeispiel (6) zeigt aber den Unterschied zu Beispiel (1): Während der Taschendieb durch einen unglücklichen Zufall der Polizei in die Arme läuft und die Begegnung unbedingt hat vermeiden wollen, läuft der Bildungssenator Scherf einem Demonstrationszug von Auszubildenden zwar ebenfalls zufäl-

---

[1] Http://www.express.de/regional/duesseldorf/taschendieb-laeuft-polizei-in-die-arme/-/2858/4537120/-/index.html (2.6.2011).
[2] Http://www.bollywood-sammlung.de/die_filme.php (2.6.2011).

lig und ungeplant in die Arme. Es ist jedoch kein unglücklicher, sondern eher ein purer oder reiner Zufall. Scherf nimmt das Zusammentreffen sogar zum Anlass einer weiteren, nun geplanten Begegnung.

Dass das Merkmal der Zufälligkeit für den Gebrauch des Phraseologismus nicht konstitutiv ist, zeigen weitere Belege: In Beispiel (7) läuft ein Mann den Polizeibeamten nicht „zufällig", sondern sogar „direkt" in die Arme:

(7) Wohl nicht geahnt hat ein 43-Jähriger seine Festnahme. Der Mann aus Steglitz-Zehlendorf ist den Beamten nach einem Überfall auf einen Drogeriemarkt direkt in die Arme gelaufen. Gestern erging der Haftbefehl. (die tageszeitung, 03.01.2005)

Im Cosmas-Korpus des Instituts für deutsche Sprache findet man zu den Belegbeispielen von *jemand läuft jemandem in die Arme* weitere Modifikationen: als Synonyme zu „direkt": „geradezu", „geradewegs", „genau", „gleich", „schnurstracks", „unvermittelt", „regelrecht", „quasi", „buchstäblich", sowie „zufällig", „ahnungslos", „dreimal", „wieder" „später", „fast" und sogar „zärtlich" oder „putzmunter". Interessant ist dabei, dass die Modifikation mit „direkt" die mit großem Abstand häufigste ist – weit öfter als die mit „zufällig".

Die Wörterbuchparaphrasen sind also unvollständig und falsch. Potentielle Missverständnisse werden auch nicht durch die in Wörterbüchern angeführten (lexikografischen) Beispiele ausgeschlossen:

(8) **Arm** jmdm. in die -e laufen (ugs.: *jmdm zufällig begegnen*) ich bin gestern deiner Frau in die -e gelaufen (Duden-Universalwörterbuch 2001, 165)
(9) **Arm**: jmdm. in die Arme laufen (ugs.): *jmdm. zufällig begegnen:* Gestern bin ich meiner ehemaligen Verlobten in die Arme gelaufen. Wir müssen aufpassen, daß wir nicht unserem Chef auf dem Fußballplatz in die Arme laufen. ... wenn sie dem Schlächter in die Arme läuft, wird sie zwar eine glaubhafte Erklärung finden, aber besser ist es doch, wenn das nicht passiert (Remarque, Obelisk 125) (Duden. Redewendungen 1992, 50f.)

Bedeutungsparaphrase und Beispielsatz in Beispiel (8) lassen offen, ob demjenigen, der die Frau getroffen hat, die Begegnung unangenehm war oder ob er sich über die zufällige Begegnung gefreut hat. Ob die Begegnung mit der ehemaligen Verlobten gewünscht oder unangenehm war, bliebt im ersten Beispielsatz aus Nr. (9) ebenfalls offen. Die Warnung im zweiten Beispielsatz von Nr. (9) („Wir müssen aufpassen") deutet dagegen darauf hin, dass eine zufällige Begegnung mit dem Chef als unangenehm empfunden wird; im literarischen Beispielsatz kann sicherlich unterstellt werden, dass die zufällige Begegnung mit dem Schlächter für die Frau als unangenehm bis gefährlich angesehen wird: Sie ist nämlich die Ehefrau des Pferdeschlächters, die sich gerade mit einem Liebhaber vergnügt, während ihr Mann auf sie wartet! Die vorliegenden Kontexte in den Wörterbüchern sind also keine Muster für gute lexikografische Beispiele (vgl. die Forderungen in Abel 2000).

Dass derjenige, der jemandem in die Arme läuft, die zufällige Begegnung eigentlich vermeiden möchte, kommt in folgenden Wörterbucheinträgen zum Ausdruck:

(10) **Arm *j-m in die Arme laufen*** *gespr.;* j-n zufällig treffen *(bes* dann, wenn man ihn nicht treffen möchte) (LGDaF 2003, 73)

(11) **Arm** *Jem. in die Arme laufen:* zufällig begegnen. Diese Wndg. braucht der Verärgerte, der ein Zusammentreffen gerade vermeiden wollte. (Röhrich 1994, 99)

In beiden Wörterbucherklärungen (10) und (11) kommt zum Ausdruck, dass derjenige, der einem anderen in die Arme läuft, die zufällige Begegnung eigentlich vermeiden wollte und darüber unglücklich bis verärgert ist. In diesem Sinne kann das folgende, längere lexikografische Beispiel als besonders treffend bewertet werden:

(12) **Arme**: jm. (direkt) **in die Arme laufen**
Ein einziges Mal in diesem Jahr kam ich verspätet zum Dienst. Es war vergangenen Montag. Und ausgerechnet da bin ich auf dem Gang meinem Chef in die Arme gelaufen. Ausgerechnet an diesem Tag musste er mir am Eingang direkt entgegenkommen. (Schemann 1993, 31)

Beispiel (12) verdeutlicht, dass die Begegnung zwischen Mitarbeiter und Chef zwar zufällig erfolgte, durch den Gebrauch des Phraseologismus wird jedoch noch mehr ausgedrückt:
– die zufällige Begegnung liegt nicht im Interesse des Mitarbeiters, er bedauert das Zusammentreffen,
– der Mitarbeiter hat keine Möglichkeit, der Begegnung auszuweichen,
– der Mitarbeiter muss durch die zufällige Begegnung mit negativen Folgen rechnen.

Das lexikografische Beispiel macht deutlich, dass beispielsweise in der Textumgebung, in der der Phraseologismus *jemand läuft jemandem in die Arme* auftritt, z. B. die Gründe für die unerwartete Begegnung oder Ort und Zeitpunkt sowie die besonderen Umstände der Begegnung genannt werden sollten. In den vorhergehenden lexikografischen Bedeutungsbeschreibungen und den lexikografischen Beispielen (2)–(4) und (8)–(11) bleiben solche Aspekte aber ausgeklammert.

Ganz entscheidend bei der Verwendung des Phraseologismus ist die Füllung der Valenzstellen. In Texten wird immer expliziert, wer genau wem in die Arme läuft:

Die lexikografischen Nennformen und Beispielsätze in den angeführten Wörterbüchern geben allerdings keinerlei Hinweise auf die externe semantische Valenz von *jemand läuft jemandem in die Arme* (vgl. zur Valenz von Phraseologismen Korhonen 1995; Ágel 2004). Dies wirkt sich deshalb besonders negativ auf die Bedeutungsbeschreibung des Phraseologismus aus, da seine semantischen Rollen einen wesentlichen Beitrag zur phraseologischen Bedeutung liefern. Hierzu drei weitere Zeitungsschlagzeilen:

(13) Dieb im Pech: Erst mehrere Meter gestürzt, dann lief er der Polizei in die Arme
(14) Fahrraddieb läuft Polizei in die Arme
(15) Einbrecher läuft in die Arme der Polizei

In die semantische Rolle der ersten externen Valenzstelle gehören in Zeitungsmeldungen über Diebstahl- und Überfalldelikte Personen (z. B. Diebe, Fahrraddiebe, Einbrecher – aber auch Straftäter, Sträfling, Räuber, Unfallfahrer, Gesuchter, Dealer, Flüchtlinge), die normalerweise das Zusammentreffen mit einem anderen Personenkreis (z. B. der Polizei) unbedingt vermeiden wollen, da diese Begegnung mit negativen Folgen für sie ausgehen wird. In die semantische Rolle der zweiten externen Valenz zählen Personen, denen ein bestimmtes Interesse an der Begegnung zugesprochen werden kann (z. B. Gefangennahme). Der Personenkreis, der die erste Valenzrolle besetzen kann, hat sich entweder etwas zuschulden kommen lassen (z. B. durch unerlaubte, verbotene, gesetzeswidrige, kriminelle oder strafbare Handlungen) und gerät direkt, unverhofft, unwillentlich, zufällig usw. in die Arme von Personen (z. B. Polizisten), die solche Delikte ahnden.

Die semantische Rolle von *Dieb, Fahrraddieb* oder *Einbrecher* ist eindeutig, wenn jedoch – wie in den folgenden Beispielen (16)–(20) – die Bezeichnungen für die erste semantische Rolle zu unspezifisch sind, werden im Text zusätzliche Spezifizierungen angegeben, die zum Ausdruck bringen, dass die Person ein moralisches oder justiziables Fehlverhalten begangen hat.

(16) Schwer bewaffneter Student läuft Polizei in die Arme[3]
(17) Ein gesuchter Straftäter ist der Polizei am Donnerstag ins Netz gegangen: Der Mann lief den Beamten auf der Brahmsstraße buchstäblich in die Arme.[4]
(18) Einen 22-jährigen Fahrraddieb hat die Polizei am heutigen Sonntag um 5.35 vorläufig festgenommen. Mit geschultertem Rad ist der Mann einer Streife gleichsam in die Arme gelaufen.[5]
(19) Sylvia kann fliehen und läuft in die Arme der Reiter von Baron Hamilton, die sie in dessen Landhaus verschleppen und vergewaltigen wollen.[6]
(20) **„Blau" in die Arme der Polizei getorkelt**
Nachdem er Alkohol getrunken hatte, entschloss sich ein junger Mann am Donnerstagabend, mit dem Auto nach Hause zu fahren. Allerdings war diese Fahrt nur von kurzer Dauer. Bereits nach wenigen Metern wurde der VW Golf von einer Polizeistreife am Bundesstraßen-Kreuz (B 180/B 95) gestoppt. Die Ordnungshüter hatten sich darüber gewundert, dass der Pkw in Schlängellinien unterwegs war. Als sie den 27-jährigen Fahrzeugführer ansprachen, wehte ihnen eine „Fahne" entgegen. Das Testgerät verriet, dass der junge Mann 1,94 Promille intus hatte.[7]

Wenn ein Student der Polizei in die Arme läuft, dann muss der Grund genannt werden, warum der Student die Begegnung mit der Polizei hat vermeiden wollen. Dies wird im vorliegenden Beispiel (16) durch Attribuierungen erreicht („schwer bewaffneter Student"). Wenn ein Mann der Polizei in die Arme läuft (Beispiel 17 und 18), dann muss seine Verfehlung ebenfalls im Kontext genannt werden („ein gesuchter Straftäter", „ein 22-jähriger Fahrraddieb", „ein Mann mit einem (gestohlenen) geschulterten Rad"). Die semantische Rolle der „Reiter von Baron Hamilton" (Beispiel 19) ist so offen und unspezifisch, dass sie durch einen Attributsatz („Reiter von Baron Hamilton, die sie in dessen Landhaus verschleppen und vergewaltigen wollen") spezifiziert werden muss. In Beispiel 20 („„Blau' in

---

3   Http://www.krone.at/Steiermark/Schwer_bewaffneter_Student_laeuft_Polizei_in_die_Arme-Pistole_in_der_Hose-Story-165879 (2.6.2011).
4   Http://www.saarbruecker-zeitung.de/aufmacher/saarland-ticker/saarlorlux/Gesuchter-Polizeistraftaeter;art239497,3650932 (2.6.2011).
5   Http://www.suedkurier.de/region/bodenseekreis-oberschwaben/friedrichshafen/Fahrraddieblaeuft-Polizei-in-die-Arme;art372474,4464302 (2.6.2011).
6   Http://www.wicked-vision.com/dvd/review/848,Naechte-des-Grauens-Hammer-Edition-Nr10 (2.6.2011).
7   Http://www.polizei.sachsen.de/pd_ce/8061.htm (2.6.2011).

die Arme der Polizei getorkelt") wird das Fehlverhalten der nicht genannten Person durch das Prädikat „betrunken" („blau") sowie die Modifikation des Phraseologismus („in die Arme der Polizei torkeln") in der Schlagzeile zwar bereits angedeutet, die Bedeutsamkeit der Betrunkenheit für eine Festnahme muss jedoch in einer längeren Textpassage erklärt werden („Die Ordnungshüter hatten sich darüber gewundert, dass der Pkw in Schlängellinien unterwegs war. Als sie den 27-jährigen Fahrzeugführer ansprachen, wehte ihnen eine ‚Fahne' entgegen. Das Testgerät verriet, dass der junge Mann 1,94 Promille intus hatte").

Oft wird der Personenkreis, durch den die zweite Valenzstelle besetzt ist, ebenfalls zusätzlich spezifiziert: Dies erfolgt ebenfalls z. B. durch Attribuierungen (Beispiel 21), Relativsätze (Beispiel 22) oder längere Textpassagen (Beispiel 23):[8]

(21) Das Opfer, ein 59jähriger Binger, war einer zufällig vorbeifahrenden Motorradstreife in die Arme gelaufen, kurz nachdem ihm der 17jährige rund 80 Mark Bargeld geraubt hatte (Rhein-Zeitung, 20.06.1997)
(22) Mit der Beute rannte er Richtung Sihlpost davon – geradewegs in die Arme von drei Kantonspolizisten, die nach Dienstschluss auf dem Heimweg waren (vgl. Beispiel (27)).
(23) Zwei junge Zyprer sind nach einem Überfall auf eine Bankfiliale der Hauptstadt Nikosia ausgerechnet dem Vizepolizeichef der Mittelmeerinsel in die Arme gelaufen. Der für Raubdelikte zuständige Sotiris Charalambous und sein Fahrer hatten den Überfall beobachtet und die Waffen der Räuber als Spielzeugpistolen enttarnt. Als die Täter aus der Bank herausrannten, sprang der Vizepolizeichef deshalb kurzerhand aus dem Dienstwagen und rang die Männer nieder. Charalambous stellte die Beute in Höhe von 22.060 Zyprischen Pfund (etwa 36.000 Euro) sicher. Die Räuber legten offenbar noch vor Ort ein Geständnis ab: Sie seien drogensüchtig und hätten dringend Geld gebraucht. (die tageszeitung, 17.03.2004)

Solche Aktantenspezifizierungen der zweiten Valenzstelle treten insbesondere dann auf, wenn die Polizisten nicht in direkter Ausübung ihres Amtes agieren (z. B. in Beispiel (21): „einer zufällig vorbeifahrenden Motorradstreife"; Beispiel (22): „drei Kantonspolizisten, die nach Dienstschluss auf dem Heimweg waren")

Zieht man weitere Textbelege heran, zeigt sich einerseits die Wichtigkeit der semantischen Valenzen, andererseits ergeben sich auch weitere Bedeutungsdifferenzierungen:

(24) „Beim dritten Landeanflug riß er die Maschine in einem Winkel von etwa 80 Grad plötzlich hoch – dann kam ein großer Knall", erklärt Schäffer. „Ich saß noch immer angeschnallt da und sah, wie sich das Flugzeug mit Wasser füllte. Mein linker Arm hing schon im Wasser. Ich sah das Gesicht einer Frau schon im Wasser liegen. Sie war tot." Von der Erinnerung überwältigt fährt er fort: „Ich rief Claudias Namen, und sie antwortete. Gott sei Dank – sie war am Leben." Das Paar konnte sich aus den Sitzen befreien und kroch durch ein Loch im Flugzeugrumpf nach draußen. Durch schenkelhohes Wasser watend und schwimmend kamen sie vorwärts, bis sie einem thailändischen RettungsTeam in die Arme liefen. Sie wurden auf einen Lastwagen gesetzt und in das nahegelegene Bon-Don-Krankenhaus gebracht. (Mannheimer Morgen, 14.12.1998)

In Beispiel (24) laufen zwei umherirrende Opfer eines Flugzeugabsturzes „einem thailändischen RettungsTeam in die Arme" – natürlich zu ihrem Vorteil, denn „sie

---

8   Die nachfolgenden Beispiele stammen aus dem Cosmas-Korpus des Instituts für deutsche Sprache, Mannheim.

wurden auf einen Lastwagen gesetzt und in das nahegelegene Bon-Don-Krankenhaus gebracht". Die beiden Opfer haben die Begegnung mit ihren Rettern geradezu herbeigesehnt: Wenn *jemand jemandem in die Arme läuft,* muss die Begegnung für einen oder für mehrere Beteiligten folglich nicht immer mit negativen Folgen verbunden sein.

(25) Die Umwelt im Namen ist attraktiv für viele Gewerkschaften, seit denen die Mitglieder davon und Greenpeace in die Arme laufen. (Frankfurter Allgemeine Zeitung, 1995)
(26) Nicht irgendeine Verbindung, denn Straßen gibt es ja immer noch genug. Die Verantwortlichen denken an eine erlebnisreiche Strecke, auf der man vor allem dem Einzelhandel in die Arme laufen soll: 38 000 Quadratmeter sind für den Einkauf reserviert, nur 20 000 für den Bürobedarf, und wohnen soll hier niemand. (Frankfurter Allgemeine, 21.07.2001)

In den Beispielen (25) und (26) laufen sich nicht Personen in die Arme, sondern Mitglieder der Gewerkschaften laufen der Institution Greenpeace bzw. Käufer laufen dem Einzelhandel in die Arme. Ist die zweite Valenzstelle von einer Institution besetzt, ändert sich sogar die Bedeutung des Phraseologismus *jemand läuft jemandem in die Arme* in Richtung ‚beitreten', ‚Mitglied werden', ‚sich jmdm. anschließen' oder ‚sich zugesellen'.

Die bisherigen Beschreibungen, insbesondere die in den Wörterbüchern, sind folglich zu reduziert, oft ungenau oder falsch. Die reduktionistischen Beschreibungen weisen einerseits auf Mängel in der semantisch-pragmatischen Beschreibung von Phraseologismen hin, andererseits wird durch die unvollständigen und oft fehlenden Kontextbeispiele nicht deutlich, dass und wie der Gebrauch des Phraseologismus *jemand läuft jemandem in die Arme* seine unmittelbare und mittelbare Textumgebung mitbestimmt. Pragmatische Beschreibungen von Phraseologismen (vgl. z. B. Kühn 1985; 1987; 1994) und jüngste, korpusbasierte Analysen von einzelnen Phraseologismen (vgl. Stathi 2006; Ettinger 2009) zeigen und belegen, dass die Semantik von Phraseologismen hochgradig komplex ist, ihre Bedeutungsbeschreibung daher notwendigerweise offen erfolgen muss und von Bedeutungsextensionen oder sekundären Metaphorisierungen auszugehen ist. Es ist also unbedingt notwendig, Phraseologismen in größeren Textzusammenhängen zu betrachten. Erst hierdurch lassen sich präzisere semantische Beschreibungen, stereotype lexikografische Beispiele sowie kontextsemantische Informationen angeben. In folgendem Abschnitt soll nun versucht werden, den Phraseologismus *jemand läuft jemandem in die Arme* in seiner kontextuellen Einbettung genauer zu beschreiben. Sichtet man daraufhin das Cosmas-Korpus, so zeigt sich, dass dieser Phraseologismus typischerweise in Zeitungsmeldungen über Kriminalitätsdelikte wie Diebstahl, Überfall oder Raub vorkommen. Die folgenden Ausführungen orientieren sich an dieser Textsorte und Thematik.

3. PERSPEKTIVE: PHRASEOLOGISMEN KONSTITUIEREN TEXTE

Die Beispiele und die Wörterbuchkritik zeigen, dass die bisherigen reduktionistischen Beschreibungen von Phraseologismen keinerlei Aussagen darüber ermöglichen, wie die Phraseologismen in Texten verwendet werden. Betrachtet man nun die Verwendung, dann zeigt sich, dass durch verbale Phraseologismen des Typs *jemand läuft jemandem in die Arme* eine schablonenartige Textstruktur geschaffen wird, die in Texten unterschiedlich gefüllt wird.

Hierzu ein Beispiel, das zeigt, welche textuelle Struktur der Phraseologismus *jemand läuft jemandem in die Arme* eröffnet:

(27) **Dieb rennt in die Arme von Polizisten**
Zürich – Pech für einen 37-jährigen Entreissdieb am Montagnachmittag in Zürich: Kurz nach der Tat wurde er verhaftet – von drei Polizisten auf dem Heimweg.
Der Mann hatte einer 76-Jährigen an der Haltestelle Kaserne das Portemonnaie aus der Hand gerissen, als die Frau gerade ein Trambillett lösen wollte. Mit der Beute rannte er Richtung Sihlpost davon – geradewegs in die Arme von drei Kantonspolizisten, die nach Dienstschluss auf dem Heimweg waren.
Sie hatten die Tat beobachtet, stellten sich dem Flüchtenden in den Weg und hielten ihn fest, bis die herbeigerufenen Kollegen der Stadtpolizei zur Stelle waren. Die beraubte Frau konnte ihr Portemonnaie gleich wieder in Empfang nehmen.
Der Deutsche hatte offenbar nicht gewusst, dass sich in unmittelbarer Nähe des Tatorts der Hauptsitz der Kantonspolizei Zürich befindet.[9]

In der Zeitungsmeldung wird beschrieben, dass und wie ein Dieb der Polizei in die Arme rennt bzw. läuft. Versucht man, die Bedeutung des Phraseologismus zu beschreiben, ergeben sich folgende Interpretationsschritte:

(1) Im Text wird der erste Aktant semantisch klassifiziert und beschrieben: Es handelt sich um einen „Dieb", der über ein Attribut („ein 37-jähriger") und ein Determinativkompositum („Entreissdieb") näher gekennzeichnet wird. Zudem gibt es im Text eine zusätzliche Angabe darüber, was sich „der Mann" hat zuschulden kommen lassen: „Der Mann hatte einer 76-Jährigen an der Haltestelle Kaserne das Portemonnaie aus der Hand gerissen", d.h. eine Frau beraubt.

(2) Auch der zweite Aktant wird semantisch spezifiziert: Der Dieb trifft auf „Polizisten", die ebenfalls durch Attribute („drei", „auf dem Heimweg"), durch die Wortbildung („Kantonspolizisten") sowie einen Relativsatz („die nach Dienstschluss auf dem Heimweg waren").

(3) Neben den Beteiligten werden in der Zeitungsmeldung über adverbiale Bestimmungen auch Ort und Zeit des Zusammentreffens angegeben („am Montagnachmittag", „in Zürich").

(4) Zur Beschreibung des Zusammentreffens gehört auch die Angabe und Beschreibung von Gründen, die zur ungewollten Begegnung geführt haben: Unglückliche Zufälle sind dem Dieb zum Verhängnis geworden – er hat „Pech": Einerseits wird er von drei Kantonspolizisten festgesetzt, „die nach Dienstschluss auf dem Heimweg waren"; „sie hatten die Tat beobachtet". Sein Pech lag zudem an seiner Ortsunkenntnis: „Der Deutsche hatte offenbar nicht gewusst, dass sich in unmittelbarer Nähe des Tatorts der Hauptsitz der Kantonspolizei Zürich befindet".

(5) Auch die genaueren Umstände und Einzelheiten des Zusammentreffens werden geschildert: „Sie hatten die Tat beobachtet, stellten sich dem Flüchtenden

---

9 Http://st.gallen.ch/news/detail.asp?ID=473143&print=true (2.6.2011).

in den Weg und hielten ihn fest, bis die herbeigerufenen Kollegen der Stadtpolizei zur Stelle waren."

(6) Im Zeitungsbericht werden auch die Folgen und der Ausgang des ungewollten Zusammentreffens genannt: „Kurz nach der Tat wurde er verhaftet." „Die beraubte Frau konnte ihr Portemonnaie gleich wieder in Empfang nehmen."

Der Phraseologismus *jemand läuft jemandem in die Arme* eröffnet also einen phraseologischen Textrahmen. Zu dieser Textrahmung zählen

(a) die Beschreibung der am Zusammentreffen beteiligten Personen, insbesondere auch Angaben darüber, warum eine der beteiligten Personen das Zusammentreffen unbedingt vermeiden möchte und sich dem Zusammentreffen zu entziehen sucht,

(b) Informationen zur Situation (Ort und Zeit des Zusammentreffens),

(c) Angaben über die Gründe, die das ungewollte Zusammentreffen herbeigeführt haben,

(d) Hinweise über die genaueren Umstände beim Zusammentreffen sowie

(e) Aussagen über die Folgen des ungewollten Zusammentreffens für die Beteiligten.

Der Gebrauch des Phraseologismus *jemand läuft jemandem in die Arme* scheint diese Angaben als phraseologische Rahmung in seinem Textumfeld zu fordern. Die Realisierung dieses phraseologischen Textrahmens erfolgt sprachlich auf ganz unterschiedliche Weise:

– durch lexikalisierte Aktantenspezifizierungen (z. B. *Dieb, Polizei*),
– durch unterschiedliche Attribuierungen oder Adverbiale (z. B. „ein 37-jähriger Mann", „Kantonspolizisten auf dem Heimweg"),
– durch die Wortbildung (z. B. „Entreissdieb"),
– durch Teilsätze, selbständige Sätze oder durch mehrere Sätze oder (Text)Abschnitte (z. B. „Sie hatten die Tat beobachtet, stellten sich dem Flüchtenden in den Weg und hielten ihn fest, bis die herbeigerufenen Kollegen der Stadtpolizei zur Stelle waren").

Interessant ist in diesem Zusammenhang, dass der Phraseologismus *jemand läuft jemandem in die Arme* mit der Textrahmung (a) bis (e) letztlich die Plotstruktur der gesamten Zeitungsmeldung konstituiert. Dies mag auch der Grund dafür sein, dass der Phraseologismus *jemand läuft jemandem in die Arme* sehr häufig auch musterhaft als Meldungsüberschrift gewählt wird (z. B. x läuft y in die Arme) – oft ohne dass der Phraseologismus im eigentlichen Text verwendet wird:

(28) **Polizei in die Arme gelaufen**

Duisburg (RP) Dumm gelaufen – kommentiert der gestrige Polizeibericht einen Vorfall, der sich am Dienstag Nachmittag in Hamborn ereignet hat. Ein 16-Jähriger drohte auf der Simrockstraße einem 15 Jahre alten Jugendlichen mit einer Eisenstange und nahm ihm den i-pod ab. Der Junge alarmierte die nur wenige Meter weiter gelegene Polizeihauptwache. Von dort konnte der Wachdienstführer den Täter entdecken und schickte sofort zwei Kollegen vor die

Türe, die den 16-Jährigen festnahmen. Ihm blieb gar keine andere Wahl, als den Diebstahl zuzugeben und seine Beute wieder herauszugeben.[10]

Legt man die postulierte Textrahmung für den Phraseologismus *jemand läuft jemandem in die Arme* an andere Zeitungsmeldungen an, so zeigt sich dass die einzelnen Aspekte (a) bis (e) nicht immer alle nachweisbar, unterschiedlich gewichtet und oft auch ineinander verschränkt sind. Zudem ist die Abfolge der Aspekte variabel. Hierzu drei Beispiele:

(29) **Polizei in die Arme gelaufen**
Seit einer Unfallflucht am 17. Juni fahndete die Polizei nach einem verdächtigen 50 Jahre alten Polen, der seinerzeit Teile seiner Habe zurückgelassen und das Weite gesucht hatte. Jetzt gelang es den Beamten, den Beschuldigten in einem Anwesen festzunehmen. Der Osteuropäer hatte noch versucht, aus dem Haus zu fliehen, lief den am Hintereingang wartenden Ordnungshütern dabei aber direkt in die Arme. (Mannheimer Morgen, 03.08.2002)

(30) **Einbrecher kam nicht weit – Polizei empfing ihn**
KOSTHEIM. Direkt in die Arme der Polizei lief ein Einbrecher mit seiner Beute in der Nacht zum Sonntag in der Kostheimer Uthmannstraße. Zuvor hatte er mit einem Pflasterstein die Schaufensterscheibe eines Zigarettengeschäftes eingeworfen und war in den Verkaufsraum eingedrungen. Zigarettenpäckchen, Pfeifenfilter, Zigarren und Kaugummis verstaute er in Plastiktüten. Aus einer Tresenschublade entwendete er eine Plastikschale mit insgesamt 76,86 Euro Münzgeld und mehrere Bögen Briefmarken im Gesamtwert von 245,65 Euro, die er ebenfalls in seinen Plastiktüten verstaute. Danach füllte er in einem Lagerraum die Tüten mit Zigarettenstangen randvoll auf, um danach das Geschäft durch die eingeschlagene Scheibe zu verlassen. Auf der Straße wurde er jedoch bereits von zwei Streifenwagenbesatzungen erwartet. (Rhein-Zeitung, 11.02.2003)

(31) **Täter lief Polizisten in die Arme**
OBERSTADT. Nicht weit kam ein 20jähriger aus Rüsselsheim, der am Freitag gegen 17.30 Uhr in einen Keller in der Göttelmannstraße einbrach. Als er von einem Hausbewohner auf frischer Tat ertappt wurde, flüchtete der Einbrecher zunächst durch den Rosengarten in Richtung Südbahnhof. Dort endete seine Flucht, da er schnurstracks einer Streifenwagenbesatzung in die Arme lief. Neben Einbruchswerkzeugen stellten die Beamten bei dem Täter insgesamt neun Bohrmaschinen und drei Stichsägen sicher. (Rhein-Zeitung, 30.03.1998)

In der Zeitungsmeldung (29) dominiert die Beschreibung des Täters („Seit seiner Unfallflucht am 17. Juni fahndete die Polizei nach einem verdächtigen 50 Jahre alten Polen, der seinerzeit Teile seiner Habe zurückgelassen und das Weite gesucht hatte"; „der Beschuldigte", „Osteuropäer"). Die Meldung enthält ebenfalls Informationen über die Situation des Zusammentreffens („Jetzt gelang es den Beamten, den Beschuldigten in einem Anwesen festzunehmen") sowie Hinweise auf die genaueren Umstände („Der Osteuropäer hatte noch versucht, aus dem Haus zu fliehen, lief den am Hintereingang wartenden Ordnungshütern dabei aber direkt in die Arme"). In der Meldung Beispiel (30) werden zu Beginn in knapper Form Informationen über den Täter („Einbrecher"), zur Situation („in der Nacht zum Sonntag in der Kostheimer Uthmannstraße") und zu den Umständen („direkt"; „mit seiner Beute"; „Auf der Straße wurde er jedoch bereits von zwei Streifenwagenbesatzungen erwartet") gegeben. Der Hauptteil der Meldung besteht

---

10 Http://www.rp-online.de/niederrheinnord/duisburg/nachrichten/duisburg/Polizei-in-die-Arme-gelaufen_aid_415092.html (2.6.2011).

anschließend in der genauen Beschreibung des Täters, bzw. in der Beschreibung der ihm zu Last gelegten Tat („Zuvor hatte er mit einem Pflasterstein die Schaufensterscheibe eines Zigarettengeschäftes eingeworfen und war in den Verkaufsraum eingedrungen. Zigarettenpäckchen, Pfeifenfilter, Zigarren und Kaugummis verstaute er in Plastiktüten. Aus einer Tresenschublade entwendete er eine Plastikschale mit insgesamt 76,86 Euro Münzgeld und mehrere Bögen Briefmarken im Gesamtwert von 245,65 Euro, die er ebenfalls in seinen Plastiktüten verstaute. Danach füllte er in einem Lagerraum die Tüten mit Zigarettenstangen randvoll auf, um danach das Geschäft durch die eingeschlagene Scheibe zu verlassen"). In Beispiel (31) stehen eher Informationen über die Situation sowie Angaben über die genaueren Umstände im Vordergrund der Meldung („Als er von einem Hausbewohner auf frischer Tat ertappt wurde, flüchtete der Einbrecher zunächst durch den Rosengarten in Richtung Südbahnhof. Dort endete seine Flucht, da er schnurstracks einer Streifenwagenbesatzung in die Arme lief"). Zudem enthält die Meldung Hinweise auf den Täter („Nicht weit kam ein 20jähriger aus Rüsselsheim, der am Freitag gegen 17.30 Uhr in einen Keller in der Göttelmannstraße einbrach").

Kriterien für die unterschiedliche Abfolge und Ausfüllung des Textrahmens beim Gebrauch des Phraseologismus *jemand läuft jemandem in die Arme* ist vermutlich die Perspektive des Journalisten auf bzw. sein Informationsstand über den Sachverhalt sowie das unterstellte Interesse der Leser. Trotzdem existiert für solche Meldungen, in denen *jemand jemandem in die Arme läuft,* eine generische Plotstruktur, die variabel ist und unterschiedlich gefüllt werden kann.

Fasst man die kleine Analyse des Gebrauchs von *jemand läuft jemandem in die Arme* zusammen, so lassen sich einige Folgerungen ziehen:

(1) Die bisherigen semantischen Erläuterungen von Phraseologismen in allgemeinsprachlichen wie phraseologischen Wörterbüchern sind unzureichend. Die lexikografische Beschreibung des kontext- und situationsgerechten Gebrauchs von Phraseologismen ist immer noch phraseografisches Desiderat (vgl. Mellado Blanco 2009).

(2) Auf Grund ihrer semantischen Komplexität sollte den phraseografischen Beispielen besondere Aufmerksamkeit geschenkt werden. Phraseologische Wörterbücher müssen viel konsequenter als Kontextwörterbücher konzipiert werden; das Wörterbuch von Hans Schemann (1993) ist erst ein bescheidener Anfang.

(3) Eine aussagekräftige Phrasemsemantik muss konsequenterweise auf empirischen Studien und konsequent korpusbasierten Analysen aufbauen. Nur so lässt sich die semantische Komplexität dieser besonderen Sprachzeichen nachweisen und beschreiben; dies gilt auch für (historisch bedingte) Bedeutungsverschiebungen und -veränderungen (vgl. z. B. Gehweiler/Höser/Kramer 2007; Ettinger 2009).

(4) Eine stärkere Berücksichtigung der kontextuellen Verwendung ermöglicht neue Einblicke in die semantische Valenzstruktur von Phraseologismen. Die Beschreibung phraseologischer Valenzen macht einen wichtigen Aspekt der Phrasemsemantik aus.

(5) Phraseologismen können wichtige text(sorten)konstitutive Funktionen zugesprochen werden. Ausgehend von Phraseologismen lassen sich (Teil)Texte formulieren und kreativ bilden (vgl. z. B. Sabban 2006) oder aber Phraseologismen eröffnen eine text(sorten)spezifische und thematische Rahmung, die jeweils situationsspezifisch gefüllt wird. Ob das hier diskutierte Beispiel *jemand läuft jemandem in die Arme* ein Einzelfall bleibt oder als textkonstitutives Muster verstanden werden darf, müssen weitere Studien zeigen.

4. LITERATUR

Abel, Andrea (2000): Das lexikographische Beispiel in der L2-Lexikographie (am Beispiel eines L2-Kontext- und Grundwortschatzwörterbuches). In: Deutsch als Fremdsprache 37, 163–169.
Ágel, Vilmos (2004): Phraseologismus als (valenz)syntaktischer Normalfall. In: Kathrin Steyer (Hg.): Wortverbindungen – mehr oder weniger fest. Berlin/New York, 65–86.
Burger, Harald (1988): Die Semantik des Phraseologismus. Ihre Darstellung im Wörterbuch. Für Stefan Sonderegger zum 60. Geburtstag. In: Regina Hessky (Hg.): Beiträge zur Phraseologie des Ungarischen und Deutschen. Budapest, 69–97.
Burger, Harald (1989): Phraseologismen im allgemeinen einsprachigen Wörterbuch. In: Hausmann u. a. (Hg.): Wörterbücher. Dictionaries. Dictionnaires. Ein internationals Handbuch zur Lexikographie. Bd. 1. Berlin/New York, 593–599.
Burger, Harald (2007): Semantic Aspects of Phrasemes. In: Harald Burger u. a. (Hg.) (2007), 90–109.
Burger, Harald (2009): Semantische Aspekte der deutschen Phraseografie. Die aktuelle Praxis – allgemeine und phraseologische Wörterbücher im Vergleich. In: Carmen Mellado Blanco (Hg.): Theorie und Praxis der idiomatischen Wörterbücher. Tübingen, 23–44.
Burger, Harald u. a. (Hg.) (2007): Phraseologie. Ein internationales Handbuch der zeitgenössischen Forschung. 2 Halbbde. Berlin/New York.
Černyševa, Irina (1984): Aktuelle Probleme der deutschen Phraseologie. In: Deutsch als Fremdsprache 21, 17–22.
Dausendschön-Gay, Ulrich/Gülich, Elisabeth (2007): Phraseologische/formelhafte Texte. In: Harald Burger u. a. (Hg.) (2007), 468–481.
Dobrovol'skij, Dmitrij (2002): Phraseologismen im „de Gruyter Wörterbuch Deutsch als Fremdsprache". In: Herbert Ernst Wiegand (Hg.): Perspektiven der pädagogischen Lexikographie des Deutschen II. Untersuchungen anhand des „de Gruyter Wörterbuchs Deutsch als Fremdsprache". Tübingen, 363–374.
Duden. Redewendungen (1992): Redewendungen und sprichwörtliche Redensarten. Wörterbuch der deutschen Idiomatik. Bearbeitet von Günther Drosdowski und Werner Scholze-Stubenrecht. Mannheim.
Duden-Universalwörterbuch (2001). Deutsches Universalwörterbuch. Das umfassende Bedeutungswörterbuch der deutschen Gegenwartssprache mit rund 140000 Wörtern und Wendungen. 4., neu bearb. und erw. Aufl. Hg. von der Dudenredaktion. Mannheim.
Elspaß, Stephan (1998): Phraseologie in der politischen Rede. Untersuchungen zur Verwendung von Phraseologismen, phraseologischen Modifikationen und Verstößen gegen die phraseologische Norm in ausgewählten Bundestagsdebatten. Wiesbaden.
Engel, Eduard (1913): Deutsche Stilkunst. 18. Aufl. Wien/Leipzig.
Ettinger, Stefan (2009): „Haben die Männer am Grill die Hosen an?" Phraseografie und Sprachwirklichkeit. In: Carmen Mellado Blanco (Hg.): Theorie und Praxis der idiomatischen Wörterbücher. Tübingen, 45–64.

Filatkina, Natalia (2007): Pragmatische Beschreibungsansätze. In: Harald Burger u. a. (Hg.) (2007), 132–158.

Gehweiler, Elke/Höser, Iris /Kramer, Undine (2007): Types of changes in idioms – some surprising results of corpus research. In: Christine Fellbaum (Hg.): Idioms and Collocations. Corpus-based Linguistic and Lexicographic Studies. London, 109–137.

Korhonen, Jarmo (1995): Valenz und Verbidiomatik. In: Jarmo Korhonen (Hg.): Studien zur Phraseologie des Deutschen und des Finnischen. Bochum, 95–113.

Korhonen, Jarmo (2005): Phraseologismen im GWDS. In: Herbert Ernst Wiegand (Hg.): Untersuchungen zur kommerziellen Lexikographie der deutschen Gegenwartssprache II. „Duden. Das große Wörterbuch der deutschen Sprache in zehn Bänden". Print- und CD-ROM-Version. Band 2. Tübingen, 109–128.

Kühn, Peter (1985): Phraseologismen und ihr semantischer Mehrwert. In: Sprache und Literatur in Wissenschaft und Unterricht 16, 37–46.

Kühn, Peter (1987): Phraseologismen: Sprachhandlungstheoretische Einordnung und Beschreibung. In: Harald Burger/Robert Zett (Hg.): Aktuelle Probleme der Phraseologie. Bern, 121–137.

Kühn, Peter (1994): Pragmatische Phraseologie: Konsequenzen für die Phraseographie und Phraseodidaktik. In: Barbara Sandig (Hg.): EUROPHRAS. Tendenzen der Phraseologieforschung. Bochum, 411–428.

Kühn, Peter (2003): Phraseme im Lexikographie-Check: Erfassung und Beschreibung von Phrasemen im einsprachigen Lernwörterbuch. In: Lexikographica 19, 97–118.

Kühn, Peter (2004): Phrasemsemantik: Von der Kontextisolierung zur Gebrauchsspezifizierung. In: Rita Brdar-Szabó/Elisabeth Knipf-Komlósi (Hg.): Lexikalische Semantik, Phraseologie und Lexikographie. Abgründe und Brücken. Festgabe für Regina Hessky. Frankfurt a. M., 147–157.

LGDaF (2003): Langenscheidt Großwörterbuch Deutsch als Fremdsprache. Das einsprachige Wörterbuch für alle, die Deutsch lernen. Neubearbeitung. Hg. von Dieter Götz/Günther Haensch/Hans Wellmann. In Zusammenarbeit mit der Langenscheidt-Redaktion. Berlin.

Mackensen, Lutz (1993): Gutes Deutsch in Schrift und Rede. Ein Lehr- und Lesebuch für besseren Stil in Schrift und Rede. München.

Reiners, Ludwig (1951): Stilkunst. Ein Lehrbuch deutscher Prosa. 4., verb. Aufl. München.

Röhrich, Lutz (1994): Lexikon der sprichwörtlichen Redensarten. Band 1: A-Dutzend. Freiburg.

Sabban, Annette (2004): Zur Rolle der Phraseme für die Konstitution und Funktion des Textes. Ein Beitrag zum Konzept der textbildenden Potenzen. In: Kathrin Steyer (Hg.): Wortverbindungen – mehr oder weniger fest. Berlin/New York, 238–261.

Sabban, Annette (2006): Zur textbildenden Rolle von Phrasemen – mit einer Analyse von Musik-Moderationen und Kulturnachrichten im Hörfunk. In: Ulrich Breuer/Irma Hyvärinen (Hg.): Wörter-Verbindungen. Festschrift für Jarmo Korhonen zum 60. Geburtstag. Frankfurt a. M., 275–290.

Sabban, Annette (2007): Textbildende Potenzen von Phrasemen. In: Harald Burger u. a. (Hg.) (2007), 237–253.

Sanders, Willy (1986): Gutes Deutsch. Besseres Deutsch. Praktische Stillehre der deutschen Gegenwartssprache. Darmstadt.

Sandig, Barbara (2007): Stilistische Funktionen von Phrasemen. In: Harald Burger u. a. (Hg.) (2007), 158–175.

Schemann, Hans (1993): Pons. Deutsche Idiomatik. Die deutschen Redewendungen im Kontext. Stuttgart.

Stantcheva, Diana (2003): Phraseologismen in deutschen Wörterbüchern. Ein Beitrag zur Geschichte der lexikographischen Behandlung von Phraseologismen im allgemeinen einsprachigen Wörterbuch von Adelung bis auf die Gegenwart. Hamburg.

Stathi, Katerina (2006): Korpusbasierte Analyse der Semantik von Idiomen. In: Linguistik online 27, 2/06 [http://www.linguistik-online.de/27_06/index.html]

Stein, Stephan (1995): Formelhafte Sprache. Untersuchungen zu ihren pragmatischen und kognitiven Funktionen im gegenwärtigen Deutsch. Frankfurt a. M.
Wahrig, Gerhard (2006): Deutsches Wörterbuch. Hg. von Renate Wahrig-Burfeind. Mit einem Lexikon der Sprachlehre. 8., vollständig neu bearb. und aktual. Aufl. Gütersloh/München.
WGDaF (2008): Wahrig. Großwörterbuch Deutsch als Fremdsprache. Von Renate Wahrig-Burfeind. Gütersloh/München.
Wotjak, Barbara (1999): Zu textuellen Vernetzungen von Phraseologismen am Beispiel von Sprachwitzen. In. Nicole Fernandez Bravo/Irmtraud Behr/Claire Rozier (Hg.): Phraseme und typisierte Rede. Tübingen, 51–63.

PHRASEOLOGISCHE FAUX AMIS DES SPRACHENPAARES FRANZÖSISCH-DEUTSCH UNTER PHRASEOGRAFISCHEN UND TRANSLATORISCHEN GESICHTSPUNKTEN

Stefan Ettinger (Augsburg/Diedorf)

1. TERMINOLOGIE, FORSCHUNGSÜBERBLICK UND KLASSIFIKATION

Mag es mit der Genese des inzwischen als fachsprachlich anerkannten Terminus „Faux Ami"[1] zusammenhängen, der 1928 von Koessler und Derocquigny, zwei praktisch ausgerichteten Universitätsdozenten, für das Sprachenpaar Französisch und Englisch kreiert wurde, um ganz konkret Übersetzern zu helfen, wie es der präzisierende Untertitel vermerkt („Conseils aux traducteurs"), und der seitdem als Lehnübersetzung in andere Sprachen übernommen wurde (Englisch: „false friends"; Deutsch: „Falsche Freunde"; Spanisch: „falsos amigos"; Italienisch: „falsi amici" usw.) oder mag es mit dem zu behandelnden, theoretisch offensichtlich nicht allzu ergiebigen linguistischen Problem selbst zusammenhängen, Tatsache bleibt, dass die metalexikografische Forschung sich seit der terminologischen Fixierung vor 80 Jahren eher stiefmütterlich mit den Faux Amis befasst hat, bislang kein allgemein anerkanntes Standardwerk hervorgebracht hat und sich zumeist mit immer ausgefeilteren Klassifizierungsansätzen begnügt hat, wohingegen didaktisch ausgerichtete Lernsammlungen oder auch Wörterbücher zum Nachschlagen inzwischen in kaum noch überschaubarer Zahl für fast alle Sprachenpaare vorliegen und solche Publikationen für Lern- und Lehrzwecke auch nicht abreißen (Gra-Steiner/Dretzke/Nester 2010). Die ausführliche Bibliographie „An on-line hypertext bibliography of false friends" von Lipczuk und Bunčić[2] gibt dafür ein beredtes Beispiel. Einen immer noch lesenswerten gerafften Überblick zur Entwicklungsgeschichte der Faux Amis-Forschung gibt Haschka (1989). Sie stellt die gängigen Klassifikationsversuche vor (ebd., 149f.) und erwähnt auch einige Alternativvorschläge zum Terminus „Faux Ami" (ebd., 150f.). Speziell mit der Geschichte der Faux Amis-Wörterbücher befasst sich der knappe Beitrag „The Dictionary of False Friends" von Gorbahn-Orme/Hausmann (1991), der auch eine Reihe von Forderungen an ein ideales Faux Ami-Wörterbuch aufstellt. Die umfangreiche Literatur kann mit Gewinn von allen Forschern auf diesem Gebiet konsultiert werden. Wesentlich ausführlicher und aktueller ist der umfangreiche For-

---

1   Wir verwenden die Termini in folgender Orthografie: „der Faux Ami" bzw. „die Faux Amis"; „der Falsche Freund" bzw. „die Falschen Freunde".
2   Vgl. http://www.lipczuk.buncic.de/bib_un.htm (18.8.2011).

schungsüberblick von Kuczyński (2003), der auf die geschichtlichen, terminologischen und definitorischen Fragen der Falschen Freunde des Übersetzers eingeht und zahlreiche weiterführende Literaturangaben enthält. Wie schwierig es ist, einen einmal geprägten, wenig fachsprachlich wirkenden Terminus durch andere linguistisch genuine Termini zu ersetzen, zeigt seine ausführliche Zusammenstellung der verschiedensten Neuschöpfungen (ebd., 259f.). Man findet dort terminologische Vorschläge, wie z. B. „zwischensprachliche Homonyme", „Interhomonyme", „interlinguale Homonyme", „interlinguale Paronyme", „scheinbare Äquivalente", „Pseudointernationalismen", „irreführende Fremdwörter", „Tautonyme", „Fallstricke des Wortschatzes", „lexikalische Scheinidentitäten", „Pseudoäquivalente" und „interlinguale Analogismen". Es dürfte daher bei dieser Fülle neuer Termini, die keineswegs auf den ersten Blick überzeugen, sicher ratsam sein, den von Koessler/Derocquigny gefundenen Terminus „Faux Ami" beizubehalten. Sehr informativ ist auch sein Überblick über die bisherigen Klassifikationsversuche (Kuczyński 2003, 262–276), der bei aller terminologischer Vielfalt und Verschiedenheit der einzelnen Autoren doch die begrenzten Möglichkeiten einer Typologie erkennen lässt. Die von ihm herausgearbeitete umfassende Definition des Faux Ami können wir problemlos auch für unsere Untersuchung verwenden, wenn wir neben den Lexemen auch die Phraseolexeme, d. h. die Phraseme miteinbeziehen und die Angabe unter d) leicht modifizieren bzw. sogar ganz streichen (ebd., 279): Faux Amis/Falsche Freunde sind Lexeme bzw. Phraseme, die sich a) auf zwei oder mehrere Sprachen beziehen, b) eine weitgehend ähnliche bzw. identische lautliche/graphische Form aufweisen, c) oft eine gleiche Herkunft haben, d) in den meisten Fällen Entlehnungen aus einer dritten Sprache sind (?) und die e) aufgrund ihrer in bestimmten Merkmalen übereinstimmenden Identität/Ähnlichkeit (in Bezug auf die Muttersprache) zur falschen, normwidrigen, meist auf der Interferenz beruhenden Verwendung von Wörtern bzw. Wortverbindungen auf der semantischen Ebene beitragen.

Zu sehr vielen Sprachenpaaren gibt es inzwischen auch Beiträge, die sich mit phraseologischen Faux Amis befassen. Allerdings nehmen diese zumeist kleineren Untersuchungen auf Grund der Sprachenvielfalt kaum aufeinander Bezug und man kann nur hoffen, dass sich im Rahmen des von Piirainen geleiteten Projekts der „weit verbreiteten Idiome"[3] in diesem Bereich bald intensivere Kontakte ergeben werden. Für das Französische hat Klein (1972) einen häufig zitierten Beitrag zu den Scheinentsprechungen bei französischen und deutschen Idiomatismen verfasst, an den Ettinger (1994) anknüpft. Da phraseologische Faux Amis auch früher schon als Probleme für das Übersetzen und Unterrichten erkannt wurden (vgl. Ettinger 2010), wäre es – vor allem im Hinblick auf diachrone Untersuchungen – ein lohnenswertes Unterfangen, die an Beispielen reichen Lernsammlungen früherer Jahrhunderte genauer anzuschauen, wie z. B. Schmitz/Schmidt (1912, 131–138). Balogh (1999, 11–21) bespricht in einem Beitrag, der die Ergebnisse seiner Diplomarbeit zusammenfasst (Balogh 1996), einige Typen von Faux Amis des Französischen und Ungarischen. Hervorzuheben sind seine

---

3   Vgl. http://www.widespread-idioms.uni-trier.de/?p (18.8.2011).

Beobachtungen hinsichtlich der grammatikalischen und semantisch-pragmatischen Restriktionen, die bei partiellen Faux Amis zu beachten sind. Knappe Hinweise zu den phraseologischen Faux Amis des Französischen und Ungarischen finden sich auch bei Kiss (2002, 52). Taraba (2002) geht dem Titel seines (uns leider nicht zugänglichen) Beitrages nach auf die Typologie der phraseologischen Faux Amis im Französischen, im Deutschen und im Slowakischen ein. Besonders viele Interferenzen ergeben sich üblicherweise bei Sprachen, die sich sehr nahe stehen, wie z. B. beim Deutschen und Niederländischen. Hierzu hat Piirainen mehrere Beiträge verfasst (Piirainen 1997; 1999; 2002; 2004a und 2004b). Auch für die Nachbarschaftssprachen Dänisch (Farø 2004), Schwedisch (Belin 2008) und Polnisch (Ehegötz 1989; Laskowski 2006) liegen inzwischen Untersuchungen vor, die erstaunliche Einblicke geben in die vielfältigen Möglichkeiten, formal identische Phraseme inhaltlich verschieden zu interpretieren. Realistischerweise muss hier jedoch angemerkt werden, dass die Zahl der Belege bei den einzelnen Sprachenpaaren sich innerhalb des zweistelligen Bereichs bewegt. Für das Sprachenpaar Deutsch und Schwedisch erwähnt Belin (2008, 4) die Zahl von 40 bis 60 Idiomen und Balogh (1996) spricht von 70 phraseologischen Faux Amis für das Sprachenpaar Französisch und Ungarisch. Nach unseren Unterrichtserfahrungen dürfte für das Sprachenpaar Französisch und Deutsch die Zahl der phraseologischen Faux Amis ebenfalls im Bereich dieser Zahlenangaben von Balogh liegen, wobei die Berücksichtigung oder Außerachtlassung der phraseologischen Vergleiche (Typ: frz. *se ressembler comme deux gouttes d'eau* = dt. *sich/einander gleichen wie ein Ei dem andern*) diese Zahlenangaben beträchtlich verändern können.[4] Theissen/Klein (2010a; 2010b) sprechen von ungefähr 100 fast identischen Phrasemen im Französischen und Deutschen. Dennoch darf die überschaubare Belegzahl nicht darüber hinwegtäuschen, dass durch Fehlübersetzungen phraseologischer Faux Amis, die ja, wie bei Phrasemen üblich, häufig an exponierter Stelle in den Texten, wie z. B. in Titeln, in Zwischenüberschriften oder als resümierender Schlusssatz eines Beitrages verwendet werden, gravierendere Missverständnisse entstehen können als bei einfachen Lexemen, wie z. B. schlechte und schlampige Filmsynchronisationen und Buchübersetzungen zur Genüge zeigen. Fragt ein ertappter Bösewicht in der deutschen Synchronisierung eines französischen Films den ihn verhörenden Kommissar danach *Was hat Ihnen den Floh ins Ohr gesetzt?*, dann versteht der deutsche Zuschauer in dem Kontext des Filmes eigentlich nur Bahnhof. Die wörtlich entsprechende französische Redewendung *qc. met la puce à l'oreille de qn.* bedeutet jedoch nichts anderes als ‚etwas macht jmdn. hellhörig, misstrauisch, argwöhnisch; etwas erregt jmds. Verdacht/Misstrauen' und das Phrasem ist im Französischen an dieser Stelle problemlos verständlich. (Siehe hierzu weiter unten).

Für didaktische und translatorische Zwecke völlig ausreichend hat sich die relativ grobe Gliederung von Albrecht (2005, 134) erwiesen. Ähnliche Unterschei-

---

4   Vgl. zu den komparativen Phrasemen noch die zahlreichen Belege bei Zimmer (1990, 336–396) und auch die Untersuchung von Mellado Blanco (2009).

dungen finden sich immer wieder, wie z. B. bei Kiyko (2005) in dem geplanten Wörterbuch der Falschen Freunde für das Sprachenpaar Deutsch und Ukrainisch.

Albrecht unterscheidet bei den Faux Amis zwischen formalen und inhaltlichen Aspekten und bei den letzteren zwischen totalen und partiellen Faux Amis. Wir erhalten daher folgende schematische Gliederung:

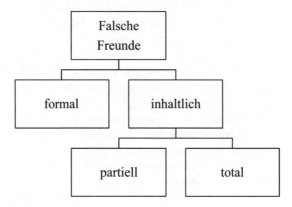

Phraseologische Falsche Freunde formaler Art haben wir in unserem Beitrag (Ettinger 1994) behandelt und versucht zu zeigen, welche Schwierigkeiten sich für den Sprachunterricht ergeben, wenn inhaltlich völlig identische Phraseme des Französischen und Deutschen sich geringfügig in formaler Hinsicht unterscheiden, wie z. B. durch den unterschiedlichen Gebrauch des Artikels, des Possessiv- bzw. Demonstrativpronomens, des Numerusgebrauchs usw. Als Beispiel sei hier auf das deutsche Phrasem *das/sein/... Geld zum Fenster hinauswerfen* ('Fenster' wird hier im Singular gebraucht!) hingewiesen und auf sein semantisch äquivalentes Phrasem im Französischen *jeter l'argent par les fenêtres* ('Fenster' hier immer im Plural!). Allerdings haben gerade die immer weiter verfeinerten Abfragemöglichkeiten im Internet dazu geführt, dass im Bereich der formalen Faux Amis weder normative Wörterbücher noch die idiolektale Kompetenz des Phraseologen Ausschließlichkeit beanspruchen dürfen. Den ca. 1.500.000 französischen Belegen mit der Pluralform bei 'Fenster' standen am 7. August 2010 nach Google immerhin ca. 77.000 Belege mit der Singularform gegenüber (zu den Möglichkeiten, das Internet als linguistisches Korpus zu verwenden, siehe Bickel 2006, Umurova 2005 und Wooldridge 2003)! Die größten Probleme ergeben sich in translatorischer und didaktischer Hinsicht bei den totalen Faux Amis, zumal hier zweisprachige Wörterbücher sich oft als recht unzuverlässige Freunde erweisen. In unserem Beitrag haben wir diesen Aspekt bei ca. 20 Phrasemen untersucht und auf die Gefahrenquelle einer Fehlübersetzung auf Grund unzulänglicher phraseografischer Beschreibungspräzision hingewiesen. Es handelt sich hier um Phraseme vom Typ frz. *mener qn. par le bout du nez*, das im Deutschen mit *jmdn. herumkommandieren* übersetzt werden muss und das sehr häufig jedoch verwechselt wird mit dem deutschen Phrasem *jmdn. an der Nase herumführen*, das nichts anderes bedeutet als 'jmdn. bewusst täuschen, irreführen'. Für diese deutsche Bedeutung des Phrasems geben zuverlässige zweisprachige Wörterbücher folgende französische Übersetzungsvorschläge an, wie z. B. (P) *qn. mène qn. en bateau* oder *qn. fait marcher qn. avec qc.* oder auch (L) *duper qn.; jouer un tour à qn.* (Ettinger 1994, 130). Ein weiteres, häufig falsch wiedergegebenes Phrasem wäre *monter sur ses grands chevaux*, das im Französischen mit *se mettre en colère, s'emporter; se mettre en colère rapidement et réagir violemment; s'abandonner à la colère, avoir un accès d'humeur, s'emballer* umschrieben wird und mit *aufbrausen, sich ereifern, wütend werden* ins Deutsche übersetzt werden muss, wie z. B. (P) *jd braust auf, geht hoch* und (L) *aufbrausen, hochgehen*. Das formale deutsche Äquivalent *sich aufs hohe Ross setzen*, d. h. *eine hochmütige überhebliche Haltung einnehmen*, verlangt die französische Übersetzung (L) *se donner, prendre des* (!) *grands airs*; *faire l'important* oder (P) *qn. prend de* (!) *grands airs* (Ettinger 1994, 131f.). Allerdings müssten auch hier noch – ähnlich wie für das Deutsche (Ettinger 2009) – anhand eines umfangreichen französischen Korpus Untersuchungen durchgeführt werden, um herauszufinden, ob die gelegentlich im Internet angegebenen Umschreibungsvarianten einzelner Wörterbücher tatsächlich in der heutigen Sprache vorkommen – französische Lexikografen zitieren häufig problemlos Molière neben Sartre –, welche Frequenz sie aufweisen, ob sich stilistische Unterschiede feststellen lassen usw. Es finden sich nämlich bei den verschiedensten Erklärungsversuchen zu diesem sehr bildhaften Phrasem Umschreibungen, die sich teilweise der deutschen Bedeutung annähern, wie z. B. *s'indigner et parler avec autorité, prétention; se mettre en colère avec arrogance; prendre qn. de haut; prendre un parti vigoureux; menacer; montrer de la hauteur, de la sévérité dans ses paroles*.

2. EINZELBEISPIELE

Linguistisch und phraseologisch wohl am reizvollsten dürfte die Beschäftigung mit den inhaltlich partiellen phraseologischen Faux Amis sein, da bei diesen Untersuchungen ein gutes, geschultes Sprachgefühl sowie ausgebildete metalexikografische Kenntnisse erforderlich sind. Die in der phraseologischen Fachliteratur ständig betonten pragmalinguistischen Aspekte zur Charakterisierung des semantischen Mehrwerts der Phraseme können hier voll und ganz zur Geltung kommen und ermöglichen gerade durch einen kontrastiven Vergleich eine exaktere lexikografische Beschreibung des jeweiligen Phrasems in einer Sprache (vgl. hierzu Donalies 2009, 33–56). Ebenso können die verschiedensten Gebrauchseinschränkungen eines Phrasems in syntaktischer oder morphologischer Hinsicht detailliert berücksichtigt werden, wie es z. B. Balogh (1999) sehr schön für das Französische und Ungarische gezeigt hat. Bei der Untersuchung der partiellen phraseologischen Faux Amis spielen natürlich auch Frequenzgesichtspunkte eine wichtige Rolle. Ein Phrasem X in der einen Sprache entspricht zwar formal und inhaltlich einem Phrasem Y in einer anderen Sprache, aber auf Grund der unterschiedlichen Frequenz kann es nicht unbedenklich bei allen Übersetzungen als Äquivalent verwendet werden. Gerade Untersuchungen, die Gemeinsamkeiten in mehreren Sprachen herausarbeiten möchten, unterliegen der Gefahr, hier vorschnell Äquivalente zu erkennen. So weisen im Deutschen Phraseme, die der Bibel entnommen sind, im Vergleich zum Französischen – dank der volkstümlichen Übersetzung durch Luther – im allgemeinen eine wesentlich größere Frequenz auf. Zu dem deutschen Phrasem *sein Licht nicht unter den Scheffel stellen* fanden sich bei Google (Zugriff am 7.8.2010) ca. 27.600 Belege, für das französische äquivalente Phrasem *ne pas mettre la lumière sous le boisseau* dagegen lediglich ca. 341. Dieselben Probleme ergeben sich in diachronischer Hinsicht. Phraseme zweier oder mehrerer Sprachen mögen zwar einen gemeinsamen biblischen, literarischen oder historischen Ursprung haben, aber das ursprüngliche Bild wird in den verschieden Sprachen jeweils etwas anders interpretiert und hat sich im Laufe der Zeit allmählich verändert (siehe weiter unten 2.3. *suer sang et eau* und 2.4. *mettre la puce à l'oreille*). Sprachliche Interferenzprobleme ergeben sich inzwischen häufig dadurch, dass im Internet Zitate aus qualitativ sehr verschiedenen Wörterbüchern, noch dazu aus verschiedenen Jahrhunderten, eine gleichbleibende semantische Bedeutung eines Phrasems vorgaukeln, die in der Sprachwirklichkeit so gar nicht existiert. Ebenso können bei den phraseologischen Faux Amis diastratische oder auch diatopische Unterschiede mit herein spielen (Dräger/Juska-Bacher 2010). Die wesentlichen Schwierigkeiten ergeben sich in translatorischer und didaktischer Hinsicht bei den inhaltlich partiellen phraseologischen Faux Amis nach unseren Erfahrungen dadurch, dass vor allem die Phraseografie zweisprachiger Wörterbücher Mängel in der Beschreibungspräzision aufweist (Ettinger 1994) und dem Sprachwandel hinterherhinkt (Ettinger 2009), dass billige gedruckte Lernsammlungen oft sehr billig gemacht sind und dass inzwischen im Internet durch zahlreiche kostenlose Sprichwortsammlungen, Wörterbücher oder Übersetzungshilfen die Fehlübersetzungen geradezu metastasieren können.

2.1. *Schwamm drüber!*

Nehmen wir z. B. das umgangssprachlich verwendete deutsche Phrasem *Schwamm drüber!*, das im Duden (2008, 691) mit ‚die Sache soll vergessen sein; reden wir nicht mehr darüber' umschrieben wird und das in den bekannten zweisprachigen Wörterbüchern (P) und (L) mit dem französischen äquivalenten Phrasem *on passe l'éponge!; passons l'éponge sur qc.* wiedergegeben wird, wobei *qc.* etwas Negatives beinhaltet und noch näher präzisiert werden muss: *Passons l'éponge sur notre dispute*. Im Deutschen ist eine solche zusätzliche Präzisierung nicht erforderlich, da *drüber* das französische *sur qc.* einschließt und dadurch das Phrasem in der fixierten Form *Schwamm drüber!* hinreichend verständlich ist. Das französische Phrasem *passer l'éponge sur qc.* kann aber darüber hinaus auch in nicht-imperativen Formen verwendet werden und bedeutet dann im Deutschen (P) ‚jmd. sieht großzügig über etwas hinweg; jmd. vergißt etwas' oder (L) ‚großzügig über etwas hinwegsehen; nicht mehr über etwas sprechen', wie z. B. die Überschrift eines Beitrages von Ana Lutzky in der Zeitschrift *Usine Nouvelle* (17. März 2010) zeigt: Energie. *Bruxelles passe l'éponge sur les soupçons d'hégémonie pesant sur EDF*.[5] Für diese Bedeutung sind im Deutschen keine Äquivalente mit *Schwamm* möglich. Das französische Phrasem mit dem Bild des Schwammes (= *éponge*) umfasst also einen wesentlich größeren Verwendungsbereich als das deutsche umgangssprachliche *Schwamm drüber!* und es entspricht auch auf Grund der Frequenz sowie der Stilebene nicht einfach dem formal partiell identischen deutschen Äquivalent. Dieser partielle phraseologische Faux Ami muss daher auch phraseografisch gesondert lemmatisiert werden (Bárdosi/Ettinger/Stölting 2003, 80).

2.2. *gegen Windmühlen kämpfen*

Bei dem Phrasem *gegen/mit Windmühlen kämpfen* hatten wir uns in unserer Untersuchung (Ettinger 1994, 123f.) wahrscheinlich zu stark von eher normativ ausgerichteten Wörterbuchangaben des Deutschen und Französischen lenken lassen, die für das französische Äquivalent *se battre contre des moulins à vent* den Kampf gegen etwas Imaginäres, Nichtvorhandenes, Eingebildetes hervorheben, während im Deutschen die Wörterbücher eher die Sinnlosigkeit bzw. die Aussichtslosigkeit eines solchen Kampfes betonen und jeweils durch entsprechende konstruierte oder literarische Textbelege verdeutlichten (ebd., 124). Beide Bedeutungen sind in dem literarischen Beleg bei Cervantes bereits in nuce vorhanden, wenn Don Quijote seinen von vornherein aussichtslosen, erfolglosen Kampf gegen Windmühlen kämpft, die er in seiner Vorstellung für Riesen hält. Versucht man sich mit Hilfe elektronischer Korpora, die uns aber bei unserer Untersuchung im Jahr 1994 noch nicht zur Verfügung standen, stichprobenartig einen aktuelleren Überblick zu verschaffen, so scheint nun auch im Französischen bisweilen die Sinnlosigkeit bei einem solchen Kampf gegen Windmühlen mitzuschwingen, während im Deutschen nun auch die Bedeutungsnuance eines Kampfes gegen etwas Eingebildetes, Nichtvorhandenes möglich sein dürfte. Ohne weitergehende, ausführliche Untersuchungen muss man sich jedoch mit den vorhandenen Angaben der Wörterbücher begnügen, die erstaunlicherweise sogar innerhalb eines einzigen Verlages beträchtliche Abweichungen aufweisen. So lautet in der aktuellen Ausgabe des Dudens (2008, 875) die Umschreibung dieses Phrasems ‚gegen etwas kämpfen, was überhaupt nicht besteht', genauso wie in der ersten Auflage aus dem Jahre 1992, während das Deutsche Universalwörterbuch (DUW) desselben Verlages in der sechsten Auflage (2007) genauso wie in der vierten Auflage (2001) und ebenso wie in der zweiten Auflage (1989) eine andere Umschreibung gibt, nämlich ‚einen aussichtslosen, sinnlosen Kampf führen'. Ähnliche Angaben finden sich auch bei LDaF ‚ohne Aussicht auf Erfolg gegen etwas kämpfen'. Welche Verbreitung dieses Phrasem in Europa gefunden hat, hat Piirainen (2008) ausführlich im Rahmen ihres Projektes „Weit verbreitete Idiome" dargestellt. Sie kann in ihrer areallinguistischen Untersuchung formale Äquivalente in 47 Spra-

---

5 Vgl. http://www.usinenouvelle.com/article/bruxelles-passe-l-eponge-sur-les-soupcons-d-hege monie-pesant-sur-edf.N128032 (18.8.2011).

chen Europas und in mehreren Dialekten für dieses Phrasem nachweisen, die alle die gleiche figurative Kernbedeutung haben. Ihr Interesse gilt jedoch vor allem der Analyse der lexikalischen und morphosyntaktischen Besonderheiten, wie z. B. dem unterschiedlichen Gebrauch des Verbs in den jeweiligen Sprachen (*kämpfen, angreifen, schlagen, ringen* usw.), der Präposition *mit* oder *gegen* sowie des Artikelgebrauchs und weniger den semantischen Aspekten. Wie sich trotz formaler Gleichheit dieses Phrasem in einzelnen Sprachen hinsichtlich der Frequenz, der stilistischen Verwendungsweise und des Bekanntheitsgrades unterschiedlich entwickeln konnte, hat Mieder sehr schön in einer kleinen Monographie gezeigt, die sich ausschließlich diesem Phrasem widmet:

> „Of special interest in this regard is also that the Spanish version 'acometer molinos de viento' and its variants 'luchar contra molinos de viento' and 'atacar los molinos de viento' have never achieved the popularity that the phrase gained in German or English, for example. In Spanish the phrase is regarded more of a literary allusion to the novel, while in German and English the phrase has achieved a much more general proverbial status, i.e., people do not necessarily always associate it with Cervantes' novel. The proverbial expression has taken on a life of its own, and yet, since especially in the United States the younger generation has no particular relationship to windmills any longer, the phrase might well be in actual decline. While it is still to be found in the print media, American students whom I surveyed have stated for the most part that they hardly know the windmill-phrase (if at all) and that they would not really make use of it in their oral or written communication." (Mieder 2006, 10)

Mit seiner Monographie hat Mieder Maßstäbe gesetzt und gezeigt, dass einzelne, weit verbreitete Phraseme jeweils eine ausführlichere phraseologische Untersuchung verdienten und phraseografisch genau nicht einfach mit ein paar Wörterbuchzitaten oder kleineren konstruierten Beispielsätzen oder Belegen erschöpfend behandelt werden können.

2.3. *Blut und Wasser schwitzen*

Bei dem im Deutschen umgangssprachlich verwendeten Phrasem *jmd. schwitzt Blut und Wasser* sind sich die einsprachigen Wörterbücher hinsichtlich der Bedeutungsangabe fast alle einig und geben Umschreibungen an, die ausdrücken, dass jemand in Aufregung ist bzw. große Angst hat, wie z. B. Duden (2008, 131f.): ‚[in einer schwierigen Situation] in großer Aufregung sein, große Angst vor einem Misserfolg, vor einem unangenehmen Ausgang o.Ä. haben'. Die knappen Belege verweisen traditionell auf Prüfungssituationen, Polizeikontrollen, den ersten Fallschirmabsprung usw. Bei den Internetangaben finden sich häufig modernere Belege, wie z. B. für schwierig auszuführende technische Arbeiten am Rechner, beim Installieren neuer Programme, für komplizierte Autoreparaturen durch Hobbymechaniker oder auch für Kleinaktionäre, bei plötzlichen Veränderungen des Dow-Jones-Indexes an der Börse. Als Ursprung für dieses Phrasem wird zumeist auf eine Bibelstelle hingewiesen, wo von der Todesangst Jesu am Ölberg berichtet wird. Es heißt dort (bei Lukas 22, 41–45): „Da erschien ihm ein Engel vom Himmel und stärkte ihn. Nun befiel ihn Todesangst, und er betete noch inständiger. Sein Schweiß ward wie Blutstropfen, die zur Erde rannen". Wenn man die vorgeschlagene Etymologie akzeptiert, dann sind in der Tat die wesentlichen Aspekte des Phrasems, nämlich punktuelles Angstgefühl und ungewisser Ausgang, bereits in dieser Bibelstelle enthalten. Es wäre nun Aufgabe einer diachronisch ausgerichteten Phraseologieforschung, hier genauere Bezüge herauszuarbeiten und Erstbelege für einen figürlichen Gebrauch zu finden. Man denke nur an die Jägersprache im Deutschen, die heute noch die Gleichsetzung von *Schweiß* und *Blut* bewahrt hat. Bei der Übersetzung dieses Phrasems ins Französische ergeben sich permanent Fehlübersetzungen, obwohl das formal völlig identische französische Phrasem *suer sang et eau* in allen einsprachigen, synchron ausgerichteten Wörterbüchern des Französischen mit *faire de grands efforts, se donner beaucoup de peine*, d. h. *sich gewaltig anstrengen; sich große Mühe geben; sich abmühen*, eindeutig umschrieben wird und folglich etwas völlig anderes bedeutet. Wie konnte es nun zu diesen Verwechslungen kommen? Sind gar Phraseografen Geburtshelfer dieses Faux Ami? Es finden sich nämlich in respektablen einsprachigen deutschen Wörterbüchern mehrere Hinweise, dass das Phrasem *jmd. schwitzt Blut und Wasser* noch in einer zweiten Bedeutung, nämlich *jmd. strengt sich sehr an*, verwendet werden kann, wie z. B. bei Röhrich (1991/1994/2003, 224). Er macht nämlich die Unterscheidung zwischen a) *Blut schwitzen* ‚vor Angst schwitzen' und b) *Blut und Wasser schwitzen* ‚sich sehr anstrengen' und verweist sogar explizit auf das französische *suer sang et eau*. Ebenso verfahren Duden (2002), DUW (2006, 319) und Müller (1994, 65). Eine recht summarische Internetabfrage zu diesem Phrasem hat allerdings für die Bedeutungsangabe *sich sehr anstrengen müssen* recht wenige und außerdem nicht ganz überzeugende Belege erbracht. Zusätzliche Verwirrungen entstehen noch durch phraseologische Lehrmittel, in denen – offensichtlich auf Grund mangelnder Sprachkenntnisse? – *Blut und Wasser schwitzen* kommentarlos mit *suer sang et eau, à grosses gouttes* gleichgesetzt wird (Kunz 2005, 27). Die große Auflage solcher Lehrmittel, ihre Allgegenwart in den meisten Buchhandlungen sowie ihre multiplikatorische Funktion sind nicht gerade förderlich für eine präzise Abgrenzung phraseologischer Faux Amis.

In Ermangelung solider diachronischer Untersuchungen und zuverlässiger synchronischer, korpusbasierter und durch Informantenbefragung ergänzter Studien müssen wir uns beim gegenwärtigen Forschungsstand mit folgenden vorläufigen Ergebnissen begnügen:

a) Im modernen Französisch – ältere Sprachstufen erwähnen bisweilen andere Bedeutungen – kann das Phrasem *suer sang et eau* nur mit *se donner beaucoup de peine, faire de grands efforts*, d. h. *sich gewaltig anstrengen; sich große Mühe geben; sich abmühen, große Anstrengungen machen, um etwas zu erreichen* umschrieben werden und es muss daher mit dieser Bedeutung auch ins Deutsche übersetzt werden.

b) Das deutsche Phrasem *Blut und Wasser schwitzen* drückt zumeist eine individuelle, punktuelle große Aufregung bzw. Angst vor einem Misserfolg aus, es wird bevorzugt in einem Tempus der Vergangenheit verwendet und entspricht im Französischen Übersetzungen mit *des sueurs froides* (= *Angstschweiß*), wie z. B.

avoir des sueurs froides; qc./qn. donne des sueurs froides à qn., die dann aber syntaktisch an die deutsche Konstruktion angepasst werden müssen.

c) Da in einigen namhaften deutschen Wörterbüchern bisweilen das Phrasem *Blut und Wasser schwitzen* auch in der Bedeutung von ‚sich gewaltig anstrengen, sich abmühen' umschrieben wird und vereinzelte Belege mit dieser Bedeutung auch in Texten vorkommen, müsste man mit Hilfe von korpusbasierten Untersuchungen und mit Hilfe von Informantenbefragungen der Frage nachgehen, ob synchron gesehen diese Bedeutungsangaben (überhaupt) stimmen und wenn ja, wie groß ihr prozentualer Anteil an den Belegen ist.

2.4. *jmdm. einen Floh ins Ohr setzen*

Bei diesem im Deutschen umgangssprachlich verwendeten Phrasem weisen die Umschreibungen in allen von uns konsultierten einsprachigen Wörterbüchern keine größeren Unterschiede auf (Duden 2002; Duden 2008; Müller 1994; LDaF, KDaF; DUW; dGDaF; WdtG). Das Phrasem wird umschrieben mit ‚bei jmdm. einen unerfüllbaren Wunsch wecken; jmdn. auf eine fixe Idee bringen, an die er immer denken muss; jmdn. auf einen Gedanken bringen, von dem er nicht mehr loskommt'. Duden (2008, 234) hat diese Bedeutungsumschreibung etwas komprimiert zu ‚jmdm. einen Gedanken, Wunsch eingeben, der bei dem Betreffenden zu einer fixen Idee wird, ihn nicht mehr zur Ruhe kommen lässt'. Man könnte noch bei dieser Umschreibung das Attribut *zumeist unerfüllbar* vor die Substantive *Gedanken* und *Wunsch* einfügen. Bei Müller (1994, 142) finden wir die folgende Umschreibung, die stärker den Aspekt der Nichtverwirklichbarkeit des Wunsches hervorhebt: ‚jmdn. für eine unerreichbare Sache begeistern, in jmdm. einen unerfüllbaren Wunsch wecken'. Wichtig ist bei all diesen Umschreibungen die Unterscheidung zwischen a) *Gedanken, Idee* einerseits und b) einem auf die Zukunft ausgerichteten *Wunsch*. In formaler Hinsicht könnte man noch zwischen einer syntaktisch bestimmten Verwendung des bestimmten Artikels (*den* Floh) und dem unbestimmten Artikel (*einen* Floh) unterscheiden. Die meisten, leider aber viel zu knappen, aktuellen Textbelege zu diesem Phrasem finden sich im „Redensarten-Index"[6], einem phraseologischen Internetwörterbuch des Deutschen, das mit seinen authentischen Internetbelegen sehr oft die Sprachwirklichkeit genauer widerspiegelt als die eher behäbigen, traditionellen gedruckten Wörterbücher. Der dort ohne genauere Quellenangabe zitierte Beleg „Wieder einmal sind Baumstämme abzutransportieren. Ein Freund hat Jesse *einen Floh ins Ohr gesetzt*, und er möchte diesmal – gegen Nicks Rat – dabei Dynamit einsetzen. Die Sprengwirkung ist riesengroß, Jesse wird von einem Stamm eingeklemmt" deutet eine zusätzliche, neue Nuance des Phrasems an, nämlich ‚jmdm. eine dumme, verrückte Idee eingeben, die ihn zu einem unvernünftigen Handeln führt'. Ersetzt man bei einer Suchanfrage im Internet die reine Infinitivform dieses Phrasems durch ein Satzfragment **Floh ins Ohr gesetzt, dass**, so erhalten wir ca. 10.000

---

6 Vgl. http://www.redensarten-index.de (18.8.2011).

durchaus seriöse Belege verschiedenster Textsorten, in denen das Phrasem *jmdm. einen Floh ins Ohr setzen* mit der Bedeutung ‚jmdm. unvernünftige, falsche, unzutreffende, dumme, unwahre Informationen zukommen lassen' oder ‚jmdm. (beabsichtigt oder unbeabsichtigt) Fehlinformationen liefern' verwendet wird. Diese Bedeutungsextension findet sich noch in keinem gedruckten Wörterbuch des Deutschen, sie scheint aber nach unseren Erfahrungen vor allem unter Jugendlichen stark verbreitet zu sein. Einige Belege mögen dies verdeutlichen. So heißt es z. B. in einem offenen Brief einer gewerkschaftlichen Arbeitsgruppe:

> „Es wurde bald bekannt, dass durch diese Aktion die Arbeitslosenstatistik geschönt werden sollte. Schließlich ist die August-Statistik die letzte, die vor den nächsten Bundestagswahlen veröffentlicht wird. Außerdem haben wohl sog. Experten der Bundesagentur für Arbeit dem Wirtschaftsminister Clement *den Floh ins Ohr gesetzt*, dass damit sogar 20 Prozent der derzeit erwerbslos gemeldeten Menschen aus der Statistik fliegen würden." (http://www.tacheles-sozialhilfe.de/harry/view.asp?ID=1537; 16.8.2011)

Für das Deutsche sind also die Umschreibungen des Phrasems und somit auch seine Bedeutung relativ klar. Zweisprachige Wörterbücher übersetzen das Phrasem daher völlig korrekt ins Französische mit (L) *mettre à qn. une idée en tête (qui l'obsède)* oder mit (P) *qn. fourre une idée dans le crâne de qn.* Daneben finden sich auch Übersetzungsvorschläge wie *Qui t'a logé cette idée dans la tête?* für die Frageform *Wer hat dir den Floh ins Ohr gesetzt?*.

Das Französische verfügt aber auch über ein formal völlig identisches Phrasem *mettre la puce à l'oreille de qn.*, das den Angaben der Etymologen zufolge seine Bedeutung im Laufe der Zeit geändert hat (Duneton 1990, 58–64; Rey/Chantreau 1993, 671f.), heute aber die allgemein akzeptierte synchrone Bedeutung hat, nämlich *jmdn. hellhörig, misstrauisch, argwöhnisch machen* bzw. *jmds. Misstrauen, Argwohn wecken*. In einsprachigen Wörterbüchern des Französischen, wie z. B. in dem NPR (1993, 1819) lautet die Umschreibung *intriguer, éveiller des doutes, des inquiétudes, des soupçons* und als literarischer Beleg – in französischen Wörterbüchern generell die bevorzugte Textsorte – wird Flaubert zitiert: *Tu m'as mis la puce à l'oreille en m'écrivant que Du Camp s'était montré grossier.* Im DFAR (1999, 820) findet sich ein konstruierter Beispielsatz und die folgende Umschreibung: *Sa remarque m'a mis la puce à l'oreille = a éveillé mes doutes, m'a intrigué*. Mit diesen Umschreibungen findet sich das Phrasem in zahlreichen Internetbelegen und auch die zuverlässigen zweisprachigen Wörterbücher geben wiederum ganz korrekte Übersetzungen: (P) *qn./qc. met la puce à l'oreille de qn. (éveille l'attention)= jd/etw. macht jmd. hellhörig; (éveille la méfiance) jd/etw. erregt jds Mißtrauen*. Bei (L) findet sich: *j-n hellhörig, mißtrauisch, argwöhnisch machen*. Bei der Verwendung dieses Phrasems im Französischen ist noch zu beachten, dass die Perfektform und der Sprecherbezug auf die erste Person Singular, wie z. B. in *qc./qn. m'a mis la puce à l'oreille* besonders häufig vorkommen. Wie soll man sich nun bei diesen beiden Phrasemen die recht häufig vorkommenden Verwechslungen erklären? Einmal mehr zeigt sich hier der verhängnisvolle Einfluss von schludrig erstellten Sprachhilfen in Taschenbuchformat, die vollmundig flüssiges Französisch versprechen und – verglichen mit den üblichen Auflagenzahlen wissenschaftlicher Werke – in riesigen Auflagen den Markt beherrschen. So heißt es im Vorwort einer Sammlung französischer Redewendungen und ihrer deutschen Pendants (Pignolo/Heuber 1982, 5): „Beiseite gelassen habe ich Sprichwörter, berühmte Zitate, Argot eines Milieus und Ausdrücke, die im Deutschen eine wörtliche Entsprechung haben (Mettre la puce à l'oreille = einen Floh ins Ohr setzen)". Das Taschenbuch erschien seit 1982 in 18 Auflagen (2008) und dürfte sich fast 100.000 mal verkauft haben, während kritische Kommentare einzelner Phraseologen in Fachzeitschriften oder Festschriften ungehört verhallen. Hinzu kommen die üblichen kostenlosen Internetwörterbücher[7], die in traumwandlerischer Sicherheit kein phraseologisches Fettnäpfchen auslassen.

Im Falle des phraseologischen Faux Ami *mettre la puce à l'oreille* bzw. *jmdm. einen Floh ins Ohr setzen* haben wir es aber noch mit einer besonders harten phraseologischen Nuss zu tun, die uns zurück ins 19. Jahrhundert führt. Georges Feydeau (1862–1921), ein französischer Schriftsteller und Dramatiker der Belle Epoque, veröffentlichte 1907 ein auch heute noch recht häufig gespieltes Stück mit dem Titel *La puce à l'oreille*. Wie bei einigen anderen Stücken verkürzte Feydeau ein bekanntes Phrasem des Französischen auf die wesentlichen Substantive, um einen griffigen, aussagekräftigen Titel zu bekommen. Im Jahre 1888 wurde die Boulevardkomödie *Chat en Poche* uraufgeführt, die auf ein französisches Phrasem zurückgeht, nämlich *acheter chat en poche* und im Deutschen die phraseologische Entsprechung *die Katze im Sack kaufen* hat. Der deutsche Titel lautet folgerichtig *Die Katze im Sack*. Eine anderes Stück aus dem Jahre 1894 trägt den Titel *Un fil à la patte* und es liegt ihm das französische Phrasem *avoir un fil à la patte* (Bárdosi/Ettinger/Stölting 2003, X/38), d. h *einen Klotz am Bein haben* zugrunde. Der deutsche Titel lautet zumeist *Ein Klotz am Bein*. Da es im Französischen auch noch das Phrasem gibt *se mettre le fil à la patte* (Bárdosi/Ettinger Stölting 2003, XII/40) mit der Bedeutung ‚se marier', d. h. ‚heiraten' gibt es für diese Kömödie auch den deutschen Titel *Ein Fuß in der Schlinge*. Ähnlich verhält es sich nun mit der Kömödie *La puce à l'oreille*, die das französische Phrasem *mettre la puce à l'oreille de qn.* auf die zwei wesentlichen Substantive reduziert. Den Ausgangspunkt dieses Stücks bildet ein Paar Hosenträger, die in einem zweifelhaften Pariser Etablissement vergessen wurden und nun durch einen Boten dem Besitzer bzw. in dessen Abwesenheit seiner Ehefrau zugestellt werden. In einer Theaterkritik von H. Kuttner heißt es hierzu: „Quand l'Hôtel du Minet Galant, établissement très coquin sis à Montretout (!) vous fait parvenir par coursier les bretelles de votre mari, il y a de quoi vous mettre la puce à l'oreille… C'est ce qui arrive à Raymonde Chantebise qui, inquiète du manque d'ardeur de son mari à son égard, le soupçonne de tromperie."[8] Der reduzierte französische Titel, der Argwohn und Misstrauen ausdrückt, passt hervorragend zu dieser ra-

---

7   Z. B. http://de.bab.la/woerterbuch/deutsch-franzoesisch/jdm-einen-floh-ins-ohr-setzen oder http://www.operone.de (18.8.2011).
8   Vgl. http://spectacles.premiere.fr/pariscope/Theatre/Salle-de-Spectacle/Spectacle/La-Puce-a-l-oreille (18.8.2011).

santen Verwechslungskomödie. Auf dem Titelblatt der Taschenbuchausgabe dieses Theaterstücks prangt ein Paar Hosenträger als corpus delicti, das die Ehefrau hellhörig, argwöhnisch und misstrauisch gemacht hat. Die Komödie wurde 1986 von Elfriede Jelinek, Literaturnobelpreisträgerin des Jahres 2004, ins Deutsche übersetzt mit dem Titel *Floh im Ohr*. Französisches *à l'oreille* kennt nicht die Unterscheidung zwischen Dativ und Akkusativ. Man könnte nun eventuell hier an das umgangssprachliche deutsche Phrasem *einen Floh im Ohr haben*, d. h. *nicht recht bei Verstand sein* (Duden 2008, 234), denken, aber ein solcher Titel ergibt aus dem Kontext des Stückes überhaupt keinen Sinn. Zu ihren Übersetzungsbemühungen sagt Jelinek in einem Interview (Augustin 2004, 95). „Ich übersetze ja immer noch – z. B. Farcen aus dem Französischen, und das, obwohl ich eigentlich nur sehr schlecht französisch kann. Und ich würde auch nur diese witzigen Stücke von Labiche und Feydeau übersetzen, nicht aber Prosa und Lyrik". „Schmiegt sich auch hier das Lamm an den Wolf", wie Jelinek in diesem Interview das Verhältnis von Übersetzung zum Original ausdrückte?

3. SCHLUSSBETRACHTUNG ODER VORSCHLÄGE FÜR EIN PHRASEOLOGISCHES FAUX AMIS-WÖRTERBUCH

Die wenigen ausgewählten Beispiele, die wir unter phraseografischen und translatorischen Gesichtspunkten behandelt haben, dürften gezeigt haben, dass auch bei den phraseologischen Faux Amis der Teufel wie immer im Detail steckt und dass eigentlich jedes einzelne Phrasem für sich gründlich und ausführlich behandelt werden müsste. In einem kleinen Beitrag haben wir vor Jahren das deutsche Phrasem *Zeig Pelz die kalte Schulter!* näher untersucht und zeigen können, wie sich seine ursprünglich Bedeutung weiterentwickelt hat (Ettinger 2004). Die Bedeutungsextension des deutschen Phrasems *die Hosen anhaben* haben wir mit Hilfe des Mannheimer Korpus COSMAS genauer präzisiert (Ettinger 2009). Einfache Satzgleichungen sind viel zu wenig aussagekräftig. Gerade formal identische, weitverbreitete Idiome müssten minutiös untersucht werden, damit nicht einfach das deutsche Phrasem *jmdn. an der Nase herumführen*, d. h. ,jmdn. täuschen, irreführen' (Duden 2008, 544), mit einem französischen *mener qn. par le bout du nez*, d. h. ,jmdn. gängeln, beherrschen', verwechselt wird. Die phraseografischen Angaben sind ganz eindeutig: (DFAR) *Elle mène son mari par le bout du nez = elle lui fait faire tout ce qu'elle veut*. Es wäre daher ein lohnenswertes Projekt zunächst für ein einziges Sprachenpaar exhaustiv die überschaubare Zahl der phraseologischen Faux Amis zu sammeln, die vorhandenen Angaben der ein- und zweisprachigen Wörterbücher in einer kleinen Synopse zusammenzustellen und dann anhand sorgfältig ausgewählter authentischer Textbelege zu zeigen, ob es sich um totale phraseologische Faux amis handelt oder ob es sich um einen partiellen phraseologischen Faux ami handelt, bei dem subtilere Differenzierungen erforderlich wären. Für die Phraseodidaktik des Deutschen und des Französischen wäre ein solches Wörterbuch eine unschätzbare Hilfe.

4. LITERATUR

4.1. Wörterbücher

DFAR (1999) = Pons. Lernerwörterbuch Französisch. Dictionnaire du français. Apprentissage et Référence sous la direction de Josette Rey-Debove. Stuttgart/Düsseldorf/Leipzig.

dGDaF (2000) = Wörterbuch Deutsch als Fremdsprache von Günter Kempcke unter Mitarbeit von Barbara Seelig, Birgit Wolf, Elke Tellenbach u. a. Berlin/New York.

Duden (1992) = Duden. Redewendungen und sprichwörtliche Redensarten. Wörterbuch der deutschen Idiomatik. Bearb. von Günther Drosdowski und Werner Scholze-Stubenrecht. Mannheim u. a.

Duden (2002) = Duden. Redewendungen. Wörterbuch der deutschen Idiomatik. 2., neu bearb. und aktualisierte Aufl. Mannheim u. a.

Duden (2008) = Duden. Redewendungen. Wörterbuch der deutschen Idiomatik. 3., überarb. und aktualisierte Aufl. Mannheim u. a.

DUW (1989) = Duden. Deutsches Universalwörterbuch. 2., völlig neu bearb. und stark erw. Aufl. Hg. und bearb. vom Wissenschaftlichen Rat und den Mitarbeitern der Dudenredaktion unter der Leitung von Günther Drosdowski. Mannheim/Wien/Zürich.

DUW (2007) = Duden. Deutsches Universalwörterbuch. 6., überarb. und erw. Aufl. Hg. von der Dudenredaktion. Mannheim u. a.

KDaF (2004) = Pons. Großwörterbuch. Deutsch als Fremdsprache. Stuttgart.

L (1995) = Langenscheidts Handwörterbuch Französisch. Teil I. Französisch-Deutsch und Teil II. Deutsch-Französisch. Hg. von der Langenscheidt-Redaktion. Berlin u. a.

LDaF (1993) = Langenscheidts Großwörterbuch Deutsch als Fremdsprache. Das neue einsprachige Wörterbuch für Deutschlernende. Hg. von Dieter Götz, Günther Haensch und Hans Wellmann in Zusammenarbeit mit der Langenscheidt-Redaktion. Berlin u. a.

LDaF (2003) = Langenscheidt. Großwörterbuch Deutsch als Fremdsprache. Das einsprachige Wörterbuch für alle, die Deutsch lernen. Hg. von Dieter Götz, Günther Haensch und Hans Wellmann in Zusammenarbeit mit der Langenscheidt-Redaktion. Berlin u. a.

Müller (1994) = Lexikon der Redensarten. Hg. von Klaus Müller. Gütersloh.

NPR (1993) = Le Nouveau Petit Robert. Dictionnaire alphabétique et analogique de la langue française. Nouvelle édition remaniée et amplifiée sous la direction de Josette Rey-Debove et Alain Rey. Paris.

Rey, Alain/Chantreau Sophie (1993): Dictionnaire des expressions et locutions. Deuxième édition. Collection „Les Usuels". Paris.

P (1996) = Pons. Großwörterbuch Französisch-Deutsch und Deutsch-Französisch. Vollständige Neuentwicklung. Stuttgart/Dresden.

Röhrich, Lutz (1991/1994/2003): Lexikon der sprichwörtlichen Redensarten. Freiburg/Basel/Wien.

WdtG (1981) = Wörterbuch der deutschen Gegenwartssprache. Hg. von Ruth Klappenbach und Wolfgang Steinitz. Berlin.

Zimmer, Rudolf (1990): Äquivalenzen zwischen Französisch und Deutsch. Theorie-Korpus-Indizes. Ein Kontextwörterbuch. Tübingen.

4.2. Sekundärliteratur

Albrecht, Jörn (2005): Grundlagen der Übersetzungsforschung. Bd. 2: Übersetzung und Linguistik. Tübingen.

Augustin, Claudia (2004): „Die Übersetzung schmiegt sich an das Original wie das Lamm an den Wolf". Elfriede Jelinek im Gespräch mit Claudia Augustin. In: Internationales Archiv für Sozialgeschichte der deutschen Literatur 29, 94–106.

Balogh, Péter (1996): Difficultés dans l'usage des unités phraséologiques françaises – approche sémantique, syntaxique, pragmatique. Mémoire de diplôme. Budapest.

Balogh, Péter (1999): De quelques types des faux amis phraséologiques. In: Revue d'Études françaises 4, 11–22.

Bárdosi, Vilmos/Ettinger, Stefan/Stölting, Cécile (1992/1998/2003): Redewendungen Französisch-Deutsch. Thematisches Wörter-und Übungsbuch. Tübingen/Basel.

Belin, Anna (2008): Idiomatische falsche Freunde im deutsch-schwedischen Wortschatz. Examensarbete för kandidatexamen. Stockholms universitet. Http://su.diva-portal.org/smash/get/diva2:199904/FULLTEXT01 (18.8.2011).

Bickel, Hans (2006): Das Internet als linguistisches Korpus. In: Linguistik online 28/3, 71–83. Http://www.linguistik-online.de/28_06/bickel.pdf (16.8.2011).

Donalies, Elke (2009): Basiswissen Deutsche Phraseologie. Tübingen/Basel.

Dräger, Marcel/Juska-Bacher, Britta (2010): Online-Datenerhebungen im Dienste der Phraseographie. In: Stefaniya Ptashnyk/Erla Hallsteinsdóttir/Noah Bubenhofer (Hg.): Korpora,Web und Datenbanken. Computergestützte Methoden in der modernen Phraseologie und Lexikographie. Phraseologie und Parömiologie, Bd. 25. Hohengehren, 165–179.

Duneton, Claude (1990): La puce à l'oreille. Anthologie des expressions populaires avec leur origine. Paris.

Ehegötz, Erika (1989): Zur Problematik der „falschen Freunde des Übersetzers" im Bereich der polnisch-deutschen Phraseologie. In: Aktuelle Fragen der Lexikologie und Phraseologie slawischer Sprachen. Berlin, 33–42.

Ettinger, Stefan (1984a): Rezension von Erwin Reiner, Etudes de linguistique dualiste. Wien 1983. In: Vox Romanica 43, 274–277.

Ettinger, Stefan (1984b): Rezension von Jitka Svobodová-Chmelová, Problèmes de la traduction. Bd. 1. In: Vox Romanica 43, 277–279.

Ettinger, Stefan (1994): Phraseologische faux amis des Sprachenpaares Französisch-Deutsch. In: Barbara Sandig (Hg.): EUROPHRAS 92. Tendenzen der Phraseologieforschung. Bochum, 109–136.

Ettinger, Stefan (2004): „Zeig Pelz die kalte Schulter". Phraseographie und Sprachwirklichkeit. In: Rita Brdar-Szabó/Elisabeth Knipf-Komlósi (Hg.): Lexikalische Semantik, Phraseologie und Lexikographie. Abgründe und Brücken. Festgabe für Regina Hessky. Frankfurt a. M., 315–329.

Ettinger, Stefan (2009): Haben die Männer am Grill die Hosen an? Phraseografie und Sprachwirklichkeit. In: Carmen Mellado Blanco (Hg.): Theorie und Praxis der idiomatischen Wörterbücher. Tübingen. 45–64.

Ettinger, Stefan (2010): Phraseologie und Wortschatzerwerb. Anmerkungen zu A. Martin und F. Leray: *Les idiotismes et les proverbes de la conversation allemande*. Paris 1900. In: Fremdsprachen Lehren und Lernen 39, 88–102.

Farø, Ken (2004): Vom *geschossenen Papagai* und anderen Schwierigkeiten. Phraseologische falsche Freunde im Deutschen und Dänischen. In: Deutsch als Fremdsprache 41, 152–157.

Gorbahn-Orme, Adeline/Hausmann, Franz Josef (1991): The Dictionary of False Friends. In: Franz Josef Hausmann u. a. (Hg.): Wörterbücher. Ein Internationales Handbuch zur Lexikographie. 3 Bde. Berlin/New York, 2882–2888.

Gra-Steiner, Béatrice/Dretzke, Burkhard/Nester, Margaret (2010): Petit Dictionnaire des Faux Amis. Stuttgart.

Haschka, Christine (1989): Zur Entwicklungsgeschichte der „faux amis"-Forschung. In: Lebende Sprachen 34, 148–152.

Kiss, Mónika (2002): Les pièges du vocabulaire bilingue. Les faux amis. In: Revue d'Études françaises 7, 41–55.

Kiyko, Svitlana (2005): Zum Projekt des Wörterbuchs der ukrainisch-deutschen und deutsch-ukrainischen falschen Freunde des Übersetzers. Http://www2.rz.hu-berlin.de/linguistik/institut/syntax/liwo/2005/kiyko.pdf (16.8.2011).

Klein, Hans-Wilhelm (1972): Scheinentsprechungen bei französischen und deutschen Idiomatismen. Ein Beitrag zur Lexikographie. In: Der fremdsprachliche Unterricht 6, 44–51.

Kœssler, Maxime/Derocquigny, Jules (1928): Les faux amis ou Les trahisons du vocabulaire anglais. Conseils aux traducteurs. Paris 1928. [In den späteren Ausgaben wurden „les trahisons" durch „les pièges" ersetzt].

Koller, Werner (2007): Probleme der Übersetzung von Phrasemen. In: Harald Burger u. a. (Hg.): Phraseologie. Ein Internationales Handbuch zeitgenössischer Forschung. 2 Bde. Berlin/New York, 605–613.

Korhonen, Jarmo (2007): Probleme der kontrastiven Phraseologie. In: Harald Burger u. a. (Hg.): Phraseologie. Ein Internationales Handbuch zeitgenössischer Forschung. 2 Bde. Berlin/New York, 574–589.

Kuczyński, Ernest (2003): Ein Diskurs zu geschichtlichen, terminologischen und definitorischen Fragen der „falschen Freunde des Übersetzers". In: Orbis Linguarum 24, 255–280. Http://www.orbis-linguarum.net/2004/24_04/ernestgot.pdf (18.8.2011).

Kunz, Valérie (2005): 2000 Redewendungen. Deutsch-Französisch. München.

Laskowski, Marek (2006): Ohne Falsch über falsche Freunde in der deutschen und polnischen Phraseologie. In: Deutsche Grammatik im europäischen Dialog. Kongress Krakau 20.–22.9.2006. Http://www2.rz.hu-berlin.de/linguistik/institut/syntax/krakau2006/beitraege/laskowski.pdf (9.8.2011).

Mellado Blanco, Carmen (2009): Intensivierung durch Vergleiche im Deutschen und Spanischen. Eine Strukturen- und Bedeutungsanalyse. In: Csaba Földes (Hg): Phraseologie disziplinär und interdisziplinär. Tübingen, 465–476.

Mieder, Wolfgang (2006): „Tilting at Windmills". History and Meaning of a Proverbial Allusion to Cervantes' *Don Quixote*. Burlington, Vermont.

Pignolo, Marie-Thérèse/Heuber, Hans Georg (1982/2008): Ne mâche pas tes mots. Nimm kein Blatt vor den Mund! Französische Redewendungen und ihre deutschen Pendants. Reinbek bei Hamburg.

Piirainen, Elisabeth (1997): „Da kann man nur die Hände in den Schoß legen". Zur Problematik der falschen Freunde in niederländischen und deutschen Phraseologismen. In: Irmhild Barz/Marianne Schröder (Hg.): Nominationsforschung im Deutschen. Festschrift für Wolfgang Fleischer zum 75. Geburtstag. Frankfurt a. M. u. a., 201–211.

Piirainen, Elisabeth (1999): Falsche Freunde in der Phraseologie des Sprachenpaares Deutsch-Niederländisch. In: Annette Sabban (Hg.): Phraseologie und Übersetzen. Phrasemata II. Bielefeld, 187–204.

Piirainen, Elisabeth (2002): „Falsche Freunde" in der Phraseologie. Versuch einer Modellierung. In: Henrik Nikula/Robert Drescher (Hg.): Lexikon und Text. Beiträge auf der 2. Tagung zur kontrastiven Lexikologie, Vaasa 7.–9.4.2000. Vaasa, 151–169.

Piirainen, Elisabeth (2004a): False friends in conventional figurative units. In: Csaba Földes/Jan Wirrer (Hg.): Phraseologismen als Gegenstand sprach- und kulturwissenschaftlicher Forschung. Akten der Europäischen Gesellschaft für Phraseologie (Europhras) und des Westfälischen Arbeitskreises „Phraseologie/Parömiologie" (Loccum 2002). Baltmannsweiler, 157–167.

Piirainen, Elisabeth (2004b): Falsche Freunde in der Phraseologie des Slowakischen und anderer Sprachen. In: Ilpo Tapani Piirainen/Jörg Meier (Hg.): Deutsche Sprache in der Slowakei. Geschichte, Gegenwart und Didaktik. Wien, 151–162.

Piirainen, Elisabeth (2008): *Gegen Windmühlen kämpfen* – Ein weit verbreitetes europäisches Idiom. In: Proverbium. Yearbook of International Proverb Scholarship 25, 353–366.

Ptashnyk, Stefaniya/Hallsteinsdóttir, Erla/Bubenhofer, Noah (Hg.) (2010): Korpora, Web und Datenbanken. Computergestützte Methoden in der modernen Phraseologie und Lexikographie. Phraseologie und Parömiologie. Bd. 25. Hohengehren.

Sandig, Barbara (Hg.)(1994): EUROPHRAS 92. Tendenzen der Phraseologieforschung. Bochum.

Schemann, Hans (1991): Die Phraseologie im zweisprachigen Wörterbuch. In: Franz Josef Hausmann u. a. (Hg.): Wörterbücher. Ein Internationales Handbuch zur Lexikographie. 3 Bde. Berlin/New York, 2789–2794.

Schmitz, Bernhard/Schmidt, Karl (1912): Deutsch-Französische Phraseologie in systematischer Ordnung nebst einem Vocabulaire systématique. 18. Aufl. Berlin-Schöneberg.

Stathi, Katerina (2006): Korpusbasierte Analyse der Semantik von Idiomen. In: Linguistik online 27/2, 73-89. Http://www.linguistik-online.de/27_06/stathi.pdf (18.8.2011).

Taraba, Ján (2002): Zur Typologie der phraseologischen faux amis am Beispiel Französisch, Deutsch und Slowakisch. In: Acta linguistica 4, 29–36. [Nicht einsehbar].

Theissen, Siegfried/Klein, Caroline (2010a): Kontrastives Wörterbuch Deutsch-Französisch. Löwen.

Theissen, Siegfried/Klein, Caroline (2010b): Dictionnaire contrastif Français-Allemand. Löwen.

Umurova, Gulnas (2005): Was der Volksmund in einem Sprichwort verpackt.... Moderne Aspekte des Sprichwortgebrauchs anhand von Beispielen aus dem Internet. Bern u. a.

Wooldridge, Russon (2003): Quelques mesures du Web comme corpus d'usages linguistiques. Toronto. Http://www.chass.utoronto.ca/~wulfric/articles2/mesures (18.8.2011).

„JETZT HAST DU DEN SALAT!"

Phraseologie und Werbung im Dialog

Albrecht Greule, Sandra Reimann, Kateřina Šichová (Regensburg)

1. EINLEITUNG

Wie könnte man einem international renommierten Phraseologie-Forscher und Präsidenten von Europhras besser gratulieren als dadurch, dass man zu seinen Ehren in einen Dialog über die Funktion von Phraseologismen eintritt und ihm die Ergebnisse des Dialogs zu seinem Geburtstag präsentiert. Entsprechend der Forschungssituation, die an der mit der finnischen Germanistik verschwisterten Universität Regensburg gegeben ist, haben Sandra Reimann und Kateřina Šichová unter der Moderation von Albrecht Greule diesen Dialog unter der Fragestellung geführt, welches Vorkommen und welche Funktionen Phraseologismen in der Werbung haben.

So ist der Titel *Jetzt hast du den Salat!* nicht etwa lediglich als flapsige Apostrophe an den Jubilar zu verstehen, sondern auch als Zitat-Beispiel für die in der Werbung einer international agierenden Fast-Food-Kette, der Materialbasis des Dialogs, verwendeten Phraseologismen. Der Dialog wurde auf zwei Ebenen geführt: im Vordergrund zwischen den Forschungsbereichen „Sprache in der Werbung" (Sandra Reimann) und „Phraseologie" (Kateřina Šichová) und mehr exkursorisch im interlingualen und interkulturellen Vergleich der McDonald's-Werbung in Tschechien und in Deutschland. Dies alles mit dem Ziel, dass der Jubilar den ihm freundlich zugespielten Ball aufnimmt und in seinen Mußestunden den bilingualen Vergleich zum trilingualen – finnische Werbung einbeziehend – ausweiten möge.

2. PHRASEOLOGIE UND WERBUNG

2.1. Zur Phraseologie

Die folgenden Ausführungen basieren auf der Phrasem[1]-Definition von František Čermák (2007, 32).[2] Von dieser Definition ausgehend können (nach Čermák

---

1 Mittlerweile haben sich in der Phraseologieforschung zwei Bezeichnungen etabliert, Phraseologismus und Phrasem, von denen wir uns die zweite zu eigen machen (vgl. auch Burger u.a. 2007, 2f.).

2007, 42f.) strukturelle Phrasemklassen gebildet und weiter unterteilt werden (z. B. propositionale Phraseme wie *Jetzt hat er den Salat!*, Kollokationsphraseme[3] und darunter verbale Phraseme wie *Kohldampf haben* usw.).[4] Eine formale Aufteilung der Phraseme steht in diesem Beitrag allerdings nicht im Vordergrund und wird daher, so wie eine semantische oder pragmatische Klassifikation[5], nicht durchgeführt.[6]

Von Relevanz ist im Hinblick auf unseren Ansatz „das Kriterium der Zeichenfunktion, die die Phraseologismen in der Kommunikation haben" (Burger 2003, 36). Nach diesem Kriterium kann der Bereich der Phraseme (mit Burger 2003, 36ff.) in sog. referentielle, strukturelle und kommunikative Phraseme gegliedert werden.

Die sog. referentiellen Phraseme beziehen sich auf Objekte, Vorgänge oder Sachverhalte der realen oder fiktiven Wirklichkeit. Beispiele aus unserem Korpus sind *passen wie angegossen*, *Jetzt hat er den Salat!* oder *mlsný jazýček* (~ Naschkatze, Schleckermaul).

Kommunikative Phraseme übernehmen diverse Aufgaben bei der Steuerung der kommunikativen Handlungen, wie *Děkujeme za vaši návštěvu!* (~ *Danke/Wir danken für Ihren Besuch!*) oder *Ja, ich will*.

Strukturelle Phraseme haben die Funktion, (grammatische) Relationen herzustellen, z. B. *in Bezug auf, sowohl – als auch*. Sie werden in unsere Analyse jedoch nicht einbezogen.

2   „Das Phrasem ist ein nicht modellhaftes, stabilisiertes Syntagma von Elementen, von denen (mindestens) ein Element aus der Perspektive des anderen Elements Bestandteil eines extrem beschränkten und geschlossenen Paradigmas ist (formal und meist auch semantisch)." Unter den Phraseologen besteht aber nach wie vor keine Einigkeit darin, wie breit der Forschungsgegenstand gefasst werden soll, vereinfacht gesagt v. a. im Hinblick auf das Kriterium der Polylexikalität, also darauf, ob die obligatorischen zwei Konstituenten, aus denen ein Phrasem bestehen muss, „zwei Wörter" (so Burger 2003, 32) sein müssen (zur Diskussion der sog. phraseologischen Merkmale und der Eigenschaften von Phrasemen s. u. a. Šichová 2009, 25ff.). Die in unten stehenden Analysen vorgestellten Phraseme sind polylexikal.

3   Es handelt sich, vereinfacht gesagt, um Phraseme, deren Komponenten Wörter sind und die an sich noch keine Proposition bilden. Burger (2003, 37) nennt solche Phraseme „nominative Phraseologismen" (d. h. solche unterhalb der Satzgrenze); er zählt allerdings nur die referentiellen Phraseme hierzu (dazu s. weiter unten).

4   Verweise auf weitere morphosyntaktische Klassifikationen liefert Korhonen (2002, 402). Zusammenfassend unterscheidet er neben Phrasemen, die „keine Satzglieder darstellen" („konjunktionale und präpositionale Phraseologismen"), die Klasse der Phraseme mit „der Rolle eines bestimmten Satzglieds" („verbale, substantivische, adjektivische und adverbiale Phraseologismen") und schließlich die „satzförmigen Phraseologismen" („Satzphraseologismen, Sprichwörter").

5   Die pragmatische Klassifikation orientiert sich an der kommunikativen Funktion der Phraseme. So heben sich aus dem phraseologischen Bestand solche Phraseme ab, „für die eine besondere kommunikative Leistung nachweisbar ist", und werden als „pragmatisch markiert" bezeichnet (vgl. Korhonen 2002, 405f.). Dazu gehören beispielsweise „sog. gesprächsspezifische Phraseologismen", deren Charakteristikum ist, „dass die eigentliche Bedeutung meistens zugunsten einer kommunikativen Funktion zurücktritt" (z. B. *Guten Tag!* usw.).

6   Zu weiteren Klassifikationsmöglichkeiten vgl. Korhonen (2002).

2.2. Werbung und Medien

Nicht nur für den Umgang der Werbung mit Phrasemen ist es wichtig, die dominierende Funktion der Kommunikationssituation Werbung im Blick zu haben. Es handelt sich um die Appellfunktion, meist soll ein Produkt verkauft werden. Werbesprache ist demnach stets persuasiv ausgerichtet. Im Mittelpunkt der folgenden deutschsprachigen Analysen steht die Werbung im Hörfunk; sie ist weiterhin am schlechtesten von allen klassischen Werbemitteln (Plakat, Anzeige, Fernseh- und Hörfunkspot) untersucht. Die weiteren genannten Werbemittel werden ebenfalls kurz thematisiert.

Da wir uns also mit mehreren Medien befassen, werden in diesem Kapitel die für die möglicherweise unterschiedliche Verwendung bedeutsamen Medienspezifika knapp angesprochen (vgl. Reimann 2008). So ist die mediale Mündlichkeit (Koch/Oesterreicher 1986 und 2008) ein wichtiges Merkmal des Hörfunks und des Fernsehens. Die entsprechende strukturelle Ausrichtung des Spots als Gespräch ist noch bedeutender für die Hörfunkwerbung, da dem Fernsehen mit dem visuellen Kanal weitere Möglichkeiten der Gestaltung zur Verfügung stehen. Dazu gehört in sprachlich-visueller Hinsicht beispielsweise die (zusätzliche) Schrifteinblendung. Werbestrategisch und mit dem Ziel, Authentizität zu vermitteln, bietet sich in Medien, die eine chronologische Abfolge ermöglichen, die Inszenierung verschiedener Situationen, z. B. aus dem Alltag des Durchschnittsverbrauchers, bzw. erstrebenswerter Orte, wie beliebte Urlaubsziele, sowie Gattungsreferenz, beispielsweise die Gestaltung als Nachrichtensendung, an. In Hörfunk und Fernsehen können zudem prosodische Phänomene und Geräusche zielorientiert zum Einsatz kommen. Was die Gegenüberstellung von Plakat und Anzeige – beiden fehlt die auditive Komponente – betrifft, so hängt der größte Unterschied mit dem Rezeptionsverhalten zusammen. Da das Plakat im öffentlichen Raum schnell gesamthaft wahrgenommen werden muss, ist mit einer relativ geringen Textmenge zu rechnen. Eine Hypothese, der wir im Weiteren neben den anderen Fragestellungen ebenfalls nachgehen werden, ist, dass Phraseme möglicherweise dann sogar den ausschließlichen Textanteil innehaben (s. 3.1. und 4.1.).

2.3. Phraseologie in der Werbung – zur Forschungslage

Zum Forschungsstand „Phraseologie und Werbung" – einen Überblick bis 2007, der sich vor allem auf die deutschsprachige Literatur bezieht, liefert Vesalainen (2007) – ist festzuhalten, dass es nur wenige Publikationen gibt, die sich ausschließlich und umfassend mit dieser Thematik beschäftigen. Dazu gehören die Arbeiten von Hemmi (1994), Sabban (1998), Balsliemke (2001) und Kavalcová (2002). Was die Auswahl der Werbemittel betrifft, so wird beinahe nur Printwerbung zum Gegenstand der Untersuchungen gewählt. Eine Ausnahme ist die Publikation von Andrea Hemmi, die auch Fernseh- und Radiowerbung analysiert, allerdings in der Schweiz, so dass die Ergebnisse u. a. deswegen nur bedingt übertragbar sind.

Die sich zur Quantität von Phrasemen in der Werbung äußernden Autoren kommen geradezu zu gegenteiligen Ergebnissen (vgl. dazu die Diskussion bei Balsliemke 2001, 41ff.). Der Grund sind wohl unterschiedliche Phrasemdefinitionen und die (Nicht-)Berücksichtigung der als strukturell oder kommunikativ bezeichneten Phrasemklassen bei den Analysen (s. Kap. 2.1.). Ansonsten werden Modifikationen, Positionen, Funktionen und Text-Bild-Bezüge untersucht; auch didaktische Fragestellungen spielen eine Rolle (z. B. Janich 2005). Wir befassen uns, wie angesprochen, mit einem Forschungsdesiderat, nämlich der Hörfunkwerbung[7] einer ausgewählten Marke, zunächst in der deutschen Werbung. Der kontrastive Blick auf die Phrasemverwendung für diese Marke in der tschechischen Werbung greift eine weitere Forschungslücke auf.

Für das Tschechische war bis vor wenigen Jahren – im Gegensatz zur germanistischen Forschung – kaum Literatur zur Werbesprache vorhanden; es gab nur „ein paar vereinzelte Forschungsansätze in Bezug auf die tschechische Werbesprache", wobei „die Mehrheit die Werbung vor 1989 zum Inhalt hat" (Naumann 1998; zitiert nach Jílková, 2007, 37).[8] Die jüngeren Studien greifen die Problematik eher aus der soziologischen, kulturwissenschaftlichen, marketingorientierten oder wirtschaftlichen Sicht auf; an umfangreichen, detaillierten sprachwissenschaftlichen Untersuchungen mangelt es nach wie vor.[9] Eine Ausnahme bilden die Arbeiten von Světla Čmejrková, der wohl bedeutendsten Sprachwissenschaftlerin auf dem Gebiet der tschechischen Werbesprachforschung (vgl. Čmejrková 2000 oder Čmejrková 1993). Somit ist es nicht verwunderlich, dass man kaum Arbeiten findet, die sich explizit mit Phrasemen in der Werbung auseinandersetzen.

In der Monographie von Čmejrková werden Phraseme, die in Werbetexten vorkommen, im Rahmen der Kapitel über Sprachhumor und Intertextualität thematisiert.[10]

Vor diesem Hintergrund stellt die Habilitationsschrift von Hana Jílková (2007) eine Ausnahme dar, weil sie nicht nur die Werbesprache aus deutsch-tschechischer kontrastiver Sicht zu erläutern versucht, sondern die Untersuchung auf Slogans konzentriert, was als Ausgangspunkt für die Frage nach den Berührungspunkten zwischen Phrasem und Slogan genutzt werden könnte.[11]

---

7   Zur Phraseologie in der Hörfunkwerbung vgl. Reimann/Šichová (2011).
8   Dies überrascht insofern nicht, als die (Produkt-)Werbung als solche im sozialistischen System eine Randstellung hatte und sich erst um die Jahrtausendwende der westlichen Werbung angeglichen hat.
9   Zum ausführlichen Forschungsüberblick vgl. Jílková (2007, 37ff.). Zur Monographie von Markéta Pravdová über die Kultur von McDonald's, in der auch die Werbung (u. a. aus der allgemein sprachwissenschaftlichen Sicht) thematisiert wird, s. Kap. 4.; die Phraseme werden hier nicht gesondert behandelt.
10 Es handelt sich aber eher um eine populärwissenschaftliche Publikation, in der darüber hinaus die Phraseologie keinen Schwerpunkt bildet und von der Theorie her kaum ausgearbeitet ist (davon zeugt auch die uneinheitliche Verwendung der Termini Idiom, Wendung, Sprichwort usw. wie auch die Absenz einer akzeptablen Phrasem-Definition).
11 Auch hier wäre jedoch zu bemängeln, dass weder eine Phrasemdefinition vorgelegt noch eine Abgrenzung der Phraseme zu anderen in der Werbung eingesetzten Verfahren wie Sprachspiel oder Intertextualität vorgenommen wird.

Ansatzweise widmet sich Jiří Kraus (1965) in einem Aufsatz den Phrasemen als Indikator für eine bestimmte Stilebene im Werbetext.

3. McDONALD'S UND WERBUNG IN DEUTSCHLAND

Das Unternehmen ist seit Jahrzehnten international tätig[12] und die Marke in der Öffentlichkeit äußerst präsent, wenn auch teils in kritischer Hinsicht. Werbung wird auf vielfältige Weise und in unterschiedlichsten Medien geschaltet. Auffällig ist auch das Vorkommen diverser Arten von Sprachspielen in der Werbung (vgl. hierzu für die Plakatgestaltung in den 1980er und 1990er Jahren Matthias Wabner 2000 und 2002).[13]

3.1. Werbung mit verschiedenen Werbemitteln

Für jedes Medium werden folgend exemplarisch Werbemittel der vergangenen 15 Jahre im Hinblick auf den Einsatz von Phrasemen analysiert. Der untersuchte Zeitraum stimmt in etwa mit dem in Kap. 4 für das tschechische Korpus überein. Dabei haben wir ein hinreichend breites und für unsere Zwecke anschauliches Korpus ausgewählt, für weiterführende Schlussfolgerungen, die verschiedene Medien oder Zeitabschnitte betreffen, müssten jedoch größere Korpora untersucht werden.

---

12 Die Geschichte des Unternehmens – heute ist McDonald's „mit großem Abstand das weltweit größte Unternehmen der Systemgastronomie und bedient unter der eigenen Marke in seinen weltweit ca. 31.000 Restaurants mit 1,6 Millionen Mitarbeitern täglich mehr als 50 Millionen Menschen in über 100 Ländern" (Schneider 2007, 13) – reicht bis 1937 zurück. Damals haben „Richard und Maurice McDonald, genannt Dick und Mac, [...] in Pasadena ihren ersten Drive In-Stand, an dem sie Hotdogs und Milch-Shakes" angeboten haben, eröffnet. Drei Jahre später wurde das erste McDonald's Restaurant in Kalifornien (San Bernardino) errichtet. Die Erfolgsstory beginnt jedoch erst im Jahre 1954/55, als Raymond Albert Kroc (im Übrigen der Sohn eines tschechischen Emigranten aus Pilsen) die Lizenz wie auch den Markennamen von den Brüdern McDonald's kauft und die standardisierten Arbeitsvorgänge noch optimiert; das Franchise-System ist geboren. 1959 öffnet das 100. McDonald's Restaurant, in demselben Jahr wird mit „Werbung auf Reklameflächen" begonnen. Ein Jahr später investiert das Unternehmen in die erste große Werbekampagne und wirbt für „All American Meal", der erste Slogan lautet „Look for the Golden Arches" (Schneider 2007, 234f.; dort alle vorausgehenden Zitate). 1967 wird in Kanada das erste Restaurant außerhalb der USA eröffnet, die erste Filiale in Deutschland öffnet 1971 in München-Obergiesing seine Pforten. Zur Geschichte des Unternehmens s. www.mcdonalds.com/us/en/home.html, www.mcdonalds.de und www.mcdonalds.cz.
13 Die Einzigartigkeit der Kommunikation von McDonald's hebt Willy Schneider in der Publikation „McMarketing. Einblicke in die Marketing-Strategie von McDonald's" (2007) hervor.

a) Printwerbung

Im Printbereich beschränken wir uns auf die klassischen Werbemittel Plakat und Anzeige. Weitere Formen der Werbung wie beispielsweise Flyer und Tischsets in den McDonald's-Restaurants berücksichtigen wir – zumindest bei der deutschen Werbung – nicht.

Als erstes Beispiel wird eine Anzeige (erschienen in der Zeitschrift TV-Movie im April 1997, entnommen Wabner 2000, 49[14]) vorgestellt. Diese Anzeige besteht aus zwei nicht aufeinander folgenden Seiten.

Auf der ersten Seite befindet sich ausschließlich der Text *Grüner wird's nicht!* in weißer Schrift vor rotem Hintergrund; ein Logo oder Bilder sind nicht vorhanden. Der zweite Teil der Anzeige, zwei Zeitschriftenseiten weiter, ist in drei Teile geteilt. Ungefähr im ersten Drittel oben ist zu lesen: *Die neue Frühjahrs-Kollektion von McDonald's* (weiße Schrift auf grünem Hintergrund). Im mittleren Drittel finden sich die Produktabbildungen mit den Preisen und im unteren Drittel steht vor dem Logo ein Text, der die Produkte beschreibt und u. a. mit einem Imperativ beendet wird: *Also, gemüsen Sie jetzt, grüner wird's nämlich nicht.* Die phraseologische Bedeutung umfasst die Aufforderung zum Starten, in diesem Fall nicht auf das Autofahren an der grünen Ampel bezogen, sondern auf den Konsum von McDonald's-Produkten. Nicht der Erwartung entspricht der vollständig in der Farbe Rot gehaltene Hintergrund der ersten Anzeigenseite (Text-Bild-Inkompatibilität). Die Farbe Grün spielt an die jahreszeitbezogene Bezeichnung der Produktreihe (*Frühjahr*) an und ist zudem produktspezifisch gewählt, da in dieser Werbung für Gemüse/Salat geworben wird. Auf die normwidrige Konversion *gemüsen*, die Aufmerksamkeit wecken soll, sei nur am Rande hingewiesen.

---

14 Wir danken an dieser Stelle herzlich Matthias Wabner, der uns Plakate aus seinem Korpus zur Verfügung gestellt hat.

Die beiden exemplarisch herangezogenen Plakate enthalten die Phraseme *Schmeckt wie angegossen.* sowie *Ja, ich will.*

Bei unserem ersten Beispiel – das Plakat wurde dem Jahrbuch der Werbung 1997 (Schalk/Thoma/Strahlendorf 1997, 526) entnommen – liegt eine Inkompatibilität im Hinblick auf den Text-Bild-Bezug vor.

Die Grundlage für dieses Sprach-Bild-Spiel stellt das Phrasem *passen wie angegossen* dar, und zwar mit der Bedeutung ‚sehr gut passen'. Dieses zu dem Typ Vergleich zählende Phrasem wird in der Werbung insofern modifiziert, als dass das Verb *passen* durch das Verb *schmecken*, das auf die Produkte von McDonald's Bezug

nimmt, ersetzt wird. Auf das ursprüngliche Phrasem bezieht sich die Abbildung eines vornehm und korrekt gekleideten, seriös wirkenden älteren Mannes. Die angesprochene Inkompatibilität ist in zweifacher Hinsicht festzustellen: 1. Die formale Modifikation (Substitution des Verbs *passen* durch *schmecken*) hat zur Folge, dass eine semantisch nicht zulässige Kollokation (*schmecken – wie angegossen*) entsteht. 2. Diese neue Wortgruppe steht in keiner sinnvollen Verbindung zum abgedruckten Bild, das, wie gesagt, auf das ursprüngliche Phrasem *wie angegossen passen* Bezug nimmt. Das Ziel der Werbetreibenden dürfte die Hervorrufung positiv konnotierter Assoziationen sein, die mit dem Ausgangsphrasem *wie angegossen passen* zweifellos in Verbindung stehen und von dem Bild im Hinblick auf die Bedeutung unterstützt werden. Außerdem könnte durch die oben dargestellte Inkompatibilität die Aufmerksamkeit des Rezipienten geweckt werden.

Das nächste Beispiel zeigt eine Werbung, deren Basis das kommunikative Phrasem *Ja, ich will*[15] bildet.

Bei diesem Phrasem wurden keine formalen Änderungen vorgenommen. Die kommunikative Situation, in der das Phrasem verwendet wird – die Heirat –, wird durch die Abbildung zweier Eheringe evoziert. Der Kontext der Hochzeit wird zusätzlich

---

15 Quelle: http://images.google.de/images?hl=de&as_st=y&tbs=isch%3A1&sa=1&q=mc++werbung+ja%2C+ich+will&aq=f&aqi=&aql=&oq= (14.02.2011).

durch eine in der Innenseite des Eherings zu lesende Gravur unterstützt. Hierbei handelt es sich allerdings nicht um einen Namen, sondern um den zu dieser Zeit aktuellen Slogan[16] von McDonald's *I'm lovin' it*. Die beworbene Marke hat mit der auch durch das Phrasem vermittelten Kommunikationssituation zunächst nichts zu tun. Ziel der Plakatgestaltung ist es wohl, stellvertretend für die Rezipienten die Präferenz für McDonald's zum Ausdruck zu bringen. Das heißt also, dass die wörtliche Bedeutung der Wortverbindung zum Tragen kommen soll. Die Brücke zwischen dem Thema „Hochzeit" und der Marke McDonald's wird über das Bild der Eheringe, das dem Logo der Marke ähnelt, hergestellt.

Festzuhalten ist noch, dass die beiden analysierten Plakate für die Marke McDonald's und nicht für ein bestimmtes Produkt, wie es bei der Anzeige der Fall ist, werben.

Die in Kap. 2.2. aufgestellte Hypothese, dass Phraseme den ausschließlich vorhandenen Text der Werbung ausmachen könnten, bestätigt sich für die Plakate *Ja, ich will.* und *Schmeckt wie angegossen*, wie auch beim ersten Teil der vorgestellten zweiseitigen Anzeige *Grüner wird's nicht!*

b) Fernsehwerbung

Für das Medium Fernsehen werden zwei TV-Spots analysiert, wobei der Letztere einer Kampagne entnommen ist, von der weitere Werbemittel in diesem Beitrag untersucht werden.

Der Inhalt des Spots „Mexikanischer Hochgenuss" (www.heye.de, 10.02.2011) ist folgender: Ein von einer Frau auf einem Tisch erbauter Turm wird zweimal hintereinander durch die herabfallende Schreibtischlampe zerstört. Der anwesende junge Mann erscheint beim zweiten Mal stereotyp mexikanisch gekleidet. Mit der Aufforderung *Hey* reicht er ihr McDonald's-Produkte. Es folgen der Off-Sprecher und Musikeinsatz: *Nimm's mexikanisch! Los Wochos mit dem Big Bacon Jalapeño und jetzt neu mit dem knusprigen Hot Chicken Fiesta. Hossa.*[17] *Nimm's mexikanisch* ist vermutlich auf das Phrasem *Nimm's leicht*, also im Sinne von ‚etwas nicht so ernst nehmen' zurückzuführen; diese Bedeutung soll – neben der wörtlichen Bedeutung – aus unserer Sicht auch aktiviert werden. Hinzu kommt die Spezifizierung dieser Aufforderung, die als Stereotyp hinsichtlich des Verhaltens von Mexikanerinnen/Mexikanern aufgefasst werden kann. Auf den visuell-sprachlichen Gesamtablauf des Spots bezogen wird also dazu aufgefordert, kleinen „Niederlagen" keine weit reichende Bedeutung zuzumessen.

Der Fernsehspot zur Kampagne „Hüttengaudi" (www.heye.de, 10.02.2011) enthält erst im letzten Spot-Drittel Sprache. Der Text des Sprechers beginnt mit

---

16 Mc Donald's ändert in unregelmäßigen Abständen seine Slogans, wie wir bei den folgenden Spots im gesamten Beitrag noch sehen werden.
17 Die Transkription der Fernseh- und Hörfunkspots nehmen wir der Lesbarkeit halber mit einer gewissen Vorinterpretation vor, z. B. was die Interpunktionszeichen und die Verschriftlichung der Aussprache, die ausschließlich in Buchstabenschrift erfolgt, betrifft.

dem auch im Hörfunk vorkommenden Phrasem *Auf geht's* und lautet insgesamt: *Auf geht's zur Hüttengaudi bei McDonald's mit dem beliebten Big Rösti und jede Woche mit einem anderen Burger im McMenü! Jetzt mitwerfen auf huettengaudi.de.* Das kommunikative Phrasem *Auf geht's* kommt auch im Hörfunkspot und in der Internetwerbung vor und verbindet somit – neben dem Thema „Hüttengaudi" generell – die Werbemittel der Kampagne. Funktion des Phrasems ist es außerdem, über die ausgesprochene Aufforderung die Aufmerksamkeit der Zuschauer zu erlangen.

c) Internet

Im Rahmen der oben erwähnten Kampagne „Hüttengaudi" gibt es auch Internetwerbung, beispielsweise einen „animierte[n] Wechselbanner in L-Form" (die Abbildung zeigt das Startbild).[18]

Sprachlich findet sich als variierte Gemeinsamkeit zu den übrigen Werbemitteln das Syntagma *Auf geht's zur Hüttengaudi mit dem beliebten Big Rösti ...* mit dem Phrasem *Auf geht's*. Der Markenname McDonald's nimmt eine untergeordnete Rolle ein. Er ist in sehr kleiner Schrift lediglich in der

das Banner einleitenden Wortgruppe *Mc Donald's Hüttengaudi* zu lesen, jedoch ist das Logo am rechten oberen Anzeigenrand gut zu erkennen.

3.2. Die Analyse ausgewählter Hörfunkspots

Die Wahl der Phraseme für den Werbetext hängt auch in diesem Medium von der Werbestrategie und dem Werbeziel ab. Was die Funktion der Phraseme in der Hörfunkwerbung betrifft, werden sie im Spottext einerseits eingesetzt, um beim Hörer die spontane Kommunikationssituation hervorzurufen, andererseits um seine Aufmerksamkeit zu wecken – in diesem Falle werden die Phraseme in aller Regel modifiziert. Eine dritte Möglichkeit die die Zusammenfassung eines Spotteils durch ein Phrasem.

---

18 Die Abbildung wurde übernommen aus Grimm (2009, 108).

a) Phraseme unterstützen den Eindruck spontan gesprochener Sprache

Besonders eignen sich zur Ausübung dieser Funktion die kommunikativen Phraseme, welche entweder zur Bewältigung bestimmter Kommunikationssituationen eingesetzt werden (*gern geschehen, Guten Tag, Auf geht's* ...)[19] oder die bestimmte kommunikative Aufgaben (zu erfüllen) haben (Beispiele sind *im Folgenden, offen gesagt, wie oben erwähnt*) und somit „primär text- bzw. interaktionsorganisierende Funktionen übernehmen" (Stein 2007, 227).

Allerdings finden sich hierbei auch referentielle Phraseme wie das im folgenden Spot vorhandene *Kohldampf haben*.

Spot „Hüttengaudi, Kohldampf" (2007, www.radiostars.de, 10.02.2011):

[Sprecher 1] [jodeln] *Ich hab ganz schön Kohldampf.* [Echo]
[Sprecher 2] [jodeln] *Wie wär's mit nem Big Rösti?* [Echo]
[Sprecher 1] [jodeln] *Klar.*
[Kommentator] *Auf geht's.* [Musik setzt ein] *Auf zur McDonald's Hüttengaudi. Jetzt mit dem herzhaften Big Rösti und den leckeren Emmentaler-Herzen. Da jodelt's in der Hütt'n.*
[Jingle] *Ich liebe es.*

Das stilistisch in die kolloquiale Ebene[20] einzugliedernde Phrasem *Kohldampf haben/schieben* (mit der Bedeutung ‚Hunger haben'; hier in der Form *Ich hab ganz schön Kohldampf* verwendet) unterstützt die insgesamt vorherrschende konzeptionelle Mündlichkeit im ganzen Spot, zusammen mit anderen Mitteln wie Gesprächsstruktur, Lexik (*Hüttengaudi*) oder dem Phrasem *Auf geht's*.

b) Phraseme dienen als Aufmerksamkeitswecker/Hinhörer

Manche Phraseme – es handelt sich in aller Regel um die von Burger (2003, 36) als referentiell bezeichneten Phraseme – dienen in der Werbung vor allem der Weckung von Aufmerksamkeit sowie der Unterhaltung. Die Hörer sollen emotional angesprochen werden und die Werbung möglicherweise witzig oder anderweitig interessant empfinden. Ob dadurch die Verankerung des Unternehmens oder des Produktnamens im Gedächtnis der Hörer möglich ist, ist eine andere Frage.

Gerade diese als „Earcatcher" eingesetzten Phraseme werden anscheinend in den McDonald's-Werbungen häufig bzw. gern verwendet.

Unsere Hörfunkspotanalysen haben ergeben, dass diese Phraseme so verwendet werden, dass damit ein expliziter Bezug zum beworbenen Produkt hergestellt wird. Hierbei eignen sie sich dazu, sprachspielerisch, also modifiziert eingesetzt zu werden.

Als Modifikation wird „ein textbildendes Verfahren" verstanden, „das zwar auf immanenten semantischen ‚Potenzen' des Phraseologismus beruht, das sich

---

19 Zur Übernahme von sozialen Funktionen vgl. Stein (2007, 227).
20 Zu diesem Begriff vgl. Čermák (2007, 682). Bemerkungen zur Einordnung der Phraseme in unterschiedliche stilistische Ebenen auch im Hinblick auf die in deutschen Lexika gängigen Bezeichnungen finden sich bei Šichová (2009, 58).

aber nur in konkreten Kontexten manifestiert und nur kontextuell verstehbar wird" (Burger 2003, 152). Bei unseren Beispielen kommen keine Phraseme vor, die formale Modifikation zeigen (diese betrifft die äußere Form des Phrasems, nämlich seine lexikalische und morphosyntaktische Struktur und kann semantische Folgen für das Phrasem haben); diese Art der Modifikation lag bei der Printwerbung vor (s. oben).

Bei folgend analysierten Hörfunkspots kommt die zweite Art der Modifikation zum Tragen, und zwar die semantische (diese Aufteilung s. Burger 2003, 152; nähere Klassifizierung der phraseologischen Modifikation s. Balsliemke 2001, 68ff.). Bei der semantischen Modifikation tritt keine formale Veränderung des Phrasems ein; es geht vielmehr um die Wechselbeziehung zwischen wörtlicher und phraseologischer Bedeutung. Somit sind davon die Phraseme mit zwei Lesarten betroffen.

Im folgenden Beispiel steht der Text des ersten Spotteils inhaltlich in keinem Bezug zum Produkt, das in der Endphase des Spots thematisiert wird. Der Produktbezug wird ausschließlich durch den semantischen Bruch hergestellt, die Aktivierung der wörtlichen Bedeutung des Phrasems. Dass der Hörer die Wortverbindung *nicht alle Tassen im Schrank haben* zunächst phraseologisch versteht, liegt am Inhalt des ersten Spotteils.

Spot „Vogel und Katze" (2009)[21]:

[Sprecher] *Pi Pipi Tschip Tschip Tschip Tirilii Tirilii.*
[Sprecherin] *Hannes, kommst Du bitte vom Baum?*
[Sprecher] *Wer sagt mir, dass Du keine Katze bist? Tirilii.*
[Kommentator, Musikteppich] *Nicht alle Tassen im Schrank? Dann stellen Sie doch Gläser rein. Die Original Coca-Cola-Gläser im neuen Design. Jetzt gratis zu jedem McMenü. Solange der Vorrat reicht.*
[Jingle] *McDonald's.*
[Kommentator] *Angebot gilt nicht für Mc-Menü Small.*
[Jingle, Fortsetzung] *Ich liebe es.*

Ein und dasselbe Phrasem wird in dieser Serie mehrfach in derselben Funktion eingesetzt, wie auch der folgende Spot zeigt:

Die eigentliche Modifikation besteht in der Aktivierung der wörtlichen Bedeutung des Phrasems, die durch die Thematisierung des beworbenen Produkts, Gläser, ermöglicht wird. Das Phrasem *nicht alle Tassen im Schrank haben* wird hier ebenfalls elliptisch (und als rhetorische Frage) verwendet, was jedoch bei der Verwendung von Phrasemen so häufig vorkommt, dass es nicht als formale Modifikation zu bewerten ist.

Spot „Zeitansagerin" (2007, www.radiostars.de, 13.02.2011):

[Mann und Frau (bzw. automatische Zeitansage übers Telefon) abwechselnd]
Hallo, schöne Frau, haben Sie mal 'ne Uhrzeit für mich?
Neun Uhr zehn.
Danke. Ja, ich bin übrigens der Thorsten.

21 Der Spot wurde uns vom Bayerischen Rundfunk zur Verfügung gestellt. Der Originaltitel ist uns nicht bekannt.

> *Beim nächsten Ton ist es neun Uhr zehn und dreißig Sekunden.*
> *Oho, da nimmt's aber jemand ganz genau. Und wann gehen wir beide mal schön essen?*
> *Neun Uhr elf.*
> *Na, wir verlieren aber keine Zeit, was?*
> [Kommentator] *Nicht alle Tassen im Schrank? Dann stellen Sie doch Gläser rein! Die Coca-Cola-Originalgläser zum Sammeln gibt's jetzt zu jedem Maximenü gratis dazu – in allen teilnehmenden Restaurants.*
> [Jingle] *Mc Donald's.*
> [Kommentator] *Aber nur solange der Vorrat reicht.*
> [Jingle, Fortsetzung] *Ich liebe es.*

Im Gegensatz zu den vorausgehenden Spots wird in der nächsten Werbung von Anfang an auf das beworbene Produkt bzw. dessen Zutaten Bezug genommen.

Spot „Blödmayo" (2003, ARD Radio-Kreativ-Wettbewerb 2003):

> [Sprecherin (Mädchenstimme)]: *Hey, kennst du schon das neueste Gericht? Der Richie geht mit der Zwiebel aus dem vierten Beef. Ich hab gehört, die soll ihm so richtig Barbecue unter dem Brötchen machen. Na ja, ist ja selbst schuld, der Blödmayo. Er hätt ja auch mich essen können. Jetzt hat er den Salat.*
> [Kommentator] *Da träumt doch eine vom Big Extra Barbecue mit saftigem Beef und knackigem Salat, frischen Zwiebeln, leckeren Gurken und würziger Barbecue-Sauce. Jetzt nur bei*
> [Jingle] *McDonald's. Every time a good time.*

Bei der Wortgruppe *ihm so richtig Barbecue unter dem Brötchen machen* liegt eine Anlehnung an das Phrasem *j-m Feuer unter dem Hintern machen* vor; die Substantive werden durch die jeweiligen Zutaten des beworbenen Burgers substituiert. Die Sprecherin beendet ihren Redeanteil mit dem Phrasem *Jetzt hat er den Salat* und fasst diesen Spotteil somit gewissermaßen zusammen. Die Wortgruppe lässt im Hinblick auf den vorangegangenen Kontext zwei Lesarten zu und aktiviert somit beim Hörer die phraseologische und die wörtliche Bedeutung.

Es liegen weitere Anspielungen an gebräuchliche Syntagmen vor: Bei *Kennst du schon das neueste Gericht* wird mit der Homophonie zu *Gerücht*, das man im Kontext geradezu erwartet, gespielt. Das gilt ebenso für das Wort *Blödmayo* (z. B. *Blödmaier*). Schließlich ist bei dem Satz *Der Richie geht mit der Zwiebel aus dem vierten Beef* an das Syntagma *mit jemandem* (aus der [Bezeichnung der Schulklasse]) *gehen* zu denken. Dies liegt im Hinblick auf die angenommene Jugendlichkeit der Sprecherin nahe; ähnlich ist es bei der Wortgruppe *Er hätt ja auch mich essen können*, wo möglicherweise das Verb *j-n vernaschen* mitschwingt. Der Spot umfasst demnach diverse Formen von Sprachspielen, und zwar nicht nur mit Phrasemen. Diese Techniken wecken nicht nur die Aufmerksamkeit des Hörers, sondern ermöglichen auch eine Verdichtung des Inhalts.

Spot „Kalte Zunge" (1997, www.radiostars.de, 13.02.2011):

> [Gesang] *Eistütata.*
> [Sprecher] *Neues vom Sommer.*
> [Sprecherin] *Lieber Sommer. Mein Freund hat eine ganz kalte Zunge. Hat er vielleicht ein neues Eis?*
> [Sprecher 2] *Nein Gabi. Das ist in seinem Zustand völlig normal. Dein Freund hat etwas an der Waffel, die Eistüte von McDonald's. Viele Menschen lecken sie gerade jetzt. Denn das*

cremige Vanille-Eis gibt es nur bis Ende Juni zum unverbindlich empfohlenen Sommerpreis von 50 Pfennig.
[Jingle] *McDonald's ist einfach gut.*

Der Spot, der Intertextualität durch den Bezug auf den Beratungsteil in der Zeitschrift BRAVO mit „Dr. Sommer" aufweist, enthält das Phrasem *einen/etw. an der Waffel haben* mit der Bedeutung ‚nicht recht bei Verstand sein' (Duden 2008, 837). Hier sollen beide Bedeutungen aktiviert werden. Die phraseologische Bedeutung wird durch die vorausgehende Aussage *Das ist in seinem Zustand völlig normal* gestützt. Ein Signal für die anschließende Aktivierung der wörtlichen Lesart sollte das Lexem *Eistüte* sein, ist jedoch nicht schlüssig. Es müsste „Eis an/auf der Waffel" heißen.

Voraussetzung für den Erfolg solcher Modifikationen ist das Erkennen des Phrasems durch den Hörer. Bei unseren Beispielen gehen wir von einem solchen Verständnis der Sprachspiele aus, diese Annahme müsste jedoch empirisch überprüft werden (vgl. das Fragebogenverfahren zum Verständnis der Anzeigen von Hemmi 1994, 196ff.). Der Einsatz der Sprachspiele dürfte bei übermäßigem Gebrauch die Konsequenz haben, dass die Strategie der Mehrdeutigkeit nicht mehr als originell empfunden wird; darüber hinaus kann eine häufigere Wiederholung desselben Spots die beabsichtigte positive emotionale Reaktion verfehlen.

c) *Phraseme fassen den vorausgehenden Spotteil zusammen*

In den beiden folgenden Werbungen werden Phraseme nicht sprachspielerisch, also modifiziert, eingesetzt. Sie stellen zwar auch eine Art Zäsur zwischen dem ersten Spotteil und der Thematisierung des Beworbenen dar, ihre vorrangige Aufgabe ist jedoch die erklärende Zusammenfassung.

Spot „Geld vom Weihnachtshasen" (www.heye.de, 10.02.2011):

[Musik, bleibt während des gesamten Spots unter dem Text]
[Sprecher 1] *Und deshalb bläst man jedes Jahr an Weihnachten Tannenbäume aus und bemalt sie mit bunter Farbe. Dann wartet man gespannt, bis der Weihnachtshase 100.000 Euro unters Nest legt.*
[Sprecher 2] *Wie Weihnachten und Ostern zusammen / Das McDonald's-Monopoly-Gewinnspiel.*
[Jingle] *Ich liebe es.*

Das Phrasem *Wie Weihnachten und Ostern zusammen* wird aufwertend im Hinblick auf das beworbene Produkt verwendet, und zwar im Sinne von ‚besonders viele Geschenke bekommen'. In diesem Spot ist es rückblickend zunächst wörtlich als erklärende Zusammenfassung des vorausgehenden Textes zu verstehen. Zugleich stellt das Syntagma in seiner phraseologischen Bedeutung eine Art Brücke zum im zweiten Teil des Spots Beworbenen dar. Dabei handelt es sich nicht um ein essbares Produkt, sondern um ein Gewinnspiel, mit dem vermutlich weitere Kundenkontakte erzielt werden sollen. Die Aufmerksamkeit wird in diesem Spot durch inhaltliche Inkompatibilität geweckt, kulturelle Phänomene werden aufgegriffen und müssen bekannt sein, damit die Werbestrategie funktioniert.

Spot „Die McDonald's-Qualitätskontrolle" (www.heye.de, 10.02.2011):

> [Sprecher 1] *Okay und bitte.*
> [Sprecher 2] *Die hohe Qualität unserer Produkte wird durch die besten Zutaten garantiert.*
> [Sprecher 1] *Ja, sag doch besser: Die hohe Qualität unserer Produkte wird durch die allerbesten Zutaten garantiert, okay? Nochmal.*
> [Sprecher 2] *Die hohe Qualität unserer Produkte wird durch die allerbesten Zutaten garantiert.*
> [Sprecher 1] *Das äh durch die allerbesten Zutaten nochmal bitte.*
> [Sprecher 2] *Durch die allerbesten Zutaten.*
> [Sprecher 1] *Das allerbesten klang noch nicht optimal.*
> [Sprecher 2] *allerbesten*
> [Sprecher 1] *aller - besten*
> [Sprecher 2] *aller - besten*
> [Sprecher 1] *aller*
> [Sprecher 2] *aller*
> [Sprecher 1] *all*
> [Sprecher 2] *all*
> [Sprecher 1] *aa aa*
> [Sprecher 2] *aa aa*
> [Sprecher 1] *Okay, reicht. Ich glaub, jetzt haben wir's.*
> [Sprecher 2] *Ahm. Kann ich das besten nochmal versuchen. Ich glaub, das bes war noch nicht perfekt.*
> [Sprecher 1] *Gerne.*
> [Kommentator] *Die McDonald's-Qualitätskontrolle. Schritt für Schritt geprüfte Qualität.*
> [Jingle] *McDonald's. Ich liebe es.*
> [Sprecher 1] *Und nochmal.*
> [Jingle] *Ich liebe es.*

Die Zusammenfassung des vorausgehenden Dialogs durch das Phrasem *Schritt für Schritt* ist auch als Erklärung im Hinblick auf die damit verbundene Intention anzusehen: Man will über die sorgfältige Gestaltung des Werbetextes – *Schritt für Schritt* – eine Verbindung zur hochwertigen Produktion der Speisen herstellen.

3.3. Weitere Untersuchungsmöglichkeiten der McDonald's-Werbung

Wie sich bei der Analyse der Hörfunkwerbung gezeigt hat, sind die Funktionen der Phraseme für jedes Medium detailliert herauszuarbeiten (Platzierung, Bezüge im Text, eventuell vorhandene Modifikationen, Koexistenz mit anderen Typen von Phrasemen, Medienspezifika usw.).

Die oben skizzierte Untersuchung der Stellung der Phraseme in der Werbung könnte auch um weitere Aspekte vertieft werden, die zudem ebenfalls zumindest teilweise ein Forschungsdesiderat darstellen. Dazu gehören der Blick auf die Diachronie, die Verwendung von Werbung bei der Vermittlung der Phraseme im Rahmen des Fremdsprachenunterrichts oder der interlinguale Vergleich, ein Interessensgebiet des Jubilars. So wäre zum Beispiel ein Vergleich mit der McDonald's-Werbung in einem anderen Land bzw. in einer anderen Sprache anzudenken, den wir im Weiteren exemplarisch und lediglich ansatzweise am Beispiel des Tschechischen andeuten werden.

4. McDONALD'S UND WERBUNG IN DER TSCHECHISCHEN REPUBLIK[22]

Im Folgenden wird kein übliches vergleichendes Verfahren dargestellt, bei dem z. B. Phrasempaare ermittelt werden oder nach einem Äquivalenzgrad der Phraseme gesucht wird, zumal auch keine Parallelkorpora zur Verfügung stehen.[23] Vielmehr wird danach gefragt, ob das Unternehmen McDonald's in Tschechien in ebensolchen Medien wie in Deutschland für sich und seine Produkte wirbt und ob dabei derselbe „kreative Umgang mit der Sprache" und eine ähnliche „unkonventionelle Sprachverwendung" (Wabner 2000, 94 u. 5) beobachtet werden kann; ferner ist zu fragen, ob auch in der tschechischen McDonald's-Werbung Phraseme eingesetzt werden und wenn ja, welche Funktionen sie innehaben.[24]

Jegliche Analysen der Werbung und ihrer Sprache beim Unternehmen McDonald's in Tschechien müssen aber vor dem Hintergrund der Entwicklung der Gesellschaft ablaufen (wozu auch die Entwicklung des Genres Werbung als solches gehört[25]).

---

22 Die in diesem Kapitel verwendeten Zitate aus den tschechischen bzw. tschechischsprachigen Quellen wurden von Kateřina Šichová ins Deutsche übersetzt. Die vorgestellten Phraseme bzw. Wörter, Syntagmen, Teile der Werbeanzeigen und -spots werden hier – bis auf begründete Ausnahmen – lediglich sinngemäß ins Deutsche übertragen (in Klammern, das Zeichen ~ bedeutet ‚entspricht ungefähr'); auf eine interlineare Übersetzung wird im Hinblick auf den Zweck des Beitrags verzichtet. Aus den herangezogenen Werbungen werden nur die Phraseme und ihr unmittelbarer Kotext übersetzt.

23 In diesem Zusammenhang wäre es interessant, aus der interlingualen Sicht der Frage nachzugehen, ob es „vollständig" oder hochgradig äquivalente Phraseme gibt, die in der Werbung eines Unternehmens vorkommen und von ihrer Funktion her gleich oder unterschiedlich eingesetzt werden. Zur Klassifikation von Phrasemen zweier Sprachen nach dem Grad der Äquivalenz vgl. Földes (1996), Korhonen (1998, 2007; dort auch zum Begriff „Äquivalenz") oder Šichová (2009).

24 Dementsprechend stützen sich die Ausführungen auf kein kompaktes Untersuchungskorpus, sondern bedienen sich der eher stichprobenartigen Ansammlung von tschechischsprachigen Werbeanzeigen, -plakaten, -spots aus den letzten ca. 15 Jahren unterschiedlicher Quellen. Die zwei wichtigsten davon sind die Internetseiten der Werbeagentur DDB (www.ddb.cz) wie auch die vorrangig soziokulturelle Arbeit von Markéta Pravdová (2006), die auf die Fernsehwerbung des Unternehmens McDonald's fokussiert ist und ein Korpus mit (für ausführliche sprachwissenschaftliche Analysen der Werbesprache und der Spots leider nicht vollständigen) Transkriptionen von 64 TV-Spots (Zeitraum 1995-2003) liefert.

25 Auf dieses durchaus relevante Thema kann hier unter Verweis auf die im Kap. 2.3. angegebene Forschungsliteratur nicht näher eingegangen werden. Man sollte sich allerdings vor Augen halten, dass die Werbung im Sozialismus sich aus vielerlei Gründen nicht richtig entwickeln konnte, in keinem Konkurrenzkampf stand und im Prinzip nur der Bekanntmachung der (zum Teil kaum erhaltbaren) Ware diente. Die Werbebranche stand im Jahre 1990 zwar nicht auf

Während die Firma seit mehr als einem halben Jahrhundert besteht und nach Deutschland vor genau vierzig Jahren gekommen ist, erlaubten die politischen Bedingungen der Tschechoslowakei bis 1989 kaum marktwirtschaftliche Prozesse und somit auch nicht die Ansiedelung von internationalen Unternehmen, wie wir das heute kennen. Das erste Restaurant in der Tschechoslowakei (und somit auch in der Tschechischen Republik)[26] ist erst am 20. März 1992 in Prag eröffnet worden.[27] Heutzutage ist McDonald's mit 85 Restaurants[28] ein kaum wegdenkbarer Bestandteil des tschechischen Gastronomiebereichs.

4.1. Werbung mit verschiedenen Werbemitteln

Ausgesucht wurden hier – auch im Hinblick auf die vorangehende Analyse der deutschsprachigen Werbung – referentielle Phraseme, die durch eine Art Modifikation einen witzigen Effekt und somit die Aufmerksamkeit des Verbrauchers erzielen können bzw. sollen. Auch andere Typen von Phrasemen werden jedoch in der tschechischen McDonald's-Werbung verwendet.[29]

a) Printwerbung

Stellvertretend für die Fülle der möglichen Träger der Printwerbung wurden drei Plattformen für die tschechische Werbung ausgewählt: das Billboard, das Plakat und der Tischuntersetzer.

Nach den anfänglichen Anzeigen und Spots, die über die Existenz des Restaurants informierten und Menschen zu ihrem Besuch animieren sollten, zielte die Werbung auf eine Besonderheit des Restaurants; dies spiegelt sich auch im Slogan (1999-2001) ...*tak trochu jiná restaurace* (~ ...das ein wenig andere Restaurant)

---

einem Null-Punkt (u. a. aufgrund der Tradition der Vorkriegszeit), brauchte aber mehrere Jahre, bis sie sich dem westlichen Standard näherte. Zum gewissen Misstrauen der Gesellschaft nach der Wende der Werbekommunikation gegenüber vgl. van Leeuwen-Turnovcová (2005, 161).

26 Zum 01.01.1993 hat sich die Tschechoslowakei in zwei selbstständige Staaten geteilt, die Tschechische Republik und die Slowakische Republik.

27 Der Internetauftritt des tschechischen McDonald's (www.mcdonalds.cz) wurde zum 01.06. 1999 gestartet (Pravdová 2006, 63).

28 Vgl. den Pressebericht vom 25.01.2011 (www.mcdonalds.cz/cs/onas/tiskove_zpravy/tz_114. shtml; 03.02.2011).

29 So beispielsweise das im Rahmen der Kampagne „Mexikanische Wochen" im Jahre 1999 (zu dieser Kampagne in Deutschland vgl. die Kampagne „Los Wochos" mit ähnlichen Sprachspielen) auftretende Phrasem *Děkujeme za Vaši návštěvu* (~ Wir danken/Danke für Ihren Besuch), in dem aber das tschechische Verb durch das spanische *Gracias* ersetzt wurde. Durch die Festigkeit des Syntagmas kann der Satz *Gracias za Vaši návštěvu* auch von Rezipienten ohne Spanischkenntnisse verstanden werden.

wider.³⁰ Diese Strategie dominiert nach Pravdová (2006, 80f.) auch die Kampagne für (ausschließlich!) die Tschechische Republik aus dem Jahre 1999, und nicht von ungefähr wurde diese Werbereihe auf Phrasemen oder kulturell kodierten Syntagmen und Wörtern aufgebaut. Das Restaurant als solches oder seine Produkte wurden weder sprachlich noch von den Bildern her thematisiert (vgl. die Plakatwerbung in Kap. 3.2.: *Ja, ich will.*). Hier zwei anschauliche Beispiele.³¹

Das erste basiert auf dem verbalen Phrasem *být v sedmém nebi* (im Deutschen gibt es dazu als Äquivalent das Phrasem *im siebten Himmel sein* bzw. *sich wie im siebten Himmel fühlen*) mit der Bedeutung ‚äußerst glücklich sein, große Freude, Euphorie empfinden'³², welches hier elliptisch (ohne das Verb *sein*) verwendet wird. Der Bezug auf die Komponente *Himmel* wird durch den Hintergrund, der einen leicht bewölkten hellblauen Himmel darstellt, visualisiert.

Das zweite Plakat, diesmal in den typischen Fast-Food-Farben Rot und Gelb gestaltet (die weiße Aufschrift ist auf einer Abbildung von losen, einzelnen rotgelben Rosenblättern abgelichtet), hat das verbale Phrasem *nemít (někde) na růžích ustláno* (deutsches Äquivalent *nicht auf Rosen gebettet sein*)³³ zur Grundlage. Das Phrasem wird hier im Positiv verwendet, somit haben wir es mit einer Aktualisationstransformation³⁴ Negativ > Positiv zu tun. Allerdings wird – wohl wegen der einfacheren Übermittlung – die verbale Komponente *haben* weggelassen.

Wir haben es hier mit zwei – eher seltenen – Fällen zu tun, wo die Werbebotschaft ausschließlich auf einem Phrasem (das darüber hinaus nicht modifiziert ist)

---

30 In der deutschsprachigen Werbung ist dieser Slogan (*Das etwas andere Restaurant*) zwei Jahrzehnte vorher eingesetzt worden (1971; www.slogans.de; 11.02.2011). Zu beachten ist auch die unterschiedliche Schreibweise im Tschechischen und im Deutschen.
31 Es handelt sich um die Abbildung sehr großer Plakatwände, im Tschechischen gängig unter der Bezeichnung Billboard. Diese Werbung konnte man allerdings auch auf Tischuntersetzern oder im Internet finden. Die Bilder sind übernommen aus Pravdová (2006, 191).
32 Das Phrasem mit dieser phraseologischen Bedeutung ist im SČFI (1994, 488) kodifiziert.
33 Die invariante Form des verbalen Phrasems (*nicht auf Rosen gebettet sein*) wird auch in der deutschen Phraseographie in der Negationsform angegeben, vgl. Duden (2008, 630). Im Gegensatz zum Tschechischen gibt es im Deutschen auch einen phraseologischen Vergleich: *wie auf Rosen gebettet* (Duden 2008, 630).
34 Nach Čermák sind Aktualisationstransformationen solche Transformationen, durch welche sich die Identität des Phrasems nicht verändert, sondern durch welche sich – in der Übereinstimmung mit den Bedürfnissen des Kontextes – seine grammatische Funktion und Form ändern (SČFI 1994, 630). Hier ist die verbale Kategorie der Negation betroffen. Das Phrasem *nemít (někde) na růžích ustláno* ist übrigens im SČFI (1994, 62) jedoch als nicht ins Positiv transformierbar verzeichnet.

fußt. Die von diesen Werbungen zu vermittelnde Botschaft ist klar: Der Rezipient soll, angeregt von der Bedeutung des Phrasems und unterstützt von den Bildern, die phraseologische Bedeutung für sich dekodieren, wobei jede individuelle, durchaus unterschiedliche Vorstellung eines Orts, wo man sich wie *im siebten Himmel* oder wie *auf Rosen gebettet* fühlt, im Prinzip die richtige ist. Wie so oft zeigt sich auch hier die Eignung von Phrasemen, besonders gut Emotionen zum Ausdruck zu bringen und zu beschreiben, weil sie über ein hohes Ausmaß an „nominativer Ökonomie" verfügen und auf der kleinen Fläche ihrer Form eine oft sehr komplexe Bedeutung und Funktion binden können (vgl. Čermák 2007, 71).[35]

Als weiteres Print-Beispiel kann ein Plakat aus einer Reihe vorgestellt werden, die über die gute Qualität der Produkte bzw. der Rohstoffe auf sprachspielerische Weise, unterstützt durch die Bild-Text-Beziehung, informieren soll.[36]

Den Eyecatcher der Anzeige stellen Ass-Karten dar, begleitet von der Überschrift *Sázíme jen na červená esa* (~ Wir setzen nur auf die roten Asse). Unten im Text wird (mittels des Phrasems *jít ruku v ruce s něčím* (~ mit etw. Hand in Hand gehen)) erklärt, dass Farbe, Reife und Geschmack miteinander eng verbunden sind und sich gegenseitig bedingen und dass man den richtigen Geschmack nur erzielen kann, wenn man auf ideale Bedingungen für Anbau und Weiterverarbeitung von Gemüse achtet; durch dieses Qualitätsniveau besticht McDonald's auch immer wieder bzw. übertrumpft (die anderen) ([...] *úroveň, kterou McDonald's trumfuje* [...]). Das Verb *trumfovat*[37] unterstützt die Wirkung des Phrasems *sázet/vsadit na správnou kartu*[38] (~ auf die richtige Karte setzen), das die Grundlage für die Überschrift ist. Diese richtige Karte ist bei vielen Kartenspielen die höchste Karte (der sog. Trumpf), was wiederum in den meisten Kartenspielen das (rote) Ass ist (so auch eine Teilsynonymie der Lexeme *eso* und

---

35 Zu Phrasemen und Emotionen vgl. Šichová (2010).
36 Das Plakat stammt von der Webseite der Werbeagentur DDB (05.02.2011), dort auch weitere Plakate aus dieser Reihe.
37 Das Verb *trumfovat* wird eingesetzt, weil es zum Wortfeld (Karten-)Spiel gehört, auch wenn es stilistisch – es gehört einer niedrigeren Stilebene an – nicht zum übrigen Werbetext passt (zu diesem Verb vgl. Newerkla 2004, 395).
38 Die von SČFI (1994, 377) angegebene Bedeutung des Phrasems: ‚sich erfolgreich entscheiden für die beste Möglichkeit oder Alternative, richtig und erfolgreich riskieren'.

trumf im tschechischen Phrasem *mít eso/trumfa/trumfy v ruce/rukávu*).[39] So kann auch die Wortverbindung *správná karta* durch das Syntagma *červená esa* ersetzt werden, ohne dass die phraseologische Bedeutung verloren gehen würde; das Adjektiv *červený* (~ rot) stellt gleichzeitig die sprachliche Verbindung zu dem Lexem Tomate her und wird im Werbetext aufgegriffen (wörtl. übersetzt: „weil die richtige Farbe Hand in Hand geht mit ..."). Das Phrasem wird hier vor allem – in der Wechselwirkung mit dem Bild – eingesetzt, um die Aufmerksamkeit des Lesers zu erwecken und ihn zu unterhalten. Es ist Ausgangspunkt für die späteren Ausführungen zur Marke und ihren Produkten.

Ein wichtiges Werbemittel sind bei McDonald's die Tischuntersetzer aus Papier. Ihre Ausgestaltung ist sehr unterschiedlich und reicht von einem Kreuzworträtsel über Bild(collagen) mit einem Minimum an Text bis zu kleinen Geschichten. Häufig konzentrieren sie sich auf die Bewerbung von konkreten Produkten, wie z. B. den McCountry (aus dem Jahr 2000).[40]

Die Atmosphäre des Wilden Westens soll nicht nur durch den Hintergrund (Bretter, Cowboy) und die braune Farbe, sondern auch durch die Geschichte erweckt werden: Eine charakteristische Situation, in welcher ein Fremder einen Sheriff zu einem Duell (hier: Ess-Wettbewerb) auffordert, wird lexikalisch untermalt. Eines der expressiven[41] Mittel dafür ist das Phrasem *procedit skrz zuby* (~ knurren, durch die Zähne pressen): *„Tak jo", procedil skrz zuby.* (~ „Also gut", knurrte er. (Gemeint ist die Antwort des Sheriffs auf die Kampf-Aufforderung)). Dadurch wird die momentane Stimmung des Sheriffs angedeutet.[42]

---

39 Zu denken ist auch in anderen Sprachen an die Phraseme *(noch) ein Ass im Ärmel haben* oder *to have an ace up one's sleeve*. Zum Phrasem *einen Trumpf in der Hand haben* (seine Bedeutung ließe sich paraphrasieren als ‚etwas haben, was man für sich als besonders wirkungsvoll (und vorteilhaft) einsetzen kann') s. auch Friedrich (1976, 413), im Hinblick auf die Äquivalenz mit seinem tschechischen Pendant vgl. Šichová (2009, 254).
40 Das Bild wurde aus Pravdová (2006, 185) übernommen.
41 Zur Expressivität von Phrasemen vgl. Čermák (2007, 38).
42 Zu Körperteilen als Motivationsgrundlage für Lexeme und Phraseme aus dem lexikalischen Feld „Zorn" vgl. Zemanová (2010). Zu weiteren Phrasemen aus dem semantischen Feld „Ärger" vgl. Bergerová (2009).

b) Radiowerbung

Stellvertretend für die Hörfunkspots wird die Werbung „FIFA-Poločas"[43] (~ FIFA-Halbzeit) vorgestellt. Wie der Name schon sagt, lässt auch der tschechische McDonald's eine spezielle Werbekampagne bei diversen Sportveranstaltungen wie Fußballspielen, hier bei der Gelegenheit der Weltmeisterschaft, laufen. Der Spot vermittelt eingangs eine Atmosphäre bei einem Fußballturnier nicht nur durch die Hintergrundgeräusche, sondern auch durch die Sprache der fiebernden Fans, die das Spiel schreiend kommentieren und die Spieler zu besseren Leistungen auffordern. Dies geschieht mit einem Vokabular, das auf die Metaphorik des semantischen Felds „Essen" zurückgeht (z. B. *vypečený* (~ gut gebraten, übertragen im Sinne von *schlau, schlitzohrig*) oder *někoho/něco si vychutnat* (~ j-n/etw. auskosten/genießen)). Dabei finden wir auch einige Phraseme wie *To baštim!*[44] (Komponente *baštit* (~ essen, naschen, fressen)) oder *To jsou saláti!*[45] (~ Diese Weicheier!) mit der Komponente *salát* (~ Salat). Hier sind zwei Funktionen der Phrasemverwendung geradezu miteinander verknüpft: Zum einen liegt die Nachahmung einer Alltagssituation vor – Männer sehen sich ein Fußballspiel an und kommentieren es –, zum anderen wird durch den auffällig häufigen Einsatz von Phrasemen aus dem Bereich Essen eine Brücke zum nachfolgend beworbenen Produkt hergestellt.

c) Fernsehwerbung

Die erste TV-Werbung für McDonald's in Tschechien wurde im Jahre 1995 ausgestrahlt. Es wurde hier das Image eines familienfreundlichen, sympathischen Re-

43 Entwickelt von der Werbeagentur DDB, von da auch für diesen Aufsatz übernommen.
Spot „FIFA-Poločas" (2010, www.ddb.cz/nejnovejsi-prace/radio/html; 13.02.2011):
[Sprecher: Männerstimmen, schreiend, im Hintergrund Fußballspiel-Geräusche]
Tak takovejhle fotbal baštim!
Hm, vypečená přihrávka, co?
J[ež]iš, to sou saláti! Zkrouhni ho!
No tak poď, poď, střílej, máš ho na talíři, tak si ho vychutnej, ne?!
[Kommentator] *Prožijte taky parádní chvíle s fotbalem a vychutnejte si svoji výhru. Kupte si u McDonald's vybraný sendvič a hranolky a velký nápoj dostanete zdarma. Navíc můžete vyhrát VIP zájezdy na finále fotbalového mistrovství světa, deset tisíc BigMaců a spoustu dalších cen. Jen u McDonald's.*
[Jingle (nur Melodie)]
[Männerstimmen] *Góóóóól!*
44 Gebräuchlicher vielleicht in der Form *To žeru!* (also mit dem Verb *fressen*, was wohl im Hinblick auf das angestrebte Konsumieren im Restaurant vom Stil-Register her nicht so geeignet erschien); beide Varianten konnten im Sprachkorpus ČNK gefunden werden. Vgl. auch die propositionalen Phraseme *To je bašta!* und *To žeru!* im SČFI (2009, 1200). Zu beachten ist auch das kolloquial markierte kurze -*i* in der Verbendung 1. Sg. (*baštim*).
45 Expressiv ist hier zusätzlich die Endung -*i* für maskulina animata, beim Substantiv *salát* also nicht zulässig. Dieses Phrasem konnte nicht in Wörterbüchern, jedoch im Sprachkorpus ČNK bestätigt werden.

staurants vermittelt, wo Qualität, Sauberkeit und gute Preise zu finden sind und wo man sich – ähnlich wie die glücklich lächelnden, gepflegt aussehenden Spotprotagonisten – gut fühlt und es deshalb wiederholt besuchen soll.

So hat sich am Ende vieler TV-Spots Mitte der 90er Jahre als Appell eine phraseologische Modellbildung[46] wiederholt: *když X, tak Y* (~ wenn X, dann Y): *když oslava, tak u McDonald's*; *když zábava, tak u McDonald's*; *když pauza, tak u McDonald's* usw.[47] Für die Zwecke der Werbung (Lob des eigenen Produktes, die Hervorhebung des Unternehmens gegenüber konkurrierenden Unternehmen) eignet sich das auftretende Strukturschema *wenn X, dann bei McDonald's* besonders gut. Ihm kann als konstante semantische Deutung in der Werbung die beabsichtigte positive Alleinstellung des beworbenen Restaurants im Rahmen konkurrierender Marken zugeordnet werden. Die relativ frei besetzbare Komponente *X* sollte ein positiv konnotiertes Substantiv sein. Beendet wurden die Spots mit dem Jingle/Slogan *McDonald's je prostě fajn*, auch aus dem Deutschen bekannt (1991, *McDonald's ist einfach gut* (www.slogans.de, 11.02.2011)).

Als Beispiel eines tschechischsprachigen Fernsehspots, in dem ein Phrasem eine tragende Rolle spielt, wird hier ein TV-Teil der Kampagne *Kuřecí týdny*[48] präsentiert.

Das Phrasem *nedat někomu spát* (~ jemanden nicht schlafen lassen) mit der phraseologischen Bedeutung ‚j-n beunruhigen, ggf. reizen und ihn zwingen, sich in Gedanken damit ständig zu befassen' (SČFI 1994, 492) wird zum Abschluss des Spots verwendet und stellt die Relation zum Spotanfang – das Krähen eines Hahnes symbolisiert sowohl in der tschechischen als auch in der deutschen Kultur den Weckruf –, zum Teil vielleicht auch zum Produkt (Geflügelfleisch) her. Das Phrasem, eingebettet in den Text und die weitere mediale Ausstattung des Spots

---

46 Der Bereich der so genannten Modellbildungen wird in der Phraseologieforschung als ein besonderer Typ der Phraseme betrachtet (Terminus nach Burger (2003, 44); bei Fleischer (1997, 130ff.) wird diese Erscheinung unter die Phraseoschablonen gezählt, Feilke (1996, 220ff.) spricht von idiomatischer Prägung bzw. idiomatischem Gebrauch des syntaktischen Ausdrucksmodells).

47 Auf Deutsch ungefähr so: wenn eine Feier, dann bei McDonald's; wenn eine Pause, dann bei McDonald's; wenn Spaß, dann bei McDonald's usw.

48 Die Transkription des Spots (20 Sekunden, ausgestrahlt 03.05.-30.05.1999) ist übernommen von Pravdová (2006, 205); lediglich die vorhandenen Metaangaben wurden hier übersetzt. Zu der Bild- und Tonkomponente konnten keine Angaben ermittelt werden.
Spot „Kuřecí týdny" (1999):
[Krähen eines Hahns]
[Männerstimme] *Kuřecí týdny u McDonald's. Už jste ochutnali kuřecí křidýlka? Křupavá, dozlatova opečená?*
[Krähen eines *H*ahns]
A co McChicken De Luxe? Sýr, plátek kuřecího masa, rajčata, salát a pikantní omáčka. Přijďte na kuřecí týdny u McDonald's!
[Schrifteinblendung (bei den Fotos der McDonald's-Produkte)]
Kuřecí týdny
[Krähen eines Hahns]
[Männerstimme] *Kuřecí, které vám nedá spát.*
[Logo McDonald's und Slogan] *...tak trochu jiná restaurace.*

(diesmal die akustische Seite, d. h. das Krähen), unterstützt die Intention der Werbung, durch Witzigkeit, Einfallsreichtum etc. die Aufmerksamkeit des Rezipienten zu wecken.

Allerdings scheint das Unternehmen mittlerweile andere, modernere Kommunikationskanäle als Fernsehen für seine Werbung zu bevorzugen. Bereits vor acht Jahren verkündete der Marketing-Vizepräsident des amerikanischen McDonald's, dass „die Tage, als Hunderte Millionen Dollars für die Fernsehwerbung ausgegeben wurden, vorbei sind. Um die Kunden anzusprechen ist heutzutage der Fernseher nicht notwendig."[49] Dies dürfte auch für die tschechische und deutsche Werbung von McDonald's gelten, müsste aber verifiziert werden.

d) Werbung im Internet

Die Internetwerbung des tschechischen McDonald's bedürfte einer besonderen Analyse, weil hier der potenzielle Kunde sehr häufig nicht mehr nur in der Rolle des passiven Zuschauers oder Zuhörers ist, sondern u. a. auch aktiv diverse Spiele spielen und Aufgaben lösen kann.[50] Somit bekommt die Unterhaltungsfunktion der Werbung im Rahmen der Internetauftritte eine andere Dimension und Rolle.

An dieser Stelle kann also nur kurz festgehalten werden, dass auch in Texten, die Mitbestandteil der Internetwerbung sind, Phraseme vorkommen, dass bei ihnen aber hauptsächlich nur ihre natürliche pragmatische Funktion festgestellt werden kann, wie z. B. Ausdruck des Evaluativen, Verleihung von Expressivität. Das gilt beispielsweise für den Text zu den sog. „Italienischen Wochen", in dem unterschiedliche, im Rahmen dieser Sonderaktion angebotene Produkte beschrieben bzw. gelobt werden.[51] Dies geschieht auch mit Hilfe von Phrasemen wie *mlsný jazýček*[52] (*Další specialitkou pro mlsné jazýčky jsou Mozzarellové prsty* […]) oder

---

49 Zitiert bzw. ins Deutsche übersetzt nach Pravdová (2006, 76).
50 Siehe zum Beispiel den im Jahre 2004 von der Czech Publishers Association als gelungen und erfolgreich gepriesenen Internetauftritt von McDonald's aus dem Jahr 2002 (Fußball-Weltmeisterschaft) im Rahmen der Kampagne McFootballmania, platziert auf den Hauptseiten des zu dem Zeitpunkt wichtigsten und größten tschechischen Suchportals seznam.cz. Es ging um die Abbildung eines virtuellen Spielplatzes, auf dem die Nutzer an das Tor schießen konnten und nach dem Treffer auf die Hauptseite des Inserenten, d. h. McDonald's.cz, umgeleitet wurden. Dort wurde zum Anlass der Weltmeisterschaft die „neue Unterhaltungssektion McFootballmania gegründet". Weitere Informationen vgl. www.uvdt.cz/default.aspx?server=1&article=50 (08.02.2011).
51 Die Transkription des gesamten Textes – die Werbung lief im Sommer 2000 – ist zu finden in Pravdová (2006, 93f.).
52 Ein Äquivalent wäre im Deutschen *Naschkatze* oder *Schleckermaul* (~ Eine weitere Spezialität für alle Naschkatzen sind Mozzarella-Stäbchen.). *Mlsný jazýček* ist eine zwischenstrukturelle Transformation aus dem verbalen Phrasem *mít mlsný jazýček* mit der Bedeutung ‚gerne naschen, beim Essen wählerisch sein und (nur) Delikatessen bevorzugen' (vgl. SČFI 1994, 296).

rozplynout se na jazyku[53] (*Smažená mozzarella se vám sama rozplyne na jazyku* [...]).

4.2. Abschließende Bemerkungen

Der erste Blick auf die Verwendung von Phrasemen in der tschechischen Werbung in unterschiedlichen Medien zeigt, dass diese im Prinzip in ebensolchen Funktionen verwendet werden, wie es oben bei deutschen Beispielen angesprochen wurde. Umfangreichere Untersuchungen wären jedoch erforderlich, um Vergleiche und Schlussfolgerungen ziehen zu können.

Dies gilt auch für die Hypothese, die sich beim stichprobenartigen Vergleich der deutsch- und tschechischsprachigen Anzeigen und Spots aufstellen ließ, nämlich dass das Sprachspiel, der kreative Umgang mit der Sprache, das Einsetzen von Phrasemen als „Witzträger" (semantische Modifikation) in der deutschsprachigen Werbung des Unternehmens McDonald's stärker sichtbar ist.

Ebenfalls könnte die Problematik des Slogans – interkulturell gesehen – von Interesse sein, zunächst aus der zeitlichen Perspektive (vgl. beispielsweise den schon erwähnten zeitlich unterschiedlichen Einsatz ein und desselben Slogans in Deutschland und Tschechien). Ein Fokus wäre auch auf die Verwendung des Englischen zu richten: Während beispielsweise der Slogan *i'm lovin' it* (ab 2003) in Tschechien bis heute eingesetzt wird, ist er im Deutschen später übersetzt worden (*Ich liebe es*). Neben der Frage nach dem chronologischen und sprachlichen Vergleich wäre schließlich die Interpretation des jeweiligen Slogans im Hinblick auf die Zielgruppe bzw. die Gesellschaft[54] sowie die Verwendung der Slogans (auch gesungen im Jingle) in verschiedenen Medien zu untersuchen.

---

53 Das deutsche Pendant wäre *auf der Zunge zergehen* (~ Der gebratene Mozzarella zergeht ihnen richtig auf der Zunge).

54 Um die Jahrtausendwende begann die McDonald's-Werbung sich vorrangig an Jugendliche zu richten. 2003 wurden die Jugendlichen zwischen 15 und 25 Jahren als primäre Zielgruppe in Tschechien bestimmt (vgl. Pravdová 2006, 47, 72f.). Daher überrascht es nicht, dass viele Motive der Werbung aus dem Bereich der Interaktion mit Gleichaltrigen, insb. mit dem anderen Geschlecht stammen (s. Themen wie das – häufig nicht erfolgreiche – Anmachen, Flirten oder die Partnerschaft usw.; so auch in den oben analysierten deutschsprachigen Spots). Den Anstrich des Jugendlichen unterstützen dabei viele sprachliche Mittel, darunter propositionale Phraseme wie *To mě bere* (mit der Bedeutung ‚es übt eine sehr große (verlockende oder emotionale) Wirkung aus, es beeinflusst die Einstellungen oder die Entscheidungen'), *Neměj péči* (mit der Bedeutung ‚kümmere dich nicht (um das, was dich nichts angeht oder was ich denke, dass es dich nichts angeht)'). Es gehören dazu auch Phraseme wie *Tak tady se nechytáš!* (~ Also die kannst du dir abschminken!) oder *levnej trik* (*To je vážně levnej trik!* (~ Das ist wirklich eine billige Nummer!/So billig kriegst du mich nicht ('rum)!)) in den Spots, die eine Situation der versuchten Kontaktknüpfung seitens eines jungen Mannes nachspielen. Der diese Großkampagne begleitende Slogan *i'm lovin' it* deutet auf gewisse Veränderungen beim tschechischen Publikum hin: Die Gesellschaft, v. a. ihre Jugend, „verträgt" auch in solchen Kommunikationssituationen die Fremdsprache. Besonders das Englische ist unter jungen Verbrauchern populär und hat nach wie vor den Touch der Modernität und Weltoffenheit.

Diese sich aus dem Sprachvergleich ergebenden Desiderata, zu denen auch eine Systematisierung der Vorkommen, Formen und Funktionen der Phraseme sowie in unserem Beispiel eine Ausdehnung auf die gesamte Werbung der Marke McDonald's gehören, dürften also Anlass für weitere Dialoge geben.

5. LITERATUR

5.1. Gedruckte Literatur

Balsliemke, Petra (2001): „Da sieht die Welt schon anders aus." Phraseologismen in der Anzeigenwerbung. Modifikation und Funktion in Text-Bild-Beziehungen. Hohengehren.
Bergerová, Hana (2009): Idiome und Emotionen. Eine Fallstudie zu deutschen und tschechischen Idiomen aus dem semantischen Feld ÄRGER. In: Mónika Cseresznyák/Petra Szatmári (Hg.): Zwischen-Bilanz. 20 Jahre Germanistik in Szombathely. Savaria, 15–24.
Burger, Harald (2003): Phraseologie. Eine Einführung am Beispiel des Deutschen. Berlin.
Burger, Harald u. a. (Hg.) (2007): Phraseologie. Ein internationales Handbuch der zeitgenössischen Forschung. 1. Halbbd. Berlin/New York.
Čermák, František (2007): Frazeologie a idiomatika česká a obecná. Czech and General Phraseology. Praha.
Čermák, František (2004): Propositional Idioms. In: Christine Palm-Meister (Hg.): Europhras 2000. Tübingen, 15–23.
Čmejrková, Světla (2000): Reklama v češtině, čeština v reklamě. Praha.
Čmejrková, Světla (1993): Když pohřeb, tak do země, když svěžest, tak beze mne. O básnickém kánonu reklamy, zejména televizní. In: Naše řeč 76. Praha, 184–191.
Duden (2008): Redewendungen und sprichwörtliche Redesarten. Bd. 11. 3. Aufl. Mannheim.
Feilke, Helmuth (1996): Sprache als soziale Gestalt. Frankfurt a. M.
Fleischer, Wolfgang (1997): Phraseologie der deutschen Gegenwartssprache. 2., durchges. und erg. Aufl. Tübingen.
Földes, Csaba (1996): Deutsche Phraseologie kontrastiv. Intra- und interlinguale Zugänge. Heidelberg.
Friedrich, Wolf (1976): Moderne deutsche Idiomatik. Alphabetisches Wörterbuch mit Definitionen und Beispielen. München.
Grimm, Karin (2009): Entwurf eines Analysemodells für Online-Werbung. Unveröffentlichte Magisterarbeit. Regensburg.
Hemmi, Andrea (1994): „Es muß wirksam werben, wer nicht will verderben". Kontrastive Analyse von Phraseologismen in Anzeigen-, Radio- und Fernsehwerbung. Bern u. a.
Janich, Nina (2005): Wenn Werbung Sprüche klopft. Phraseologismen in Werbeanzeigen. In: Der Deutschunterricht 57 (5), 44–53.
Janovec, Ladislav (2005): Nevětné frazémy v nové slovní zásobě. In: Olga Martincová u. a. Neologizmy v dnešní češtině. Praha, 147–158.
Jílková, Hana (2007): Die deutsche und die tschechische Werbesprache. Verbale Strategien in deutschen Slogans und ihre Parallelen in der tschechischen Werbung. Hamburg.
Kavalcová, Lenka (2002): Form und Funktion von modifizierten Phraseologismen in der Anzeigenwerbung. Wien.
Koch, Peter/Oesterreicher, Wulf (2008): Mündlichkeit und Schriftlichkeit von Texten. In: Nina Janich (Hg.): Textlinguistik. 15 Einführungen. Tübingen, 199–215.
Koch, Peter/Oesterreicher, Wulf (1986): Sprache der Nähe – Sprache der Distanz. Mündlichkeit und Schriftlichkeit im Spannungsfeld von Sprachtheorie und Sprachgeschichte. In: Romanistisches Jahrbuch 36. Berlin/New York, 15–43.

Korhonen, Jarmo (2007): Probleme der kontrastiven Phraseologie. In: Harald Burger u. a. (Hg.) (2007), 574–589.
Korhonen, Jarmo (2002): Typologien der Phraseologismen. Ein Überblick. In: D. Alan Cruse u. a. (Hg.): Lexikologie. Ein internationales Handbuch zur Natur und Struktur von Wörtern und Wortschätzen. 1. Halbbd. Berlin/New York, 402–407.
Korhonen, Jarmo (1998): Zur Entwicklung der intra- und interlingualen kontrastiven Phraseologie unter besonderer Berücksichtigung der deutschen Sprache. Vaasa.
Kraus, Jiří (1965): K stylu soudobé české reklamy. In: Naše řeč, Nr. 4, XLVII. Praha, 193–198.
Leeuwen-Turnovcová, Jiřina van (2005): Narrative Bierwerbung in Tschechien (1999-2004). Gender und Maskulinität zwischen populären und plebejistischen Inszenierungen. In: Jiřina van Leeuwen-Turnovcová/Nicole Richter (Hg.): Mediale Welten in Tschechien nach 1989. Genderprojektionen und Codes des Plebejismus. München, 161–190.
Newerkla, Stefan Michael (2004): Sprachkontakte Deutsch-Tschechisch-Slowakisch. Wörterbuch der deutschen Lehnwörter im Tschechischen und Slowakischen. Historische Entwicklung, Beleglage, bisherige und neue Deutungen. Frankfurt a. M.
Pravdová, Markéta (2006): McDonald's – tak trochu jiná kultura? Praha.
Reimann, Sandra/Šichová, Kateřina (2011): *Hört, hört ...!* Phraseme in der Hörfunkwerbung. In: Hartmut E. H. Lenk/Stephan Stein (Hg.): Phraseologismen in Textsorten. Hildesheim u. a., 201–218.
Reimann, Sandra (2008): Mehrmedialität in der werblichen Kommunikation. Synchrone und diachrone Untersuchungen von Werbestrategien. Tübingen.
Sabban, Annette (1998): Okkasionelle Variationen sprachlicher Schematismen. Eine Analyse französischer und deutscher Presse- und Werbetexte. Tübingen.
SČFI (2009): František Čermák u. a. (Hg.): Slovník české frazeologie a idiomatiky IV: Výrazy větné. Praha.
SČFI (1994): František Čermák u. a. (Hg.): Slovník české frazeologie a idiomatiky III: Výrazy slovesné. Praha.
Schalk, Willi/Thoma, Helmut/Strahlendorf, Peter (Hg.) (1997): Jahrbuch der Werbung in Deutschland, Österreich und der Schweiz. Bd. 34. Düsseldorf.
Schneider, Willy (2007): McMarketing. Einblicke in die Marketing-Strategie von McDonald's. Wiesbaden.
Šichová, Kateřina (2010): Überlegungen zu Emotionen und Phrasemen. Am Beispiel verbaler Phraseme mit somatischen Substantivkomponenten. In: Studia Germanistica 6, Ostrava, 81–93.
Šichová, Kateřina (2009): *Mit Händen und Füßen reden.* Verbale Phraseme mit Substantiven aus dem Bereich der Somatismen im deutsch-tschechischen Vergleich. Dissertation. Regensburg.
Stein, Stephan (2007): Mündlichkeit und Schriftlichkeit aus phraseologischer Perspektive. In: Harald Burger u. a. (Hg.) (2007), 220–236.
Vesalainen, Marjo (2007): Phraseme in der Werbung. In: Harald Burger u. a. (Hg.) (2007), 292–302.
Wabner, Matthias (2002): *Frischwärts.* Ansätze zur Klassifizierung werbesprachlicher Kreativität am Beispiel von McDonald's-Werbungen. In: Nina Janich/Dagmar Neuendorff (Hg.): Verhandeln, kooperieren, werben. Beiträge zur interkulturellen Wirtschaftskommunikation. Europäische Kulturen in der Wirtschaftskommunikation. Bd. 1. Wiesbaden, 245–280.
Wabner, Matthias (2000): Kreativer Umgang mit Sprache in der Werbung. Eine Analyse der Anzeigen- und Plakatwerbung von McDonald's. Universität Regensburg, Zulassungsarbeit. Regensburg.
Zemanová, Jana (2010): Die körperliche Seite des Menschen als Motivationsgrundlage für einige Lexeme aus dem lexikalischen Feld ‚Zorn'. In: Studia Germanistica 6, Ostrava, 95–103.

5.2. Elektronische Literatur

CD-Rom: ARD Radio-Kreativ-Wettbewerb 2003. Frankfurt am Main: ARD-Werbung Sales&Services GmbH.

5.3. Internetquellen

www.ddb.cz
www.heye.de
http://images.google.de
www.mcdonalds.com/us/en/home.html
www.mcdonalds.cz
www.mcdonalds.de
www.radiostars.de
www.slogans.de
www.uvdt.cz

5.4. Datenbank

Český národní korpus

AUF VERLORENEM POSTEN

Ein Blick in die Geschichte eines Idioms, einer Rede, einer Metapher
und eines literarischen Topos

Lothar Bluhm (Koblenz-Landau)

I.

In einer auffälligen neuen Häufigkeit begegnet im öffentlichen Diskurs der letzten Jahre der Phraseologismus *auf verlorenem Posten* [*stehen / kämpfen* o. ä.]. Der Rekurs auf dieses Idiom ist dabei vor allem jüngeren politischen Entwicklungen geschuldet, wie schon einige wenige Beispiele zeigen können: „Afghanistan – Kampf auf verlorenem Posten" betitelte etwa der deutsch-französische Kultursender „Arte" am 5. August 2009 einen seiner Themenabende. Zum selben Thema bot das „Zweite Deutsche Fernsehen" (ZDF) am 28. Januar 2010 eine Dokumentation unter dem Titel „Auf verlorenem Posten. Der Kampf um Afghanistan". Auch in den Printmedien ließ sich eine vergleichbare Hausse beobachten. Nicht zufällig in zeitlicher Nachbarschaft zur ZDF-Dokumentation bot etwa die überregionale Wochenzeitung „Der Freitag" am 28. Januar 2010 ein Heft zum deutschen Kriegseinsatz in Afghanistan mit dem von Jürgen Rose vorgestellten Titelthema: „Auf verlorenem Posten. Die Bundeswehr wird immer tiefer in den Konflikt hineingezogen." Und wohl ebenfalls nicht zufällig nutzten auch die entsprechenden Fachmedien bei diesem Thema den Phraseologismus: „Auf verlorenem Posten. Deutsche Soldaten in Afghanistan" lautete demgemäß das Titelthema von Heft 1/2010 des „Internationalen Archivs für Sicherheit IMS". Die Beispiele belegen, dass die in Deutschland über alle Parteigrenzen hinweg kontroverse innenpolitische Diskussion um den Kriegseinsatz deutscher Soldaten in Afghanistan einen Phraseologismus zu einer neuen Karriere im medialen Diskurs geführt hat, der in früheren Phasen der deutschen Literatur- und Kulturgeschichte als literarischer bzw. meist im engeren Sinne politisch-literarischer Topos zwar schon einmal ausgesprochen aktiv war, in der jüngeren Zeit hingegen sowohl in der gesprochenen Sprache als auch im medialen[1] und literarischen Gebrauch zunehmend verblasst war. Die neue Karriere des Phraseologismus in der vor allem politisch-medialen Diskussion ist ein legitimer Anlass, ihn in seiner lexikalischen Entwicklung einer

---

[1] Allenfalls in der Sportsprache des Fußballkommentars ließe sich wohl ein ungebrochener Gebrauch nachweisen. Eine Vielzahl von Nachweisen findet sich zudem in der Sprache der allgemeinen Zeitungen und Magazine.

analytisch-kommentierenden Betrachtung zu unterziehen und auf seine Ausprägung als literarisch-politischen Topos einen wenigstens kurzen Blick[2] zu werfen, um den tradierten Konnotationsraum zu bestimmen.

II.

Der Phraseologismus weist die für diese Sprachform typische relative Festigkeit auf. Er begegnet entweder wie in den zitierten Beispielen als verbaler Phraseologismus *auf verlorenem Posten* [*stehen / kämpfen* o. ä.] oder als nominaler Phraseologismus *der verlorene Posten* bzw. als Variante davon.[3] Der Grundbegriff „Posten" geht auf das italienische ‚posto' zurück und dürfte im 16. Jahrhundert in den deutschen Sprachgebrauch gelangt sein. Er konkurrierte lange mit dem aus dem Mittelhochdeutschen stammenden Begriff „Schildwache" bzw. „Schildwacht", den er im 19. Jahrhundert zunehmend ablöste. Im älteren Sprachgebrauch begegnet der nominale Phraseologismus deshalb häufig auch als *verlorene Schildwacht* oder *verlorene Schildwache*. Das Referenzfeld der Sprachform verweist ganz augenfällig auf den Sachbereich des Militärischen, was sich schließlich auch in der gegenwärtigen Rückkehr in die publizistische Sprache widerspiegelt. In der Sache entspricht *der verlorene Posten* bzw. *auf verlorenem Posten stehen* der militärischen Praxis des vorgeschobenen Wachtpostens einer militärischen Einheit mit Feindberührung, wobei als militärischer Terminus häufig auch ‚Vorposten' begegnet. Damit kann gleicherweise ein einzelner Wachtposten wie eine Schar gemeint sein, da mit dem Begriff ursprünglich der Ort der Wache bezeichnet war.

Das Idiom ist der jüngeren Phraseologieforschung wohlvertraut und entsprechend lexikographiert. Das Duden-Herkunftswörterbuch rubriziert „Posten" als ein Lehnwort aus dem Italienischen, das in einer militärischen Verwendung den „Standort für eine militärische Wache" bzw. einen ‚auf Wache stehenden Soldaten' bezeichnet. (Duden 1989, 543) Das Duden-Wörterbuch ‚für den treffenden Ausdruck' nennt als eine sachverwandte Redensart „auf verlorenem P[osten] stehen" und ergänzt unter dem Stichwort „Lage" „**in aussichtsloser L[age] sein,** auf verlorenem Posten stehen / kämpfen" (Duden 1986, 517 u. 409). Das Duden-Wörterbuch der deutschen Idiomatik schließlich verzeichnet und exemplifiziert wie folgt:

> „**auf verlorenem Posten stehen / kämpfen:** *in einer aussichtslosen Lage sein, keine Erfolgschancen haben:* Nur zwei Abgeordnete waren gegen die Verfassungsänderung, sie standen auf verlorenem Posten (Thieß, Reich 282)." (Duden 1992, 554)

---

2 Die Studie ist Teil einer größeren Untersuchung, die an anderer Stelle erscheinen wird.
3 Zum Verhältnis von Festigkeit und Variation siehe allgemein Burger (1998).

Das im Duden-Wörterbuch der treffenden Ausdrücke herangezogene Beispiel verweist auf Frank Thieß' Roman „Das Reich der Dämonen" von 1941 und damit auf die durchaus breite literarische Nutzung als Metapher oder sogar Topos.

Als eher unglücklich zeigt sich die Aufnahme in Dornseiffs onomasiologischem Wörterbuch, wo „verlorener Posten" im Wortfeld „Fühlen, Affekte, Charaktereigenschaften" unter der Rubrik „Schwarzseherei" aufgenommen ist und zwischen „trauriger Fall" und „Kritikaster • Meckerei" rangiert (Dornseiff 2004, 187).

Den gängigen Charakter als Idiom der deutschen Gegenwartssprache bezeugt wohl nicht zuletzt die Lemmatisierung in Jarmo Korhonens vorzüglichem Idiomwörterbuch Deutsch-Finnisch, wo unter dem Stichwort „Posten" ein Eintrag „auf verlorenem Posten sein / stehen / kämpfen" erfolgt ist (Korhonen 2001, 333). Die vergleichende Phraseologieforschung hat den *verlorenen Posten* insgesamt bislang jedoch eher stiefmütterlich behandelt. Im „Internationalen Handbuch der zeitgenössischen Forschung" findet sich das Idiom lediglich nebenher erwähnt.[4]

Während der Phraseologismus in der gesprochenen Sprache der Gegenwart – mit der erwähnten Ausnahme des Fußballkommentars – eher randständig ist, zeigt der Blick in die Geschichte der deutschen Phraseologie eine in der Vergangenheit offenkundig breitere Verwendung und eine entsprechende Lemmatisierung in den verschiedensten Wörterbüchern. Bis etwa zur Mitte des 19. Jahrhunderts dominiert allerdings die Variante *verlorene Schildwache* bzw. *auf verlorener Schildwache stehen / kämpfen* o. ä. Im frühen 19. Jahrhundert verzeichnet etwa Adelungs „Grammatisch-kritisches Wörterbuch der Hochdeutschen Mundart" im 3. Teil der Ausgabe Bauer von 1811 überhaupt nur diese ältere Lesart. Beim Lemma „Die Schildwache" findet sich der Hinweis: „Die verlorne Schildwache, im Kriege, welche an dem gefährlichsten Orte stehet." (Adelung 1811, 1464) sowie die Ergänzung: „Schildwache wird sowohl im Kriege, als auch außer demselben gebraucht, aber gemeiniglich nur von einzelnen Personen" (Adelung 1811, 1465). *Verlorene Schildwache* entspricht damit dem ebenfalls lemmatisierten Fachbegriff „Der Vorposten": „im Kriege, die äußern Posten von einem Lager oder in den Quartieren befindlichen Haufen Truppen" (Adelung 1811, Bd. 3, 1285f.). Beim Lemma „Posten" bietet Adelung breite Erläuterungen zum Stichwort, allerdings ohne Hinweis auf das Idiom. Als eine Hauptbedeutung wird „Posten" beschrieben als „[d]er Ort, wohin jemand gestellt wird, eine Handlung daselbst zu verrichten." Für die eigentliche Bedeutung erfolgt als Präzisierung: „Einen Arbeiter an seinen Posten stellen. Besonders im Kriegswesen, wo ein jeder Ort, wohin einer oder mehrere Soldaten gestellet werden, denselben zu vertheidigen, zu beobachten, oder andere Handlungen daselbst zu verrichten, der Posten genannt wird."

---

4 Ottavio Lurati etwa zieht das Idiom in seinem Artikel zur Historischen Phraseologie des Italienischen heran, um „avvocato delle cause perse ‚Anwalt der verlorenen Fälle'" mit einer vergleichbaren deutschen Phraseologie zu versehen: „jmd., der auf verlorenem Posten kämpft". (Lurati 2007, 1131)

(Adelung 1811, Bd. 3, 815) Die Wörterbucheinträge finden sich so auch schon in den früheren Auflagen bei Adelung.

Anders als Adelung im frühen 19. Jahrhundert bietet „Herders Conversations-Lexikon" im 5. Band von 1857 nur die neuere Variante:

> „**Verlorene Posten,** im Kriege die dem Feinde zunächst aufgestellten Posten; insbesondere Posten, die dem Feinde preisgegeben werden, um denselben aufzuhalten oder zu täuschen." (Herder 1854, 611).

Die Artikel „Schildwache" und „Posten" im selben Band (593f. u. 79) bringen keine weiteren Hinweise auf den Phraseologismus. Inhaltlich auffällig ist die Bedeutungserweiterung als existenzielle Metapher für ein Opfern und Geopfert-Werden, die in der literarischen Verwendung häufig aufgenommen wird.

Die Beispiele signalisieren nicht zuletzt eine Präferenzverschiebung beim Gebrauch der beiden Varianten „Schildwache" und „Posten". Die Bevorzugung der „Posten"-Variante und schließlich der endgültige Wechsel zu ihr werden wohl nirgendwo besser fassbar als in den verschiedenen Auflagen von Heinrich August Pierers „Universal-Lexikon", das Vielen als das erste voll ausgeformte moderne allgemeine Lexikon gilt. In der zweiten Auflage von 1846 begegnet noch allein die ältere Variante:

> „**Verlorne Schildwache,** ein Soldat, welcher am weitesten entfernt von dem Lager u. zunächst gegen den Feind steht." ([Pierer] 1846, Bd. 33, 15).

Die nachfolgende dritte Auflage bietet im 17. Band von 1852 beide Varianten, aber getrennt voneinander als eigene Lemmata. Zum einen der neue Wörterbucheintrag:

> „**Verlorner Posten,** so v. w. Verlorne Schildwache." ([Pierer] 1852, Bd. 17, 15).

Zum anderen das ältere Lemma:

> „**Verlorne Schildwache,** ein Soldat, welcher am weitesten entfernt von dem Lager u. zunächst gegen den Feind steht." ([Pierer] 1852, Bd. 17, 15).

Der 1864 publizierte Band 18 der vierten Auflage endlich stellt die ältere Form dann nur noch als Nebenvariante der neueren hintan:

> „**Verlorner Posten (Verlorne Schildwache),** ein Posten, welcher am weitesten entfernt von dem Lager u. zunächst gegen den Feind steht, also auf dem gefährlichsten Punkt des Lagers steht." (Pierer 1857, 493).

Der Wechsel von der älteren zur neuen Redeweise etwa in der Mitte des 19. Jahrhunderts wird in dieser Auflagenfolge in den Veränderungen der Lemmata in nuce erkennbar.

Gerade in der gesprochenen Sprache dürfte sich die ältere Form aber sicherlich noch lange gehalten haben. Eine reiche Belegdichte dafür zeigen die Sprichwörterlexika des 19. Jahrhunderts, und zwar vor allem bei der älteren Variante *die verlorene Schildwache* und *auf verlorener Schildwache stehen* o. ä. Wanders „Sprichwörter-Lexikon" hat beim Stichwort „Schildwache" im 4. Band von 1867 mehrere Belege und verweist auf entsprechende Lemmata in J. M. Brauns „Sechs

Tausend deutsche Sprüchwörter und Redensarten" von 1840, Josua Eiseleins „Die Sprichwörter und Sinnreden des deutschen Volks" aus dem selben Jahr sowie Karl Simrocks „Die deutschen Sprichwörter" von 1846. (Wander 1867, Bd. 4, 181) Beim Stichwort „Posten" findet sich dagegen lediglich ein Eintrag „Auf einem verlorenen Posten stehen", und zwar ohne jegliche weiteren Nachweise. (Wander 1867, Band 3, 1377)

In J. G. Krünitz' voluminöser Enzyklopädie zur Wirtschaft und Technik verweist der Eintrag unter dem Lemma „Schildwache" im 144. Teil von 1826 auf verschiedene Redensarten. Angefügt ist der Hinweis: „Die Wache, welche man vor einem Lager im Feld hinaus stellt, wird eine *verlorene Schildwache* genannt." (Krünitz 1826, 486) Das vergleichbare Lemma „Posten" im 116. Band der Enzyklopädie kennt das entsprechende Idiom nicht. Jakob Heinrich Kaltschmidts „Gesammt-Wörterbuch der Deutschen Sprache" von 1834 hat beim Lemma „Schildwache" den ergänzenden Eintrag „verlorene –, der äußerste Vorposten eines Lagers" und deutet in der Zusammenstellung von ‚Schildwache' und ‚Vorposten' den Wechsel zur Sprachform vom *verlorenen Posten* zumindest schon an. (Kaltschmidt 1834, 811) Zum ‚Verstehen und Vermeiden mehr oder weniger entbehrlicher Einmischungen' rekurriert Friedrich Erdmann Petri in seinem „Gedrängten Handbuch der Fremdwörter" auf das offensichtlich gebräuchliche „sentinelle perdue" (Petri 1852, 761) und bietet als deutsche Entsprechung „eine verlorene, äußerste, sehr gefährdete Schildwache" an.

Das „Deutsche Wörterbuch" kennt noch im ausgehenden 19. und im 20. Jahrhundert die ältere Form. Das Wörterbuch notiert bei den Lemmata „Schildwache" und „verlieren" zum Stichwort „verlohrne schildwache" Belege aus dem 17. und 18. Jahrhundert, unter anderem aus Johann Leonhard Frischs „Teutsch-Lateinischem Wörterbuch" von 1741 (Grimm 1984, Bd. 15 [= Bd. 12; 1956], 139) sowie als literarische Nachweise Johann Michael Moscheroschs „Gesichte Philanders von Sittewald" von 1642 und Hans Jakob Christoffel von Grimmelshausens „Der Abentheurliche Simplicissimus" von 1668/69 (Grimm 1984, Bd. 25 [= Bd. 9; 1899], 809). Unter dem Lemma „verlieren" heißt es dabei spezifizierend: „*mehr adjektivische bedeutung gewinnt* verloren, *dem verderben unrettbar verfallen*".

Die augenfällige Herkunft des Phraseologismus aus dem militärischen Sprachgebrauch wird lexikalisch meist auch ausdrücklich formuliert. In einer früheren ‚Blütenlese' zum literarischen Topos des *Verlorenen Postens* und seiner Geschichte zitierte Bluhm (1987, 399) als frühen Beleg für den Begriff als militärischen Fachterminus eine Definition in Jacob von Eggers' „Neues Kriegs-, Ingenieur-, Artillerie-, See- und Ritter-Lexicon" von 1757:

> „*Verlohrne Schildwacht*, heißt diejenige, welche im Felde zu äußerst ausgestellt wird, die feindlichen Bewegungen zu entdecken, und davon gehörige Nachricht zu ertheilen. Anstatt des Worts verlohren kann hier äußerste Schildwacht füglicher gebraucht werden." (Eggers 1757, 1204)

III.

Als literarische Metapher ist das Idiom insbesondere im 18., 19. und 20. Jahrhundert vielfältig belegbar. Wirkungsgeschichtlich bedeutsam für die Entwicklung zu einem literarisch-politischen Topos sollte die Aphoristik Friedrich Nietzsches werden. Der Philosoph kannte die Metapher sowohl aus der Literatur als auch aus dem allgemeinen Sprachgebrauch. Auch im privaten Schriftverkehr ist er ihr begegnet. In einem Schreiben seines Freundes Carl Fuchs vom 5.10.1873 klagte dieser voller Leidenschaft: „Denn wirklich, am liebsten wäre ich alle Tage in Ihrer Nähe und empfinge von Ihnen in wenig Worten, was ich für mich ersehne; es ist leider wahrlich keine Übertreibung, wenn ich Ihnen versichere, daß ich mich hier wie auf einen verlorenen Posten gestellt empfinde […]." (Nietzsche 1978, 298) 1886 erschien in der neuen Ausgabe des zweiten Bandes der Sammlung „Menschliches, Allzumenschliches" der Aphorismus 312 *Ehrgeiz des verlornen Postens*:

> „Es giebt einen Ehrgeiz des verlornen Postens, welcher eine Partei dahin drängt, sich in eine äusserste Gefahr zu begeben." (Nietzsche 1967, 142)

Die Zielrichtung seiner Kritik wird erhellt durch eine Passage in „Jenseits von Gut und Böse" von 1886. Nietzsche geißelt hier das aussichtslose Bestreben seiner Zeit und insbesondere die aussichtslosen Bemühungen der Philosophen, die eine unbezweifelbare Wahrheit fixieren zu wollen:

> „Der Eifer und die Feinheit, ich möchte sogar sagen: Schlauheit, mit denen man heute überall in Europa dem Probleme ‚von der wirklichen und der scheinbaren Welt' auf den Leib rückt, giebt zu denken und zu horchen; und wer hier im Hintergrunde nur einen ‚Willen zur Wahrheit' und nichts weiter hört, erfreut sich gewiss nicht der schärfsten Ohren. In einzelnen und seltenen Fällen mag wirklich ein solcher Wille zur Wahrheit, irgend ein ausschweifender und abenteuernder Muth, ein Metaphysiker-Ehrgeiz des verlornen Postens dabei betheiligt sein, der zuletzt eine Handvoll ‚Gewissheit' immer noch einem ganzen Wagen voll schöner Möglichkeiten vorzieht […]. Aber dies ist Nihilismus und Anzeichen einer verzweifelnden sterbensmüden Seele: wie tapfer auch die Gebärden einer solchen Tugend sich ausnehmen mögen." (Nietzsche 1968, 17)

Nietzsches Begriff des *verlorenen Postens* findet sich häufig in der Popularphilosophie der nachfolgenden Jahrzehnte wieder aufgenommen. In seiner „Aristie des Jesus von Nazareth" versucht 1921 etwa Hans Blüher aus der Perspektive Nietzsches eine philosophische Grundlegung der Erscheinung Christi. Ausgangspunkt ist das im Prolog formulierte Diktum: „Das Gefühl vom verlorenen Posten der Menschheit ist das Leitmotiv der großen Handlungen Christi." (Blüher 1921, 20) Es gelte den Weltpunkt zu finden, von dem aus die dunkle Lehre Christi allmählich erleuchtet werden könne, und „dieser Weltpunkt, der negative freilich nur, ist jene Stelle, die wir oben als den *verlorenen Posten der Menschheit* dargestellt haben." Indes wird nicht auf die philosophische Form der Erkenntnis abgehoben, sondern auf das „organische[s] Gefühl im eigenen Leibe". (Blüher 1921, 33) In einer durchaus bizarren Neulektüre der Evangelien entsteht so das Bild eines Jesus als Verkünder des Menschensohns, der nichts anderes als der Nietzsche'sche ‚Übermensch' ist. Jesus Christus, so die Überzeugung, „kannte den verlorenen

Posten der Menschheit, weil er seinen eigenen spürte." Und direkt anschließend: „Daher ist die Grundgesinnung, die Christus dem Menschengeschlechte gegenüber hat, [...] Mitleid und Charitas und in der Nähe der Sphäre des Urteils Verachtung." (Blüher 1921, 85)

Zu den wirkungsmächtigsten Propagandisten eines pessimistischen Nietzsche in den ersten Jahrzehnten des 20. Jahrhunderts gehörte der Popularphilosoph Oswald Spengler. In seinem Hauptwerk „Der Untergang des Abendlandes" nutzt er das Bild vom *verlorenen Posten* zur metaphorischen Bezeichnung einer heroischfatalistischen Haltung im Angesicht eines Kulturzusammenbruchs, wie er ihn etwa mit der Reformation in Deutschland und Europa festzumachen glaubt: „An die Stelle der nie mehr zu erreichenden Seligkeit [sc. nach dem Verfall des Sakraments der Beichte] trat der protestantische und vor allem puritanische Heroismus, der auch ohne Hoffnung auf verlorenem Posten weiterkämpft." (Spengler 1922, 362)

Zu einem bildkräftigen Topos gerinnt die Rede vom *verlorenen Posten* schließlich in Spenglers Schrift „Der Mensch und die Technik" von 1931. Spengler (1931, 87) sieht den modernen, den „faustischen" Menschen am „Beginn einer Katastrophe", die seine Kultur und Zivilisation wie zuvor schon viele andere Menschheitswelten schicksalhaft zu einem Zusammenbruch führen wird: Die moderne Kultur werde „eines Tages zertrümmert und *vergessen* sein" und neuen Kulturen Platz machen. Angesichts dieser apokalyptischen ‚Erwartung der Katastrophe' – ein Topos der späten 1920er und frühen 1930er Jahre[5] – bleibe dem modernen Menschen nur das hoffnungslose Ausharren und ein Ethos der Haltung.[6] Spenglers heroischer Fatalismus bedient sich des bildungsbürgerlichen Inventars der griechisch-römischen Kulturwelt:

> „Angesichts dieses Schicksals gibt es nur eine Weltanschauung, die unser würdig ist, die schon genannte des Achill: Lieber ein kurzes Leben voll Taten und Ruhm als ein langes ohne Inhalt. Die Gefahr ist so groß geworden, für jeden einzelnen, jede Schicht, jedes Volk, daß es kläglich ist, sich etwas vorzulügen. Die Zeit läßt sich nicht anhalten; es gibt keine weise Umkehr, keinen klugen Verzicht. Nur Träumer glauben an Auswege. Optimismus ist Feigheit.
>
> Wir sind in diese Zeit geboren und müssen tapfer den Weg zu Ende gehen, der uns bestimmt ist. Es gibt keinen andern. Auf dem verlorenen Posten ausharren ohne Hoffnung, ohne Rettung, ist Pflicht. Ausharren wie jener römische Soldat, dessen Gebeine man vor einem Tor in Pompeji gefunden hat, der starb, weil man beim Ausbruch des Vesuv vergessen hatte, ihn abzulösen. Das ist Größe, das heißt Rasse haben. Dieses ehrliche Ende ist das einzige, das man dem Menschen nicht nehmen kann." (Spengler 1931, 88f.)

Mit diesem pathetischen Appell endet bezeichnender Weise Spenglers ‚Beitrag zu einer Philosophie des Lebens'. Die zentralen Begriffe ‚Pflicht' im Angesicht der Vernichtung, ‚Größe', ‚Rasse haben' charakterisieren eine fatalistisch-heroische

---

5 Als noch immer grundlegend sei auf Koebner (1982) verwiesen.
6 Ein spätes Zeugnis dieser Spengler'schen Begriffsverwendung bietet wohl Victor Klemperer in seinem Tagebuch im Eintrag vom 31.12.1944: „Irgendwie mich mit dem Todesgedanken abzufinden vermag ich nicht; religiöse und philosophische Tröstungen sind mir vollkommen versagt. Es handelt sich nur darum, Haltung bis zuletzt zu bewahren." (Klemperer 1995, 634)

Haltung, die kulturwissenschaftlich betrachtet eine spezifische mentale Disposition der ausgehenden Weimarer Republik wiedergibt, die dem Aufkommen des Nationalsozialismus ohne Zweifel förderlich war. Das Bild des *verlorenen Postens* avanciert in diesem Diskurs zu einer zentralen Metapher und einer Denkfigur in Literatur und politischer Publizistik.

In den Krisenjahren um 1930 begegnet die Rede vom *verlorenen Posten* deshalb in einer augenfälligen Dichte im gesamten Schrifttum, vor allem im Diskursraum des Konservativen, Nationalen und Nationalistischen. Die zeittypische ‚Erwartung der Katastrophe' in Verbindung mit nihilistischen Grundpositionen beförderte ein Denken, das den Menschen in einem Zustand äußerster existenzieller Exponiertheit und Bedrohung sah. Als symptomatisch für die Befindlichkeit der Angst in diesen Jahren des Niedergangs der Republik darf auf Martin Heidegger verwiesen werden, dessen Daseinsbeschreibung sich wie eine fundamentalontologische Umschreibung der Rede vom *verlorenen Posten* ausnimmt: „Da-sein heißt: Hineingehaltenheit in das Nichts. Sich hineinhaltend in das Nichts ist das Dasein je schon über das Seiende im Ganzen hinaus. Dieses Hinaussein über das Seiende nennen wir die Transzendenz." (Heidegger 1965, 35) Der Text „Was ist Metaphysik?" war Heideggers Freiburger Antrittsvorlesung auf dem Lehrstuhl, den früher Husserl inne hatte. Aus seiner Blickrichtung gelangt Heidegger zu einer Perspektive auf den Tod, der ihm in der Folge zur „*Metapher* für die katastrophische Erfahrung unserer existierenden Kontingenz" wird, wie Thomas H. Macho (1990, 87) es bei Gelegenheit formuliert hat.

Aus einer anderen Blickrichtung schaut mit Hans Naumann ein weiterer Universitätslehrer dieser Jahre in einer öffentlichen Rede auf das Phänomen Tod. In einer Frankfurter Universitätsrede zum ‚altgermanischen Lebensgefühl' greift der Mediävist und Volkskundler 1931 dazu expressis verbis ebenfalls den Topos vom *verlorenen Posten* auf und verbindet ihn mit der Vorstellung einer ‚Selbsterhöhung':

> „Denn erst die Tragik und der unvermeidliche Untergang läßt in germanischer Religion wie in germanischer Dichtung das Lebensgefühl hart und klar sich erhöhen. Hier erwacht ja der Hohe Mut überhaupt erst auf verlorenem Posten. Und auf verlorenem Posten zu stehen, ist hier niemals ein Grund gewesen, diesen Posten zu räumen, sondern grade das Todgeweihte bildete hier den Hauptanreiz für ein nach Erhöhung strebendes Lebensgefühl. Das Leben gilt hier nicht als der Güter höchstes, es wird verschwenderisch leicht dahingegeben." (Naumann 1931, 18)

Die Rede zur Feier des 60. Gründungstags des Deutschen Reichs radikalisiert die heroisch-fatalistischen Implikationen des Topos. Der Tod erscheint von dieser Warte aus als Ereignis, dem man zum Zweck der ‚Selbsterhöhung' freudig entgegengeht. Die Nähe zu nationalsozialistischer Todesmystik ist unübersehbar. So ist es auch kein Zufall, dass der Verfasser nach der sogenannten ‚Machtergreifung' 1933 der NSDAP beitreten wird und bei der nationalsozialistischen Bücherverbrennung am 10. Mai 1933 in Bonn zu einem der Hauptakteure und dem Hauptredner werden sollte. – Naumanns germanenmystische Verwendung der Metapher vom *verlorenen Posten* findet sich in der Zeit auch an anderer Stelle. Unter expliziter Bezugnahme auf Naumanns Universitätsrede greift eine Frankfurter Dissertation aus dem Jahr 1933 diesen Verwendungszusammenhang auf. In ihrer Arbeit zum Todesproblem in der Dichtung Conrad Ferdinand Meyers hebt die Verfasserin Amalie Steuerwald mit Blick auf Meyers Novelle von 1887 „Die Versuchung des Pescara" auf eine bei den Erzählfiguren entwickelte Ethik des Selbstopfers ab: „Pescara und der Heilige vollenden mit ihrem Tod das Ethos ihres Lebens, ein germanisches Ethos, das darin bestand, den verlorenen Posten zu halten." (Steuerwald 1933, 63) Das „Halten des als verloren erkannten Postens" spiegelt der Verfasserin „das germanische Wissen um das Schicksal, das doch die Aktivität nicht bricht, sondern stachelt." Diese Haltung wird von Steuerwald zu einem Grundzug deutschen – aber nicht nur deutschen – ‚Wesens' erklärt: „Die Demut vor diesem Schicksal ist kein Sichaufgeben und Sichauslöschen; sie hat vielmehr etwas vom aufrechten Wesen des Ackermanndichters, Luthers, Montaignes." (Steuerwald 1933, 72)

Ohne Naumanns germanenmystischen Begründungsrahmen bemühte sich insbesondere Werner Best 1930 in seinem Essay „Der Krieg und das Recht" um eine nationalsozialistische Spezifizierung und Indienstnahme des Bildes vom *verlorenen Postens*:

> „Die Hoffnung auf Sieg darf nicht einmal bestimmend sein für den Kämpfenden. Kämpfen in der Erwartung, daß man selbst siegen oder die ‚gute Sache' irgendwann doch einmal triumphieren werde, das können auch die anderen, denen nur der Glaube an ein letztes Ziel den gegenwärtigen Kampf erträglich macht. Dagegen ist die Bejahung des Kampfes auf verlorenem Posten für eine verlorene Sache das Kriterium der neuen Haltung: auf den guten Kampf kommt es an, nicht auf die ‚gute Sache' und auf den Erfolg. So entsteht aus realistischer Bejahung der Wirklichkeit eine heroische Sittlichkeit; deshalb mag, als terminologische Parallele zu den Bezeichnungen ‚utopisch-rationalistische' und ‚moralisch-idealistische' Grundauffassung, die den Nationalsozialismus tragende innere Haltung als h e r o i s c h - r e a l i s t i s c h e gekennzeichnet werden." (Best 1930, 152)

Best vertritt einen an Nietzsche und Spengler ausgerichteten Dezisionismus, wie er im rechten Spektrum der späten 1920er und frühen 1930er Jahre vielfältig anzutreffen war. Sein Essay war in einem von Ernst Jünger herausgegebenen Sammelband erschienen,[7] der den konservativ-revolutionären und nationalistischen Diskurs zusammenzuführen versuchte. Jünger selbst wird die Vorstellung von einem ‚heroischen Realismus' in seinem Großessay „Der Arbeiter" 1932 in den Vordergrund stellen. Best hat später als Stellvertreter des Gestapo-Chefs Reinhard Heydrich und als Organisator des berüchtigten Reichssicherheitshauptamts im Dritten Reich eine höchst unrühmliche Rolle gespielt.

IV.

Zum eigentlichen Autor des *verlorenen Postens* sollte in der Zeit um 1930 und im darauf folgenden Jahrzehnt Ernst Jünger werden. Auf die Bedeutung, die die Me-

---

7 Hierzu weiterführend Kiesel (2007, 375–377).

tapher als literarisch-politischer Topos in Jüngers Essayistik und Aphoristik der späten 1920er und frühen 1930er Jahre und in der Kurzprosa und Diaristik in den späten 1930er und 1940er Jahren gewonnen hat, ist von der Forschung bereits hingewiesen worden.[8] In den frühen Kriegs(tage)büchern und der politischen Publizistik des Autors begegnen der Begriff und damit verbundene Denkfiguren immer wieder, allerdings im eingeschränkten militärischen Sinne. Ab Mitte der zwanziger Jahre gewinnt die Metapher allerdings erkennbar an Bedeutung als Beschreibungsmodell für die in der prosperierenden Gesellschaft zunehmend an den Rand gedrückten rechten politischen Gruppierungen, denen Jünger nahestand oder angehörte: „Das Land unserer Zeit [...]", heißt es 1926 etwa im Essay „Großstadt und Land", „gleicht einem Naturschutzparke oder einer Insel, die durch Deiche und Wellenbrecher mühsam befestigt wird, und die Vorstöße aus ihm gleichen den Ausfällen aus einem fast verlorenen Gebiet." (Jünger 1926, 578) Jüngers Topographie zielt auf die Beschreibung eines ‚geistigen Raums' ab, in dem ein Kampf um die Zukunft Deutschlands stattfindet. In dieser Auseinandersetzung zeichnet sich die von ihm propagierte Elite in der militärischen Tradition des Frontsoldaten des ersten Weltkriegs durch eine eigene Opferethik und eine eigene – von Jünger als literarische Aufgabe verstandene – Erinnerungskultur aus. „Gerade der verlorenste Posten hinterläßt die ungetrübteste Erinnerung." (Jünger 1931, 8) In seinem umfänglichen geschichtsphilosophischen Essay „Der Arbeiter" von 1932 wird diese Position im Programm eines ‚Heroischen Realismus' münden, das selbstbewusst gegen die anderen Geschichtsdeutungen der Zeit gesetzt wird: „Demgegenüber bezeichnen wir als die Haltung eines neuen Geschlechts den Heroischen Realismus, der ebensowohl die Arbeit des Angriffs wie die des Verlorenen Postens kennt [...]." (Jünger 1981, 86)

Die Jahre um 1930 waren für den von den Möglichkeiten politischer Einflussnahme enttäuschten Jünger eine Phase der Umorientierung und der Akzentverlagerung seines Schreibens von der politischen Publizistik auf Literatur. Wahrscheinlich wird man die Novelle „Sizilianischer Brief an den Mann im Mond", die 1930 in der Anthologie ‚Magischer Geschichten' „Mondstein" erstmals veröf-

---

8 Zu Topos und ‚Denkfigur' des *verlorenen Postens* bei Jünger siehe vor allem Bluhm (1987, 403f.) und Pekar (1999, 92). In einer Anmerkung skizziert Pekar in aller Kürze: „,‚Schiffsuntergang' und ‚verlorener Posten' verbinden sich in der Vorstellung des kontrollierten Ausharrens auf dem Deck eines sinkenden Schiffes (vgl. AH 2, 130). In ‚Über die Linie' (1950) definiert Jünger den ‚verlorenen Posten' als eine von Spengler herrührende Haltung des beharrenden Pessimismus, ‚der obwohl wissend, daß das Niveau sich senkte, auch auf der neuen Ebene Größe für möglich hält'. [...] In ‚Der Waldgang' wird die Bedeutung der ‚Stimme auf verlorenem Posten' betont, die ‚nicht verloren gehen' kann [...]. Rivarol, sicherlich eine Identifikationsfigur Jüngers, wird ‚als Anwalt der Monarchie auf verlorenem Posten' [...] stehend gesehen. Ähnlichkeiten zur Haltung der Stoa drängen sich natürlich auf [...]. Schließlich denke ich, daß Jünger den Diadochen Eumes zum Namenspatron seines Romans ‚Eumeswil' (1977) erkoren hat, auch darin begründet liegt, daß er, in der von Jünger als Quelle für diesen Roman benutzten Darstellung Droysens, ‚einer verlorenen Sache' [...] diente [...]." (Pekar 1999, 92 Anm. 276)

fentlicht wurde, als Scharnierstelle dieser Entwicklung markieren dürfen. Unter dem Titel „Sizilischer Brief an den Mann im Mond" nahm Jünger sie im Herbst 1934 erneut in seine Sammlung „Blätter und Steine" auf, die mit einem „Epigrammatischen Anhang" abschloss. Der Anhang stellte insgesamt 100 Aphorismen zusammen, die als eine Quintessenz des Jünger'schen Denkens angesehen werden können. Der Autor hatte sich von Beginn an einer Einvernahme durch das nazistische Deutschland verweigert und stattdessen die Distanz gesucht, ohne indes eine wirkliche Entgegensetzung zu propagieren (vgl. etwa Kiesel 2007, 407ff.). Einige der Aphorismen werden oft als frühe kritische Kommentare zum Nationalsozialismus gelesen, vor allem das 44. Epigramm.[9] Insgesamt ist Jüngers Haltung in dieser Zeit durch den Rückzug in den Privatraum und als Schriftsteller in den Raum der Literatur gekennzeichnet. Als Zeitdiagnostiker und Philosoph konturiert er das Bild des Einzelnen in Staat und Gesellschaft, der sich distanziert und autonomisiert und eine innere Widerständigkeit entwickelt. Die Metapher des *verlorenen Postens* gewinnt dabei eine herausragende Relevanz. Der vorletzte Aphorismus des „Epigrammatischen Anhangs" markiert quasi den Zielpunkt seiner Sammlung:

„Im Angesicht des Todes bestätigt sich der hohe Rang des Menschen in der sokratischen Ironie und in der cäsarischen Beredsamkeit, dann aber im Schweigen der Schildwache, die auf verlorenem Posten fällt." (Jünger 1934, 226)

Das anschließende letzte Epigramm konkretisiert das „Schweigen" noch einmal und gibt ihm eine zeitpolitische Note: „Wer sich selbst kommentiert, geht unter sein Niveau." (Jünger 1934, 226) Meist gegen den Autor gewendet, dürfte es sich um eines der meistzitierten Worte Jüngers handeln.

Jüngers Verwendung des Begriffs *verlorener Posten* im „Epigrammatischen Anhang" von „Blätter und Steine" ist durchaus angelehnt an das Programm des ‚heroischen Realismus', wie der Autor es kurz zuvor im „Arbeiter" entworfen hatte, zeigt aber eine erkennbar andere Akzentuierung: Die ‚Erwartung der Katastrophe' ist zu einer Gewissheit geworden. Der Einzelne ‚steht' oder ‚kämpft' nicht mehr ‚auf verlorenem Posten' – er ‚fällt'. Der personale Bezugspunkt ist nicht mehr der politische Publizist oder Essayist, sondern der Mensch als solcher. Die Verschiebung deutet eine Humanisierung des Jünger'schen Elitarismus an, die in den Folgejahren im Dritten Reich und in der Zeit danach als kontinuierlicher Prozess zu beobachten ist. Wenn man will, kann man diese Veränderungen als Reaktion auf die Erfahrung des beginnenden Dritten Reiches werten.

Die Weiterentwicklung zu einem geschichtsphilosophischen Modell findet sich wenige Jahre später in der zweiten Fassung der Kurzprosasammlung „Das abenteuerliche Herz". Die Sammlung von 1938 enthält ein Prosastück mit dem Titel „Historia in nuce: Der verlorene Posten". Jünger zielt nicht mehr nur auf eine ‚Lehre der Haltungen' ab, mittels der der Einzelne im Spengler'schen Sinne

---

9 „Die schlechte Rasse wird daran erkannt, daß sie sich durch den Vergleich mit anderen zu erhöhen, andere durch den Vergleich mit sich selbst zu erniedrigen sucht." (Jünger 1934, 220)

im Angesicht der Katastrophe ‚Größe' demonstrieren kann, sich dabei letztlich aber nur in einer inhaltsleeren Pose erschöpft. Der Autor des „Abenteuerlichen Herzens" versucht hingegen im Untergang einen Sinn zu fixieren: So

> „werden uns auf verlorenem Posten unsere Ordnungen deutlicher. Dann gewinnt selbst das Gewohnte und Alltägliche eine besondere Würde, einen höheren Rang." (Jünger 1982, 100)

Die Grenzsituation wird zum Ort der Selbstbestimmung und Entscheidung: „Der Mensch handelt dann nicht mehr, wie es seiner Erhaltung, sondern wie es seiner Bedeutung entspricht." (Jünger 1982, 100) Der Literatur und dem Geschichtsstudium kommt für Jünger vor diesem Hintergrund die spezifische Aufgabe zu, entsprechende Vorbilder anzubieten und eine Ars moriendi zu vermitteln. Was bei Spengler in Fatalismus und Pessimismus ausläuft, wendet Jünger ins Hoffnungsvolle, indem dem Opfer des Einzelnen wie dem Einzelnen überhaupt eine Orientierungsfunktion und eine letztlich geschichtsverändernde Kraft zuerkannt wird:

> „Auf verlorenem Posten muß das Leben sich entscheiden [...]. Hier tritt auch das Niedere deutlicher hervor, wie etwa die Mannschaft eines sinkenden Piratenschiffes sich durch wilde Ausschweifungen betäubt. Daher sucht man innerhalb der Ordnungen den einzelnen auf den Ernstfall vorzubereiten, in dem er gleich dem letzten Menschen ohne Befehl und Verbindung standzuhalten hat. Den Rang solcher Repräsentation erkennt man daran, daß sie selbst innerhalb der Auflösung Punkte zu bilden vermag, nach denen das Ganze sich ausrichtet. Die stellvertretende Kraft des einzelnen kann ungeheuer sein; und die Geschichte kennt Prozesse, bei denen, wenn Millionen schweigen, *ein* guter Zeuge das Urteil wenden kann." (Jünger 1982, 101f.)[10]

Wie sehr Jünger und sein Kreis dies als Beschreibung und als Kommentar zur eigenen Situation im Dritten Reich verstanden und auch als Fortschreibung von „Blätter und Steine", verrät ein Brief des Vertrauten Gerhard Nebel an Jünger vom 27. Juni 1938. Er ist zugleich ein Zeugnis für die Überzeugung von der insgeheimen Kraft, die in diesem Kreis dieser Literatur zugewiesen wurde: Die Aphorismen in „Blätter und Steine" seien

> „das Aeussserste und Mutigste in einer von Feigheit bis ins Letzte verdorbenen Zeit; gerade sie [...] haben eine ausserordentliche unterirdische Wirkung. Das alles ist nun [sc. im *Abenteuerlichen Herzens*], verborgener zugleich und eindringlicher, wiedergekehrt, in der Analyse des verlorenen Postens [...]." (Briefwechsel 2001, 161)

---

10 Ein direktes Wirkungszeugnis bietet Hohoff (1982, 239) in seinen Erinnerungen: „Die ‚Gleichschaltung' gab es nicht nur im Vereins- und Verbandswesen, sondern schon vorher in einer schleichenden ideologischen Unterwanderung. Ihr konnte niemand widerstehen als der Einzelne, der für sich den Widerstand riskierte. [...] Ernst Jünger prägte den Begriff vom ‚verlorenen Posten'. Er sprach von den Feudalherren in Akkon, den Christen im maurischen Granada. Er sagte 1938: Die Geschichte kennt Prozesse, bei denen, wenn Millionen schweigen, ‚ein' guter Zeuge das Urteil wenden kann." – Ohne direkten Bezug auf Jünger findet sich der Rekurs vielfältig in der Erinnerungsliteratur zum Dritten Reich, etwa bei Curtius (1960, 64f.): „Die schmachvolle Selbstpreisgabe der deutschen Universitäten im Frühjahr 1933 zeigte mir dann, wie verloren der Posten schon war, den ich zu halten suchte."

Die Briefpassage ist ein beredtes Zeugnis vom Selbstverständnis einer ‚Inneren Emigration', die sich in einem geheimen Widerstand gegen die Zeitumstände sah.

In dieser Tradition steht auch Jüngers 1945 erstmals gedruckte Schrift „Der Friede", die unter dem Eindruck des nazistischen Terrorregimes und des Weltkriegs eine Neuorientierung des Denkens forderte. Auch hier findet sich der Topos des *verlorenen Postens* aufgenommen. Er wird nun bezogen auf die vielen namenlosen Opfer des Kriegs, der als „Weltbürgerkrieg" (Jünger 1980, 198) verstanden wird: „Zahllose mußten so die Bitterkeit erfahren, wie sie das Sterben auf Verlorenem Posten mit sich bringt, bei dem man den Tod von ferne, doch unentrinnbar sich nähern sieht." (Jünger 1980, 199)[11] Auch die Opfer von Terror und Verfolgung werden mit einbezogen: „Gleich war auch das Schicksal der Zahl- und Namenlosen, die auf Verlorenem Posten harrten, bis auch für sie die Stunde des Schreckens schlug. Das Aussichtslose des Widerstandes entsprach der Übermacht der Henker, und über viele Stufen führte der Weg zum Gipfel des Leidens hinauf." (Jünger 1980, 201) Die Passagen stehen im ersten Teil der Schrift, „Die Saat", und beschreiben die Opfer von Krieg und Terror als handlungsleitende Bezugspunkte für eine mentale wie politische Erneuerung des zusammengebrochenen Deutschland. Die personalen Bezugspunkte des Topos haben sich gegenüber früherer Verwendung verschoben, gleich geblieben sind jedoch die Grundvorstellungen des Begriffs, wie nicht zuletzt die Betonung der ‚Erhöhung' in der letzten Passage deutlich macht.

V.

Der kurze Blick in die Geschichte des Idioms, der Rede, Metapher und des Topos vom *verlorenen Postens* zeigt meist eine Welt der Hoffnungslosigkeit in der Erwartung einer Katastrophe: Schicksalhaftigkeit, existenzielle Exponiertheit, Resignation, Einsamkeit und Tod sind zentrale Elemente einer Bildlichkeit, die militärisch fundamentiert ist. Die spätere Entwicklung zu einem literarisch-politischen Topos verläuft über die Nietzsche'sche Philosophie und ihre Popularisierung und findet vor allem im konservativen und national(istisch)en Diskurs ihren Niederschlag. Seine produktivste Gestaltung erfährt der Topos in der Literatur eines Ernst Jünger und im Horizont der ‚Inneren Emigration' im Dritten Reich.

Das Wissen um die Geschichte und den damit verbundenen Konnotationsraum, dem das Idiom seitdem zwangsläufig verbunden ist, wirft ein eigenes Licht auf die jüngste Wiederaufnahme der Sprachform in der Mediensprache. Jenseits

---

11 Etwa zur gleichen Zeit in ähnlicher Verwendung im Eintrag vom 22.4.1944 in ‚Das zweite Pariser Tagebuch' im Kontext der Lektüre eines Soldatentagebuchs: „Lektüre: das Tagebuch eines Oberleutnants Salewski, der die Tage im Kessel von Uman beschreibt. [...] Die Schilderung Salewskis ist klar und trocken, ist von der Kühle ausgegossenen und dann zum Spiegel erhärteten Metalls, entsprechend der Luft, die auf verlorenem Posten herrscht." (Jünger 1949, 506)

aller Normativität wäre ihre Verwendung sicherlich kritisch zu reflektieren. Kulturwissenschaftlich ist sie in Hinblick auf die ‚geistige Situation der Zeit' aber auf jeden Fall nicht uninteressant.

VI. LITERATUR

Adelung, Johann Christoph (1811): Grammatisch-kritisches Wörterbuch der Hochdeutschen Mundart, mit beständiger Vergleichung der übrigen Mundarten, besonders aber der Oberdeutschen. 4 Bde. Wien.

Best, Werner (1930): Der Krieg und das Recht. In: Ernst Jünger (Hg.) (1930), 135–161.

Blüher, Hans (1921): Die Aristie des Jesus von Nazareth. Philosophische Grundlegung der Lehre und der Erscheinung Christi. Prien.

Bluhm, Lothar (1987): Der „Verlorene Posten" in der Literatur. In: Wirkendes Wort 37, 399–406.

Bluhm, Lothar (1995): Ernst Jünger als Tagebuchautor und die „Innere Emigration". *Gärten und Straßen* (1942) und *Strahlungen* (1949). In: Hans-Harald Müller/Harro Segeberg (Hg.): Ernst Jünger im 20. Jahrhundert. München, 125–153.

Briefwechsel (2001) = Friedrich Georg Jünger: „Inmitten dieser Welt der Zerstörung". Briefwechsel mit Rudolf Schlichter, Ernst Niekisch und Gerhard Nebel. Hg. von Ulrich Fröschle und Volker Haase. Stuttgart.

Burger, Harald (1998): Phraseologie. Eine Einführung am Beispiel des Deutschen. Berlin.

Curtius, Ernst Robert (1960): Büchertagebuch. Mit einem Nachwort von Max Rychner. Bern/München.

Dornseiff, Franz (2004): Der deutsche Wortschatz nach Sachgruppen. 8., völlig neu bearb. und mit einem vollständigen alphabetischen Zugriffsregister versehene Aufl. von Uwe Quasthoff. Berlin.

Duden (1986). Sinn- und sachverwandte Wörter. Wörterbuch der treffenden Ausdrücke. 2., neu bearb., erweiterte und aktualisierte Aufl. Hg. und bearb. von Wolfgang Müller. Mannheim u. a.

Duden (1989). Etymologie. Herkunftswörterbuch der deutschen Sprache. 2., völlig neu bearb. und erweiterte Auflage von Günther Drosdowski. Mannheim u. a.

Duden (1992). Redewendungen und sprichwörtliche Redensarten. Wörterbuch der deutschen Idiomatik. Bearb. von Günther Drosdowski und Werner Schulze-Stubenrecht. Mannheim u. a.

Eggers, Jacob von (1757): Neues Kriegs-, Ingenieur-, Artillerie-, See- und Ritter-Lexicon, worinnen Alles, was einem Officier, Ingenieur, Artilleristen und Seefahrenden aus der Tactique, der Civil-, Militair- und Schiffsbaukunst, der Artillerie, der Mechanic, dem Seewesen etc. zu wissen nöthig, sattsam erkläret und mit Kupfern erläutert ist. 2 Theile. Dresden/Leipzig.

Grimm, Jacob und Wilhelm (1984): Deutsches Wörterbuch. Nachdruck. München.

Heidegger, Martin (1965): Was ist Metaphysik? 9. Aufl. Frankfurt a. M.

Herder (1854) = Herders Conversations-Lexikon. Kurze aber deutliche Erklärung von allem Wissenswerthen aus dem Gebiete der Religion, Philosophie, Geschichte, Geographie, Sprache, Literatur, Kunst, Natur- und Gewerbekunde, Handel, der Fremdwörter und ihrer Aussprache etc. Freiburg i. Br.

Hohoff, Curt (1982): Unter den Fischen. Erinnerungen an Männer, Mädchen und Bücher 1934–1939. Wiesbaden/München.

Jünger, Ernst (1926): Großstadt und Land. In: Deutsches Volkstum 8, 577–581.

Jünger, Ernst (Hg.) (1930): Krieg und Krieger. Berlin.

Jünger, Ernst (Hg.) (1931): Der Kampf um das Reich. 2. vermehrte Aufl. Essen.

Jünger, Ernst (1934): Blätter und Steine. Hamburg.

Jünger, Ernst (1949): Strahlungen. Tübingen.

Jünger, Ernst (1980): Der Friede. In: Sämtliche Werke. Bd. 7. Stuttgart.

Jünger, Ernst (1981): Der Arbeiter. In: Sämtliche Werke. Bd. 8. Stuttgart.
Jünger, Ernst (1982): Das abenteuerliche Herz. Frankfurt a. M. u. a.
Kaltschmidt, Jakob Heinrich (1834): Gesammt-Wörterbuch der Deutschen Sprache aus allen ihren Mundarten und mit allen Fremdwörtern. Ein Hausschatz der Muttersprache für alle Stände des Deutschen Volkes […]. Leipzig.
Kiesel, Helmuth (2007): Ernst Jünger. Die Biographie. München.
Klemperer, Victor (1995): Ich will Zeugnis ablegen bis zum letzten. Bd. II: Tagebücher 1942–1945. Berlin.
Koebner, Thomas (1982): Die Erwartung der Katastrophe. Zur Geschichtsprophetie des „neuen Konservativismus" (Oswald Spengler, Ernst Jünger). In: Thomas Koebner (Hg.): Weimars Ende. Prognosen und Diagnosen in der deutschen Literatur und politischen Publizistik 1930–1933. Frankfurt a. M., 348–359.
Korhonen, Jarmo (2001): Alles im Griff/Homma hanskassa. Saksa-suomi-idiomisanakirja/Idiomwörterbuch Deutsch–Finnisch. Helsinki.
Krünitz, Johann Georg (1826): Oekonomisch-technologische Encyklopädie, oder allgemeines System der Staats-, Stadt-, Haus- und Landwirthschaft, und der Kunstgeschichte. Fortgesetzt von Johann W. D. Korth u. a. 144. Theil. Berlin.
Lurati, Ottavio (2007): Historische Phraseologie des Italienischen. In: Harald Burger u. a. (Hg.): Phraseologie. Ein internationales Handbuch der zeitgenössischen Forschung. Bd. 2. Berlin/New York, 1126–1134.
Macho, Thomas H. (1990): Heideggers Todesbegriff. In: Reiner Marx/Gerhard Stebner (Hg.): Perspektiven des Todes. Interdisziplinäres Symposion I. Heidelberg, 67–89.
Naumann, Hans (1931): Der Mythos vom Gotte Balder und das altgermanische Lebensgefühl. Rede zur Feier des 18. Januar 1931. Frankfurter Universitätsreden, XXXVI. Frankfurt a. M.
Nietzsche, Friedrich (1967): Werke. Kritische Gesamtausgabe. Hg. von Giorgio Colli und Mazzino Montinari. Abt. IV, Bd. 3. Berlin/New York.
Nietzsche, Friedrich (1968): Werke. Kritische Gesamtausgabe. Hg. von Giorgio Colli und Mazzino Montinari. Abt. VI, Bd. 2. Berlin/New York.
Nietzsche, Friedrich (1978): Briefwechsel. Kritische Gesamtausgabe. Hg. von Giorgio Colli und Mazzino Montinari. Abt. II, Bd. 4: Briefe an Nietzsche: 1872–1874. Berlin/New York.
Pekar, Thomas (1999): Ernst Jünger und der Orient. Mythos – Lektüre – Reise. Würzburg.
Petri, Johann Erdmann (1852): Gedrängtes Handbuch der Fremdwörter in deutscher Schrift- und Umgangsprache, zum Verstehen und Vermeiden jener, mehr oder weniger entbehrlichen Einmischungen […]. 10., tausendfältig bereicherte Aufl. Leipzig.
Pierer (1846) = [Pierer's] Universal-Lexikon der Vergangenheit und Gegenwart oder neuestes encyclopädisches Wörterbuch der Wissenschaften, Künste und Gewerbe (1840–1846). 34 Bde. Zweite, völlig umgearbeitete Aufl. Altenburg.
Pierer (1852) = Pierer's Universal-Lexikon der Vergangenheit und Gegenwart oder Neuestes encyclopädisches Wörterbuch der Wissenschaften, Künste und Gewerbe (1849–52). Dritte, umgearbeitete und vermehrte Aufl. Altenburg.
Pierer (1857) = Pierer's Universal-Lexikon der Vergangenheit und Gegenwart oder Neuestes encyclopädisches Wörterbuch der Wissenschaften, Künste und Gewerbe (1857–65). Vierte, umgearbeitete und stark vermehrte Aufl. Altenburg.
Spengler, Oswald (1922): Der Untergang des Abendlandes. Umrisse einer Morphologie der Weltgeschichte. Zweiter Band: Welthistorische Perspektiven. München.
Spengler, Oswald (1931): Der Mensch und die Technik. Beitrag zu einer Philosophie des Lebens. München.
Steuerwald, Amalie (1933): Das Todesproblem in der Dichtung Conrad Ferdinand Meyers. Heppenheim.
[Wander] Deutsches Sprichwörter-Lexikon (1867–1880). Ein Hausbuch für das deutsche Volk. Hg. von Karl Friedrich Wilhelm Wander. 5 Bde. Leipzig.